박상민 JUSTICE 교정학

단원별
객관식 문제집

박상민 편저

메가  공무원

박영사

인사말
JUSTICE 단원별 객관식문제집

수험에서 효율은 언제나 가장 중요한 부분입니다.

저는 시험에서 수험생의 공부량을 최소화 하며 단계적 학습을 목표로 하고 있습니다. 불필요한 학습은 반복을 통한 회독 암기를 불가능 하게 하고 결국 시험에서 실패하게 만듭니다.

이번 시험은 전문과목으로 개편된 첫 해로 수험생들이 교정학을 준비하는 시간이 충분치 않습니다. 9급 수험생들의 경우에는 불필요하게 많은 학습량을 가져가기 보다는 자기 성적과 목표에 맞는 학습량을 가져가는 것을 권장합니다.

따라서 제가 이미 올해 출간한 핵심지문 총정리처럼 단계별 객관식 문제집 방식으로 여러분의 시간을 좀 더 효율적으로 활용 할 수 있도록 하였습니다.

9급 수험생들 중 사전에 제 핵지총과 기출을 수강하신 수험생들은 2단계까지, 그렇지 않은 수험생은 3단계까지 정리 하시고 7급이나 만점을 노리시는 수험생들은 4단계까지 정리 하시면 됩니다.

1단계 : 기존의 기출문제와 타 직렬의 문제
2단계 : 올해 출제 가능한 법령지문 및 보충지문
3단계 : 최근 2개년의 7,9급 기출
4단계 : 심화문제

끝으로 최대한 양을 줄이려 노력했으며, 시간이 부족한 분들은 강의를 통해 정리 하는 것도 좋습니다.

늦가을, 연구실에서
박상민 드림

Contents

JUSTICE 단원별 객관식문제집

I

01 | 교정학총론

01. 교정학을 다음과 같이 정의할 때 교정학의 연구대상에 포함되지 않는 것은?

> 교정학이란 형사제재 및 미결구금의 집행방법에 관한 학문분야를 말한다.

① 효과적인 사회봉사명령의 실시에 관한 사항
② 구치소 수용자의 관리에 관한 사항
③ 양형기준의 수립에 관한 사항
④ 가석방의 기준에 관한 사항

해설 ③ 양형기준의 수립에 관한 사항은 형 확정 이전의 순수한 재판절차에 관한 것이므로 형 확정 이후의 교정의 범위에는 포함되지 않는다. 따라서 교정학의 연구대상에 포함된다고 볼 수 없다.
①④는 형사제재의 집행방법에 관한 것에 해당하고, ②는 미결구금의 집행방법에 관한 것에 해당한다.

정답 ③

02. 교정목적의 이론에 대한 설명으로 옳은 것은?

① 목적형주의는 교육주의 입장에서 수형자에게 사회방위를 위한 형벌과 병행하여 직업교육, 기술교육, 개선교육 등을 실시하는 것이다.
② 응보형주의는 어떠한 목적을 실현하기 위하여 개인에게 형벌을 과하는 것이 아니라, 야기된 범죄에 대하여 보복적인 의미로 형벌을 과하는 것이다.
③ 교육형주의는 범죄인에게 형벌을 과하는 대신 각종 교육을 통해 교화, 개선함으로써 선량한 국민으로 재사회화 시키는 것을 목적으로 한다.
④ 현대교정주의는 피해자에게 가해진 해악의 정도와 그 피해가 가해진 방법, 형태에 상응하는 보복의 원칙에 따라 자유를 박탈하는 것이다.

해설 ①은 교육형주의에 관한 것이고, ③은 목적형주의에 관한 설명이다. ④ 현대교정주의는 교육형주의에 근간을 두고 있는데 해당 내용은 응보형 주의에 관해 설명하고 있다.

정답 ②

03. 형벌의 제지효과 중 가장 중요한 것으로 평가되는 것은?

① 확실성
② 엄중성
③ 신속성
④ 정확성

해설 ① 형벌의 제지효과는 처벌의 확실성, 엄중성, 신속성의 세 가지 차원에서 결정되는 것으로 알려져 있다. 세 가지 중 처벌의 확실성이 범죄 제지효과가 가장 크다.

정답 ①

04. 사회의 위협이 되는 소수의 상습범죄자들을 사회로부터 장기간 격리시켜 지역사회를 보호하고 범죄를 감소시킬 수 있다고 주장하는 교정이념은 무엇인가?

① 선별적 무능화전략　　　　　　　　② 응보이념
③ 치료이념　　　　　　　　　　　　④ 재활이념

> **해설**　① 선별적 무능화전략은 소수의 중범죄자들을 사회로부터 장기간 격리시킬 수 있다면 적어도 그 기간 중에는 이들을 범죄로부터 무력하게 만들 수 있으므로 범죄발생량을 대폭 감소시킬 수 있고, 교도소는 이들 누범자나 직업범죄자 등 만성적 중범죄자들만을 수용하게 되므로 과밀수용현상도 자연 해소할 수 있다는 입장이다.
>
> 　　　정답 ①

05. 선별적 무능화에 대한 설명 중 적절치 않은 것은?

① 교육형주의에 대한 회의를 배경으로 한다.
② 특별억제를 포기하고 일반억제를 강조하는 전략이다.
③ 경미한 범죄자나 재범의 가능성이 낮은 범죄자에게는 사회내처우를 확대하자는 전략이다.
④ 교도소의 과밀화를 해소하기 위하여 구금되어야 할 범죄자를 선별할 수밖에 없다는 사정 등이 배경이 되었다.

> **해설**　② 강력범죄자 모두를 사형 또는 장기 격리시키자는 집합적 무능화가 일반억제를 강조하는 전략이라면, 그들 중 중범죄나 누범자만을 대상으로 무능화시키자는 선별적 무능화는 특별억제를 강조하는 전략이다.
>
> 　　　정답 ②

06. 다음의 괄호 안에 내용으로 들어갈 내용으로 옳은 것은?

┤ **보기 1** ├─

집합적 무능화(collective incapacitation)란 （　A　）를 정해진 기간 동안 구금함으로써 범죄를 예방할 수 있다고 보는 것이다. 반면에 선별적 무능화(selective incapacitation)란 （　B　）를 장기간 구금함으로써 대부분의 중요범죄를 예방할 수 있다고 주장한다. 그런데 선별적 무능화는 （　C　）으로 개인의 자유와 인권을 침해할 우려가 있으며, （　D　）으로 인하여 안전한 사람을 지속적으로 수용할 우려가 있다.

┤ **보기 2** ├─

㉠ 모든 범죄자　　　　　　　　　　㉡ 소수의 위험한 범죄자
㉢ 잘못된 긍정(false positive)　　　　㉣ 잘못된 부정(false negative)

	A	B	C	D			A	B	C	D
①	㉠	㉡	㉢	㉣		②	㉠	㉡	㉣	㉢
③	㉡	㉠	㉣	㉢		④	㉠	㉡	㉢	㉣

■ 집합적 무능화와 선별적 무능화 요약비교 ■

구분		집합적 무능화	선별적 무능화
공통점		범죄자로부터 사회를 방위함에 목적을 두고 있음	
차이점	대상	유죄가 확정된 모든 강력범죄자	소수의 중·누범죄자
	무능화 방법	• 정기형 - 장기형을 강제하는 법률 제정 - 선시제도의 경우 선행에 대한 가산점 축소 • 부정기형 - 가석방 지침이나 요건 강화로 가석방 지연	• 소수의 중·누범죄자: 장기구금 • 경미범죄자: 사회내처우

정답 ④

07. 교정의 이념에 대한 설명으로 옳지 않은 것은?

① 교화개선(rehabilitation)은 범죄자에 초점을 맞춘 것으로 재소자들에게 기술과 지식을 습득하게 하여 사회복귀를 도모하는 것이다.

② 선택적 무력화(selective incapacitation)는 범죄자의 특성에 기초하여 행해지고, 범죄자의 개선을 의도하지 않는 점에 특색이 있으며, 비슷한 정도의 범죄를 저지른 사람들에게 비슷한 정도의 장기형이 선고되어야 한다는 입장이다.

③ 응보주의(retribution)는 탈리오(Talio)법칙과 같이 피해자에게 가해진 해악에 상응하는 처벌을 하는 것이다.

④ 억제(deterrence)는 처벌의 확실성, 엄중성, 신속성의 3가지 차원에서 결정되므로 재소자에 대한 엄정한 처벌이 강조된다.

해설 ② 선택적(선별적)무력화(무능화)란 대부분의 범죄가 극히 일부의 상습적 범죄자들에 의해 지속적으로 행해진다는 점에 착안하여 소수의 중·누범죄자들을 사회로부터 장기간 격리시켜 사회를 보호하자는 전략을 말하는데 이는 동일범죄를 저지른 사람이라도 특히 상습성이 인정되는 자에게는 다른 형량을 부여하는 것을 특징으로 한다는 점에서 비슷한 정도의 범죄를 저지른 사람들에게 비슷한 정도의 장기형이 선고되지 않는다.

정답 ②

08. 선별적 무능(력)화(selective incapacitation)에 대한 설명으로 옳지 않은 것은?

① 집합적 무능(력)화(collective incapacitation)에 비하여 교정예산의 절감에 도움이 되지 않는다.

② 범죄자 대체효과를 야기할 가능성이 있어 범죄예방에 도움이 되지 않는다는 비판이 있다.

③ 잘못된 부정(false negative)과 잘못된 긍정(false positive)의 문제를 야기할 수 있다.

④ 과학적 방법에 의하여 제범의 위험성이 높은 것으로 판단되는 개인을 구금하는 방법이다.

해설 ① 선별적 무능(력)화는 소수의 상습적 중·누범자만을 선별하여 구금하는 방법을 취하므로 강력범죄자 모두를 구금하는 집합적 무능(력)화에 비해 교정예산의 절감에 도움이 된다.

정답 ①

09. 범죄인처우모델에 대한 설명 중 거리가 먼 것은?

① 의료모델이나 치료모델에서는 처벌이 범죄자의 문제를 해결하는 데 도움이 되지 않는다고 주장한다.
② 공정모델은 자유의사론적 시각에서 정당한 처벌은 통하여 사법정의의 확보와 그에 따른 인권 보호의 차원에서 초점을 맞추고 있다.
③ 의료모델이나 치료모델은 부정기형보다 정기형을 선호한다.
④ 지역사회교정과 관련된 것은 재통합모델이다.

> **해설** ③ 의료모델(치료모델)에서는 수형자를 개선 또는 치료되어야할 범인성을 가진 환자로 보므로 치료되지 않은 범죄인은 정해진 형기에 관계없이 석방될 수 없다는 부정기형의 이론적 기초를 이루고 있다. 따라서 정기형보다 부정기형을 선호한다.
>
> 정답 ③

10. 수형자의 재사회화 목적에 대한 설명으로 옳지 않은 것은?

① 범죄원인을 개인적 차원보다는 사회적 원인에서 찾고자 할 때 유용하다.
② 자유박탈에 의한 자유의 교육이라는 모순을 안고 있다.
③ 국가형벌권을 자의적으로 확장할 위험성을 안고 있다.
④ 범죄자가 사회규범에 적응하도록 강제로 교육하는 것은 인간의 존엄에 반한다는 비판이 있다.

> **해설** ① 수형자의 재사회화 목적은 이론적 측면에서 볼 때 재통합이론에 가깝고, 교정역사적 측면에서 볼 때 교육형 주의와 가깝다. 즉 수형자의 재사회화 목적은 교정처우와 관련되며, 범죄원인과는 직접적 상관성이 없다.
>
> 정답 ①

11. 교정처우의 모델 중 재통합모델(또는 재사회화 모델)에 대한 설명으로 옳지 않은 것은?

① 수형자의 주체성과 자율성을 중시하여 수형자를 처우의 객체가 아니라 처우의 주체로 보기 때문에 처우행형과 수형자의 법적 지위 확립은 조화를 이루기 어렵다고 본다.
② 범죄자의 사회재통합을 위해서는 지역사회와의 접촉과 유대 관계가 중요한 전제이므로 지역사회에 기초한 교정을 강조한다.
③ 수형자의 처우프로그램은 교도관과 수형자의 공동토의에 의해 결정되므로 처우프로그램에 수형자를 강제로 참여시키는 것은 허용되지 않는다고 본다.
④ 범죄문제의 근본적 해결을 위해서는 수형자 스스로의 행동변화는 물론 범죄를 유발했던 지역사회도 변화되어야 한다는 입장이다.

> **해설** ① 재통합모델은 수형자의 주체성과 자율성을 중시하므로 수형자의 동의와 참여하에 처우프로그램을 시행하게 되며, 수형자를 처우의 객체가 아니라 처우의 주체로 보므로 처우행형과 수형자의 법적 지위 확립은 조화를 이루게 된다.
>
> 정답 ①

12. 다음 중 1980년 이후의 응보주의 강화모형은?

① 개선모델　　　　　　　　　　　　② 의료모델
③ 재통합모델　　　　　　　　　　　④ 정의모델

해설　④ 정의모델이란 사법정의의 실현을 강조한 수형자처우모델을 말하며, 처벌은 범죄자의 행동에 대하여 응당
　　　받아야 할 처분에 기초하여 이루어진다는 응보주의를 이론적 배경으로 하고 있다.

정답 ④

13. 교정처우모델과 관련된 설명으로 옳은 것은?

① 정의모델은 선시제도에 의한 형기단축을 지지한다.
② 삼진아웃과 관련된 것은 의료모델이다.
③ 지역사회교정은 치료모델의 이념에 기초한다.
④ 부정기형제도는 정의모형에서 그 의미가 크다.

해설　② 삼진아웃제는 1990년대에 등장한 이론으로 야구경기의 삼진아웃(Three strikes out)이라는 경기규칙을
　　　형사사법절차에 원용하여 범죄인에 대한 선별적 무능화방안을 제도화한 것이며, 선별적 무능화방안은 정
　　　의모델의 이념과 부합된다.
　　　③ 지역사회교정은 범죄방지를 위해서는 수형자의 행동변화와 더불어 사회의 변화도 동시에 수반되어야 한
　　　다는 것으로 재통합모델의 이념과 부합된다.
　　　④ 부정기형제도는 정해진 형기에 관계없이 치료되지 않은 범죄자는 석방할 수 없다는 의료모델의 이념과
　　　부합된다.

정답 ①

14. 교정의 이념에 대한 설명으로 옳지 않은 것은?

① 사회적 결정론자들은 사회경제적 조건을 범죄의 원인으로 보기 때문에 시장성 있는 기술
교육과 취업기회의 제공 등으로 범죄자를 복귀시키는 경제모델(economic model)을 지지한다.
② 재통합모델(reintegration model)은 범죄자의 사회재통합을 위해서 지역사회와의 의미 있
는 접촉과 유대관계를 중시하므로 지역사회교정을 강조한다.
③ 의료모델(medical model)은 범죄자가 자신의 의지에 따라 의사를 결정하고 선택할 능력이
없으며 교정을 통해서도 치료할 수 없기 때문에 선택적 무력화(selective incapacitation)
를 주장한다.
④ 정의모델(justice model)은 형사사법기관의 재량권 남용은 시민에 대한 국가권력의 남용이
라고 보아 공정성으로서 정의를 중시한다.

해설　③ 의료모델에 따르면 범죄자는 이성과 의사능력을 결여하고 있어 자신의 의지에 따라 의사를 결정하고 선
　　　택할 능력이 없다고 보기 때문에 처벌로는 범죄자의 문제를 해결할 수 없고, 교정을 통해 치료되어야 한다
　　　고 본다. 선택적 무력화를 주장한 것은 정의모델이다.

정답 ③

15. 범죄인 처우모델 중 정의(공정)모델의 주장내용으로 옳은 것을 모두 고른 것은?

> ㉠ 법관의 재량권 확대   ㉡ 삼진법 도입
> ㉢ 부정기형제도의 확대   ㉣ 수형자 법적 구제의 확대
> ㉤ 수형자 자치의 축소   ㉥ 교정시설 처우의 공개

① ㉠, ㉢, ㉤   ② ㉠, ㉤, ㉥
③ ㉡, ㉣, ㉥   ④ ㉡, ㉢, ㉥

> **해설** ③ 정의모델의 주장내용에 해당하는 것은 ㉡, ㉣, ㉥이다.
>
> [정답] ③

16. 의료모델의 재량권 남용 및 차별적 처우에 대한 반성으로 적법절차를 강조하는 사법모델(justice model)이 등장하였다. 사법모델의 등장과 배경을 같이 하는 범죄이론은?

① 갈등이론   ② 과학적 범죄이론
③ 표류이론   ④ 낙인이론

> **해설** ④ 낙인이론은 1960년대 중반부터 미국을 중심으로 전개된 범죄이론으로 전통적인 범죄이론의 기초를 이루는 교정주의정책을 비판하고, 반 교정주의를 주장하면서 등장하였다. 즉 낙인이론은 사회통제기관의 태도가 범죄나 비행을 결정하는 중요한 요인이라고 보므로 사법모델의 등장배경과 그 맥을 같이 한다.
>
> [정답] ④

17. 20세기 말 미국 등에서 확산된 형사정책의 보수화현상과 관계가 먼 것은?

① 부정기형제도의 강화
② 3진법 시행
③ 정기형의 엄격성을 위한 자유형 확대
④ 마약과의 전쟁

> **해설** ① 정의모델에 관한 설명이다. 정의모델에서는 부정기형에서 정기형으로의 복귀를 주장한다.
>
> [정답] ①

18. 교정이념으로서 정의(Just Deserts)모형이 채택될 때 예상되는 교정현상으로서 가장 거리가 먼 것은?

① 지역사회교정의 확대   ② 부정기형의 지양
③ 가석방의 지양   ④ 응보측면의 강조

> **해설** ① 지역사회교정의 확대는 지역사회와 유대를 가진 프로그램의 개발 및 사회내처우의 확대를 강조하는 재통합모형과 밀접한 관계가 있다. 즉 정의모형은 형벌의 목적을 응보에 있다고 보는 응보형주의의 강화모형으로 지역사회교정의 확대와는 거리가 멀다.
>
> [정답] ①

19. 다면적 인성검사(MMPI)에 관한 설명으로 올바른 것은?

① 범죄자를 대상으로 공통적인 10가지 프로파일유형으로 분류한 것이 원래의 MMPI유형론이다.

② 최근 MMPI연구는 각 하위척도와 관련되는 성격적·행동적 변인들을 발견하는 쪽으로 집중되고 있다.

③ 10개의 임상척도는 각각의 개별척도점수를 사용해 직접적인 임상적 진단이 가능하다.

④ 일관성있게 범죄인과 비범죄인을 구분해 내는 척도는 9번 척도이다.

> **해설** ① MMPI는 원래 정신질환자의 심리진단을 목적으로 1940년에 미국의 해서웨이와 맥킨리에 의해 고안되었다. ③ 10개의 임상척도는 각각의 개별척도 점수를 사용해 간접적인 임상적 진단이 가능하다. ④ 9번 척도는 조울증의 조증 증상발현의 초기단계에 있는 환자들을 사용해서 개발된 것으로 높은 점수를 받은 사람은 목적 없는 과도한 활동, 환각, 과대망상, 혼돈, 사고의 비약을 포함한 조증 증상을 가진 것으로 평가된다. 따라서 9번 척도만이 범죄인과 비범죄인을 구분해 내는 척도가 된다고 볼 수 없다. 오히려 4번 척도는 반사회적 행동이나 법적인 문제를 일으키는 정도를 나타내므로 범죄인과 비범죄인의 구분에 가장 근접한 척도라고 할 수 있다.

> **보충**
>
> **미네소타 다면적 인성검사(MMPI)**
> • MMPI는 원래 미국 미네소타 대학병원에서 심리진단을 목적으로 1940년에 미국의 해서웨이와 맥킨리에 의해 개발되었다.
> • 최초 MMPI의 문항 내용들은 정신과적·의학적·신경학적 장애에 대한 것들이었으며, 총550개로확정되었다.
> • MMPI의 척도 중 가장 먼저 개발된 것은 건강염려증 척도였으며, 이어서 강박증, 우울반응, 히스테리의 세 가지 신경증 환자집단에 대한 척도가 개발되었다.
> • MMPI는 그 결과의 해석 및 활용에 있어서는 전문가가 필요하지만, 검사실시 및 채점방법은 간단하여 비전문가에 의해서도 손쉽게 행할 수 있다는 장점이 있는 반면, 문항 수가 너무 많고, 피검사자의 학력수준이 높아야 정확한 예측이 가능하며, 피검사자의 검사에 대한 태도와 검사상황 등에 따라 그 결과가 좌우될 수 있다는 것이 단점으로 지적되고 있다.
> • 최근 MMPI연구는 각 하위척도와 관련되는 성격적·행동적 변이들을 발견하는 쪽으로 집중되고 있다.
> • 현재MMPI는 세계적으로 가장 널리 쓰이고 많이 연구되고 있는 객관적 인성검사기법으로 알려져 있다.

정답 ②

20. 교도소화(prisonization)에 대한 설명으로 옳은 것만을 모두 고르면?

> ㄱ. 교정시설에서 문화, 관습, 규범 등을 학습하는 과정을 의미한다.
> ㄴ. 박탈모형은 수형자의 문화를 사회로부터 수형자와 함께 들어온 것으로 파악한다.
> ㄷ. 유입모형은 교도소화의 원인을 수용으로 인한 고통 및 각종 권익의 상실로 본다.
> ㄹ. 자유주의자들은 박탈모형을, 보수주의자들은 유입모형을 지지하는 경향이 있다.

① ㄱ, ㄴ   ② ㄱ, ㄷ

③ ㄱ, ㄹ   ④ ㄷ, ㄹ

ㄱ. (○) 교도소화(prisonization)란 수형자가 교도소에 입소 후 교도소사회의 문화, 관습, 규범 및 가치에 동화되는 과정을 말한다.

ㄴ. (×) 설문은 유입모형에 대한 내용이다. 박탈모형은 교도소의 수용에 따른 고통, 권익의 박탈에 대한 수형자들의 저항으로 교도소화가 진행된다고 보는 모형이다.

ㄷ. (×) 설문은 박탈모형에 대한 내용이다. 유입모형은 수형자의 교도소화는 교정시설 내에서 형성된 것이 아니라, 사회의 특정한 문화가 수형자의 입소와 함께 유입(들여온)된 것이라고 보는 모형을 말한다.

ㄹ. (○) 자유주의자들은 범죄자를 격리·구금하는 시설내 처우를 피하고, 사회내 처우를 실시할 것을 주장한다. 그러나 보수주의자들은 교정에 회의적인 견해를 가지고 범죄자들에 대하여 시설에 격리·구금하여 강력한 처벌을 해야 한다고 본다.

정답 ③

21. 교정학에 대한 설명으로 옳지 않은 것은?

① 교정학은 교화개선 및 교정행정과 관련된 일련의 문제들을 이론적·과학적으로 연구하는 학문이다.

② 교정학은 감옥학에서 시작되어 행형학, 교정교육학, 교정보호론의 명칭으로 발전해왔다.

③ 교정은 수형자에 대해 이루어지므로 교정학의 연구대상은 형벌부과대상인 범죄인에 국한된다.

④ 교정학은 자유형의 집행과정 등을 중심으로 교정전반에 관한 이념과 학리를 계통적으로 연구하는 학문일 뿐만 아니라 사회학, 심리학, 정신의학 등 학문의 종합적 응용이 요청되는 분야이다.

해설 ③ 교정학은 범죄인이나 우범자들로부터 범죄를 진압하여 국가와 사회를 보호하고 이에 기초하여 행사하는 국가형벌권이 수용자에게 어떤 영향과 고통을 주며, 그 집행과 교화는 어떤 것인지를 이론적으로 연구하는 학문이다. 즉 교정학의 연구대상은 범죄인뿐만 아니라 우범자도 포함되므로 범죄인에 국한된다는 표현은 옳지 않다.

정답 ③

22. 범죄대책의 기조를 설정함에 있어서 다음 〈보기〉의 주장과 같은 입장에 설 수 있는 설명은 어느 것인가?

> 소수의 위험한 범죄자들이 사회의 대다수 범죄를 범하므로 그들을 선별해서 무해화 시키면 범죄가 감소될 수 있다.

① 사회는 범죄의 온상이다.

② 낙인이 범죄의 원인이다.

③ 형벌은 범죄인을 선량한 국민으로 개선시키는 교육이어야 한다.

④ 삼진법(three strikes out law)이 효과적이다.

해설 보기 내용은 선별적 무능화전략에 관한 설명이다. 선별적 무능화전략을 구체적인 제도로 실현한 것이 삼진법이다.

정답 ④

23. 「형의 집행 및 수용자의 처우에 관한 법률」이 명시하고 있는 차별금지사유가 아닌 것은?

① 장애   ② 혼인여부
③ 언어   ④ 용모

해설 ①②④ 수용자는 합리적인 이유 없이 성별, 종교, 장애, 나이, 사회적 신분, 출신지역, 출신국가, 출신민족, 용모 등 신체조건, 병력, 혼인 여부, 정치적 의견 및 성적 지향 등을 이유로 차별받지 아니한다(법 제5조). 따라서 ③은 차별금지사유에 해당하지 않는다.

정답 ③

24. 행형에서 재사회화를 실현하기 위한 구체적인 실천원리로 적합하지 않은 것은?

① 행형에서의 생활조건은 시설 밖의 일상생활과 가능한 한 유사하게 이루어지도록 해야 하고, 특히 수형자의 자존심을 침해할 수 있는 것은 최대한 축소하여야 한다.
② 재사회화를 지향하는 과정에서 처우의 목적과 보안의 목표가 충돌할 때에는 처우의 목적을 우선하는 것이 바람직하다.
③ 행형은 구금에 따른 지위 변화, 박탈감, 그리고 교도소의 고유한 하위문화 형성 등 구금에 따른 부작용들을 상쇄하도록 이루어져야 한다.
④ 자율적인 재사회화를 기대하기 어려운 수형자에 대하여는 엄정구금 등의 재사회화프로그램을 실시하여야 한다.

해설 ④ 엄정구금은 침묵 속의 참회를 강요하던 과거 펜실베니아제의 구금방식으로 재사회화의 목적과는 부합되지 않는다. 따라서 아무리 자율적인 재사회화를 기대하기 어려운 수형자라 하더라도 엄정구금 등의 프로그램을 실시하는 것은 적절한 처우라고 보기 어렵다.

정답 ④

25. 다음 교정(행형)제도의 각 단계를 역사적 발전 순서대로 나열한 것은?

┌───┐
│ ㉠ 교육적 개선단계   ㉡ 위하단계
│ ㉢ 복수단계   ㉣ 사회적 권리보장단계
│ ㉤ 과학적 처우단계
└───┘

① ㉢ → ㉡ → ㉠ → ㉣ → ㉤   ② ㉢ → ㉡ → ㉤ → ㉠ → ㉣
③ ㉢ → ㉡ → ㉠ → ㉤ → ㉣   ④ ㉡ → ㉢ → ㉠ → ㉣ → ㉤

해설 ③ 세계의 교정 역사는 복수적 시대 → 위하적 시대(형벌의 국가화) → 교육적 개선시대(형벌의 법률화) → 과학적 처우시대(형벌의 개별화) → 사회적 협력시대(행형의 국제화시대)의 순서로 발전되었다.

정답 ③

26. 교정의 세계사적 발전과정과 관련한 다음 내용 중 틀린 것은?

① 세계적인 교정의 흐름은 복수적 단계, 교육적 개선단계, 과학적 처우단계, 사회적 권리보장 단계로 발전하였다.

② 위하적 단계는 개인적인 형벌에 입각한 속죄형제도를 그 내용으로 하며, 대표적인 법전은 카톨리나 형법전이다.

③ 탈리오법칙이란 범죄행위에 대한 처벌로서 동해보복사상이라고도 한다.

④ 사회적 권리보장단계는 보호관찰, 가석방, 중간처우의 집 등의 사회내처우 프로그램이 인기를 얻게 된 시기이다.

> **해설** ② 위하적 단계는 왕권강화 및 중앙집권제의 등장으로 국가가 형벌을 관장하던 시대였으므로 개인적인 형벌에 입각한 속죄형제도를 그 내용으로 한다는 표현은 옳지 않다. 위하적 단계에서의 대표적인 법전은 카톨리나 형법전으로 이는 맞는 표현이다.
>
> **[정답] ②**

27. 교정관련 국제회의에 대한 설명이다. 잘못 기술한 것은?

① APCCA는 아시아 및 태평양지역 국가의 교정국장회의로서 2005년 서울에서 제25차 회의가 개최되었다.

② 「국제 형법 및 형무회의(IPPC)」를 계승한 회의는 국제교정협회(ICPA)이다.

③ 국제형사학협회는 리스트의 마르부르그강령, 이탈리아의 실증주의, 프랑스와 독일의 사회학적범죄이론을 근간으로 한다.

④ 미결구금자처우만 다룬 최초의 국제회의는 제8회 「UN 범죄방지 및 범죄자처우회의」이다.

> **해설** ② 「국제 형법 및 형무회의(IPPC)」는 1950년 헤이그회의의 결정으로 그 활동을 종료하고, 국제연합에 인수되어 「유엔 범죄방지 및 범죄자처우회의」로 계승되었다.   **[정답] ②**

28. 다음 중 「UN피구금자처우 최저기준규칙」과 관련이 없는 것은?

① 피구금자의 인종·피부색·성별·언어·종교 등에 의해 차별할 수 있으나, 필요한 최소한에 그쳐야 한다.

② 위생설비는 모든 피구금자가 필요한 때 청결하고 단정하게 생리적 욕구를 볼 수 있기에 적합하여야 한다.

③ 음료수는 모든 피구금자가 필요한 때 언제나 마실 수 있도록 마련되어야 한다.

④ 모든 피구금자는 자격을 가진 치과의사의 치료를 받을 수 있어야 한다.

> **해설** ① 이 규칙은 공평하게 적용되어야 한다. 피구금자의 인종, 피부색, 성별, 언어, 종교, 정치적 또는 그 밖의 견해, 국적, 사회적 신분, 재산, 출생 또는 그 밖의 지위에 의하여 차별이 있어서는 안 된다(유엔 피구금자처우 최저기준규칙 제6조 제1항).
>
>   ② 동 규칙 제12조. ③ 동 규칙 제20조 제2항. ④ 동 규칙 제22조 제3항   **[정답] ①**

29. 다음은 「UN피구금자처우 최저기준규칙」 중 규율 및 징벌에 관한 내용이다. 옳은 것은 모두 몇 개인가?

> ㉠ 규율 및 질서는 엄정히 유지되어야 하나 필요한 한도를 넘어서는 아니 된다.
> ㉡ 동일한 위반에 대해서는 이중으로 징벌 받지 아니한다.
> ㉢ 금치나 감식의 징벌은 의사의 진찰을 통해 대상자가 이러한 징벌을 견딜 수 있다는 것을 증명한 후에만 부과될 수 있다.
> ㉣ 피구금자도 필요한 경우 시설의 업무를 부여받거나 규율의 권한을 행사할 수 있다.
> ㉤ 징벌대상이 되는 피구금자는 자신에 대해 항변할 기회를 가지기 전에는 징벌을 받아서는 안된다.
> ㉥ 체벌이나 암실수용 등의 징벌은 극소수의 피구금자에 대해 제한적으로만 사용할 수 있다.

① 3개　　　　　② 4개　　　　　③ 5개　　　　　④ 6개

해설　○ : ㉠ 유엔피구금자처우 최저기준규칙 제27조, ㉡ 동 규칙 제30조 제1항, ㉢ 제32조 제1항, ㉣ 동 규칙 제28조 제1항·제2항, ㉤ 동 규칙 제30조 제2항
　　　　× : ㉥ 체벌이나 어두운 거실에 수용, 잔인하거나 비인간적이거나 굴욕적인 모든 징벌은 규율위반에 대한 처벌로서 완전히 금지되어야 한다(유엔 피구금자처우 최저기준규칙 제31조).

정답 ③

30. 다음은 「UN피구금자처우 최저기준규칙」에서 규정하고 있는 의료관련 권고내용이다. 틀린 것은?

① 모든 시설에는 수술 장비가 갖추어져 있어야 한다.
② 모든 시설에는 정신의학지식을 가진 1명 이상의 의사의 진료를 받을 수 있도록 해야 한다.
③ 여자교도소에는 산전 및 산후 간호 및 처치를 위해 필요한 설비가 갖추어져야 한다.
④ 모든 수용자들은 치과의사의 진료를 받을 수 있어야 한다.

해설　① 전문의사의 치료를 요하는 질병을 가진 피구금자는 전문시설 또는 일반병원에 이송되어야 한다. 병원설비가 시설 내에 설치되어 있을 경우 그 기구, 비품 및 의약품은 병자의 간호 및 치료에 적합한 것이어야 하며, 적절히 훈련된 직원이 배치되어야 한다(유엔 피구금자처우 최저기준규칙 제22조 제2항). 즉 동 규칙에서는 외부병원의 이송을 규정하고 있을 뿐 수술장비를 갖추어야 한다는 내용은 없다.
　　　　② 동 규칙 제22조 제1항. ③ 동 규칙 제23조 제1항. ④ 동 규칙 제22조 제3항.

정답 ①

31. 「UN피구금자처우 최저기준규칙」에 대한 설명 중 틀린 것은?

① 계절과 지역에 따라 위생상 필요한 만큼 알맞은 온도로 목욕하거나 샤워할 수 있게 하여야 한다.
② 무기조작훈련을 받지 아니한 직원에게도 필요 시 무기를 지급할 수 있다.
③ 실외작업을 하지 아니하는 모든 피구금자는 날씨가 허락하는 한 매일 적어도 1시간의 적당한 실외운동을 하도록 하여야 한다.
④ 모든 피구금자는 자격 있는 치과의사의 치료를 받을 수 있어야 한다.

② 직무상 피구금자와 직접 접촉하는 직원은 특별한 경우를 제외하고는 무기를 휴대하여서는 안 된다. 더구나 무기의 사용에 관한 훈련을 받지 아니한 직원에게는 어떠한 경우에도 무기를 지급해서는 안 된다(유엔 피구금자처우 최저기준규칙 제54조 제3항).
① 동 규칙 제13조 ③ 동 규칙 제21조 제1항. ④ 동 규칙 제22조 제3항

정답 ②

32. 「UN피구금자처우 최저기준규칙」에 관한 다음 설명 중 옳지 않은 것으로만 짝지어진 것은?

> ⊙ 이 규칙은 각 국가가 의무적으로 준수하여야 한다.
> ⓒ 1928년 「국제형법 및 형무회의(IPPC)」의 원안을 기초로 1955년 제1회 「유엔 범죄방지 및 범죄자처우회의」에서 채택되었다.
> ⓒ 이 규칙은 피구금자뿐만 아니라 사회내처우를 받는 보호관찰대상사 및 사회봉사명령대상자 등에게도 적용된다.
> ⓔ 이 규칙에서는 계구는 징벌의 수단으로 결코 사용되어서는 아니 된다고 규정하고 있다.
> ⓜ 이 규칙에서는 미결수용자와 수형자의 분리수용원칙을 천명하고 있다.
> ⓗ 이 규칙에서는 피수용자의 인원은 500명을 초과하지 아니할 것을 권고하고 있다.

① ⊙, ⓒ   ② ⊙, ⓔ
③ ⓒ, ⓜ   ④ ⓒ, ⓗ

 × : ⊙ 이 규칙은 각국에 시행을 권고할 분 구속력은 없다. ⓒ 이 규칙은 피구금자, 즉 시설내처우의 대상자에 관한 사항이므로 사회내처우의 대상자에게는 적용될 여지가 없다.
○ : ⓒⓔⓜⓗ

정답 ①

33. 「UN피구금자처우 최저기준규칙」이 정한 교도작업에 관한 내용이 아닌 것은?

① 모든 수형자는 교도작업의 의무를 지며, 이 작업은 성질상 고통을 주는 것이어서는 안 된다.
② 직업병을 포함하여 산업재해로부터 수형자들을 보호하기 위한 규정은 법률에 의하여 자유노동자에게 인정되는 조건보다 불리한 것이어서는 안 된다.
③ 수형자의 하루 및 주당 최대 작업시간은 자유노동자의 고용에 관한 지역적 기준과 관습을 참작하여 법률 또는 행정규칙으로 정하여야 한다.
④ 수형자의 작업에 대한 수입은 원칙적으로 국고수입으로 하여야 한다.

해설 ④ 수형자의 작업에 대한 공정한 보수제도가 있어야 한다(유엔 피구금자처우 최저기준규칙 제76조 제1항). 이 제도하에서는 수형자는 적어도 수입의 일부를 자신의 용도를 위하여 허가된 물품을 구입하는 데 사용하고 일부를 가족에게 보내는 것이 허용되어야 한다(동조 제2항).
① 동 규칙 제71조 제1항·제2항 ② 동 규칙 제74조 제2항. ③ 동 규칙 제75조 제1항

정답 ④

34. 피구금자의 처우에 대하여 「UN피구금자처우 최저기준규칙」에 규정된 내용으로 옳지 않은 것은?

① 피구금자에게는 신체를 청결히 유지할 것을 요구하여야 한다.

② 규율과 질서는 엄정히 유지되어야 하나, 안전한 구금과 질서 있는 소내생활을 유지하기 위하여 필요한 한도를 넘어서는 안 된다.

③ 구금형의 목적과 정당성은 궁극적으로 사회를 범죄로부터 보호하는 데 있다.

④ 정신병자로 판명된 수형자는 원칙적으로 교도소에 구금하되, 의무관의 특별한 감독을 받아야 한다.

> **해설** ④ 정신병자로 판명된 수형자는 교도소에 구금해 두어서는 안되고, 가능한 한 신속히 정신과 의료시설로 이송하기 위한 조치가 취해져야 한다(유엔 피구금자처우 최저기준규칙 제82조 제1항).
> ① 동 규칙 제15조. ② 동 규칙 제27조. ③ 동 규칙 제58조. 정답 ④

35. 「UN피구금자처우 최저기준규칙」에 대한 설명으로 옳지 않은 것은?

① 미결수용자는 기결수용자와 분리하여 구금하여야 하지만, 교도소장이 수용자의 교정을 위하여 특별히 필요하다고 인정하는 경우에는 분리하지 아니하고 구금할 수 있다.

② 피구금자에게는 신체를 청결히 유지할 의무를 부과하여야 하며, 이를 위하여 건강 및 청결유지에 필요한 만큼의 물과 세면용품을 지급하여야 한다.

③ 모든 피구금자는 자격 있는 치과의사의 치료를 받을 수 있어야 한다.

④ 여자 피구금자는 여자직원에 의하여서만 보호되고 감독되어야 하지만, 남자의사는 여자시설에서 의료행위를 할 수 있다.

> **해설** ① 미결수용자는 기결수용자와 분리하여 구금하여야 한다(유엔 피구금자최저기준규칙 제8조 ⓑ). 즉 동 규칙에 따르면 미결수용자와 기결수용자의 분리구금에는 예외규정이 존재하지 않는다. ② 동 규칙 제15조. ③ 동 규칙 제22조 제3항. ④ 동 규칙 제53조 제3항
> 정답 ①

36. 다음중 조선시대의 5형이 아닌 것은?

① 태형   ② 사형
③ 도형   ④ 흉형

> **해설** ①②③ 조선시대의 5형이란 태형, 장형, 도형, 유형, 사형을 말한다.
> 정답 ④

37. 우리나라 형벌의 역사에 대한 설명으로 옳지 않은 것은?

① 고려시대에는 속전제도가 있어 일정한 범위에서 속전을 내고 형벌을 대신할 수 있었다.

② 고구려에는 훔친 물건에 대하여 12배의 배상을 부과하는 일책십이법이 존재하였다.

③ 조선시대 도형의 기간은 1년에서 5년까지 3종으로 구분하였는데, 장형이 병과되었다.

④ 1894년 갑오개혁을 계기로 종래의 전통적인 5형(태형, 장형, 도형, 유형, 사형) 중심의 형벌 체계가 자유형 중심으로 전환되었다.

> **해설** ③ 도형은 단기 1년에서 장기 3년까지 5종으로 구분하였고, 반드시 장형이 병과되었다.
>
> 정답 ③

38. 조선시대 유형 중 집 주위에 가시나무 울타리를 치고 그 안에서 살게 하는 형벌은?

① 본향안치   ② 위리안치

③ 절도안치   ④ 부처

> **해설** 조선시대 유형의 종류로는 죄인을 먼 곳으로 강제 이주시키는 천사, 관원에 대하여 과하는 유형의 일종으로 일정 거주지역을 지정하여 그곳에서만 거주하도록 하는 부처, 유형 중에서 행동의 제약이 가장 심한 것으로 일정한 장소에 격리하는 안치가 있었다. ② 안치에는 은전적 차원에서 죄인을 그의 고향에 안치하는 본향안치, 가옥 주위에 가시나무 울타리를 치고 외출을 통제하는 위리안치, 외딴 섬에 격리하는 절도안치 등이 있었다.

┃조선시대 유형의 종류┃

천사	• 일반 상민을 대상으로 죄인을 1000리 밖으로 강제 이주시키는 형벌 • 일단 이주 후에는 일반양민과 동등한 생활을 유지 • 전가사변은 전 가족을 이주시키는 형벌로 천사 중에서 가장 가혹
부처	• 관원이나 유생에 대하여 과하는 유형
안치	왕족이나 고위관직에 있는 자를 대상으로 일정한 장소에 격리하여 유거하게 하는 방법 • 본향안치: 죄인을 그의 고향에 안치하는 것으로 안치 중 가장 가벼운 형벌 • 위리안치: 가옥주위에 가시나무 울타리를 치고 외출을 통제 • 절도안치: 외딴 섬에 죄인을 격리하여 안치하는 것으로 안치 중 가장 가혹

> 정답 ②

39. 조선시대 유형(流刑)에 대한 설명으로 옳은 것은?

① 유배지에 직계존속을 동반할 수도 있었다.

② 중도부처는 유형 중 행동의 제한이 가장 많았다.

③ 유배죄인에 대한 계호와 처우의 책임은 형조에 있었다.

④ 유형은 기간이 정해져 있어 현재의 유기금고형에 해당한다.

해설 ① 유형에는 본향안치, 절도안치, 위리안치 등이 있고, 이 중에서 위리안치(가시나무)는 다른 유형과 달리 가족동반도 금지되었다.
② 중도부처는 관원에 대한 유형으로, 가까운 중간 지점을 지정하여 그곳에서 머물러 살게 하는 형벌로, 안치보다는 가벼운 유배형의 행동의 제약이 비교적 자유로왔다
③ 유배죄인에 대한 계호와 처우의 책임은형도가 아닌 그 유배지의 수령에게 있었다.
④ 유형은 유배지에서 죽을 때까지 지내야 하는 형벌로서, 기간의 정함이 없어 오늘 날에 형벌중 무기금고에 해당한다.

정답 ①

40. 조선시대의 형벌제도에 대한 설명으로 옳지 않은 것은?

① 유형은 중죄인을 먼 지방으로 귀향 보내 죽을 때까지 고향으로 돌아오지 못하게 하는 형벌이다.
② 충군은 왕족이나 현직고관인 사람에 한하여 일정한 장소에 격리시켜 유지하게 하는 형벌이다.
③ 도형은 오늘날의 유기 징역형에 해당하는 것으로 범죄인을 관아에 구금하여 소금을 굽거나 쇠를 달구는 등의 노역에 종사하게 하는 형벌이다.
④ 자자형은 부가형으로 신체의 어느 부위에 먹물로 글씨를 새겨 넣는 형벌이다.

해설 ② 충군이란 수군이나 변방의 군력에 복무시키는 것으로 주로 군인이나 군관련 범죄에 대하여 적용되는 일종의 대체형벌이었다. 왕족이나 현직고관을 대상으로 일정한 장소에 격리시키는 형벌은 안치이다.

▌조선시대 형벌 중 부가형의 종류▐

자자형	신체의 특정부위에 먹물로 글씨를 새겨 넣은 형벌
노비몰입	범죄인이나 그 가족을 노비에 편입시키는 형벌
몰수형	범죄인이나 그 가족의 재산을 몰수하는 형벌
배상형	범죄인의 재산을 강제로 징발하여 피해자 측에 지급하는 형벌
윤형	승려 등이 죄를 지은 경우 그 신분을 박탈하는 것으로 오늘날 자격상실과 유사한 형벌

정답 ②

41. 조선시대 유형의 종류에 관한 설명이다. 바르지 않은 것은?

① 천사는 죄인을 1000리 밖으로 강제 이주시켜 일반양민과 동등한 생활을 유지하게 하는 형벌이다.
② 본향안치는 죄인을 그의 고향에 안치하는 형벌로서 은전적 차원에서 시행하였다.
③ 위리안치는 가옥주위에 가시나무 울타리를 치고 외출을 통제하는 형벌이다.
④ 절도안치는 관원에 대하여 과하는 유형의 일종으로 일정지역을 지정하여 거주하게 하는 형벌이다.

해설 ④ 절도안치는 외딴 섬에 죄인을 격리하여 안치하는 유형의 일종이다. 관원에 대하여 과하는 유형은 부처이다.

정답 ④

42. 조선시대의 형벌제도에 관한 설명으로 틀린 것은?

① 유교적 인본주의에 입각하여 사형에 관하여 3복제를 실시하였다.

② 죄수의 구금은 주로 의금부에서 시행하였다.

③ 형벌의 종류로는 태형·장형·도형·유형·사형의 5종류가 있었다.

④ 사형수 외의 죄수로 친상을 당한 경우에는 현행법 규정의 특별귀휴와 같이 죄수를 석방하여 상을 치르게 하였다.

> **해설** ② 일반죄수의 구금은 주로 전옥서에서 담당하였으며, 의금부는 왕실, 왕족에 대한 범죄, 관원으로서 관기를 문란하게 한 범죄, 사헌부가 탄핵한 사건, 국사범, 역모 및 반역죄의 사건 등을 관장하였다. ④는 휼형제도의 일종인 보방에 관한 설명이다.
>
> 정답 ②

43. 조선시대 행형에 관한 설명 중 틀린 것은?

① 유형제도를 실시하였다.

② 사형제도에는 참형이 있었다.

③ 형벌의 종류에는 태형·장형·도형·유형·사형이 있었다.

④ 사형벌제도는 시행되지 않았다.

> **해설** ④ 조선시대에는 공형벌외에도 사형벌이 공공연히 행해졌는데 주로 유교적 예법을 크게 어긴 경우와 권문세가에서 노비를 대상으로 이루어졌다. ② 사형의 방법으로는 참형 이외에 교형, 사사가 있었다.
>
> **▌조선시대 사형의 종류▌**
>
> | 교형 | 죄인의 목을 졸라 죽이는 방법 |
> |---|---|
> | 참형 | 죄인의 목을 칼로 쳐서 죽이는 방법 |
> | 사사 | 왕족이나 관리가 역모사건에 연관되었을 때 왕명으로 독약을 마시고 죽게하는 방법 |
>
> 정답 ④

44. 우리나라 교정(행형)의 역사에 대한 설명으로 옳지 않은 것은?

① 조선시대 장형(杖刑)은 갑오개혁 이후에 폐지되었다.

② 미군정기에는 선시제도가 실시되고 간수교습규정이 마련되었다.

③ 1961년 법 개정으로 형무소의 명칭이 교도소로 변경되었다.

④ 1894년에 마련된 징역표는 수형자의 단계적 처우에 관한 내용을 담고 있었다.

> **해설** 미군정기에 선시제도인 우량수형자석방령이 실시되었다. 그러나 간수교습규정은 일제시대인 1917년에 간수를 채용하고 교육하기 위하여 둔 규정을 말한다.
>
> ① 장형은 갑오개혁 때 행형제도를 개혁하면서 폐지되었다.
>
> ③ 교정시설의 명칭은 일제시대에는 1923년부터 '형무소'를 사용하다가, 1961년 법 개정으로 '교도소'로 변경되었다.
>
> ④ 1894년에 마련된 징역표에는 징역수형자에 대 누진처우를 시행하였다.
>
> 정답 ②

45. 조선시대 행형제도와 관련한 다음 설명 중 틀린 것은?

① 형벌의 종류로는 고려시대와 마찬가지로 태형, 장형, 도형, 유형, 사형의 5형을 기본으로 하였다.

② 남형을 방지하고 인권을 보호하려는 취지에서 인신을 구속할 수 있는 기관을 직수아문이라 고하여 경국대전에 특별히 규정하였다.

③ 사형은 삼복제를 시행하고, 국왕의 재결에 의해서만 집행할 수 있었다.

④ 유형의 오늘날의 징역형에 해당하는 것으로 장형이 부과되었다.

> 해설 ④ 유형은 오늘날의 무기금고형에 해당하는 것으로 장형이 병과되었다. 오늘날의 징역형에 해당하는 조선시대 형벌은 도형으로 단기 1년에서 장기 3년까지 5종으로 구분하였다.
>
> 정답 ④

46. 조선시대 형벌제도에 대한 설명으로 옳지 않은 것은?

① 형조에서 감옥과 범죄수사업무를 담당했던 부서는 전옥서이다.

② 사형수를 수용하는 시설로 남간을 두었다.

③ 도형은 일정기간 동안 관아에서 노역에 종사하는 것으로 장형이 병과되었다.

④ 유형의 일종인 안치는 주로 왕족이나 현직고관에 대해서 인정되었다.

> 해설 ① 조선시대 형조에서 감옥과 범죄수사업무를 담당했던 부서는 장금사이다.
>
> **┃ 조선시대 형조 중 4사 ┃**
>
> | 상복사 | 사형죄에 해당하는 중죄자의 복심을 담당 |
> |---|---|
> | 고율사 | 법령의 조사 및 심의를 담당 |
> | 장금사 | 감옥과 범죄수사를 담당 |
> | 장예사 | 노예의 호적과 소송 및 포로에 관한 업무를 담당 |
>
> 정답 ①

47. 조선시대의 형벌제도에 대한 설명으로 옳지 않은 것은?

① 도형은 형 집행에 있어서 집행관의 자의가 개입하기 쉽기 때문에 남형의 폐해가 가장 많았다.

② 질병에 걸린 자나 임신한 여자는 태형을 집행하지 않고 대신 속전을 받았다.

③ 장형은 태형보다 중한 벌로써 60대에서 100대까지 5등급이 있었고, 별도로 집행하는 경우도 있었지만 도·유형에 대하여 병과하는 것이 보통이었다.

④ 유형 중 안치는 왕족이나 고관현직자에 적용되었고, 유거의 성질에 따라 본향안치, 절도안치, 위리안치 등이 있었다.

> 해설 ① 조선시대의 형벌 중 남형의 폐해가 가장 많았던 것은 장형이다. 장형은 집행관의 자의가 개입될 여지가 많았기 때문이다.
>
> 정답 ①

48. 조선시대 휼형과 형벌제도에 대한 설명으로 옳지 않은 것은?

① 휼형이란 범죄인에 대한 수사와 재판, 형집행을 엄중·공정하게 진행하되, 죄인을 진실로 불쌍히 여겨 성심껏 보살피며 용서하는 방향으로 고려해주는 일체의 행위라고 정의할 수 있다.

② 휼형의 사례로는 사형은 유형으로, 유형은 장형으로, 도형은 태형으로 처리하는 감형이 있었다.

③ 구금 중인 죄인의 건강이 좋지 않거나 구금 중에 친상을 당한 때에 죄인을 옥에서 석방하여 불구속상태로 재판을 받게 하거나 상을 치르고 난 후 다시 구금하는 보방제도가 있었다.

④ 조선시대 유형은 중죄자를 지방으로 귀양 보내 죽을 때까지 고향으로 돌아오지 못하게 하는 형벌로 기간이 정해지지 않았다는 점에서 오늘날 무기금고형에 속한다.

> 해설 ② 유형은 도형으로, 도형은 장형으로 죄를 한 단계씩 강등해 주었다.

| 조선시대 휼형제도 |

사면	죄를 용서하여 형벌을 면제해 주는 제도
감강종경	사형에 해당하는 죄는 유형으로, 유형은 도형으로, 도형은 장형으로 죄를 한 단계씩 강등해 주는 것으로 오늘날 감형과 유사한 제도
보방	구금 중인 죄인의 건강이 좋지 않거나 친상을 당한 경우 죄인을 옥에서 석방하여 불구금상태로 재판을 받게 하거나 상을 치른 후 다시 구금하는 것으로 오늘날 구속집행정지, 형집행정지, 특별귀휴 등과 유사한제도

> 정답 ②

49. 우리나라 행형의 역사에 관한 내용 중 옳지 않은 것은?

① 고조선시대의 행형은 8조법금 등에서 나타난 바와 같이 복수적 응보가 강했다.

② 조선시대 형벌 가운데 도형과 유형은 오늘날 자유형과 유사하다.

③ 일제침략기에는 일본행형법규를 그대로 의용하여 근대적 교육형주의 행형을 시행하였다.

④ 미군정시대에는 수용자 석방청원제도가 있었다.

> 해설 ③ 일제침략기의 행형법규는 일본법규를 의용하여 형식은 근대적 모습을 지니고 있었으나, 실제로는 조선감옥령을 제정하여 태형제도나 예방구금을 인정하는 등 응보주의적 행형을 시행하였다.

> 정답 ③

50. 다음 중 우리나라 행형사와 관련하여 틀린 것은?

① 감옥규칙에 의해서 기결감과 미결감이 분리되었다.

② 1948년 해방과 동시에 형무소에서 교도소로 명칭을 변경하였다.

③ 미군정시대에는 석방청원제도가 있었다.

④ 감옥규칙에서는 판사와 검사의 감옥순시를 명시하였다.

> 해설 ② 형무소에서 교도소로 명칭이 변경된 것은 1961.12.23(행형법 제1차 개정)이다.

> 정답 ②

51. 다음 설명 중 틀린 것은?

① 형정국에서 교정국으로 바뀐 것은 1962년이다.
② 미군정시대에서 선시제도를 시행한 적이 있다.
③ 형무소 개칭은 한일합방 직후이다.
④ 행형법은 1950년에 제정되었다.

해설 ③ 1923년 조선감화령의 제정에 따라 '감옥'을 '형무소'로, '분감'을 '지소'로, '감옥과'를 '행형과'로 개칭하였다.

정답 ③

52. 우리나라 교정사를 시기순으로 바르게 나열한 것은?

⊙ 감옥규칙 의 제정   ⓒ 4개 지방교정청의 신설
ⓒ 행형법의 제정   ⓐ 민영교도소 등의 설치·운영에 관한 법률의 제정
ⓜ 교정국을 교정본부로 확대 개편

① ⊙ → ⓒ → ⓒ → ⓐ → ⓜ   ② ⊙ → ⓒ → ⓒ → ⓐ → ⓜ
③ ⊙ → ⓒ → ⓒ → ⓜ → ⓐ   ④ ⊙ → ⓒ → ⓐ → ⓒ → ⓜ

해설 ② 주어진 지문을 시기순으로 나열하면 감옥규칙의 제정(1894년),행형법의 제정(1950년), 4개 지방교정청의 신설(1991년), 민영교도소의 설치·운영에 관한 법률의 제정(2000년), 교정국을 교정본부로 확대 개편(2007년)이다.

정답 ②

53. 우리나라 구금시설의 명칭을 시기 순으로 바르게 나열한 것은?

① 영어 – 전옥서 – 감옥서 – 형무소 – 교도소   ② 뇌옥 – 감옥서 – 전옥서 – 형무소 – 교도소
③ 형옥 – 형무소 – 전옥서 – 감옥서 – 교도소   ④ 수옥 – 전옥서 – 형무소 – 감옥서 – 교도소

해설 ① 영어, 뇌옥, 형옥, 수옥은 삼국시대의 구금시설, 전옥서는 고려시대의 구금시설, 감옥서는 갑오개혁 이후의 구금시설, 형무소는 일제강점기의 구금시설, 교도소는 1961년 행형법 제1차 개정 이후의 구금시설 명칭이다.

┃교정시설의 명칭 변천 흐름┃

삼국시대	뇌옥·영어·형옥·수옥
고려시대	전옥서
갑오개혁이후	감옥서
일제강점기	형무소
행형법제1차 개정	교도소

정답 ①

01. 형집행법의 성질에 관한 설명으로 옳지 않은 것은?

① 국가와 수용자 간의 공법적인 관계를 규율하는 공법이다.

② 형벌권의 발생요건을 규정한 형법과 마찬가지로 실체법이다.

③ 배분적 정의에 입각하여 범죄로부터 사회를 보호하고, 공공의 안녕과 질서유지라는 공익을 추구하는 형사법이다.

④ 형의 집행 및 수용자의 처우에 관하여 국가권력에 의하여 강제적으로 일방적인 법적 효과를 발생시키는 강행법이다.

해설 ② 형집행법은 형벌권을 실현하는 구체적 절차를 규정하는 절차법의 성격을 가진다.

┃ 형의 집행 및 수용자의 처우에 관한 법률의 성격 ┃

공법	국가와 수용자 간의 공법관계를 규율하고, 동법으로 보호되는 법익은 공익의 유지·향상에 있다.
행정법	수형자를 교화개선하여 건전한 사회인으로 복귀시킨다는 합목적성에 그 목적을 두고 있다.
형사법	형벌의 집행과 범죄인으로부터 사회를 보호하는 공공의 안전과 질서유지라는 공익을 추구한다.
절차법	형벌권을 실현하는 구체적 절차를 규정하고 있다.
강행법	국가권력에 의하여 강제적으로 일방적인 법적 효과를 발생시킨다.

정답 ②

02. 「형의 집행 및 수용자의 처우에 관한 법률」상 용어에 대한 설명으로 옳지 않은 것은?

① '수용자'란 법률과 적법한 절차에 따라 교정시설에 수용된 사람으로서 수형자 및 미결수용자는 물론이고 사형확정자까지도 포함한다.

② '수형자'란 징역형·금고형 또는 구류형의 선고를 받아 그 형이 확정되어 교정시설에 수용된 사람을 말하며, 벌금 또는 과료를 완납하지 아니하여 노역장 유치명령을 받아 교정시설에 수용된 사람은 제외한다.

③ '미결수용자'란 형사피고인 또는 형사피의자로서 체포되거나 구속영장의 집행을 받아 교정시설에 수용된 사람을 말한다.

④ '사형확정자'란 사형의 선고를 받아 그 형이 확정되어 교정시설에 수용된 사람을 말한다.

해설 • "수형자"란 징역형 · 금고형 또는 구류형의 선고를 받아 그 형이 확정되어 교정시설에 수용된 사람과 벌금 또는 과료를 완납하지 아니하여 노역장 유치명령을 받아 교정시설에 수용된 사람을 말한다.(형집행법 제2조 제2호).

• "수용자"란 수형자 · 미결수용자 · 사형확정자 등 법률과 적법한 절차에 따라 교도소 · 구치소 및 그 지소(이하 "교정시설"이라 한다)에 수용된 사람을 말한다.(동법 제2조 제1호)

정답 ②

03. 형집행법의 기능이 아닌 것은?

① 규범적 기능
② 강제적 기능
③ 보호적 기능
④ 형식적 기능

해설 ①②③ 형집행법은 일정한 법적 효과를 부여하는 규범적 기능, 일정한 준칙에 대한 복종을 강요하는 강제적 기능, 기본적 인권과 최저의 문화적 생활을 보장하는 보호적 기능, 행형에 관한 제도를 창설하는 형제적 기능을 가진다.

▌형의 집행 및 수용자의 처우에 관한 법률의 기능 ▌

규범적기능	교정시설에서 발생하는 상황에 대하여 정해진 기준에 따라 효과를 부여하는 기능
강제적 기능	수용자가 동법이 요구하는 작위·부작위를 위반할 때 강제적으로 이를 실현하는 기능
보호적 기능	수용자의 기본적 인권과 최저한도의 문화적 생활을 확보해 주는 기능
형제적 기능	형의 집행 및 수용자처우에 관한 여러 가지 제도를 창설하고 정립하는 기능

정답 ④

04. 형집행법 제1조에 규정된 목적이 아닌 것은?

① 수형자의 교정교화와 건전한 사회복귀 도모
② 수형자, 미결수용자, 사형확정자 등의 처우와 권리를 규정
③ 보호관찰과 갱생보호의 처우를 규정
④ 교정시설의 운영에 관한 사항을 규정

해설 ①②④ 이 법은 수형자의 교정교화와 건전한 사회복귀를 도모하고, 수용자의 처우와 권리 및 교정시설의 운영에 관하여 필요한 사항을 규정함을 목적으로 한다(법 제1조)

정답 ③

05. 수용자에 관한 설명으로 틀린 것은?

① 벌금을 완납하지 아니하여 노역장 유치명령을 받은 사람은 수형자이다.
② 구속영장 없이 긴급체포된 사람은 미결수용자이다.
③ 법원의 감치명령을 받아 수용된 자는 수용자가 아니다.
④ 사형확정자, 미결수용자, 수형자는 수용자이다.

해설 ③ "수용자"란 수형자·미결수용자·사형확정자 등 법률과 적법한 절차에 따라 교정시설에 수용된 사람을 말한다(법 제2조 제1호). 즉 법원의 감치명령을 받아 수용된 자는 수형자도 미결수용자도 아니나, '그 밖에 법률과 적법한 절차에 따라 교정시설에 수용된 사람'에 해당하므로 수용자에 해당한다.
① 동조 제2호. ② 동조 제3호. ④ 동조 제1호.

▌형집행법상 수용자 ▌

수형자	• 징역형, 금고형, 구류형의 선고를 받아 그 형이 확정되어 교정시설에 수용된 사람 • 벌금 또는 과료를 완납하지 아니하여 노역장 유치명령을 받아 교정시설에 수용된 사람
미결수용자	형사피의자 또는 형사피고인으로서 체포되거나 구속영장의 집행을 받아 교정 시설에 수용된 사람
사형확정자	사형의 선고를 받아 그 형이 확정되어 교정시설에 수용된 사람
기타	법률과 적법한 절차에 따라 교정시설에 수용된 사람(예: 일시수용자, 감치명령을 받은 자)

정답 ③

06. 다음의 내용 중 틀리게 기술한 것은?

① 벨기에의 간트교도소는 분류수용이 보다 과학적으로 시행되고, 개선된 의료시설을 구비하였으며, 독거제를 인정하는 등 가장 모범적인 근대교도소의 효시로 평가 받고 있다.

② 네덜란드의 암스텔담 노역장은 가장 오래된 최초의 교정시설로 평가받고 있다.

③ 파빌리온식은 푸신에 의해 고안된 병렬식 구조로서 계호인원이 많이 소요되지만, 사동 간 공간이 확보되어 채광과 통풍 등 보건위생에 유리하고, 수용자의 유형별 처우 및 경비기능에 유리하다.

④ 오번형은 주간에는 혼거작업하고, 야간에는 독거수용하기에 적합한 건축구조이다.

> **해설** ② 1555년 설립된 영국의 브라이드웰 노역장이 가장 오래된 최초의 교정시설로 알려져 있다.

브라이드 웰 노역장	1555년 영국에 설치된 교정시설로서 가장 오래된 교정시설
암스테르담 노역장	1595년 네덜란드에 설치된 교정시설로 교정처우 근대화의 기초
산 미켈레 소년감화원	1703년 교황 클레멘스 11세가 로마에 설치한 교정시설로 소년구금시설의 시초
간트 교도소	1773년 필립 빌레인에 의해 건축된 교도소로 근대 교도소의 시초

정답 ②

07. 교정시설의 경비등급에 관한 설명으로 가장 적절하지 않은 것은?

① 개방시설— 도주방지를 위한 통상적인 설비의 전부 또는 일부를 갖추지 아니하고, 통상적인 관리·감시의 전부 또는 일부를 하지 아니하는 교정시설

② 완화경비시설— 수형자의 자율적인 활동이 가능하도록 통상적인 설비 및 수형자에 대한 관리·감시를 일반경비시설보다 완화한 교정시설

③ 일반경비시설— 도주방지를 위한 통상적인 설비를 갖추고, 수형자에 대하여 통상적인 관리·감시를 하는 교정시설

④ 중경비시설— 도주방지 및 수형자 상호 간의 접촉을 차단하는 설비를 강화하고, 수형자에 대한 관리·감시를 엄중히 하는 교정시설

> **해설** ② 완화경비시설이란 도주방지를 위한 통상적인 설비 및 수형자에 대한 관리·감시를 일반경비시설보다 완화한 교정시설을 말한다(법 제57조 제2항 제2호).

┃교정시설의 경비등급별 구분┃

개방시설	도주방지를 위한 통상적인 설비의 전부 또는 일부를 갖추지 아니하고, 수형자의 자율적 활동이 가능하도록 통상적인 관리·감시의 전부 또는 일부를 하지 아니하는 교정시설
완화경비시설	도주방지를 위한 통상적인 설비 및 수형자에 대한 관리·감시를 일반경비시설보다 완화한 교정시설
일반경비시설	도주방지를 위한 통상적인 설비를 갖추고, 수형자에 대하여 통상적인 관리·감시를 하는 교정시설
중경비시설	도주방지 및 수형자 상호 간의 접촉을 차단하는 설비를 강화하고, 수형자에 대한 관리·감시를 엄중히 하는 교정시설

정답 ②

08. 교정시설의 경비등급에 대한 설명으로 괄호 안에 들어갈 적절한 용어를 순서대로 바르게 나열한 것은?

> 도주방지를 위한 통상적인 설비의 전부 또는 일부를 갖추지 아니하고, 수형자의 자율적 활동이 가능하도록 통상적인 관리·감시의 전부 또는 일부를 하지 아니하는 교정시설을 (㉠)이라고 하며, 도주방지를 위한 통상적인 설비를 갖추고, 수형자에 대하여 통상적인 관리·감시를 하는 교정시설을 (㉡)이라고 한다.

① 완화경비시설, 중경비시설　　　　② 개방시설, 일반경비시설

③ 완화경비시설, 일반경비시설　　　④ 개방시설, 중경비시설

> **해설** ② ㉠은 개방시설에 관한 설명이고(법 제57조 제 2항 제1호), ㉡은 일반경비시설에 관한 설명이다(동조 동항 제3호).
>
> 〔정답〕②

09. 다음 내용 중 틀린 것은?

① 현대사회의 교도소 적정인원은 1000명이다.

② 우리나라의 교도소는 전주형과 비슷하다.

③ 현대적 교정시설로 캠퍼스형, 클로버형, 정원형 등을 들 수 있다.

④ 적정인원의 초과는 개별처우를 어렵게 한다.

> **해설** ① 현대 선진외국의 교정시설 단위별 평균 수용인원은 대부분 500명 이하에 머물고 있으며, 「유엔 피구금자처우 최저기준규칙」에서도 500명 이하를 교정시설 적정수용인원으로 보고 있다. 즉 「유엔 피구금자처우 최저기준규칙」 제63조 제3항에 따르면 폐쇄시설의 수형자의 수는 개별처우가 방해받지 않을 정도로 많지 않은 것이 바람직하다고 규정하고 있으며, "일부 국가에서는 이들 시설의 수용인원이 500명을 초과해서는 아니되는 것으로 생각되고 있다"고 규정함으로써 교정시설의 수용인원은 500명 이내가 바람직하다고 보고 있다.
>
> 〔정답〕①

10. 교정시설과 관련한 다음 설명 중 옳지 아니한 것은?

① 교정시설은 형사소송절차 및 형집행을 보전하기 위한 물적 계호시설과 관리직원의 결합체로 운영되는 국가시설이다.

② 「UN 피구금자처우 최저기준규칙」에서는 교정시설의 수형자 수는 1000명 이하가 바람직한 것으로 보고 있다.

③ 현대적 교정시설의 건축양식은 응보형사상보다는 교육형사상에 입각하여 개별처우실시에 중점을 두고 있다.

④ 치료감호처분을 받은 자는 일반교도소가 아닌 치료감호소에 수용된다.

> **해설** ② 「유엔 피구금자처우 최저기준규칙」 제63조 제3항에 따르면 교정시설의 수형자 수는 500명 이하가 바람직한 것으로 보고 있다.
>
> 〔정답〕②

11. 우리나라 교도소 시설의 일반적인 형태는?

① 분방식　　　　　　　　　　② 전주형
③ Panopticon형　　　　　　　④ 오번형

> **해설** ② 우리나라 교도소 시설의 대부분은 일자형 사동을 병렬로 배치하는 전주형의 형태를 취하고 있다.

건축형태	특징
분방형	• 정방형의 사동을 방사익형으로 배열 • 1821년 동부 펜실베니아 감옥과 1870년 개축된 간트교도소가 대표적
파놉티콘형	• 영국의 공리주의 철학자 벤담이 고안 • 원형 독거방의 형태로 한 사람의 감시자가 중앙의 감시대에서 전체사방과 거실내부를 볼 수 있도록 설계되어 있어 보안기능에 유리
파빌리온형	• 푸신에 의해 고안된 병렬식 구조 • 많은 인력이 소요된다는 단점이 있으나, 채광 및 통풍이 좋고 사동 간 차단이 용이하여 수형자의 개별처우 및 경비기능면에서 우수
오번형	• 엘람 린즈에 의해 처음 실시되었으며, 야간에는 독거, 주간에는 엄정침묵하에 작업하게 하는 완화독거제를 위한 건축구조 • 싱싱교도소가 대표적

정답 ②

12. 교정조직에 대한 설명으로 옳은 것은?

① 교정시설에는 징벌대상자의 징벌을 결정하기 위하여 징벌위원회를 둔다.
② 교정본부에는 귀휴의 적격 여부를 심사하기 위하여 귀휴심사위원회를 둔다.
③ 지방교정청에는 수형자의 분류처우에 관한 중요사항을 심의·의결하기 위하여 분류처우위원회를 둔다.
④ 교도관의 직무에 관하여 필요한 사항은 법무부장관이 정한다.

> **해설** ② 교정본부 → 교정시설(시행규칙 제131조 제1항) ③ 지방교정청 → 교정시설(법 제62조 제1항)
> ④ 법무부장관 → 법률(법 제10조) ① 법 제111조 제1항

▮ 주요 위원회 ▮

구분	구성	주요기능
가석방심사위원회	위원장(법무부차관)을 포함한 5인 이상 9인 이하의 위원	가석방의 적격 여부 심사(법무부장관직속)
분류처우위원회	위원장(소장)을 포함한 5인 이상 7인 이하의 내부 위원	수형자의 개별처우계획, 가석방적격심사신청 대상자 선정 그 밖에 수형자의 분류처우에 관한 중요사항을 심의·의결(일선기관)
징벌위원회	위원장(소장의다음순위자)을 포함한 5인 이상 7인 이하의 위원	규율위반 수용자에게 부과할 징벌을 결정(일선기관)
귀휴심사위원회	위원장(소장)을 포함한 6명 이상 8명 이하의 위원	수형자의 귀휴적격 여부 심사(일선기관)
교정자문위원회	10인 이상 15인 이하의 외부 위원	지방교정청장의 자문에 응함(지방교정청)
교도관회의	소장(의장), 부소장, 과장, 소장이 지명하는 6급 이상의 교도관	소장의 자문에 응하여 교정행정에 관한 중요한 시책의 집행방법 등을 심의(일선기관)

정답 ①

13. 교정시설에 관한 설명으로 틀린 것은?

① 파놉티콘형은 벤담에 의해 고안된 것으로 일망감시구조인 원형독거방의 형태이다.

② 오번제는 엘람 린즈에 의해 고안된 것으로 주간에는 침묵을 조건으로 혼거수용하고, 야간에는 독거수용하는 완화독거제의 형태이다.

③ 파말리온식은 푸신에 의해 고안된 것으로 분류처우와 보건위생을 중시한 시설이다.

④ 전주형은 우리나라의 교정시설구조로 채광이나 통풍 및 자연위생면에서 불리한 시설의 형태이다.

> 해설 ④ 전주형은 계호 측면에서는 많은 인력이 소요되나, 사동 간 공간이 확보되어 채광 및 통풍 등 보건위생에 우수하고, 사동 간 차단이 용이하여 수형자의 개별처우 및 경비기능 측면에서는 우수하다는 장점이 있다.
>
> 정답 ④

14. 우리나라 교정조직에 관한 설명으로 옳은 것은?

① 행형업무를 관장하는 최고 책임자는 법무부장관이며, 교정정책단장은 법무부장관의 행형관장업무를 보좌한다.

② 가석방의 적격 여부는 가석방심사위원회에서 심사하는데 동 위원회의 위원장은 교정본부장이다.

③ 법원, 검찰청, 학교 등에서 의뢰한 위기 청소년에 대한 대안교육 및 부모 등에 대한 보호자교육을 실시하는 청소년 꿈키움센터(비행예방센터)를 운영하고 있다.

④ 귀휴심사위원회는 수형자의 귀휴에 관한 사항을 심사하고, 징벌위원회는 규율위반 수용자에 대한 징벌부과 여부를 심사하는데 이들은 모두 지방교정청에 설치되어 있다.

> 해설 ① 교정정책단장은 교정본부장의 교정관장업무를 보좌한다. ② 가석방심사위원회의 위원장은 법무부차관이다. ④ 귀휴심사위원회와 징벌위원회는 일선교정시설에 설치되어 있으며, 지방교정청에는 설치되어 있지 않다.
>
> 정답 ③

15. 현재 법무부 교정본부 및 소속기관에 대한 설명으로 틀린 것은?

① 법무부 교정본부가 교정행정과 보호행정 전반을 관장하고 있다.

② 교정본부에는 교정행정을 총괄하는 교정본부장과 이를 보좌하는 교정정책단장과 보안정책단장 및 7개과가 있다.

③ 교정본부 아래에 중간 감독기관으로 4개의 지방교정청을 두고 있다.

④ 대부분의 교도소에는 시설 내에 별도의 미결수용실을 설치하여 미결수용자에 관한 업무도 수행하고 있다.

> 해설 ① 법무부 교정본부는 교정행정에 관한 업무만을 관장하고 있다. 보호행정은 법무부 범죄예방정책국에서 관장하고 있다.
>
> 정답 ①

16. 다음 중 외부인사가 참여하지 않는 위원회는?

① 분류처우위원회 ② 징벌위원회
③ 귀휴심사위원회 ④ 교정자문위원회

> **해설** ① 분류처우위원회는 수형자의 개별처우계획, 가석방적격심사신청 대상자 선정 그 밖에 수형자의 분류처우에 관한 중요사항을 심의·의결하며, 위원장을 포함한 5인 이상 7인 이하의 위원으로 구성된다. 위원장은 소장이 되며, 위원은 위원장이 소속 기관의 부소장 및 과장(지소의 경우에는 7급 이상의 교도관) 중에서 임명한다(법 제62조 제2항). 즉 분류처우위원회는 내부위원으로만 구성된다.
>
> 정답 ①

17. 형의 집행 및 수용자의 처우에 관한 법령상 교정시설에 둔다고 규정된 위원회가 아닌 것은?

① 귀휴심사위원회 ② 치료감호심의위원회
③ 징벌위원회 ④ 분류처우위원회

> **해설** ①③④는 일선 교정시설에 설치하는 위원회에 해당하나, 치료감호심의위원회는 법무부에 두고 있으며, 위원장은 법무부차관이다(치료감호 등에 관한 법률 제37조 제1항).
>
> 정답 ②

18. 교정기관 소속 각종 위원회에 대한 설명으로 옳은 것은?

① 분류처우위원회는 위원장을 포함한 6인 이상 8인 이하의 위원으로 구성하고, 위원장은 소장이 된다.
② 징벌위원회는 위원장을 포함한 5인 이상 7인 이하의 위원으로 구성하고, 위원장은 소장의 다음 순위자가 된다.
③ 분류처우위원회의 회의는 재적위원 과반수의 출석으로 개의하고, 출석위원 과반수의 찬성으로 의결한다.
④ 징벌위원회의 회의는 재적위원 3분의 2 이상의 출석으로 개의하고, 출석위원 과반수의 찬성으로 의결한다.

> **해설** ① 분류처우위원회는 위원장을 포함한 5인 이상 7인 이하의 위원으로 구성되고, 위원장은소장이 되며, 위원은 위원장이 소속 기관의 부소장 및 과장 중에서 임명한다(법 제62조 제2항).
> ③ 분류처우위원회의 회의는 재적위원 3분의 2이상의 출석으로 개의하고, 출석위원 과반수의 찬성으로 의결한다(시행규칙 제99조 제3항).
> ④ 징벌위원회는 재적위원 과반수의 출석으로 개의하고, 출석위원 과반수의 찬성으로 의결한다. 이 경우 외부위원 1명 이상이 출석한 경우에만 개의할 수 있다(시행규칙 제228조 제3항).
> ② 법 제111조 제2항.
>
> 정답 ②

19. 「법무부와 그 소속기관 직제」상 교정기관이 아닌 것은?

① 교도소   ② 구치소
③ 직업훈련교도소   ④ 치료감호소

해설 ④ 교정기관이란 법무부 교정본부 산하의 기관을 말하며, 교도소·구치소·구치지소 등이 여기에 해당한다.
치료감호소는 법무부 범죄예방정책국 소속의 기관이다.

정답 ④

20. 교정직교도관이 지체없이 상관에게 보고하여야 할 사안으로 옳지 않은 것은?

① 수용자가 형집행법 제117조에 따른 청원을 하는 경우
② 수용자가 교도관직무규칙 제32조에 의하여 상관 등과의 면담을 요청하는 경우
③ 수용자가 공공기관의 정보공개에 관한 법률에 의한 정보공개청구를 하는 경우
④ 수용자가 국가인권위원회법 제31조에 의한 진정을 하는 경우

해설 ①③④ 교정직교도관은 수용자가 「형의 집행 및 수용자의 처우에 관한 법률」 제117조에 따른 청원, 「국가
인권위원회법」 제31조에 따른 진정 및 「공공기관의 정보공개에 관한 법률」에 따른 정보공개청구 등을 하는
경우에는 지체없이 상관에게 보고하여야 한다(교도관직무규칙 제32조 제1항).
② 수용자가 상관 등과의 면담을 요청한 경우에는 그 사유를 파악하여 상관에게 보고하여야 한다(동조 제2항).

정답 ②

21. 「교도관직무규칙」상 교정직교도관의 직무에 대한 설명으로 옳지 않은 것은?

① 수용자를 부를 때에는 수용자 번호와 성명을 함께 부르는 것이 원칙이다.
② 수용자의 도주, 폭행, 소요, 자살 등 구금목적을 해치는 행위에 관한 방지 조치는 다른 모든 직무에 우선한다.
③ 교정직교도관이 수용자의 접견에 참여하는 경우에는 수용자와 그 상대방의 행동·대화내용을 자세히 관찰하여야 한다.
④ 수용자가 작성한 문서로서 해당 수용자의 날인이 필요한 것은 오른손 엄지손가락으로 손도장을 찍게 하는 것이 원칙이다.

해설 ① 수용자를 부를 때에는 수용자 번호를 사용한다. 다만, 수용자의 심리적 안정이나 교화를 위하여 필요한
경우에는 수용자 번호와 성명을 함께 부르거나 성명만을 부를 수 있다(교도관직무규칙 제12조).
② 동 규칙 제6조
③ 동 규칙 제41조 제1항
④ 동 규칙 제14조 제1항

정답 ①

22. 「교도관 직무규칙」에 관한 규정으로 옳지 않은 것은?

① 소장은 교도관으로 하여금 매월 1회 이상 소화기 등 소방기구를 점검하게 하고, 그 사용법 의교육과 소방훈련을 하게 하여야 한다.

② 소장은 당직간부의 지휘아래 교정직 교도관으로 하여금 전체 수용자를 대상으로 하는 인원점검을 매일 2회 이상 하게 하여야 한다.

③ 정문근무자는 일과종료 후부터 그 다음날 일과 시작까지 당직간부 허가 없이 정문을 여닫을 수 없다.

④ 당직간부는 교대근무의 각 부 별로 2명 이상으로 편성하며, 이 경우 당직간부 1명과 부당직 간부 1명 이상으로 한다.

> **해설** ③ 정문근무자는 수용자의 취침시간부터 기상시간까지 당직간부의 허가 없이 정문을 여닫을수 없다(교도관 직무 규칙 제42조 제4항).
> ① 교도관직무규칙 제16조. ② 동 규칙 제35조 제1항. ④ 동 규칙 제49조 제1항.
>
> **정답** ③

23. 교정시설의 순회점검에 관한 설명으로 잘못된 것은?

① 법무부장관은 매년1회 이상 교정시설을 순회점검하거나 소속 공무원으로 하여금 순회점검하게 하여야 한다.

② 내부적 감독방법으로 상급관청에 의한 지휘감독권 행사의 일종으로 볼 수 있다.

③ 점검요원이 필요하다고 인정되는 경우에는 관계 공무원의 출석 및 답변을 요구할 수 있다.

④ 법률에 순회점검의 목적을 명시하고 있지 않지만, 교정시설의 운영, 교도관의 복무, 수용자의 처우 및 인권실태 등의 파악을 목적으로 한다.

> **해설** ④ 형집행법 제8조는 "법무부장관은 교정시설의 운영, 교도관의 복무, 수용자의 처우 및 인권실태 등을 파악. 순회점검의 목적을 명시하고 있다.
> ① 법 제8조. ③ 순회점검반 운영지침 제7조.
>
> **정답** ④

24. 교정시설에 대한 설명으로 옳지 않은 것은?

① 법무부장관은 교정시설의 설치 및 운영에 관한 업무의 일부를 법인 또는 개인에게 위탁할 수 있다.

② 법무부장관은 교정시설의 운영, 교도관의 복무, 수용자의 처우 및 인권실태 등을 파악하기 위하여 매년 1회 이상 교정시설을 순회점검하거나 소속 공무원으로 하여금 순회점검하게 하여야 한다.

③ 검사는 직무상 필요하면 교정시설을 시찰할 수 있다.

④ 판사는 교정시설을 시찰하고자 하는 때에는 정당한 이유를 명시하여 교정시설의 장의 허가를 받아야 한다.

④ 판사와 검사는 직무상 필요하며 교정시설을 시찰할 수 있다(법 제9조 제1항). 즉 판사와 검사는 직무상 필요성이 인정되면 교정시설의 장의 허가 없이 교정시설을 시찰할 수 있다.
① 법 제7조 제1항. ② 법 제8조. ③ 법 제9조 제1항.

[정답] ④

25. 다음 중 참관이 금지된 곳이 아닌 것은?

① 미결수용실
② 사형이 확정된 자의 수용거실
③ 경찰서 유치장
④ 여자수용실

 ④ 형집행법상 참관이 금지된 곳은 미결수용자와 사형확정자가 수용된 거실에 한하므로 여자수용실은 참관의 대상이 될 수 있다.
③ 형집행법 제 87조에서 "경찰관서에 설치된 유치장은 교정시설의 미결수용실로 보아 이 법을 준용한다"라고 규정하고 있으므로 경찰서 유치장은 교정시설의 미결수용실로 간주되어 참관이 금지된다.

[정답] ④

26. 시찰 및 참관에 대한 설명 중 틀린 것은?

① 시찰이란 판사와 검사가 직무상 필요한 경우 교정시설을 방문하여 수용자의 수용실태를 살펴보는 것을 말한다.
② 시찰은 특정 업무수행의 참고를 위해 인정되는 제도라는 점에서 감독권의 작용인 순회점검과 구별된다.
③ 참관이란 판사와 검사 외의 자가 학술연구 기타 정당한 이유로 소장의 허가를 받아 교정시설의 내부를 돌아보는 것을 말한다.
④ 외국인의 참관은 원칙적으로 금지된다.

 ④ 소장은 외국인에게 참관을 허가할 경우에는 미리 관할 지방교정청장의 승인을 받아야 한다(시행령 제3조 제2항). 따라서 외국인이라 할지라도 관할 지방교정청장의 승인을 받으면 참관을 허가할 수 있다.

┃ 시찰과 참관 ┃

구분	시찰	참관
주체	판사, 검사	판사와 검사 외의 사람
요건	직무상 필요	학술연구 등 정당한 이유
소장허가	불필요	필요
절차상 특칙	신분증표 제시, 시찰부에 서명 또는 날인	외국인 참관시 지장교정청장 승인
범위	미결수용자와 사형확정자 시찰 가능	미결수용자와 사형확정자 참관 불가

[정답] ④

27. 수용에 관한 다음 사항 중 틀린 것은?

① 수용자는 청원서를 작성하여 소장에게 제출하여 법무부장관에게 청원할 수 있다.

② 미결수용자의 의사에 반하여 두발과 수염을 짧게 깎을 수 없다.

③ 감염병환자는 수용을 거절할 수 있다.

④ 구치소는 참관할 수 없다.

> **해설** ④ 미결수용자 또는 사형확정자가 수용된 거실은 참관할 수 없지만, 구치소는 미결수용자뿐만 아니라 일정한 요건에 해당하면 수형자도 수용하고 있으므로 구치소를 참관할 수 없다는 표현은 틀리다.
>
> 정답 ④

28. 교정시설의 시찰과 참관에 대한 설명 중 맞는 것은?

① 판사와 검사의 교정시설 시찰은 언제든지 가능하다.

② 판사와 검사는 학술연구 등의 목적인 경우 참관이 가능하다.

③ 참관을 위해서는 직무상 필요가 있어야 한다.

④ 참관의 허가는 소장의 권한이다.

> **해설** ① 판사와 검사는 직무상 필요하면 교정시설을 시찰할 수 있다(법 제9조 제1항). 따라서 판사와 검사의 교정시설 시찰은 직무상 필요성이 인정되어야 가능하다.
>
> ② 판사와 검사 외의 사람은 교정시설을 참관하려면 학술연구 등 정당한 이유를 명시하여 소장의 허가를 받아야 한다(동조 제2항). 따라서 교정시설의 참관 주체는 원칙적으로 판사와 검사 외의 사람에 한한다. 이런 점에서 ②는 사실상 틀린 표현이라고 보기 어렵다.
>
> 정답 ④

29. 「형의 집행 및 수용자의 처우에 관한 법령」상 교정시설에 대한 설명으로 옳지 않은 것은?

① 판사와 검사는 직무상 필요하면 교정시설을 시찰할 수 있다.

② 교정시설의 거실은 수용자가 건강하게 생활할 수 있도록 적정한 수준의 공간과 채광·통풍·난방을 위한 시설이 갖추어져야 한다.

③ 교정시설의 장은 외국인에게 교정시설의 참관을 허가할 경우에는 미리 법무부장관의 승인을 받아야 한다.

④ 신설하는 교정시설은 수용인원이 500명 이내의 규모가 되도록 하여야 하나, 교정시설의 기능·위치나 그 밖의 사정을 고려하여 그 규모를 증대할 수 있다.

> **해설** ③ 소장은 외국인에게 참관을 허가할 경우에는 미리 관할 지방교정청장의 승인을 받아야한다(시행령 제3조 제2항). ① 법 제9조 제1항. ② 법 제6조 제2항. ④ 법 제6조 제1항.
>
> 정답 ③

30. 「형의 집행 및 수용자의 처우에 관한 법률」의 내용에 대한 설명으로 옳은 것은?

① 이 법은 교정시설의 구내에서만 적용된다.

② 법무부장관은 교정시설의 설치 및 운영에 관한 업무의 일부를 법인에게 위탁할 수 있으나 개인에게 위탁할 수는 없다.

③ 판사, 검사 및 당해사건의 변호인은 직무상 필요하면 교정시설을 시찰할 수 있다.

④ 신설하는 교정시설은 수용인원이 500명 이내의 규모가 되도록 하여야 한다. 다만, 교정시설의 기능·위치나 그 밖의 사정을 고려하여 그 규모를 증대할 수 있다.

> **해설** ① 형집행법은 교정시설의 구내와 교도관이 수용자를 계호하고 있는 그 밖의 장소로서 교도관의 통제가 요구되는 공간에 대하여 적용한다(법 제3조).
> ② 법무부장관은 필요하다고 인정하면 이 법에서 정하는 바에 따라 교정업무를 공공단체 외의 법인·단체 또는 그 기관이나 개인에게 위탁할 수 있다(민영교도소 등의 설치·운영에 관한 법률 제3조 제1항 본문).
> ③ 판사와 검사는 직무상 필요하면 교정시설을 시찰할 수 있다(법 제9조 제1항). 즉 형집행법에서 교정시설의 시찰주체를 판사와 검사로 한정하고 있으므로 변호인이 시찰할 수 있다는 표현은 옳지 않다.
> ④ 법 제6조 제1항.
>
> 정답 ④

31. 형의 집행 및 수용자의 처우에 관한 법률 시행령상 수용에 대한 설명으로 옳은 것은?

① 혼거수용 인원은 2명 이상으로 한다. 다만, 요양이나 그 밖의 부득이한 사정이 있는 경우에는 예외로 한다.

② 처우상 독거수용이란 주간과 야간에는 일과에 따른 공동생활을 하게하고, 휴업일에만 독거수용하는 것을 말한다.

③ 계호상 독거수용이란 사람의 생명·신체의 보호 또는 교정 시설의 안전과 질서유지를 위하여 실외운동·목욕 시에도 예외 없이 독거수용하는 것을 말한다.

④ 수용자를 호송하는 경우 수형자는 미결수용자와, 여성수용자는 남성수용자와, 19세 미만의 수용자는 19세 이상의 수용자와 서로 접촉하지 못하게 하여야 한다.

> **해설** ④ 「형의 집행 및 수용자의 처우에 관한 법률 시행령」 제24조
> ① 혼거수용 인원은 3명 이상으로 한다. 다만, 요양이나 그 밖의 부득이한 사정이 있는 경우에는 예외로 한다(동법 시행령 제8조).
> ② 처우상 독거수용이란 주간에는 교육·작업 등의 처우를 위하여 일과(日課)에 따른 공동생활을 하게 하고 휴업일과 야간에만 독거수용하는 것을 말한다(동법 시행령 제5조 제1호).
> ③ 계호상 독거수용이란 사람의 생명·신체의 보호 또는 교정시설의 안전과 질서유지를 위하여 항상 독거수용하고 다른 수용자와의 접촉을 금지하는 것을 말한다. 다만, 수사·재판·실외운동·목욕·접견·진료 등을 위하여 필요한 경우에는 그러하지 아니하다(동법 시행령 제5조 제2호).
>
> 정답 ④

32. 혼거제에 대한 설명으로 거리가 먼 것은?

① 개별처우에 유리하고, 난동방지에 효과적이다.
② 수용자의 심신단련을 도모할 수 있다.
③ 형벌집행의 통일성을 유지할 수 있다.
④ 재사회화와 사회적 훈련이 용이하다.

> **해설** ① 혼거제는 공동생활을 전제로 하므로 개별처우에 불리하고, 상호 간 접촉이 자유로워 공모에 의한 난동을 방지하기 어렵다. 개별처우에 유리하고, 난동방지에 효과적인 구금방식은 독거제이다.
>
> 정답 ①

33. 다음 중 혼거수용의 장점은?

① 형집행의 통일에 유리 ② 위생적이고 방역상 유리
③ 적절한 개별처우 ④ 교도관의 감시유리

> **해설** 혼거수용은 ② 위생 및 방역에 불리하고, ③ 개별처우가 곤란하며, ④ 교도관의 감시가 용이하지 않다는 단점이 있다.

▌혼거제의 장·단점 ▌

장점	단점
• 사회성 배양에 적합 • 형벌집행 및 처우의 통일성에 유리 • 수용관리비용의 절감 • 작업 및 직업훈련 등의 효율성 제고 • 출소 후 원만한 사회복귀에 유리 • 정신적 장애나 자살 등의 방지 • 수형자 상호감시를 통한 계호사각지대의 최소화	• 범죄적 악풍감염의 우려가 높음 • 모의에 의한 교정사고의 우려가 높음 • 개별처우의 곤란 • 친분관계 형성으로 출소 후 재범 가능성이 많음 • 수형자에 대한 감시와 통제의 곤란 • 질병감염의 우려, 비위생 및 방역상의 곤란 • 동성애 등 성적 문란행위 방지 곤란

> 정답 ①

34. 펜실베니아제도에 관한 설명으로 틀린 것은?

① 퀘이커교도의 감옥개량운동의 결실로 펜실베니아주에서 시작된 구금제도이다.
② 주·야 엄정독거를 원칙으로 하였다.
③ 분류제는 이 제도의 단점을 보완하는 데 도움이 된다.
④ 정신적인 개선을 강조하는 제도이다.

> **해설** ③ 분류제란 혼거에 따른 범죄적 악풍감염의 폐해를 방지할 목적으로 수형자를 개인적 특성에 따라 분류하는 것을 말하므로 혼거제의 단점을 보완하기 위한 제도라고 보아야 한다. 따라서 주·야간 엄정독거제인 펜실베니아제의 단점을 보완하는 것이 분류제라는 표현은 옳지 않다.
>
> 정답 ③

35. 독거제의 장점이 아닌 것은?

① 형벌의 통일성을 기할 수 있다.　　② 회오반성의 기회를 준다.

③ 악풍감염을 방지한다.　　④ 개별처우를 할 수 있다.

해설　① 혼거제의 장점에 해당한다.

┃독거제의 장·단점┃

장점	단점
• 회오와 반성의 기회제공 등 교화에 유리	• 사회적 존재로서의 인간본성에 반함
• 범죄적 악풍감염의 폐해 방지	• 재정부담의 과다
• 통모에 의한 교정사고 및 증거인멸 방지	• 개별처우에 따르는 관리인력의 낭비
• 수형자의 명예보호 및 개별처우에 적합	• 자살·정신장애 등 정신적·생리적 장애의 유발
• 감염병 예방 및 확산방지에 효과적	• 집단적 교육 및 작업의 곤란으로 행형실무상 불편 초래
• 계호 및 규율유지에 효과적	• 공동생활의 적응을 저해하여 사회복귀에 부적합

정답 ①

36. 구금방법에 대한 설명으로 옳지 않은 것은?

① 펜실베이니아시스템(Pennsylvania System)은 독거생활을 통한 반성과 참회를 강조한다.

② 오번시스템(Auburn System)은 도덕적 개선보다 노동습관의 형성을 더 중요시한다.

③ 펜실베이니아시스템은 윌리엄 펜(William Penn)의 참회사상에 기초하여 창안되었으며 침묵제 또는 교담금지제로 불린다.

④ 오번시스템은 엘람 린즈(Elam Lynds)가 창안하였으며 반독거제 또는 완화독거제로 불린다.

해설　펜실베이니아제는 절대침묵과 정숙을 유지하며 주야구분 없이 엄정한 독거수용을 통해 회오반성을 목적으로 한 구금방식으로 엄정독거제, 분방제, 필라델피아제로 불리며, 오번제는 엄정독거제의 결점을 보완하고 혼거제의 폐해인 수형자 상호 간의 악풍감염을 제거하기 위한 구금형태로 절충제(엄정독거제와 혼거제를 절충), 완화독거제(반독거제, 엄정독거제보다 완화된 형태), 교담금지제(침묵제, 주간작업시 엄중침묵 강요)라고도 한다.

정답 ③

37. 오번제에 대한 설명이다. 틀린 것은?

① 엄정독거제의 폐해를 개선하기 위한 구금방식이다.

② 주간혼거작업, 야간독거를 의미한다.

③ 혼거작업 시에는 침묵을 강조하여 교담금지제라고도 한다.

④ 정직한 사람을 목표로 한 것이다.

해설　④ 펜실베이니아제가 엄정독거와 종교적 회개를 통해 수형자를 정직한 사람으로 만드는 것에 중점을 두었다면, 오번제는 공동노동과 훈육을 통해 수형자를 복종적 사람으로 만드는 것에 중점을 두었다.

정답 ④

38. 펜실베니아제 구금방식의 장점으로 옳지 않은 것은?

① 자신의 범죄에 대한 회오와 반성의 기회를 주어 교화에 효과적이다.
② 교정교육, 운동, 의료활동, 교도작업 등의 운영에 가장 편리하다.
③ 수형자의 사생활 침해를 방지하는 데 효과적이다.
④ 다른 수형자로부터 악습전파 및 죄증인멸 행위를 방지할 수 있다.

 ② 펜실베니아제는 절대침묵이 강요되고, 운동·목욕 등 기본적 처우는 물론 접견·작업 등 모든 처우를 자신의 거실 내에서 행하도록 하여 다른 수형자와의 접촉이 일체 허용되지 않으므로 질병방지 등 위생적인 측면에 있어서는 유리할 수 있으나, 집단적 교정교육·운동·교도작업의 운영에는 불리하다.

▮ 펜실베니아제 ▮

장점	단점
• 회오와 반성의 기회를 주는 등 교화적 작용에 효과적	• 사회적 존재로서의 인간본성에 반함
• 범죄적 약풍감염의 폐해를 방지	• 독립공간 확보에 따르는 재정부담이 많음
• 통모에 의한 교정사고를 방지	• 수형자의 개별관리에 많은 인력 소요
• 수형자의 명예보호 및 개별처우에 적합	• 고립으로 인한 정신적·생리적 장애 유발
• 감염병의 예방 및 확산방지에 효과적	• 집단적 교육 및 작업의 곤란으로 행형실무상 불편 초래
• 계호 및 규율유지에 효과적	• 공동생활에 대한 적응능력을 저해하여 사회복귀 곤란

정답 ②

39. 오번제의 단점이 아닌 것은?

① 상호의사소통이 안되므로 작업능률이 오르지 않는다.
② 집단생활하에서 사회적 훈련이 가능하다.
③ 인간 본래의 사회생활교육이 불가능하다.
④ 독거제에 비하여 비위생적이며, 방역이 곤란하다.

 ② 오번제의 경우 비록 주간에는 공동작업을 실시하나, 수형자 상호 간의 의사소통을 금지하므로 사회적 훈련에 적합하지 않다고 보아야 한다. 따라서 사회적 훈련이 가능하다는 표현은 옳지 않다.

▮ 오번제 ▮

장점	단점
• 주간 공동작업으로 직업훈련에 용이	• 인간본래의 사회생활교육 곤란
• 주간혼거 시 침묵유지로 수형자 간 약풍감염방지	• 개별처우에 적절하지 않으며, 계호가 곤란
• 야간독거에 따르는 심신허약·정신적 고립 등의 문제점을 주간혼거로 완화	• 엄정독거제에 비하여 비위생적이며, 방역이 곤란
	• 작업 시 공동협의가 불가능하여 작업능률 저하
• 야간독거로 정신적 교화개선에 효과적	• 운영상의 효율을 기하지 못하면 독거제와 혼거제의 단점이 모두 나타날 수 있음

정답 ②

40. 다음은 구금제와 관련한 설명이다. 틀린 것은?

① 존 하워드는 독거제를 최초로 주장하였다.
② 엄정독거제인 필라델피아제는 윌리엄 펜에 의해 완성되었다.
③ 필라델피아제는 기도를 통한 자아성찰의 기회를 주기 위함이었다.
④ 오번제는 야간에는 작업을 실시하고, 주간에는 독거구금하였다.

해설 ④ 오번제는 주간에 작업을 실시하고, 야간에는 독거구금하는 구금형태이다.

정답 ④

41. 〈보기 1〉에 제시된 설명과 〈보기 2〉에 제시된 학자를 옳게 짝지은 것은?

┤ 보기 1 ├
㉠ 감옥개량의 선구자로 인도적인 감옥개혁을 주장하였다.
㉡ 「범죄와 형벌」을 집필하고 죄형법정주의를 강조하였다.
㉢ 파놉티콘(Panopticon)이라는 감옥형태를 구상하였다.
㉣ 범죄포화의 법칙을 주장하였다.

┤ 보기 2 ├
A. 베까리아(Beccaria)   B. 하워드(Howard)
C. 벤담(Bentham)   D. 페리(Ferri)

	㉠	㉡	㉢	㉣
①	A	B	C	D
②	C	A	B	D
③	B	A	C	D
④	B	A	D	C

해설 ㉠ 존 하워드, ㉡ 베카리아, ㉢ 벤담, ㉣ 페리

정답 ③

42. 수용자를 3등급으로 분류하여 월별 점수 합산방식에 의한 누진처우 점수제를 실시하고, 가석방제도와 연계하여 수용자들의 자발적인 개선노력을 유도하였던 제도는?

① 오번제   ② 엘마이라제
③ 펜실베니아제   ④ 카티지제

해설 ② 엘마이라제는 부정기형제도와 누진제를 결합한 것으로 수형자들을 3등급으로 나누어 신입자는 제2급으로 편입시킨 후 작업·교육 등의 실적을 평가하여 제1급으로 진급시키거나 제3급으로 강등시키고, 제1급으로 격상되면 가석방하는 제도로 19세기 인도적 형벌집행의 결정체라는 평가를 받고 있다.

정답 ②

43. 오번제 구금방식에 대한 설명을 모두 고른 것은?

> ⊙ 임정독거제의 결함을 보완할 수 있다.
> ⓛ 수형자를 개별 특성에 따라 소수의 카티지로 분류수용한다.
> ⓒ 주간에는 혼거작업, 야간에는 독거수용을 원칙으로 한다.
> ⓔ 침묵제 또는 교담금지제라고도 부른다.
> ⓜ 퀘이커교도에 의한 미국 감옥개량운동의 결실이다.
> ⓗ 단기간의 강도 높은 구금후 사회내처우를 한다.

① ⊙, ⓛ, ⓗ ② ⓛ, ⓔ, ⓜ

③ ⊙, ⓒ, ⓔ ④ ⓛ, ⓒ, ⓗ

해설 ○ : ⊙ⓒⓔ은 모두 오번제 구금방식에 관한 설명이다.
× : ⓛ은 카티지제에 관한 설명이다. ⓜ은 펜실베니아제에 관한 설명이다. ⓗ은 충격구금에 관한 설명이다.

정답 ③

44. 다음은 구금제도에 대한 설명이다. ( )안에 들어갈 내용으로 〈보기〉에서 골라 순서대로 바르게 나열한 것은?

┤ 보기 1 ├
구금제도로는 수용자를 주야 구별 없이 계속하여 독거수용하는 (   )와(과) 주간에는 엄격한 침묵하에 함께 작업시키고 야간에는 독거수용하는 (   ) 등이 있다. 이에 따른 구금시설로는 (   )는(은) 전자의 기원이라고 볼 수 있으며, (   )는(은) 후자의 기원을 이룬 교도소라 할 수 있다.

┤ 보기 2 ├
⊙ 오번제 ⓛ 월넛 스트리트 감옥
ⓒ 펜실베니아제 ⓔ 싱싱 교도소
ⓜ 간트 교도소 ⓗ 엘마이라제

① ⓒ - ⊙ - ⓜ - ⓛ ② ⊙ - ⓒ - ⓔ - ⓜ

③ ⊙ - ⓗ - ⓜ - ⓛ ④ ⓒ - ⊙ - ⓛ - ⓜ

정답 ④

45. 구금제도에 관하여 바르게 설명하고 있는 것을 모두 고른 것은?

> ㉠ 펜실베니아제도는 퀘이커교도들의 감옥개량운동의 일환으로 펜실베니아주에서 시행된 제도이다.
> ㉡ 펜실베니아제도는 모든 수용자의 독거를 전제로 한다.
> ㉢ 엘람 린즈는 재범방지에 있어서 교도작업의 역할을 중시하였다.
> ㉣ 오번제는 펜실베니아제의 엄정독거에 따른 폐해를 방지하는 데는 유리하나, 수용자의 노동력 착취수단을 제공한다는 비난이 있다.

① ㉠
② ㉠, ㉡
③ ㉠, ㉡, ㉢
④ ㉠, ㉡, ㉢, ㉣

 해설 ○ : ㉠㉡㉢㉣ 1823년 오번감옥의 2대 소장이 된 엘람 린즈는 혼거구금과 엄정독거구금의 단점을 제거하고, 장점만을 취하여 절충적인 구금제도인 오번제를 창안하였다. 즉 주간에는 수용자를 공장에 취업시키되 혼거구금의 폐해인 범죄적 악풍감염의 제거를 위하여 수용자 상호 간의 교담을 엄격히 금지하고, 야간에는 독방에 구금하도록 하였다. 교도작업의 역할을 중시한 오번제는 노동력의 부족을 느끼고 있던 미국에서 지지를 받았다.
× : 없음

❚ 펜실베니아제와 오번제 ❚

구분	펜실베니아제	오번제
개창자	윌리엄펜	엘람 린즈
시초	윌넛 교도소	오번 교도소
구금형태	주야간 엄정구금	주간혼거, 야간독거
중점	정직한 인간	복종적 시민
수단	명상을 통한 회개 촉구	침묵 속 공동노동, 엄격한 규율
지향점	종교적 수공업사회	산업사회

[정답] ④

46. 수형자 자치제를 효과적으로 실시하기 위한 전제조건으로 볼 수 없는 것은?

① 계호주의의 결함 보충
② 과학적 분류
③ 교도소의 소규모화
④ 교도작업 내용의 세분화

 해설 ④

수형자자치의 전제조건
• 자치제를 시행하더라도 자유형 집행의 본질을 벗어나서는 안된다.
• 수형자에 대한 과학적 조사와 분류가 선행되어야 한다.
• 혼거제가 전제되어야 한다.
• 소규모 교도소에서 실시되어야 한다.
• 부정기형제도하에서 운영되어야 효과적이다.
• 교도관과 수형자 간의 인간적 유대관계가 형성되어야 한다.

[정답] ④

47. 구금제도에 대한 설명으로 옳지 않은 것은?

① 수형자를 주간에는 엄정한 침묵하에 일정한 작업에 종사케 하여 혼거시키고, 야간에는 각자 독방에 수용하여 침식케 하는 반독거구금제를 엘마이라제라고 한다.

② 수형자를 주야간 단독으로 수용하여 수형자 상호 간의 접촉을 방지하는 주야독거구금제를 펜실베니아제라고 한다.

③ 소집단처우제도인 카티지제는 수형자를 개별특성에 따라 20명 내지 30명 정도의 카티지로 분류하고, 각 카티지별로 행형내용의 강도를 달리하는 처우방법을 적용함으로써 독거제 및 혼거제의 단점을 보완할 수 있는 제도라고 할 수 있다.

④ 시설구금의 대안으로 범죄자로 하여금 단기간의 강도 높은 구금을 경험케 하여 형벌의 억제 효과를 심어준 다음 보호관찰과 같은 사회내처우를 하는 충격구금제도가 있다.

> **해설** ①은 오번제에 대한 설명이다. 즉 오번제란 엄정독거제의 폐해를 방지하면서 혼거제의 단점인 수형자 상호 간의 범죄적 악풍감염을 방지 하기 위하여 주간에는 혼거구금하고, 야간에는 독거구금하는 방식이다.
>
> 정답 ①

48. 수형자 자치제에 대한 설명 중 옳지 않은 것은?

① 선량한 시민보다는 단순히 선량한 수형자를 만드는 데 그치기 쉽다는 우려가 있다.

② 수형자의 사회적응능력 함양을 궁극적인 목표로 한다.

③ 교정시설의 계호인력을 경감할 수 있다는 장점이 있는 반면, 교도관의 권위를 하락시킬 수 있다는 단점도 있다.

④ 부정기형을 도입하는 경우에는 충분한 기능을 할 수 없다.

> **해설** ④ 수형자 자치제는 수형자에게 자치활동을 보장함으로써 사회적응을 위한 훈련을 시켜 궁극적으로 사회에 복귀시키려는 제도인데 정기형제도는 자치심이 형성되지 않은 수형자라도 사회에 복귀시켜야 하는 문제가 있으므로 제도적 취지를 살리기 위해서는 부정기형을 도입하는 것이 보다 효과적이다.
>
> 정답 ④

49. 수형자 자치제에 대한 설명 중 틀린 것은?

① 사회내처우의 일종이다.

② 혼거제하에서 그 효용성이 높다.

③ 사회적응력 배양이라는 목적을 가진다.

④ 민주시민의식 함양을 위한 프로그램이 포함되어야 한다.

> **해설** ① 수형자 자치제는 시설내처우의 일종이다.
>
> 정답 ①

50. 다음 중 수형자 자치제의 형사정책적 목표로 보기 어려운 것은?

① 수형자의 독립심과 자기통제력 증진   ② 계호주의의 폐단 극복

③ 교정행정의 효율성 제고   ④ 교정비용의 절감

> **해설** ④ 수형자 자치제는 전문인력을 필요로 하고, 자치제에 적합한 설비를 갖추어야 한다는 점에서 반드시 교정
> 비용이 절감된다고 보기 어렵다. 다만 계호에 따르는 비용은 절감된다.
>
> 정답 ④

51. 수형자 자치제의 장점이 아닌 것은?

① 정기형의 책임주의에 부합할 수 있다.

② 자율적이고 자발적인 교정질서를 유지할 수 있다.

③ 교정시설의 계호부담을 경감할 수 있다.

④ 수형자의 명예심과 자존심을 자극한다.

> **해설** ① 수형자 자치제는 부정기형제도와 부합한다.

┃ 수형자 자치제 ┃

장점	단점
• 수형자의 자기통제력 회복 • 엄격한 통제에 따르는 마찰 감소 • 자율적인 수용질서 유지 • 수형자와 교도관의 인격관계 회복 • 계호에 수반되는 인력 및 시설 비용의 절감 • 자력개선의지의 고양 • 사회성 훈련 또는 사회적응능력의 함양	• 국민의 법감정에 부합되지 않음 • 형벌의 위하력 약화로 범죄자의 악성을 키울 수 있음 • 자율성과 책임성 없는 수형자에게는 효과를 기대하기 어려움 • 소수의 힘 있는 수형자에게 다수의 수형자가 억압될 수 있음 • 법집행의 준엄함과 교도관의 권위가 저하될 수 있음 • 교정비용의 증가 우려 • 선량한 시민보다는 선량한 수형자를 만들기 쉬움

> 정답 ①

52. 수형자 자치제에 관한 내용으로 옳지 않은 것으로만 묶인 것은?

> ㉠ 미국 메사추세츠주의 노포크 교도소에서 최초로 시작되었다.
> ㉡ 과학적 분류처우가 전제되어야 하며, 대규모 시설보다 소규모 시설에서 효과적이다.
> ㉢ 사회내처우의 일환으로 혼거제하에서 그 효용성이 높다.
> ㉣ 대규모 수형자처우제의 단점을 보완하기 위한 보완적 제도로 카티지 제도가 시행되었다.
> ㉤ 계호인원이 늘어 행형경비가 증가 할 수 있다.
> ㉥ 수형자의 자치의식과 책임감을 기본으로 하며, 정기형하에서 실시하는 것이 효과적이다.

① ㉠, ㉢, ㉣, ㉤   ② ㉠, ㉢, ㉤, ㉥

③ ㉡, ㉢, ㉣, ㉥   ④ ㉡, ㉣, ㉤, ㉥

해설 × : ㉠ 수형자 자치제가 현행제도로 처음 실시된 곳은 뉴욕주의 오번교도소이다. ㉢ 수형자 자치제는 시설 내처우의 일종이다. ㉮ 수형자 자치제 교도관의 계호를 최소화하고, 수형자의 자치활동을 최대한 보장하므로 계호인원이 늘어 행형경비가 증가한다는 표현은 틀리다. ㉯ 정기형제도하에서는 자치심이 형성되지 않은 수형자라도 형기가 종료되면 사회에 복귀시켜야 하므로 부정기형제도가 수형자 자치제에 보다 효과적이다.

○ : ㉡㉣

[정답] ②

53. 「형의 집행 및 수용자의 처우에 관한 법률, 동법 시행령 및 시행규칙」상 허용되지 않는 사례는?

① 교도소장 A는 개방처우급 수형자인 B의 사회복귀와 기술습득을 촉진하기 위하여 필요하다고 여겨 B를 교도소 외부에 소재한 기업체인 C사로 통근하며 작업을 할 수 있도록 허가하였다.

② 개방처우급 수형자인 B가 교정성적이 우수하고 타 수형자의 모범이 되는 점을 감안하여 교도소장A는 B가 교정시설에 수용동과 별도로 설치된 일반주택 형태의 건축물에서 1박2일간 가족과 숙식을 함께 할 수 있도록 허가하였다.

③ 교도소장 A는 수형자 B의 교화 또는 건전한 사회복귀에 필요하다고 여겨 인근 대학의 심리학 전공 교수 D를 초청하여 상담 및 심리치료를 하게 하였다.

④ 일반경비처우급 수형자인 E의 교정성적이 우수하자 교도소장 A는 E에게 자치생활을 허용하면서 월 1회 토론회를 할 수 있도록 허가하였다.

해설 ④ 소장은 개방처우급·완화경비처우급 수형자에게 자치생활을 허가할 수 있다(시행규칙 제86조 제1항). 즉 일반경비처우급 수형자는 자치생활의 허가대상에 해당하지 않는다.

[정답] ④

54. 카티지제에 관한 설명으로 옳지 않은 것은?

① 기존의 대형화·집단화 행형에 대한 반성에서 비롯되었다.

② 1904년 뉴욕주의 소년보호수용소에서 채택한 이래 점차 여자·소년·성인교도소로 확대되었다.

③ 가족적 분위기를 창출할 수 있다는 장점이 있는 반면, 독거제와 혼거제의 단점이 모두 나타날 수 있다는 문제점이 있다.

④ 과학적 분류제도의 완비가 전제될 때 실효성을 거둘 수 있다.

해설 ③ 독거제와 혼거제의 단점이 모두 나타날 수 있다는 지적이 있는 구금제도는 오번제이다. 오번제는 독거제와 혼거제의 장점만을 취한다는 제도적 취지에도 불구하고 그 취지를 제대로 살리지 못하게 되면 양자의 장점은 고사하고 단점만이 나타날 수 있다.

┃ 카티지제의 장·단점 ┃

장점	단점
•수형자의 개별처우에 적합	•시설의 소규모화에 따르는 재정부담 증가
•독거제 및 혼거제의 단점을 보완	•국민의 법감정 및 피해자의 감정과 부합되지 않음
•독립적 자치심 배양에 유리	•과학적 분류제도와 전문요원 확보가 선행되지 않으면
•규율의 확립과 교화에 유리	제도적 장점을 살릴 수 없음

[정답] ③

55. 카티지제의 내용이 아닌 것은?

① 과학적 분류제도가 전제　　　　　② 부정기형
③ 대규모 교도소　　　　　　　　　④ 제한적 자치

> **해설** ③ 카티지제란 동일 교도소 내에서 소규모의 카티지(통상 20~30인 규모)를 만들어 운영하게 되므로 통상 소규모 교도소에서 실시하는 것이 일반적이다.

정답 ③

56. 〈보기 1〉의 수용자 구금제도와 〈보기 2〉의 설명이 바르게 연결된 것은?

┤ 보기 1 ├

㉠ 펜실베니아제　　　　　　　　　㉡ 오번제
㉢ 엘마이라제　　　　　　　　　　㉣ 카티지제

┤ 보기 2 ├

ⓐ 대규모 수형자자치제의 단점을 보완하기 위해 수형자를 소집단으로 처우하는 제도
ⓑ 수형자의 자력적 개선에 중점을 두며, 사회복귀 프로그램의 동기부여 등 누진적 처우방법을 시도하는 제도
ⓒ 수형자의 개별처우의 적정을 기할 수 있고, 범죄적 악성오염을 예방하기 위한 제도
ⓓ 주간에는 작업에 종사하게 하고, 야간에는 독방에 수용하여 교화개선을 시도하는 제도

	㉠	㉡	㉢	㉣
①	ⓒ	ⓑ	ⓓ	ⓐ
②	ⓒ	ⓓ	ⓑ	ⓐ
③	ⓓ	ⓐ	ⓒ	ⓑ
④	ⓓ	ⓒ	ⓐ	ⓑ

정답 ②

57. 과밀수용 해소방안으로 옳지 않은 것은?

① 선별적 무능화　　　　　　　　　② 사회적처우의 확대
③ 전자감시 가택구금　　　　　　　④ 교정시설의 민영화

> **해설** ② 사회적처우로 논의되는 귀휴·외부통근·사회참관 등은 일시적으로(귀휴는 귀휴기간, 외부통근은 외부 일반업체에서의 작업을 위해 시설 밖에 있는 시간, 사회참관은 참관을 위해 시설 밖에 머무는 시간)수용인원을 감소시킬 수는 있으나, 근본적인 과밀수용 해소방안으로 볼 수 없다.

정답 ②

58. 다음 선시제도에 대한 설명 중 틀린 것은?

① 선행을 통하여 자기의 형기를 단축하는 제도이다.

② 시설내처우이다.

③ 사회방위에 불리하다.

④ 가석방과 동일하다.

 ④ 선시제도는 법률에 정한 일정요건이 충족되면 반드시 석방해야 한다는 점에서 일정한 요건에 해당되는 경우라도 석방하지 않을 수 있는 가석방과 구별된다.

▎선시제도와 가석방제도 요약 비교 ▎

구분	선시제도	가석방
처우의 성격	시설내처우	사회내처우
보호관찰 부과	임의적 부과	필요적 부과(예외 있음)
요건충족 시 조치	반드시 석방	임의적 석방
효력	형기의 종료	형집행 방법의 변경에 불과
판단기준	선행과 근면	교정성적과 재범위험성

정답 ④

59. 선시제도에 관한 설명으로 옳지 않은 것은?

① 수형자의 선행을 기초로 일정한 법적 기준에 따라 석방시기를 앞당기는 제도이다.

② 교도소의 규율을 유지하고, 교화개선을 촉진한다는 목적이 있다.

③ 행형이념의 변화에 따른 개방처우의 한 형태이다.

④ 수형자의 선행업적에 따라 요건이 충족되면 별도의 심사 없이 석방되므로 사회방위에 불리하다는 지적이 있다.

⑤ 우리나라에서도 시행된 적이 있다.

 ③ 선시제도는 시설내처우의 일종이다.

▎선시제도 ▎

장점	단점
• 수형자의 교화개선 촉진 • 선행의 장려 • 본인의 노력만 있으면 다른 부가적 요건 없이도 석방되므로 정기형의 엄격성을 완화할 수 있음 • 시설내 질서유지에 유리하고, 올바른 수형생활 유도 • 작업능률의 향상에 유리	• 형기계산이 복잡 • 삼권분립의 원칙에 위배 • 요령있는 수형자에게만 유리 • 요건이 충족되면 별도심사 없이 석방되므로 수형자의 사회적응 및 사회방위에 불리 • 교화개선보다 수용관리의 방편으로 이용될 우려가 있음

정답 ③

60. 다음 중 괄호 속을 올바르게 채운 것은?

> 우리나라 「형의 집행 및 수용자의 처우에 관한 법률」은 (㉠)을(를) 원칙으로 하고 있는데 이
> 는 19세기에 퀘이커교도들에 의해 구축된 (㉡)의 영향을 받은 것으로 평가된다. 하지만 행형
> 실무는 (㉢)이(가) 주를 이루며, 이를 보완하기 위해 (㉣)이(가) 실행되고 있다.

	㉠	㉡	㉢	㉣
①	혼거제	오번제	독거제	운동제
②	독거제	필라델피아제	혼거제	분류제
③	혼거제	필라델피아제	독거제	수형자 자치제
④	독거제	오번제	혼거제	침묵제
⑤	분류제	엘마이라제	혼거제	선시제

 ② 현행 형집행법은 독거제를 원칙으로 하고 있는데 이는 독거제의 원형인 필라델피아제에서 유래하고 있다. 다만 현재 교정실무에서는 독거실의 부족 등 현실적인 어려움으로 인해 혼거제 위주로 운영되고 있으며, 이를 보완하기 위해 분류제를 실시하고 있다.

정답 ②

61. 형집행법상 수용자를 혼거수용 할 수 있는 사유가 아닌 것은?
① 독거실의 부족 등 시설여건이 충분하지 아니한 때
② 수용자의 생명 또는 신체의 보호를 위하여 필요한 때
③ 수용자의 이송을 위하여 필요한 때
④ 수형자의 교화 또는 건전한 사회복귀를 위하여 필요한 때

 ①②④ 법 제14조

형집행법상 혼거수용사유 법 제14조
• 독거실 부족 등 시설여건이 충분하지 아니한 때
• 수용자의 생명 또는 신체의 보호, 정서적 안정을 위하여 필요한 때
• 수형자의 교화 또는 건전한 사회복귀를 위하여 필요한 때

정답 ③

62. 다음 중 틀린 것을 골라 묶은 것은?

> ⊙ 소장은 수용, 작업, 교화, 그 밖의 처우를 위하여 필요하다고 인정하면 법무부장관의 승인을 받아 수용자를 다른 교정시설로 이송할 수 있다.
> ⓒ 지방교정청장의 이송 승인은 관할 내 이송으로 한정된다.
> ⓒ 소장은 노역장 유치명령을 받은 수형자와 구류형을 선고받아 형이 확정된 수형자를 혼거수용해서는 아니 된다.
> ⓔ 교정시설을 새로 설치하는 경우에는 독거실과 혼거실의 비율을 5 : 5로 하여야 한다.
> ⓜ 소장은 어떠한 경우라도 남성교도관이 야간에 수용자 거실에 있는 여성수용자를 시찰하게 하여서는 아니 된다.

① ⓒ, ⓜ

② ⓒ, ⓔ

③ ⊙, ⓒ

④ ⓔ, ⓜ

 × : ⓔ 교정시설을 새로 설치하는 경우에는 수용자의 거실수용을 위하여 독거실과 혼거실의 비율이 적정한 수준이 되도록 한다(시행령 제4조). ⓜ 소장은 특히 필요하다고 인정하는 경우가 아니면 남성교도관이 야간에 수용자거실에 있는 여성수용자를 시찰하게 하여서는 아니 된다(시행령 제7조). 따라서 소장이 특히 필요하다고 인정하는 경우에는 야간이라도 남성교도관이 거실에 있는 여성수용자를 시찰하게 할 수 있다.
○ : ⊙ 법 제20조 제1항. ⓒ 시행령 제22조 제2항. ⓒ 시행령 제9조

정답 ④

63. 블럼스타인이 주장한 교도소 과밀화의 해소방안을 모두 고른 것은?

> ⊙ 집합적 무력화   ⓒ 정문정책
> ⓒ 후문정책   ⓔ 교정시설의 확충

① ⊙, ⓒ

② ⊙, ⓒ, ⓔ

③ ⓒ, ⓒ, ⓔ

④ ⊙, ⓒ, ⓒ, ⓔ

 ③ 블럼스타인이 교도소 과밀화의 해소방안으로 주장한 것은 무익한 전략, 선별적 무능화, 수용인구 감소전략(정문정책, 후문정책), 형사사법정책 개선전략, 교정시설 확충전략이다. 집합적 무력화란 유죄 확정된 모든 강력범죄자에게 장기형의 선고를 권장하는 것으로 이는 선별적 무력화에 비해 과밀화를 초래할 수 있다.

❙ 과밀수용 해소방안 ❙

무익한전략		수용인원이 증가하더라도 별도 대책없이 자체적으로 증가인원을 소화하자는 방안
선별적 무능화		중범자나 누범자만을 선별적으로 구금하여 교정시설공간을 효율적으로 운영하자는 방안
수용인구 감소전략	정문정책	범죄인의 구금보다는 비구금적 제재로 전환하여 수용인원을 처음부터 줄이자는 방안
	후문정책	기존의 수형자를 형기만료 이전에 출소시켜 수용인원을 줄여가자는 방안
형사사법절차 개선전략		형사절차과정에서 범죄인을 수용할 경우 교정시설의 수용능력을 고려하여 결정하자는 방안
교정시설 확충전략		교정시설을 증설하여 수용능력을 확대하자는 방안

정답 ③

64. 다음에 제시된 〈보기 1〉의 과밀수용 해소방안과 〈보기 2〉의 전략이 바르게 연결된 것으로만 묶인 것은?

┤ 보기 1 ├

㉠ 교정 이전 단계에서 범죄자를 보호관찰, 가택구금, 배상처분 등 비구금적 제재로 전환시킴으로써 수용 인구를 줄일 수 있다.
㉡ 검찰의 기소나 법원의 양형 결정시 수용능력과 현황에 관한 자료를 참고한다.
㉢ 별다른 대책 없이 증가되는 수용자만큼 더 수용시킬 수밖에 없다는 수용전략으로 단기적으로 교정시설의 증설을 회피할 수 있다.
㉣ 일단 수용된 범죄자를 보호관찰부 가석방, 선시제도 등을 이용하여 새로운 입소자들을 위한 공간 확보를 위해서 그들을 형기종료 이전에 미리 출소시킨다.
㉤ 범죄인을 선별적으로 구금하여 교정시설 공간을 보다 효율적으로 운영하자는 내용으로 전체적으로 상당한 범죄감소효과와 과밀수용을 해소할 수 있다.

┤ 보기 2 ├

A. 정문정책 전략
B. 후문정책 전략
C. 선별적 무능화
D. 무익한 전략
E. 교정시설의 증설
F. 사법절차와 과정의 개선

① ㉠-A, ㉡-B
② ㉡-C, ㉢-F
③ ㉢-D, ㉣-B
④ ㉣-E, ㉤-C

[해설] ㉠은 정문정책전략에 해당되고, ㉡은 사법절차와 과정의 개선에 해당하며, ㉤은 선별적 무능력화에 해당한다.

[정답] ③

65. 다음은 수형자의 법적 지위에 관한 논의들이다. 잘못된 것은?

① 수형자는 행형시설이라는 국가영조물을 이용하는 자로서 형벌집행의 목적 범위 내에서 교정당국이 제정하는 규율을 매개로 포괄적인 지배·복종관계에 있다고 하는 논리가 특별권력관계이론이다.
② 독일의 프로이덴탈은 수형자의 권리의무는 행정규칙(령)으로 규제할 수 없으며, 반드시 법률 또는 법규명령에 의하여야 한다는 행형법치주의를 주장하였다.
③ 1972년 서독의 연방정부재판소는 국가의 수형자에 대한 관계를 일반권력관계로 파악하고, 법률유보배제의 원칙을 적용하였다.
④ 실질적 법치주의에 따르면 행형법정주의란 단지 행형에 관한 사항을 법률로 정하는 데 그치지 않고, 행형절차의 적정도 포함된다고 설명하고 있다.

[해설] ③ 1972년 3월 14일 서독연방헌법재판소는 결정을 통해 특별권력관계이론을 부인하였으며 법률유보가 적용된다.

[정답] ③

66. 수형자의 권리 및 권리구제에 대한 설명으로 옳지 않은 것은?(다툼이 있는 경우 판례에 의함)

① 교도소의 안전 및 질서유지를 위하여 행해지는 규율과 징계로 인한 기본권의 제한도 다른 방법으로는 그 목적을 달성할 수 없는 경우에만 예외적으로 허용되어야 한다.

② 교도관의 시선에 의한 감시만으로는 자살·자해 등의 교정사고 발생을 막는 데 시간적·공간적 공백이 있으므로 이를 메우기 위하여는 CCTV를 설치하여 수형자를 상시적으로 관찰하는 것이 적합한 수단이 될 수 있다.

③ 수형자의 보관품에 대한 사용신청 불허처분 후 수형자가 다른 교도소로 이송되었더라도 권리와 이익의 침해 등이 해소되지 않고 형기가 만료되기까지는 아직 상당한 기간이 남아 있을 뿐만 아니라, 재이송 가능성이 소멸하였다고 단정하기 어려운 점에서 보관품 사용신청 불허처분의 취소를 구할 이익이 있다.

④ 교정시설의 1인당 수용면적이 수형자의 인간으로서의 기본욕구에 따른 생활조차 어렵게 할 만큼 지나치게 협소하더라도 이는 그 자체로 국가형벌권 행사의 한계를 넘어 수형자의 인간의 존엄과 가치를 침해한다고 보기는 어렵다.

> **해설** ④ 수형자가 인간 생존의 기본조건이 박탈된 교정시설에 수용되어 인간의 존엄과 가치를 침해당하였는지 여부를 판단함에 있어서는 1인당 수용면적뿐만 아니라 수형자 수와 수용거실 현황 등 수용시설 전반의 운영 실태와 수용기간, 국가 예산의 문제 등 제반 사정을 종합적으로 고려할 필요가 있다. 그러나 교정시설의 1인당 수용면적이 수형자의 인간으로서의 기본욕구에 따른 생활조차 어렵게 할 만큼 지나치게 협소하다면 이는 그 자체로 국가형벌권 행사의 한계를 넘어 수형자의 인간의 존엄과 가치를 침해하는 것이다.

정답 ④

67. 수형자의 법률적 지위에 대한 설명으로 옳지 않은 것은?

① 행복추구권, 법 앞의 평등권 등은 제한될 수 없다.
② 사상의 자유와 종교의 자유는 제한할 수 있다.
③ 양심의 자유 등 정신적 자유는 제한할 수 없다.
④ 신체의 자유와 직업선택의 자유는 제한할 수 있다.

> **해설** ② 사상의 자유와 종교의 자유(종교선택의 자유와 신앙의 자유)는 이른바 절대적 기본권으로서 수형자인 경우라도 제한할 수 없다.

▮ 수형자의 기본권 ▮

절대적기본권		인간의 존엄과 평등권, 사상과 양심의 자유, 신앙의 자유, 연구·창작의 자유
상대적 기본권	영조물의 존립목적을 위해 제한되는 기본권	사생활의 비밀과 자유, 통신의 자유, 알 자유, 읽을 자유, 쓸 자유
	구금의 본질상 제한되는 기본권	신체의 자유, 집회결사의 자유, 거주의 자유, 직업선택의 자유

정답 ②

68. 다음 중 가석방, 감형, 선시제도, 사면 등과 관계있는 것은?

① 수용공간의 확대 방식   ② 선별적 무능화방식

③ 정문정책   ④ 후문정책

> **해설** ④ 가석방, 감형, 선시제도, 사면 등은 교정시설에 수용 중인 기존의 수형자를 형기 종료 이전에 미리 출소시키는 후문정책에 해당한다.
>
> 정답 ④

69. 과밀수용에 대한 설명 중 타당하지 않은 것은?

① 과밀수용을 해소하기 위한 후문정책은 가석방, 선시제도 등과 같은 제도를 들 수 있으며, 이 정책의 단점은 형사사법망을 확대시킨다는 것이다.

② 과밀수용은 직원의 업무를 가중시키고, 수용자에게는 프로그램 참여기회를 축소시키는 부작용을 발생할 수 있다.

③ 과밀수용 해소를 위해 다이버전, 비범죄화, 선별적 무능화가 이용되기도 한다.

④ 미국의 경우 3진아웃제와 같은 범죄에 대한 강력한 대응책이 과밀수용을 초래하였다고 볼 수 있다.

> **해설** ① 형사사법망을 확대시키는 결과를 초래할 수 있다는 비판이 있는 것은 정문정책이다.
>
> 정답 ①

70. 다음은 수용자의 처우와 관련된 판례이다. 잘못된 것은?

① 수형자의 다른 종교집회 참석을 효율적 수용관리와 계호상의 어려움 등을 이유로 제한하는 것은 기본권의 본질을 침해하는 것이다.

② 미결수용자의 변호인 접견 시 교도관이 참여할 수 있도록 한 것은 신체구속을 당한 미결수용자에게 보장된 변호인의 조력을 받을 권리를 침해라는 것이어서 헌법에 위반된다.

③ 신문을 삭제한 후 수용자에게 구독하게 한 행위는 수용질서를 위한 청구인의 알 권리에 대한 최소한의 제한이라고 볼 수 있으므로 청구인의 알 권리를 과도하게 침해하는 것은 아니다.

④ 수용자가 교도관의 감시·감독을 피하여 규율위반행위를 하는 것만으로는 단순히 금지규정에 위반되는 행위를 한 것에 지나지 아니할 뿐 위계에 의한 공무집행방해죄가 성립한다고 할 수 없다.

> **해설** ① 청구인은 천주교를 신봉하는 자로서 피청구인은 청구인은 천주교집회에는 참석을 모두 허용하였으나, 청구인이 평소 신봉하지 않던 불교집회에 참석하겠다고 신청을 하여 이를 거부하였는 바 이는 수형자가 그가 신봉하는 종파의 교의에 의한 특별교회를 청할 때에는 당해 소장은 그 종파에 위촉하여 교회할 수 있다고 규정하고 있는 행형법 제31조 제2항 및 관련 규정에 따른 것이다. 뿐만 아니라 수형자가 원한다고 하여 종교집회 참석을 무제한 허용한다면 효율적인 수용관리와 계호상의 어려움이 발생하고 진정으로 그 종파를 신봉하는 다른 수형자가 종교집회에 참석하지 못하게 되는 결과를 초래하므로 피청구인의 위와 같은 조치는 청구인의 기본권을 본질적으로 침해하는 것이 아니다.
>
> 정답 ①

71. 다음 중 사법적 권리구제수단이 아닌 것은?

① 행정소송　　　　　　　　　② 헌법소원
③ 형사소송　　　　　　　　　④ 국가인권위원회 진정

해설 ④는 비사법적 권리구제수단에 해당한다.

┃수용자의 권리구제 종류┃

비사법적 권리구제제도	순회점검, 소장면담, 청원, 행정심판, 국가인권위원회 진정, 감사원의 심사청구 및 직무감찰
사법적 권리구제제도	민사소송, 형사소송, 행정소송, 헌법소원

정답 ④

72. 수용자 권리구제방법 중 비사법적 방법에 대한 설명으로 틀린 것은?

① 행형옴부즈만·수용자고충처리위원회 등을 활용한다.
② 사법적 방법에 비해 많은 시간과 비용이 소요되며, 전문가의 조언을 받아야 하는 등의 사정때문에 수형자가 손쉽게 이용하기 곤란하다.
③ 형집행법상 수용자의 권리침해를 구제하기 위한 일환으로 인정하고 있는 순회점검 등이 비사법적 방법에 해당한다.
④ 사법적 구제제도는 비사법적 구제제도보다 수형자와 교도관 사이에 감정의 골을 깊게 할 수 있다.

해설 ②는 사법적 권리구제방법의 단점에 해당한다.

┃비사법적 권리구제방법의 장·단점┃

장점	• 절차가 단순·간편하여 불복제기에 용이하다. • 구제를 위한 별도의 비용이 소요되지 않아 경제적이다. • 적시에 신속한 구제가 가능하여 해당 수용자의 불만 심화를 차단할 수 있다. • 양자 간의 합의를 도출할 수 있어 법원에 의한 강제적 해결에 비해 후유증이 덜 하다.
단점	• 구제기관이 내부기관인 경우 공정한 결정을 기대하기 어렵다. • 전문가의 법률적 조력을 받기 어려워 효과적인 구제절차 수행에 한계가 있다. • 결정에 대한 법적 기속력이 없어 해당 기관에서 그 결정을 수용하지 않을 경우 사법구제절차를 다시 진행해야 하는 번거로움이 있다.

┃사법적 권리구제방법의 장·단점┃

장점	• 법률전문가의 조력을 구할 수 있어 효과적인 구제절차를 수행할 수 있다. • 기속력 있는 결정을 얻어낼 수 있다는 점에서 종국적이고 실효성 있는 구제수단이다.
단점	• 비사법적 구제방법에 비해 많은 비용과 시간이 소요된다. • 적시에 실효성 있는 구제를 받기 어렵다. • 승소하더라도 그 해결에 상당한 시간을 요하는 경우가 많고, 손해배상 등 금전적 보상에 그치기 쉽다. • 법률전문가의 조력 없이 수용자 자력으로 구제절차를 수행하는 데 한계가 있다. • 비사법적 구제제도보다 수용자와 교도관 사이에 감정의 골을 깊게 할 수 있다. • 교정당국으로서는 경제적 비용과 수용자와의 갈등 외에도 지도력에 상처를 입기 쉽다.

정답 ②

73. 수용자의 권리구제에 대한 설명으로 옳지 않은 것은?

① 소장은 특별한 사정이 있으면 소속 교도관으로 하여금 그 면담을 대리하게 할 수 있으며, 이 경우 면담을 대리한 사람은 그 결과를 소장에게 지체 없이 보고하여야 한다.

② 사법적 권리구제수단으로는 행정소송, 민·형사소송, 청원, 헌법소원이 있다.

③ 구금·보호시설의 직원은 국가인권위원회 위원 등이 시설에 수용되어 있는 진정인과 면담하는 장소에 참석할 수 없으며, 대화내용을 듣거나 녹취하지 못한다. 다만, 보이는 거리에서 시설수용자를 감시할 수 있다.

④ 청원권자는 수형자, 미결수용자, 내·외국인을 불문하고 「형의 집행 및 수용자의 처우에 관한 법률」상 수용자이다.

> **해설** ① 형집행법 제116조 제3항
> ② 사법적 권리구제수단으로 행정소송, 민·형사소송, 헌법소원이 있으며, 비사법적 권리구제수단으로 청원, 소장면담, 행정심판, 국가인권위원회 진정, 민원조사관제, 중재, 감사원 심사 청구 등이 있다.
> ③ 시설에 수용되어 있는 진정인(진정을 하려는 사람을 포함)과 위원 또는 위원회 소속 직원의 면담에는 구금·보호시설의 직원이 참여하거나 그 내용을 듣거나 녹취하지 못한다. 다만, 보이는 거리에서 시설수용자를 감시할 수 있다(국가인권위원회법 제31조 제6항).
> ④ 형집행법 제117조 제1항

정답 ②

74. 형의 집행 및 수용자의 처우에 관한 법률상 수용자 권리구제에 대한 설명으로 옳지 않은 것은?

① 소장은 수용자가 정당한 사유 없이 면담사유를 밝히지 아니하는 때에는 면담을 거부할 수 있다.

② 수용자는 그 처우에 관하여 불복하는 경우 법무부장관, 순회점검공무원 또는 관할 지방법원장에게만 청원할 수 있다.

③ 수용자는 그 처우에 관하여 불복하여 순회점검공무원에게 청원하는 경우 청원서가 아닌 말로도 할 수 있다.

④ 수용자는 청원, 진정, 소장과의 면담, 그 밖의 권리구제를 위한 행위를 하였다는 이유로 불이익한 처우를 받지 아니한다.

> **해설** ② 수용자는 그 처우에 관하여 불복하는 경우 법무부장관·순회점검공무원 또는 관할 지방교정청장에게 청원할 수 있다(형집행법 제117조 제1항).
> ① 동법 제116조 제2항 제1호
> ③ 동법 제117조 제2항
> ④ 동법 제118조

정답 ②

75. 수용자의 권리구제수단에 관한 설명으로 옳은 것은?

① 수용자가 법무부장관에게 청원하는 경우에는 청원서를 작성하여 당해 시설의 소장에게 제출하며, 소장은 청원서를 검토한 후 법무부장관에게 송부한다.

② 수용자가 순회점검공무원에게 청원하는 경우에는 서면 또는 구술로써 할 수 있으며, 순회점검공무원이 구술로써 청취하는 때에는 교도관을 참여시킬 수 있다.

③ 법무부장관은 교정시설을 순회점검하거나 소속 공무원으로 하여금 순회점검하게 하여야 하며, 판사와 검사는 직무상 필요하면 교정시설을 시찰할 수 있다.

④ 수용자는 교도소의 처우에 대하여 행정심판 및 행정소송을 제기할 수 있으나, 헌법소원의 제기는 불가능하다.

> **해설** ① 소장은 청원서를 개봉하여서는 아니되며, 이를 지체 없이 법무부장관·순회점검공무원 또는 관할 지방교정청장에게 보내거나 순회점검공무원에게 전달하여야 한다(법 제117조 제3항). 따라서 소장은 청원서를 검토할 수 없다.
> ② 순회점검공무원이 청원을 청취하는 경우에는 교정시설의 교도관이 참여하여서는 아니 된다(법 제117조 제4항).
> ④ 수용자는 교도소의 처우에 대하여 행정심판·행정소송은 물론 헌법소원도 제기할 수 있다.
> ③ 법 제8조, 제9조 제1항

정답 ③

76. 수용자에 대한 징벌 및 권리구제에 대한 설명으로 옳은 것은?

① 소장은 동일한 사유로 면담한 사실이 있음에도 불구하고 정당한 사유 없이 반복하여 면담을 신청하는 경우 수용자의 면담에 응하지 아니할 수 있다.

② 수용자가 청원서를 제출한 경우 소장은 지체 없이 청원내용을 확인하여야 한다.

③ 2회 이상 정보공개 청구비용을 납부하지 않은 수용자는 향후 정보공개를 청구할 수 없다.

④ 징벌위원회는 징벌대상자에게 일정한 사유가 있는 경우 3개월 이하의 기간 내에서 징벌의 집행유예를 의결할 수 있다.

> **해설** ② 소장은 청원서를 개봉하여서는 아니 되며, 이를 지체 없이 법무부장관, 순회점검공무원 또는 관할지방교정청장에게 보내거나 순회점검공무원에게 전달하여야 한다(법 제117조 제3항).
> ③ 현재의 수용기간 동안 법무부장관, 지방교정청장 또는 소장에게 정보공개청구를 한 후 정당한 사유 없이 그 청구를 취하하거나 「공공기관의 정보공개에 관한 법률」 제17조에 따른 비용을 납부하지 아니한 사실이 2회 이상 있는 수용자가 제1항에 따른 정보공개청구를 한 경우에는 법무부장관, 지방교정청장 또는 소장은 그 수용자에게 정보의 공개 및 우송 등에 들 것으로 예상되는 비용을 미리 납부하게 할 수 있다. (법 117조의2 제2항).
> ④ 징벌위원회는 징벌을 의결하는 때에 행위의 동기 및 정황, 교정성적, 뉘우치는 정도 등 그 사정을 고려할 만한 사유가 있는 수용자에 대하여 2개월 이상 6개월 이하의 기간 내에서 징벌의 집행을 유예할 것을 의결할 수 있다(법 114조 제1항).
> ① 법 제116조 제2항 제3호

정답 ①

77. 「형의 집행 및 수용자의 처우에 관한 법률」상 수용자의 권리구제에 대한 설명으로 옳지 않은 것은?

① 처우에 불복하여 청원하려는 수용자는 청원서를 작성하여 봉한 후 소장에게 제출하여야 하나, 순회점검공무원에 대한 청원은 말로도 할 수 있다.

② 소장은 청원에 관한 결정서를 접수하면 청원인에게 지체 없이 전달하여야 한다.

③ 청원에 관한 결정은 문서 또는 말로 할 수 있다.

④ 수용자가 정당한 사유 없이 면담사유를 밝히지 아니하고 면담을 신청한 경우 소장은 그 면담에 응하지 아니할 수 있다.

> **해설** ③ 청원에 관한 결정은 문서로써 하여야 한다(법 제117조 제2항). ① 법 제117조 제2항 ② 동조 제6항
> ④ 법 제116조 제2항
>
> 정답 ③

78. 「형의 집행 및 수용자의 처우에 관한 법률」의 내용으로 옳지 않은 것은?

① 교정시설의 장은 법률이 정한 사유가 있는 수형자에게 5일 이내의 특별귀휴를 허가할 수 있다.

② 수형자가 소년교도소에 수용 중에 19세가 된 경우에도 교육·교화프로그램, 작업, 직업훈련 등을 실시하기 위하여 특히 필요하다고 인정되면 23세가 되기 전까지는 계속하여 수용할 수 있다.

③ 법무부장관은 교정시설의 운영, 교도관의 복무, 수용자의 처우 및 인권실태 등을 파악하기 위하여 매월 1회 이상 교정시설을 순회점검하거나 소속 공무원으로 하여금 순회점검하게 하여야 한다.

④ 법무부장관은 교정시설의 설치 및 운영에 관한 업무의 일부를 법인 또는 개인에게 위탁할 수 있다.

> **해설** 법무부장관은 교정시설의 운영, 교도관의 복무, 수용자의 처우 및 인권실태 등을 파악하기 위하여 매년 1회 이상 교정시설을 순회점검하거나 소속 공무원으로 하여금 순회점검하게 하여야 한다. (형집행법 제8조).
> ① 소장은 다음 각 호의 어느 하나에 해당하는 사유가 있는 수형자에 대하여는 제1항에도 불구하고 5일 이내의 특별귀휴를 허가할 수 있다.
> 1. 가족 또는 배우자의 직계존속이 사망한 때
> 2. 직계비속의 혼례가 있는 때(동법 제77조 제2항)
> ② 동법 제12조 제3항
> ④ 동법 제7조 제1항
>
> 정답 ③

79. 다음 중 청원의 요건으로 맞는 것은?

① 자기의 이익과 동료들의 이익에 대한 요구가 가능하다.
② 부당한 처우에 대하여 청원할 수 있다.
③ 일신상의 이유로 청원할 수 있다.
④ 본인의 막연한 희망이나 교정제도에 대하여도 할 수 있다.

> **해설** ①③④ 청원은 자신의 처우에 관하여 불복이 있는 경우에만 할 수 있으므로 자신이나 동료의 이익, 일신상의 이유, 막연한 희망이나 교정제도에 관해서는 청원할 수 없다.
>
> 〔정답〕 ②

80. 다음 중 청원에 대한 설명으로 틀린 것은?

① 타인에 관한 청원은 할 수 없다.
② 공동청원은 가능하나, 반복청원은 불가능하다.
③ 외국인 수형자도 청원할 수 있다.
④ 소장에게 사전에 청원취지서의 제출 없이 제기한다.

> **해설** ② 공동청원은 불가능하다.
>
> 〔정답〕 ②

81. 「형의 집행 및 수용자의 처우에 관한 법률」과 동법 시행령상 청원에 대한 설명으로 옳지 않은 것은?

① 수용자는 그 처우에 관하여 불복하는 경우 법무부장관, 순회점검공무원 또는 관할 지방교정청장에게 청원할 수 있다.
② 청원하려는 수용자는 청원서를 작성하여 봉한 후 소장에게 제출하여야 한다. 다만, 순회점검공무원에 대한 청원은 말로도 할 수 있으며, 이때 그 내용을 전부 녹음하여야 한다.
③ 순회점검공무원이 청원을 청취하는 경우 해당 교정시설의 교도관이 참여하여서는 아니 된다.
④ 청원에 관한 결정은 문서로써 하여야 하며, 소장은 청원에 관한 결정서를 접수하면 청원인에게 지체없이 전달하여야 한다.

> **해설** ② 청원하려는 수용자는 청원서를 봉한 후 소장에게 제출하여야 한다. 다만 순회점검공무원에 대한 청원은 말로도 할 수 있다(법 제117조 제2항). 즉 순회점검공무원에 대한 청원내용을 녹음해야 한다는 규정은 없다.
> ① 법 제117조 제1항. ③ 동조 제4항.
>
> 〔정답〕 ②

82. 수용자의 권리구제에 대한 설명으로 옳지 않은 것은?

① 수용자가 교정시설의 처우에 불복하는 경우 교정시설의 소장에게 청원할 수 있다.

② 순회점검공무원이 수용자의 청원을 청취하는 경우에는 해당 교정시설의 교도관이 참여하여서는 아니 된다.

③ 수용자는 「공공기관의 정보공개에 관한 법률」에 따라 소장에게 정보의 공개를 청구할 수 있다.

④ 수용자는 권리구제를 위한 행위를 하였다는 이유로 불이익한 처우를 받지 아니 한다.

> **해설** ① 수용자는 그 처우에 관하여 불복하는 경우 법무부장관·순회점검공무원 또는 관할 지방교정청장에게 청원할 수 있다(법 제117조 제1항). 즉 수용자는 법무부장관, 순회점검공무원, 관할 지방교정청장에게만 청원할 수 있고, 소장에게는 청원할 수 없다.
> ② 법 제117조 제4항. ③ 법 제117조의2 제1항. ④ 법 제118조
>
> 정답 ①

83. 수용자 청원에 대하여 틀린 것은?

① 수용자는 그 처우에 대하여 불복이 있는 때에 청원할 수 있다.

② 수용자는 청원을 함에 있어서 그 요지를 소장에게 제출하여야 한다.

③ 소장은 청원서를 개봉하여서는 아니 되며, 지체 없이 이를 법무부장관, 순회점검공무원 또는 관할 지방교정청장에게 보내야 한다.

④ 수용자는 청원을 하였다는 이유로 불이익한 처우를 받지 아니한다.

> **해설** ② 법무부장관에게 청원하고자 하는 수용자는 청원서를 작성하여 봉한 후 소장에게 제출하면 되고, 그 요지를 제출할 필요는 없다(법 117조 제2항 참조).
> ③ 동조 제3항. ④ 법 제118조
>
> 정답 ②

84. 현행법상 수용자의 권리구제에 대한 설명으로 옳지 않은 것은?

① 수용자는 법무부장관에게 직접 청원할 수 있으나, 소장에게 청원의 취지를 미리 구두나 서면으로 알려야 한다.

② 일반인이 교도소장 등의 위법·부당한 처분에 대해 행정심판을 청구하는 경우에는 지방교정청 산하 행정심판위원회가 이를 심사·재결한다.

③ 수용자에 대한 교도소장의 위법·부당한 처분이 있는 때에는 국민권익위원회가 이를 조사하여 교도소장 등에게 적정한 시정을 권고 할 수 있다.

④ 수용자가 그 처우에 관해 소장에게 면담을 신청할 수 있는 권리는 형집행법에 규정되어 있다.

> **해설** ① 수용자는 법무부장관, 순회점검공무원, 관할 지방교정청장에게 청원할 수 있으며, 소장에게는 그 취지를 미리 알릴 의무는 없다(법 제117조 제3항 참조).
>
> 정답 ①

85. 현행 법령상 청원에 관한 설명 중 틀린 것을 모두 고른 것은?

> ㉠ 수용자는 그 처우에 관하여 불복하는 경우 법무부장관 또는 감사관에게 청원할 수 있다.
> ㉡ 수용자가 청원서를 작성하면 교도관은 이를 봉한 후 소장에게 제출하여야 한다.
> ㉢ 소장은 수용자가 순회점검공무원에게 청원한 경우 인적사항과 청원요지를 청원부에 기록한다.
> ㉣ 청원에 관한 결정은 문서로써 하여야 한다.

① ㉠
② ㉠, ㉡
③ ㉠, ㉡, ㉢
④ ㉠, ㉡, ㉢, ㉣

 × : ㉠ 수용자가 청원을 신청할 수 있는 대상은 법무부장관, 지방교정청장, 순회점검공무원이다(법 제117조 제1항). ㉡ 청원하려는 수용자는 청원서를 작성하여 봉한 후 소장에게 제출하여야 한다(동조 제2항). 즉 청원서를 봉하고 제출하는 것의 주체는 교도관이 아니라 수용자이다. ㉢ 소장은 수용자가 순회점검공무원에게 청원하는 경우에는 그 인적사항을 청원부에 기록하여야 한다(시행령 제139조 제1항). 즉 청원부에 기록하는 것은 인적사항에 한정된다.
○ : ㉣ 법 제117조 제5항.

정답 ③

86. 수용자의 권리구제에 대한 설명으로 옳지 않은 것은?

① 비사법적 구제의 일환으로 수용자는 소장에게 면담을 신청할 수 있지만, 소장은 수용자가 정당한 사유 없이 면담사유를 밝히지 아니한 때에는 면담에 응하지 않을 수 있다.
② 수용자는 자기 또는 타인의 처우에 대한 불복이 있는 경우 법무부장관·순회점검공무원 또는 관할 지방교정청장에게 청원할 수 있다.
③ 수용자는 소장의 위법, 부당한 처분으로 인하여 자신의 권리나 이익이 침해되었다고 판단한 때에는 지방교정청장에게 행정심판을 청구할 수 있다.
④ 사법적 권리구제로서 헌법소원을 제기하기 위해서 법률에 정해진 기본권 구제절차를 거쳐야 하지만, 「형의 집행 및 수용자의 처우에 관한 법률」상의 청원을 거쳐야 할 필요는 없다.

 ② 수용자는 그 처우에 관하여 불복하는 경우 법무부장관·순회점검공무원 또는 관할 지방교정청장에게 청원할 수 있다(법 제117조 제1항). 여기에서 그 처우란 본인의 처우를 의미한다. 따라서 타인의 처우에 관해서는 청원할 수 없다.
① 법 제116조 제2항.
③ 행정청의 처분 또는 부작위에 대하여는 다른 법률에 특별한 규정이 있는 경우 외에는 행정심판법에 따라 행정심판을 청구할 수 있으므로(행정심판법 제3조 제1항) 수용자는 소장의 위법 또는 부당한 처분으로 인하여 자신의 권리 또는 이익이 침해되었다고 판단한 경우에는 직근 상급관청인 관할 지방교정청에 행정심판을 청구할 수 있다.
④ 행형법상의 청원은 다른 법률에 의한 구제절차에 해당하는지에 대하여 그 처리기관이나 절차 및 효력면에서 권리구제절차로 불충분하고 우회적인 제도로 헌법소원 전 반드시 거쳐야 하는 사전권리 구제절차로 보기 어렵다.

정답 ②

87. 현행 형집행법상 청원제도에 대한 설명으로 옳지 않은 것은?

① 순회점검공무원에 대한 청원은 서면 또는 말로써 할 수 있다.
② 순회점검공무원이 청원을 청취하는 경우에는 교도관을 참여시키지 못한다.
③ 수형자는 문서로써 법무부장관 또는 관할 지방교정청장에게 청원할 수 있다.
④ 순회점검공무원은 어떠한 청원사항이든 심사하고 결정할 수 있다.

> **해설** ④ 순회점검공무원은 청원을 스스로 결정하는 것이 부적당하다고 인정하는 경우에는 그 내용을 법무부장관에게 보고하여야 한다(시행령 제139조 제4항). 따라서 순회점검공무원이 어떠한 청원사항이든 심사하고 결정할 수 있다는 표현은 옳지 않다.
> ① 법 제117조 제2항. ③ 동조 제1항. ② 동조 제4항
>
> 정답 ④

88. 수용자의 권리보호에 대한 설명으로 옳지 않은 것은?

① 헌법 제10조에서 규정하고 있는 모든 국민의 인간으로서의 존엄과 가치, 행복추구권은 이의근거가 된다.
② 수용자는 청원, 진정, 소장과의 면담, 그 밖의 권리구제를 위한 행위를 하였다는 이유로 불이익한 처우를 받지 아니한다.
③ 사법적 권리구제 수단으로 공권력의 부당한 행사 내지 불행사로 인하여 기본권을 침해받은 수용자는 법원의 재판을 제외하고는 헌법소원을 제기할 수 있다.
④ 비사법적 권리구제 수단으로 서면으로 청원을 하는 경우 수용자는 청원서를 작성하여 봉한 후 소장 또는 순회점검 공무원에게 제출하여야 한다.

> **해설** ④ 청원하려는 수용자는 청원서를 작성하여 봉한 후 소장에게 제출하여야 한다. 다만 순회점검공무원에 대한 청원은 말로도 할 수 있다(법 제117조 제2항). 소장은 청원서를 개봉하여서는 아니 되며, 이를 지체 없이 법무부장관·순회점검공무원 또는 관할 지방교정청장에게 보내거나, 순회점검공무원에게 전달하여야 한다(동조 제3항). 즉 수용자가 청원서를 제출하는 것은 소장에 한한다.
> ② 법 제118조
>
> 정답 ④

89. 수용자의 인권보호를 위한 국가인권위원회의 업무에 관한 설명으로 옳지 않은 것은?

① 국가인권위원회는 필요하다고 인정하면 그 의결로써 구금·보호시설을 방문하여 조사할 수 있다.
② 구금·보호시설의 직원은 방문조사를 하는 위원이 시설수용자를 면담하는 장소에 참석할 수 없다.
③ 수용자는 구금시설의 업무수행과 관련하여 헌법 제10조부터 제22조까지의 규정에서 보장된 인권을 침해당한 때에는 위원회에 그 내용을 진정할 수 있다.
④ 구금시설에 소속된 공무원은 시설수용자가 위원회에 제출할 목적으로 작성한 진정서 및 서면을 열람할 수 없다.

② 구금·보호시설의 직원은 위원 등이 시설수용자를 면담하는 장소에 참석할 수 있다. 다만 대화내용을 녹음하거나 녹취하지 못한다(국가인권위원회 제24조 제5항).
① 동법 제24조 제1항. ③ 동법 제30조 제1항. ④ 동법 시행령 제9조 제2항.

②

90. 국가인권위원회에 관한 업무 중 틀린 것은?

① 시설수용자가 구금·보호시설의 장 또는 관리인에게 대하여 위원회에 보내는 진정서 그 밖의 서면의 작성의사를 표명한 때에는 구금·보호시설의 장 또는 관리인은 이를 금지하거나 방해하여서는 아니 된다.

② 구금·보호시설에 소속된 공무원 또는 직원은 시설수용자가 위원회에 보내기 위하여 작성 중이거나 소지하고 있는 진정서 또는 서면을 열람·압수 또는 폐기 하여서는 아니 된다.

③ 미리 작성의사를 표명하지 아니하고 작성 중이거나 소지하고 있는 문서의 경우에도 이를 폐기하여서는 아니 된다.

④ 구금·보호시설에 소속된 공무원 또는 직원은 시설수용자가 징벌혐의로 조사를 받고 있거나 징벌을 받고 있는 중이라는 이유로 위원회에 보내기 위한 진정서 또는 서면을 작성하거나 제출할 수 있는 기회를 제한하는 조치를 하여서는 아니 된다.

③ 구금·보호시설에 소속된 공무원 또는 직원은 시설수용자가 위원회에 보내기 위하여 작성 중이거나 소지하고 있는 진정서 또는 서면을 열람·압수 또는 폐기 하여서는 아니 된다. 다만 미리 작성의사를 표명하지 아니하고 작성 중이거나 소지하고 있는 문서의 경우에는 그러하지 아니하다(국가인권위원회법 시행령 제9조 제2항). 따라서 미리 작성의사를 표명하지 아니하고 작성 중이거나 소지하고 있는 문서의 경우에는 이를 폐기할 수 있다고 보아야 한다.
① 동조 제1항. ② 동조 제2항. ④ 동조 제3항.

③

91. 수용자의 정보공개청구에 대한 설명으로 틀린 것은?

① 수용자는 법무부장관, 교정본부장 또는 소장에게 정보의 공개를 청구할 수 있다.

② 현재의 수용기간 동안 정보공개청구를 한 후 정당한 사유 없이 그 청구를 취하하거나 비용을 납부하지 아니한 사실이 2회 이상 있는 수용자가 정보공개청구를 한 경우에 그 수용자에게 정보의 공개 및 우송 등에 들 것으로 예상되는 비용을 미리 납부하게 할 수 있다.

③ 정보의 공개 및 우송 등에 들 것으로 예상되는 비용을 미리 납부하여야 하는 수용자가 비용을 납부하지 아니한 경우 그 비용을 납부할 때까지 정보공개 여부의 결정을 유예할 수 있다.

④ 예상비용의 산정방법, 납부방법, 납부기간, 그 밖에 비용납부에 관하여 필요한 사항은 대통령령으로 정한다.

① 수용자는 「공공기관의 정보공개에 관한 법률」에 따라 법무부장관, 지방교정청장 또는 소장에게 정보의 공개를 청구할 수 있다(법 제117조의2 제1항).
② 동조 제2항. ③ 동조 제3항. ④ 동조 제 4항

①

92. **수용자의 정보공개청구에 대한 지방교정청장 甲의 처분으로 적법한 것은?**

① 정보공개를 위한 비용납부의 통지를 받은 수용자 A가 그 비용을 납부하기 전에 지방교정청 장甲은 정보공개의 결정을 하고 해당 정보를 A에게 공개하였다.

② 과거의 수용기간 동안 정당한 사유 없이 정보공개를 위한 비용을 납부하지 아니한 사실이 1회있는 수용자 B가 정보공개청구를 하자, 청구를 한 날부터 7일째 甲은 B에게 정보의 공 개 및 우송 등에 들것으로 예상되는 비용을 미리 납부할 것을 통지하였다.

③ 정보공개를 위한 비용납부의 통지를 받은 수용자 C가 그 통지를 받은 후 3일 만에 비용을 납부했지만, 甲은 비공개 결정을 하고 C가 예납한 비용 중 공개여부의 결정에 드는 비용을 제외한 금액을 반환하였다.

④ 현재의 수용기간 동안 甲에게 정보공개청구를 한 후 정당한 사유로 그 청구를 취하한 사실 이 있는 수용자 D가 다시 정보공개청구를 하자, 甲은 D에게 정보의 공개 및 우송 등에 들 것으로 예상되는 비용을 미리 납부할 것을 통지하였다.

> 해설 ② 1회 → 2회 이상(법 제117조의2 제2항).
> ③ 법무부장관, 지방교정청장 또는 소장은 비공개결정을 한 경우에는 납부된 비용의 전부를 반환하고, 부분 공개 결정을 한 경우에는 공개 결정한 부분에 대하여 드는 비용을 제외한 금액을 반환하여야 한다(시행 령 제139조의2 제6항).
> ④ 정당한 사유로 → 정당한 사유 없이(법 제117조의2 제2항).
> ① 시행령 제139조의2 제7항.

정답 ①

93. **다음은 현행 법령상 수용자의 정보공개청구에 대한 규정이다. 틀린 것은?**

① 수용자는 「공공기관의 정보공개에 관한 법률」에 따라 법무부 장관, 지방교정청장 또는 소장 에게 정보의 공개를 청구할 수 있다.

② 예상비용의 산정방법, 납부 방법, 납부기간, 그밖에 비용납부에 관하여 필요한 사항은 대통 령령으로 정한다.

③ 비용납부의 통지를 받은 수용자는 그 통지를 받은 날부터 3일 이내에 현금 또는 수입인지 로 법무부장관, 지방교정청장 또는 소장에게 납부하여야 한다.

④ 비용을 납부하지 않은 사실이 2회 이상 있는 수용자가 정보공개청구를 한 경우에 법무부장관, 지방교정청장 또는 소장은 그 수용자에게 정보의 공개 및 우송 등에 들 것으로 예상되는 비용을 미리 납부하게 할 수 있다.

> 해설 ③ 비용납부의 통지를 받은 수용자는 그 통지를 받은 날부터 7일 이내에 현금 또는 수입인지로 법무부장관, 지방교정청장 또는 소장에게 납부하여야 한다(시행령 제 139조의2 제3항).
> ① 법 제117조의2 제1항. ② 동조 제4항. ④ 동조 제2항.

정답 ③

94. 슈렉이 설명한 수용자 역할유형 중 범죄자의 세계를 지향하고, 부문화적 활동에 깊이 관여하며, 하류계층 출신자가 많고 폭력성 강력범죄자 중에 많은 유형은?

① 친사회적 수형자   ② 반사회적 수형자

③ 가사회적 수형자   ④ 비사회적 수형자

 ② 반사회적 수형자는 '정의한'으로 불리어지며, 수형자부문화적에 활동에 깊이 관여하고, 규율을 따르지 않으며, 사회를 부정적 시각으로 본다. 이 유형은 하류계층 출신의 폭력성 범죄자들에게서 많이 발견된다.

┃슈렉의 수형자 역할 유형┃

구분	특징
친사회적 고지식자	• 범죄자집단과 어울리지 않고, 교정시설의 규율에 동조하며, 법을 준수 • 직원들과 가까이 지내며, 중산층 출신이 많음
반사회적 정의한	• 수형자 부문화적 활동에 깊이 관여하고, 규율을 따르지 않음 • 사회를 부정적 시각으로 보며, 직원과도 거의 관계를 갖지 않음 • 하류계층의 출신이 많고, 폭력성 강력범죄자가 많음
가사회적 정치인	• 각종 이점 확보에 관심이 많고, 당국의 처우계획에 적극 참여 • 수형자들과도 긴밀한 관계를 유지하는 교활한 수형자
비사회적 무법자	• 사회성이 결여되고, 성격이 난폭 • 약한 수형자를 폭력으로 지배하며, 교도관과 수형자 모두에게 배척 받음
비사회적 정신질환자	• 사회성 결여는 비사회적 무법자와 같으나, 정신적 장애가 원인이라는 점에서 구별 • 어디에도 소속되기 어려운 특성을 지님

정답 ②

95. 다음은 교도소화의 특성을 설명하는데 자주 이용되는 총체적 기관이라는 개념에 대한 설명이다. 옳지 않은 것은?

① 사회학자 어빙 고프만이 미국의 교도소에서 오랜 기간 참여관찰을 한 후 고안한 개념이다.

② 폐쇄적이고 자유가 박탈된 사회인 교도소에서 수용자의 자아상이 변화하는 모습을 잘 설명하고 있다.

③ 개인의 개별성이 약화되고 사물화 되는 것의 문제점에 관심을 가진다.

④ 소수의 관리자와 다수의 통제받는 사람을 상정하고 있다.

해설 ① 사회학자 고프만은 정신요양원에서 2년 동안 참여 관찰을 통해 정신질환에 대한 연구를 처음 시작하였으며, 통제하는 사람과 통제받는 사람 간의 구체적인 상호작용을 통해 인간의 자아개념 구성과 사회통제의 관계에 대한 이론적 입장을 제시하였다. 총체적 기관이란 고프만이 창안한 개념으로 사회통제가 가장 극단적으로 행해지는 곳으로서 여기에서는 구성원들을 일정기간 동안 바깥세계로부터 격리시킨 채 공식적으로 규격화되고 통제된 생활을 하게 함으로써 인간의 개체성을 말살시키려 한다고 보았다.

정답 ①

96. 다음 중 재입소율이 가장 높은 자는?

① 수형생활지향적 수형자   ② 범죄생활지향적 수형자

③ 합법생활지향적 수형자   ④ 문화생활지향적 수형자

> **해설** ① 수형생활지향적 수형자란 교도소사회에서의 모든 생활양식을 수용하고, 그것에 적응하려고 하며, 자신의 수용생활을 보다 쉽고 편하게 하려는 데 중점을 두는 수형자 부류로서 이 유형에 해당되는 수형자들에게 서 재입소율도 가장 높게 나타나고 있다.

┃수형자사회 부문화 유형┃

구분	특징
범죄생활지향적 부문화	• 범죄생활이 일상화된 자들의 부문화로서 일반사회의 규범을 무시하고, 외부에서 터득한 범죄주의 부문화를 고집하며, 출소 후에도 계속 범죄를 행할 것을 지향 • 수형자의 역할 중 '정의한'에 해당되는 자들로서 교정시설 내의 공식적 지위에는 관심이 없고, 수형자강령이 아닌 범죄자강령에 집착하며, 반교도소적인 태도를 취함
수형생활지향적 부문화	• 교도소사회에서의 모든 생활양식을 수용하고, 그것에 적응하려는 자들이 지향하는 부문 화로서 수용생활 편의에 중점을 둠 • 교정시설 내에서의 재화와 지위 획득에 관심이 있는 반면, 출소 후 생활은 부차적인 것으 로 간주하며, 재입소율도 가장 높음
합법생활지향적 부문화	• 교정시설에 입소할 때도 범죄생활지향적 부문화에 속하지 않았으며, 수용생활 중에도 범 죄생활지향적 부문화나 수형생활지향적 부문화를 받아들이지 않음 • 가급적 교정시설의 규율을 따르고, 교정시설 당국과도 긍정적인 관계를 유지하는 편이며, 재입소율도 가장 낮음(수형자 중 가장 높은 비율을 차지하고 있는 유형)

> 정답 ①

97. 다음 중 교도소화에 대한 설명 중 맞지 않는 것은?

① 수용자가 교정시설에서의 행위유형과 가치, 태도를 습득하고 적응해가는 과정을 교도소화라 고 한다.

② 교도소화가 진행됨에 따라 수용자들은 점차 더 범죄적 이념을 습득하게 된다.

③ 교도소화는 수용자 개인의 인성이나 주위사람과의 관계에 따라 차이가 있다.

④ 교도소화가 진행됨에 따라 수용자들은 사회복귀에 대한 자신감을 습득한다.

> **해설** ④ 교도소화란 수형자가 교도소에 입소 후 교도소사회의 규범과 가치에 동화되는 과정을 말하므로 수형자 의 교도소화가 충분히 진행되면 교도소의 생활에 익숙하게 되어 오히려 사회복귀에 대한 두려움을 가지 게 될 수 있다.

> 정답 ④

98. 다음 중 분류제도에 대한 설명으로 맞는 것은?

① 유럽형 분류개념은 개인에 대한 진단과 치료에 중점으로 두고 있다.

② 미국형 분류개념은 집단별 분류에 중점을 두고 있다.

③ 오늘날 수형자처우의 중점은 처우분류에서 수용분류의 형태로 바뀌고 있다.

④ 과학적 지식이 요구되는 적극적 분류개념은 범죄자처우의 개별화를 위한 것이다.

> **해설** ①② 유럽형 분류개념은 집단별 분류에 중점을 두고 있으며, 미국형 분류개념은 개인에 대한 진단과 치료에 중점을 두고 있다.
> ③ 종전 분류는 성별·나이 등을 기준으로 분리하여 수용하는 것(수용분류)에 중점을 두었다면, 오늘날 분류는 수형자의 교화개선 및 사회복귀를 목적으로 개인의 특성에 맞는 개별처우를 위한 것(처우분류)에 중점을 두고 있다. 즉 오늘날 수형자처우의 중점은 수용분류에서 처우분류의 형태로 바뀌고 있다.

┃유럽형 분류와 미국형 분류의 요약 비교┃

구분	유럽형 분류	미국형 분류
특징	전통적 의미의 분류(수용분류)	현대적 의미의 분류(처우분류)
분류기준	• 외부적 특징(성별, 연령, 죄질, 범수 등) • 수직적, 종적 분류	• 내부적 특징(지능 및 적성검사 등) • 수평적, 횡적 분류
목적	수형자의 보호와 교정관리(소극적)	개인의 진단과 치료, 개병처우(적극적)
방식	집단별 분류방식	개별적 분류방식
대표시설	암스테르담 노역장	포레스트 감옥

> 정답 ④

99. 다음 중 교도소사회를 연구한 학자와 그들의 주장내용으로 틀린 것은?

① 클레머: 교도소화란 교정시설의 일반적 문화·관습·규범 그리고 민속 등을 다소간 취하는 것을 의미한다.

② 사이크스: 구금으로 인한 5가지 고통으로 자유의 박탈, 이성관계의 박탈, 안전성의 박탈, 재화와 용역의 박탈을 들었다.

③ 롬바르도: 교도관은 응집적인 집단을 형성하지 않는다.

④ 휠러: 수형자의 행위유형은 수형자가 사회로부터 함께 들여온 것이다.

> **해설** ④는 어윈과 크레시가 주장한 내용이다. 휠러는 수형자표본을 형기의 초기·중기·말기의 세 단계로 구분하고, 친교도관적 태도를 분석한 결과 초기단계가 가장 높고, 중기단계가 가장 낮았으며, 말기단계에서는 친교도관적 태도가 다시 높아진다는 교도소화의 U형곡선 이론을 주장하였다.

> 정답 ④

100. 수형자 분류제도의 주된 목적은?

① 형벌의 엄정성
② 진단분류의 과학화
③ 수형자를 교정시설에 통합
④ 수형자를 죄종별로 구분

> 해설 ② 분류심사란 수형자에 대한 개별처우계획을 합리적으로 수립하고 조정하기 위하여 수형자의 인성, 행동특성 및 자질 등을 과학적으로 조사·측정·평가하는 것을 말한다(법 제59조 제1항).
>
> 정답 ②

101. 「형의 집행 및 수용자의 처우에 관한 법률」상 수형자의 처우에 대한 설명으로 옳지 않은 것은?

① 소장은 분류처우위원회의 의결에 따라 수형자의 개별적 특성에 알맞은 교육·교화프로그램, 작업, 직업훈련 등의 처우에 관한 계획을 수립하여 시행한다.
② 수형자는 교화 또는 건전한 사회복귀를 위하여 교정시설 밖의 적당한 장소에서 봉사활동, 견학, 그 밖에 사회적응에 필요한 처우를 받을 수 있다.
③ 수형자에 대한 처우는 교화 또는 건전한 사회복귀를 위하여 교정성적에 따라 상향조정될 수 있지만, 이 처우조정의 경우에는 그 성적이 우수하더라도 개방시설에 수용하여 사회생활에 필요한 처우를 하는 등의 조치를 취할 수 없다.
④ 소장은 수형자의 가족 또는 배우자의 직계존속이 사망한 수형자에 대하여는 5일 이내의 특별한 귀휴를 허가할 수 있다.

> 해설 ③ 수형자에 대한 처우는 교화 또는 건전한 사회복귀를 위하여 교정성적에 따라 상향 조정될 수 있으며, 특히 그 성적이 우수한 수형자는 개방시설에 수용되어 사회생활에 필요한 적정한 처우를 받을 수 있다(법 제57조 제3항).
> ① 법 제56조 제1항. ② 법 제57조 제5항. ④ 법 제77조 제2항.
>
> 정답 ③

102. 분류심사에 관한 사항으로 옳지 않은 것은?

① 분류심사는 수형자의 개별처우계획을 수립·조정하기 위하여 실시한다.
② 분류심사는 모든 수형자에 대해 예외없이 실시한다.
③ 재심사는 정기 재심사와 부정기 재심사로 구분하여 실시한다.
④ 분류심사를 위하여 수형자를 대상으로 상담 등을 통한 신상에 관한 개별사안에 관하여 분류 조사를 실시한다.

> 해설 ② 분류심사는 모든 수형자를 대상으로 실시하나, 집행할 형기가 짧거나 그 밖에 특별한 사정이 있는 경우에는 예외로 할 수 있다(법 제59조 제1항 단서).
> ① 법 제59조 제1항. ③ 시행규칙 제65조.
>
> 정답 ②

103. 형의 집행 및 수용자의 처우에 관한 법령상 수형자의 분류심사에 대한 설명으로 옳은 것은?

① 법무부장관은 분류심사를 전담하는 교정시설을 지정·운영하는 경우에는 지방교정청별로 2 개소 이상이 되도록 하여야 한다.

② 개별처우계획을 수립하기 위한 분류심사는 매월 초일부터 말일까지 형집행지휘서가 접수된 수형자를 대상으로 하며, 그 다음 달까지 완료하여야 한다. 다만, 특별한 사유가 있는 경우 에는 그 기간을 연장할 수 있다.

③ 소장은 분류심사를 위하여 수형자와 그 가족을 대상으로 상담 등을 통해 수형자 신상에 관한 개별사안의 조사, 심리·지능·적성검사, 그 밖에 필요한 검사를 할 수 있다.

④ 징역형·금고형이 확정된 사람으로서 집행할 형기가 형집행지휘서 접수일부터 6개월 미만인 사람 또는 구류형이 확정된 사람에 대해서는 분류심사를 하지 아니한다.

> **해설** 개별처우계획을 수립하기 위한 분류심사는 매월 초일부터 말일까지 형집행지휘서가 접수된 수형자를 대상으로 하며, 그 다음 달까지 완료하여야 한다. 다만, 특별한 사유가 있는 경우에는 그 기간을 연장할 수 있다 (형집행법 시행규칙 제64조).
> ① 법무부장관은 분류심사를 전담하는 교정시설을 지정·운영하는 경우에는 지방교정청별로 1개소 이상이 되도록 하여야 한다(동법 시행령 제86조).
> ③ 소장은 분류심사를 위하여 수형자를 대상으로 상담 등을 통한 신상에 관한 개별사안의 조사, 심리·지능·적성 검사, 그 밖에 필요한 검사를 할 수 있다(동법 제59조 제3항).
> 소장은 분류심사와 그 밖에 수용목적의 달성을 위하여 필요하면 수용자의 가족 등을 면담하거나 법원·경찰관서, 그 밖의 관계 기관 또는 단체(관계기관 등)에 대하여 필요한 사실을 조회할 수 있다(동법 제60조 제1항).
> ④ 징역형·금고형이 확정된 사람으로서 집행할 형기가 형집행지휘서 접수일부터 3개월 미 만인 사람 또는 구류형이 확정된 사람에 대해서는 분류심사를 하지 아니한다(동법 시행규칙 제62조 제1항).
> 〔정답〕②

104. 수형자 분류에 대한 설명으로 옳지 않은 것은?

① 우리나라에서는 1894년 갑오개혁으로 「징역표」가 제정되면서 수형자 분류사상이 처음으로 도입되었다고 한다.

② 수형자에 대한 분류는 1597년 네덜란드의 암스테르담 노역장에서 남녀혼거의 폐해를 막기 위하여 남자로부터 여자를 격리수용한 것에서부터 시작되었다고 한다.

③ 대인적 성숙도검사(I-Level)는 수형자를 지적 능력에 따라 분류하기 위해 사용하는 도구로서, 전문가의 도움 없이 교도관들이 분류심사에 활용할 수 있어 비용이 적게 든다는 장점이 있다.

④ 미네소타 다면적 인성검사(MMPI)는 인성에 기초한 수형자 분류방법으로서, 비정상적인 행동을 객관적으로 측정하기 위한 수단으로 만들어졌다.

> **해설** I-Level(Interpersonal marutity Level) : 워렌(Warren, 1969)은 청소년의 대인적 성숙도를 1단계~7단계로 구분하여 청소년 범죄자를 그들의 성숙수준에 맞는 처우프로그램을 적용하는 데 활용하였다. 훈련이 잘된 전문가를 필요로 하고, 비교적 많은 비용이 소요된다.
> 〔정답〕③

105. 수형자 분류심사에 대한 설명으로 옳지 않은 것은?

① 교정시설의 장은 질병 등으로 분류심사가 곤란한 때에는 분류심사를 유예한다.

② 부정기형의 재심사 시기는 단기형을 기준으로 한다.

③ 교정시설의 장은 재심사를 할 때에는 그 사유가 발생한 달의 다음 달까지 완료하여야 한다.

④ 교정시설의 장은 형집행정지 중이거나 가석방기간 중에 있는 사람이 형사사건으로 재수용되어 형이 확정된 경우에는 석방 당시와 동일한 분류급을 부여한다.

> **해설** ④ 소장은 형집행정지 중이거나 가석방기간 중에 있는 사람이 형사사건으로 재수용되어 형이 확정된 경우에는 개별처우계획을 수립하여야 한다(시행규칙 제60조 제4항).
> ① 시행규칙 제 62조 제2항. ② 시행규칙 제66조 제2항. ③ 시행규칙 제68조 제1항
>
> 정답 ④

106. 「형의 집행 및 수용자의 처우에 관한 법률」상 분류심사에 대한 설명으로 옳지 않은 것은?

① 소장은 분류심사를 위하여 수형자를 대상으로 상담 등을 통한 신상에 관한 개별사안의 조사, 심리·지능·적성검사 그 밖에 필요한 검사를 할 수 있다.

② 집행할 형기가 짧거나 그 밖의 특별한 사정이 있는 경우에는 분류심사를 하지 않을 수 있다.

③ 동법의 시행규칙상 재심사는 정기 재심사, 부정기 재심사, 특별 재심사로 구분된다.

④ 분류심사 사항으로는 처우 등급, 교육 및 교화 프로그램 등의 처우방침, 거실 지정에 관한 사항, 이송에 관한 사항, 석방 후의 생활계획에 관한 사항이 포함된다.

> **해설** ③ 형집행법 시행규칙상 재심사는 정기 재심사와 부정기 재심사 두 가지만 있다.
>
> 정답 ③

107. 다음 중 분류심사사항이 아닌 것은?

① 피해자와의 관계 ② 보건 및 위생관리

③ 석방 후 생활계획 ④ 보안상의 위험도 측정 및 거실지정

> **해설** ②③④ (시행규칙 제63조)
>
> | 분류심사사항(시행규칙 제63조) |
> | --- |
> | 1. 처우등급에 관한 사항 |
> | 2. 작업, 직업훈련, 교육 및 교화 프로그램 등의 처우방침에 관한 사항 |
> | 3. 보안상의 위험도 측정 및 거실 지정 등에 관한 사항 |
> | 4. 보건 및 위생관리에 관한 사항 |
> | 5. 이송에 관한 사항 |
> | 6. 가석방 및 귀휴심사에 관한 사항 |
> | 7. 석방 후의 생활계획에 관한 사항 |
> | 8. 그 밖에 수형자의 처우 및 관리에 관한 사항 |
>
> 정답 ①

108. 「형의 집행 및 수용자의 처우에 관한 법률 시행규칙」상 수용자의 처우에 대한 설명으로 옳은 것은?

① 소장은 수형자가 완화경비처우급 또는 일반경비처우급으로서 작업·교육 등의 성적이 우수하고 관련 기술이 있는 경우에는 교도관의 작업지도를 보조하게 할 수 있다.

② 소장은 형집행정지 중인 사람이 기간만료로 재수용된 경우에는 석방 당시와 동일한 처우등급을 부여한다.

③ 분류심사에 있어서 무기형과 20년을 초과하는 징역형·금고형의 정기재심사 시기를 산정하는 경우에는 그 형기를 20년으로 본다.

④ 소장은 수형자의 경비처우급에 따라 부식, 음료, 그 밖에 건강유지에 필요한 물품에 차이를 두어 지급할 수 있다.

> **해설** ① 소장은 수형자가 개방처우급 또는 완화경비처우급으로서 작업·교육 등의 성적이 우수하고 관련 기술이 있는 경우에는 교도관의 작업지도를 보조하게 할 수 있다(동법 시행규칙 제94조).
> ② 소장은 형집행정지 중에 있는 사람이 기간만료 또는 그 밖의 정지사유 소멸로 재수용된 경우에는 석방 당시와 동일한 처우등급을 부여할 수 있다(동법 시행규칙 제60조 제2항).
> ④ 소장은 수형자의 경비처우급에 따라 물품에 차이를 두어 지급할 수 있다. 다만, 주·부식, 음료, 그 밖에 건강유지에 필요한 물품은 그러하지 아니하다(동법 시행규칙 제84조 제1항).
>
> 정답 ③

109. 「형의 집행 및 수용자의 처우에 관한 법률 시행규칙」상 이송·재수용 수형자의 처우에 대한 설명으로 옳지 않은 것은?

① 소장은 형집행정지 중에 있는 사람이 정지사유 소멸로 재수용된 경우에는 석방 당시와 동일한 처우등급을 부여하여야 한다.

② 소장은 해당 교정시설의 특성 등을 고려하여 필요한 경우에는 다른 교정시설로부터 이송되어 온 수형자의 개별처우계획을 변경할 수 있다.

③ 소장은 수형자가 가석방의 취소로 재수용되어 잔형이 집행되는 경우에는 석방 당시보다 한 단계 낮은 처우등급(경비처우급에만 해당한다)을 부여하는 것을 원칙으로 한다.

④ 소장은 형집행정지 중이거나 가석방기간 중에 있는 사람이 형사사건으로 재수용 되어 형이 확정된 경우에는 개별처우계획을 새로 수립하여야 한다.

> **해설** ① 소장은 형집행정지 중에 있는 사람이 기간만료 또는 그 밖의 정지사유 소멸로 재수용된 경우에는 석방 당시와 동일한 처우등급을 부여할 수 있다(시행규칙 제60조 제2항).
> ② 동조 제1항. ③ 동조 제3항. ④ 동조 제4항.
>
> 정답 ①

110. 「형의 집행 및 수용자의 처우에 관한 법률」상 수형자의 분류심사에 대한 설명으로 옳지 않은 것은?

① 수형자의 분류심사는 형이 확정된 경우에 개별처우계획을 수립하기 위하여 하는 심사와 일정한 형기가 지나거나 상벌 또는 그 밖의 사유가 발생한 경우에 개별처우계획을 조정하기 위하여 하는 심사로 구분한다.

② 분류처우위원회는 위원장을 포함한 5인 이상 7인 이하의 위원으로 구성하고, 위원장은 소장이 된다.

③ 법무부장관은 수형자를 과학적으로 분류하기 위하여 분류심사를 전담하는 교정시설을 지정·운영할 수 있다.

④ 법무부장관은 수형자에 대한 개별처우계획을 합리적으로 수립하고 조정하기 위하여 수형자의 인성, 행동특성 및 자질 등을 과학적으로 조사, 측정, 평가하여야 한다.

> **해설** ④ 소장은 수형자에 대한 개별처우계획을 합리적으로 수립하고 조정하기 위하여 수형자의 인성, 행동특성 및 자질 등을 과학적으로 조사·측정·평가하여야 한다(법 제59조 제1항 본문).
> ① 법 제59조 제2항. ② 법 제62조 제2항. ③ 법 제61조
>
> 정답 ④

111. 「형의 집행 및 수용자의 처우에 관한 법률 시행규칙」상 처우등급에 대한 설명으로 옳지 않은 것은?

① 원칙적으로 경비처우급을 하향 조정하기 위하여 고려할 수 있는 평정소득점수의 기준은 5점 이하이다.

② 재심사에 따라 경비처우급을 조정할 필요가 있는 경우에는 세 단계의 범위에서 조정할 수 있다.

③ 소장은 수형자의 경비처우급을 조정한 경우에는 지체 없이 해당 수형자에게 그 사항을 알려야 한다.

④ 소장은 수형자를 처우등급별 수용하는 경우 개별처우의 효과를 증진하기 위하여 경비처우급·개별처우급이 같은 수형자 집단으로 수용하여 처우할 수 있다.

> **해설** ① 형집행법 시행규칙 제81조
> ② 재심사에 따라 경비처우급을 조정할 필요가 있는 경우에는 한 단계의 범위에서 조정한다. 다만, 수용 및 처우를 위하여 특히 필요한 경우에는 두 단계의 범위에서 조정할 수 있다(동법 시행규칙 제68조 제2항).
> ③ 동법 시행규칙 제82조 제2항
> ④ 동법 시행규칙 제83조 제2항
>
> 정답 ②

112. 분류심사에 대한 설명으로 옳지 않은 것은?

① 신입심사는 매월 1일부터 말일까지 형집행지휘서가 접수된 수형자를 대상으로 하며, 그 달까지 완료하여야 한다.

② 부정기형의 재심사 시기는 단기형을 기준으로 한다.

③ 2개 이상의 징역형 또는 금고형을 집행하는 수형자의 재심사 시기를 산정하는 경우에는 그 형기를 합산하고, 합산한 형기가 20년을 초과하는 경우와 무기형은 그 형기를 20년으로 본다.

④ 수용의 근거가 된 수형자가 집행유예의 실효 또는 현재 수용의 근거가 된 사건 외의 형사사건으로 금고 이상의 형이 확정된 때 재심사 사유가 된다.

> **해설** ① 신입심사는 매월 초일부터 말일까지 형집행지휘서가 접수된 수형자를 대상으로 하며, 그다음 달까지 완료하여야 한다. 다만 특별한 사유가 있는 경우에는 그 기간을 연장할 수 있다(시행규칙 제64조).
> ② 시행규칙 제66조 제2항. ③ 동조 제3항. ④ 시행규칙 제67조 제4호
>
> 정답 ①

113. 수형자의 분류심사에 대한 설명으로 옳지 않은 것은?

① 소장은 수형자의 집행할 형기가 분류심사 유예사유 소멸일로부터 3개월 미만인 경우에는 분류심사를 하지 아니할 수 있다.

② 소장은 수형자의 개별처우계획을 합리적으로 수립하고 조정하기 위하여 분류심사를 하여야한다.

③ 신입심사는 매월 초일부터 말일까지 형집행지휘서가 접수된 수형자를 대상으로 한다.

④ 수형자의 처우등급은 기본수용급, 경비처우급, 개별처우급으로 구분한다.

> **해설** ① 집행할 형기가 사유 소멸일로부터 3개월 미만인 경우에는 분류심사를 하지 아니한다(시행규칙 제62조 제3항).
> ② 법 제59조 제1항. ③ 시행규칙 제64조. ④ 시행규칙 제72조
>
> 정답 ①

114. 다음 중 분류심사 제외 대상자가 아닌 것은?

① 규율위반 등으로 조사중인 사람

② 구류형이 확정된 사람

③ 징역형이 확정된 사람으로서 집행할 형기가 형집행지휘서 접수일로부터 3개월 미만인 사람

④ 금고형이 확정된 사람으로서 집행할 형기가 형집행지휘서 접수일로부터 3개월 미만인 사람

> **해설** ①은 분류심사 제외 대상자가 아니라, 분류심사 유예 대상자에 해당한다(시행규칙 제62조 제2항).
> ②③④는 모두 분류심사 제외 대상자에 해당한다(동조 제1항).
>
> | 분류심사 제외 대상자 |
> | --- |
> | • 징역형·금고형이 확정된 사람으로서 집행할 형기가 형집행지휘서 접수일로부터 3개월 미만인 사람 |
> | • 구류형이 확정된 사람 |
>
> 정답 ①

115. 교도소장이 수형자에 대한 개별처우계획을 수립하기 위하여 실시하여야 하는 분류검사에 속하지 않는 것은?

① 적성검사   ② 심리검사
③ 지능검사   ④ 신체·체력검사

> **해설** ①②③ 분류검사란 분류검사를 위하여 수형자를 대상으로 심리·지능·적성 검사 등을 실시하는 것을 말한다 (법 제 59조 제3항).
>
> [정답] ④

116. 형의 집행 및 수용자의 처우에 관한 법령상 정기재심사에 대한 내용으로 옳은 것은?

① 부정기형의 재심사 시기는 장기형을 기준으로 한다.
② 소장은 재심사를 할 때에는 그 사유가 발생한 달로부터 2월 이내까지 완료하여야 한다.
③ 무기형과 20년을 초과하는 징역형·금고형의 재심사 시기를 산정하는 경우에는 그 형기를 20년으로 본다.
④ 합산형기가 20년을 초과하는 경우에도 2개 이상의 징역형을 집행하는 수형자의 재심사 시 기산정은 그 형기를 합산한다.

> **해설** ① 부정기형의 재심사시기는 단기형을 기준으로 한다(시행규칙 제66조 제2항).
> ② 소장은 재심사를 할 때에는 그 사유가 발생한 달의 다음 달까지 완료하여야 한다(시행규칙 제68조 제1항).
> ④ 2개 이상의 징역형 또는 금고형을 집행하는 수형자의 재심사 시기를 산정하는 경우에는 그 형기를 합산 한다. 다만 합산한 형기가 20년을 초과하는 경우에는 그형기를 20년으로 본다(시행규칙 제66조 제4항).
> ③ 동조 제3항
>
> [정답] ③

117. 「형의 집행 및 수용자의 처우에 관한 법률 시행규칙」상 형집행지휘서가 접수된 날로부터 6개월이 지난 수형자에 대한 정기 재심사를 해야 하는 경우가 아닌 것은?

① 형기의 3분의 1에 도달한 때
② 형기의 2분의 1에 도달한 때
③ 형기의 3분의 2에 도달한 때
④ 형기의 4분의 3에 도달한 때

> **해설** ④ 형집행지휘서가 접수된 날로부터 6개월이 지난 수형자에 대한 정기 재심사를 해야 하는 경우는 형기의 3분의 1에 도달한 때, 형기의 2분의 1에 도달한 때, 형기의 3분의 2에 도달한 때, 형기의 6분의 5에 도달한 때이다(시행규칙 제66조 제1항).
>
> [정답] ④

118. 수형자 乙은 징역 18년형이 확정되어 분류심사를 마치고 교도소로 이송되었다. 앞으로 乙이 현행 법령에 따라 정기재심사를 받을 시기를 나열한 것으로 잘못된 것은?

① 6년
② 9년
③ 12년
④ 14년

> **해설** ①②③ 정기재심사 기간은 형기의 3분의 1, 2분의 1, 3분의 2, 6분의 5의 어느 하나에 해당하는 경우에 하므로(시행규칙 제66조 제1항) 수형자 乙은 6년(1/3), 9년(1/2), 12년(2/3), 15년(5/6)에 도달할 때마다 정기재심사를 받게 된다.
>
> 정답 ④

119. 부정기 재심사 사유에 해당하지 않는 것은?

① 수형자를 징벌하기로 의결할 때
② 분류심사에 오류가 있음이 발견된 때
③ 수형자가 집행유예의 실효 또는 추가사건으로 금고 이상의 형이 확정된 때
④ 징벌대상행위에 대한 혐의가 있어 조사 중인 때

> **해설** ④ 징벌대상행위에 대한 혐의만으로는 재심사 사유에 해당하지 않고, 그 대상행위로 인해 징벌하기로 의결한 때에 부정기 재심사의 사유가 된다(시행규칙 제67조).
> ① 시행규칙 제67조 제3호. ② 동조 제1호. ③ 동조 제4호
>
> • 분류심사에 오류가 있음이 발견된 때
> • 수형자가 교정사고의 예방에 뚜렷한 공로가 있는 때
> • 수형자를 징벌하기로 의결한 때
> • 수형자가 집행유예의 실효 또는 추가사건으로 금고 이상의 형이 확정된 때
> • 수형자가 전국기능경기대회 입상, 기사 이상의 자격취득, 학사 이상의 학위를 취득한 때
> • 그 밖에 수형자의 수용 또는 처우의 조정이 필요한 때
>
> 정답 ④

120. 다음 중 부정기 재심사 사유에 해당하지 않는 것은?

① 교정사고 예방에 뚜렷한 공로가 있는 때
② 수형자를 징벌하기로 의결한 때
③ 수형자가 집행유예의 실효 또는 추가사건으로 벌금 이상의 형이 확정된 때
④ 수형자가 학사 이상의 학위를 취득한 때

> **해설** ③ 수형자가 집행유예의 실효 또는 추가사건으로 금고 이상의 형이 확정된 때이다(시행규칙 제67조 제4호).
>
> 정답 ③

121. 「형의 집행 및 수용자의 처우에 관한 법률 시행규칙」상 〈보기 1〉의 경비처우급과 〈보기 2〉의 작업기준을 바르게 연결한 것은?

┌─ 보기 1 ├───────────────────────────────

　　⊙ 개방처우급　　　　　　　　　　ⓛ 중(重)경비처우급

　　ⓒ 완화경비처우급　　　　　　　　ⓔ 일반경비처우급

└───────────────────────────────────

┌─ 보기 2 ├───────────────────────────────

　　A. 개방지역작업 및 필요시 외부통근작업 가능

　　B. 구내작업 및 필요시 개방지역작업 가능

　　C. 외부통근작업 및 개방지역작업 가능

　　D. 필요시 구내작업 가능

└───────────────────────────────────

① ⊙ - A　　　　　　　　　　　　② ⓛ - C

③ ⓒ - D　　　　　　　　　　　　④ ⓔ - B

> **해설** 일반경비처우급은 구내작업 및 필요시 개방지역작업 가능(형집행법 제74조 제2항)

▍경비처우급에 따른 작업기준(형집행법 시행규칙 제74조 제2항) ▍

개방처우급	외부통근작업 및 개방지역작업 가능
완화경비처우급	개방지역작업 및 필요시 외부통근작업 가능
일반경비처우급	구내작업 및 필요시 개방지역작업 가능
중(重)경비처우급	필요시 구내작업 가능

정답 ④

122. 분류심사를 유예하는 경우가 아닌 것은?

① 집행할 형기가 3월 미만인 경우

② 질병 등으로 분류심사가 곤란한 때

③ 징벌대상행위의 혐의가 있어 조사 중이거나 징벌집행 중인 때

④ 분류심사가 특히 곤란하다고 인정하는 때

> **해설** ①은 분류심사 제외사유다.

분류심사 유예사유
• 질병 등으로 분류심사가 곤란한 때
• 징벌대상행위의 혐의가 있어 조사 중이거나 징벌집행 중인 때
• 분류심사가 특히 곤란하다고 인정하는 때

정답 ①

123. 수형자분류처우에 대한 내용으로 옳지 않은 것은?

① 소장은 분류심사와 그 밖에 수용목적의 달성을 위하여 필요하면 수용자의 가족 등을 면담하거나 법원·경찰관서, 그 밖의 관계기관 또는 단체에 대하여 필요한 사실을 조회할 수 있다.

② 신입심사는 매월 초일부터 말일까지 형집행지휘서가 접수된 수형자를 대상으로 하며, 그 다음달까지 완료하여야 한다.

③ 무기형과 20년을 초과하는 징역형·금고형의 재심사를 산정하는 경우에는 그 형기를 20년으로 본다.

④ 기본적인 처우가 필요한 수형자는 일반경비처우급에 해당한다.

> **해설** ④는 중경비처우급에 해당한다(시행규칙 제74조 제1항). ① 법 제60조 제1항. ② 시행규칙 제64조. ③ 시행규칙 제66조 제3항.
>
> [정답] ④

124. 현재 우리나라의 수형자 분류방식이 아닌 것은?

① 기본수용급   ② 경비처우급

③ 개별처우급   ④ 분류급

> **해설** ①②③ 수형자의 처우등급은 기본수용급, 경비수용급, 개별처우급으로 구분한다(시행규칙 제72조).

처우등급	내용
기본수용급	성별·국적·나이·형기 등에 따라 수용할 시설 및 구획 등을 구별하는 기준
경비처우급	도주 등의 위험성에 따라 수용시설과 계호의 정도를 구별하고, 범죄성향의 진전과 개선정도, 교정성적에 따라 처우수준을 구별하는 기준
개별처우급	수형자의 개별적인 특성에 따라 중점처우의 내용을 구별하는 기준

> [정답] ④

125. 「형의 집행 및 수용자의 처우에 관한 법률 시행규칙」상 기본수용급으로 옳은 것은?

① 형기가 8년 이상인 장기수형자

② 24세 미만의 청년수형자

③ 정신질환 또는 장애가 있는 수형자

④ 조직폭력 또는 마약류 수형자

> **해설** ③시행규칙 제73조 제8호. ①형기가 10년이상인 장기수형자(동조 제7호). ②23세 미만의 청년수형자(동조 제5호). ④ 는 기본수용급의 종류에 해당하지 않고, 엄중관리대상자에 해당한다(시행규칙 제194조).
>
> [정답] ③

126. 「형의 집행 및 수용자의 처우에 관한 법률 시행규칙」상의 수형자의 처우등급에 대한 설명으로 옳게 짝 지어진 것은?

> ⊙ 도주 등의 위험성에 따라 수용시설과 계호의 정도를 구별하고, 범죄성향의 진전과 개선정 도, 교정성적에 따라 처우수준을 구별하는 기준
> ⓛ 성별·국적·나이·형기 등에 따라 수용할 시설 및 구획 등을 구별하는 기준
> ⓒ 수형자의 개별적인 특성에 따라 중점처우의 내용을 구별하는 기준

	⊙	ⓛ	ⓒ
①	기본수용급	경비처우급	개별처우급
②	경비처우급	기본수용급	개별처우급
③	기본수용급	개별처우급	경비처우급
④	개별처우급	기본수용급	경비처우급

해설 ② 수형자의 처우등급은 다음과 같이 구분한다(시행규칙 제72조).

기본수용급	성별·국적·나이·형기 등에 따라 수용할 시설 및 구획 등을 구별하는 기준
경비처우급	도주 등의 위험성에 따라 수용시설과 계호의 정도를 구별하고, 범죄성향의 진전과 개성정도, 교정성적에 따라 처우수준을 구별하는 기준
개별처우급	수형자의 개별적인 특성에 따라 중점처우의 내용을 구별하는 기준

정답 ②

127. 다음 수형자의 처우등급과 설명이 바르게 연결된 것은?

> **│ 보기 1 │**
> A. 개별처우급　　　　　　　　　　B. 경비처우급
> C. 기본수용급　　　　　　　　　　D. 중점처우급

> **│ 보기 2 │**
> ⊙ 성별·국적·나이·형기 등에 따라 수용할 시설 및 구획 등을 구별하는 기준
> ⓛ 도주 등의 위험성에 따라 수용시설과 계호의 정도를 구별하고, 범죄성향의 진전과 개성정 도, 교정성적에 따라 처우수준을 구별하는 기준
> ⓒ 수형자의 개별적인 특성에 따라 중점처우의 내용을 구별하는 기준

① A - ⓒ　　　　　　　　　　　　② B - ⓛ
③ C - ⊙　　　　　　　　　　　　④ D - ⓒ

해설 ⊙은 경비처우급, ⓛ은 기본수용급, ⓒ은 개병처우급에 관한 설명이다(시행규칙 제72조).

정답 ①

128. 다음 「형의 집행 및 수용자의 처우에 관한 법률 시행규칙」상 기본수용급의 구분 중 잘못 설명된 것은?

> ㉠ 형기가 20년 이상인 장기수형자　　㉡ 24세 미만의 청년수형자
> ㉢ 여성수형자　　　　　　　　　　　㉣ 70세 이상의 노인수형자
> ㉤ 19세 이하의 소년수형자　　　　　㉥ 외국인 수형자
> ㉦ 신체질환 또는 장애가 있는 수형자　㉧ 정신질환 또는 장애가 있는 수형자
> ㉨ 금고형 수형자

① 2개　　　　　　　　　　　　　② 3개
③ 4개　　　　　　　　　　　　　④ 5개

 × : ㉠ 형기가 10년 이상인 장기수형자. ㉡ 23세 미만의 청년수형자. ㉣ 65세 이상의 노인수형자. ㉤19세
미만의 소년수형자(시행규칙 제73조)
○ : ㉢㉥㉦㉧㉨(시행규칙 제73조)

기본수용급의 세부구분	
• 여성수형자	• 외국인 수형자
• 금고형 수형자	• 19세 미만의 소년수형자
• 23세 미만의 청년수형자	• 65세 이상의 노인수형자
• 형기가 10년 이상인 장기수형자	• 정신질환 또는 장애가 있는 수형자
• 신체질환 또는 장애가 있는 수형자	

정답 ③

129. 처우수준이 높은 순서대로 올바르게 나열된 것은?

① 개방처우급, 완화경비처우급, 일반경비처우급, 중경비처우급
② 개방처우급, 일반경비처우급, 완화경비처우급, 중경비처우급
③ 개방처우급, 일반경비처우급, 중경비처우급, 완화경비처우급
④ 개방처우급, 완화경비처우급, 일반경비처우급, 특별경비처우급

해설 ① 경비처우급은 처우수준이 높은 순서대로 개방처우급, 완화처우급, 일반경비처우급, 중경비처우급으로 구분한다(시행규칙 제74조 제1항).

경비처우급	대상 수형자
개방처우급	개방시설에 수용되어 가장 높은 수준의 처우가 필요한 수형자
완화경비처우급	완화경비시설에 수용되어 통상적인 수준보다 높은 수준의 처우가 필요한 수형자
일반경비처우급	일반경비시설에 수용되어 통상적인 수준의 처우가 필요한 수형자
중경비처우급	중경비시설에 수용되어 기본적인 처우가 필요한 수형자

정답 ①

130. 「형의 집행 및 수용자의 처우에 관한 법률 시행규칙」상 경비처우급에 따른 작업기준이 바르게 짝지어진 것은?

① 개방처우급 - 구내작업 및 외부통근작업 가능
② 일반경비처우급 - 구내작업 및 필요시 개방지역작업 가능
③ 완화경비처우급 - 구내작업 및 필요시 외부통근작업 가능
④ 중경비처우급 - 필요시 개방지역작업 가능

 ②만이 옳은 표현이다(시행규칙 제74조 제2항 참조). 경비처우급에 따른 작업기준은 다음과 같다.

▌경비처우급에 따른 작업기준▐

경비처우급	작업기준
개방처우급	외부통근작업 및 개방지역작업 가능
완화경비처우급	개방지역작업 및 필요시 외부통근작업 가능
일반경비처우급	구내작업 및 필요시 개방지역작업 가능
중경비처우급	필요시 구내작업 가능

정답 ②

131. 수용자의 처우에 대한 설명으로 옳지 않은 것을 모두 고른 것은?

> ㉠ 일반 경비처우급 수형자에게는 월 5회 접견을 허용한다.
> ㉡ 수용자에게 지급하는 음식물의 총열량은 1명당 1일 2,500킬로칼로리를 기준으로 한다.
> ㉢ 소장은 전화통화를 신청한 수용자가 범죄의 증거를 인멸할 우려가 있을 때 전화통화를 허가 하지 않을 수 있다.
> ㉣ 외부통근은 개방처우급 수형자에 대해서만 허가한다.
> ㉤ 수용자는 소장의 허가 없이도 의류·침구류 및 신발류는 자비로 구매할 수 있다.
> ㉥ 직계비속이 해외유학을 위하여 출국하게 된 때에는 귀휴를 허가할 수 없다.
> ㉦ 소장은 교정시설의 안전과 질서를 해치지 아니하는 범위에서 종교단체 또는 종교인이 주재 하는 종교행사를 실시한다.

① ㉠, ㉢, ㉤
② ㉡, ㉣, ㉥
③ ㉠, ㉡, ㉦
④ ㉣, ㉤, ㉥

해설 × : ㉣ 외부통근의 허가대상은 개방처우급, 완화경비처우급 수형자이다(시행규칙 제120조 제1항 제3호). ㉤ 수용자는 소장의 허가를 받아 자신의 비용으로 음식물, 의류, 침구, 그 밖에 수용생활에 필요한 물품을 구매할 수 있다(법 제24조 제1항). ㉥ 직계비속이 입대하거나 해외유학을 위하여 출국하게 된 때에는 귀휴를 허가할 수 있다(시행규칙 제129조 제3항 제3호).

○ : ㉠ 시행규칙 제87조 제3호. ㉡ 시행규칙 제14조 제2항. ㉢ 시행규칙 제25조 제1항 제1호. ㉦ 시행규칙 제31조 제1항

정답 ④

132. 형의 집행 및 수용자의 처우에 관한 법령상 소장이 완화경비처우급 수형자에게 할 수 있는 처우내용이 아닌 것은?

① 자치생활을 허가하는 경우에는 월 1회 이상 토론회를 할 수 있도록 하여야 한다.

② 의류를 지급하는 경우에 색상, 디자인 등을 다르게 할 수 있다.

③ 작업·교육 등의 성적이 우수하고 관련 기술이 있는 경우에 교도관의 작업지도를 보조하게 할 수 있다.

④ 직업능력 향상을 위하여 특히 필요한 경우에는 교정시설 외부의 기업체 등에서 운영하는 직업훈련을 받게 할 수 있다.

> 해설 ② 의류를 지급하는 경우 수형자가 개방처우급인 경우에는 색상, 디자인 등을 다르게 할 수있다(시행규칙 제84조 제2항). 즉 의류의 색상, 디자인 등을 달리할 수 있는 것은 개방처우급에 한하므로 완화경비처우급은 대상에 해당하지 않는다.
> ① 자치생활 허가 대상자는 개방처우급·완화경비처우급이다(시행규칙 제86조).
> ③ 교도관의 작업지도를 보조하게 할 수 있는 대상은 개방처우급·완화경비처우급이다(시행규칙 제94조).
> ④ 교정시설 외부의 공공기관 또는 기업체 등에서 운영하는 직업훈련을 받게 할 수 있는 대상은 개방처우급·완화경비처우급이다(시행규칙 제96조 제1항).
>
> 정답 ②

133. 수형자의 경비처우급에 대한 설명으로 옳은 것은?

① 교도소장은 중경비처우급 수형자라도 처우상 특히 필요하다고 인정하는 경우에는 접촉차단시설이 설치된 장소 외의 적당한 곳에서 접견을 실시할 수 있다.

② 교도소장은 봉사원을 선정할 때에는 개방처우급 또는 완화처우급 수형자 중에서 교정성적, 나이, 인성 등을 고려하여 교도관회의에 상정하고, 심의, 의결을 거쳐야 한다.

③ 교도소장은 개방처우급 수형자에 한하여 사회견학, 사회봉사, 교정시설 외부 종교행사를 허용할 수 있으며, 처우상 특히 필요한 경우 완화경비처우급 수형자와 일반경비처우급 수형자에게도 이를 허가할 수 있다.

④ 교도소장은 수형자의 모든 물품, 의류에 대하여 경비처우급에 따라 차이를 두어 지급하지 아니한다.

> 해설 ② 소장은 개방처우급·완화경비처우급·일반경비처우급 수형자로서 교정성적, 나이, 인성등을 고려하여 다른 수형자의 모범이 된다고 인정되는 경우에는 봉사원으로 선정하여 담당교도관의 사무처리와 그 밖의 업무를 보조하게 할 수 있다(시행규칙 제85조 제1항). 소장은 봉사원 선정, 기간 연장 및 선정 취소에 관한 사항을 결정할 때에는 법무부장관이 정하는 바에 따라 분류처우위원회의 심의, 의결을 거쳐야 한다(동조 제4항).
> ③ 소장은 개방처우급· 완화경비처우급 수형자에 대하여 교정시설 밖에서 이루어지는 다음에 해당하는 활동(사회견학, 사회봉수, 자신이 신봉하는 종교행사 참석, 연극, 영화, 그 밖의 문화공연 관람)을 허가할 수 있다. 다만 처우상 특히 필요한 경우에는 일반경비처우급 수형자에게도 이를 허가할 수 있다(시행규칙 제92조 제1항).
> ④ 소장은 수형자의 경비처우급에 따라 물품에 차이를 두어 지급할 수 있다. 다만 주, 부식, 음료, 그 밖에 건강유지에 필요한 물품은 그러하지 아니하다(시행규칙 제84조 제1항). 즉 원칙적으로 경비처우급에 따라 차이를 둘 수 있다.
> ① 시행규칙 제88조
>
> 정답 ①

134. 형의 집행 및 수용자의 처우에 관한 법령상 분류심사에 대한 설명으로 옳은 것만을 모두 고른 것은?

> ㉠ 교정시설의 장은 분류심사를 위하여 수형자를 대상으로 상담 등을 통한 신상에 관한 개별 사안의 조사, 심리·지능·적성 검사, 그 밖에 필요한 검사를 할 수 있다.
> ㉡ 개별처우계획을 조정할 것인지를 결정하기 위한 분류심사는 정기재심사, 부정기재심사, 특별재심사로 구분된다.
> ㉢ 경비처우급의 조정을 위한 평정소득점수 기준은 수용 및 처우를 위하여 필요한 경우 법무부장관이 달리 정할 수 있다.
> ㉣ 교정시설의 장은 수형자가 부상이나 질병, 그 밖의 부득이한 사유로 작업 또는 교육을 받지 못한 경우에는 3점 이내의 범위에서 작업 또는 교육 성적을 부여할 수 있다.
> ㉤ 조정된 처우등급에 따른 처우는 그 조정이 확정된 다음 날부터 한다. 이 경우 조정된 처우등급은 조정이 확정된 날부터 적용된 것으로 본다.

① ㉠, ㉡, ㉢   ② ㉠, ㉢, ㉣

③ ㉡, ㉢, ㉤   ④ ㉡, ㉣, ㉤

해설 옳은 것은 ㉠, ㉢, ㉣이다.
㉠ 형집행법 제59조 제3항
㉡ 개별처우계획을 조정할 것인지를 결정하기 위한 분류심사(이하 "재심사"라 한다)는 다음 각 호와 같이 구분한다.
　1. 정기재심사: 일정한 형기가 도달한 때 하는 재심사
　2. 부정기재심사: 상벌 또는 그 밖의 사유가 발생한 경우에 하는 재심사(동법 시행규칙 제65조).
㉢ 경비처우급을 상향 또는 하향 조정하기 위하여 고려할 수 있는 평정소득점수의 기준은 다음 각 호와 같다. 다만, 수용 및 처우를 위하여 특히 필요한 경우 법무부장관이 달리 정할 수 있다.
　1. 상향 조정: 8점 이상(형기의 6분의 5에 도달한 때에 따른 재심사의 경우에는 7점 이상)
　2. 하향 조정: 5점 이하(동법 시행규칙 제81조).
㉣ 동법 제79조 제3항
㉤ 조정된 처우등급에 따른 처우는 그 조정이 확정된 다음 날부터 한다. 이 경우 조정된 처우등급은 그 달 초일부터 적용된 것으로 본다(동법 시행규칙 제82조 제1항).

정답 ②

135. 형집행법상 자치생활에 대한 설명으로 옳지 않은 것은?

① 소장은 완화경비처우급 수형자에게 자치생활을 허가할 수 있다.
② 수형자 자치생활의 범위는 인원점검, 취미활동, 일정한 구역 안에서의 생활 등으로 한다.
③ 소장은 자치생활 수형자들이 교육실, 강당 등 적당한 장소에서 최대 월 2회까지 토론회를 할 수 있도록 하여야 한다.
④ 소장은 자치생활 수형자가 법무부장관 또는 소장이 정하는 자치생활 준수사항을 위반한 경우에는 자치생활 허가를 취소할 수 있다.

해설 ③ 소장은 자치생활 수형자들이 교육실, 강당 등 적당한 장소에서 월 1회 이상 토론회를 할수 있도록 하여야 한다.(법 제86조 제3항).

정답 ③

136. 「형의 집행 및 수용자의 처우에 관한 법률 시행규칙」상 소득점수 평가기준과 처우등급 조정에 대한 설명으로 옳지 않은 것은?

① 소득점수는 수형생활 태도와 작업 또는 교육성적으로 구성되며, 수형생활 태도는 품행·책임감 및 협동심의 정도에 따라, 작업 또는 교육성적은 부과된 작업·교육의 실적 정도와 근면성 등에 따라 채점한다.

② 수형생활 태도 점수와 작업 또는 교육성적 점수를 채점하는 경우에 수는 소속작업장 또는 교육장 전체 인원의 10퍼센트를 초과할 수 없고, 우는 30퍼센트를 초과할 수 없으나, 작업장 또는 교육장 전체인원이 4명 이하인 경우에는 수·우를 각각 1명으로 채점할 수 있다.

③ 소득점수를 평정하는 경우에 평정 대상기간 동안 매월 평가된 소득점수를 합산하여 평정 대상기간의 개월 수로 나누어 얻은 점수인 평정소득점수가 5점 이하인 경우 경비처우급을 하향조정할 수 있다.

④ 조정된 처우등급의 처우는 그 조정이 확정된 날부터 하며, 이 경우 조정된 처우등급은 그 달 초일부터 적용된 것으로 본다.

 해설 ④ 조정된 처우등급에 따른 처우는 그 조정이 확정된 다음날부터 한다. 이 경우 조정된 처우급은 그 달 초일부터 적용된 것으로 본다(시행규칙 제82조 제1항).
① 시행규칙 제78조 제2항. ② 시행규칙 제79조 제1항. ③ 시행규칙 제81조

정답 ④

137. 수용관리에 대한 설명으로 옳지 않은 것만을 모두 고른 것은?

> ㉠ 수형자의 전화통화 허용횟수는 완화경비처우급의 경우 월 5회 이내로 제한된다.
> ㉡ 교정시설의 장은 다른 사람의 건강에 위해를 끼칠 우려가 있는 감염병에 걸린 사람의 수용을 거절할 수 있다.
> ㉢ 19세 이상 수형자는 교도소에 수용한다.
> ㉣ 목욕횟수는 부득이한 사정이 없으면 매주 1회 이상이 되도록 한다.
> ㉤ 19세 미만의 수용자와 계호상 독거수용자에 대하여는 건강검진을 6개월에 1회 이상 하여야 한다.
> ㉥ 수형자의 신입 수용시 변호사 선임에 관하여 고지하여야 한다.
> ㉦ 면회자가 가져온 음식물은 보관할 수 있다.
> ㉧ 수형자의 접견 횟수는 매월 4회이다.

① ㉠, ㉥, ㉦
② ㉡, ㉣, ㉧
③ ㉠, ㉣, ㉦, ㉧
④ ㉢, ㉤, ㉥, ㉦

해설 ×: ㉠ 완화경비처우급 수형자의 전화통화 허용횟수는 월 3회 이내이다(시행규칙 제90조 제1항). ㉥ 변호사 선임에 관한 것은 신입수용시 고지할 사항에 해당하지 않는다(법 제17조 참조). ㉦ 음식물은 보관의 대상이 되지 아니한다(시행령 제44조).
○: ㉡ 법 제18조 제1항. ㉢ 법 제11조 제1항. ㉣ 시행령 제50조. ㉤ 시행령 제51조 제1항. ㉧ 시행령 제58조 제3항

정답 ①

138. 형의 집행 및 수용자의 처우에 관한 법령에 의할 때 옳은 것은?

① 일반경비처우급 수형자의 접견횟수는 매월 3회이다.

② 완화경비처우급 수형자에게 가능한 전화통화 횟수는 원칙적으로 월 3회 이내이다.

③ 개방처우급 또는 완화경비처우급으로서 작업기술이 탁월하고 작업성적이 우수한 경우 교도작업에 지장을 주지 않는 범위에서 1일 3시간 이내로 개인작업을 할 수 있다.

④ 개방처우급, 완화경비처우급 또는 자치생활수형자에 대하여 월3회 이내에서 경기 또는 오락회를 개최하게 할 수 있다.

 ① 일반경비처우급 수형자의 접견횟수는 매월 5회이다(시행규칙 제87조 제3호).

③ 소장은 수형자가 개방처우급 또는 완화경비처우급으로서 작업기술이 탁월하고 작업성적이 우수한 경우에는 수형자 자신을 위한 개인작업을 하게 할 수 있다. 이 경우 개인작업시간은 교도작업에 지장을 주지 아니하는 범위에서 1일 2시간 이내로 한다(시행규칙 제95조 제 1항).

④ 소장은 개방처우급, 완화경비처우급 수형자 또는 자치생활수형자에 대하여 월 2회 이내에서 경기 또는 오락회를 개최하게 할 수 있다(시행규칙 제91조 제1항).

② 시행규칙 제 90조 제1항 제2호.

[정답] ②

139. 누진계급 측정방법의 명칭과 설명이 옳게 짝지어진 것은?

① 점수제- 일전한 기간을 경과하였을 때 행형성적을 심사하여 진급을 결정하는 방법으로 기간제라고도 하며, 진급과 가석방 심사의 구체적 타당성을 기대할 수 있으나, 진급이 교도관의 자의에 의하여 좌우되기 쉽다.

② 고사제- 최초 9개월의 독거구금 후 교도소에서 강제노동에 취업하는 수형자에게 고사급, 제3급, 제2급, 제1급, 특별급의 다섯 계급으로 나누어 상급에 진급함에 따라 우대를 더하는 방법으로 진급에는 지정된 책임점수를 소각하지 않으면 안 되는 방법이다.

③ 엘마이라제- 누진계급을 제1급, 제2급, 제3급으로 구분하고 신입자를 제2급에 편입시켜 작업, 교육 및 행장에 따라 매월 각 3점 이하의 점수를 채점하여 54점을 취득하였을 때 제1급에 진급시키는 방법이다.

④ 잉글랜드제- 수형자가 매월 취득해야 하는 지정점수를 소각하는 방법으로서 책임점수제라고도 하며, 진급척도로서의 점수를 매일이 아닌 매월 계산한다.

 ①은 고사제에 관한 설명이고, ②는 점수제 중 잉글랜드제에 관한 설명이며, ④ 는 점수제 중 아일랜드제에 관한 설명이다.

❙ 고사제 ❙

장점	단점
• 진급과 가석방의 구체적 타당성을 기대할 수 있다. • 자력개선의 희망을 가지게 한다.	• 진급이 교도관의 자의에 좌우되기 쉽다. • 공정한 심사가 되지 않을 경우 수형자의 불심을 초래하여 자력개선의욕을 저하시킬 수 있다.

[정답] ③

140. 형의 집행 및 수용자의 처우에 관한 법령상 수용에 대한 설명으로 옳지 않은 것은?

① 수형자의 교화 또는 건전한 사회복귀를 위하여 필요한 때에는 혼거수용을 할 수 있다.

② 처우상 독거수용의 경우에는 주간에는 교육·작업 등의 처우를 하여 일과에 따른 공동생활을 하게 하고, 휴업일과 야간에만 독거수용을 한다.

③ 계호상 독거수용의 경우에는 사람의 생명·신체의 보호 또는 교정시설의 안전과 질서유지를 위하여 항상 독거수용하고 다른 수용자와의 접촉을 금지한다. 다만, 수사·재판·실외운동·목욕·접견·진료 등을 위하여 필요한 경우에는 그러하지 아니하다.

④ 교도관은 모든 독거수용자를 수시로 시찰하여 건강상 또는 교화상 이상이 없는지 살펴야 한다.

> **해설** 교도관은 계호상 독거수용자를 수시로 시찰하여 건강상 또는 교화상 이상이 없는지 살펴야 한다(형집행법 시행령 제6조 제1항).
> ① 동법 제14조 ②,③ 동법 시행령 제5조
>
> 정답 ④

141. 사회적처우에 대한 설명으로 옳지 않은 것은?

① 사회견학, 사회봉사, 종교행사 참석, 연극, 영화, 그 밖의 문화공연 관람은 사회적처우에 속한다.

② 교정시설의 장은 원칙적으로 개방처우급, 완화경비처우급 및 일반경비처우급 수형자에 대하여 교정시설 밖에서 이루어지는 활동을 허가할 수 있다.

③ 연극이나 영화, 그 밖의 문화공연 관람에 필요한 비용은 수형자 부담이 원칙이며, 처우상 필요한 경우에는 예산의 범위에서 그 비용을 지원할 수 있다.

④ 교정시설의 장은 사회적 처우시에 별도의 수형자 의류를 지정하여 입게 하지만 처우상 필요한 경우 자비구매의류를 입게 할 수 있다.

> **해설** ② 소장은 개방처우급·완화경비처우급 수형자에 대하여 교정시설 밖에서 이루어지는 사회견학·사회봉사·종교행사 참석 들을 허가할 수 있다. 다만, 처우상 특히 필요한 경우에는 일반경비처우급 수형자에게도 이를 허가할 수 있다(시행규칙 제92조 제1항). 즉 교정시설 밖에서 이루어지는 활동의 허가대상은 원칙적으로 개방처우급·완화경비처우급 수형자이다.
> ③ 시행규칙 제92조 제3항. ④ 동조 제2항.
>
> 정답 ②

142. 다음 중 현행 법령상 가장 거리가 먼 것은?

① 소장은 다른 수형자의 모범이 되는 일반경비처우급 수형자를 봉사원으로 선정할 수 있다.

② 소장은 직업능력향상을 위하여 특히 필요한 경우 일반경비처우급 수형자에게도 교정시설 외부에서 운영하는 직업훈련을 받게 할 수 있다.

③ 소장은 교화상 특히 필요한 경우 일반경비처우급 수형자에게도 가족만남의 집 이용을 허가할 수 있다.

④ 소장은 특히 필요한 경우 일반경비처우급 수형자에게도 사회견학을 허가할 수 있다.

② 소장은 수형자가 개방처우급 또는 완화경비처우급으로서 직업능력 향상을 위하여 특히 필요한 경우에는 교정시설 외부의 공공기관 또는 기업체 등에서 운영하는 직업훈련을 받게 할 수 있다(시행규칙 제96조 제1항). 따라서 소장은 일반경비처우급 수형자에게는 교정시설 외부에서 운영하는 직업훈련을 받게 할 수 없다.
① 시행규칙 제85조 제1항. ③ 시행규칙 제89조 제3항. ④ 시행규칙 제92조 제1항 제1호

정답 ②

143. 다음중 누진제도에 관한 설명 중 틀린 것은?

① 1840년 호주의 마코노키가 처음 시행하였다.
② 크로프턴은 마코노키의 점수제에 수정을 가해 아일랜드제를 제안하였다.
③ 잉글랜드제는 아일랜드제를 수정한 제도이다.
④ 엘마이라제는 미국에서 부정기형제도와 함께 운영한 제도이다.

 ③ 누진제도는 영국의 고사제에서 비롯된 제도로 호주의 마코노키가 이 제도에 점수제를 결합하여 발전시켰고, 이 제도를 영국에서 다시 채택하여 잉글랜드제를 시행하였으며, 크로프턴이 이를 변형하여 아일랜드제를 시행하였다. 즉 아일랜드제는 잉글랜드제를 변형한 제도이다.

┃ 잉글랜드제와 아일랜드제 ┃

구분	잉글랜드제	아일랜드제
소득점수	매일 계산	매월 계산
처우단계	독거 → 혼거 → 가석방	독거 → 혼거 → 중간교도소 → 가석방
최상급 점수차 처우	가석방	중간교도소 이송
가석방자 경찰감시	불필요	필요

정답 ③

144. 수형자의 처우방식 중 누진처우제도에 대한 설명으로 옳지 않은 것은?

① 일종의 토큰경제에 해당하는 제도로서, 재판상 선고된 자유형의 집행단계를 여러 개의 단계로 나누어 수형자의 개선정도에 따라 상위 계급으로 진급하게 함으로써 점차 자유제한적 처우를 완화하는 것이다.
② 영국에서 시작된 일종의 고사제에 호주의 마코노키가 점수제를 결합시킴으로써 더욱 발전하였다고 한다.
③ 아일랜드제는 크로프톤이 창안한 것으로 매월 소득점수로 미리 일정한 책임점수를 소각하는 방법을 말하며, 우리나라의 누진처우방식과 유사하다.
④ 엘마이라제는 자력적 갱생에 중점을 둔 현행제도로 일명 감화제라고도 하는데, 전과 3범 이상의 청소년범죄자를 대상으로 하여 개성, 교화를 위해 교도소를 학교와 같은 분위기에서 운영하는 제도이다.

 ④ 엘마이라제는 전과가 없는 초범 청소년범죄자를 대상으로 교정시설을 학교와 같은 분위기에서 운영하는 제도이다.

정답 ④

145. 수형자분류 및 처우에 대한 설명으로 옳지 않은 것은?

① 수형자분류는 수형자에 대한 개별적 처우를 가능하게 함으로써 수형자의 교화개선과 원만한 사회복귀에 도움을 준다.

② 19C 이후 과학의 발달에 힘입어 수형자의 합리적인 처우를 위하여 과학적인 분류의 도입이 주장되었으며, 뉴욕주 싱싱(Sing Sing)교도소에서 운영한 분류센터인 클리어링하우스(Clearing house)가 그 대표적인 예이다.

③ 누진계급(점수)의 측정방법인 고사제(기간제)는 일정 기간이 경과하였을 때에 그 기간 내의 수형자 교정성적을 담당교도관이 보고하고, 이를 교도위원회가 심사하여 진급을 결정하는 방법이다.

④ 누진계급(점수)의 측정방법인 아일랜드제(Irish system)는 수형자를 최초 9개월의 독거구금 후 교도소에서 강제노동에 취업시키고, 수형자를 5계급으로 나누어 이들이 지정된 책임점수를 소각하면 상급으로 진급시키는 방법이다.

> **해설** 잉글랜드제에 대한 설문이며 잉글랜드제는 수형자를 최초 9개월간 독거구금 후 공역교도소에서 혼거시켜 강제노역에 종사하도록 하고, 이들을 고사급·제3급·제2급·제1급·특별급의 5계급으로 나누어 지정된 책임점수를 소각하면 진급시키고 처우상 우대하였다. 매일의 작업에 대한 노력과 성적에 따라 소득점수와 작업상여금이 정해졌고, 적어도 4계급을 경과하지 않으면 가석방이 허가되지 않았으며, 형기단축의 최고한도는 공역감옥 복역기간의 1/4을 초과할 수 없었다.
> 아일랜드제는 마코노키의 점수제를 응용하여 1854년부터 1862년 사이 아일랜드의 교정국장을 지냈던 월터 크로프턴이 창안한 제도이며 점차 자유로운 상태에 근접하게 하며, 마지막 단계에 가까울수록 규제는 최소화하고, 자유는 확대하였고 석방 이후 엄격한 감시를 받게 되며, 재범의 우려가 높으면 석방허가증을 철회하였다.

∥ 아일랜드제 처우내용(4단계 처우) ∥

엄정독거구금	최초 9개월동안 엄정독거
혼거구금	• 혼거상태로 토목공사, 요새공사에 취업 • 5계급 처우(고사급→제3급→제2급→제1급→최상급)
중간감옥처우	최상급에 진급한 자는 중간감옥에 이송되어 사회적응훈련 받음
가석방	가석방 후 경찰감시 실시[가석방자에 휴가증(ticket of leave) 발부(가석방증) 실시 → 보호관찰부 가석방의 시초가 됨]

정답 ④

146. 누진처우제도의 문제점으로 옳지 않은 것은?

① 인격특성을 고려한 개별처우가 경시되는 경향이 있다.

② 위선적이고 기만적인 교활한 수형자에게 이익이 될 수 있다.

③ 시설내처우에 있어서는 효과가 없다.

④ 상대적으로 최하위급에 불리한 처우가 되기 쉽다.

> **해설** 누진계급이 상위등급으로 격상될수록 시설내처우에서 점차 개방처우로 이행되나, 수형자처우의 대부분이 시설내처우인 점에 비추어 볼 때 ③은 옳은 표현이 아니다.

정답 ③

147. 교정현장상담과 사회내상담의 차이 등에 대한 설명으로 옳지 않은 것은?

① 교정현장상담에서는 내담자 개인의 문제에 초점을 맞추어 진행되는 상담뿐만 아니라 관리자의 필요에 의한 호출상담도 빈번하게 이루어진다.

② 일반상담과는 달리 교정현장상담에서는 내담자의 복지를 최우선으로 고려해야 되는 것이 아니라 수용질서를 먼저 생각해야 하는 차이점이 있다.

③ 교정현장상담은 일반상담과는 달리 이미 내담자에 대한 정보를 가지고 상담이 이루어진다는 점에서 내담자에 대한 편견이나 선입견을 배제할 수 있는 장점을 갖고 있다.

④ 일반상담과는 달리 교정현장상담은 상담자의 지도력을 중심으로 하는 단회 또는 단기간의 상담형태가 많다.

해설 ③ 교정현장상담은 일반상담과는 달리 이미 내담자에 대한 정보를 가지고 상담이 이루어진다는 점에서 내담자에 대한 편견이나 선입겹을 배체하기 어렵다는 단점이 있다.

정답 ③

148. 다음의 설명과 관련 있는 교정상담기법은?

> ㉠ 1950년대 에릭 번에 의하여 주장된 것으로 계약과 결정이라는 치료방식을 취한다.
> ㉡ 상담자는 대체로 선생님의 역할을 하게 된다.
> ㉢ 재소자로 하여금 자신의 과거 경험이 현재 행위에 미친 영향을 보도록 녹화테이프를 재생하듯이 되돌려 보게 한다. 이 과정을 통해 재소자가 과거에 대한 부정적인 장면들은 지워버리고 올바른 인생의 목표를 성취할 수 있다는 것을 확신하도록 도와준다.
> ㉣ 자신의 문제를 검토할 의사가 전혀 없는 사람이나 사회병리적 문제가 있는 사람에게는 도움이 되지 않는다.

① 교류분석   ② 현실요법   ③ 환경요법   ④ 사회적 요법

해설 ① 교류분석기법이 미국 정신과 의사인 에릭 버언에 의해 주장된 것으로 수용자에게 과거경험이 현재 행위에 미친 영향을 되돌아보게 함으로써 이들이 과거의 부정적인 장면들을 지워버리고, 인생의 목표를 성취할 수 있다는 확신을 가지도록 유도하는 처우기법을 말한다. 위 내용은 모두 교류분석기법에 관한 설명에 해당한다.

정답 ①

149. 「형의 집행 및 수용자의 처우에 관한 법률」상 간이입소절차를 실시하는 대상에 해당하지 않는 것은?

① 긴급체포되어 교정시설에 유치된 피의자

② 체포영장에 의하여 체포되어 교정시설에 유치된 피의자

③ 판사의 피의자 심문 후 구속영장이 발부되어 교정시설에 유치된 피의자

④ 구인 또는 구속영장 청구에 따라 피의자 심문을 위하여 교정시설에 유치된 피의자

해설 ③ 판사의 피의자 심문 후 구속영장이 발부되어 교정시설에 유치된 피의자는 해당되지 않는다. 정답 ③

150. 현행 법령상 구분수용에 관한 설명으로 옳은 것은?

① 사형확정자는 교도소에 수용한다.

② 취사 등의 용무에 종사하기 위하여 미결수용자를 교도소에 수용할 수 있다.

③ 교육이 필요한 경우 23세까지 소년교도소에 수용할 수 있다.

④ 교도소 및 구치소의 각 지소에는 교도소 또는 구치소에 준하여 수용자를 수용한다.

> **해설** ① 사형확정자는 교도소에서도 수용할 수 있다(시행규칙 제150조 제1항 참조).
> ② 취사 등의작업을 위하여 필요하거나, 그 밖에 특별한 사정이 있으면 구치소에 수형자를 수용할 수 있다 (법 제12조 제2항).
> ③ 수형자가 소년교도소에 수용 중에 19세기가 된 경우에도 교육,교화프로그램, 작업, 직업훈련 등을 실시 하기 위하여 특히 필요하다고 인정되면 23세가 되기 전까지는 계속하여 수용할 수 있다(법 제12조 제3항).
> ④ 법 제11조 제2항
>
> 정답 ④

151. 수용절차에 관한 설명이다. 틀린 것은?

① 신입수용자의 지문은 사법경찰관서에서 채취한 지문을 이용할 수 있기 때문에 지문채취를 할 수 없다.

② 신입하는 자는 수용에 필요한 서류를 조사한 후 수용한다.

③ 소장은 신입자의 신원에 관한 사항을 조사하여 수용기록부에 기재하여야 한다.

④ 소장은 신입자가 환자이거나 부득이한 사정이 있는 경우가 아니면 수용된 날부터 3일 동안 신입자거실에 수용하여야 한다.

> **해설** ① 소장은 신입자 및 이입자에 대하여 다른 사람과의 식별을 위하여 필요한 한도에서 사진촬영, 지문채취, 수용자 번호지정, 그밖에 대통령령으로 정하는 조치를 하여야 한다(법 제 19조 제1항).
> ② 법 제16조 제1항. ③ 시행령 제20조 제1항. ④ 시행령 제18조 제1항.
>
> 정답 ①

152. 현행 법령상 수용절차에 관한 기술 중 틀린 것은?

① 소장은 신입자가 환자이거나 부득이한 사정이 없는 한 수용된 날부터 3일 동안 신입자거실 에 수용하여야 한다.

② 소장은 신입자의 수용사실을 수용자 본인이 원하지 않는 경우를 제외하고는 그 가족에게 수용된 날부터 5일 이내에 통지하여야 한다.

③ 소장은 신입자를 수용한 날부터 3일 이내에 수용기록부를 작성하여야 한다.

④ 신입자의 건강진단은 부득이한 사정이 있는 경우를 제외하고는 수용된 날부터 3일 이내에 해야 한다.

> **해설** ② 소장은 신입자 또는 다른 교정시설로부터 이송되어 온 사람이 있으면 그 사실을 수용자의 가족에게 지체 없이 통지하여야 한다. 다만, 수용자가 통지를 원하지 아니하면 그러하지 아니하다(법 제21조).
> ① 시행령 제18조 제1항. ③ 시행령 제19조. ④ 시행령 제15조
>
> 정답 ②

153. 「형의 집행 및 수용자의 처우에 관한 법률 시행령」이 규정하고 있는 신입자 관련내용 중 틀린 것은?

① 신입자 거실에 수용된 사람도 신청에 의해 작업을 할 수 있다.

② 신입자가 19세 미만인 경우에는 30일까지 신입자 거실에 수용할 수 있다.

③ 신입자의 건강진단은 원칙적으로 수용된 날부터 3일 이내에 하여야 한다.

④ 신입자 거실에 대한 수용기록부는 수용한 날부터 3일 이내에 작성하여야 한다.

> **해설** ① 신입자 거실에 수용된 사람에게는 작업을 부과해서는 아니 된다(시행령 제18조 제2항).
> ② 동조 제3항. ③ 시행령 제15조. ④ 시행령 제19조

정답 ①

154. 「형의 집행 및 수용자의 처우에 관한 법령」상 수용자의 수용에 대한 설명으로 옳지 않은 것은?

① 수용자는 독거수용하나, 수형자의 교화 또는 건전한 사회복귀를 위하여 필요한 때에는 혼거수용을 할 수 있다.

② 취사 작업을 위하여 필요하거나 그 밖에 특별한 사정이 있으면 구치소에 수형자를 수용할 수 있다.

③ 교정시설의 장은 신입자의 의사에 반하여 건강진단을 할 수 없다.

④ 수용자의 생명, 신체의 보호, 증거인멸의 방지 및 교정시설의 안전과 질서유지를 위하여 필요하다고 인정하면 혼거실이나 교육실, 그 밖에 수용자들이 서로 접촉할 수 있는 장소에서 수용자의 자리를 지정할 수 있다.

> **해설** ③ 소장은 신입자에 대하여는 지체 없이 건강진단을 하여야 하며, 신입자는 소장인 실시하는 건강진단을 받아야 한다(법 제16조 제2항,제3항). 따라서 소장은 신입자의 의사에 반하여 건강진단을 할 수 있다.
> ① 법 제14조. ② 법 제12조 제2항. ④ 시행령 제10조

정답 ③

155. 「형의 집행 및 수용자의 처우에 관한 법령」상 신입자의 수용에 대한 설명으로 옳지 않은 것은?

① 신입자에 대한 고지사항에는 형기의 기산일 및 종료일, 수용자의 권리 및 권리구제에 관한 사항이 포함된다.

② 신입자의 건강진단은 수용된 날부터 3일 이내에 하여야 한다. 다만 휴무일이 연속되는 등 부득이한 사정이 있는 경우에는 예외로 한다.

③ 소장은 신입자가 환자이거나 부득이한 사정이 있는 경우가 아니면 수용된 날부터 3일 동안 신입자거실에 수용하여야하며, 19세 미만의 신입자에 대하여는 그 수용기간을 45일까지 연장할 수 있다.

④ 소장은 신입자가 있으면 그 사실을 수용자의 가족(배우자, 직계존속, 비속 또는 형제자매)에게 지체없이 통지하여야 한다. 다만 수용자가 통지를 원하지 아니하면 그러하지 아니하다.

③ 소장은 19세 미만의 신입자 그 밖에 특히 필요하다고 인정하는 수용자에 대하여는 신입자거실 수용기간을 30일까지 연장할 수 있다(시행령 제18조 제3항).
① 법 제17조. ② 시행령 제15조. ④ 법 제21조

정답 ③

156. 수용자의 범죄횟수 산정에 관한 내용으로 틀린 것은?

① 수용자의 범죄횟수는 징역 또는 금고 이상의 형을 선고받아 확정된 횟수로 한다.

② 3년 이하의 징역 또는 금고를 선고 받아 그 형의 집행을 종료하거나 그 진행이 면제된 날부터 5년이 경과한 경우에는 범죄횟수에 포함하지 아니한다. 다만, 그 기간 등 자격정지 이상의 형을 선고 받아 확정된 경우는 제외한다.

③ 3년을 초과하는 징역 또는 금고를 선고 받아 그 형의 집행을 종료하거나 그 집행이 면제된 날부터 9년이 경과한 경우에는 범죄횟수에 포함하지 아니한다. 다만, 그 기간 중 자격정지 이상의 형을 선고 받아 확정된 경우는 제외한다.

④ 집행유예의 선고를 받은 사람이 유예기간 중 고의로 범한 죄로 금고 이상의 실형이 확정되지 아니하고, 그기간이 지난 경우에는 집행이 유예된 형은 범죄횟수에 포함하지 아니한다.

해설 ③ 9년 → 10년(시행규칙 제3조 제2항 제1호). ① 동조 제1항 본문. ② 동조 제2항. ④ 동조 제1항 단서

정답 ③

157. 수형자의 분류처우에 대한 설명으로 틀린 것은?

① 처우등급이란 수형자의 처우 및 관리와 관련하여 수형자를 수용할 거실, 수형자에 대한 계호의 정도, 처우의 수준 및 처우의 내용을 구분하는 기준이다.

② 소장은 조직폭력수용자가 다른 사람과 접견할 때에는 접촉차단시설이 있는 장소에서 하게 하여야 한다.

③ 소장은 종교행사 시설의 부족 등 여건이 충분하지 않을 때 수용자의 종교행사 참석을 제한할 수 있다.

④ 집행유예선고를 받은 사람이 유예기간 중 고의로 범한 죄로 금고 이상의 실형이 확정되지 아니하고, 그 기간이 지난 경우에도 집행이 유예된 형은 범죄횟수에 포함한다.

해설 ④ 수용자의 범죄횟수는 징역 또는 금고 이상의 형을 선고받아 확정된 횟수로 한다. 다만, 집행유예의 선고를 받은 사람이 유예기간 중 고의로 범한 죄로 금고 이상의 실형이 확정되지 아니하고 그 기간이 지난 경우에는 집행이 유예된 형은 범죄횟수에 포함하지 아니한다(시행규칙 제3조 제1항).
① 시행규칙 제2조 제5호. ② 시행규칙 제202조. ③ 시행규칙 제32조 제1호.

정답 ④

158. 현행 법령상 신입자의 수용에 관한 설명으로 옳지 않은 것은?

① 소장은 법원, 경찰청, 경찰관서 등으로부터 처음으로 교정시설에 수용되는 사람에 대하여는 집행지휘서, 재판서, 그 밖에 수용에 필요한 서류를 조사한 후 수용한다.

② 소장은 신입자에 대하여는 지체 없이 건강진단을 하여야 한다.

③ 소장은 신입자를 인수한 경우에는 호송인에게 인수서를 써주어야 한다.

④ 소장은 신입자가 환자이거나 부득이한 사정이 있는 경우가 아니면 수용된 날부터 5일 동안 신입자거실에 수용하여야 한다.

> **해설** ④ 5일 → 3일(시행령 제18조 제1항). ① 법 제16조 재1항. ② 동조 제2항. ③ 시행령 제13조 제1항
>
> 정답 ④

159. 형집행법상 신입자 및 이입자에 대한 고지의무사항이 아닌 것은?

① 형기의 기산일 및 종료일

② 접견, 편지, 그 밖의 수용자의 권리에 관한 사항

③ 변호인 선임에 관한 사항

④ 징벌, 규율, 그 밖의 수용자의 의무에 관한 사항

> **해설** ③은 신입자 및 이입자에 대한 고지사항에 해당하지 않는다. 신입자 및 이입자에 대해 고지해야 할 사항은 다음과 같다(법 17조)
>
> | 신입자, 이입자에게 알려주어야 할 사항 |
> | --- |
> | • 형기의 기산일 및 종료일 |
> | • 접견, 편지, 그 밖의 수용자의 권리에 관한 사항 |
> | • 청원, 「국가인권위원회법」에 따른 진정, 그 밖의 권리구제에 관한 사항 |
> | • 징벌, 규율, 그 밖의 수용자의 의무에 관한 사항 |
> | • 일과 그 밖의 수용생활에 필요한 기본적인 사항 |
>
> 정답 ③

160. 다음 중 청소년 미결수용자를 성인과 분리수용해야 하는 목적에 가장 적합한 것은?

① 행형비용의 절감　　　　　　② 악풍감염의 방지

③ 도주 및 증거인멸 방지　　　④ 교화교육의 실시

> **해설** ② 소년과 성인을 분리수용하는 주된 목적은 범죄적 악풍감염의 방지에 있다. 즉 청소년은 인격의 형성과정에 있어 주위환경 특히 범죄적 악풍에 감염될 위험이 많으므로 성인범죄자와 분리하여 수용할 것이 요구된다.
>
> 정답 ②

161. 형집행법상 수용자의 수용에 대한 설명으로 옳은 것은?

① 사형확정자는 기결수용시설인 교도소에만 수용한다.

② 범죄의 증거인멸을 방지하기 위해 필요하다는 이유만으로는 미결수용자를 교도소에 수용할 수 없다.

③ 수형자가 소년교도소에 수용 중에 19세가 된 경우에도 교육, 교화 프로그램, 작업, 직업훈련 등을 실시하기 위하여 특히 필요하다고 인정되면 23세가 되기 전까지는 계속하여 수용할 수 있다.

④ 수용자가 암과 같은 불치병에 걸린 경우에는 소장은 수용을 거부할 수 있고, 그 경우 그 사유를 지체없이 수용지휘기관과 관할 보건소장에게 통보하고, 법무부장관에게 보고하여야 한다.

> 해설 ① 사형확정자라도 구치소 수용 중 사형이 확정된 사람, 교도소에서 교육, 교화 프로그램 또는 신청에 따른 작업을 실시할 필요가 없다고 인정되는 사람인 경우에는 구치소에 수용할 수 있다(시행규칙 제150조 제1항 제2호).
> ② 범죄의 증거인멸을 방지하기 위하여 필요한 경우에는 미결수용자를 교도소에 수용할 수 있다(법 제12조 제1항 제3호).
> ④ 소장은 다른 사람의 건강에 위해를 끼칠 우려가 있는 감염병에 걸린 사람의 수용을 거절할 수 있다(법 제18조 제1항).
> ③ 법 제12조 제3항
>
> 정답 ③

162. 「형의 집행 및 수용자의 처우에 관한 법률」에 의할 때 수용자를 교정시설에 수용하는 기준으로 옳지 않은 것은?

① 소년 교도소에는 19세 미만의 수형자를 수용하는 것이 원칙이지만, 수형자가 소년교도소에 수용 중에 19세가 된 경우에 본인의 신청으로 23세가 되기 전까지는 계속하여 수용할 수 있다.

② 미결수용자는 구치소에 수용하는 것이 원칙이지만, 범죄의 증거인멸을 방지하기 위하여 필요하거나 그 밖에 특별한 사정이 있는 때에는 교도소에 미결수용자를 수용할 수 있다.

③ 수형자는 교도소에 수용하는 것이 원칙이지만, 취사 등의 작업을 위하여 필요한 경우에는 수형자를 구치소에 수용할 수 있다.

④ 수용자는 독거수용하는 것이 원칙이지만, 수용자의 생명 또는 신체의 보호, 정서적 안정을 위하여 필요한 때에는 수용자를 혼거수용할 수 있다.

> 해설 ① 수형자가 소년교도소에 수용 중에 19세가 된 경우에도 교육, 교화 프로그램, 작업, 직업훈련 등을 실시하기 위하여 특히 필요하다고 인정되면 23세가 되기 전까지는 계속하여 수용할 수 있다(법 제12조 제3항). 즉 본인의 신청을 요하지 않는다.
> ② 동조 제1항. ③ 동조 제2항. ④ 법 제14조
>
> 정답 ①

163. 현행법상 수용자의 구분 또는 분리수용을 결정할 때 기준이 되는 사항이 아닌 것은?

① 19세 미만 여부　　　　　　　　② 종교
③ 형의 확정 여부　　　　　　　　④ 성별

 ② 현행법은 종교에 따라 수용자를 구분 또는 분리수용하고 있지 않다.
①③④ 현행법상 수용자는 19세 이상인 수형자는 일반교도소, 19세 미만인 수형자는 소년교도소에, 수형자는 교도소, 미결수용자는 구치소에, 남성과 여성은 분리하여 수용하도록 하고 있다(법 제11조 제1항, 제13조 제1항).

정답 ②

164. 소년에 대한 행형에서의 특칙에 대한 설명으로 옳은 것을 모두 고른 것은?

> ㉠ 소년교도소에서는 원칙적으로 만 19세 미만의 수형자만이 수용되지만, 만 19세 미만에 수용되어 형집행 중 만 19세에 이른 때에도 특히 필요한 경우에는 소년교도소에서 계속 형벌을 집행할 수 있는 예외가 인정된다.
> ㉡ 성인범의 경우 신입한 날부터 3일 동안 신입자거실에 수용하지만, 소년범의 경우 신입자거실의 수용기간을 30일 까지 연장할 수 있다.
> ㉢ 소년범의 가석방조건은 성인범에 비해 완화되어 있는데 무기형은 7년 15년의 유기형은 5년, 부정기형은 단기의 3분의 1이 경과하면 된다.
> ㉣ 소년으로 범한 죄에 의하여 자유형의 선고를 받은 자가 자격정지를 병과 받은 경우 자유형의 집행을 종료하거나 집행의 면제를 받은 때에는 집행이 종료되거나 면제된 날부터 자격정지기간이 기산된다.

① ㉠, ㉡　　　　　　　　　　　② ㉠, ㉣
③ ㉡, ㉢　　　　　　　　　　　④ ㉠, ㉡, ㉢

해설 ○ : ㉠ 법 제12조 제3항. ㉡ 시행령 제18조 제3항.
× : ㉢ 소년범의 가석방 조건은 무기형은 5년, 15년의 유기형은 3년, 부정기형은 단기의 3분의 1을 경과하여야 한다(소년법 제65조). ㉣ 소년이었을 때 범한 죄에 의하여 형을 선고 받은 자가 그 집행을 종료하거나 면제받은 경우 자격에 관한 법령을 적용할때에는 장래에 향하여 형의 선고를 받지 아니한 것으로 본다(소년법 제67조).

정답 ①

165. 수용자가 입소시 휴대, 지참한 물품의 일반적 처리 방법은?

① 교정시설에 보관한다.　　　　　② 국고에 귀속한다.
③ 폐기한다.　　　　　　　　　　④ 몰취한다.

해설 ① 수용자의 휴대금품은 원칙적으로 교정시설에 보관된다(법 제25조 제1항).

정답 ①

166. 현행법상 수용에 관한 설명으로 옳은 것은?

① 소장은 신입자가 환자이거나 부득이한 사정이 있는 경우가 아니면 수용된 날부터 5일 동안 신입자거실에 수용하여야 한다.

② 소장은 19세 미만의 신입자 그 밖에 특히 필요하다고 인정하는 수용자에 대하여는 신입자 거실수용기간을 20일까지 연장할 수 있다.

③ 소장은 신입자 또는 다른 교정시설로부터 이송되어 온 사람이 있으면 수용자의 의사여부와 관계없이 그 사실을 수용자의 가족에게 지체 없이 통지하여야 한다.

④ 소장은 다른사람의 건강에 위해를 끼칠 우려가 있는 감염병에 걸린 사람의 수용을 거절할 수 있다.

> **해설** ① 5일 → 3일(시행령 제18조 제1항). ② 20일 → 30일(동조 제3항).
> ③ 소장은 신입자 또는 다른 교정시설로부터 이송되어 온 사람이 있으면 그 사실을 수용자의 가족에게 지체 없이 통지하여야 한다. 다만 수용자가 통지를 원하지 아니하면 그러하지 아니하다(법 제21조).
> ④ 법제18조 제1항

정답 ④

167. 수용자의 이송에 대한 설명으로 맞는 것은?

① 법무부장관은 이송에 관한 권한의 전부 또는 일부를 지방교정청장에게 위임할 수 있다.

② 소장은 수용자를 이송하는 경우에 의무과 로부터 수용자가 건강상 감당하기 어렵다는 보고를 받으면 이송을 중지하고, 그 사실을 법무부장관에게 보고하여야 한다.

③ 수용자가 이송중에 징벌대상행위를 하거나 다른 교정시설에서 징벌대상행위를 한 사실이 이송후 발각된 경우에는 그 수용자를 인수한 소장이 징벌을 부과한다.

④ 교정시설의 안전과 질서유지를 위하여 긴급하게 이송할 필요가 있다고 인정된 때에는 지방 교정청장은 관할외 이송을 승인할 수 있다.

> **해설** ① 법무부장관은 이송승인에 관한 권한을 대통령령으로 정하는 바에 따라서 지방교정청장에게 위임할 수 있다(법 제20조 제2항). 따라서 전부를 위임할 수 있다는 표현은 옳지 않다.
> ② 소장은 수용자를 다른 교정시설에 이송하는 경우에 의무관으로부터 수용자가 건강상 감당하기 어렵다는 보고를 받으면 이송을 중지하고 그 사실을 이송 받을 소장에게 알려야 한다(시행령 제23조).
> ④ 지방교정청장의 이송승인은 관할 내 이송으로 한정한다(시행령 제22조 제2항).
> ③ 시행령 제136조

지방교정청장의 이송승인 범위
• 수용시설의 공사 등으로 수용거실이 일시적으로 부족한때
• 교정시설 간 수용인원의 뚜렷한 불균형을 조정하기 위하여 특히 필요하다고 인정되는 때
• 교정시설의 안전과 질서유지를 위하여 긴급하게 이송할 필요가 있다고 인정되는 때

정답 ③

168. 수용자의 이송에 관한 설명으로 맞는 것을 모두 고른 것은?

> ㉠ 법무부장관은 이송승인에 관한 권한을 대통령령으로 정하는 바에 따라서 지방교정청장에게 위임할 수 있다.
> ㉡ 지방교정청장은 교정시설의 안전과 질서유지를 위하여 긴급하게 이송할 필요가 있다고 인정된 때에는 수용자의 이송을 승인할 수 있다.
> ㉢ 지방교정청장은 관할 내 이송에 대한 승인을 할 수 있다.
> ㉣ 지방교정청장은 특히 필요한 경우 관할 이외의 타 지역에 대한 이송을 승인할 수 있다.

① ㉠   ② ㉠, ㉡
③ ㉠, ㉡, ㉢   ④ ㉠, ㉡, ㉢, ㉣

해설 ○ : ㉠ 법 제20조 제2항. ㉡ 시행령 제22조 제1항 제3호. ㉢ 동조 제2항.
　　 × : ㉣ 지방교정청장의 이송승인은 관할 내 이송으로 한정한다(시행령 제22조 제2항).

정답 ③

169. 「수형자 등 호송규정」에 대한 설명으로 옳지 않은 것은?

① 발송관서는 미리 수송관서에 대하여 피호송자의 성명, 발송시일, 호송사유 및 방법을 통지하여야 한다.
② 호송관의 여비나 피호송자의 호송비용은 원칙적으로 호송관서가 부담한다.
③ 피호송자가 열차, 선박 또는 항공기에서 사망 시 호송관서는 최초 도착지 관할 검사의 지휘에 따라 필요한 조치를 취한다.
④ 교도소와 교도소 사이의 호송과 그 밖의 호송 모두 교도관만이 행한다.

해설 ④ 교도소·구치소 및 그 지소(이하 "교정시설"이라 한다) 간의 호송은 교도관이 행하며, 그 밖의 호송은 경찰관 또는 「검찰청법」 제47조에 따라 사법경찰관리로서의 직무를 수행하는 검찰청 직원이 행한다. (수형자 등 호송규정 제2조).
　　 ① 동 규정 제5조. ② 동 규정 제13조 제1항. ③ 동 규정 제12조 제2항.

정답 ④

170. 수용자의 긴급이송 및 일시석방에 대한 설명이다 틀린 것은?

① 소장은 천재, 지변이나 그 밖의 사변에 대한 피난의 방법이 없는 경우에는 수용자를 다른 장소로 이송할 수 있다.
② 다른 장소에의 이송이 불가능한 때에는 수용자를 일시 석방할 수 있다.
③ 석방된 자는 석방 후 24시간 내에 교정시설 또는 경찰관서에 출석하여야 한다.
④ 긴급이송이나 일시석방은 선택적으로만 행사할 수 있는 것이 아니라 동시에 행사할 수도 있다.

해설 ④ 일시석방은 천재지변 그 밖의 사변에 대한 피난의 방법이 없어 다른 장소로 이송할 수 없는 경우에만 할 수 있다(법 제102조 제2항, 제3항). 따라서 긴급이송과 일시석방을 동시에 행사할 수도 있다는 표현은 옳지 않다.
① 법 제102조 제2항. ② 동조 제3항. ③ 동조 제4항.

정답 ④

171. 다음 내용 중 옳지 않은 것은?

① 소장은 수용자의 기호 등을 고려하여 주식으로 빵이나 국수 등을 주1회의 범위에서 지급할 수 있다.
② 개방처우급 수형자의 전화통화 허용횟수는 월 5회이다.
③ 수용자는 문서 또는 도화를 작성하거나 문예, 학술, 그 밖의 사항에 관하여 원칙적으로 소장의허가 없이 집필할 수 있다.
④ 수용자의 전화통화는 소장의 허가사항이다.

해설 ① 소장은 수용자의 기호 등을 고려하여 주식으로 빵이나 국수 등을 지급할 수 있다(시행규칙 제11조 제3항).
② 시행규칙 제90조 제1항 제1호.
③ 수용자는 문서 또는 도화를 작성하거나 문예, 학술, 그 밖의 사항에 관하여 집필할 수 있다. 다만 소장이 시설의 안전 또는 질서를 해칠 명백한 위험이 있다고 인정하는 경우는 예외로 한다(법 제49조 제1항). 따라서 소장이 시설의 안전 또는 질서를 해칠 명백한 위험이 잇다고 인정하여 집필을 금지시킨 경우가 아니라면 수용자는 소장의 허가 없이 집필할 수 있다.
④ 수용자는 소장의 허가를 받아 교정시설의 외부에 있는 사람과 전화통화를 할 수 있다(법 제44조 제1항).

정답 ①

172. 현행 법령상 음식물 지급에 관한 설명 중 틀린 것은?

① 소장은 수용자의 기호 등을 고려하여 주식으로 빵이나 국수 등을 지급할 수 있다.
② 소장은 주식을 쌀과 보리의 혼합곡으로 하거나 대용식을 지급하는 경우에는 법무부장관이 정하는 바에 따른다.
③ 소장은 해당 교정시설의 직전 분기 평균 급식인원을 기준으로 2개월 분의 주식을 항상 확보하고 있어야 한다.
④ 소장은 작업시간을 3시간 이상 연장하는 경우에는 수용자에게 주,부식 또는 대용식 1회분을 간식으로 지급할 수 있다.

해설 ③ 소장은 수용자에 대한 원활한 급식을 위하여 해당 교정시설의 직전 분기 평균 급식인원을 기준으로 1개월분의 주식을 항상 확보하고 있어야 한다(시행규칙 제12조).
① 시행규칙 제11조 제3항. ② 시행규칙 제10조. ④ 시행규칙 제15조 제2항.

정답 ③

173. 형의 집행 및 수용자의 처우에 관한 법령상 수용자에게 지급하는 물품에 대한 설명으로 옳은 것으로만 묶은 것은?

> ⊙ 소장은 작업시간을 2시간 이상 연장하는 경우에는 수용자에게 주, 부식 또는 대용식 1회분을 간식으로 지급할 수 있다.
> ○ 소장은 수용자의 기호 등을 고려하여 주식으로 빵이나 국수 등을 지급할 수 있다.
> ○ 소장은 쌀 수급이 곤란하거나 그 밖에 필요하다고 인정하면 주식을 쌀과 보리 등 잡곡의 혼합곡으로 하거나 대용식을 지급할 수 있다.
> ② 소장은 수용자에게 건강상태, 나이, 부과된 작업의 종류, 그 밖의 개인적 특성을 고려하여 건강 및 체력을 유지하는 데에 필요한 음식물을 지급한다.

① ⊙, ○, ○　　　　　　　　　　② ⊙, ○, ②
③ ⊙, ○, ②　　　　　　　　　　④ ○, ○, ②

해설　○ : ○ 시행규칙 제10조 제3항. ○ 시행령 제27조 제2항. ② 법 제23조 제1항
　　　× : ⊙ 소장은 작업시간을 3시간 이상 연장하는 경우에는 수용자에게 주·부식 또는 대용식 1회분을 간식으로 지급할 수 있다(시행규칙 제15조 제2항)

정답 ④

174. 다음 판례의 내용 중 틀린 것은?

① 독거실 사동에만 TV설치를 하지 않음으로써 독거수용자로 하여금 텔레비전시청을 할 수 없도록 한 것은 합리적인 이유가 없는 자의적 차별이라고는 할 수 없어 헌법상 평등원칙에 위배되지 않는다.

② 교도소 등의 장이 수용자의 보관금품 사용을 허가한 이후에 이를 지출하는 행위 자체는 공법상의 행정처분으로서 헌법소원의 대상이 되는 공권력의 행사에 해당한다.

③ 무죄 등 판결을 선고 받은 피고인의 동의를 얻지 않고 그의 의사에 반하여 교도소로 다시 연행하는 것은 헌법상 정당성을 갖는다고 볼 수 없다.

④ 금치기간 중의 접견허가 여부는 교도소장의 재량사항에 반한다고 하더라도 피징벌자가 금치처분 자체를 다툴 목적으로 소제기 등을 대리할 권한이 있는 변호사와의 접견을 희망하는 경우라면 교도소장이 금치기간 중에 있는 피징벌자의 접견권과 재판청구권을 침해하여 위법하다.

해설　② 행형법상 교도소 등의 장이 수용자의 보관금품 사용을 허용한 이후에 이를 지출하는 행위자체는 공법상의 행정처분이 아니라 사경제의 주체로서 행하는 사법상의 법률행위 또는 사실행위에 불가하므로 헌법소원의 대상이 되는 공권력의 행사로 볼 수 없다. 따라서 피청구인이 청구인의 보관금품 사용신청을 받고 동 신청에 따라 이를 지출한 이 사건 등기우편발송료 과다지출행위는 헌법재판소법 제68조 제1항에서 헌법소원심판의 청구대상으로서의 '공권력'에는 해당된다고 볼 수 없다.

정답 ②

175. 보관에 관한 설명으로 옳은 것은?

① 보관금품은 석방할 때에 본인의 청구에 의하여 환부한다.

② 보관하는데 있어 부적당한 물건이라도 수용자의 동의 없이는 폐기하지 못한다.

③ 사망자의 유류금품은 상속인에게 교부하여야 한다.

④ 도주자의 유류금품은 청구에 의하여 그의 가족에게 교부한다.

> **해설** ① 보관금품은 석방할 때에 본인에게 당연히 되돌려 주며, 본인의 청구를 필요로 하지 않는다(법 제29조).
> ② 소장은 수용자가 처분하여야 할 휴대품을 상당한 기간 내에 처분하지 아니하면 수용자의 동의 없이도 폐기할 수 있다(법 제25조 제2항).
> ③ 사망자의 유류금품은 청구에 의하여 상속인에게 교부한다(법 제28조).
> ④ 법 제28조
> 　　 정답 ④

176. 「형의 집행 및 수용자의 처우에 관한 법령」상 수용자의 위생과 의료에 관한 내용으로 틀린 것은?

① 작업의 특성상 실외운동이 필요 없다고 인정되는 때에는 실외운동을 실시하지 아니할 수 있다.

② 소장은 수용자의 정신질환 치료를 위하여 필요하다고 인정하면 법무부장관의 승인을 받아 치료감호시설로 이송할 수 있다.

③ 소장은 수용자가 자신의 고의 또는 과실로 부상 등이 발생하여 외부의료시설에서 진료를 받은 경우에는 수용자로 하여금 진료비의 전부 또는 일부를 부담하게 할 수 있다.

④ 소장은 감염병에 걸린 수용자에 대하여 다른 수용자와 격리 수용할지의 여부를 재량으로 결정할 수 없다.

> **해설** ③ 소장은 수용자가 자신의 고의 또는 중대한 과실로 부상 등이 발생하여 외부의료시설에서 진료를 받은 경우에는 그 진료비의 전부 또는 일부를 그 수용자에게 부담하게 할 수 있다(법 제37조 제5항).
> ① 시행령 제49조 제1호. ② 법 제39조 제2항.
> ④ 소장은 수용자가 감염병에 걸린 경우에는 즉시 격리수용하고, 그 수용자가 사용한 물품과 설비를 철저히 소독하여야 한다(시행령 제53조 제3항).
> 　　 정답 ③

177. 「형의 집행 및 수용자의 처우에 관한 법률 시행령」상 소장이 실외운동을 실시하지 않을 수 있는 경우에 해당하지 않는 것은?

① 교육의 특성상 실외운동이 필요 없다고 인정되는 때

② 수용자의 건강에 해롭다고 인정되는 때

③ 우천으로 인해 실외운동을 하기 어려운 때

④ 수사로 실외운동을 하기 어려운 때

> **해설** ① 작업의 특성상 실외운동이 필요없다고 인정되는 때(시행령 제49조). 즉 교육의 특성상이 아니라, 작업의 특성상이다.
> ②③④는 실외운동을 실시하지 않을 수 있는 사유에 해당한다(시행령 제49조).
> 　　 정답 ①

178. 「형의 집행 및 수용자의 처우에 관한 법령」상 수용자의 금품관리에 대한 설명으로 옳지 않은 것은?

① 소장은 수용자의 휴대금품을 교정시설에 보관한다. 다만, 휴대품이 부패할 우려가 있는 것이면 수용자로 하여금 자신이 지정하는 사람에게 보내게 하거나 그 밖에 적당한 방법으로 처분하게 할 수 있다.

② 소장은 신입자의 휴대품을 팔 경우에는 그 비용을 제외한 나머지 대금을 보관할 수 있다.

③ 소장은 수용자의 보관품이 인장인 경우에는 잠금장치가 되어있는 견고한 용기에 넣어 보관하여야 한다.

④ 소장은 수용자 이외의 사람의 신청에 따라 수용자에게 교부를 허가한 물품은 교도관으로 하여금 검사하게 할 필요가 없으나, 그 물품이 의약품인 경우에는 의무관으로 하여금 검사하게 하여야 한다.

> **해설** ④ 소장은 교부를 허가한 물품은 검사할 필요가 없다고 인정되는 경우가 아니면 교도관으로 하여금 검사하게 하여야 한다. 이 경우 그 물품이 의약품인 경우에는 의무관으로 하여금 검사하게 하여야 한다(시행령 제43조).
> ① 법 제25조 제1항. ② 시행령 제34조 제3항. ③ 시행령 제36조.　　　　　　　　　　　정답 ④

179. 형의 집행 및 수용자의 처우에 관한 법령상 수용자의 위생과 의료에 대한 설명으로 옳은 것으로만 묶은 것은?

> ㉠ 소장은 저수조 등 급수시설을 1년에 1회 이상 청소, 소독하여야 한다.
> ㉡ 소장은 수용자가 위독한 경우에는 그 사실을 가족에게 지체 없이 알려야 한다.
> ㉢ 교정시설에 근무하는 간호사는 야간 또는 공휴일 등에 응급을 요하는 수용자에 대한 응급처치를 할 수 있다.
> ㉣ 소장은 19세 미만의 수용자와 계호상 독거수용자에 대하여는 1년 1회 이상 건강검진을 하여야 한다.
> ㉤ 소장은 수용자를 외부 의료시설에 입원시키거나 입원 중인 수용자를 교정시설로 데려온 경우에는 그 사실을 법무부장관에게 지체 없이 보고하여야 한다.

① ㉠, ㉡, ㉢　　　　　　　　　　　　　② ㉡, ㉢, ㉣

③ ㉡, ㉢, ㉤　　　　　　　　　　　　　④ ㉢, ㉣, ㉤

> **해설** ○ : ㉡ 시행령 제56조. ㉢ 시행령 제54조의2. ㉤ 시행령 제57조
> × : ㉠ 소장은 저수조 등 급수시설을 6개월에 1회 이상 청소·소독하여야 한다(시행령 제47조 제2항). ㉣ 소장은 수용자에 대하여 1년에 1회 이상 건강검진을 하여야 한다. 다만 19세 미만의 수용자와 계호상 독거수용자에 대하여는 6개월에 1회 이상 하여야 한다(시행령 제51조 제 1항).
> 정답 ③

180. 「형의 집행 및 수용자의 처우에 관한 법령」상 수용자의 의료처우에 대한 설명으로 옳지 않은 것은?

① 소장은 수용자가 자신의 비용으로 외부의료시설에서 근무하는 의사에게 치료받기를 원하면 교정시설에 근무하는 의사의 의견을 고려하여 이를 허가할 수 있다.

② 소장은 진료를 거부하는 수용자가 교정시설에 근무하는 의사의 설득 등에도 불구하고 진료를 계속 거부하여 그 생명에 위험을 가져올 급박한 우려가 있으면 위 의사로 하여금 적당한 진료 등의 조치를 하게 할 수 있다.

③ 소장은 19세 미만의 수용자와 계호상 독거수용자에 대하여는 6개월에 1회 이상 건강검진을 하여야 한다.

④ 소장은 수용자가 자신의 고의 또는 과실로 부상등이 발생하여 외부의료시설에서 진료를 받은 경우에는 그 진료비의 전부 또는 일부를 그 수용자에게 부담하게 하여야 한다.

> **해설** ④ 소장은 수용자가 자신의 고의 또는 중대한 과실로 부상 등이 발생하여 외부의료시설에서 진료를 받은 경우에는 그 진료비의 전부 또는 일부를 그 수용자에게 부담하게 할 수 있다(법 제37조 제5항).
> ① 법 제38조. ② 법 제40조 제2항. ③ 시행령 제 51조 제1항
>
> 정답 ④

181. 다음 중 실외운동을 할 수 없는 사유로 옳지 않은 것은?

① 우천으로 인해 실외운동을 하기 어려운 때

② 겨울 온수목욕으로 인해 실외운동을 할 시간이나 계호인원이 부족할 때

③ 작업의 특성상 실외운동이 필요 없다고 인정되는 때

④ 폐렴, 천식 등의 질병으로 실외 운동이 수용자의 건강에 해롭다고 인정되는 때

> **해설** ②는 실외운동 예외사유에 해당하지 않는다. ① 시행령 제49조 제3호. ③ 동조 제1호. ④ 동조 제2호.
>
> | 실외운동 예외 사유 |
> | --- |
> | • 작업의 특성상 실외운동이 필요 없다고 인정되는 때 |
> | • 질병 등으로 실외 운동이 수용자의 건강에 해롭다고 인정되는 때 |
> | • 우천, 수사, 재판, 그 밖의 부득이한 사정으로 실외운동을 하기 어려운 때 |
>
> 정답 ②

182. 다음 중 수용자의 건강진단에 관한 설명으로 옳지 않은 것은?

① 소장은 계호상 독거수용자에게는 6개월에 1회 이상 건강검진을 하여야 한다.

② 소장은 19세 미만의 수용자에게는 6개월에 1회 이상 건강검진을 하여야 한다.

③ 기타의 수용자에게는 1년에 1회 이상 건강검진을 하여야 한다.

④ 19세 미만의 자가 독거수용된 경우에는 3개월에 1회 이상 건강검진을 하여야 한다.

> **해설** ④ 소장은 19세 미만의 수용자와 계호상 독거수용자에 대하여는 6개월에 1회 이상 건강검진을 하여야 한다(시행령 제51조 제1항).
> ①②③ 시행령 제51조 제1항.
>
> 정답 ④

183. 현행 법령상 수용자의 위생과 의료에 관한 설명으로 옳지 않은 것은?

① 소장은 수용자가 특별한 경우와 공휴일과 법무부장관이 정하는 날은 제외하고는 매일 근무시간 내에서 1시간 이내의 실외운동을 할 수 있도록 하여야 한다.

② 소장은 작업의 특성, 계절 그 밖의 사정을 고려하여 수용자의 목욕횟수를 정하되, 부득이한 사정이 없으면 매주 1회 이상이 되도록 한다.

③ 소장은 19세 미만의 수용자와 계호상 독거수용자에 대하여는 1년에 1회 이상 건강검진을 하여야 한다.

④ 소장은 수용자가 자신의 비용으로 외부의료시설에서 근무하는 의사에게 치료받기를 원하는 때에는 이를 허가할 수 있다.

> **해설** ③ 소장은 수용자에 대하여 1년에 1회 이상 건강검진을 하여야 한다. 다만 19세 미만의 수용자와 계호상 독거수용자에 대하여는 6개월 1회 이상 하여야 한다(시행령 제51조 제1항).
> ① 시행령 제49조. ② 시행령 제50조. ④ 법 제38조   정답 ③

184. 형의 집행 및 수용자의 처우에 관한 법령상 수용자의 의료에 대한 설명으로 옳지 않은 것은?

① 소장은 수용자가 감염병에 걸렸다고 인정되는 경우에는 1주 이상 격리수용하고 그 수용자의 휴대품을 소독하여야 한다.

② 소장은 19세 미만의 수용자, 계호상 독거수용자 및 노인수용자에 대하여는 6개월에 1회 이상 건강검진을 하여야 한다.

③ 장애인수형자 전담교정시설의 장은 장애인의 재활에 관한 전문적인 지식을 가진 의료진과 장비를 갖추도록 노력하여야 한다.

④ 소장은 수용자를 외부 의료시설에 입원시키거나 입원 중인 수용자를 교정시설로 데려온 경우에는 그 사실을 법무부장관에게 지체 없이 보고하여야 한다.

> **해설** 소장은 수용자가 감염병에 걸린 경우에는 즉시 격리수용하고 그 수용자가 사용한 물품과 설비를 철저히 소독하여야 한다(형집행법 시행령 제53조 제3항).   정답 ①

185. 형의 집행 및 수용자의 처우에 관한 법령상 감염성 질병에 관한 조치에 대한 내용으로 옳지 않은 것은?

① 소장은 수용자가 감염병에 걸렸다고 의심되는 경우에는 2주 이상 격리수용하고 그 수용자의 휴대품을 소독하여야 한다.

② 소장은 감염병이 유행하는 경우에는 수용자가 자비로 구매하는 음식물의 공급을 중지할 수 있다.

③ 소장은 수용자가 감염병에 걸린 경우 지체 없이 법무부장관에게 보고하고 관할 보건기관의 장에게 알려야 한다.

④ 소장은 감염병의 유행으로 자비구매물품의 사용이 중지된 경우에는 구매신청을 제한할 수 있다.

> **해설** ① 2주가 아닌 1주 이상 격리수용하고 그 수용자의 휴대품을 소독하여야 한다(형집행법 시행령 제53조 제1항).
> ② 동법 시행령 제53조 제2항 ③ 동법 시행령 제53조 제4항 ④ 동법 시행규칙 제17조 제2항
> 정답 ①

186. 현행 법령상 위생과 의료에 관한 설명으로 틀린 것은?

① 소장은 감염병에 걸린 수용자에 대하여 다른 수용자와 격리수용할지 여부를 재량으로 결정할 수 있다.

② 소장은 수용자가 자신의 비용으로 외부의사에게 치료받기를 원하면 의무관의 의사를 고려하여 이를 허가할 수 있다.

③ 소장은 특히 필요하다고 인정하면 외부의사에게 수용자를 치료하게 할 수 있다.

④ 수용자를 진료하는 외부의사는 법무부장관이 정하는 사항을 준수하여야 한다.

> **해설** ① 소장은 수용자가 감염병에 걸린 경우에는 즉시 격리수용하고 그 수용자가 사용한 물품과 설비를 철저히 소독하여야 한다(시행령 제53조 제3항). 즉 감염병에 걸린 수용자의 격리수용은 재량사항이 아니라 의무사항이다.
> ② 법 제38조. ③ 시행령 제55조. ④ 법 제39조 제3항.
>
> 정답 ①

187. 감염병에 대한 설명으로 옳지 않은 것은?

① 소장은 감염병에 걸린 사람의 수용을 거절할 수 있다.

② 교정시설에 감염병이 유행할 경우에는 유아양육의 신청이 불허된다.

③ 소장은 수용자가 감염병에 걸렸다고 의심되는 경우에는 2주 이상 격리하고, 그 수용자의 휴대품을 소독하여야 한다.

④ 소장은 감염병이 유행하는 경우에는 수용자가 자비로 구매하는 음식물의 공급을 중지할 수 있다.

> **해설** ③ 소장은 수용자가 감염병에 걸렸다고 의심되는 경우에는 1주 이상 격리수용하고, 그 수용자의 휴대품을 소독하여야 한다(시행령 제53조 제1항).
> ① 법 제18조 제1항. ② 시행령 제80조 제2항. ④ 시행령 제53조 제2항
>
> 정답 ③

188. 다음 중 현행 법령상 틀린 것은?

① 소장은 신입자에 대하여 지체 없이 건강진단을 하여야 한다.

② 수용자는 두발과 수염을 짧게 깎아야 한다.

③ 소장은 수용자에게 건강유지에 적합한 의류, 침구, 그 밖의 생활용품을 지급한다.

④ 미결수용자의 두발 또는 수염은 특히 필요한 경우가 아니면 본인의 의사에 반하여 짧게 깎지 못한다.

> **해설** ② 수용자는 위생을 위하여 두발 또는 수염을 단정하게 유지하여야 한다(법 제32조 제2항).
> ① 법 제16조 제2항. ③ 법 제22조 제1항. ④ 법 제83조
>
> 정답 ②

189. 현행 법령상 수용자의 의료처우에 관한 설명으로 옳지 않은 것은?

① 수용자가 감염병에 걸린 때에는 관할 보건소장과 협의한 후 격리수용하고, 관할 지방교정청장에게 보고하여야 한다.

② 소장은 수용자가 위독한 경우에는 그 사실을 가족에게 지체없이 알려야 한다.

③ 소장은 수용자를 외부의료시설에 입원시키거나 입원 중인 수용자를 교정시설로 데려온 경우에는 그 사실을 법무부장관에게 지체 없이 보고하여야 한다.

④ 소장은 수용자의 정신질환 치료를 위하여 필요하다고 인정하면 법무부장관의 승인을 받아 치료감호시설로 이송할 수 있다.

> 해설 ① 소장은 수용자가 감염병에 걸린 경우에는 그 사실을 지체 없이 법무부장관에게 보고하고, 관할 보건기관의 장에게 알려야 한다(시행령 제53조 제4항).
> ② 시행령 제56조. ③ 시행령 제57조. ④ 법 제37조 제2항
> 정답 ①

190. 수용자의 의료처우에 관한 설명으로 옳은 것은?

① 소장은 수용자가 자신의 비용으로 외부의사에게 치료받기를 원하면 의무관의 의견을 고려하여 이를 허가할 수 있다.

② 소장은 수용자에 대한 적절한 치료를 위하여 필요하다고 인정하면 외부의료시설에서 진료를 받게 하여야 한다.

③ 소장은 수용자가 감염병에 걸린 경우에는 다른 수용자와 격리수용할 수 있다.

④ 소장은 감염병이 유행하는 경우에는 수용자가 자비로 구매하는 음식물의 공급을 중지하여야한다.

> 해설 ② 소장은 수용자에 대한 적절한 치료를 위하여 필요하다고 인정하면 외부의료시설에서진료를 받게할 수 있다(법 제37조 제1항), 즉 임의적이다. ③소장은 수용자가 감염병에 걸린 경우에는 즉시 격리수용하고, 그 수용자가 사용한 물품과 설비를 철저히 소독하여야 한다(시행령 제53조 제3항), 즉 필요적이다.
> ④ 소장은 감염병이 유행하는 경우에는 수용자가 자비로 구매하는 음식물의 공급을 중지할 수 있다(시행령 제53조 제2항).
> ① 법 제38조
> 정답 ①

191. 다음 중 접견의 중지사유로 옳지 않은 것은?

① 형사법령에 저촉되는 행위를 하거나 하려고 하는 때

② 시설의 안전 또는 질서를 해하는 행위를 하거나 하려고 하는 때

③ 범죄의 증거를 인멸하거나 인멸하려고 하는 때

④ 수용자의 처우 또는 교정시설의 운영에 관하여 사실을 유포하는 때

> 해설 ④ 수용자의 처우 또는 교정시설의 운영에 관하여 거짓사실을 유포하는 때(법 제42조). ①②③은 모든 접견의 중지사유에 해당한다.(법 제42조)
> 정답 ④

192. 현행 법령상 수용자의 위생과 의료에 관한 설명으로 옳지 않은 것은?

① 노인수용자, 19세 미만의 수용자, 계호상 독거수용자에 대하여는 6개월에 1회 이상 건강검진을 하여야 한다.

② 소장은 수용자가 감염병에 걸렸다고 의심되는 경우에는 1주 이상 격리수용하여야 한다.

③ 교정시설에 근무하는 간호사는 야간 또는 공휴일에 외상 등 흔히 볼 수 있는 상처의 치료와 그에 따르는 의약품의 투여를 할 수 있다.

④ 소장은 정신질환이 있다고 의심되는 수용자가 있으면 정신건강의학과 의사의 진료를 받을 수 있도록 할 수 있다.

> **해설** ④ 소장은 정신질환이 있다고 의심되는 수용자가 있으면 정신건강의학과 의사의 진료를 받을 수 있도록 하여야 한다(법 제39조 제2항).
> ① 시행령 제51조 제1항. ② 시행령 제53조 제1항. ③ 시행령 제54조의2 　　　　　　**정답** ④

193. 「형의 집행 및 수용자의 처우에 관한 법률」상 교도소장 A가 취한 조치 중 타당한 것은?

① 정치인 B가 신입자로 수용되면서 자신의 수감사실을 가족에게 알려줄 것을 원하였으나, 교도소장 A는 정치인B에게 아첨하는 것처럼 비칠까봐 요청을 거부하고 가족에게 통지하지 않았다.

② 기독교 신자이며 교도소장 A의 동창인 수용자 C는 성격책을 소지하기를 원하였으나, 교도소장A는 지인에 대한 특혜처럼 비칠까과 별다른 교화나 질서유지상의 문제가 없음에도 성경책소지를 제한하였다.

③ 수용자인 연예인 D가 교도소 외부 대형병원에서 자신의 비용으로 치료받기를 원하였으나, 교도소장A는 교도소의 의무관으로부터 소내 치료가 충분히 가능한 단순 타박상이라 보고받고 명백한 꾀병으로 보이기에 외부병원 치료 요청을 거부하였다.

④ 교도소장A는 금고형을 선고받고 복역 중인 기업인 E가 교도작업을 하지 않은 것은 특혜라고 비칠까봐 기업인 E가 거부함에도 불구하고 교도작업을 부과하였다.

> **해설** ① 소장은 신입자 또는 이입자가 있으면 그 사실을 수용자의 가족(배우자, 직계 존속, 비속 또는 형제자매를 말한다. 이하 같다)에게 지체없이 통지하여야 한다. 다만 수용자가 통지를 원하지 아니하면 그러하지 아니하다(법 제21조). 즉 신입수용자의 가족통지는 의무사항이므로 본인이 통지를 원함에도 소장이 신입사실을 가족에게 통지하지 않은 것은 위법하다.
> ② 소장은 수형자의 교화 또는 건전한 사회복귀를 위하여 필요한 때 또는 시설의 안전과 질서유지를 위하며 필요한 때에는 종교행사의 참석, 종교 서적 및 물품의 소지를 제한할 수 있다(법 제45조 제3항). 따라서 별다른 교화나 질서유지상의 문제가 없음에도 성경책 소지를 제한한 것은 위법하다.
> ④ 소장은 금고형 또는 구류형의 집행 중에 있는 사람에 대하여는 신처에 따라 작업을 부과할 수 있다(법 제67조). 따라서 작업신청을 하지 않은 금고형 수형자에게 작업을 부과한 것은 위법하다.
> ③ 소장은 수용자가 자신의 비용으로 외부의사에게 치료받기를 원하면 교정시설에 근무하는 의사의 의견을 고려하여 이를 허가할 수 있다(법 제38조).
> 　　　　　　**정답** ③

194. 수용자의 위생과 의료에 대한 설명으로 옳지 않은 것은?

① 소장은 다른 사람의 건강에 위해를 끼칠 우려가 있는 감염병에 걸린 사람의 수용을 거절할 수 있다.

② 소장은 수용자에 대한 적절한 치료를 위하여 필요한 경우 법무부장관의 승인을 받아 외부 의료시설에서 진료를 받게 할 수 있다.

③ 소장은 수용자의 정신질환 치료를 위하여 필요한 경우 법무부장관의 승인을 받아 치료감호 시설에 이송할 수 있다.

④ 소장은 수용자에 대하여 건강검진을 정기적으로 하여야 하고, 횟수는 대통령령으로 정한다.

> 해설 ② 소장은 수용자에 대한 적절한 치료를 위하여 필요하다고 인정하면 교정시설 밖에 있는 의료시설에서 진료를 받게 할 수 있다(법 제37조 제1항). 즉 소장의 재량으로 가능하며, 법무부장관의 승인을 요하지 않는다.
> ① 법 제18조 제1항. ③법 제37조 제2항. ④ 법 제34조 제1항
>
> 정답 ②

195. 형집행법상 접견제한사유가 아닌 것은?

① 형사법령에 저촉되는 행위를 할 우려가 있는 때

② 형사소송법이나 그 밖의 법률에 따른 접견금지의 결정의 있는 때

③ 수형자의 교화 또는 건전한 사회복귀를 해칠 우려가 있는 때

④ 사회의 안전 또는 질서를 해칠 우려가 있는 때

> 해설 ④ 사회의 안전 또는 질서 → 시설의 안전 또는 질서(법 제41조 제1항 제4호).
>
> | 수용자의 접견을 제한할 수 있는 사유 |
> | --- |
> | • 형사법령에 저촉되는 행위를 할 우려가 있는 때 |
> | • 형사소송법이나 그 밖의 법률에 따른 접견금지의 결정이 있는 때 |
> | • 수형자의 교화 또는 건전한 사회복귀를 해칠 우려가 있는 때 |
> | • 시설의 안전 또는 질서를 해칠 우려가 있는 때 |
>
> 정답 ④

196. 외부교통에 대한 설명으로 옳은 것을 모두 고른 것은?

> ㉠ 외부교통은 수형자의 사회복귀를 원만하게 하기 위한 수단이다.
> ㉡ 수형자가 가족만남의 날 행사에 참여하는 경우 이는 법률이 정한 접견 허용횟수에 포함되지 않는다.
> ㉢ 수형자의 교화를 위하여 필요한 때에는 수형자의 접견내용을 녹화할 수 있다.
> ㉣ 녹음을 조건을 소장은 외부와의 전화통화를 허가할 수 있다.

① ㉠, ㉡   ② ㉠, ㉢, ㉣   ③ ㉠, ㉡, ㉢   ④ ㉠, ㉡, ㉢, ㉣

> 해설 ○ : ㉠, ㉡ 시행규칙 제89조 제1항. ㉢ 법 제41조 제2항. ㉣ 법 제44조 제2항.
>
> 정답 ④

197. 수용자의 위생과 의료에 대한 설명으로 옳은 것은?

① 19세 미만의 수용자와 계호상 독거수용자에 대하여는 건강검진을 1년에 1회 이상 하여야 한다.

② 소장은 감염병이 유행하는 경우에는 수용자에게 지급하는 음식물의 배급을 일시적으로 중지할 수 있다.

③ 교정시설에서 간호사가 할 수 있는 의료행위에는 응급을 요하는 수용자에 대한 응급처치가 포함된다.

④ 소장은 수용자를 외부 의료시설에 입원시키는 경우에는 그 사실을 지방교정청장에게까지 지체 없이 보고하여야 한다.

> **해설** ① 소장은 수용자에 대하여 1년 1회 이상 건강검진을 하여야 한다. 다만 19세 미만의 수용자와 계호상 독거수용자에 대하여는 6개월에 1회 이상 하여야 한다(시행령 제51조 제1항).
> ② 소장은 감염병이 유행하는 경우에는 수용자가 자비로 구매하는 음식물의 공급을 중지할 수 있다(시행령 제53조 제2항).
> ④ 소장은 수용자를 외부의료시설에 입원시키거나 입원 중인 수용자를 교정시설로 데려온 경우에는 그 사실을 법무부장관에게 지체없이 보고하여야 한다(시행령 제57조).
> ③ 시행령 제54조의2
>
> 정답 ③

198. 현행 법령상 수용자의 접견에 관한 설명으로 옳지 않은 것은?

① 범죄의 증거를 인멸할 우려가 있는 때에 소장은 외부에 있는 사람과 접견을 허용하지 않을 수 있다.

② 접견 중인 수용자가 현금, 수표를 주고받으려고 하는 때에 교도관은 접견을 중지할 수 있다.

③ 개방처우급 수형자에 대하여는 접촉차단시설이 설치된 장소 외의 적당한 곳에서 접견을 실시할 수 있다.

④ 소장은 수형자의 교화를 위하여 필요한 때에 교도관으로 하여금 접견내용의 청취, 기록, 녹음 또는 녹화하게 할 수 있다.

> **해설** ① 범죄의 증거를 인멸할 우려가 있는 때는 접견제한사유에 해당하지 않는다(법 제41조 제1항 참고).
> ② 법 제42조 제2호. ③ 시행령 제59조 제3항. ④ 법 제41조 제2항

접견을 중지할 수 있는 사유
• 범죄의 증거를 인멸하거나 인멸하려고 하는 때
• 금지물품을 주고받으려고 하는 때
• 형사법령에 저촉되는 행위를 하거나 하려고 하는 때
• 수용자의 처우 또는 교정시설의 운영에 관하여 거짓사실을 유포하는 때
• 수형자의 교화 또는 건전한 사회복귀를 해칠 우려가 있는 행위를 하거나 하려고 하는 때
• 시설의 안전 또는 질서를 해하는 행위를 하거나 하려고 하는 때

정답 ①

199. 현행 법령상 접견제한사유를 모두 고른 것은?

> ㉠ 형사법령에 저촉되는 행위를 할 우려가 있는 때
> ㉡ 시설의 안전 또는 질서를 해칠 우려가 있는 때
> ㉢ 범죄의 증거를 인멸하려고 하는 때
> ㉣ 수형자의 교화 또는 건전한 사회복귀를 해칠 우려가 있는 때
> ㉤ 금지 물품을 주고받으려고 하는 때

① ㉠, ㉡, ㉢, ㉣, ㉤   ② ㉠, ㉡, ㉢
③ ㉠, ㉡, ㉣   ④ ㉠, ㉡, ㉣, ㉤

> **해설** ○ : ㉠ 법 제41조 제1항 제1호. ㉡ 동조 동항 제4호. ㉣ 동조 동항 제3호.
> × : ㉢㉤은 접견의 중지사유에 해당한다(법 제42조 제1호,제2호).

정답 ③

200. 현행 접견에 관한 규정으로 옳은 것은?

① 19세 미만의 자는 접촉차단시설이 없는 장소에서 접견하게 할 수 있다.
② 가족만남의 날 행사와 관련한 접견은 접견횟수에 포함된다.
③ 변호인과 접견하는 미결수용자를 포함한 수용자의 접견시간은 회당 30분 이내로 한다.
④ 국어로 의사소통하기 곤란한 사정이 있는 경우에는 외국어를 사용할 수 있다.

> **해설** ① 19세 미만의 수형자의 경우 접견횟수를 늘릴 수 있다는 규정은 있으나(시행령 제59조), 접촉차단시설이 없는 장소에서 접견할 수 있다는 규정은 존재하지 않는다.
> ② 소장은 개방처우급, 완화경비처우급 수형자에 대하여 가족만남의 날 행사에 참여하게 하거나 가족의 만남의 집을 이용하게 할 수 있다. 이 경우 접견허용횟수에는 포함되지 아니한다(시행규칙 제89조 제1항).
> ③ 변호인(변호인이 되려고 하는 사람을 포함한다)과 접견하는 미결수용자를 제외한 수용자의 접견시간은 회당 30분 이내로 한다(시행령 제58조 제2항).
> ④ 수용자와 교정시설 외부의 사람이 접견하는 경우에 접견내용이 청취, 녹음 또는 녹화될 대에는 외국어를 사용해서는 아니 된다. 다만 국어로 의사소통하기 곤란한 사정이 있는 경우에는 외국어를 사용할 수 있다(시행령 제60조 제1항).

정답 ④

201. 다음 중 현행 법령상 접견에 대해서 옳은 것은?

① 수용자의 접견시간은 회당 30분 내로 하며, 19세 미만의 수형자는 접견횟수를 늘려야 한다.
② 수형자접견의 횟수는 매월 3회를 하는 것이 원칙이다.
③ 소장은 수형자의 교정성적이 우수한 때에는 접견횟수를 늘릴 수 있다.
④ 변호인과의 접견일 때에는 교도관은 입회할 수 없으며, 변호인에게 면담요지를 기록하게 하여야 한다.

해설 ① 소장은 19세 미만의 수형자에 대해서는 접견횟수를 늘릴 수 있다(시행령 제59조 제2항 제1호).
② 수형자의 접견횟수는 매월 4회로 하는 것이 원칙이다(시행령 제58조 제3항).
④ 미결수용자와 변호인이 접견하는 경우에는 교도관의 참여가 허용되지 않는다는 규정은 있으나(시행령 제62조 제1항). 변호인에게 면담요지를 기록하게 하여야 한다는 규정은 없다.
③ 시행령 제59조 제2항 제2호

정답 ③

202. 현행법상 소장이 교도관으로 하여금 수용자의 접견내용을 청취, 기록, 녹음 또는 녹화하게 할 수 있는 경우가 아닌 것은?

① 범죄의 증거를 인멸하거나 형사 법령에 저촉되는 행위를 할 우려가 있는 때
② 시설의 안전과 질서유지를 위하여 필요한 때
③ 음란물, 사행행위에 사용되는 물품을 주고받으려고 하는 때
④ 수형자의 교화 또는 건전한 사회복귀를 위하여 필요한 때

해설 소장이 교도관으로 하여금 수용자의 접견내용을 청취, 기록, 녹음 또는 녹화하게 할 수 있는 경우는 ①②④ 이다(법 제41조 제2항).

접견내용을 청취, 기록, 녹음 또는 녹화할 수 있는 사유
• 범죄의 증거를 인멸하거나 형사 법령에 저촉되는 행위를 할 우려가 있는 때
• 수형자의 교화 또는 건전한 사회복귀를 위하여 필요한 때
• 시설의 안전과 질서유지를 위하여 필요한 때

정답 ③

203. 형의 집행 및 수용자의 처우에 관한 법령상 소장이 교도관으로 하여금 수용자의 접견내용을 청취 · 기록 · 녹음 또는 녹화하게 할 수 있는 경우가 아닌 것은?

① 수용자의 처우 또는 교정시설의 운영에 관하여 거짓사실을 유포하는 때
② 시설의 안전과 질서유지를 위하여 필요한 때
③ 범죄의 증거를 인멸하거나 형사 법령에 저촉되는 행위를 할 우려가 있는 때
④ 수형자의 교화 또는 건전한 사회복귀를 위하여 필요한 때

해설 ① 접견의 중지사유에 해당한다(형집행법 제42조).

• **접견내용의 청취 · 기록 · 녹음 · 녹화사유(동법 제41조 제4항)**
   1. 범죄의 증거를 인멸하거나 형사 법령에 저촉되는 행위를 할 우려가 있는 때
   2. 수형자의 교화 또는 건전한 사회복귀를 위하여 필요한 때
   3. 시설의 안전과 질서유지를 위하여 필요한 때

정답 ①

204. 甲, 乙, 丙은 공범으로 甲과 乙은 A교도소에 있고 丙은 B교도소에 있다. 다음중 이들 간의 편지수수에 관한 내용 중 틀린 것은?

① 甲이 乙에게 편지를 보내기 위해서는 A교도소장의 허가를 받아야 한다.

② 甲이 乙에게 보내는 편지가 시설의 안전 또는 질서를 해칠 우려가 없는 경우라도 A교도소장은 甲의 편지를 검열할 수 있다.

③ 甲이 丙에게 보내는 편지가 범죄의 증거를 인멸할 우려가 있는 때에는 A교도소장의 허가를 받아야 한다.

④ 丙이 마약류사범으로 지정된 경우에는 甲이 丙에게 보낸 편지는 검열의 대상이 되며, A교도소에서 검열해야 한다.

 ③ 수용자가 다른 교정시설의 수용자와 편지를 주고받은 경우에는 소장의 허가를 요하지 않는다. 다만 범죄의 증거를 인멸할 우려가 있는 때에는 검열할 수 있다(시행령 제66조 제1항 제4호).

① 같은 교정시설의 수용자 간에 편지를 부고 받으려면 소장의 허가를 받아야 한다(법 제43조 제2항).

② 편지를 주고받으려는 수용자가 같은 교정시설에 수용 중인 때에는 조건 없이 검열할 수 있다.(시행령 제66조 제1항 제2호).

④ 마약류사범, 조직폭력사범 등 법무부령으로 정하는 수용자가 다른 수용자와 편지를 주고받는 때에는 그 내용을 검열할 수 있다(시행령 제66조 제1항 제1호). 또한 수용자 간에 오가는 편지에 대한 검열은 원칙적으로 편지를 보내는 교정시설에서 한다(동조 제2항).

편지수수 제한사유(43조)
• 형사소송법이나 그 밖의 법률에 따른 편지의 수수급지 및 압수의 결정이 있는 때
• 수형자의 교화 또는 건전한 사회복귀를 해칠 우려가 있는 때
• 시설의 안전 또는 질서를 해칠 우려가 있는 때

편지검열의 사유
• 편지의 상대방이 누구인지 확인할 수 없는 때
• 형사소송법이나 그 밖의 법률에 따른 편지검열의 결정이 있는 때
• 수형자의 교화 또는 건전한 사회복귀를 해칠 우려가 있는 내용이 기재되어 있다고 의심할 만한 상당한 이유가 있는 때
• 시설의 안전 또는 질서를 해칠 우려가 있다고 의심할 만한 상당한 이유가 있는 때
• 형사법령에 저촉되는 내용이 기재되어 있다고 의심할 만한 상당한 이유가 있는 때
• 대통령령으로 정하는 수용자 간의 편지일 때

수용자 간 편지를 검열할 수 있는 사유
• 마약류사범, 조직폭력사범 등 법무부령으로 정하는 수용자인 때
• 편지를 주고받으려는 수용자와 같은 교정시설에 수용 중인 때
• 규율위반으로 조사중이거나 징벌집행 중인 때
• 범죄의 증거를 인멸할 우려가 있는 때

정답 ③

205. 「형의 집행 및 수용자의 처우에 관한 법령」상 소장이 수용자 간의 편지를 검열할 수 있는 경우에 해당하지 않는 것은?

① 범죄의 증거를 인멸할 우려가 있는 때
② 규율위반으로 조사 중 이거나 징벌집행 중인 때
③ 편지를 주고받으려는 수용자와 같은 교정시설에 수용 중인 때
④ 민사, 형사 법령에 저촉되는 내용이 기재되어 있다고 의심할 만한 상당한 이유가 있는 때

> **해설** ④는 수용자 간의 편지를 검열할 수 있는 사유에 해당하지 않는다.
> ①②③(시행령 제66조 제1항).

[정답] ④

206. 수용자의 편지내용이 일정한 사유에 해당되면 수, 발신이 금지되는데 그 사유에 포함되지 않는 것은?

① 암호·기호 등 이해할 수 없는 특수문자로 작성되어 있는 때
② 교정시설의 운영에 관하여 명백한 거짓사실을 포함하고 있는 때
③ 사생활의 비밀 또는 자유를 침해할 우려가 있는 때
④ 규율을 위반하는 내용이 기재되어 있는 때

> **해설** ④는 편지의 수,발신 금지사유에 해당하지 않는다. 수용자의 편지내용이 일정한 사유에 해당하면 발신 또는 편지가 금지되는데 그 사유는 다음과 같다(법 제43조 제5항).

발신 또는 수신이 금지되는 편지내용
• 암호·기호 등 이해할 수 없는 특수문자로 작성되어 있는 때
• 범죄의 증거를 인멸할 우려가 있는 때
• 형사법령에 저촉되는 내용이 기재되어 있는 때
• 수용자의 처우 또는 교정시설의 운영에 관하여 명백한 거짓사실을 포함하고 있는 때
• 사생활의 비밀 또는 자유를 침해할 우려가 있는 때
• 수형자의 교화 또는 건전한 사회복귀를 해칠 우려가 있는 때
• 시설의 안전 또는 질서를 해칠 우려가 있는 때

[정답] ④

207. 다음 중 편지검열에 관한 설명으로 틀린 것은?

① 소장이 발신 또는 수신을 금지한 편지는 보관하는 것이 원칙이다.
② 소장은 수용자가 주고받는 편지에 법령에 따라 금지된 물품이 들어있는지 확인 할 수 있다.
③ 편지를 폐기하는 경우 당해 수용자의 동의를 얻을 필요가 없다.
④ 관계기관에서 수용자에게 보내온 문서는 열람한 후 본인에게 전달하는 것이 원칙이다.

> **해설** ③ 소장은 발신 또는 수신이 금지된 편지를 폐기할 수 있는데 이 경우 수용자의 동의를 요한다(법 제43조 제7항).
> ① 법 제43조 제7항. ② 동조 제3항. ④ 시행령 제67조

[정답] ③

208. 수용자 편지 등에 관한 설명으로 옳은 것은?

① 미결수용자와 그 변호인의 편지는 어떠한 경우에도 검열할 수 있다.

② 수·발신이 금지된 편지는 수용자 본인이 소지함을 원칙으로 한다.

③ 편지·문서 등의 집필은 긴급을 요하는 경우를 제외하고 일요일, 공휴일에만 가능하다.

④ 수용자 발송편지는 횟수를 제한하지 않은 것이 원칙이다.

해설 ① 미결수용자와 변호인 간의 편지는 교정시설에서 상대방이 변호인임을 확인할 수 없는 경우를 제외하고는 검열할 수 없다(법 제84조 제3항).
② 수·발신이 금지된 편지는 보관하는 것이 원칙이다(법 제43조 제7항).
③ 수용자는 휴업일 및 휴게시간 내에 시간의 제한 없이 집필할 수 있다(시행령 제75조 제1항). 따라서 일요일이나 공휴일이 아닌 평일에도 휴게시간이면 집필이 가능하다.
④ 시행령 제64조.

정답 ④

209. 현행 법령상 수용자의 편지검열에 관하여 옳지 않은 것은?

① 상대방이 누구인지 확인할 수 없는 때에는 그 내용을 검열할 수 있다.

② 같은 교정시설의 수용자에 한해 편지를 주고받으려면 소장의 허가를 받아야 하고, 소장은 그 내용을 검열할 수 있다.

③ 규율위반으로 징벌집행 중인 수용자가 외부의 다른 사람과 편지를 주고 받는 때에는 그 내용을 검열할 수 있다.

④ 헌법재판소는 수용자가 보내려는 모든 편지에 대해 무봉함 상태로 제출을 강제함으로써 사실상 검열 가능한 상태에 놓이도록 하는 것은 통신비밀의 자유를 침해하는 것이라고 본다.

해설 ③ 규율위반으로 징벌집행 중인 수용자가 외부의 다른 수용자와 편지를 주고 받는 때에는 그 내용을 검열할 수 있다(시행령 제66조 제1항 제3호). 따라서 규율위반으로 징벌집행 중인 수용자가 외부의 다른 사람과 편지를 주고 받는 때에 그 내용을 검열할 수 있다는 표현은 옳지 않다.
① 법 제43조 제1호. ② 시행령 제66조 제1항 제2호.

정답 ③

210. 전화사용에 대하여 틀린 것은?

① 개방처우급은 월 5회 이내에서 허용된다.

② 전화통화의 허가범위, 통화내용의 청취, 녹음 등에 관하여 필요한 사항은 법무부령으로 정한다.

③ 전화통화의 허가에는 통화내용의 청취 또는 녹음을 조건으로 붙일 수 있다.

④ 전화통화는 법무부장관이 허가권자이다.

해설 ④ 전화통화의 허가권자는 소장이다(법 제44조 제1항).
① 시행규칙 제90조 제1항 제1호. ② 법 제44조 제5항. ③ 법 제44조 제2항

정답 ④

211. 「형의 집행 및 수용자의 처우에 관한 법률 시행령」상 수용자의 편지수수에 대한 설명으로 옳은 것은?

① 수용자는 편지를 보내려는 경우 해당 편지를 봉함하지 않은 상태로 제출한다.

② 수용자가 보내는 편지의 발송한도는 매주 7회이다.

③ 소장은 수용자에게 온 편지에 금지물품이 들어있는지를 개봉하여 확인할 수있다.

④ 수용자의 편지, 소송서류 등의 문서를 보내는데 드는 비용은 국가의 부담으로 하는 것을 원칙으로 한다.

> **해설** ① 수용자는 편지를 보내려는 경우 해당 편지를 원칙적으로 봉함하여 교정시설에 제출한다(시행령 제65조 제1항).
> ② 수용자가 보내거나 받는 편지는 법령에 어긋나지 아니하면 횟수를 제한하지 아니한다(시행령 제64조).
> ④ 수용자의 편지, 소송서류, 그 밖의 문서를 보내는 경우에 드는 비용은 수용자가 부담한다. 다만 소장은 수용자가 그 비용을 부담할 수 없는 경우에는 예산의 범위에서 해당 비용을 부담할 수 있다(시행령 제69조).
> ③ 시행령 제65조 제2항
>
> | 편지를 봉함하지 않은 상태로 제출하게 할 수 있는 경우 시행령 제65조 |
> | --- |
> | • 마약류사범, 조직폭력사범 등 법무부령으로 정하는 수용자와 중경비 시설대상의 수용자가 변호인 외의 자에게 편지를 보내려는 경우
• 수용자가 같은 교정시설에 수용 중인 다른 수용자에게 편지를 보내려는 경우
• 규율위반으로 조사중이거나 징벌집행 중인 수용자가 다른 수용자에게 편지를 보내려는 경우 |
>
> 정답 ③

212. 형의 집행 및 수용자의 처우에 관한 법령이 규율하는 수용자의 편지수수에 대한 설명으로 옳은 것은?

① 수용자는 다른 사람과 편지를 주고받을 때에는 소장의 허가를 받아야 하지만, 같은 교정시설의 수용자 간에는 그러하지 아니다.

② 소장은 시설의 안전을 해칠 우려가 있는 내용이 기재되어 있다고 의심할 만한 상당한 이유가 있는 때에는 수용자가 주고 받는 편지의 내용을 검열 할 수 있다.

③ 소장은 수용자가 규율을 위반하여 조사 중이란 이유로 그의 편지수수를 제한하거나 편지내용을 검열하여서는 아니된다.

④ 소장은 범죄의 증거를 인멸할 우려가 있다고 판단하는 때에는 변호인에게 발송하는 편지의 경우에도 봉함하지 아니하고 제출하게 할 수 있다.

> **해설** ① 원칙적으로 수용자는 소장의 허가 없이 다른 사람과 편지를 주고받을 수 있으나, 같은 교정시설의 수용자 간에 편지를 주고받으려면 소장의 허가를 받아야 한다(법 제43조 제1항, 제2항).
> ③ 수용자가 규율위반으로 조사 중인 경우 다른 수용자와 주고 받는 편지내용을 검열할 수 있다(시행령 제66조 제1항).
> ④ 소장은 범죄의 증거를 인멸할 우려가 있다고 판단하는 때에도 변호인에게 발송하는 편지는 봉함하지 않은 상태로 제출하게 할 수 없다(시행령 제65조 제1항).
>
> 정답 ②

213. 한국대학교 교정학과 학생들이 미결수용자의 외부 교통에 관하여 아래와 같이 토론하고 있다. 맞는 설명을 하고 있는 학생을 모두 고른 것은?

> 성미: 미결수용자가 변호인을 접견할 때에는 교도관의 참여나 청취 및 녹취가 금지되지만, 보이는 거리에서 미결수용자를 감시할 수 있다.
>
> 인수: 변호인과의 접견을 제외한 외부인 접견은 매일 1회 편지발송은 매주 1회로 제한된다.
>
> 미희: 미결수용자가 변호인과 주고받는 편지는 마약등 소지 금지품이 포함되어 있는 경우가 아니면 검열을 할 수 없다.
>
> 철수: 도주의 우려가 있는 미결수용자라 할지라도 재판을 받기 위해 수용시설 밖으로 나가는 경우 본인이 희망하는 사복착용을 허용한다.

① 성미, 인수　　　　　　　　　② 성미, 철수
③ 인수, 미희　　　　　　　　　④ 성미, 미희, 철수

해설　○ :법 제84조 제1항
　　　　철수: 도주의 우려가 큰 경우에만 교정시설에서 지급하는 의류를 입게 할 수 있으므로 단순히 도주의 우려가 있다는 이유만으로는 교정시설에서 지급하는 의류를 입게 할 수 없다(법 제82조).
　　　× :인수: 편지발송은 법령에 어긋나지 아니하면 횟수를 제한하지 아니한다(시행령 제64조).
　　　　미희: 미결수용자와 변호인 간의 편지는 교정시설에서 상대방이 변호인임을 확인할 수 없는 경우를 제외하고는 검열할 수 없다(법 제84조 제3항).

정답 ②

214. 형집행법상 수용자의 외부 교통권에 관한 설명으로 옳지 않은 것은?

① 수용자는 교정시설 외부에 있는 사람과 접견할 권리를 가지며, 소장은 일정한 경우에는 접견의 제한, 접견내용의 청취,기록,녹음 또는 녹화를 할 수 있다.
② 같은 교정시설의 수용자 간에도 편지를 주고받을 수 있으나, 이 경우에는 소장의 허가를 받아야 한다.
③ 소장은 수용자에게 외부와의 전화통화를 허가할 수 있고, 이 경우 통화내용의 청취 또는 녹음을 조건으로 할 수 있으며, 사전에 수용자 및 상대방에게 녹음 등을 하는 사실을 알려주어야 한다.
④ 수용자는 소장의 허가를 받아 문서 또는 도화를 작성하거나 문예, 학술, 그 밖의 사항에 관하여 집필하여야 한다.

해설　④ 수용자는 문서 또는 도화를 작성하거나 문예, 학술, 그 밖의 사항에 집필할 수 있다. 다만 소장이 시설의 안전과 질서를 해칠 명백한 위험이 있다고 인정하는 경우에는 예외로 한다(법 제49조 제1항). 수용자의 집필은 과거 소장의 허가사항이었으나, 현행 형집행법은 권리로 규정하고 있다.
　　　① 법 제41조 제1항, 제2항. ② 법 제43조 제2항. ③ 법 제44조 제1항, 제2항, 제3항.

정답 ④

215. 형의 집행 및 수용자의 처우에 관한 법령상 편지수수와 전화통화에 대한 설명으로 옳은 것은?

① 소장은 처우등급이 중(重)경비시설 수용대상인 수형자가 변호인 외의 자에게 편지를 보내려는 경우 법령에 따라 금지된 물품이 들어있는지 확인을 위하여 필요한 경우에는 편지를 봉함하지 않은 상태로 제출하게 할 수 있다.

② 소장은 「형의 집행 및 수용자의 처우에 관한 법률」에 의하여 발신 또는 수신이 금지된 편지는 수용자에게 그 사유를 알린 후 즉시 폐기하여야 한다.

③ 수용자가 허가를 받아 교정시설의 외부에 있는 사람과 전화통화를 하는 경우 소장은 통화내용을 청취 또는 녹음을 하여야 한다.

④ 수용자가 외부에 있는 사람과 전화통화를 하는 경우 전화통화 요금은 소장이 예산의 범위에서 부담하되, 국제통화요금은 수용자가 부담한다.

> **해설** • 수용자는 편지를 보내려는 경우 해당 편지를 봉함하여 교정시설에 제출한다. 다만, 소장은 다음의 어느 하나에 해당하는 경우로서 금지물품의 확인을 위하여 필요한 경우에는 편지를 봉함하지 않은 상태로 제출하게 할 수 있다(형집행법 시행령 제65조 제1항).
> 　1. 마약류사범·조직폭력사범 등 법무부령으로 정하는 수용자나 처우등급이 중(重)경비시설 수용대상인 수형자가 변호인 외의 자에게 편지를 보내려는 경우
> 　2. 수용자가 같은 교정시설에 수용 중인 다른 수용자에게 편지를 보내려는 경우
> 　3. 규율위반으로 조사 중이거나 징벌집행 중인 수용자가 다른 수용자에게 편지를 보내려는 경우
> ② 소장은 편지수수 제한 또는 발신 또는 수신이 금지된 편지는 수용자에게 그 사유를 알린 후 교정시설에 보관한다. 다만, 수용자가 동의하면 폐기할 수 있다(동법 제43조 제7항).
> ③ 소장은 전화통화 불허사유에 해당하지 아니한다고 명백히 인정되는 경우가 아니면 통화내용을 청취하거나 녹음한다(동법 시행규칙 제28조 제1항).
> ④ 수용자의 전화통화 요금은 수용자가 부담한다. 소장은 교정성적이 양호한 수형자 또는 보관금이 없는 수용자 등에 대하여는 예산의 범위에서 요금을 부담할 수 있다(동법 시행규칙 제29조 제1항2항).
> 　　　　　　　　　　　　　　　　　　　　　　　　　　　　　　　　　　　　　　　[정답] ①

216. 수용자에 대한 접견, 편지수수 및 전화통화에 대한 설명으로 옳지 않은 것은?

① 수용자가 교정시설의 운영에 관하여 거짓사실을 유포하는 때에는 교도관은 접견 중인 수용자의 접견을 중지할 수 있다.

② 미결수용자와 변호인의 접견에 교도관이 참여한 경우에는 수용자의 집견교통권을 침해한 것이다.

③ 수용자가 전화통화를 하는 동안에는 교도관은 그 통화내용을 청취할 수 없다.

④ 같은 교정시설의 수용자 간에 편지를 주고받으려면 소장의 허가를 받아야 한다.

> **해설** ③ 전화통화의 허가에는 통화내용의 청취 또는 녹음을 조건으로 붙일 수 있다(법 제44조 제2항).
> ① 법 제42조 제4호. ② 미결수용자와 변호인(변호인이 되려고 하는 사람을 포함한다)과의 접견에는 교도관이 참여하지 못하며, 그 내용을 청취 또는 녹취하지 못한다. 다만 보이는 거리에서 미결수용자를 관찰할 수 있다(법 제84조 제1항). 따라서 ②는 맞는 표현이다. ④ 법 제43조 제2항
> 　　　　　　　　　　　　　　　　　　　　　　　　　　　　　　　　　　　　　　　[정답] ③

217. 현행법상 수용자의 전화통화에 대한 설명으로 옳은 것은?

① 수용자는 소장의 허가를 받아 외부사람과 전화통화를 할 수 있으며, 통화시간은 특별한 사정이 없으면 5분 이내로 한다.

② 소장은 수용자 또는 수신사가 전화통화 내용의 청취, 녹음에 동의하지 아니하더라도 전화통화의 허가를 취소할 수 없다.

③ 수용자의 전화통화 요금은 국가가 부담한다.

④ 일반경비처우급 수형자의 전화통화는 처우상 특히 필요한 경우에 월 2회 이내로 허용할 수 있다.

> **해설** ① 전화통화의 통화시간은 특별한 사정이 없으면 3분 이내로 한다(시행규칙 제25조 제3항).
> ② 소장은 수용자 또는 수신자가 전화통화 내용의 청취, 녹음에 동의하지 아니할 때에는 전화통화의 허가를 취소할 수 있다(시행규칙 제27조).
> ③ 수용자의 전화통화요금은 수용자가 부담한다(시행규티 제29조 제1항).
> ④ 동조 제1항
> **정답** ④

218. 「형의 집행 및 수용자의 처우에 관한 법령」상 문화에 대한 설명으로 옳은 것은?

① 수용자는 문서 또는 도화를 작성하거나 문예, 학술, 그 밖의 사항에 관하여 집필할 수 있다. 이때 집필용구의 구입비용은 원칙적으로 소장이 부담한다.

② 소장은 수용자의 지식함양 및 교양습득에 필요한 도서와 영상녹화물을 비치하여 수용자가 이용하게 하여야 한다.

③ 소장은 수용자가 자신의 비용으로 구독을 신청한 신문이 「출판문화산업 진흥법」에 따른 유해간행물인 경우를 제외하고는 구독을 허가하여야 한다.

④ 소장은 수용자의 건강과 일과시간 등을 고려하여 1일 8시간 이내에서 방송편성시간을 정한다. 다만, 토요일, 공휴일, 작업, 교육실태 및 수용자의 특성을 고려하여 방송편성시간을 조정할 수 있다.

> **해설** ① 집필용구의 구입비용은 수용자가 부담한다. 다만 소장은 수용자가 그 비용을 부담할 수 없는 경우에는 필요한 집필용구를 지급할 수 있다(시행령 제74조).
> ② 소장은 수용자의 지식함양 및 교양습득에 필요한 도서를 비치하고, 수용자가 이를 이용할 수 잇도록 하여야 한다(법 제46조). 즉 비치대상은 도서에 한 하므로 영상녹화물을 비치하여야 한다는 표현은 옳지 않다.
> ④ 소장은 수용자의 건강과 일과시간 등을 고려하여 1일 6시간 이내에서 방송편성시간을 정한다. 다만, 토요일, 공휴일, 작업, 교육실태 및 수용자의 특성을 고려하여 방송편성시간을 조정할 수 있다(시행규칙 제39조).
> ③ 법 제47조 제2항
> **정답** ③

219. 수용자의 외부교통에 관한 설명으로 옳지 않은 것은?

① 수용자의 전화통화 및 편지발송비용은 수용자가 부담한다.

② 라디오나 텔레비전의 수신료는 교정시설 내에서 부담한다.

③ 전화통화내용의 청취,녹음에 관하여 필요한 사항은 대통령령으로 정한다.

④ 수용자가 교정시설의 외부에 있는 사람과 전화통화를 하려면 소장의 허가를 받아야 한다.

> **해설** ③ 전화통화의 허가범위, 통화내용의 청취, 녹음 등에 관하여 필요한 사항은 법무부령으로 정한다(법 제44조 제5항).
> ① 시행령 제69조. 시행규칙 제29조 제1항. ② 시행규칙 제37조 제1항. ④ 법 제44조 제1항
>
> 정답 ③

220. 현행 법령상 수용자의 종교와 문화에 관한 설명으로 옳지 않은 것은?

① 소장은 종교행사용 시설의 부족 등 여건이 충분하지 아니한 때에는 수용자의 종교행사 참석을 제한할 수 있다.

② 소장은 수형자의 교화 또는 건전한 사회복귀를 위하여 필요한 때에는 신앙생활에 필요한 서적의 소지를 제한할 수 있다.

③ 소장은 시설의 안전 또는 질서를 해칠 우려가 있는 때에는 수용자의 집필을 제한할 수 있다.

④ 소장은 수형자의 교화 또는 건전한 사회복귀를 해칠 우려가 있는 때에는 그 수형자에 대하여 텔레비전 시청을 금지할 수 있다.

> **해설** ③ 수용자는 문서 또는 도화를 작성하거나 문예, 학술, 그 밖의 사항에 관하여 집필할 수 있다. 다만 소장이 시설의 안전 또는 질서를 명백한 위험이 있다고 인정하는 경우는 예외로 한다(법 제49조 제1항).
> ① 시행규칙 제32조 제1호. ② 법 제45조 제3항 제1호. ④ 법 제48조 제2항 제1호
>
> 정답 ③

221. 수용자의 종교 및 문화활동에 대한 설명으로 옳지 않은 것은?

① 수용자는 교정시설 안에서 실시하는 종교행사에 참석할 수 있으며, 개별적인 종교상담을 받을 수 있다.

② 소장은 수용자의 지식함양 및 교양습득에 필요한 도서를 비치하고 수용자가 이용할 수 있도록하여야 한다.

③ 소장은 수용자가 읽을 수 있도록 신문 등을 비치하여 수용자가 이용할 수 있도록 하여야 한다.

④ 수용자는 정서안정 및 교양습득을 위하여 라디오 청취와 텔레비전 시청을 할 수 있다.

> **해설** ③ 수용자는 자신의 비용으로 신문, 잡지 또는 도서(이하 "신문 등"이라 한다)의 구독을 신청할 수 있다(법 제47조 제1항). 즉 신문 등은 수용자의 비용으로 신청하여야 구독할 수 있다.
> ① 법 제45조 제1항. ② 법 제46조. ④ 법 제48조 제1항.
>
> 정답 ③

222. 형의 집행 및 수용자의 처우에 관한 법령상 수용자의 종교 및 문화활동에 대한 설명으로 옳은 것은?

① 수용자가 자신의 비용으로 구독을 신청할 수 있는 신문·잡지 또는 도서는 교정시설의 보관 범위 및 수용자의 소지범위를 벗어나지 아니하는 범위에서 원칙적으로 신문은 월 3종 이내 로, 도서(잡지를 포함한다)는 월 5권 이내로 한다.

② 소장은 수용자의 건강과 일과시간 등을 고려하여 1일 4시간 이내에서 방송편성시간을 정한 다. 다만, 토요일·공휴일, 작업·교육실태 및 수용자의 특성을 고려하여 방송편성시간을 조 정할 수 있다.

③ 수용자는 휴업일 및 휴게시간 내에 시간의 제한 없이 집필할 수 있다. 다만, 부득이한 사정 이 있는 경우에는 그러하지 아니하다.

④ 소장은 수용자의 신앙생활에 필요한 서적이나 물품을 신청할 경우 외부에서 제작된 휴대용 종교서적 및 성물을 제공하여야 한다.

> 해설 ① 교정시설의 보관범위 및 수용자가 지닐 수 있는 범위를 벗어나지 않는 범위에서 신문은 월 3종 이내로, 도서(잡지를 포함한다)는 월 10권 이내로 한다. 다만, 소장은 수용자의 지식함양 및 교양습득에 특히 필 요하다고 인정하는 경우에는 신문 등의 신청 수량을 늘릴 수 있다(형집행법 시행규칙 제35조).
> ② 1일 6시간 이내에서 방송편성시간을 정한다(동법 시행규칙 제39조).
> ③ 동법 시행령 제75조 제1항
> ④ 소장은 수용자의 신앙생활에 필요하다고 인정하는 경우에는 외부에서 제작된 휴대용 종교도서 및 성물 을 수용자가 지니게 할 수 있다(동법 시행규칙 제34조 제1항).
>
> 정답 ③

223. 형의 집행 및 수용자의 처우에 관한 법령상 수형자 교육과 교화프로그램에 대한 설명으로 옳지 않은 것은?

① 소장은 「교육기본법」제8조의 의무교육을 받지 못한 수형자의 교육을 위하여 필요하면 수형 자를 중간처우를 위한 전담교정시설에 수용하여 외부 교육기관에의 통학, 외부 교육기관에 서의 위탁교육을 받도록 할 수 있다.

② 소장은 수형자의 교정교화를 위하여 상담·심리치료, 그 밖의 교화프로그램을 실시하여야 하며, 수형자의 정서 함양을 위하여 필요하다고 인정하면 연극·영화관람, 체육행사, 그 밖 의 문화예술활동을 하게 할 수 있다.

③ 소장은 특별한 사유가 없으면 교육기간 동안에는 교육대상자를 다른 기관으로 이송할 수 없다.

④ 소장은 수형자에게 학위취득 기회를 부여하기 위하여 독학에 의한 학사학위 취득과정을 설 치·운영할 수 있다. 이 교육을 실시하는 경우 소요되는 비용은 특별한 사정이 없으면 국 가의 부담으로 한다.

> 해설 ④ 독학에 의한 학위 취득과정, 방송통신대학과정, 전문대학 위탁교육과정, 정보화 및 외국어 교육과정을 실시하는 경우 소요되는 비용은 특별한 사정이 없으면 교육대상자의 부담으로 한다(형집행법 시행규칙 제102조 제2항).
> ① 동법 제63조 제2항·제3항. ② 동법 제64조 제1항, 동법 시행령 제88조. ③ 동법 시행규칙 제106조 제1항
>
> 정답 ④

224. 「형의 집행 및 수용자의 처우에 관한 법률 시행규칙」상 독학에 의한 학사학위 취득과정을 신청하기 위하여 수형자가 갖추어야 할 요건으로 옳지 않은 것은?

① 개방처우급·완화경비처우급·일반경비처우급 수형자에 해당할 것
② 고등학교 졸업 또는 이와 동등한 수준 이상의 학력이 인정될 것
③ 집행할 형기가 2년 이상일 것
④ 교육개시일을 기준으로 형기의 3분의 1(21년 이상의 유기형 또는 무기형의 경우에는 7년)이 지났을 것

> **해설** 독학에 의한 학사학위 취득과정은 경비처우급과 관련이 없으며 일반경비처우급 이상의 수형자를 대상으로 하는 교육과정은 방송통신대학, 전문대학 위탁교육과정, 외국어 교육과정이다. 형집행법 시행규칙 제110조 제2항
>
> 정답 ①

225. 형의 집행 및 수용자의 처우에 관한 법령상 수용자의 교육에 대한 설명으로 옳지 않은 것은?

① 소장은 특별한 사유가 없으면 교육기간 동안에 교육대상자를 다른 기관으로 이송할 수 없다.
② 소장은 교육대상자에게 질병, 부상, 그 밖의 부득이한 사정이 있는 경우에는 교육과정을 일시 중지할 수 있다.
③ 소장은 교육기본법 제8조의 의무교육을 받지 못한 수형자에 대하여는 본인의 의사, 나이, 지식정도, 그 밖의 사정을 고려하여 그에 알맞게 교육하여야 한다.
④ 소장이 고등교육법 제2조에 따른 방송통신대학 교육과정을 설치·운영하는 경우 교육 실시에 소요되는 비용은 특별한 사정이 없으면 교육대상자 소속기관이 부담한다.

> **해설** 독학에 의한 학위 취득과정, 방송통신대학과정, 전문대학 위탁교육과정, 정보화 및 외국어 교육과정에 따른 교육을 실시하는 경우 소요되는 비용은 특별한 사정이 없으면 교육대상자의 부담으로 한다(형의 집행 및 수용자의 처우에 관한 법률 시행규칙 제102조 제2항).
> ① 동법 시행규칙 제106조 제1항. ② 동법 시행규칙 제105조 제3항. ③ 동법 제63조 제2항
>
> 정답 ④

226. 여성수용자에 관한 설명 중 틀린 것은?

① 여자수용자가 수용된 거실은 시찰할 수 없다.
② 소장은 여성수용자의 건강검진에 있어 부인과 질환에 관한 검사를 포함시켜야 한다.
③ 소장은 생리중인 여성수용자에 대하여는 위생에 필요한 물품을 지급하여야 한다.
④ 소장은 여성수용자가 목욕을 하는 경우에 계호가 필요하면 여성교도관이 하도록 하여야 한다.

> **해설** ① 소장이 특히 필요하다고 인전하는 경우가 아니면 남성교도관이 야간에 수용자거실에 있는 여성수용자응 시찰하게 하여서는 아니된다(시행령 제7조). 따라서 여성교도관은 주,야를 구별하지 않고 수용자거실에 있는 여성수용자를 시찰할 수 있으며, 남자교도관은 주간은 물론 소장의 허가를 받은 경우에는 야간에도 수용자거실에 있는 여성수용자를 시찰 할 수 있다.
> ② 법 제50조 제2항. ③ 동조 제3항. ④ 시행령 제 77조 제2항.
>
> 정답 ①

227. 「형의 집행 및 수용자의 처우에 관한 법률」상 여성수용자의 처우에 대한 설명으로 옳지 않은 것은?

① 교정시설의 장은 여성수용자에 대하여 건강검진을 실시하는 경우에는 나이·건강 등을 고려하여 부인과질환에 관한 검사를 포함시켜야 한다.

② 교정시설의 장은 수용자가 미성년자인 자녀와 접견하는 경우 차단시설이 없는 장소에서 접견하게 할 수 있다.

③ 교정시설의 장은 여성수용자에 대하여 상담·교육·작업 등을 실시하는 때에는 여성교도관이 담당하도록 하여야 한다. 다만, 여성교도관이 부족하거나 그 밖의 부득이한 사정이 있으면 그러하지 아니하다.

④ 교정시설의 장은 수용자가 임신 중이거나 출산(유산은 포함되지 않음)한 경우에는 모성보호 및 건강유지를 위하여 정기적인 검진 등 적절한 조치를 하여야 한다.

> **해설** 소장은 수용자가 임신 중이거나 출산(유산·사산을 포함한다)한 경우에는 모성보호 및 건강유지를 위하여 정기적인 검진 등 적절한 조치를 하여야 한다.(형집행법 제52조 제1항)
> ① 동법 제50조 제2항. ③ 동법 제51조 제1항
>
> 정답 ④

228. 형의 집행 및 수용자의 처우에 관한 법령상 특별한 보호가 필요한 수용자의 처우에 대한 설명으로 옳지 않은 것은?

① 소장은 수용자가 임신 중이거나 출산(유산·사산은 제외한다)한 경우에는 모성보호 및 건강유지를 위하여 정기적인 검진 등 적절한 조치를 하여야 한다.

② 장애인수용자의 거실은 시설부족 또는 그 밖의 부득이한 사정이 없으면 건물의 1층에 설치하고, 특히 장애인이 이용할 수 있는 변기 등의 시설을 갖추도록 하여야 한다.

③ 소장은 외국인수용자의 수용거실을 지정하는 경우에는 종교 또는 생활관습이 다르거나 민족감정 등으로 인하여 분쟁의 소지가 있는 외국인수용자는 거실을 분리하여 수용하여야 한다.

④ 노인수형자 전담교정시설에는 별도의 공동휴게실을 마련하고 노인이 선호하는 오락용품 등을 갖춰두어야 한다.

> **해설** ① 소장은 수용자가 임신 중이거나 출산(유산·사산을 포함한다)한 경우에는 모성보호 및 건강유지를 위하여 정기적인 검진 등 적절한 조치를 하여야 한다(형집행법 제52조 제1항).
> ② 동법 시행규칙 제51조 제2항. ③ 동법 시행규칙 제57조 제1항. ④ 동법 시행규칙 제43조 제2항
>
> 정답 ①

229. 현행 법령에서 규정하고 있는 '특별한 보호'에 관한 내용 중 틀린 것은?

① 남성교도관 1인이 여성수용자에 대하여 실내에서 상담 등을 하려면 투명한 창문이 설치된 장소에서 여성 교도관을 입회시킨 후 실시하여야 한다.

② 여성수용자는 자신이 출산한 유아를 교정시설에서 양육할 것을 신청할 수 있으며, 이 경우 소장은 형집행법 제53조 제1항 각호에서 규정하는 사유가 없으면 생후 18개월에 이르기까지 허가하여야 한다.

③ 장애인 수용자의 거실은 시설부족 또는 그 밖의 부득이한 사정이 없으면 건물의 1층에 설치하고, 특히 장애인이 이용할 수 있는 변기 등의 시설을 갖추도록 하여야 한다.

④ 소장은 외국인 수용자의 수용거실을 지정하는 경우에는 종교 또는 생활관습이 다르거나 민족 감정 등으로 분쟁의 소지가 있는 외국인 수용자는 거실을 분리하여 수용하여야 한다.

> **해설** ① 남성교도관이 1인의 여성수용자에 대하여 실내에서 상담 등을 하려면 투명한 창문이 설치된 장소에서 다른 여성을 입회시킨후 실시하여야 한다(법 제51조 제2항).
> ② 법 제53조 제1항. ③ 시행규칙 제51조 제2항. ④ 시행규칙 제57조 제1항
>
> 정답 ①

230. 현행법상 여성수용자의 처우에 관한 설명으로 옳지 않은 것은?

① 여성의 신체, 의류 및 휴대품에 대한 검사는 물론이고, 거실에 있는 여성수용자를 전자영상장비로 계호하는 경우에도 여성교도관이 하여야 한다.

② 소장은 수용자에 대하여 1년에 1회 이상 건강검진을 하여야 하며, 19세 미만의 수용자와 여성수용자에 대하여는 6개월에 1회 이상 하여야 한다.

③ 부득이한 사정으로 남성교도관이 1인의 여성수용자에 대하여 실내에서 상담 등을 하는 경우에는 투명한 창문이 설치된 장소에서 다른 여성을 입회시킨 후 실시하여야 한다.

④ 소장은 특히 필요하다고 인정하는 경우가 아니면 남성교도관이 야간에 수용자거실에 있는 여성수용자를 시찰하게 하여서는 아니 된다.

> **해설** ② 소장은 수용자에 대하여 1년에 1회 이상 건강검진을 하여야 한다. 다만 19세 미만의수용자와 계호상 독거수용자에 대하여는 6개월에 1회 이상하여야 한다(시행령 제51조 제1항). 따라서 여성수용자에 대하여는 1년에 1회 이상 건강검진을 하여야 한다.
> ① 법 제93조 제4항, 제94조 제2항. ③ 법 제51조 제2항. ④ 시행령 제7조
>
> 정답 ②

231. 「형의 집행 및 수용자의 처우에 관한 법률」상 여성수용자의 처우에 대한 설명으로 옳은 것은?

① 남성교도관이 1인의 여성수용자에 대하여 실내에서 여성교도관 입회 없이 상담 등을 하려면 투명한 창문이 설치된 장소에서 다른 남성을 입회시킨 후 실시하여야 한다.

② 소장은 여성수용자가 자신인 출산한 유아를 교정시설에서 양육할 것은 신청한 때에는 유아가 질병이 있는 경우에만 허가하지 않을 수 있다.

③ 거실에 있는 여성수용자에 대해서는 자살 등의 우려가 큰 때에도 전자영상장비로 계호할 수 없다.

④ 소장은 여성수용자가 유산한 경우에 모성보호 및 건강유지를 위하여 정기적인 검진 등 적절한 조치를 하여야 한다.

> **해설** ① 여성교도관의 부족이나 부득이한 사정으로 남성교도관이 1인의 여성수용자에 대하여 실내에서 상담 등을 하려면 투명한 창문이 설치된 장소에서 다른 여성을 입회시킨 후 실시하여야 한다(법 제51조 제2항).
> ② 여성수용자가 유아양육을 신청한 경우 소장은 일정한 사유가 없으면 이를 허가하여야 한다.
> ③ 자살 등의 우려가 큰 때에는 전자영상장비로 거실에 있는 여성수용자를 계호할 수 있다. 이 경우 여성교도관이 계호하여야 한다(법 제94조 제1항, 제2항).
> ④ 법 제52조 제1항
>
> 정답 ④

232. 외국인수용자의 처우에 대한 설명으로 옳은 것은?

① 외국인수용자 전담요원은 외국인 미결수용자에게 소송 진행에 필요한 법률지식을 제공하는 조력을 하여야 한다.

② 외국인수용자를 수용하는 소장은 외국어 통역사 자격자를 전담요원으로 지정하여 외교공관 및 영사관 등 관계기관과의 연락업무를 수행하게 하여야 한다.

③ 소장은 외국인수용자의 수용거실을 지정하는 경우에는 반드시 분리수용하도록 하고, 그 생활양식을 고려하여 필요한 설비를 제공하여야 한다.

④ 외국인수용자에 대하여 소속국가의 음식문화를 고려할 필요는 없지만, 외국인수용자의 체격 등을 고려하여 지급하는 음식물의 총열량을 조정할 수 있다.

> **해설** ① 형집행법 시행규칙 제56조 제2항
> ② 외국인수용자를 수용하는 소장은 외국어에 능통한 소속 교도관을 전담요원으로 지정하여 일상적인 개별 면담, 고충해소, 통역·번역 및 외교공관 또는 영사관 등 관계기관의 연락 등의 업무를 수행하게 하여야 한다(동법 시행규칙 제56조 제1항).
> ③ 소장은 외국인수용자의 수용거실을 지정하는 경우에는 종교 또는 생활관습이 다르거나 민족감정 등으로 인하여 분쟁의 소지가 있는 외국인수용자는 거실을 분리하여 수용하여야 하며, 외국인수용자에 대하여는 그 생활양식을 고려하여 필요한 수용설비를 제공하도록 노력하여야 한다(동법 시행규칙 제57조).
> ④ 외국인수용자에 대하여는 쌀, 빵 또는 그 밖의 식품을 주식으로 지급하되, 소속 국가의 음식문화를 고려하여야 하며(동법 시행규칙 제58조 제2항), 외국인수용자에게 지급하는 음식물의 총열량은 소속 국가의 음식문화, 체격 등을 고려하여 조정할 수 있다(동법 시행규칙 제58조 제1항).
>
> 정답 ①

233. 수용자의 처우에 대한 설명으로 옳지 않은 것은?

① UN피구금자처우 최저기준규칙에서는 여자피구금자는 여자직원에 의해서만 보호되고 감독되도록 하고 있으나, 남자직원 특히 의사 및 교사가 여자시설에서 직무를 행할 수 있도록 하고 있다.

② 남성교도관은 필요하다고 인정되는 경우에도 야간에는 수용자 거실에 있는 여성 수용자를 시찰할 수 없다.

③ 여성수용자는 자신이 출산한 유아를 교정시설에서 양육할 것을 신청할 수 있으며, 특별한 사유가 없으면 생후 18개월에 이르기까지 허가하여야 한다.

④ 교정시설의 장은 수용자가 미성년자인 자녀와 접견하는 경우에는 차단시설이 없는 장소에서 접견하게 할 수 있다.

> **해설** ② 소장은 특히 필요하다고 인정하는 경우가 아니면 남성교도관이 야간에 수용자거실에 있는 여성수용자를 시찰하게 하여서는 아니 된다(시행령 제7조). 따라서 소장이 특히 필요하다고 인정하는 경우에는 남성교도관이 야간에 수용자거실에 있는 여성수용자를 시찰할 수 있다.
> ① 유엔피구금처우최저기준규칙 제53조 제3항. ③ 법 제53조 제1항.　　　　　　정답 ②

234. 「형의 집행 및 수용자의 처우에 관한 법률」상 수용자의 특별한 보호에 대한 설명으로 옳지 않은 것은?

① 수용자가 미성년자인 자녀와 접견할 경우에 언제나 차단시설이 있는 장소에서 접견하여야 하되, 최소한의 수준의 차단시설이어야 한다.

② 여성수용자에 대하여 상담·교육·작업 등을 실시하는 때에는 여성교도관이 담당하는 것이 원칙이다.

③ 소장은 여성수용자에 대하여 건강검진을 실시하는 경우에는 나이·건강 등을 고려하여 부인과질환에 관한 검사를 포함시켜야 한다.

④ 여성수용자가 자신이 출산한 유아를 교정시설에서 양육할 것을 신청하더라도 소장은 교정시설에 감염병이 유행할 경우 허가하지 않을 수 있다.

> **해설** ① 소장은 수용자가 미성년자인 자녀와 접견하는 경우에는 차단시설이 없는 장소에서 접견하게 할 수 있다.
> ② 법 제51조 제1항. ③ 법 제50조 제2항. ④ 법 제53조 제1항.

유아양육 불허사유
• 유아가 질병·부상, 그 밖의 사유로 교정시설에서 생활하는 것이 특히 부적당하다고 인정되는 때
• 수용자가 질병·부상, 그 밖의 사유로 유아를 양육할 능력이 없다고 인정되는 때
• 교정시설에 감염병이 유행하거나 그 밖의 사정으로 유아양육이 특히 부적당할 때

정답 ①

235. 출산유아 양육신청 및 임산부 처우에 대한 내용 중 틀린 것은?

① 친생자에 한한다.

② 신입·재소 여부를 불문한다.

③ 소장은 생후 18개월에 이르기까지 허가할 수 있다.

④ 임신 중인 수용자에 대하여는 정기적인 검진 등 적절한 조치를 하여야 한다.

> **해설** ③ 소장은 일정한 사유가 없으면 생후 18개월에 이르기까지 허가하여야 한다(법 제53조 제1항).
> ④ 법 제52조 제1항.
>
> [정답] ③

236. 형집행법상 대동유아 관련사항으로 옳지 않은 것은?

① 여성수용자가 자신이 출산한 유아를 교정시설에서 양육할 것을 신청한 경우 소장은 일정한 사유가 없으면 허가하여야 한다.

② 출산유아 양육신청은 법적 모가 아니더라도 생모이면 입소시 허가할 수 있다.

③ 수용 중에 출산한 유아라도 양육을 신청할 수 있다.

④ 유아양육은 허가 이후 18개월까지만 할 수 있다.

> **해설** ④ 여성수용자는 자신이 출산한 유아를 교정시설에서 양육할 것을 신청할 수 있다. 이 경우 소장은 일정한 사유가 없으면 생후 18개월에 이르기까지 허가하여야 한다(법 제53조 제1항). 따라서 유아양육 허가기간인 18개월은 허가 이후가 아니라 생후이다.
>
> [정답] ④

237. 여성수용자의 처우 및 유아의 양육에 관한 설명으로 옳지 않은 것은?

① 소장은 여성수용자가 목욕을하는 경우에 계호가 필요하다고 인정하면 여성교도관이 하도록 하여야 한다.

② 소장은 여성수용자의 목욕횟수를 정하는 경우에는 그 신체적 특성을 특히 고려하여야 한다.

③ 소장은 여성수용자가 자신이 출산한 유아를 교정시설에서 양육할 것을 신청한 때에는 특정한사유가 없으면 생후 18개월에 이르기까지 교정시설 내에서 양육할 수 있도록 허가하여야 한다.

④ 소장은 여성수용자의 유아가 질병, 부상 등이 심할 때에는 그 여성수용자로 하여금 생후 18개월에 이르기까지 교정시설 내에서 양육할 수 있도록 허가하여야 한다.

> **해설** ④ 여성수용자의 유아가 질병, 부상 등이 심하다면 이는 유아양육 불허사유에 해당한다(법 제53조 제1항 제1호)
> ① 시행령 제77조 제2항. ② 동조 제1항. ③ 법 제53조 제1항
>
> [정답] ④

238. 「형의 집행 및 수용자의 처우에 관한 법률 시행규칙」상 노인수용자의 처우에 대한 설명으로 옳지 않은 것은?

① 소장은 노인수용자에 대하여 6개월에 1회 이상 건강검진을 하여야 한다.

② 노인수형자 전담교정시설에는 별도의 공동휴게실을 마련하고 노인이 선호하는 오락용품 등을 갖춰 두어야 한다.

③ 소장은 노인수용자의 나이, 건강상태 등을 고려하여 필요하다고 인정하여 법률에서 정한 수용자의 지급기준을 초과하여 주·부식을 지급할 수 있다.

④ 노인 수용자의 거실은 시설부족 또는 그 밖의 부득이한 사정이 없으면 건물의 1층에 설치하고, 특히 겨울철 난방을 위하여 필요한 시설을 갖출 수 있다.

> **해설** ④ 노인 수용자의 거실은 시설부족 또는 그 밖의 부득이한 사정이 없으면 건물의 1층에 설치하고, 특히 겨울철 난방을 위하여 필요한 시설을 갖추어야 한다(시행규칙 제44조 제2항).
> ① 시행규칙 제47조 제2항. ② 시행규칙 제43조 제2항. ③ 시행규칙 제45조
>
> 정답 ④

239. 외국인 수용자에 대한 설명으로 옳은 것은?

① 외국인 수용자에게 그 생활양식을 고려하여 수용설비를 제공할 필요는 없다.

② 외국인 수용자에게 지급하는 부식의 지급기준은 교도소장이 정한다.

③ 전담요원은 외국인 미결수용자에게 소송진행에 필요한 법률지식을 제공하는 등의 조력을 하여야 한다.

④ 법무부장관은 외국인의 특성에 알맞은 교화프로그램 등을 개발하여 시행하여야 한다.

> **해설** ① 소장은 외국인 수용자에 대하여는 그 생활양식을 고려하여 필요한 수용설비를 제공하도록 노력하여야 한다(시행규칙 제57조 제2항).
> ② 외국인 수용자에게 지급하는 부식의 지급기준은 법무부장관이 정한다(시행규칙 제58조 제3항).
> ④ 법무부장관이 외국인 수용자의 처우를 전담하도록 정하는 시설의 장은 외국인의 특성에 알맞은 교화프로그램 등을 개발하여 시행하여야 한다(시행규칙 제55조).
> ③ 시행규칙 제56조 제2항
>
> 정답 ③

240. 「형의 집행 및 수용자의 처우에 관한 법률 시행규칙」상 외국인 수용자의 처우에 대한 설명으로 옳지 않은 것은?

① 소장은 외국인 수용자가 사망한 경우에는 그의 국적이나 시민권이 속하는 교정기관에 이를 즉시 통지하여야 한다.

② 소장은 외국인 수용자의 수용거실을 지정하는 경우에는 종교 또는 생활관습이 다르거나 민족감정 등으로 인하여 분쟁의 소지가 있는 외국인은 거실을 분리하여 수용여야 한다.

③ 외국인 수용자를 수용하는 교정시설의 외국인 수용자 전담요원은 외국인 미결수용자에게 소송진행에 필요한 법률지식을 제공하는 등의 조력을 하여야 한다.

④ 외국인 수용자에게 지급하는 음식물의 총열량은 소속 국가의 음식문화, 체격 등을 고려하여 조정할 수 있다.

> 해설 ① 소장은 외국인 수용자가 질병 등으로 위독하거나 사망한 경우에는 그의 국적이나 시민권이 속하는 나라의
> 외교공관 또는 영사관의 장이나 그 관원 또는 가족에게 이를 즉시 통지하여야 한다(시행규칙 제59조).
> ② 시행규칙 제57조 제1항. ③ 시행규칙 제56조 제2항. ④ 시행규칙 제58조 제1항.
>
> 정답 ①

241. 「형의 집행 및 수용자의 처우에 관한 법률 시행규칙」상 외국인 수용자의 처우에 대한 설명으로 옳지 않은 것은?

① 법무부장관이 외국인 수형자의 처우를 전담하도록 정하는 시설의 장은 외국인의 특성에 알맞은 교화프로그램 등을 개발하여 시행하여야 한다.

② 외국인 수용자를 수용하는 소장은 외국어에 능통한 소속 교도관을 전담요원으로 지정하여 일상적인 개별 면담, 고충해소, 통역, 번역 및 외교 공관 또는 영사관 등 관계기관과의 연락 등의 업무를 수행하게 하여야 한다.

③ 소장은 외국인 수용자의 수용거실을 지정하는 경우에는 종교 또는 생활관습이 다르거나 민족감정 등으로 인하여 분쟁의 소지가 있는 외국인 수용자는 거실을 분리하여 수용할 수 있다.

④ 외국인 수용자에게 지급하는 음식물의 총열량은 소속 국가의 음식문화, 체격 등을 고려하여 조정할 수 있다.

> 해설 ③ 소장은 외국인 수용자의 수용거실을 지정하는 경우에는 종교 또는 생활관습이 다르거나 민족감정 등으로
> 인하여 분쟁의 소지가 있는 외국인 수용자는 거실을 분리하여 수용하여야 한다(시행규칙 제57조 제1항).
> ① 시행규칙 제55조. ② 시행규칙 제56조 제1항. ④ 시행규칙 제58조 제1항.
>
> 정답 ③

242. 형집행법상 특별한 보호가 필요한 수용자들에 대한 적정한 배려나 처우로 옳지 않은 것은?

① 노인수용자에 대하여 나이, 건강상태 등을 고려하여 그 처우에 있어 적정한 배려를 하여야 한다.

② 장애인 수용자에 대하여 장애의 정도를 고려하여 그 처우에 있어 적정한 배려를 하여야 한다.

③ 유아를 출산한 여성수용자는 교정시설 내에서 그 유아를 양육할 것을 신청할 수 없으나, 소장의 결정에 의하여 양육이 가능하다.

④ 외국인 수용자에 대하여 언어, 생활문화 등을 고려하여 적정한 처우를 하여야 한다.

> 해설 ③ 여성수용자는 자신이 출산한 유아를 교정시설에서 양육할 것을 신청할 수 있다(법 제53조 제1항).
> ① 법제54조 제1항. ② 동조 제2항. ④ 동조 제3항
>
> 정답 ③

243. 「형의 집행 및 수용자의 처우에 관한 법률 시행규칙」상 노인수용자의 처우에 대한 설명으로 옳은 것은?

① 노인수형자 전담교정시설에는 별도의 개별휴게실을 마련하고 노인이 선호하는 오락용품 등을 갖춰두어야 한다.

② 노인수형자를 수용하고 있는 시설의 장은 노인문제에 관한 지식과 경험이 풍부한 외부전문가를 초빙하여 교육하게 하는 등 노인수형자의 교육 받을 기회를 확대하고, 노인전문오락, 그 밖에 노인의 특성에 알맞은 교화프로그램을 개발·시행하여야 한다.

③ 소장은 노인수용자가 거동이 불편하여 혼자서 목욕하기 어려운 경우에는 교도관, 자원봉사자 또는 다른 수용자로 하여금 목욕을 보조하게 할 수 있다.

④ 소장은 노인수용자가 작업을 원하는 경우에는 나이·건강상태 등을 고려하여 해당 수용자가 감당할 수 있는 정도의 작업을 부과한다. 이 경우 담당 교도관의 의견을 들어야 한다.

> **해설** ① 노인수형자 전담교정시설에는 별도의 공동휴게실을 마련하고 노인이 선호하는 오락용품 등을 갖춰두어야 한다(형집행법 시행규칙 제43조 제2항).
> ② 노인수형자 전담교정시설의 장은 노인문제에 관한 지식과 경험이 풍부한 외부전문가를 초빙하여 교육하게 하는 등 노인수형자의 교육 받을 기회를 확대하고, 노인전문오락, 그 밖에 노인의 특성에 알맞은 교화프로그램을 개발·시행하여야 한다(동법 시행규칙 제48조 제1항).
> ③ 동법 시행규칙 제46조 제2항
> ④ 이 경우 의무관의 의견을 들어야 한다(동법 시행규칙 제48조 제2항).
>
> 정답 ③

244. 「형의 집행 및 수용자의 처우에 관한 법률 시행규칙」에서 특별한 보호가 필요한 수용자 처우에 대한 설명으로 옳은 것은?

① 65세 이상인 노인수용자는 1년에 1회 이상 정기 건강검진을 하여야 한다.

② 외국인 수용자의 거실지정은 분쟁의 소지가 없도록 유색인종별로 분리 수용하여야 한다.

③ 장애인 수용자의 거실은 전용승강기가 설치된 건물의 2층 이상에만 설치하도록 한다.

④ 임산부인 수용자에게는 필요한 양의 죽 등의 주식과 별도로 마련된 부식을 지급할 수 있다.

> **해설** ① 소장은 노인수용자에 대하여 6개월에 1회 이상 건강검진을 하여야 한다(시행규칙 제47조 제2항).
> ② 소장은 외국인 수용자의 수용거실을 지정하는 경우에는 종교 또는 생활습관이 다르거나 민족감정 등으로 인하여 분쟁의 소지가 있는 외국인 수용자는 거실을 분리하여 수용하여야 한다(시행규칙 제57조 제1항).
> ③ 장애인 수용자의 거실은 시설부족 또는 그 밖의 부득이한 사정이 없으면 건물의 1층에 설치하고, 특히 장애인이 이용할 수 있는 변기 등의 시설을 갖추도록 하여야 한다(시행규칙 제51조 제2항).
> ④ 시행규칙 제42조
>
> 정답 ④

245. 다음은 법률상 특별한 보호가 필요한 수용자 처우에 관한 설명이다. 맞는 것을 고르면 모두 몇 개인가?

> ㉠ 생리 중인 여성수용자에게는 위생물품을 지급할 수 있다.
> ㉡ 노인수용자는 70세 이상이다.
> ㉢ 장애인 수용자랑 시각, 청각, 언어, 지체 등의 장애를 가진 수용자이다.
> ㉣ 소장은 외국인 수용자에 대하여 언어나 생활문화 등을 고려하여 처우를 하여야 한다.
> ㉤ 노인, 장애인, 외국인 수용자에 대하여 필요한 사항은 대통령령으로 정한다.
> ㉥ 수용자가 미성년인 자녀와 접견시 차단시설이 없는 장소에서 접견하도록 하여야 한다.

① 1개   ② 2개
③ 3개   ④ 4개

해설 ○ : ㉢ 시행규칙 제49조. ㉣ 법 제54조 제3항.
　　　 × : ㉠ 소장은 생리 중인 여성수용자에 대하여는 위생에 필요한 물품을 지급하여야 한다(법 제50조 제3항). ㉡ 노인수용자란 65세 이상인 수용자를 말한다(시행령 제81조 제1항). ㉤ 노인수용자, 장애인 수용자 및 외국인 수용자에 대한 적정한 배려 또는 처우에 관하여 필요한 사항은 법무부령으로 정한다(법 제54조 제4항). ㉥ 소장은 수용자가 미성년자인 자녀와 접견하는 경우에는 차단시설이 없는 장소에서 접견하게 할 수 있다.

정답 ②

246. 「형의 집행 및 수용자의 처우에 관한 법령」상 특별한 보호가 필요한 수용자의 처우에 대한 설명으로 옳은 것만을 모두 고른 것은?

> ㉠ 노인수형자 전담교정시설에는 별도의 공동휴게실을 마련하고 노인이 선호하는 오락용품 등을 갖춰두어야 한다.
> ㉡ 교정시설의 장은 유아의 양육을 허가한 경우에는 교정시설에 육아거실을 지정, 운영하여야 한다.
> ㉢ 여성수용자는 자신이 출산한 유아를 교정시설에서 양육할 것을 신철할 수 있고, 이 경우 교정시설의 장은 생후 24개월에 이르기까지 허가하여야 한다.
> ㉣ 교정시설의 장은 생리 중인 여성수용자에 대하여는 위생에 필요한 물품을 지급하여야 한다.
> ㉤ 교정시설의 장은 노인수용자에 대하여 1년에 1회 이상 건강검진을 하여야 한다.

① ㉠, ㉡, ㉣   ② ㉠, ㉢, ㉤
③ ㉡, ㉢, ㉤   ④ ㉡, ㉣, ㉤

해설 ○ : ㉠ 시행규칙 제43조 제2항. ㉡ 시행령 제79조. ㉣ 법 제50조 제3항
　　　 × : ㉢ 소장은 여성수용자가 자신이 출산한 유아를 교정시설에서 양육할 것을 신청할 경우일전한 사유가 없으면 생후 18개월에 이르기까지 허가하여야 한다(법 제53조 제1항). ㉤ 소장은 노인수용자에 대하여 6개월에 1회 이상 건강검진을 하여야 한다(시행규칙 제47조 제2항).

정답 ①

247. 「형의 집행 및 수용자의 처우에 관한 법률」과 동법 시행규칙상 수용자의 특별한 보호를 위하여 행하는 처우에 관한 규정의 내용과 일치하지 않는 것은?

① 노인수용자의 거실은 시설부족 또는 그 밖의 부득이한 사정이 없으면 건물의 1층에 설치하고, 특히 겨울철 난방을 위하여 필요한 시설을 갖추어야 한다.

② 장애인 수형자 전담교정시설의 장은 장애인의 재활에 관한 전문적인 지식을 가진 의료진과 장비를 갖추어야 한다.

③ 법무부장관이 19세 미만의 수형자의 처우를 전담하도록 정하는 시설에는 별도의 공동학습 공간을 마련하고 학용품 및 소년의 정서함양에 필요한 도서, 잡지 등을 갖춰 두어야 한다.

④ 남성교도관이 1인의 여성수용자에 대하여 실내에서 상담 등을 하려면 투명한 창문이 설치된 장소에서 다른 여성을 입회시킨 후 실시하여야 한다.

> **해설** ② 장애인 수형자 전담교정시설의 장은 장애인의 재활에 관한 전문적인 지식을 가진 의료진과 장비를 갖추도록 노력하여야 한다(시행규칙 제52조).
> ① 시행규칙 제44조 제2항. ③ 시행규칙 제 59조의2 제2항. ④ 법 제51조 제2항
>
> 정답 ②

248. 수형자의 교육 및 교화에 대한 설명으로 가장 적절하지 않은 것은?

① 차별적 기회구조이론(differential opportunity)에 따르면 수형자에 대한 교육은 일반인에 대한 교육과는 달리 범죄방지에 도움이 되지 않는다.

② 수용을 전제로 한 교육은 사회로부터 격리에 따른 자기존중과 자율성을 상실시켜 범죄학습의 우려가 있다는 부정적 측면을 가지고 있다.

③ 현행 법령상 교정시설의 장은 수형자의 가족이 참여하는 가족관계프로그램을 운영할 수 있고, 가족이 없는 수형자의 경우 결연을 맺었거나 그 밖에 가족에 준하는 사람의 참여를 허가할 수 있다.

④ 현행 법령상 교정시설의 장은 수형자의 정서교육을 위해 필요하다고 인정하면 개방처우급·완화경비처우급 수형자에 대하여 교정시설 밖에서 연극·영화 관람을 허가할 수 있다.

> **해설** ① 차별적 기회구조이론에 의하면 문화적 목표를 달성하는 데 있어서 합법적 수단과 비합법적 수단, 어느 것을 택하느냐는 범죄수단의 학습 및 범죄수행에 관한 기회구조의 차이에 달려있다고 주장하여 단순히 사회구조의 문제뿐만 아니라 학습의 측면까지 강조한 것이 특징이다. 이러한 점을 고려할 때 수형자에 대한 교육은 일반인에 대한 교육과는 달리 범죄방지에 도움이 되지 않는다는 표현은 차별적 기회구조이론과 부합되는 서술이라고 보기 어렵다.
> ③ 시행규칙 제117조 제1항. ④ 시행규칙 제92조 제1항.
>
> 정답 ①

249. 장애인 수용자에 대한 내용 중 틀린 것은?

① 시각, 청각, 언어 지체 등의 장애로 통상적 수용생활이 특히 곤란한 수용자가 포함된다.

② 일반 교정시설의 경우 장애인 수용자의 거실은 원칙적으로 1층에 설치하고, 장애인용 변기 들의 시설을 갖추어야 한다.

③ 장애인 수용자의 경우 주, 부식 지급이나 운동, 목욕 등에서 일반적인 기준을 초과하여 제 공할 수 있다.

④ 장애인 수용자를 수용하고 있는 모든 교정시설에서는 장애인을 위한 재활치료 프로그램을 개발하여 시행하여야 한다.

> **해설** ④ 장애인 수형자 전담교정시설의 장은 장애종류별 특성에 알맞은 재활프로그램을 개발하여 시행하여야 한다(시행규칙 제50조 제1항).
> ① 시행규칙 제49조. ② 시행규칙 제51조 제2항. ③ 시행규칙 제54조
>
> 정답 ④

250. 「형의 집행 및 수용자의 처우에 관한 법률 시행규칙」상 소년수용자의 처우에 대한 설명으로 옳지 않은 것은?

① 소장은 소년수용자의 나이, 건강상태 등을 고려하여 필요하다고 인정하는 경우 6개월에 1 회 이상 건강검진을 하여야 한다.

② 소장은 소년수형자의 나의, 적성 등을 고려하여 필요하다고 인정하면 법률에서 정한 접견 및 전화통화 허용횟수를 늘릴 수 있다.

③ 소년수형자 전담교정시설이 아닌 교정시설에서는 소년수용자를 수용하기 위하여 별도의 거 실을 지정하여 운용하여야 한다.

④ 소년수형자 전담교정시설에는 별도의 공동학습공간을 마련하고 학용품 및 소년의 정서 함 양에 필요한 도서, 잡지 등을 갖춰 두어야 한다.

> **해설** ③ 소년수형자 전담교정시설이 아닌 교정시설에서는 소년수용자를 수용하기 위하여 별도의 거실을 지정하 여 운용할 수 있다(시행규칙 제59조의3 제1항).
> ① 시행규칙 제59조의5. ② 시행규칙 제59조의4. ④ 시행규칙 제59조의2 제2항.
>
> 정답 ③

251. 현대 교정의 추세에 있어서 수용자처우의 기본원리가 아닌 것은?

① 자기인식의 원리　　　　　　　② 신뢰의 원리
③ 자유제한의 원리　　　　　　　④ 자기결정의 원리

> **해설** 교정교육의 기본원리로는 인간존중의 원리, 자기인식의 원리, 자조(自助)의 원리, 신뢰의 원리, 개인차 존중 의 원리, 사회화의 원리, 직관의 원리 등이 있다.

┃ 교정교육의 기본원리 ┃

인간존중의 원리	교육자는 범죄인을 독립된 인격체로 인정하고, 그들의 갱생능력을 신뢰하여야 한다.
자기인식의 원리	교육자는 범죄인에 대한 편견이나 선입관을 배제하는 자기인식을 가져야 한다.
자조(自助)의 원리	교육자는 범죄인이 자조능력을 배양할 수 있도록 하여야 한다.
신뢰의 원리	교육자와 범죄인 상호 간에 신뢰하는 인간관계가 형성될 때 그 효과를 거둘 수 있다.
개인차 존중의 원리	교육자는 범죄인의 개인적 능력 차이를 인정하고, 그에 적합한 교육을 실시하여야 한다.
사회화의 원리	교육자는 사회적처우를 확대하는 차원의 교정교육을 실시하여야 한다.
직관의 원리	직접 느끼며 체험하는 실습적 방법이나 체험교육이 가장 효과적이다.

정답 ③

252. 수형자 교육과정에 대한 설명으로 옳지 않은 것은?

① 의무교육을 받지 못한 수형자에 대하여는 본인의 의사·나이·지식정도 등을 고려하여 그에 알맞게 교육하여야 하며, 필요하면 외부교육기관에 통학하게 할 수 있다.

② 교도소장은 교육대상자 교육을 위하여 재생전용기기의 사용을 허용할 수 있다.

③ 교정시설에 독학에 의한 학사학위 취득과정을 설치·운영하는 경우 집행할 형기가 2년 이상인 수형자를 대상으로 선발한다.

④ 방송통신대학과정과 전문대학 위탁교육과정의 교육대상자는 고등학교 졸업 이상 학력을 갖춘 개방처우급 수형자에 한하여 선발할 수 있다.

해설 ④ 방송통신대학과정과 전문대학 위탁교육과정의 교육대상자로 선발할 수 있는 경비처우급은 개방처우급·완화경비처우급·일반경비처우급 수형자이다(시행규칙 제111조 제2항, 제112조 제2항).
① 법 제63조 제2항·제3항. ② 시행 규칙 제104조 제2항. ③ 시행규칙 제110조 제2항　　정답 ④

253. 현행법상 수용자의 교육에 관한 내용으로 옳지 않은 것은?

① 소장은 수형자의 정서함양을 위하여 필요하다고 인정하면 연극, 영화관람, 체육행사 등의 문화예술활동을 하게 할 수 있다.

② 소장은 수형자의 교육을 위하여 필요하면 수형자를 외부교육기관에 위탁하여 교육받게 할 수 있다.

③ 소장은 미결수용자에 대하여는 신청에 따라 교육을 실시할 수 있고, 그 교육프로그램에는 교정시설 밖에서 행하는 것도 포함된다.

④ 소장은 교육대상자의 성적불량, 학업태만 등으로 인하여 교육의 목적을 달성하기 어려운 경우에는 그 선발을 취소할 수 있다.

해설 ③ 미결수용자에 대한 교육·교화프로그램 또는 작업은 교정시설 밖에서 행하는 것은 포함하지 아니한다(시행령 제103조 제1항).
① 시행령 제88조, ② 법 제63조 제3항, ④ 시행규칙 제101조 제2항　　정답 ③

254. 수형자에 대한 현행 교육과정을 모두 고른 것은?

> ㉠ 전문대학 위탁교육과정 ㉡ 독학에 의한 학위 취득과정
> ㉢ 정보화 및 외국어 교육과정 ㉣ 방송통신대학과정

① ㉠, ㉡ ② ㉡, ㉢
③ ㉠, ㉡, ㉢ ④ ㉠, ㉡, ㉢, ㉣

해설 수형자에 대한 교육과정으로는 방송통신고등학교과정, 독학에 의한 학위취득과정, 방송통신대학과정, 전문대학 위탁교육과정, 정보화 및 외국어교육과정 등이 있다(시행규칙 제109조 ~ 제113조).

정답 ④

255. 현행법상 수용자 교육에 대한 설명으로 옳은 것을 모두 고른 것은?

> ㉠ 소장은 외국어 교육대상자가 교육실 외에서 어학학습장비를 이용한 외국어 학습을 원하는 경우에는 교도관회의의 심의를 거쳐 허가할 수 있다.
> ㉡ 방송통신대학과정을 지원할 수 있는 수형자는 개방처우급, 완화경비처우급, 일반경비처우급 수형자이다.
> ㉢ 미결수용자에 대한 교육은 교정시설 밖에서 실시하는 프로그램도 포함한다.
> ㉣ 현행법상 독학에 의한 학위취득과정은 공식적인 수형자 교육과정에 포함되지 않는다.
> ㉤ 소장은 수형자를 외부교육기관에 위탁하여 교육받게 할 수 있다.

① ㉠, ㉡, ㉤ ② ㉠, ㉢, ㉣
③ ㉡, ㉢, ㉣ ④ ㉡, ㉣, ㉤

해설 ○ : ㉠ 시행규칙 제113조 제3항, ㉡ 시행규칙 제111조 제2항 ㉤ 법 제63조 제3항
× : ㉢ 미결수용자에 대한 작업은 교정시설 밖에서 행하는 것은 포함하지 아니한다(시행령 제103조 제1항).
㉣ 소장은 수형자에게 학위취득 기회를 부여하기 위하여 독학에 의한 학사학위 취득과정을 설치·운영할 수 있다(시행규칙 제110조 제1항).

정답 ①

256. 수형자에 대한 교도작업 부과의 목적이 될 수 없는 것은?

① 정치적 효과의 사회방위 및 질서유지 ② 행정적 효과의 수용질서 유지
③ 윤리적 효과의 근로정신 함양 ④ 경제적 효과의 민간경제 활성화

해설 교도작업은 낮은 생산원가로 제품가격이 민간생산제품에 비해 저렴하므로 대량으로 시장에 공급될 경우 유사 제품을 생산하는 민간 기업을 압박하여 민간경제 활성화에 역행할 수 있다.

정답 ④

257. 교정교육에 대한 설명으로 옳지 않은 것은?

① 독학에 의한 학위 취득과정과 방송통신대학과정의 실시에 소요되는 비용은 특별한 사정이 없으면 교육대상자의 부담으로 한다.

② 교정시설의 장은 교육을 위하여 필요한 경우에는 외부강사를 초빙할 수 있으며, 카세트 또는 재생전용기기의 사용을 허용할 수 있다.

③ 교정시설의 장은 의무교육을 받은 고령의 수형자에 대하여는 본인의 의사, 나이, 지식정도, 그 밖의 사정을 고려하여 그에 알맞게 교육하여야 한다.

④ 본인의 신청에 따른 미결수용자에 대한 교육·교화프로그램은 교정시설 내에서만 실시하여야 한다.

 ③ 소장은 교육기본법 제8조의 의무교육을 받지 못한 수형자에 대해서는 본인의 의사·나이·지식정도, 그 밖의 사정을 고려하여 그에 알맞게 교육하여야 한다(법 제63조 제2항).
① 시행규칙 제102조 제2항. ② 시행규칙 제104조 제2항. ③ 시행령 제103조 제1항.

정답 ③

258. 현행법상 교육과 교회에 대한 설명으로 옳지 않은 것은?

① 수형자의 학과교육으로 검정고시반, 방송통신고등학교과정, 독학에 의한 학위취득과정 등을 설치하여 운영할 수 있다.

② 교육계획은 교육대상자, 시설여건 등을 고려하여 소장이 수립하고 시행한다.

③ 수형자의 교정교화를 위한 상담·심리치료 등의 프로그램은 수형자 자치위원회가 실시한다.

④ 소장은 교화프로그램으로 문화프로그램, 문제행동예방프로그램, 가족관계회복프로그램 등을 실시할 수 있다.

 ③ 소장은 수형자의 교정교화를 위하여 상담·심리치료, 그 밖의 교화프로그램을 실시하여야 한다(법 제64조 제1항).
① 시행규칙 제108조, 제109조, 제110조. ② 시행령 제87조 제2항. ④ 시행규칙 제116조, 제117조

정답 ③

259. 형의 집행 및 수용자의 처우에 관한 법령상 작업과 직업훈련에 대한 설명으로 옳은 것은?

① 장애인수형자 전담교정시설의 장은 장애인수형자에 대한 직업훈련이 석방 후의 취업과 연계될 수 있도록 그 프로그램의 편성 및 운영에 특히 유의하여야 한다.

② 소장은 사형확정자가 작업을 신청하면 분류처우회의의 심의를 거쳐 교정시설 안에서 실시하는 작업을 부과할 수 있다.

③ 소장은 교도관에게 매월 수형자의 작업실적을 확인하게 하여야 한다.

④ "집중적인 근로가 필요한 작업"이란 수형자의 신청에 따라 1일 작업시간 중 접견·전화통화·교육 및 공동행사 참가 등을 하지 아니하고 휴게시간을 포함한 작업시간 내내 하는 작업을 말한다.

해설 ① 형집행법 시행규칙 제53조
② 소장은 사형확정자가 작업을 신청하면 교도관회의의 심의를 거쳐 교정시설 안에서 실시하는 작업을 부과할 수 있다(동법 시행규칙 제153조 제1항).
③ 소장은 교도관에게 매일 수형자의 작업실적을 확인하게 하여야 한다(동법 시행령 제92조).
④ 집중적인 근로가 필요한 작업이란 수형자의 신청에 따라 1일 작업시간 중 접견·전화통화·교육 및 공동행사 참가 등을 하지 아니하고 휴게시간을 제외한 작업시간 내내 하는 작업을 말한다(동법 시행령 제95조).

정답 ①

260. 「형의 집행 및 수용자의 처우에 관한 법률 시행규칙」상 직업훈련에 대한 설명으로 옳지 않은 것은?

① 직업훈련의 직종 선정 및 훈련과정별 인원은 지방교정청장의 승인을 받아 교정시설의 장이 정한다.
② 교정시설의 장은 소년수형자의 선도를 위하여 필요한 경우에는 직업훈련에 필요한 기본 소양을 갖추었다고 인정할 수 없더라도 직업훈련 대상자로 선정하여 교육할 수 있다.
③ 교정시설의 장은 15세 미만의 수형자를 직업훈련 대상자로 선정해서는 아니 된다.
④ 교정시설의 장은 직업훈련 대상자가 징벌대상행위의 혐의가 있어 조사를 받게 된 경우 직업훈련을 보류할 수 있다.

해설 직업훈련 직종 선정 및 훈련과정별 인원은 법무부장관의 승인을 받아 소장이 정한다(형집행법 시행규칙 제124조 제1항).
② 소장은 소년수형자의 선도를 위하여 필요한 경우에는 직업훈련 대상자 선정기준(동법 시행규칙 제125조 제1항)의 요건을 갖추지 못한 경우에도 직업훈련 대상자로 선정하여 교육할 수 있다(동법 시행규칙 제125조 제2항)
③ 동법 시행규칙 제126조 제1호
④ 동법 시행규칙 제128조 제1항 제1호

• 직업훈련 대상자 선정기준(형집행법 시행규칙 제125조 제1항)
 1. 집행할 형기 중에 해당 훈련과정을 이수할 수 있을 것(기술숙련과정 집체직업훈련 대상자는 제외한다)
 2. 직업훈련에 필요한 기본소양을 갖추었다고 인정될 것
 3. 해당 과정의 기술이 없거나 재훈련을 희망할 것
 4. 석방 후 관련 직종에 취업할 의사가 있을 것

• 직업훈련 대상자 선정의 제한(동법 시행규칙 제126조)
 1. 15세 미만인 경우
 2. 교육과정을 수행할 문자해독능력 및 강의 이해능력이 부족한 경우
 3. 징벌대상행위의 혐의가 있어 조사 중이거나 징벌집행 중인 경우
 4. 작업, 교육·교화프로그램 시행으로 인하여 직업훈련의 실시가 곤란하다고 인정되는 경우
 5. 질병·신체조건 등으로 인하여 직업훈련을 감당할 수 없다고 인정되는 경우

• 직업훈련의 보류 사유(동법 시행규칙 제128조 제1항)
 1. 징벌대상행위의 혐의가 있어 조사를 받게 된 경우
 2. 심신이 허약하거나 질병 등으로 훈련을 감당할 수 없는 경우
 3. 소질·적성·훈련성적 등을 종합적으로 고려한 결과 직업훈련을 계속할 수 없다고 인정되는 경우
 4. 그 밖에 직업훈련을 계속할 수 없다고 인정되는 경우

정답 ①

261. 현행 법령상 수용자의 교육에 대한 설명으로 옳은 것은?

① 소장은 교육을 위해 필요하면 수형자를 외부의 교육기관에 통학하게 하거나 위탁하여 교육 받게 할 수 있으나, 교육대상자의 작업 및 직업훈련 등은 면제할 수 없다.

② 수형자가 소년교도소 수용 중에 19세가 된 경우에도 교육이 특히 필요하다고 인정되면 23세가 되기 전까지는 계속하여 수용할 수 있다.

③ 소장은 심리적 안정 및 원만한 수용생활을 위하여 사형확정자의 신청에 의해서만 교육을 실시할 수 있다.

④ 소장은 여성수용자에 대하여 교육을 실시할 때에는 반드시 여성교도관이 담당하도록 하여야 한다.

> **해설** ① 교육대상자에게는 작업, 직업훈련 등을 면제한다(시행규칙 제107조 제1항).
> ③ 소장은 사형확정자의 심리적 안정 및 원만한 수용생활을 위하여 교육 또는 교화프로그램을 실시할 수 있다(법 제90조 제1항). 즉 사형확정자에 대한 교육실시는 사형확정자의 신청을 요하지 않는다.
> ④ 소장은 여성수용자에 대하여 상담·교육·작업 등을 실시하는 때에는 여성교도관이 담당하도록 하여야 한다. 다만, 여성교도관이 부족하거나 그 밖의 부득이한 사정이 있으면 그러하지 아니하다(법 제51조 제1항).
> ② 법 제12조 제3항　　　　　　　　　　　　　　　　　　　　　　　　　 정답 ②

262. 교도작업에 대한 설명으로 옳지 않은 것은?

① 감옥개량가 하워드(J, Howard)는 강제적 작업에 반대하였다.

② 교도작업은 수형자의 부패와 타락을 방지하는 기능이 있다.

③ 현행법은 징역형의 경우에 정역을 강제로 실시토록 규정하고 있다.

④ 19세 미만의 수형자에 대해서도 교도작업을 과할 수 있다.

> **해설** ① 하워드는 범죄원인의 대부분이 음주와 나태에서 비롯되므로 수형자에게 적절한 노동을 부과해야 한다고 주장하였으므로 강제적 작업에 반대하였다는 표현은 옳지 않으며, 착취적 노동에만 반대했다.
> ③ 형법 제67조. ④ 시행령 제90조　　　　　　　　　　　　　　　　　　　 정답 ①

263. 형의 집행 및 수용자의 처우에 관한 법령상 작업장려금에 대한 설명으로 옳지 않은 것은?

① 작업수입은 국고수입으로 한다.

② 작업장려금은 매월 현금으로 본인에게 직접 지급한다.

③ 징벌로 3개월 이내의 작업장려금 삭감을 할 수 있다.

④ 소장은 수형자의 가석방 적격심사 신청을 위하여 작업장려금 및 작업상태를 사전에 조사하여야 한다.

> **해설** 제2항의 작업장려금은 석방할 때에 본인에게 지급한다. 다만, 본인의 가족생활 부조, 교화 또는 건전한 사회복귀를 위하여 특히 필요하면 석방 전이라도 그 전부 또는 일부를 지급할 수 있다(형의 집행 및 수용자의 처우에 관한 법률 제73조 제3항).
> ① 동법 제73조 제1항. ③ 동법 제108조 제3호. ④ 동법 시행규칙 제246조 제1호 사목　　 정답 ②

264. 현행 법령상 교도작업에 관한 다음 설명 중 옳지 않은 것을 모두 고른 것은?

> ㉠ 소장은 수형자에게 작업을 부과하려면 나이, 형기, 건강상태, 기술, 성격, 취미, 경력, 장래
> 생계, 그 밖의 수형자의 사정을 고려하여야 한다.
> ㉡ 교정시설 밖에서 하는 구외작업도 인정되고 있다.
> ㉢ 외부통근작업 대상자의 선정기준은 법무부장관이 정한다.
> ㉣ 작업수입은 국고수입으로 하며, 수형자에게는 작업장려금을 지급할 수 있을 뿐이다.
> ㉤ 수형자가 개방처우급, 완화경비처우급으로서 작업, 교육 등의 성적이 우수하고, 관련 기술
> 이 있는 경우에는 교도관의 작업지도를 보조하게 할 수 있다.
> ㉥ 작업장려금은 은혜적 급부로서 청구권이 인정되지 않는다.
> ㉦ 공휴일, 토요일과 그 밖의 휴일에는 어떠한 작업도 과하지 않는다.

① ㉠, ㉡　　　　　　　　　　　　　② ㉣, ㉤
③ ㉡, ㉥　　　　　　　　　　　　　④ ㉢, ㉦

 × : ㉢ 외부통근작업 대상자의 선정기준 등에 관하여 필요한 사항은 법무부령으로 정한다(법 제68조 제2
항). ㉦ 공휴일·토요일과 그 밖의 휴일에는 작업을 부과하지 아니한다. 다만 취사·청소·간호, 그 밖에
특히 필요한 작업은 예외로 한다(법 제71조).
　　 ○ : ㉠ 법 제65조 제2항, ㉡ 시행규칙 제74조 제2항. ㉣ 법 제73조 제1항·제2항. ㉤ 시행규칙 제94조. ㉥.

정답 ④

265. 형의 집행 및 수용자의 처우에 관한 법령상 교도작업 등에 대한 설명으로 옳은 것만을 모두 고른 것은?

> ㉠ 교정시설의 장은 수형자에게 부상·질병, 그 밖에 작업을 계속하기 어려운 특별한 사정이 있
> 으면 그 사유가 해소될 때까지 작업을 면제할 수 있다.
> ㉡ 교정시설의 장은 수형자가 개방처우급 또는 완화경비처우급으로서 작업기술이 탁월하고 작
> 업성적이 우수한 경우에는 수형자 자신을 위한 개인작업을 하게 할 수 있다.
> ㉢ 교정시설의 장은 관할 지방교정청장의 승인을 받아 수형자에게 부과하는 작업의 종류를 정한다.
> ㉣ 작업장려금은 본인의 가족생활 부조, 교화 또는 건전한 사회복귀를 위하여 특히 필요하면
> 석방 전이라도 그 전부 또는 일부를 지급할 수 있다.
> ㉤ 교정시설의 장은 수형자의 가족이 사망하면 3일간 해당 수형자의 작업을 면제한다.

① ㉠, ㉡, ㉢　　　　　　　　　　② ㉠, ㉡, ㉣
③ ㉠, ㉢, ㉤　　　　　　　　　　④ ㉢, ㉣, ㉤

해설 옳은 것은 ㉠, ㉡, ㉣이다.
㉠ 형집행법 제72조 제2항. ㉡ 동법 시행규칙 제95조 제1항. ㉢ 소장은 법무부장관의 승인을 받아 수형자
에게 부과하는 작업의 종류를 정한다(동법 시행령 제89조). ㉣ 동법 제73조 제3항. ㉤ 소장은 수형자의 가
족 또는 배우자의 직계존속이 사망하면 2일간, 부모 또는 배우자의 제삿날에는 1일간 해당 수형자의 작업을
면제한다. 다만, 수형자가 작업을 계속하기를 원하는 경우는 예외로 한다.(동법 제72조 제1항).

정답 ②

266. 형의 집행 및 수용자의 처우에 관한 법령상 교도작업에 대한 설명으로 옳지 않은 것은?

① 소장은 수형자에게 공휴일·토요일과 그 밖의 휴일에는 작업을 부과하지 아니한다. 여기서 "그 밖의 휴일"이란 「각종 기념일 등에 관한 규정」에 따른 교정의 날 및 소장이 특히 지정하는 날을 말한다.

② 작업장려금은 석방할 때에 본인에게 지급한다. 다만, 본인의 가족생활 부조, 교화 또는 건전한 사회복귀를 위하여 특히 필요하면 석방 전이라도 그 전부를 지급할 수 있다.

③ 소장은 금고형 또는 구류형의 집행 중에 있는 사람에 대하여는 신청에 따라 작업을 부과할 수 있다.

④ 소장은 수형자의 부모 또는 배우자의 직계존속의 기일을 맞이하면 1일간 해당 수형자의 작업을 면제한다.

> **해설** 소장은 수형자의 가족 또는 배우자의 직계존속이 사망하면 2일간, 부모 또는 배우자의 기일을 맞이하면 1일간 해당 수형자의 작업을 면제한다. 다만, 수형자가 작업을 계속하기를 원하는 경우는 예외로 한다(형집행법 제72조 제1항).
>
> **정답** ④

267. 교도작업에 관한 다음 설명 중 옳지 않은 것을 모두 고르면?

> ㉠ 작업장려금은 석방할 때에 본인에게 지급한다. 다만 본인의 가족생활 부조, 교화 또는 건전한 사회복귀를 위하여 특히 필요하면 석방 전이라도 그 전부 또는 일부를 지급할 수 있다.
> ㉡ 수형자 중 부모, 배우자, 자녀 또는 형제자매의 사망통지를 받은 자는 2일간 작업을 면제한다. 수형자가 작업을 계속하기를 원하는 경우에도 허용하지 아니한다.
> ㉢ 개방처우급 수형자로서 작업기술이 탁월하고 작업성적이 우수한 자에 대해 작업시간 외에 1일 3시간 이내의 범위에서 허가되는 개인작업도 교도작업의 하나이다.
> ㉣ 교도작업의 부정적 측면으로는 교정에서의 재정적·경제적 부담을 증가시킨다는 점을 들 수 있다.
> ㉤ 공휴일·토요일과 그 밖의 휴일에는 작업을 부과하지 아니함이 원칙이다.

① ㉠, ㉡, ㉣

② ㉠, ㉢, ㉤

③ ㉡, ㉢, ㉣

④ ㉡, ㉢, ㉤

> **해설** × : ㉡ 소장은 수형자의 가족 또는 배우자의 직계존속이 사망하면 2일간, 부모 또는 배우자의 기일을 맞이하면 1일간 해당 수형자의 작업을 면제한다. 다만 수형자가 작업을 계속하기를 원하는 경우는 예외로 한다(법 제72조 제1항). ㉢ 소장은 수형자가 개방처우급 또는 완화처우급으로서 작업기술이 탁월하고 작업성적이 우수한 경우에는 수형자 자신을 위한 개인작업을 하게 할 수 있다. 이 경우 개인작업 시간은 교도작업에 지장을 주지 아니하는 범위에서 1일 2시간 이내로 한다(시행규칙 제95조 제1항). 개인작업은 교도작업으로 보지 않는다. ㉣ 교도작업은 작업으로 생성된 수익을 국고에 귀속시켜 행형의 재정적·경제적 비용으로 충당할 수 있다는 점에서 긍정적 측면으로 평가할 수 있다.
>
> ○ : ㉠ 법 제73조 제3항. ㉤ 법 제71조
>
> **정답** ③

268. 형의 집행 및 수용자의 처우에 관한 법령상 교도작업에 대한 설명으로 옳은 것은?

① 소장은 교도관에게 매일 수형자의 작업실적을 확인하게 하여야 한다.

② 소장은 수형자에게 작업을 부과하는 경우 작업의 종류 및 작업과정을 정하여 수형자에게 고지할 필요가 없다.

③ 소장은 공휴일·토요일과 그 밖의 휴일에는 예외 없이 일체의 작업을 부과할 수 없다.

④ 작업과정은 작업성적, 작업시간, 작업의 난이도 및 숙련도를 고려하여 정하며, 작업과정을 정하기 어려운 경우에는 작업의 난이도를 작업과정으로 본다.

> 해설 ② 소장은 수형자에게 작업을 부과하는 경우에는 작업의 종류 및 작업과정을 정하여 고지하여야 한다(동법 시행령 제91조 제1항).
> ③ 공휴일·토요일과 그 밖의 휴일에는 작업을 부과하지 아니한다. 다만, 취사·청소·간호, 그 밖에 특히 필요한 작업은 예외로 한다(동법 제71조).
> ④ 작업과정은 작업성적, 작업시간, 작업의 난이도 및 숙련도를 고려하여 정한다. 작업과정을 정하기 어려운 경우에는 작업시간을 작업과정으로 본다(동법 시행령 제91조 제2항).
>
> 정답 ①

269. 「형의 집행 및 수용자의 처우에 관한 법률 시행규칙」상 교도작업 및 직업훈련에 대한 설명으로 옳은 것은?

① 수형자가 외부직업훈련을 한 경우 그 비용은 국가가 부담하여야 한다.

② 소장에 의해 선발된 교육대상자는 작업, 직업훈련을 면제한다.

③ 소장은 수형자가 개방처우급 또는 완화경비처우급으로서 작업기술이 탁월하고 작업성적이 우수한 경우에는 수형자 자신을 위한 개인작업을 하게 할 수 있다. 이 경우 개인작업 시간은 교도작업에 지장을 주지 아니하는 범위에서 1일 4시간 이내로 한다.

④ 소장은 개방처우급 또는 완화경비처우급 수형자에 대하여 작업·교육 등의 성적이 우수하고 관련 기술이 있는 경우에는 교도관의 작업지도를 보조하게 할 수 있다. 다만, 처우상 특히 필요한 경우에는 일반경비처우급 수형자에게도 교도관의 작업지도를 보조하게 할 수 있다.

> 해설 ① 수형자가 외부 직업훈련을 받는 경우 그 비용은 수형자가 부담한다(시행규칙 제96조 제2항).
> ③ 소장은 수형자가 개방처우급 또는 완화경비처우급으로서 작업기술이 탁월하고 작업성적이 우수한 경우에는 수형자 자신을 위한 개인작업을 하게 할 수 있다. 이 경우 개인작업시간은 교도작업에 지장을 주지 아니하는 범위에서 1일 2시간 이내로 한다(시행규칙 제95조 제1항).
> ④ 소장은 수형자가 개방처우급 또는 완화경비처우급으로서 작업·교육 등의 성적이 우수하고 관련 기술이 있는 경우에는 교도관의 작업지도를 보조하게 할 수 있다(시행규칙 제94조). 즉, 일반경비처우급 수형자는 처우상 특히 필요한 경우라도 교도관의 작업지도를 보조할 수 없다.
> ② 시행규칙 제107조 제1항
>
> 정답 ②

270. 교도작업에 관한 설명으로 옳지 않은 것은?

① 소장은 수형자의 건전한 사회복귀와 기술습득을 촉진하기 위하여 필요하면 외부기업체 등에 통근작업하게 할 수 있다.

② 소장은 법무부장관의 승인을 받아 수형자에게 부과하는 작업의 종류를 정한다.

③ 작업의 능률을 올리고 수형자의 노동에 상응한 보수로서의 대가를 지급하기 위하여 작업임금제를 채택함으로써 수형자는 작업의 대가인 임금의 지급을 청구할 수 있다.

④ 금고와 구류형을 받은 자에게는 신청에 따라 작업을 부과할 수 있다.

 ③ 현재 우리나라는 교도작업에 대한 임금제를 채택하지 않고 있으며, 작업을 장려하는 취지의 작업장려금을 지급할 수 있도록 하고 있을 뿐이다(법 제73조 제2항). 따라서 수형자는 작업의 대가인 임금의 지급을 청구할 수 없다.
① 법 제68조 제1항. ② 시행령 제89조. ④ 법 제67조

정답 ③

271. 교도작업의 운영 및 특별회계에 관한 법령상 교도작업 및 특별회계에 대한 설명으로 옳지 않은 것은?

① 소장은 민간기업과 처음 교도작업에 대한 계약을 할 때에는 지방교정청장의 승인을 받아야 한다. 다만, 계약기간이 3개월 이하인 경우에는 승인을 요하지 아니하다.

② 교도작업의 종류는 직영작업 · 위탁작업 · 노무작업 · 도급작업으로 구분한다.

③ 소장은 교도작업을 중지하려면 지방교정청장의 승인을 받아야 한다.

④ 특별회계의 세입 · 세출의 원인이 되는 계약을 담당하는 계약담당자는 계약을 수의계약으로 하려면 「교도관직무규칙」제21조에 따른 교도관회의의 심의를 거쳐야 한다.

 교정시설의 장은 민간기업이 참여할 교도작업의 내용을 해당 기업체와의 계약으로 정하고 이에 대하여 법무부장관의 승인을 받아야 한다. 다만, 법무부장관이 정하는 단기의 계약(계약기간이 2개월 이하인 계약)에 대하여는 그러하지 아니하다(교도작업의 운영 및 특별회계에 관한 법률 제6조 제2항).

정답 ①

272. 「교도작업의 운영 및 특별회계에 관한 법률」상 교도작업 및 특별회계에 대한 설명으로 옳지 않은 것은?

① 법무부장관은 교도작업으로 생산되는 제품의 종류와 수량을 회계연도 개시 1개월 전까지 공고하여야 한다.

② 교도작업으로 생산된 제품은 민간기업 등에 직접 판매하거나 위탁하여 판매할 수 있다.

③ 교도작업의 효율적인 운영을 위하여 교도작업특별회계를 설치한다. .

④ 교도작업의 특별회계는 소장이 운영·관리한다.

 ④ 교도작업의 특별회계는 법무부장관이 운용·관리한다(교도작업의 운영 및 특별회계에 관한 법률 제8조 제2항).
① 동법 제4조. ② 동법 제7조. ③ 동법 제8조 제1항.

정답 ④

273. 「교도작업의 운영 및 특별회계에 관한 법률」상 교도작업에 대한 내용으로 옳지 않은 것은?

① 교도작업으로 생산된 제품은 민간기업 등에 직접 판매하거나 위탁하여 판매할 수 있다.

② 법무부장관은 교도작업으로 생산되는 제품의 종류와 수량을 회계연도 개시 3개월 전까지 공고하여야 한다.

③ 국가, 지방자치단체 또는 공공기관은 그가 필요로 하는 물품이 교도작업의 운영 및 특별회계에 관한 법률 제4조에 따라 공고된 것인 경우에는 공고된 제품 중에서 우선적으로 구매하여여 한다.

④ 법무부장관은 형의 집행 및 수용자의 처우에 관한 법률 제68조에 따라 수형자가 외부기업체 등에 통근 작업하거나 교정시설의 안에 설치된 외부기업체의 작업장에서 작업할 수 있도록 민간기업을 참여하게 하여 교도작업을 운영할 수 있다.

> **해설** ② 법무부장관은 교도작업으로 생산되는 제품의 종류와 수량을 회계연도 개시 1개월 전까지 공고하여야 한다(교도작업의 운영 및 특별회계에 관한 법률 제4조).
> ① 동법 제7조. ③ 동법 제5조. ④ 동법 제6조 제1항　　　　　　　　　　　　[정답] ②

274. 교도작업의 운영 및 특별회계에 관한 법률상 옳지 않은 것만을 모두 고르면?

> ㉠ 특별회계는 지출할 자금이 부족할 경우에는 특별회계의 부담으로 국회의 의결을 받은 금액의 범위에서 일시적으로 차입하거나 세출예산의 범위에서 수입금 출납공무원 등이 수납한 현금을 우선 사용할 수 있다.
> ㉡ 특별회계는 세출총액이 세입총액에 미달된 경우 또는 교도작업 관련 시설의 신축·마련·유지·보수에 필요한 경우에는 예산의 범위에서 일반회계로부터 전입을 받을 수 있다.
> ㉢ 특별회계의 결산상 잉여금은 일시적으로 차입한 차입금의 상환, 작업장려금의 지급, 검정고시반·학사고시반 교육비의 지급 목적으로 사용하거나 다음 연도 일반회계의 세출예산에 예비비로 계상한다.
> ㉣ 교도작업으로 생산된 제품은 민간기업 등에 직접 판매하거나 위탁하여 판매할 수 있으며, 교도작업의 효율적인 운영을 위하여 교도작업특별회계를 설치한다.

① ㉠, ㉡　　　　　　　　　　　　　　　② ㉠, ㉣

③ ㉡, ㉢　　　　　　　　　　　　　　　④ ㉠, ㉡, ㉢

> **해설** ㉠ 교도작업의 운영 및 특별회계에 관한 법률 제11조 제1항
> ㉡ 특별회계는 세입총액이 세출총액에 미달된 경우 또는 시설 개량이나 확장에 필요한 경우에는 예산의 범위에서 일반회계로부터 전입을 받을 수 있다(동법 제10조).
> ㉢ 특별회계의 결산상 잉여금은 다음 연도의 세입에 이입한다(동법 제11조의2).
> ㉣ 동법 제7조, 동법 제8조 제1항
> 　　　　　　　　　　　　　　　　　　　　　　　　　　　　　　　　　　　[정답] ③

275. 「형의 집행 및 수용자의 처우에 관한 법률」상 작업과 직업훈련에 대한 설명으로 옳지 않은 것은?

① 작업수입은 수형자가 석방될 때에 본인에게 지급하여야 한다.

② 청소작업은 공휴일·토요일과 그 밖의 휴일에도 작업을 부과할 수 있다.

③ 교정시설의 장은 수형자의 직업훈련을 위하여 필요하면 외부의 기관 또는 단체에서 훈련을 받게 할 수 있고, 직업훈련 대상자의 선정기준 등에 관하여 필요한 사항은 법무부령으로 정한다.

④ 교정시설의 장은 부모의 기일을 맞이한 수형자가 작업을 계속하기를 원하는 경우를 제외하고는 1일간 해당 수형자의 작업을 면제한다.

> **해설** ① 작업수입은 국고수입으로 한다(법 제73조 제1항).
> ② 법 제71조. ③ 법 제69조 제2항·제3항. ④ 법 제72조 제1항
>
> 정답 ①

276. 「형의 집행 및 수용자의 처우에 관한 법률」상 교도작업에 대한 설명으로 옳은 것은?

① 소장은 수형자의 가족 또는 배우자의 직계존속이 사망하면 2일간, 수형자의 가족 또는 배우자의 직계존속의 기일을 맞이하면 1일간 해당 수형자의 작업을 면제한다.

② 외부통근작업 대상자의 선정기준 등에 관하여 필요한 사항은 법무부령으로 정한다.

③ 위로금 또는 조위금을 지급받을 권리는 다른 사람 또는 법인에게 양도하거나 담보로 제공할 수 있다.

④ 위로금은 석방할 때에 본인에게 지급한다. 다만, 본인의 가족생활 부조, 교화 또는 건전한 사회복귀를 위하여 특히 필요하면 석방 전이라도 그 전부 또는 일부를 지급할 수 있다.

> **해설** ① 소장은 수형자의 가족 또는 배우자의 직계존속이 사망하면 2일간 부모 또는 배우자의 기일을 맞이하면 1일간 해당 수형자의 작업을 면제한다. 다만 수형자가 작업을 계속하기를 원하는 경우는 예외로 한다 (법 제72조 제1항)
> ③ 위로금 또는 조위금을 지급받을 권리는 다른 사람 또는 법인에게 양도하거나 담보로 제공할 수 없다(법 제76조 제1항 전단).
> ④ 위로금은 석방할 때에 본인에게 지급하고, 조위금은 그 상속인에게 지급한다(법 제74조 제2항), 즉 위로금 지급의 시기에 관해서는 예외조항이 없다.
> ② 법 제68조 제2항
>
> 정답 ②

277. 「형의 집행 및 수용자의 처우에 관한 법률」 및 동법 시행령상 교도작업에 대한 설명으로 옳지 않은 것은?

① 소장은 미결수용자에 대하여는 신청에 따라 작업을 부과할 수 있지만, 교정시설 밖에서 행하는 작업은 부과할 수 없다.

② 소장은 금고형 또는 구류형의 집행 중에 있는 사람에 대하여는 신청에 따라 작업을 부과할 수 있다.

③ 소장은 교도관에게 매주 1회 수형자의 작업실적을 확인하게 하여야 한다.

④ 소장은 수형자의 가족 또는 배우자의 직계존속이 사망하면 2일간, 부모 또는 배우자의 기일을 맞이하면 1일간 해당 수형자의 작업을 면제한다. 다만, 수형자가 작업을 계속하기를 원하는 경우는 예외로 한다.

> **해설** ③ 소장은 교도관에게 매일 수형자의 작업실적을 확인하게 하여야 한다(시행령 제92조).
> ① 법 제86조 제1항, 시행령 제103조 제1항. ② 법 제67조. ④ 법 제72조 제1항
> 정답 ③

278. 교도작업 관련 내용 중 틀린 것은?

① 작업의 종류는 법무부장관의 승인을 얻어 소장이 정한다.

② 19세 미만의 수형자에게 작업을 부과하는 경우에는 정신적·신체적 성숙 정도, 교육적 효과 등을 고려하여야 한다.

③ 개방처우급 또는 완화경비처우급 수형자로서 작업기술이 탁월하고 작업성적이 우수한 자에 대해서는 개인작업을 허가할 수 있다.

④ 개인작업은 교도작업이므로 그 수익은 국고수입으로 한다.

> **해설** ④ 개인작업의 수익은 국고수입의 대상이 아니다.
> ① 시행령 제89조. ② 시행령 제90조. ③ 시행규칙 제95조. 제1항
> 정답 ④

279. 교도작업에 대한 설명이다. 맞지 않는 것은?

① 금고형수형자 및 구류형수형자는 신청에 의한 작업이 가능하다.

② 직업훈련도 넓은 의미에서 교도작업에 해당한다.

③ 우리나라는 위탁작업을 원칙으로 하고, 직영작업은 부수적으로 활용하고 있다.

④ 소장이 작업을 폐지하고자 할 때에는 법무부장관의 승인을 받아야 한다.

> **해설** ③ 우리나라는 직영작업을 원칙으로 하고 있다. ① 법 제67조. ④ 교도작업 운영지침 제8조
> 정답 ③

280. 「형의 집행 및 수용자의 처우에 관한 법령」상 교도작업에 대한 설명으로 옳지 않은 것은?

① 소장은 법무부장관의 승인을 받아 수형자에게 부과하는 작업의 종류를 정한다.

② 소장은 수형자가 작업 또는 직업훈련 중에 사망하거나 그로 인하여 사망한 때 상속인에게 조위금을 지급한다.

③ 집중근로작업이 부과된 수형자에게 접견 또는 전화통화를 제한한 때에는 휴일이나 그 밖에 해당 수용자의 작업이 없는 날에 접견 또는 전화통화를 할 수 있게 하여야 한다.

④ '집중적인 근로가 필요한 작업'이란 수형자의 신청에 따라 1일 작업시간 중 접견·전화통화·교육 및 공동행사 참가 등을 하지 아니하고 휴게시간을 포함한 작업시간 내내 하는 작업을 말한다.

 ④ '집중적인 근로가 필요한 작업'이란 수형자의 신청에 따라 1일 작업시간 중 접견 전화통화·교육 및 공동행사참가 등을 하지 아니하고, 휴게시간을 제외한 작업시간 내내 하는 작업을 말한다(시행령 제95조).
① 시행령 제89조. ② 법 제74조. ③ 법 제70조 제1항

정답 ④

---

281. 교도작업에 대한 설명으로 옳지 않은 것으로만 묶인 것은?

> ㉠ 교도작업은 교정시설의 수용자에게 부과하는 노역으로 징역형의 징역, 금고형의 청원작업, 개인작업이 이에 해당한다.
> ㉡ 외부통근작업 대상자의 선정기준 등에 관하여 필요한 사항은 법무부령으로 정한다.
> ㉢ 교도작업의 민간기업의 참여절차, 작업종류, 작업운영에 필요한 사항은 지방교정청장이 정한다.
> ㉣ 교도작업으로 인한 작업수익금은 교도작업의 운영경비로 지출할 수 있다.

① ㉠, ㉢   ② ㉠, ㉣

③ ㉡, ㉢   ④ ㉡, ㉣

해설 ×: ㉠ 교도작업은 본래 징역복무의무가 있는 징역형 수형자만을 대상으로 실시하는 강제작업이나, 현행법상 금고형 수형자, 구류형 수형자, 미결수용자인 경우에도 신청이 있는 경우에는 작업을 부과할 수 있다. 개인작업은 강제적 성격을 지니지 않으므로 교도작업에 해당하지 않는다. ㉢ 교도작업의 민간기업의 참여절차가, 민간참여작업의 종류, 그 밖에 민간참여작업의 운영에 필요한 사항은 「형의 집행 및 수용자의 처우에 관한 법률」 제68조 제1항의 사항을 고려하여 법무부장관이 정한다(교도작업의 운영 및 특별회계에 관한 법률 제6조 제3항).

○: ㉡ 법 제68조 제2항. ㉣ 교도작업은 작업수익으로 운영경비를 충당함으로써 국민의 부담을 경감시킨다는 경제적 의미를 가지는데 이와 같이 교도작업을 통해 교정시설의 운영경비를 충당하는 것을 자급자족의 원칙이라 한다.

정답 ①

282. 교도작업에 관한 설명 중 옳지 않은 것은?

① 교도작업의 활성화를 위하여 싱가포르는 갱생사업공사(SCORE)를 운영하고 있다.
② 교도작업은 근로정신함양과 직업지도에 의의를 찾을 수 있다.
③ 우리나라는 미결수용자도 청원작업이 가능하다.
④ 소장은 교도관에게 매주 수형자의 작업실적을 확인하게 하여야 한다.

> **해설** ④ 소장은 교도관에게 매일 수형자의 작업실적을 확인하게 하여야 한다(시행령 제92조).
>
> 정답 ④

283. 「형의 집행 및 수용자의 처우에 관한 법률」상 교도작업에 대한 설명으로 옳은 것은?

① 소장은 수형자의 근로의욕을 고취하고 건전한 사회복귀를 지원하기 위하여 법무부장관이 정하는 바에 따라 수형자에게 작업장려금을 지급하여야 한다.
② 외부통근작업대상자의 선정기준 등에 관하여 필요한 사항은 대통령령으로 정한다.
③ 소장은 금고형 또는 구류형의 집행 중에 있는 사람에 대하여는 신청에 따라 작업을 부과할 수 있다.
④ 소장은 수형자의 신청에 따라 집중적인 근로가 필요한 작업을 부과하는 경우라도 접견, 전화 통화, 교육, 공동행사참가 등의 처우는 제한할 수 없다.

> **해설** 소장은 수형자의 근로의욕을 고취하고 건전한 사회복귀를 지원하기 위하여 법무부장관이 정하는 바에 따라 작업의 종류, 작업성적, 교정성적, 그 밖의 사정을 고려하여 수형자에게 작업장려금을 지급할 수 있다(법 제73조 제2항).
> ② 외부통근작업대상자의 선정기준 등에 관하여 필요한 사항은 법무부령으로 정한다.(동조 제2항).
> ④ 소장은 수형자의 신청에 따라 작업, 직업능력개발훈련, 그 밖에 집중적인 근로가 필요한 작업을 부과하는 경우에는 접견·전화통화·교육·공동행사참가 등의 처우를 제한할 수 있다. 다만 접견 또는 전화통화를 제한한 때에는 휴일이나 그 밖에 해당 수용자의 작업이 없는 날에 접견 또는 전화통화를 할 수 있게 하여야 한다(법 제70조 제1항).
> ③ 법 제67조
>
> 정답 ③

284. 수용자의 거실지정과 수형자의 작업부과 시 동일한 고려사항으로만 묶인 것은?

① 형기, 성격   ② 범죄경력, 나이
③ 죄명, 건강상태   ④ 수용생활태도, 취미

> **해설** ① 소장은 수용자의 거실을 지정하는 경우에는 죄명·형기·죄질·성격·범죄전력·나이·경력 및 수용생활 태도, 그 밖에 수용자의 개인적 특성을 고려하여야 한다(법 제15조). 소장은 수형자에게 작업을 부과하려면 나이·형기·건강상태·기술·성격·취미·경력·장래생계, 그 밖의 수형자의 사정을 고려하여야 한다(법 제65조 제2항). 수용자의 거실 지정과 수형자의 작업부과 시 고려해야 할 사항 중 공통적인 것은 형기, 성격, 나이, 경력이다.
>
> 정답 ①

285. 교도작업과 관련된 다음 설명 중 맞는 것은?

① 금고 2년을 선고 받은 甲은 징역형을 받은 다른 수형자의 경우와 같이 무조건 작업에 종사하여야 한다.

② 구류 20일을 선고 받은 乙에 대하여 신청에 따른 작업을 부과할 수 없다.

③ 징역 3년을 선고 받은 丙에게는 원칙적으로 공휴일·토요일과 그 밖의 휴일에는 작업을 부과하지 아니한다.

④ 벌금 200만원을 납부하지 못해 교도소에 환형유치된 丁에게는 신청에 따른 작업을 부과할 수 있다.

 해설 ① 금고형 수형자는 형법상 정역복무의무가 없다(형법 제67조).
④ 환형처분을 받은 자는 신청에 의한 작업부과의 대상이 아니다. 신청에 따라 작업을 부과할 수 있는 대상은 금고형 수형자, 구류형 수형자, 미결수용자, 사형확정자이다(법 제67조, 제86조 제1항, 제90조 제1항).
③ 징역형 수형자는 형법상 정역복무의무가 있으므로 징역형 집행 중에는 의무적으로 작업이 부과되나, 공휴일·토요일과 그 밖의 휴일에는 원칙적으로 작업을 부과하지 않는다(법 제71조).

정답 ③

286. 「교도작업의 운영 및 특별회계에 관한 법률」상 다음 설명에서 옳지 않은 것만을 모두 고른 것은?

> ㉠ 교도작업제품의 전시 및 판매를 위하여 필요한 시설을 설치·운영하거나 전자상거래로 교도작업제품을 판매할 수 있다.
> ㉡ 법무부장관은 교도작업으로 생산되는 제품의 종류와 수량을 회계연도 개시 2개월 전까지 공고하여야 한다.
> ㉢ 법무부장관은 민간기업이 참여할 교도작업의 내용을 해당기업체와 계약으로 정한다.
> ㉣ 특별회계는 교도소장이 운영 관리하며, 법무부장관의 감독을 받는다.
> ㉤ 특별회계의 결산상 잉여금은 다음 연도의 세입에 이입한다.

① ㉠, ㉡, ㉢   ② ㉡, ㉢, ㉣

③ ㉠, ㉢, ㉤   ④ ㉡, ㉣, ㉤

해설 ×： ㉡ 법무부장관은 교도작업으로 생산되는 제품의 종류와 수량을 회계연도 개시 1개월 전까지 공고하여야 한다(교도작업의 운영 및 특별회계에 관한 법률 제4조). ㉢ 교정시설의 장은 민간기업이 참여할 교도작업의 내용을 해당 기업체와의 계약으로 정하고, 이에 대하여 법무부장관의 승인(재계약의 경우에는 지방교정청장의 승인)을 받아야 한다. 다만 법무부장관이 정하는 단기의 계약에 대하여는 그러하지 아니하다(동법 제6조 제2항). ㉣특별회계는 법무부장관이 운용·관리한다(동법 제8조 제2항).
○： ㉠ 교도작업의 운영 및 특별회계에 관한 법률 시행령 제7조. ㉤ 동법 제11조의 2

정답 ②

287. 현행 법령상 교도작업에 관한 설명으로 옳지 않은 것은?

① 수형자가 작업 중 부상 또는 신체에 장해가 발생하거나 사망한 때에 지급하는 것은 장해보상금 또는 보험금이 아니라 위로금 또는 조위금이다.

② 소장은 수형자에게 작업을 부과하려면 나이·형기·건강상태·기술·성격·취미·경력·장래생계, 그 밖의 수형자의 사정을 고려하여야 하며, 19세 미만의 수형자인 경우에는 정신적·신체적 성숙 정도, 교육적 효과 등을 고려하여야 한다.

③ 수형자에게는 법무부장관이 정하는 바에 따라 작업의 종류, 작업성적, 교정성적, 그 밖의 사정을 고려하여 작업장려금을 지급할 수 있다.

④ 신청에 따라 작업이 부과된 수형자는 작업의 취소를 요청하지 못한다.

> **해설** ④ 소장은 신청에 따라 작업이 부과된 수형자가 작업의 취소를 요청하는 경우에는 그 수형자 의사, 건강 및 교도관의 의견 등을 고려하여 작업을 취소할 수 있다(시행령 제93조).
> ① 법 제74조 제1항. ② 법 제65조 제2항. 시행령 제90조. ③ 법 제73조 제2항
>
> 정답 ④

288. 「형의 집행 및 수용자의 처우에 관한 법률」 및 동법 시행령상 교도작업에 대한 설명으로 옳지 않은 것은?

① 소장은 수형자에게 작업을 부과하려면 죄명, 형기, 죄질, 성격, 범죄전력, 나이, 경력 및 수용 생활태도, 그 밖의 수형자의 개인적 특성을 고려하여야 한다.

② 소장은 법무부장관이 정하는 바에 따라 작업의 종류, 작업성적, 교정성적, 그 밖의 사정을 고려하여 수형자에게 작업장려금을 지급할 수 있다.

③ 소장은 신청에 따라 작업이 부과된 수형자가 작업의 취소를 요청하는 경우에는 그 수형자의 의사, 건강 및 교도관의 의견 등을 고려하여 작업을 취소할 수 있다.

④ 소장은 19세 미만의 수형자에게 작업을 부과할 경우 추가적으로 정신적·신체적 성숙 정도, 교육적 효과 등을 고려하여야 한다.

> **해설** ① 소장은 수형자에게 작업을 부과하려면 나이·형기·건강상태·기술·성격·취미·경력·장래생계, 그 밖의 수형자의 사정을 고려하여야 한다(법 제65조 제2항). 주어진 지문의 내용은 거실을 지정하는 경우에 고려하여야 할 사항에 해당한다(법 제15조).
> ② 법 제73조 제2항. ③ 시행령 제93조. ④ 시행령 제90조
>
> 정답 ①

289. 다음 중 현행법령상 집중근로대상자에 대해 처우상 제한할 수 없는 것은?

① 접견   ② 편지수수
③ 전화통화   ④ 공동행사참가

> **해설** ①③④ 소장은 수형자의 신청에 따라 작업, 직업능력개발훈련, 그 밖에 집중적인 근로가 필요한 작업을 부과하는 경우에는 접견·전화통화·교육·공동행사참가 등의 처우를 제한할 수 있다. 다만 접견 또는 전화통화를 제한한 때에는 휴일이나 그 밖에 해당 수용자의 작업이 없는 날에 접견 또는 전화통화를 할 수 있게 하여야 한다(법 제70조 제1항).
>
> 정답 ②

290. 교도작업과 관련된 형집행법의 내용이다. 괄호 안에 들어갈 말을 바르게 연결한 것은?

> 교정시설의 장은 수형자의 (㉠)에 따라 외부통근작업, 직업능력개발훈련, 그 밖에 (㉡)
> 이(가) 필요한 작업을 부과하는 경우에는 접견, (㉢)·교육·공동행사 참가 등의 처우를 제한
> 할 수 있다. 다만, 접견 또는 (㉢)을(를) 제한한 때에는 휴일이나 그 밖에 해당 수용자의
> 작업이 없는 날에 접견 또는 (㉢)을(를) 할 수 있게 하여야 한다.

	㉠	㉡	㉢
①	사정	특별한 능력	편지
②	사정	특별한 능력	집필
③	신청	집중적인 근로	편지
④	신청	집중적인 근로	전화통화

 ④ 법 제70조 제1항 　　　　　　　　　　　　　　　　　　　정답 ④

291. 교도작업 운영에 관한 설명으로 옳지 않은 것은?

① 19세 미만의 수형자에게 작업을 부과하는 경우에는 정신적·신체적 성숙 정도, 교육적 효과
　등을 고려하여야 한다.
② 수형자의 작업에 의한 수입은 국고수입으로 하는 것이 원칙이다.
③ 금고형의 집행 중에 있는 사람에게는 신청에 따라 작업을 부과할 수 있다.
④ 수형자의 개인작업에 필요한 작업재료 등의 구입비용은 교정시설에서 부담하는 것이 원칙이다.

 ④ 개인작업에 필요한 작업재료 등의 구입비용은 수형자가 부담한다. 다만 처우상 필요한 경우에는 예산의
　　　범위에서 그 비용을 지원할 수 있다(시행규칙 제95조 제3항).
　　　① 시행령 제90조. ② 법 제73조 제1항. ③ 법 제67조 　　　　　　　　정답 ④

292. 현행법상 경영방식에 따른 교도작업의 종류가 아닌 것은?

① 직영작업　　　　　　　　　　　　　② 관용작업
③ 노무작업　　　　　　　　　　　　　④ 위탁작업

 ② 관용작업이란 세탁·취사·청소 등 교정시설 자체의 기능을 유지하기 위하여 행하는 작업으로 작업의 목
　　　적에 따른 종류 중 하나이다. 교도작업의 종류를 요약정리하면 다음과 같다.

구분	교도작업의 종류
작업의 성질에 따른 분류	일반작업, 신청에 의한 작업
경영방식에 따른 분류	직영작업(관사작업), 위탁작업(단가작업), 노무작업(임대작업), 도급작업
작업내용에 따른 분류	기능작업, 중노동작업, 경노동작업
작업의 목적에 따른 분류	생산직업, 직업훈련, 관용작업

정답 ②

293. 다음 중 수형자의 적성에 부합하고 직업훈련에 적합한 작업방식은?

① 관사방식   ② 위탁방식

③ 노무방식   ④ 도급방식

 관사방식(직영방식)은 작업의 종류를 교정당국에서 자유로이 선택할 수 있다는 점에서 다른 경영방식에 비하여 작업자의 적성에 맞는 직업을 부과할 수 있고, 직업훈련에 용이하다는 장점이 있다.

[정답] ①

294. 직영작업에 대한 설명이다. 맞지 않는 것은?

① 직업훈련에 용이하다.   ② 형벌의 통일에 용이하다.

③ 설비 등 재정비용이 적게 든다.   ④ 수입을 증대시킬 수 있다.

해설 ③ 직영작업은 교정시설에서 일체의 시설·장비·재료·노무 및 경비 등을 부담하여 직접 물건의 생산 및 판매를 하는 작업방식이므로 제품생산에 많은 재정비용이 소요된다.

[정답] ③

295. 교도작업의 경영방법 중 직영작업의 장점만을 모두 고른 것은?

> ㉠ 교도소가 이윤을 독점할 수 있다.
> ㉡ 교도소가 작업에 대한 통제를 용이하게 할 수 있다.
> ㉢ 교도소가 자유로이 작업종목을 선택할 수 있으므로 직업훈련이 용이하다.
> ㉣ 민간시장의 가격경쟁원리를 해치지 않는다.
> ㉤ 제품의 판매와 상관없이 생산만 하면 되므로 불경기가 문제되지 않는다.

① ㉠, ㉡, ㉢   ② ㉠, ㉡, ㉤

③ ㉡, ㉢, ㉣   ④ ㉢, ㉣, ㉤

해설 • 직영작업의 장점 ○ : ㉠㉡㉢
• 직영장점의 장점 × : ㉣ 저렴한 가격으로 생산된 직영작업의 제품이 시장에 대량 공급될 경우 민간기업을 압박할 수 있으므로 민간시장의 가격경쟁원리를 해치지 않는다는 표현은 옳지 않다. ㉤ 직영작업으로 생산된 제품은 교정당국이 직접 판매해야 하는데 불경기일 경우 시장개척이나 판로가 어려움을 겪을 수 있다. ㉤은 위탁작업의 장점에 해당한다.

┃ 직영작업 ┃

장점	단점
• 형벌집행의 통일과 작업통제에 용이	• 제품생산에 많은 비용이 소요
• 적성에 맞는 작업부과 가능	• 생산에서 판매까지 사무가 번잡
• 사인의 관여를 차단할 수 있고, 규율유지에 용이	• 시장개척이나 판로의 어려움으로 일반기업과의 경쟁에서 불리
• 경제변동에 영향받지 않고, 이윤독점 가능	• 교도관의 전문지식 결여로 최적의 경영성과를 거두기 곤란
• 작업종목 선택이 자유롭고, 직업훈련에 용이	• 각종 법규나 복무규정 등으로 적시에 재료수급이나 제품판매 곤란
• 국가세입의 증대와 자급자족이 가능	• 저렴한 가격으로 대량공급될 경우 민간기업을 압박할 수 있음

[정답] ①

296. 다음은 위탁작업에 대한 설명이다. 위탁작업의 장점을 모두 고른 것은?

> ㉠ 설비와 자재를 업자가 제공하므로 이를 구입할 필요가 없고, 사무가 단순하다
> ㉡ 적은 비용으로 할 수 있고, 경기변동에 직접적인 영향을 받지 않으므로 위험이 적다.
> ㉢ 수형자의 적성에 맞는 작업을 부여할 수 있다.
> ㉣ 국고수입 증대 및 자급자족효과가 있다.
> ㉤ 다수의 취업이 가능하고, 교정의 통일성을 유지할 수 있다.
> ㉥ 판매와 관계없이 납품만 하면 되므로 제품처리에 문제가 없다.
> ㉦ 수형자와 교도관 간에 인간적인 신뢰로 인한 반사회성 교정 및 갱생의욕을 고취할 수 있다.

① ㉠, ㉡, ㉢, ㉥   ② ㉠, ㉡, ㉤, ㉥
③ ㉡, ㉢, ㉤, ㉦   ④ ㉠, ㉣, ㉥, ㉦

해설 ㉢㉣은 직영작업의 장점. ㉦은 도급작업의 장점.

▌위탁작업의 장·단점 ▌

장점	단점
• 설비자금, 원자재의 구입자금 등이 불필요 • 경기에 좌우되지 않고, 사무가 간편 • 직영작업이나 노무작업에 비해 민간기업 압박이 덜함 • 적은 비용으로 다수의 인원 취업 가능 • 제품의 판로에 대한 부담이 없음 • 작업의 통일성 유지 가능	• 수형자의 기술습득에 적합한 작업을 선택하기 곤란 • 위탁자의 사정에 따라 작업의 종류가 좌우 • 업종이 다양하지 못하여 직업훈련에 부적합 • 경제적 이윤이 적음 • 위탁업자의 빈번한 교정시설 출입에 따라 금지물품 반입이나 작업 수용자와의 부정한 거래 등 보안상 문제가 발생될 소지 있음

정답 ②

297. 다음은 어떤 교도작업의 특성에 대한 설명인가?

> ㉠ 기계의 설비자금과 원자재의 구입자금 등이 필요하지 않다.
> ㉡ 적은 비용으로 다수의 인원을 취업시킬 수 있다.
> ㉢ 판매와 관계없이 생산하여 납품만 하면 되기 때문에 제품처리에 문제가 없다.

① 직영작업   ② 도급작업
③ 노무작업   ④ 위탁작업

해설 ④ 위탁작업이란 외부의 개인 또는 기업체 등 위탁자로부터 작업에 사용할 각종 설비 및 재료의 전부 또는 일부를 제공받아 물건을 생산·가공 또는 수선하여 위탁자에게 교부하고, 그 대가를 받는 작업방식을 말하는데 주어진 내용은 위탁작업의 특성에 해당한다.

정답 ④

298. 다음 교도작업의 특징을 유형별로 바르게 묶은 것은?

> ㉠ 작업에 대한 통제가 용이하다.
> ㉡ 취업비가 필요 없고 자본이 없이도 가능하다.
> ㉢ 판매와 관계없이 납품만 하면 되기 때문에 제품처리에 문제가 없다.
> ㉣ 작업의 대형성으로 높은 수익을 가능하게 한다.
> ㉤ 업종이 다양하지 못하여 직업훈련에 부적합하다.
> ㉥ 경기변동에 큰 영향을 받지 않는다.
> ㉦ 관계법규의 제약으로 적절한 시기에 기계, 기구, 원자재 구입이 곤란하다.
> ㉧ 엄격한 규율을 유지하며 작업이 가능하다.
> ㉨ 전문지식과 경험부족으로 큰 손실을 입을 수 있다.
> ㉩ 다수의 인원을 취업시킬 수 있어 미취업자를 해소할 수 있고 작업의 통일성을 유지할 수 있다.

① 직영작업- ㉠, ㉣, ㉧
② 노무작업- ㉡, ㉥, ㉨
③ 위탁작업- ㉢, ㉤, ㉨
④ 위탁작업- ㉣, ㉦, ㉨

 ㉢㉤㉨은 위탁작업의 특징이다.

정답 ③

299. 교도작업에 대한 설명으로 옳은 것을 모두 고른 것은?

> ㉠ 직영작업은 수형자의 적성에 적합하도록 작업을 부과할 수 있다.
> ㉡ 위탁작업은 업종이 다양하여 직업훈련에 적합하다.
> ㉢ 노무작업은 사인의 간섭과 외부 부정의 개입가능성이 없다.
> ㉣ 도급작업은 대부분 구외방식이므로 계호상의 어려움이 있다.

① ㉠, ㉡
② ㉡, ㉢
③ ㉠, ㉣
④ ㉢, ㉣

 ○ : ㉠ 직영작업은 교정시설에서 일체의 시설·장비·재료·노무 및 경비 등을 부담하여 직접 물건을 생산 및 판매를 하는 작업방식이므로 수형자의 적성에 적합한 작업을 취사선택할 수 있다. ㉣ 도급작업은 성격상 대형인 경우가 많고, 대부분 구외작업이므로 계호상의 어려움이 많다는 표현은 타당하다.
× : ㉡ 위탁작업은 위탁자의 사정에 따라 작업의 종류가 좌우될 수 있고, 업종이 다양하지 못하여 직업훈련에 부적합하다. ㉢ 노무작업은 교도작업에 필요한 모든 재료·기술·경비를 외부민간단체가 부담하므로 사인이 수형자에 대한 통제권을 행사할 수 있고, 사인의 작업관여가 많으며, 외부 부정의 개입가능성이 있다는 단점이 있다.

정답 ③

300. 교도작업 중 도급작업에 대한 설명으로 옳은 것은?

① 교도소 운영에 필요한 취사, 청소, 간호 등 대가 없이 행하는 작업이다.

② 일정한 공사의 완성을 약정하고 그 결과에 따라 약정금액을 지급받는 작업이다.

③ 사회 내의 사업주인 위탁자로부터 작업에 사용할 시설, 기계, 재료의 전부 또는 일부를 제공받아 물건 및 자재를 생산, 가공, 수선하여 위탁자에게 제공하고 그 대가를 받는 작업이다.

④ 교도소에서 일체의 시설, 기계, 재료, 노무 및 경비 등을 부담하여 물건 및 자재를 생산·판매하는 작업으로서 수형자의 기술 습득 면에서는 유리하지만 제품의 판매가 부진할 경우 문제가 된다.

해설 ①은 관용작업, ③은 위탁작업, ④는 직영작업.

정답 ②

301. 교도작업의 유형과 교도작업의 특징을 바르게 짝지은 것은?

> ⊙ 제품처리의 문제가 없다.
> ⓒ 이윤을 독점할 수 있다.
> ⓒ 업종이 다양하지 못하여 직업훈련에 부적합하다.
> ⓔ 계호부담이 상대적으로 크다.
> ⓜ 형벌집행의 통일과 작업통제가 용이하다.
> ⓗ 손실이 대형화할 경우에는 보상이 곤란하다.
> ⓢ 교정운영에 개인의 관여가 심하다.
> ⓞ 불취업자 해소에 유리하다는 점이 장점이다.
> ⓩ 직영작업의 간격을 이용하는 일시적 작업이 보통이다.

① 노무작업- ⊙, ⓒ, ⓩ

② 직영작업- ⓒ, ⓜ, ⓢ

③ 위탁작업- ⓒ, ⓞ, ⓩ

④ 도급작업- ⓔ, ⓗ, ⓞ

해설 ④ 도급작업은 불취업자 해소에 유리하다는 장점이 있는 반면, 계호부담이 상대적으로 크고, 손실이 대형화할 경우 보상이 곤란하다는 단점이 있다.

정답 ④

302. 작업장려금에 대한 설명으로 옳은 것은?

① 작업장려금은 본인이 신청하면 석방 전이라도 그 전부 또는 일부를 지급하여야 한다.

② 수형자에 대한 작업장려금은 대통령령으로 정한다.

③ 작업장려금은 귀휴비용으로 사용할 수 없다.

④ 작업장려금은 징벌로서 삭감할 수 있다.

① 작업장려금은 석방할 때에 본인에게 지급한다. 다만 본인의 가족생활 부조, 교화 또는 건전한 사회복귀를 위하여 특히 필요하면 석방 전이라도 그 전부 또는 일부를 지급할 수 있다(법 제73조 제3항). 즉 본인의 신청을 요건으로 하지 않으며, 석방 전 지급은 재량사항이다.
② 대통령령 → 법무부장관(법 제73조 제2항). ③ 소장은 귀휴자가 신청할 경우 작업장려금의 전부 또는 일부를 귀휴비용으로 사용하게 할 수 있다(시행규칙 제142조 제2항). ④ 법 제108조 제3호

[정답] ④

303. 현행법상 교도작업에 관한 내용으로 옳지 않은 것은?

① 수형자는 자신에게 부과된 작업과 그 밖의 노역을 수행하여야 할 의무가 있다.
② 소장은 수형자의 건전한 사회복귀와 기술습득을 촉진하기 위하여 필요하면 외부기업체 등에 통근 작업하게 하거나 교정시설의 안에 설치된 외부기업체의 작업장에서 작업하게 할 수 있다.
③ 소장은 수형자의 신청에 따라 외부통근작업, 직업능력개발훈련, 그 밖에 집중적인 근로가 필요한 작업을 부과하는 경우에는 접견·전화통화·교육·공동행사 참가 등의 처우를 제한할 수 있다.
④ 소장은 수형자가 작업 중 부상 또는 질병으로 신체에 장해가 발생하거나 사망한 때에는 법무부장관이 정하는 바에 따라 위로금 또는 조위금을 지급할 수 있다.

④ 소장은 수형자가 작업으로 인한 부상 또는 질병으로 신체에 장해가 발생하거나 사망한 때에는 법무부장관이 정하는 바에 따라 위로금을 지급한다(법 제74조 제1항).
① 법 제66조. ② 법 제68조 제1항. ③ 법 제70조 제1항

[정답] ④

304. 교도작업에 대한 설명으로 옳지 않은 것은?

① 수형자에게 부과되는 작업은 건전한 사회복귀를 위해 기술을 습득하고 근로의욕을 고취하는데 적합해야 한다.
② 소장은 금고형 또는 구류형의 집행 중에 있는 사람이 작업을 신청한 경우 작업을 부과할 수 있다.
③ 소장은 수형자가 개방처우급 또는 완화경비처우급으로서 작업기술이 탁월하고 우수한 경우 수형자 자신의 작업을 하게 할 수 있다.
④ 소장은 수형자의 신청에 따라 집중적인 근로가 필요한 작업을 부과하는 경우에도 접견·전화통화·교육·공동행사 참가 등의 처우를 제한할 수 없다.

④ 소장은 수형자의 신청에 따라 집중적인 근로가 필요한 작업을 부과하는 경우에도 접견·전화통화·교육·공동행사 참가 등의 처우를 제한할 수 있다.
① 법 제65조 제1항. ② 법 제67조. ③ 시행규칙 제95조 제1항

[정답] ④

305. 「형의 집행 및 수용자의 처우에 관한 법률」상 교도작업에 대한 설명으로 옳은 것으로만 묶은 것은?

> ㉠ 취사 등 특히 필요한 작업을 제외하고는 공휴일·토요일과 그 밖의 휴일에는 작업을 부과하지 아니한다.
> ㉡ 수형자가 작업을 계속하기를 원하는 경우가 아니라면 소장은 수형자의 가족 또는 배우자의 직계존속이 사망하면 2일간, 부모 또는 배우자의 기일을 맞이하면 1일간 해당 수형자의 작업을 면제한다.
> ㉢ 작업수입은 국고수입으로 한다.
> ㉣ 소장은 금고형 또는 구류형의 집행 중에 있는 사람에 대하여는 교도작업을 신청하여도 작업을 부과할 수 없다.
> ㉤ 작업장려금은 특별한 사유가 없는 한 석방 전에 지급하여야 한다.

① ㉠, ㉡, ㉢　　　　　　② ㉠, ㉣, ㉤
③ ㉡, ㉢, ㉣　　　　　　④ ㉡, ㉢, ㉤

해설 ○ : ㉠ 시행령 제96조. ㉡ 법 제72조 제1항. ㉢ 법 제73조 제1항
　　　× : ㉣ 소장은 금고형 또는 구류형의 집행 중에 있는 사람에 대하여는 신청에 따라 작업을 부과할 수 있다(법 제67조) ㉤ 작업장려금은 석방할 때에 본인에게 지급한다. 다만 본인의 가족생활 부조, 교화 또는 건전한 사회복귀를 위하여 특히 필요하면 석방 전이라도 그 전부 또는 일부를 지급할 수 있다(법 제73조 제3항).

[정답] ①

306. 교도작업임금제에 대하여 일반적으로 제기되는 반대론의 근거로 옳지 않은 것은?

① 수용자의 자긍심을 낮춰 교화개선에 장애를 초래할 우려가 있다.
② 사회정의나 일반시민의 법감정에 위배될 소지가 있다.
③ 임금지급을 위한 추가적 예산배정은 교정경비의 과다한 증가를 초래할 수 있다.
④ 형벌집행과정에서 임금이 지급된다면 형벌의 억제효과를 감퇴시킬 우려가 있다.

해설 ① 교도작업임금제는 근로의욕 및 자긍심을 고취시켜 제품의 질을 향상시키고, 교화개선에 긍정적인 효과를 거둘 수 있다.

┃ 교도작업임금제의 찬성론과 반대론 ┃

찬성론	반대론
• 근로의욕 고취로 작업수입 증대에 유리 • 근로를 국민의 권리이자 의무로 파악하는 헌법의 태도와 일치 • 교도작업에 임금을 지급하지 않는 것은 작업을 형벌로 보기 때문이며, 비자발적인 봉사와 속죄를 강요하는 것과 같음 • 석방 후 경제적 자립기반을 제공 • 행형의 재사회화에 실질적으로 기여 • 피해자에 대한 손해배상의 기회 제공	• 교도작업은 근로계약에 의한 것이 아니므로 국가는 임금지급 의무가 없음 • 임금지급은 사회정의나 국민의 법감정에 위배 • 범죄인이 사회의 실직자보다 우대받는 것은 형평의 원리에 위배 • 임금지급을 위한 예산배정은 교정경비 증가를 초래 • 형벌의 범죄억제효과 감퇴

[정답] ①

307. 다음 설명 중 틀린 것은?

① 교도작업관용주의는 교도작업으로 생산되는 물건 및 자재를 국가나 지방자치단체 또는 공공기관 등에 우선적으로 공급하여 효율적이고 합리적인 교도작업의 운영을 목적으로 한다.

② 교도작업으로 생산된 제품은 민간기업 등에 직접 판매하거나 위탁하여 판매할 수 있다.

③ 국가, 지방자치단체 또는 공공기관은 필요로 하는 물품이 교도작업제품에 해당하는 경우에는 법무부장관이 교도작업제품으로 공고한 제품 중에서 우선적으로 구매하여야 한다.

④ 기획재정부장관은 교도작업으로 생산되는 제품의 종류와 수량을 회계연도 개시 1개월 전까지 공고하여야 한다.

> 해설 ④ 기획재정부장관 → 법무부장관(교도작업의 운영 및 특별회계에 관한 법률 제4조).
> ② 동법 제7조. ③ 동법 제5조
> 정답 ④

308. 직업훈련대상자 선정의 제한사유를 모두 고른 것은?

> ㉠ 15세 미만인 경우
> ㉡ 교육과정을 수행할 문자해독능력 및 강의이해능력이 부족한 경우
> ㉢ 징벌대상행위의 혐의가 있어 조사 중인 경우
> ㉣ 징벌집행 중인 경우

① ㉠, ㉡   ② ㉠, ㉡, ㉢
③ ㉡, ㉣   ④ ㉠, ㉡, ㉢, ㉣

> 해설 ㉠㉡㉢㉣ 모두 직업훈련대상 선정의 제한사유에 해당한다(시행규칙 제126조).
>
> | 직업훈련대상자로 선정할 수 없는 자 |
> | --- |
> | • 15세 미만인 경우 |
> | • 교육과정을 수행할 문자해독능력 및 강의이해능력이 부족한 경우 |
> | • 징벌대상행위의 혐의가 있어 조사 중이거나 징벌집행 중인 경우 |
> | • 작업, 교육·교화프로그램 시행으로 인하여 직업훈련의 실시가 곤란하다고 인정되는 경우 |
> | • 질병·신체조건 등으로 인하여 직업훈련을 감당할 수 없다고 인정되는 경우 |
>
> 정답 ④

309. 다음 중 계호에 대한 설명으로 틀린 것은?

① 정당한 계호권 행사는 위법성조각사유가 된다.

② 물적 계호보다는 인적 계호의 중요성이 커지고 있다.

③ 교도관이 신체적 유형력을 사용하는 경우도 있다.

④ 계호는 수용자에 따라 탄력적으로 적용된다.

> 해설 ② 종전 계호는 계호권자의 인적 계호가 주류를 이루었으나, 과학의 발달에 힘입어 점차 시설이나 장비를 통한 물적 계호의 중요성이 커지고 있다.
> 정답 ②

310. 수형자의 직업능력개발훈련에 관한 설명으로 옳지 않은 것은?

① 교정시설의 장은 16세 미만의 수형자를 직업훈련대상자로 선정해서는 아니 된다.
② 교정시설의 장은 수형자가 개방처우급 또는 완화경비처우급으로서 직업능력 향상을 위하여 특히 필요한 경우에는 교정시설 외부의 공공기관이나 기업체 등에서 운영하는 직업훈련을 받게 할 수 있다.
③ 수형자가 직업훈련으로 인한 부상으로 신체에 장해가 발생한 경우에는 석방할 때 본인에게 위로금을 지급하고, 수형자가 직업훈련 중에 사망한 경우에는 그 상속인에게 조위금을 지급한다.
④ 교정시설 외부의 공공기관이나 기업체 등에서 운영하는 직업훈련의 비용은 수형자가 부담하는 것이 원칙이다.

> **해설** ① 16세 미만 → 15세 미만(시행규칙 제126조 제1호). ② 시행규칙 제96조 제1항. ③ 법 제74조 제1항. ④ 시행규칙 제96조 제2항
>
> 정답 ①

311. 다음 계호에 대한 설명 중 틀린 것은?

① 시찰은 수용자에게 객관적으로 나타나는 동정을 파악하는 계호행위이다.
② 명령은 수용자에게 일정한 작위나 부작위를 강제적으로 요구하는 것이다.
③ 검사는 교정사고를 미연에 방지하기 위하여 인적·물적으로 나타난 위해상태를 사전에 조사하는 것이다.
④ 강제는 위험의 개연성이 있는 경우 사전에 예방하는 조치로 교정시설의 안전을 유지한다.

> **해설** 강제는 수용자가 정당한 이유 없이 법규 또는 계호권자의 직무상 명령을 이행하지 않은 경우에 이행한 것과 동일한 상태를 실현하기 위하여 행하는 강제력행사를 말한다. ④ 는 배제에 관한 설명이다.

▌계호행위의 종류 ▌

시찰	수용자의 동정 및 교정시설의 상태를 살피는 예방조치(가장 빈번하게 사용하는 계호행위)
명령	수용자에게 일정한 작위나 부작위를 강제적으로 요구하는 것
강제	수용자가 직무상 명령을 불이행 시 이행한 것과 같은 상태를 실현하기 위하여 행하는 조치
검사	교정사고를 방지하기 위하여 사전에 보안상태를 조사하는 것
정돈	수용자의 규칙적인 생활을 유도하고, 시설내 물품이나 장비의 이상 유무를 확인하는 행위
구제	위험이 발생한 경우에 수용자를 구하기 위한 사후조치
배제	위험발생의 개연성이 있는 경우 이를 사전에 예방하는 조치

> 정답 ④

312. 「형의 집행 및 수용자의 처우에 관한 법령」상 작업과 직업훈련에 대한 설명으로 옳지 않은 것은?

① 소장은 사형확정자가 작업을 신청하면 교도관회의의 심의를 거쳐 교정시설 안에서 실시하는 작업을 부과할 수 있다.

② 소장은 수형자의 가족 또는 배우자의 직계존속이 사망하면 2일간, 부모 또는 배우자의 기일을 맞이하면 1일간 해당 수형자의 작업을 면제한다. 다만, 수형자가 작업을 계속하기를 원하는 경우는 예외로 한다.

③ 집체직업훈련 대상자는 소속기관의 수형자 중에서 소장이 선정한다.

④ 수형자가 작업으로 인한 부상으로 신체에 장해가 발생하여 위로금을 받게 된 경우 그 위로금을 지급받을 권리는 다른 사람 또는 법인에게 양도하거나 담보로 제공할 수 없으며, 다른사람 또는 법인은 이를 압류할 수 없다.

> 해설 ③ 직업훈련 대상자는 소속기관의 수형자 중에서 소장이 선정한다. 다만 집체직업훈련대상자는 집체직업훈련을 실시하는 교정시설의 관할 지방교정청장이 선정한다(시행규칙 제124조 제2항).
> ① 시행규칙 제153조 제1항. ② 법 제72조 제1항 ④ 법 제76조 제1항

정답 ③

313. 「형의 집행 및 수용자의 처우에 관한 법률 시행규칙」상 직업훈련에 대한 설명으로 옳지 않은 것은?

① 소장은 직업훈련을 위하여 필요한 경우에는 수형자를 다른 교정시설로 이송할 수 있다.

② 직업훈련 직종 선정 및 훈련과정별 인원은 법무부장관의 승인을 받아 소장이 정한다.

③ 징벌대상행위의 혐의가 있어 조사 중이거나 징벌집행 중인 수형자는 직업훈련 대상자로 선정하여서는 아니 된다.

④ 수형자 취업지원협의회 회의는 재적위원 과반수 출석으로 개의하고, 출석위원 과반수 찬성으로 의결한다.

> 해설 ① 법무부장관은 직업훈련을 위하여 필요한 경우에는 수형자를 다른 교정시설로 이송할 수 있다(시행규칙 제127조 제1항).
> ② 시행규칙 제124조 제1항. ③ 시행규칙 제126조. ④ 시행규칙 제148조 제3항

정답 ①

314. 계호에 대한 설명으로 틀린 것은?

① 휴대품 검사, 거실 및 작업장 검사는 대물계호이다.

② 검찰청 및 법원의 소환에 응하는 것은 호송계호이다.

③ 신체검사·의류검사 등 법익의 침해가 크지 않은 것은 통상계호이다.

④ 특별계호란 계호대상자의 특수성을 기준으로 한 분류이다.

② 검찰이나 법원 등 형사사법기관의 소환에 응할 때에 행하는 계호는 출정계호이다.

┃ 계호의 종류 ┃

계호대상	대인계호	강제력행사, 보호장비사용 등 수용자나 제3자의 신체에 직접적으로 행사되는 계호
	대물계호	거실 및 작업장 검사, 소지품검사 등 시설이나 물건에 대해 행사되는 계호
계호수단	인적계호	계호권자의 육체적·정신적 기능을 통한 계호
	물적계호	건조물이나 부속설비, 보호장비·무기의 사용 등 시설이나 장비를 통한 계호
계호장소	호송계호	수용자를 교정시설 외부로 이동시키기 위한 계호
	출정계호	검찰이나 법원 등 형사사법기관의 소환에 응할 때의 계호
사태의 긴급성	통상계호	일상적인 계호
	비상계호	천재·지변·폭동·도주·화재 등의 경우에 특별한 수단과 방법으로 행해지는 계호
대상의 특수성	일반계호	일반수용자에 대한 통상의 계호
	특별계호	상습규율위반자, 도주나 자살우려자 등 교정사고의 우려가 높은 수용자에 대한 계호

정답 ②

315. 계호의 종류에 대한 설명 중 옳은 것은?

① 소지품의 검사는 대인계호에 해당한다.
② 교도소 내 출입구와 초소경계는 인적 계호에 해당한다.
③ 형사피고인이 법원의 소환에 응한 때에 행하는 계호를 호송계호라 한다.
④ 비상계호를 특별계호라고도 한다.

해설 ① 소지품의 검사는 대물계호에 해당한다.
③은 출정계호에 대한 설명이다. ④ 비상계호는 긴급성에 따른 구별이고, 특별계호는 계호대상의 특수성에 따른 구별이다. 정답 ②

316. 다음 중 ( )안에 들어가지 못할 단어로만 묶인 것은?

> ( )가 수용된 거실은 참관할 수 없다. 자살 등의 우려가 큰 때에는 ( )로 거실에 있는 수용자를 계호할 수 있다. ( )를 사용하여도 그 목적을 달성할 수 없는 경우에는 일반수용거실로부터 격리되어 있고 방음설비 등을 갖춘 ( )에 수용할 수 있다.

① 미결수용자, 보호장비
② 전자장비, 보호실
③ 사형확정자, 진정실
④ 전자영상장비, 진정실

해설 (미결수용자 또는 사형확정자)가 수용된 거실은 참관할 수 없다(법 제80조, 제89조 제2항). 자살 등의 우려가 큰 때에는 (전자영상장비)로 거실에 있는 수용자를 계호할 수 있다(법 제94조 제1항 단서). (보호장비)를 사용하여도 그 목적을 달성할 수 없는 경우에는 일반수용거실로부터 격리되어 있고 방음설비 등을 갖춘(진정실)에 수용할 수 있다(법 제96조 제1항).

정답 ②

317. 보호실 수용관련 다음 설명 중 틀린 것을 모두 고르면?

ㄱ 자살 또는 자해 우려가 있는 때 보호실에 수용할 수 있다.
ㄴ 보호실 수용기간은 15일 이내로 하되 3일 이내로 연장할 수 있다.
ㄷ 신체적·정신적 질병으로 인하여 특별한 보호가 필요한 때 보호실에 수용할 수 있다.
ㄹ 교정시설의 설비 또는 기구를 손괴하거나 손괴하려고 하는 때 보호실에 수용할 수 있다.
ㅁ 의무관은 보호실 수용자의 건강을 수시로 확인하여야 한다.
ㅂ 소란행위를 계속하여 평온한 수용생활을 방해하는 때 보호실에 수용할 수 있다.

① ㄱ, ㄴ, ㅁ

② ㄴ, ㄹ, ㅂ

③ ㄷ, ㄹ, ㅁ

④ ㄹ, ㅁ, ㅂ

 해설 × : ㄴ 보호실 수용기간은 15일 이내로 하되, 연장은 1회당 7일 이내로 한다(법 제95조 제2항. 제3항).
ㄹㅂ은 진정실 수용요건에 해당한다(법 제96조 제1항).
○ : ㄱㄷ 법 제95조 제1항. ㅁ 동조 제5항   정답 ②

318. 「형의 집행 및 수용자의 처우에 관한 법률」상 안전과 질서에 대한 설명으로 옳은 것만을 모두 고르면?

ㄱ 소장은 수용자가 자살 또는 자해의 우려가 있는 때에는 의무관의 의견을 고려하여 진정실에 수용할 수 있다.
ㄴ 교도관은 자살·자해·도주·폭행·손괴, 그 밖에 수용자의 생명·신체를 해하거나 시설의 안전 또는 질서를 해하는 행위(이하 "자살 등"이라 한다)를 방지하기 위하여 필요한 범위에서 전자장비를 이용하여 수용자 또는 시설을 계호할 수 있다. 다만, 전자영상장비로 거실에 있는 수용자를 계호하는 것은 자살 등의 우려가 큰 때에만 할 수 있다.
ㄷ 교도관은 수용자가 위력으로 교도관의 정당한 직무집행을 방해하는 때에는 수갑·포승을 사용할 수 있다.
ㄹ 교도관은 수용자가 다른 사람에게 위해를 끼치거나 끼치려고 하는 때에는 무기를 사용할 수 있다.

① ㄱ, ㄷ

② ㄱ, ㄹ

③ ㄴ, ㄷ

④ ㄴ, ㄹ

해설 ㄴ 동법 제94조 제1항
ㄷ 동법 제98조 제2항 제1호
ㄱ 소장은 수용자가 자살 또는 자해의 우려가 있거나 신체적·정신적 질병으로 인하여 특별한 보호가 필요한 때에는 의무관의 의견을 고려하여 보호실(자살 및 자해 방지 등의 설비를 갖춘 거실)에 수용할 수 있다(형집행법 제95조 제1항).
ㄹ 교도관은 수용자가 다른 사람에게 위해를 끼치거나 끼치려고 하는 때에는 강제력을 행사할 수 있고(동법 제100조 제1항), 수용자가 다른 사람에게 중대한 위해를 끼치거나 끼치려고 하여 그 사태가 위급한 때에는 무기를 사용할 수 있다(동법 제101조 제1항).
정답 ③

319. 「형의 집행 및 수용자의 처우에 관한 법률」상 안전과 질서에 대한 설명으로 옳지 않은 것은?

① 교정시설의 장은 수용자의 신체적·정신적 질병으로 인하여 특별한 보호가 필요한 때에는 의무관의 의견을 고려하여 진정실에 수용할 수 있다.

② 전자영상장비로 거실에 있는 수용자를 계호하는 것은 자살 등의 우려가 큰 때에만 할 수 있다.

③ 교도관은 이송·출정, 그 밖에 교정시설 밖의 장소로 수용자를 호송할 때 수갑 및 포승을 사용 할 수 있다.

④ 교도관은 교정시설 안에서 자기 또는 타인의 생명·신체를 보호하기 위하여 급박하다고 인정되는 상당한 이유가 있으면 수용자 외의 사람에 대하여도 무기를 사용할 수 있다.

> **해설** ① 소장은 수용자의 신체적·정신적 질병으로 인하여 특별한 보호가 필요한 때에는 의무관의 의견을 고려하여 보호실에 수용할 수 있다(법 제95조 제1항).
> ② 법 제94조 제1항. ③ 법 제98조 제2항. ④ 법 제101조 제2항.　　　　　　　　**정답** ①

320. 「형의 집행 및 수용자의 처우에 관한 법률」상 수용자의 보호실 및 진정실 수용에 대한 설명으로 옳은 것은?

① 소장은 수용자가 신체적·정신적 질병으로 인하여 특별한 보호가 필요한 때 진정실에 수용할 수 있다.

② 소장은 수용자를 보호실 또는 진정실에 수용할 경우에는 변호인의 의견을 고려하여야 한다.

③ 소장은 수용자를 보호실 또는 진정실에 수용하거나 수용기간을 연장하는 경우에는 그 사유를 본인과 가족에게 알려 주어야 한다.

④ 수용자의 보호실 수용기간은 15일 이내, 진정실 수용기간은 24시간 이내로 하되, 소장은 특히 계속하여 수용할 필요가 있으면 의무관의 의견을 고려하여 연장할 수 있다.

> **해설** ① 소장은 수용자가 신체적·정신적 질병으로 인하여 특별한 보호가 필요한 때 의무관의 의견을 고려하여 보호실에 수용할 수 있다(법 제95조 제1항).
> ② 소장이 수용자를 보호실 또는 진정실에 수용할 경우 변호인의 의견을 고려해야 한다는 규정은 없다. 소장이 수용자를 보호실에 수용할 경우 의무관의 의견을 고려해야 한다는 규정은 있다.
> ③ 소장은 수용자를 보호실 또는 진정실에 수용하거나 수용기간을 연장하는 경우에는 그 사유를 본인에게 알려주어야 한다(법 제95조 제4항, 제96조 제4항).
> ④ 법 제95조 제2항, 법 제96조 제2항　　　　　　　　**정답** ④

321. 수용시설의 안전과 질서유지를 위한 수용자의 보호실 및 진정실 수용에 대한 설명으로 옳은 것은?

① 의무관은 수용자가 자살 또는 자해의 우려가 있는 때에는 소장의 동의를 받아 보호실에 수용할 수 있다.

② 수용자의 보호실 수용기간은 15일 이내로 하며, 기간연장 시 계속하여 2개월을 초과할 수 없다.

③ 소장은 수용자가 교정시설의 설비 또는 기구 등을 손괴하거나 손괴하려고 하는 때에는 보호장비를 사용하여 그 목적을 달성할 수 있는 경우에도 진정실에 수용할 수 있다.

④ 진정실에 수용할 수 있는 기간은 24시간 이내로 하되, 기간연장 시 계속하여 3일을 초과할 수 없다.

> **해설** ① 소장은 수용자가 자살 또는 자해의 우려가 있는 때에는 의무관의 의견을 고려하여 보호실에 수용할 수 있다(법 제95조 제1항 제1호).
> ② 수용자의 보호실 수용기간은 15일 이내로 하며(동조 제2항). 기간 연장은 1회당 7일 이내로 하되, 계속하여 3개월을 초과할 수 없다(동조 제3항).
> ③ 소장은 수용자가 교정시설의 설비 또는 기구 등을 손괴하거나 손괴하려고 하는 때에 강제력을 행사하거나 보호장비를 사용하여도 그 목적을 달성할 수 없는 경우에만 진정실에 수용할 수 있다(법 제96조 제1항 제1호).
> ④ 법 제96조 제2항·제3항

구분		보호실	진정실
정의		자살 및 자해방지 등의 설비를 갖춘 거실	일반 수용거실로부터 격리되어 있고, 방음설비 등을 갖춘 거실
수용요건		1. 자살 또는 자해의 우려가 있는 때 2. 신체적·정신적 질병으로 인하여 특별한 보호가 필요한 때	1. 교정시설의 설비 또는 기구 등을 손괴하거나 손괴하려고 하는 때 2. 교도관의 제지에도 불구하고 소란행위를 계속하여 다른 수용자의 평온한 수용생활을 방해하는 때
의무관 의견	최초	○	×
	연장	○	○
기간	최초	15일 이내	24시간 이내
	연장	1회당 7일 이내	1회당 12시간 이내
	최대연장	3개월	3일

정답 ④

322. 「형의 집행 및 수용자의 처우에 관한 법률」상 안전과 질서에 대한 설명으로 옳지 않은 것은??

① 전자영상장비로 거실에 있는 수용자를 계호하는 것은 자살 등의 우려가 큰 때에만 할 수 있다.

② 수용자의 보호실 수용기간은 소장이 연장을 하지 않는 한 30일 이내로 한다.

③ 수용자의 진정실 수용기간은 소장이 연장을 하지 않는 한 24시간 이내로 한다.

④ 보호장비는 징벌의 수단으로 사용되어서는 아니된다.

> **해설** ② 수용자의 보호실 수용기간은 15일 이내로 한다. 다만 소장은 특히 계속하여 수용할 필요가 있으면 의무관의 의견을 고려하여 연장할 수 있다(법 제95조 제2항). 즉 소장이 연장을 하지 않는 한 보호실 수용기간은 15일 이내이다.
> ① 법 제94조 제1항. ③ 법 제96조 제2항. ④ 법 제99조 제2항

정답 ②

323. 다음 지문에 해당하는 수용자를 현행 법령상 수용하기에 가장 적합한 거실은?

> A는 하루에 보통 360ml 소주 2병을 마시는 사람이다. 어느 날 절도죄로 구속되어 00구치소 사동(3층)의 1층 거실에 수용되었다. A가 수용된 1층은 전체 거실이 15개의 방으로 되어 있고, 수용자 140명이 수용되어 있으며, A는 혼자 수용되었다. A는 구속된 지 4일째 저녁 11시 경 갑자기 욕설과 고함을 지르고, 거실출입문을 차는 등 소란행위를 하므로 교도관은 A에 대하여 보호장비를 사용하고, 주의를 준 후 본인 거실에 수용하였는데 30분 후 더 심한 소란행위를 하였다.

① 징벌실
② 보호실
③ 진정실
④ 독거실

해설 ③ 주어진 사례는 진정실 수용요건에 해당한다.
소장은 수용자가 다음의 어느 하나에 해당하는 경우로서 강제력을 행사하거나 보호장비를 사용하여도 그 목적을 달성할 수 없는 경우에만 진정실에 수용할 수 있다(법 제96조 제1항).
• 교정시설의 설비 또는 기구 등을 손괴하거나 손괴하려고 하는 때
• 교도관의 제지에도 불구하고 소란행위를 계속하여 다른 수용자의 평온한 수용생활을 방해하는 때

정답 ③

324. 수형자 甲은 다음 행위를 하고 있다. 이 경우 甲을 수용할 수 있는 거실에 대한 설명으로 틀린 것은?

> 甲은 수용거실에서 문짝을 걸어차고 식기를 집어던지면서 교도관 乙·丙의 제지에도 불구하고 소란행위를 계속하고 있다.

① 일반 수용거실로부터 격리되어 있고, 방음설비 등을 갖춘 거실에 수용할 수 있다.
② 이 거실에 대한 수용기간은 15일 이내로 한다.
③ 수용기간을 연장할 경우 의무관의 의견을 고려하여 1회당 12시간 이내로 하되, 3일을 초과할 수 없다.
④ 소장은 甲을 이 거실에 수용하거나 수용기간을 연장할 경우에는 그 사유를 본인에게 알려주어야 한다.

해설 진정실 수용에 관한 요건이다.
② 진정실 수용기간은 원칙적으로 24시간 이내이다(법 제96조 제2항). ① 동조 제1항. ③ 동조 제3항. ④ 동조 제4항

정답 ②

325. 「형의 집행 및 수용자의 처우에 관한 법률」에 규정된 보호장비가 아닌 것은 몇 개인가?

㉠ 수갑	㉡ 머리보호장비	㉢ 발목보호장비
㉣ 보호대	㉤ 교도봉	㉥ 보호의자
㉦ 보호침대	㉧ 안면보호구	㉨ 포승
㉩ 손목보호장비	㉪ 보호복	㉫ 휴대식 금속탐지기

① 2개   ② 3개
③ 4개   ④ 5개

> **해설** ③ 형집행법에서 보호장비의 종류로 규정하고 있는 것은 ㉠㉡㉢㉣㉥㉦㉨㉪이고, 아닌 것은 ㉤㉧㉩㉫이다.
>
> 정답 ③

326. 형의 집행 및 수용자의 처우에 관한 법률 시행규칙상 교정장비의 하나인 보안장비에 해당하는 것만을 모두 고르면?

㉠ 포승	㉡ 교도봉
㉢ 전자경보기	㉣ 전자충격기

① ㉠, ㉢   ② ㉠, ㉣
③ ㉡, ㉢   ④ ㉡, ㉣

> **해설** ㉡,㉣ 교도봉과 전자충격기는 보안장비에 해당한다(형집행법 시행규칙 제186조).
>   ㉠ 포승은 보호장비에 해당한다(동법 제98조 제1항, 동법 시행규칙 제169조).
>   ㉢ 전자경보기는 전자장비에 해당한다(동법 시행규칙 제160조).
>
> 정답 ④

327. 교정시설의 안전과 질서에 대한 설명으로 옳지 않은 것은?

① 교도관은 수용자가 자살, 자해하려고 하는 때 가스총이나 가스분사기와 같은 보안장비로 강제력을 행사할 수 있다.
② 교도관은 소장의 명령 없이 강제력을 행사해서는 아니 되지만, 명령을 받을 시간적 여유가 없을 경우에는 강제력 행사 후 소장에게 즉시 보고하여야 한다.
③ 교도관은 수용자가 정당한 사유 없이 작업이나 교육을 거부하는 경우에는 수갑, 포승 등의 보호장비를 사용할 수 있다.
④ 수용자의 진정실 수용기간은 24시간 이내로 하되, 소장은 특히 계속하여 수용할 필요가 있으면 의무관의 의견을 고려하여 연장할 수 있다.

③은 보호장비의 사용요건에 해당하지 않으며 징벌부과 사유이다.(법 제97조 제1항).
① 법 제100조 제1항 제3호. ② 시행령 제125조. ④ 법 제96조 제3항

보호장비의 일반적 사용요건 법 제97조 제1항
• 이송·출정 그 밖에 교정시설 밖의 장소로 수용자를 호송하는 때
• 도주·자살·자해 또는 다른 사람에 대한 위해의 우려가 큰 때
• 위력으로 교도관의 정당한 직무집행을 방해하는 때
• 교정시설의 설비·기구 등을 손괴하거나 그 밖에 시설의 안전 또는 질서를 해칠 우려가 큰 때

정답 ③

328. 다음 중 현행법령상 보호장비 사용 시 고려사항이 아닌 것은?

① 수용자의 나이　　　　　　　　② 수용생활 태도
③ 수용자의 죄질　　　　　　　　④ 건강상태

①②④ 보호장비를 사용하는 경우에는 수용자의 나이·건강상태 및 수용생활 태도 등을 고려하여야 한다(법 제97 조 제2항). 즉 수용자의 죄질은 보호장비 사용시 고려사항에 해당하지 않는다.

정답 ③

329. 우리나라의 헌법재판소 판례의 입장으로 옳지 않은 것은?

① 수사 및 재판단계의 미결수용자에게 재소자용 의류를 입게 하는 것은 무죄추정의 원칙에 반하고, 인격권과 행복추구권, 공정한 재판을 받을 권리를 침해하는 것이다.

② 구치소에서의 정밀신체검사는 다른 사람이 볼 수 없는 차단된 공간에서 동성의 교도관이 짧은 시간 내에 손가락이나 도구의 사용 없이 항문을 보이게 하는 방법으로 시행한 경우 과잉금지의 원칙에 반하지 않는다.

③ 마약의 복용 여부를 알아내기 위해 소변을 강제채취하는 일은 자신의 신체의 배출물에 대한 자기결정권이 다소 제한된다 하더라도 과잉금지의 원칙에 반한다고 할 수 없다.

④ 검찰조사실에서 계구(보호장비)해제요청을 거절하고 수갑 및 포승을 한 채 조사를 받도록 한 것은 위험의 방지를 위한 것으로써 신체의 자유를 과도하게 제한하였다고 할 수 없다.

④ 경찰조사 단계에서나 검찰조사 단계에서도 자해나 소란 등 특이한 행동을 보인 정황이 엿보이지 아니하고 혐의사실을 대부분 시인하였으며, 다만 시위를 주도하거나 돌을 던지는 등 과격한 행위를 한 사실은 없다고 진술하였다. 그렇다면 당시 청구인은 도주·폭행·소요 또는 자해 등의 우려가 없었다고 판단되고, 수사검사도 이러한 사정 및 당시 검사조사실의 정황을 종합적으로 고려하여 청구인에 대한 계구의 해제를 요청하였던 것으로 보인다. 그럼에도 불구하고 피청구인 소속 계호교도관이 이를 거절하고 청구인으로 하여금 수갑 및 포승을 계속 사용한 채 피의자조사를 받도록 하였는바 이로 말미암아 청구인은 신체의 자유를 과도하게 제한 당하였고 이와 같은 보호장비의 사용은 무죄추정의 원칙 및 방어권행사 보장원칙의 근본취지에도 반한다고 할 것이다(헌재 2005.05 26. 2001헌마728).
① 헌재 1999.5.27. 97헌마137. ② 헌재 2006.6.29. 2004헌마826. ③ 헌재 2006.7.27. 2005헌마 277

정답 ④

330. 보호장비의 사용에 관한 내용 중 틀린 것은?

① 재판을 받기 위해 출정 중인 수용자를 도주하게 하려는 수용자 외의 사람에 대하여는 수갑과 포승을 사용하지 못한다.

② 소장은 의무관 또는 의료관계직원으로부터 보호장비 사용중지 의견을 보고 받았음에도 해당 수용자에 대하여 보호장비를 계속하여 사용할 필요가 있는 경우에는 의무관 또는 의료관계직원에게 건강유지에 필요한 조치를 취할 것을 명하고, 보호장비를 사용할 수 있다.

③ 하나의 보호장비로 목적을 달성할 수 없을 경우 둘 이상의 보호장비를 사용할 수 있다. 다만 보호의자와 보호침대는 그럴 수 없다.

④ 보호의자는 계속해서 8시간을 사용할 수 있다. 수용자의 치료, 목욕, 식사 등으로 보호의자를 일시 중지하는 시간은 포함되지 않는다.

> **해설** ④ 보호의자는 수용자의 치료, 목욕, 식사 등으로 그 사용을 일시 중지하거나 완화하는 경우를 포함하여 8시간을 초과하여 사용할 수 없으며, 사용중지 후 4시간이 경과하지 아니하면 다시 사용할 수 없다(시행규칙 제176조 제2항).
> ① 현행법상 보호장비의 사용대상은 수용자에 한한다(법 제97조 제1항 참조). 따라서 수용자 외의 사람에 대하여 수갑과 포승을 사용하지 못한다는 것은 옳은 표현이다.
> ② 시행규칙 제183조 제2항. ③ 시행규칙 제180조
>
> 정답 ④

331. 수형자의 규율 및 처우에 관한 대법원 및 헌법재판소의 입장을 설명한 것으로 옳지 않은 것은?

① 헌법과 형사소송법에 보장된 변호인의 조력을 받을 권리의 주체는 피고인 또는 피의자에 한정되며, 수형자에 대해서는 변호인 선임을 위한 일반적인 접견 및 통신권이 보장될 뿐이다.

② 수형자가 교도관의 감시·단속을 피하여 규율위반행위를 하는 경우에 그것만으로 그 행위가 위계에 의한 공무집행방해죄에 해당하는 것이라고 할 수 없다.

③ 보호장비의 사용에 있어서도 비례의 원칙이 적용되므로 교도관의 멱살을 잡는 등 소란행위를 하고 있는 수형자에 대하여 교도소장이 수갑과 포승 등 보호장비를 사용한 조치는 위법한 행위로 손해배상의무가 인정된다.

④ 형집행법에 의한 징벌은 행정상 질서벌의 일종으로서, 형벌 법령에 위반한 행위에 대한 형사 책임과는 그 목적과 성격을 달리하는 것이므로 징벌을 받은 뒤에 형사처벌을 한다고 하여 일사부재리의 원칙에 반하는 것은 아니다.

> **해설** ③ 대법원은 "교도소장이 교도관의 멱살을 잡는 등 소란행위를 하고 있는 원고에 대하여 수갑과 포승 등 보호장비를 사용한 조치는 적법하나, 원고가 소란행위를 종료하고 독거실에 수용된 이후 별다른 소란행위 없이 단식하고 있는 상태에서는 원고에 대하여 더 이상 보호장비를 사용할 필요는 없는 것이고, 그럼에도 불구하고 원고에 대하여 9일 동안이나 계속하여 보호장비를 사용한 것은 위법한 행위이므로 원고에 대한 손해배상 의무가 있다(대판 1998.1.20. 96다18922)"고 판시하여 소란행위를 하고 있는 수형자에 대하여 수갑과 포승을 사용한 것은 일단 적법한 것으로 보았다.
> ① 헌재 2004.12.16. 2002헌마478. ② 대판 2005.8,25, 2005도1731. ④ 대판 1987.11.24. 87도1463
>
> 정답 ③

332. 「형의 집행 및 수용자의 처우에 관한 법령」상 교도관의 보호장비 및 무기의 사용에 대한 설명으로 옳지 않은 것은?

① 보호장비를 사용하는 경우에는 수용자에게 그 사유를 알려주어야 한다.

② 수용자가 위력으로 교도관의 정당한 직무집행을 방해하는 때에는 보호장비를 사용할 수 있다.

③ 수갑, 포승, 발목보호장비는 이송·출정, 그 밖에 교정시설 밖의 장소로 수용자를 호송하는 때 사용할 수 있다.

④ 교정시설 안에서 자기 또는 타인의 생명·신체를 보호하기 위하여 급박하다고 인정되는 상당한 이유가 있으면 수용자 외의 사람에 대하여도 무기를 사용할 수 있다.

> **해설** ③ 이송·출정, 그 밖에 교정시설 밖의 장소로 수용자를 호송하는 때에 사용할 수 있는 보호장비는 수갑과 포승이다(법 제98조 제2항).
> ① 시행령 제122조. ② 법 제97조 제1항. ④ 법 제10조 제2항
> 정답 ③

333. 수용자 甲은 입소하는 날 저녁 21:00경 자신이 구속된 것에 불만을 품고 갑자기 거실에 있는 식탁을 거실창문으로 집어 던지고 부서진 식탁다리를 손에 들고 거실에 설치되어 있는 텔레비전을 부수는 행위를 하고 있다. 현행법의 규정에 따라 甲에게 사용할 수 있는 보호장비로서 가장 적합하지 않은 것은?

① 수갑과 포승 ② 발목보호장비

③ 보호의자 ④ 보호침대

> **해설** ①②③ 위 사례는 교정시설의 설비·기구 등을 손괴하거나 그 밖에 시설의 안전 또는 질서를 해칠 우려가 큰 때(법 제97조 제1항 제4호)에 해당한다. 이 경우 사용할 수 있는 보호장비로는 수갑, 포승, 발목보호장비, 보호대, 보호의자이다(법 제98조 제2항 제1호·제3호).
> ④ 보호침대는 보호복과 더불어 자살·자해의 우려가 큰 때에 사용할 수 있는 보호장비이다(동조 동항 제4호).
> 정답 ④

334. 현행법상 수용자의 안전과 질서유지에 대한 설명으로 옳지 않은 것은?

① 교정장비의 종류로는 전자장비, 보호장비, 보안장비, 무기 등이 있다.

② 전자영상장비로 거실에 있는 수용자를 계호하는 것은 자살 등의 우려가 큰 때에만 할 수 있다.

③ 보호장비의 종류로는 수갑, 포승, 사슬, 머리보호장비 등이 있다.

④ 보호장비는 징벌의 수단으로 사용되어서는 아니 되며, 사유가 소멸하면 사용을 지체 없이 중단하여야 한다.

> **해설** ③ 보호장비의 종류로는 수갑, 머리보호장비, 발목보호장비, 보호대, 보호의자, 보호침대, 보호복, 포승이 있다(법 제98조 제1항). 사슬은 해당되지 않는다.
> 정답 ③

335. 다음 중 판례내용이 잘못된 것은?

① 수형자에 대한 변호인의 접견신청 불허조치는 미결수용자와는 달리 변호인의 접견교통권을 받을 권리의 주체가 아니라, 소장의 허가사항이라는 것이 판례의 입장이다.

② 헌법재판소는 수형자의 편지수발의 자유에는 내재적 한계가 있고, 구금의 목적을 달성하기 위하여 수형자의 편지에 대한 검열은 불가피하다고 판시하였다.

③ 수용자가 교도관의 감시·감독을 피하여 규율위반행위를 한 것만으로는 단순히 금지규정에 위반되는 행위를 한 것에 지나지 아니할 뿐 위계에 의한 공무집행방해죄가 성립한다고 할 수 없다.

④ 수용자가 아닌 자가 교도관의 검사 또는 감시를 피하여 금지물품을 반입하거나 허가 없이 전화 등의 방법으로 다른 사람과 연락하도록 한 경우에는 특별한 사정이 없는 한 위계에 의한 공무집행방해죄가 성립한다는 것이 판례의 입장이다.

 ④ 수용자가 교도관의 감시·단속을 피하여 규율위반행위를 하는 것만으로는 단순히 금지규정에 위반되는 행위를 한 것에 지나지 아니할 뿐 위계에 의한 공무집행방해죄가 성립한다고 할 수 없고, 또 수용자가 아닌 자가 교도관의 검사 또는 감시를 피하여 금지물품을 반입하거나 허가 없이 전화 등의 방법으로 다른 사람과 연락하도록 하였더라도 교도관에게 교도소 등의 출입자와 반출·입 물품을 단속·검사할 권한과 의무가 있는 이상 수용자 아닌 자의 그러한 행위는 특별한 사정이 없는 한 위계에 의한 공무집행방해죄에 해당하는 것으로는 볼 수 없다 할 것이나, 구체적이고 현실적으로 감시·단속업무를 수행하는 교도관에 대하여 그가 충실히 직무를 수행한다고 하더라도 통상적인 업무처리과정하에서는 사실상 적발이 어려운 위계를 적극적으로 사용하여 그 업무집행을 하지 못하게 하였다면 이에 대하여 위계에 의한 공무집행방해죄가 성립한다(대판 2005.8.25. 2005도1731).

① 헌재 2004.12.16, 2002헌마 478. ② 헌재 1998.8.27, 96헌마398. ③ 대판 2005.8.25, 2005도1731

정답 ④

336. 「형의 집행 및 수용자의 처우에 관한 법령」상 교도관의 강제력 행사에 대한 설명으로 옳지 않은 것은?

① 교도관은 수용자가 위계 또는 위력으로 교도관의 정당한 직무집행을 방해하는 때에 강제력을 행사할 수 있다.

② 교도관은 수용자 이외의 사람이 교도관 또는 수용자에게 위해를 끼치거나 끼치려고 하는 때에 강제력을 행사할 수 있다.

③ 교도관이 수용자 등에게 강제력을 행사하려면 사전에 상대방에게 이를 경고하여야 한다. 다만, 상황이 급박하여 경고할 시간적인 여유가 없는 때에는 그러하지 아니하다.

④ 교도관은 수용자 등에게 소장의 명령 없이 강제력을 행사해서는 아니 된다. 다만, 그 명령을 받을 시간적 여유가 없는 경우에는 강제력을 행사한 후 소장에게 즉시 보고하여야 한다.

해설 ① 교도관은 수용자가 위력으로 교도관의 정당한 직무집행을 방해하는 때에는 강제력을 행사할 수 있다(법 제100조 제1항).

② 동조 제2항. ③ 동조 제5항, ④ 시행령 제125조

정답 ①

337. 현행 법령상 강제력행사 및 무기사용에 관한 설명 중 틀린 것은?

① 보안장비의 종류, 종류별 사용요건 및 사용절차 등에 관하여 필요한 사항은 법무부령으로 정한다.

② 교도관은 수용자가 다른 사람에게 중대한 위해를 끼치거나 끼치려고 하여 위급한 때에는 할 수 있다.

③ 교도관은 소장 또는 그 직무를 대행하는 사람의 명령을 받아 무기를 사용해야 하고, 다만 그 명령을 받을 시간적 여유가 없으면 그러하지 아니하며, 무기를 사용한 경우에는 소장에게 즉시 보고하고, 보고를 받은 소장은 그 사실을 법무부장관에게 즉시 보고하여야 한다.

④ 수용자 외의 자가 교정시설 안에서 교도관의 퇴거요구를 받고도 이에 응하지 아니한 때에는 보안장비를 사용하거나 무기를 사용할 수 있다.

> **해설** ④ 교정시설의 안에서 교도관의 퇴거요구를 받고도 이에 응하지 아니하는 때에 교도관은 수용자 외의 사람에 대하여 강제력을 행사할 수 있다(법 제100조 제2항 제6호). ④의 경우는 무기사용요건에 해당하지 않는다.
> ① 법 제100조 제7항. ② 법 제101조 제1항 1호. ③ 법 제101조 제3항. 시행령 제126조
>
> [정답] ④

338. 수용자에 대하여 무기를 사용할 수 있는 경우가 아닌 것은?

① 수용자가 수용처우에 불만을 품고 단식 중에 있을 때

② 수용자가 다른 사람에게 중대한 위해를 끼치거나 끼치려고 하여 그 사태가 위급한 때

③ 수용자가 폭동을 일으키거나 일으키려고 하여 신속하게 제지하지 않으면 그 확산을 방지하기 어렵다고 인정되는 때.

④ 수용자가 폭행 또는 협박에 사용할 위험물을 소지하여 교도관이 버릴 것을 명령하였음에도 이에 따르지 아니하는 때

> **해설** ①은 무기사용요건에 해당하지 않는다. (법 제101조 제1항).

수용자에 대한 무기사용요건
• 수용자가 다른 사람에게 중대한 위해를 끼치거나 끼치려고 하여 그 사태가 위급한 때
• 수용자가 폭행 또는 협박에 사용할 위험물을 소지하여 교도관이 버릴 것을 명령하였음에도 이에 따르지 아니하는 때
• 수용자가 폭동을 일으키거나 일으키려고 하여 신속하게 제지하지 아니하면 그 확산을 방지하기 어렵다고 인정되는 때
• 도주하는 수용자에게 교도관이 정지할 것을 명령하였음에도 계속하여 도주하는 때
• 수용자가 교도관의 무기를 탈취하거나 탈위하려고 하는 때
• 그 밖에 사람의 생명·신체 및 설비에 대한 중대하고도 뚜렷한 위험을 방지하기 위하여 무기의 사용을 피할 수 없는 때

> [정답] ①

339. 교정시설의 안전과 질서유지를 위한 교도관 또는 교도소장 甲의 행위 중 법령에 적합한 것은?

① 교도관 甲은 도주 및 손괴의 우려가 있는 수용자 A의 거실을 전자영상장비로 계호하였다.
② 교도소장 甲은 자해의 우려가 있는 수용자 B를 14일간 보호실에 수용하였지만, 의무관의 의견을 고려하여 계속 수용할 필요가 있다고 판단하여 14일간 기간연장을 하였다.
③ 교도소장 甲은 교정시설의 물품검색기를 손괴하고, 교도관의 제지에도 불구하고 소란행위를 계속한 수용자 C에 대하여 즉시 48시간 동안 진정실에 수용하였다.
④ 교도관 甲은 자신의 머리를 자해하려는 수용자 D를 발견하고 강제력을 행사하겠다고 경고하였으나 듣지 않자 가스분사기를 발사하고 보호복을 사용한 후 소장에게 즉시 보고하였다.

> **해설** ④ 자해는 강제력행사의 요건에 해당하고(법 제100조 제1항 제3호), 강제력행사 시 보안장비를 사용할 수 있으며(법 제100조 제3항). 보안장비에는 가스총이 포함되고(동조 제4항), 강제력 행사 시 사전에 상대방에게 경고하여야 하는데(동조 제5항). 이 부분 모두 요건을 충족하고 있다. 또한 자해는 보호복 사용 요건에 해당하고(법 제98조 제2항 제4호), 소장의 명령을 받을 시간적 여유가 없는 경우에는 사용 후 소장에게 즉 시 보고하여야 하는데(시행령 제120조) 이 부분 역시 절차적 하자가 발견되지 않고 있다. 따라서 교도관 甲이 수용자 D에게 행한 조치는 법령에 적합하다.
> ① "교도관은 자살·자해·도주·폭행·손괴, 그 밖에 수용자의 생명·신체를 해하거나 시설의 안전 또는 질서를 해치는 행위(이하 "자살 등" 이라 한다)를 방지하기 위하여 필요한 범위에서 전자장비를 이용하여 수용자 또는 시설을 계호할 수 있다. 다만 전자영상장비로 거실에 있는 수용자를 계호하는 것은 자살 등의 우려가 큰 때에만 할 수 있다(법 제94조 제1항) 따라서 단순히 우려가 있는 경우에는 전자영상장비의 계호요건에 해당하지 않는다. 단순히 도주 및 손괴의 우려가 있는 경우로서 전자영상장비의 계호요건에 해당하지 않음에도 전자영상장비로 계호하였으므로 법령에 위배된다. ② 자해의 우려가 있는 경우 보호실에 수용할 수 있으므로(법 제95조 제1항) 이 부분은 법령에 적합하다. 다음으로 보호실 수용기간에 관해 검토하면 수용자의 보호실 수용기간은 15일 이내로 한다. 다만 소장은 특히 계속하여 수용할 필요가 있으면 의무관의 의견을 고려하여 연장할 수 있다(법 제95조 제2항). 이 경우 보호실 수용기간의 연장은 1회당 7일 이내로 하되, 계속하여 3개월을 초과할 수 없다(동조 제3항). 즉 보호실 수용기간의 연장은 1회당 7일 이내가 원칙인데 14일간 기간 연장을 하였으므로 이 부분은 법령에 위배된다.
> ③ 교정시설의 설비를 손괴하고, 교도관의 제지에도 불구하고 소란행위를 계속한 경우 진정실 수용요건에 해당하므로(법 제96조 제1항) 이 부분은 법령에 적합하다. 진정실 수용기간에 수용자의 진정실 수용기간은 24시간 이내로 한다. 다만 소장은 특히 계속하여 수용할 필요가 있으면 의무관의 의견을 고려하여 연장할 수 있다(법 제96조 제2항). 즉 진정실 수용기간은 원칙적으로 24시간 이내인데 기간 연장의 조치 없이 48시간 동안 진정실에 수용하였으므로 법령에 위배된다.
> **정답** ④

340. 「형의 집행 및 수용자의 처우에 관한 법률 시행규칙」상 수용자의 번호표에 사용하지 않는 색상은?

① 초록색   ② 노란색
③ 파란색   ④ 붉은색

> **해설** ② 관심대상수용자와 조직폭력수용자의 번호표 및 거실표의 색상은 노란색으로 한다(형집행법 시행규칙 제195조 제1항).
> ③ 마약류수용자의 번호표 및 거실표의 색상은 파란색으로 한다(형집행법 시행규칙 제195조 제1항).
> ④ 사형확정자의 번호표 및 거실표의 색상은 붉은색으로 한다(동법 시행규칙 제150조 제4항).
> **정답** ①

341. 현행법상 교도관의 수용자에 대한 무기사용사유를 모두 고른 것은?

> ⊙ 수용자가 교도관의 무기를 탈취하려고 하는 때
> ⓒ 수용자가 다른 사람에게 위해를 끼치려고 하는 때
> ⓒ 도주하는 수용자에게 교도관이 정지할 것을 명령하였음에도 계속하여 도주하는 때
> ② 수용자가 위력으로 교도관의 정당한 직무집행을 방해하는 때
> ⑩ 교정시설 안에서 수용자의 탈취를 저지하기 위하여 급박하다고 인정되는 상당한 이유가 있
>   는 때

① ⊙, ⓒ   ② ⊙, ②
③ ⓒ, ⑩   ④ ⓒ, ⓒ, ⑩

해설 ① 교도관이 수용자에 대하여 무기를 사용할 수 있는 사유에 해당하는 것은 ⊙ⓒ이다(법 제101조 제1항).

정답 ①

342. 강제력 행사 또는 무기사용에 관한 사항으로 옳지 않은 것은?

① 교도관은 일정한 수용목적을 달성하기 위하여 신체적인 유형력을 행사하거나 교도봉·가스
   분사기·가스총·최루탄 등의 보안장비를 사용할 수 있다.
② 도주하는 수용자에게 교도관이 정지할 것을 명령하였음에도 계속하여 도주하는 때에는 무
   기를 사용할 수 있다.
③ 교도관은 교정시설의 안(교도관이 교정시설의 밖에서 수용자를 계호하고 있는 경우 그 장
   소를 포함)에서 자기 또는 타인의 생명·신체를 보호하거나 수용자의 탈취를 저지하거나 건
   물 그 밖의 시설과 무기에 대한 위험을 방지하기 위하여 급박하다고 인정되는 상당한 이유
   가 있으면 수용자 외의 사람에 대하여도 무기와 보호장비를 사용할 수 있다.
④ 교도관이 무기를 사용한 경우에는 소장에게 즉시 보고하고, 보고를 받은 소장은 그 사실을
   법무부장관에게 즉시 보고하여야 한다.

해설 ③ 교도관은 교정시설의 안(교도관이 교정시설의 밖에서 수용자를 계호하고 있는 경우 그 장소를 포함한다)
       에서 자기 또는 타인의 생명·신체를 보호하거나 수용자의 탈취를 저지하거나 건물 또는 그 밖의 시설과
       무기에 대한 위험을 방지하기 위하여 급박하다고 인정되는 상당한 이유가 있으면 수용자 외의 사람에
       대하여도 무기를 사용할 수 있다(법 제101조 제2항). 즉 형집행법상 수용자 외의 자에 대한 무기사용규
       정은 있으나, 보호장비 사용에 관한 규정은 없으므로 수용자가 아닌 제3자에 대해서는 보호장비를 사용
       할 수 없다.
       ① 법 100조 제1항·제3항, ② 법 제101조 제1항, ④ 시행령 제126조

정답 ③

343. **수용자 도주 시 조치에 관한 설명 중 틀린 것은?**

① 교도관은 수용자가 도주를 한 경우에는 도주 후 72시간 이내에 그를 체포할 수 있다.

② 교도관은 도주수용자 체포를 위하여 긴급히 필요하면 도주 등을 하였다고 의심할 만한 상당한 이유가 있는 사람 또는 도주 등을 한 사람의 이동경로나 소재를 안다고 인정되는 사람을 정지시켜 질문할 수 있다.

③ 교도관은 도주수용자 체포를 위하여 영업시간 내에 또는 영업시간 종료 후라도 흥행장·여관·음식점·역, 그 밖에 다수인이 출입하는 장소의 관리자 또는 관계인에게 그 장소의 출입이나 그 밖에 특히 필요한 사항에 관하여 협조를 요구할 수 있다.

④ 교도관은 필요한 장소에 출입하는 경우에는 그 신분을 표시하는 증표를 제시하여야 하며, 그 장소의 관리자 또는 관계인의 정당한 업무를 방해하여서는 아니 된다.

> 해설 ③ 영업시간 내에 또는 영업시간 종료 후라도 → 영업시간 내에(법 제103조 제4항), 즉 영업시간 종료 후에는 그 장소의 출입이나 그 밖에 특히 필요한 사항에 관하여 협조를 요구할 수 없다.
> ① 법 제103조 제1항, ② 동조 제2항.
>
> 정답 ③

344. **형의 집행 및 수용자의 처우에 관한 법령상 수용자의 처우에 대한 설명으로 옳은 것은?**

① 소장은 징역형·금고형이 확정된 사람으로서 집행할 형기가 형집행지휘서 접수일부터 3개월 미만인 사람, 노역장 유치명령을 받은 사람, 구류형이 확정된 사람에 대해서는 분류심사를 하지 아니한다.

② 소장은 공범·피해자 등의 체포영장·구속영장·공소장 또는 재판서에 마약사범으로 명시된 수용자는 마약류수용자로 지정한다.

③ 소장은 미결수용자 등 분류처우위원회의 의결 대상자가 아닌 경우에도 관심대상수용자로 지정할 필요가 있다고 인정되는 수용자에 대하여는 교도관회의의 심의를 거쳐 관심대상수용자로 지정할 수 있다.

④ 소장은 신입자에 대하여 시설 내의 안전과 질서유지를 위하여 특히 필요하다고 인정하면 번호표를 붙이지 아니할 수 있다.

> 해설 ① 징역형·금고형이 확정된 사람으로서 집행할 형기가 형집행지휘서 접수일부터 3개월 미만인 사람, 구류형이 확정된 사람에 대해서는 분류심사를 하지 아니한다(동법 시행규칙 제62조 제1항).
> ② 소장은 체포영장·구속영장·공소장 또는 재판서에 「마약류관리에 관한 법률」, 「마약류 불법거래방지에 관한 특례법」, 그 밖에 마약류에 관한 형사 법률이 적용된 수용자 또는 마약류에 관한 형사 법률을 적용받아 집행유예가 선고되어 그 집행유예 기간 중에 별건으로 수용된 수용자에 대하여는 마약류수용자로 지정하여야 한다(동법 시행규칙 제204조, 제205조 제1항).
> ④ 소장은 신입자 및 다른 교정시설로부터 이송되어 온 사람에 대하여 수용자번호를 지정하고 수용 중 번호표를 상의의 왼쪽 가슴에 붙이게 하여야 한다. 다만, 수용자의 교화 또는 건전한 사회복귀를 위하여 특히 필요하다고 인정하면 번호표를 붙이지 아니할 수 있다(동법 시행령 제17조 제2항).
>
> 정답 ③

345. 현행 법령상 엄중관리대상자에 관한 설명으로 옳은 것은?

① 조직폭력수용자, 마약류수용자의 번호표 및 거실표의 색상은 노란색이다.

② 체포영장, 구속영장 공소장 또는 재판서에 조직폭력사범으로 명시된 수용자는 교도관회의 또는 분류처우위원회의 심의·의결에 따라 조직폭력수용자로 지정한다.

③ 소장은 관심대상수용자의 지정사유가 해소되었다고 인정되는 경우에는 교도관회의의 심의를 거쳐 그 지정을 해제한다.

④ 엄중관리대상자의 상담책임자 1명당 상담대상자는 10명 이내로 하고, 상담책임자는 수시로 개별상담을 하여야 한다.

> **해설** ① 조직폭력수용자의 번호표 및 거실표의 색상은 노란색이고, 마약류수용자의 번호표 및 거실표의 색상은 파란색이다(시행규칙 제195조 제1항).
> ② 체포영장, 구속영장, 공소장 또는 재판서에 조직폭력사범으로 명시된 수용자는 별도의 심의·의결절차 없이 조직폭력수용자로 지정한다(시행규칙 제198조 제1호, 제199조 제1항).
> ③ 소장은 관심대상수용자의 수용생활태도 등이 양호하고 지정사유가 해소되었다고 인정하는 경우에는 분류처우위원회의 의결을 거쳐 그 지정을 해제한다. 다만, 미결수용자, 노역장 유치명령만 받은 사람 등 분류처우위원회의 의결 대상에서 제외되는 수용자라도 관심대상수용자의 지정을 해제할 필요가 있다고 인정되는 경우에는 교도관회의의 심의를 거쳐 그 지정을 해제할 수 있다(시행규칙 211조 제2항).
> ④ 시행규칙 196조 제2항·제3항

정답 ④

346. 형의 집행 및 수용자의 처우에 관한 법령상 조직폭력수용자에 대한 설명으로 옳지 않은 것은?

① 소장은 공범·피해자 등의 체포영장, 구속영장, 공소장 또는 재판서에 조직폭력사범으로 명시된 수용자에 대하여는 조직폭력수용자로 지정한다.

② 소장은 조직폭력수용자에게 거실 및 작업장 등의 봉사원, 반장, 조장, 분임장, 그 밖에 수용자를 대표하는 직책을 부여해서는 아니 된다.

③ 소장은 조직폭력수용자로 지정된 사람이 공소장 변경 또는 재판 확정에 따라 지정사유가 해소되었다고 인정되는 경우에는 교도관회의의 심의 또는 교정자문위원회의 의결을 거쳐 지정을 해제한다.

④ 소장은 조직폭력수형자가 작업장 등에서 다른 수형자와 음성적으로 세력을 형성하는 등 집단화할 우려가 있다고 인정하는 경우에는 법무부장관에게 해당 조직폭력수형자의 이송을 지체 없이 신청하여야 한다.

> **해설** ③ 소장은 조직폭력수용자로 지정된 사람에 대하여는 석방할 때까지 지정을 해제할 수 없다. 다만, 공소장 변경 또는 재판 확정에 따라 지정사유가 해소되었다고 인정되는 경우에는 교도관회의의 심의 또는 분류처우위원회의 의결을 거쳐 지정을 해제한다(형집행법 시행규칙 제199조 제2항).
> ① 동법 시행규칙 제198조 제3호
> ② 동법 시행규칙 제200조
> ④ 동법 시행규칙 제201조

정답 ③

347. 수형자의 처우에 관한 대법원 및 헌법재판소의 입장으로 옳지 않은 것은?

① 수형자에 대한 절대적인 운동의 금지는 징벌의 목적을 고려하더라도 그 수단과 방법에 있어서 필요한 최소한도의 범위를 벗어난 것으로 헌법상 인간의 존엄과 가치 및 신체의 안정성이 훼손당하지 아니할 자유를 포함한 신체의 자유를 침해하는 정도에 이르렀다고 할 수 있다.

② 금치처분을 받은 수형자의 집필에 관한 권리를 법률의 근거나 위임 없이 제한하고 있고, 일체의 집필행위를 금지하고 있는 것은 입법목적 달성을 위한 필요최소한의 제한을 벗어나 과잉금지원칙에 위반된다.

③ 엄중격리 대상자의 수용거실에 CCTV를 설치하여 24시간 감시하는 행위는 법률유보의 원칙에 위배되어 사생활의 자유·비밀을 침해한다고 볼 수 있다.

④ 「형의 집행 및 수용자의 처우에 관한 법률」상의 징벌은 행정상 질서벌의 일종으로서 형법에 위반한 행위에 대한 형사책임과는 그 목적과 성격을 달리하는 것이므로 징벌을 받은 뒤에 형사처벌을 한다고 하여 일사부재리의 원칙에 반하는 것은 아니다.

> **해설** ③ 이 사건 CCTV 설치행위는 행형법 및 교도관직무규칙 등에 교도관의 계호활동 중 육안에 의한 시선계호를 CCTV 장비에 의한 시선계호로 대체한 것에 불과하므로 이 사건 CCTV 설치행위에 대한 특별한 법적 근거가 없더라도 일반적인 계호활동을 허용하는 법률규정에 의하여 허용된다고 보아야 한다. (헌재 2008.5. 29 2005헌마 137·47·376, 2005헌마 187·1274(병합) 전원재판부).
>
> 정답 ③

348. 수형자의 기본권에 대한 헌법재판소의 결정내용으로 옳지 않는 것은?

① 정밀 신체검사는 수용자의 생명과 신체에 대한 위해를 방지하고 구치소 내의 안전과 질서를 유지하기 위하여 흉기 등 위험물이나 반입금지 물품의 소지와 은닉 여부를 조사하기 위한 것으로서 과잉금지의 원칙에 반하지 않는다.

② 계호 교도관이 검찰 조사실에서의 계구해제요청을 거절하고 청구인으로 하여금 수갑 및 포승을 계속 사용한 채 피의자조사를 받도록 한 것은 신체의 자유를 침해한 것이다.

③ 독거수용자들에 대해서는 교도소 내의 범죄를 방지하고, 안전을 도모하며 본래적 교도행정의 목적을 효과적으로 달성하기 위하여 행정적 제재를 가하고 교정의 필요상 TV 시청을 규제하는 것은 불가피하다.

④ 엄중격리 대상자의 수용거실에 CCTV를 설치하여 24시간 감시하는 것은 CCTV 설치행위에 대한 법적 근거가 없는 경우 허용되지 않는다.

> **해설** ④ 이 사건 CCTV 설치행위는 행형법 및 교도관직무규칙 등에 규정된 교도관의 계호활동 중 육안에 의한 시선계호를 CCTV 장비에 의한 시선계호로 대체한 것에 불과하므로 이 사건 CCTV 설치행위에 대한 특별한 법적 근거가 없더라도 일반적인 계호활동을 허용하는 법률규정에 의하여 허용된다고 보아야 한다. 한편 CCTV에 의하여 감시되는 엄중격리대상자에 대하여 지속적이고 부단한 감시가 필요하고, 자살·자해나 흉기 제작 등의 위험성 등을 고려하면, 제반사정을 종합하여 볼 때 기본권 제한의 최소성 요건이나 법익균형성의 요건도 충족하고 있다(헌재 2008.5.29., 2005헌마137·47·376, 2007헌마187·1274(병합) 전원재판부),
>
> ① 헌재 2011.5.26, 2010헌마775. ② 헌재 2005.05.26, 2001헌마728. ③ 헌재 2005.5,26, 2004헌마571
>
> 정답 ④

349. 다음은 조직폭력수용자에 대한 규정이다. 틀린 것은?

① 조직폭력수용자는 접촉차단시설이 있는 장소에서 접견하여야 한다.
② 조직폭력수용자 중 모범수용자는 봉사원이나 반장 등의 직책을 부여받을 수 있다.
③ 조직폭력수용자가 소내에서 집단화할 우려가 있을 때에는 이송을 신청하여야 한다.
④ 조직폭력수용자의 편지 및 접견의 내용 중 특이사항이 있을 시에는 검찰청이나 경찰서 등 관계기관에 통보할 수 있다.

 해설 ② 소장은 조직폭력수용자에게 거실 및 작업장 등의 봉사원, 반장, 조장, 분임장, 그 밖에 수용자를 대표하는 직책을 부여해서는 아니 된다(시행규칙 제200조),
① 시행규칙 제202조. ③ 시행규칙 제201조. ④ 시행규칙 제203조

정답 ②

350. 의 집행 및 수용자의 처우에 관한 법률 시행규칙 제210조에서 명시하고 있는 관심대상 수용자의 지정 대상이 아닌 것으로만 묶인 것은?

> ㉠ 중형선고 등에 따른 심적 불안으로 수용생활에 적응하기 곤란하다고 인정되는 수용자
> ㉡ 사회적 물의를 일으킨 사람으로서 죄책감 등으로 인하여 상습적으로 자해를 하는 수용자
> ㉢ 다른 수용자를 괴롭히거나 세력을 모으는 등 수용질서를 문란하게 하는 조직폭력 수용자
> ㉣ 도주를 예비한 전력이 있는 사람으로서 도주의 우려가 있는 수용자
> ㉤ 다른 수용자를 협박하여 징벌을 받은 전력이 있는 수용자

① ㉠, ㉤
② ㉡, ㉣
③ ㉡, ㉤
④ ㉢, ㉣

해설 ③ ㉡㉤만이 관심대상수용자의 지정대상에 해당하지 않는다(시행규칙 제210조).

관심대상수용자 지정대상
• 다른 수용자에게 상습적으로 폭력을 행사하는 수용자
• 교도관을 폭행하거나 협박하여 징벌을 받은 전력(前歷)이 있는 사람으로서 같은 종류의 징벌대상행위를 할 우려가 큰 수용자
• 수용생활의 편의 등 자신의 요구를 관철할 목적으로 상습적으로 자해를 하거나 각종 이물질을 삼키는 수용자
• 다른 수용자를 괴롭히거나 세력을 모으는 등 수용질서를 문란하게 하는 조직폭력수용자(조직폭력사범으로 행세하는 경우를 포함한다)
• 조직폭력수용자로서 무죄 외의 사유로 출소한 후 5년 이내에 교정시설에 다시 수용된 사람
• 상습적으로 교정시설의 설비·기구 등을 파손하거나 소란행위를 하여 공무집행을 방해하는 수용자
• 도주(음모, 예비 또는 미수에 그친 경우를 포함한다)한 전력이 있는 사람으로서 도주의 우려가 있는 수용자
• 중형선고 등에 따른 심적 불안으로 수용생활에 적응하기 곤란하다고 인정되는 수용자
• 자살을 기도한 전력이 있는 사람으로서 자살할 우려가 있는 수용자
• 사회적 물의를 일으킨 사람으로서 죄책감 등으로 인하여 자살 등 교정사고를 일으킬 우려가 큰 수용자
• 징벌집행이 종료된 날부터 1년 이내에 다시 징벌을 받는 등 규율 위반의 상습성이 인정되는 수용자
• 상습적으로 법령에 위반하여 연락을 하거나 금지물품을 반입하는 등의 방법으로 부조리를 기도하는 수용자
• 그 밖에 교정시설의 안전과 질서유지를 위하여 엄중한 관리가 필요하다고 인정되는 수용자

정답 ③

351. 「형의 집행 및 수용자의 처우에 관한 법률 시행규칙」상 엄중관리대상자에 대한 설명으로 옳지 않은 것은?

① 조직폭력수용자는 번호표와 거실표의 색상을 노란색으로 한다.

② 엄중관리대상자는 조직폭력수용자, 마약류수용자, 그리고 관심대상수용자로 구분한다.

③ 소장은 마약류수용자로 지정된 수용자들에게 정기적으로 수용자의 소변을 채취하여 마약반응검사를 하여야 한다.

④ 소장은 엄중관리대상자 중 지속적인 상담이 필요하다고 인정되는 사람에 대하여는 상담책임자를 지정한다.

> **해설** 소장은 교정시설에 마약류를 반입하는 것을 방지하기 위하여 필요하면 강제에 의하지 아니하는 범위에서 수용자의 소변을 채취하여 마약반응검사를 할 수 있다(시행규칙 제206조 제2항).
> ① 시행규칙 제195조 제1항. ② 시행규칙 제194조. ④ 시행규칙 제196조 제1항
>
> 정답 ③

352. 징벌제도에 대한 설명으로 틀린 것은?

① 비례성의 원칙은 징벌처분에 대한 정당성의 기준이 된다.

② 수용자 준수사항이 너무 광범위하고 포괄적이어서 위헌의 소지가 있다는 비판이 있다.

③ 징벌처분에 대하여 항고가 인정된다.

④ 확정된 징벌처분에 대하여 재심청구제도는 인정되지 않는다.

> **해설** ③ 징벌처분 자체에 대해서는 항고가 인정되지 않는다.
>
> 정답 ③

353. 형의 집행 및 수용자의 처우에 관한 법령상 금치처분에 대한 설명으로 옳지 않은 것은?

① 금치처분을 받은 자에게는 그 기간 중 전화통화 제한이 함께 부과된다.

② 소장은 금치처분을 받은 자에게 자해의 우려가 있고 필요성을 인정하는 경우 실외운동을 전면 금지할 수 있다.

③ 소장은 금치를 집행하는 경우 의무관으로 하여금 사전에 수용자의 건강을 확인하도록 하여야 한다.

④ 소장은 금치를 집행하는 경우 징벌집행을 위하여 별도로 지정한 거실에 해당 수용자를 수용하여야 한다.

> **해설** ② 소장은 30일 이내의 금치의 처분을 받은 사람에게 다음 각 호의 어느 하나에 해당하는 사유가 있어 필요하다고 인정하는 경우에는 건강유지에 지장을 초래하지 아니하는 범위에서 실외운동을 제한할 수 있다(형의 집행 및 수용자의 처우에 관한 법률 제112조 제4항).
> ① 동법 제112조 제3항
> ③ 소장은 제108조제13호에 따른 실외운동 정지를 부과하는 경우 또는 제4항에 따라 실외운동을 제한하는 경우라도 수용자가 매주 1회 이상 실외운동을 할 수 있도록 하여야 한다(동법 제112조 제5항).
> ④ 동법 시행규칙 제231조 제2항
>
> 정답 ②

354. 형의 집행 및 수용자의 처우에 관한 법령상 수용자의 징벌에 대한 설명으로 옳은 것은?

① 다른 수용자의 징벌대상행위를 방조한 수용자에게는 그 징벌대상행위를 한 수용자에게 부과되는 징벌과 같은 징벌을 부과하되, 2분의 1로 감경한다.

② 소장은 10일의 금치처분을 받은 수용자가 징벌의 집행이 종료된 후 교정성적이 양호하고 1년 6개월 동안 징벌을 받지 아니하면 법무부장관의 승인을 받아 징벌을 실효시킬 수 있다.

③ 소장은 특별한 사유가 없으면 의사로 하여금 징벌대상자에 대한 심리상담을 하도록 해야 한다.

④ 소장은 징벌집행의 유예기간 중에 있는 수용자가 다시 징벌대상행위를 하면 그 유예한 징벌을 집행한다.

> **해설** 소장은 10일의 금치처분을 받은 수용자(형집행법 시행규칙 제215조 제3호 가목)가 징벌의 집행이 종료된 후 교정성적이 양호하고 1년 6개월(동법 시행규칙 제234조 제1항 제1호 다목) 동안 징벌을 받지 아니하면 법무부장관의 승인을 받아 징벌을 실효시킬 수 있다(동법 제115조 제1항).
> ① 다른 수용자의 징벌대상행위를 방조한 수용자에게는 그 징벌대상행위를 한 수용자에게 부과되는 징벌과 같은 징벌을 부과하되, 그 정황을 고려하여 2분의 1까지 감경할 수 있다(동법 시행규칙 제217조 제2항).
> ③ 소장은 특별한 사유가 없으면 교도관으로 하여금 징벌대상자에 대한 심리상담을 하도록 해야 한다(동법 시행규칙 제219조의2).
> ④ 소장은 징벌집행의 유예기간 중에 있는 수용자가 다시 징벌대상행위를 하여 징벌이 결정되면 그 유예한 징벌을 집행한다(동법 제114조 제2항).
>
> 정답 ②

355. 형집행법상 징벌의 종류에 해당하지 않는 것은?

① 경고
② 30일 이내의 공동행사참가 정지
③ 30일 이내의 도서열람의 제한
④ 3개월 이내의 작업장려금 삭감

> **해설** ③은 형집행법상 징벌의 종류에 해당하지 않는다. 형집행법상 징벌의 종류는 다음과 같다(법 제108조)

▌징벌의 종류▐

제1호	경고
제2호	50시간 이내의 근로봉사
제3호	3개월 이내의 작업장려금 삭감
제4호	30일 이내의 공동행사참가 정지
제5호	30일 이내의 신문열람 제한
제6호	30일 이내의 텔레비전시청 제한
제7호	30일 이내의 자비구매물품 사용 제한
제8호	30일 이내의 작업정지
제9호	30일 이내의 전화통화 제한
제10호	30일 이내의 집필 제한
제11호	30일 이내의 편지수수 제한
제12호	30일 이내의 접견 제한
제13호	30일 이내의 실외운동 정지
제14호	30일 이내의 금치

> 정답 ③

356. 징벌에 대한 설명으로 옳지 않은 것은?

① 징벌은 일정한 규율을 위반한 수용자에게 부과하는 불이익처분으로 일종의 형사처분의 성격을 띠고 있다.

② 자신의 요구를 관철할 목적으로 자해하는 행위에 대해 징벌을 부과할 수 있다.

③ 징벌위원회의 위원이 제척사유에 해당할 때에는 그 위원회에 참석할 수 없다.

④ 소장은 징벌집행 중인 사람에 대해서 일정한 사유가 인정되면 남은 기간의 징벌집행을 면제할 수 있다.

> **해설** ① 행정처분에 해당한다. ② 법 제107조 제2호, ③ 위원이 징벌대상자의 친족이거나 그 밖에 공정한 심의·의결을 기대할 수 없는 특별한 사유가 있는 경우에는 위원회에 참석할 수 없다(법 제111조 제4항), ④ 소장은 징벌집행 중인 사람이 뉘우치는 빛이 뚜렷한 경우에는 그 징벌을 감경하거나 남은 기간의 징벌집행을 면제할 수 있다(법 제113조 제2항).
>
> 정답 ①

357. 다음 중 형집행법상 징벌사유에 해당하지 않는 것은?

① 다른 사람을 처벌받게 하거나 교도관의 직무집행을 방해할 목적으로 거짓 사실을 신고하는 행위

② 정신질환으로 자해하는 행위

③ 정당한 사유 없이 작업·교육 등을 거부하거나 태만히 하는 행위

④ 금지물품을 반입·제작·소지·사용·수수·교환 또는 은닉하는 행위

> **해설** ② 수용생활의 편의 등 자신의 요구를 관철할 목적으로 자해하는 행위는 징벌사유에 해당한다(법 제107조. 제2호),
>
> 따라서 정신질환으로 자해하는 행위는 징벌사유에 해당하지 않는다. 또한 소장은 징벌대상행위가 징벌대상자의 정신병적 원인에 따른 것이라고 인정하는 경우에는 그 행위를 이유로 징벌위원회에 징벌을 요구할 수 없다(시행규칙 제220조 제5항).
>
> 형집행법 제107조에서 규정하고 있는 징벌부과 사유와 형집행법 시행규칙 제214조에서 규정하고 있는 징벌부과사유는 다음과 같다.

형집행법 제107조의 징벌부과 사유
1. 「형법」, 「폭력행위 등 처벌에 관한 법률」, 그 밖의 형사법률에 지속되는 행위
2. 수용생활의 편의 등 자신의 요구를 관철할 목적으로 자해하는 행위
3. 정당한 사유 없이 작업·교육 등을 거부하거나 태만히 하는 행위
4. 제92조의 금지물품을 반입·제작·소지·사용·수수·교환 또는 은닉하는 행위
5. 다른 사람을 처벌받게 하거나 교도관의 직무집행을 방해할 목적으로 거짓사실을 신고하는 행위
6. 그 밖에 시설의 안전과 질서유지를 위하여 법무부령으로 정하는 규율을 위반하는 행위

> 정답 ②

358. 다음 중 징벌에 대한 설명 중 틀린 것은?

① 징벌은 법률에 근거해야 한다.

② 징벌에 관하여 필요한 사항은 법무부령으로 정한다.

③ 소장은 징벌집행 중인 사람이 뉘우치는 빛이 뚜렷한 경우에는 감경·면제할 수 있다.

④ 징벌의 종류에 대해서는 대통령령이 정한다.

 해설 ④ 징벌의 종류는 법률인 형집행법에서 규정하고 있다(법 제108조). ② 법 제115조 제3항. ③ 법 제113조 제2항

정답 ④

359. 현행법상 징벌의 종류를 올바르게 고른 것은?

⊙ 경고
© 50시간 이내의 근로봉사
© 작업장려금의 일부 또는 전부삭감
② 30일 이내의 공동행사참가 정지
◎ 30일 이내의 접견제한
ⓗ 30일 이내의 실외운동 정지

① ⊙, ©, ©, ②, ◎, ⓗ

② ⊙, ©, ②, ◎, ⓗ

③ ⊙, ©, ©, ②, ◎

④ ⊙, ©, ©, ◎, ⓗ

해설 © 3개월 이내의 작업장려금 삭감이다(법 제108조 제3호).

정답 ②

360. 「형의 집행 및 수용자의 처우에 관한 법률」에 있어서 수용자의 징벌에 대한 설명으로 옳지 않은 것은?

① 교도소장은 수용자가 수용생활의 편의 등 자신의 요구를 관철할 목적으로 자해하는 경우에 징벌위원회의 의결에 따라 수용자에게 징벌을 부과할 수 있다.

② 수용자에게 부과되는 징벌의 종류에는 30일 이내의 실외운동 정지와 30일 이내의 금치가 포함된다.

③ 징벌위원회에서 수용자에 대하여 징벌이 의결되더라도 행위의 동기 및 정황, 교정성적, 뉘우치는 정도 등 그 사정을 고려할 만한 사유가 있는 수용자에 대하여 교도소장은 2개월 이상 6개월 이하의 기간 내에서 징벌의 집행을 유예할 수 있다.

④ 교도소장은 징벌의 집행이 종료되거나 집행이 면제된 수용자가 교정성적이 양호하고 법무부령으로 정하는 기간 동안 징벌을 받지 아니하면 법무부장관의 승인을 받아 징벌을 실효시킬 수 있다.

해설 ③ 징벌위원회는 징벌을 의결하는 때에 행위의 동기 및 정황 교정성적, 뉘우치는 정도 등 그 사정을 고려할 만한 사유가 있는 수용자에 대하여 2개월 이상 6개월 이하의 기간 내에서 징벌의 집행을 유예할 것을 의결할 수 있다(법 제114조 제1항). 즉 징벌집행의 유예는 교도소장의 권한이 아니라, 징벌위원회의 권한이다.

① 법 제107조 제2호, ② 법 제108조 제13호·제14호, ④ 법 제115조 제1항

정답 ③

361. 「형의 집행 및 수용자의 처우에 관한 법률」상 수용자의 징벌에 대한 설명으로 옳지 않은 것은?

① 50시간 이내의 근로봉사와 30일 이내의 작업정지는 함께 부과할 수 있다.

② 징벌위원회는 위원장을 포함한 5인 이상 7인 이하의 위원으로 구성한다.

③ 증거를 인멸할 우려가 있는 때 징벌대상자를 조사기간 중 분리하여 수용할 수 있다.

④ 30일 이내의 접견제한과 30일 이내의 실외운동 정지는 함께 부과할 수 있다.

해설 ① 제108조 제4호부터 제13호까지의 처분은 함께 부과할 수 있다(법 제109조 제1항).
따라서 제1호, 제2호, 제3호, 제14호의 처분(경고, 근로봉사, 작업장려금 삭감, 금치)은 함께 부과할 수 없으며, 이들 처분과 제4호부터 제13호의 처분도 함께 부과할 수 없다고 보아야 한다.
② 법 제111조 제2항. ③ 법 제110조 제1항 제1호. ④ 법 제109조 제1항

정답 ①

362. 징벌의 실효에 관한 내용으로 틀린 것은?

① 소장은 수용자가 교정사고 방지에 뚜렷한 공로가 있다고 인정되면 징벌의 실효기간에 관계없이 분류처우위원회의 의결을 거친 후 법무부장관의 승인을 받아 징벌을 실효시킬 수 있다.

② 징벌의 내용이 16일 이상 20일 이하의 금치인 경우에는 징벌의 실효기간이 2년이다.

③ 징벌의 내용이 9일 이하의 금치인 경우에는 징벌의 실효기간이 6개월이다.

④ 소장은 징벌을 실효시킬 필요가 있으면 징벌의 실효기간이 지나거나 분류처우위원회의 의결을 거친 후에 지체 없이 법무부장관에게 그 승인을 신청하여야 한다.

해설 ③ 징벌의 내용이 9일 이하의 금치인 경우에는 징벌의 실효기간이 1년이다(시행규칙 제234조 제1항 제4호).
① 법 제115조 제2항. ② 시행규칙 제234조 제1항 제2호, ④ 시행규칙 제234조 제2항.

▌징벌의 실효기간▐

징벌의 종류	실효기간
• 21일 이상 30일 이하의 금치	2년 6개월
• 16일 이상 20일 이하의 금치·3개월의 작업장려금 삭감	2년
• 10일 이상 15일 이하의 금치·2개월의 작업장려금 삭감	1년 6개월
• 9일 이하의 금치 • 1개월의 작업장려금 삭감 • 30일 이내의 실외운동·공동행사참가 정지 • 30일 이내의 접견·편지수수·집필 및 전화통화 제한 • 30일 이내의 텔레비전시청 및 신문열람 제한	1년
• 30일 이내의 접견 제한 ·30일 이내의 편지수수 제한 • 30일 이내의 집필 제한 ·30일 이내의 전화통화 제한 • 30일 이내의 작업정지 ·30일 이내의 자비구매물품사용 제한 • 30일 이내의 텔레비전시청 제한·30일 이내의 신문열람 제한 • 30일 이내의 공동행사참가 정지·50시간 이내의 근로봉사 • 경고	6개월

정답 ③

363. 현행 법령상 징벌에 관한 설명 중 틀린 것은?

① 다른 수용자의 징벌대상행위를 방조한 수용자에게는 그 징벌대상행위를 한 수용자에게 부과되는 징벌의 2분의 1을 부과한다.

② 둘 이상의 징벌대상행위가 경합하는 경우 각각의 행위에 해당하는 징벌 중 가장 중한 징벌의 2분의 1까지 가중할 수 있다.

③ 징벌사유가 발생한 날부터 2년이 지나면 이를 이유로 징벌을 부과하지 못한다.

④ 징벌은 동일한 행위에 관하여 거듭하여 부과할 수 없다.

> **해설** ① 다른 수용자의 징벌대상행위를 방조한 수용자에게는 그 징벌대상행위를 한 수용자에게 부과되는 징벌과 같은 징벌을 부과하되, 그 정황을 고려하여 2분의 1까지 감경할 수 있다(시행규칙 제217조 제2항).
> ② 시행규칙 제218조 제1항. ③ 법 제109조 제4항. ④ 법 제109조 제3항
>
> 정답 ①

364. 다음 중 징벌에 대한 설명으로 틀린 것은?

① 금치의 집행 중인 자를 다른 교정시설에 이송하는 경우에는 징벌집행이 계속되는 것으로 본다.

② 징벌처분을 받아 접견, 편지수수 또는 전화통화가 제한된 경우에 수용자가 통지를 원하지 아니 하는 경우에는 그의 가족에게 그 사실을 통지하지 않는다.

③ 징벌위원회의 위촉위원의 임기는 2년으로 하며, 연임할 수 없다.

④ 징벌은 징벌위원회의 의결로써 정한다.

> **해설** ③ 징벌위원회의 위촉위원의 임기는 2년으로 하며, 연임할 수 있다(시행규칙 제223조 제2항).
> ① 시행령 제134조. ② 시행령 제133조 제2항. ④ 법 제111조 제3항
>
> 정답 ③

365. 현행 법령상 징벌에 관한 사항으로 옳지 않은 것은?

① 징벌은 일정기간이 지나면 자동으로 실효된다.

② 징벌위원회는 의결기관이므로 소장은 징벌위원회의 의결에 기속된다.

③ 징벌위원 중 징벌대상자의 친족이거나 공정한 심의·의결을 기대할 수 없는 특별한 사유가 있는 위원은 그 징벌에 관여하지 못하도록 하는 제척규정을 두고 있다.

④ 징벌대상자는 위원에 대해 기피신청을 할 수 있고, 위원회는 그 위원의 기피 여부를 결정하여야 한다.

> **해설** ① 소장은 징벌의 집행이 종료되거나 집행이 면제된 수용자가 교정성적이 양호하고 법무부령으로 정하는 기간 동안 징벌을 받지 아니하면 법무부장관의 승인을 받아 징벌을 실효시킬 수 있다(법 제115조 제1항).
> ③ 법 제111조 제4항. ④ 동조 제5항
>
> 정답 ①

366. 징벌에 대한 설명으로 옳지 않은 것은?

① 징벌대상행위에 대한 조사결과에 따라 교정시설의 장은 징벌위원회로의 회부, 징벌대상자에 대한 무혐의 통고, 징벌대상자에 대한 훈계, 징벌위원회 회부 보류, 조사종결 중 어느 하나에 해당하는 조치를 할 수 있다.

② 금치 중인 수용자가 다른 교정시설로 이송되거나 법원 또는 검찰청 등에 출석하는 경우에는 이송기간 또는 출석기간 동안 징벌집행이 중단되는 것으로 본다.

③ 징벌대상행위에 대하여 조사할 수 있는 최대기간은 17일이다.

④ 징벌사유가 발생한 날로부터 2년이 지나면 이를 이유로 징벌을 부과하지 못한다.

> 해설 ② 징벌집행 중인 수용자가 다른 교정시설로 이송되거나 법원 또는 검찰청 등에 출석하는 경우에는 징벌집행이 계속되는 것으로 본다(시행령 제134조).
> ① 시행규칙 제220조 제2항, ③ 수용자의 징벌대상행위에 대한 조사기간은 10일 이내로 한다. 다만 필요하다고 인정하는 경우에는 1회에 한하여 7일을 초과하지 아니하는 범위에서 그 기간을 연장할 수 있다(시행규칙 제220조 제1항). ④ 법 제109조 제4항
>
> 정답 ②

367. 「형의 집행 및 수용자의 처우에 관한 법률」 및 「동법 시행규칙」상 수용자의 상벌에 대한 설명으로 옳지 않은 것은?

① 징벌사유가 발생한 날부터 1년이 지나면 이를 이유로 징벌을 부과하지 못한다.

② 사람의 생명을 구조한 수용자는 소장표창 및 가족만남의 집 이용대상자 선정기준에 해당된다.

③ 소장은 금치 외의 징벌을 집행하는 경우 그 징벌의 목적을 달성하기 위하여 필요하다고 인정하면 해당 수용자를 징벌거실에 수용할 수 있다.

④ 수용자의 징벌대상행위에 대한 조사기간은 조사를 시작한 날부터 징벌위원회의 의결이 있는 날까지를 말하며 10일 이내로 하나, 특히 필요하다고 인정하는 경우에는 1회에 한하여 7일을 초과하지 아니하는 범위에서 그 기간을 연장할 수 있다.

> 해설 ① 징벌사유가 발생한 날부터 2년이 지나면 이를 이유로 징벌을 부과하지 못한다(법 제109조 제4항),
> ② 시행규칙 제214조의2 ③ 법 제231조 제3항, ④ 시행규칙 제220조 제1항
>
> 정답 ①

368. 「형의 집행 및 수용자의 처우에 관한 법률」 상 징벌위원회에 대한 설명으로 옳지 않은 것은?

① 징벌대상자는 위원에 대하여 기피신청을 할 수 있다.

② 위원장을 포함한 5인 이상 7인 이하의 위원으로 구성한다.

③ 위원장은 소장이 된다.

④ 징벌대상자는 징벌위원회에 서면 또는 말로써 자기에게 유리한 사실을 진술하거나 증거를 제출할 수 있다.

③ 징벌위원회는 위원장을 포함한 5인 이상 7인 이하의 위원으로 구성하고, 위원장은 소장의 바로 다음 순위자가 된다(법 제111조 제2항).
① 법 제111조 제5항. ② 동조 제2항, ④ 동조 제6항

징벌위원회 심의·의결 사항	
• 징벌대상행위의 사실 여부	• 징벌의 종류와 내용
• 징벌기간 산입	• 징벌위원에 대한 기피신청의 심의·의결
• 징벌집행의 유예여부와 그 기간	• 그 밖에 징벌내용과 관련된 중요사항

정답 ③

369. 다음 중 징벌에 관한 규정으로 그 내용이 맞는 것은?

① 징벌을 집행 중인 자가 뉘우치는 빛이 뚜렷하면 즉시 그 징벌을 면제한다.
② 징벌을 집행 중인 자가 질병 그 밖의 사유로 징벌집행이 곤란하면 그 집행을 면제한다.
③ 징벌자의 이송 시에는 징벌이 계속 진행하는 것으로 간주한다.
④ 징벌의 집행유예기간은 3개월 이상 6개월 이하이다.

 ① 소장은 징벌집행 중인 사람이 뉘우치는 빛이 뚜렷한 경우에는 그 징벌을 감경하거나 남은 기간의 징벌집행을 면제할 수 있다(법 제113조 제2항).
② 소장은 질병이나 그 밖의 사유로 징벌집행이 곤란하면 그 사유가 해소될 때까지 그 집행을 일시 정지할 수 있다(법 제113조 제1항).
④ 징벌의 집행유예기간은 2개월 이상 6개월 이하이다(법 제114조 제1항). ③ 시행령 제134조

정답 ③

370. 징벌제도의 문제점 및 개선방안으로 볼 수 없는 것은?

① 조사시 진술기회가 없다.
② 미결수용자의 경우 징벌의 내용을 달리 규정할 필요가 있다.
③ 포괄적인 처벌규정으로 인권침해의 우려가 있다.
④ 재심의 기회가 없다.

 ① 형집행법 시행규칙 제219조 제2호는 징벌대상행위에 대하여 조사하는 교도관이 징벌대상자 또는 참고인 등을 조사할 때에는 조사의 이유를 설명하고, 충분한 진술의 기회를 제공할 것을 준수사항으로 규정하고 있다.

조사교도관이 조사 시 준수해야 할 사항
• 인권침해가 발생하지 아니하도록 유의할 것
• 조사의 이유를 설명하고, 충분한 진술의 기회를 제공할 것
• 공정한 절차와 객관적 증거에 따라 조사하고, 선입견이나 추측에 따라 처리하지 아니할 것
• 형사법률에 저촉되는 행위에 대하여 징벌 부과 외에 형사입건조치가 요구되는 경우에는 형사소송절차에 따라 조사대상자에게 진술을 거부할 수 있다는 것과 변호인을 선임할 수 있다는 것을 알릴 것

정답 ①

371. 다음은 수용자의 석방에 대한 설명이다. 틀린 것은?

① 수용자의 석방은 사면, 형기종료, 권한이 있는 자의 명령에 따라 소장이 한다.

② 사면, 가석방, 형의 집행면제, 감형에 따른 석방은 그 서류 도달 후 12시간 이내에 행하는 것이 원칙이다.

③ 권한이 있는 자의 명령에 따른 석방은 서류 도달 후 6시간 이내에 행하여야 한다.

④ 형기종료에 따른 석방은 형기종료일에 행하여야 한다.

> **해설** ③ 권한이 있는 자의 명령에 따른 석방은 서류 도달 후 5시간 이내에 행하여야 한다(법 제124조 제3항).
> ① 법 제123조, ② 법 제124조 제1항. ④ 동조 제2항

석방사유		
법정사유	수형자	형기종료에 의한 석방
	미결수용자	• 구속기간의 종료 • 무죄, 면소, 형의 면제, 형의 선고유예, 집행유예, 공소기각, 벌금, 과료
권한 있는 자의 명령	수형자	사면, 감형, 가석방, 형의 집행면제, 형의 집행정지
	미결수용자	구속취소, 불기소처분, 보석, 구속의 집행정지

정답 ③

372. 형의 집행 및 수용자의 처우에 관한 법령상 수용자의 석방에 대한 설명으로 옳지 않은 것은?

① 권한이 있는 자의 명령에 따른 석방은 서류 도달 후 5시간 이내에 행하여야 한다.

② 소장은 형기종료로 석방될 수형자에 대하여는 석방 10일전까지 석방 후의 보호에 관한 사항을 조사하여야 한다.

③ 소장은 피석방자가 질병이나 그 밖에 피할 수 없는 사정으로 귀가하기 곤란한 경우에 본인의 신청이 있으면 일시적으로 교정시설에 수용할 수 있다.

④ 소장은 수형자의 보호를 위하여 필요하다고 인정하면 석방 전 5일 이내의 범위에서 석방예정자를 별도의 거실에 수용하여 장래에 관한 상담과 지도를 할 수 있다.

> **해설** 소장은 수형자의 건전한 사회복귀를 위하여 필요하다고 인정하면 석방 전 3일 이내의 범위에서 석방예정자를 별도의 거실에 수용하여 장래에 관한 상담과 지도를 할 수 있다.(형의 집행 및 수용자의 처우에 관한 법률 시행령 제141조).
> ① 동법 제124조 제3항
>   * 형의 집행 및 수용자의 처우에 관한 법률 제124조(석방시기)
>   제1항 : 사면, 가석방, 형의 집행면제, 감형에 따른 석방은 그 서류 도달 후 12시간 이내에 행하여야 한다. 다만, 그 서류에서 석방일시를 지정하고 있으면 그 일시에 행한다.
>   제2항 : 형기종료에 따른 석방은 형기종료일에 행하여야 한다.
>   제3항 : 권한이 있는 자의 명령에 따른 석방은 서류 도달 후 5시간 이내에 행하여야 한다.
> ② 동법 시행령 제142조
> ③ 동법 제125조

정답 ④

373. 다음 중 징벌에 관한 설명으로 옳은 것은?

① 징벌의 종류에는 경고와 훈계도 포함된다.

② 징벌은 동일한 행위에 대해서 거듭해서 부과할 수 있다.

③ 현행법상 징벌선고유예제도를 인정하고 있다.

④ 징벌부과의 구체적 기준은 형집행법 시행규칙에서 정하고 있다.

> **해설** ① 경고는 징벌의 종류에 해당하지만, 훈계는 징벌의 종류에 해당하지 않는다.
> ② 징벌은 동일한 행위에 대하여 거듭하여 부과할 수 없다(법 제109조 제3항).
> ③ 현행법상 징벌집행유예제도는 있으나, 징벌선고유예제도는 없다.
> ④ 시행규칙 제215조
>
> 정답 ④

374. 수용자 처우와 관련하여 헌법재판소가 헌법에 위반된다고 판단한 것은?

① 화상접견시간을 10분 내외로 부여한 행위

② 자발적으로 제출한 소변을 통한 마약류 반응검사

③ 독거실 수용자에 대한 TV시청 제한

④ 금치처분을 받은 수형자에 대한 절대적 운동의 금지

> **해설** ④ 실외운동은 구금되어 있는 수형자의 신체적·정신적 건강유지를 위한 최소한의 기본적 요청이므로 금치처분을 받은 수형자에 대한 절대적인 운동의 금지는 징벌의 목적을 고려하더라도 그 수단과 방법에 있어서 최소한도의 범위를 벗어난 것으로 헌법 제10조의 인간의 존엄과 가치 및 신체의 안정성이 훼손당하지 아니할 자유를 포함하는 제12조의 신체의 자유를 침해하는 정도에 이르렀다고 판단된다(헌재 2004.12.16. 2002헌마478).
>
> 정답 ④

375. 석방시기에 대한 설명으로 옳지 않은 것은?

① 형기종료에 따른 석방은 형기종료일에 행하여야 한다.

② 가석방, 감형에 따른 석방은 그 서류에 석방일시를 지정하고 있으면 그 일시에 행하여야 한다.

③ 사면, 형의 집행면제에 따른 석방은 그 서류 도달 후 12시간 이내에 행하여야 한다.

④ 권한이 있는 자의 명령에 따른 석방은 서류 도달 후 6시간 이내에 행하여야 한다.

> **해설** ④ 권한이 있는 자의 명령에 따른 석방은 서류 도달 후 5시간 이내에 행하여야 한다(법 제124조 제3항).
> ① 법 제124조 제2항. ② 동조 제1항 단서, ③ 동조 제1항 본문

석방사유	석방시기
사면, 가석방, 형의 집행면제, 감형	서류도달 후 12시간 이내(석방일시 지정 시 그 일시)
형기종료	형기종료일
권한이 있는 자의 명령	서류도달 후 5시간 이내

> 정답 ④

376. 교도소에서 수형자 甲의 석방이 바르게 집행된 것은?

① 甲에 대한 형의 집행이 면제되었지만 복권되지 않았으므로 석방시키지 않았다.

② 甲이 특별사면 대상이 되었으므로 선고실효가 되지 않았어도 석방시켰다.

③ 甲의 석방을 사면·형기종료 또는 권한이 있는 자의 명령에 따라 담당 교도관이 행했다.

④ 甲에 대한 가석방 관련서류가 도착한 후 24시간 이내에 석방시켰다.

 ① 복권되지 않았더라도 형의 집행이 면제되면 석방하여야 한다(법 제124조 제1항).
③ 수용자의 석방은 사면·형기·종료 또는 권한이 있는 자의 명령에 따라 소장이 행한다(법 제123조).
④ 사면, 가석방, 형의 집행면제, 감형에 따른 석방은 그 서류 도달 후 12시간 이내에 행하여야 한다(법 제124조 제1항),

정답 ②

377. 사형확정자의 처우에 대한 설명 중 옳지 않은 것만을 모두 고른 것은?

> ㉠ 사형확정자의 교육·교화프로그램, 작업 등의 적절한 처우를 위하여 필요한 경우에는 사형확정자와 수형자를 혼거수용할 수 있다.
> ㉡ 사형확정자의 번호표 및 거실표의 색상은 붉은 색으로 한다.
> ㉢ 사형이 집행된 후 10분이 지나야 교수형에 사용한 줄을 풀 수 있다.
> ㉣ 사형확정자의 신청에 따라 작업을 부과할 수 있다.
> ㉤ 사형확정자를 수용하는 시설은 완화경비시설 또는 일반경비시설에 준한다.
> ㉥ 사형확정자의 교화나 심리적 안정을 위해 필요한 경우에 접견 횟수를 늘릴 수 있으나 접견 시간을 연장할 수는 없다.

① ㉠, ㉢, ㉤

② ㉡, ㉣, ㉤

③ ㉢, ㉣, ㉤

④ ㉢, ㉤, ㉥

 × : ㉢ 소장은 사형을 집행하였을 경우에는 시신을 검사한 후 5분이 지나지 아니하면 교수형에 사용한 줄을 풀지 못한다(시행령 제111조). ㉤ 사형확정자를 수용하는 시설의 설비 및 계호의 정도는 일반경비시설 또는 중경비 시설에 준한다(시행령 제108조). ㉥ 소장은 사형확정자의 교화나 심리적 안정을 도모하기 위하여 특히 필요하다고 인정하면 접견 시간대 외에도 접견을 허가할 수 있고, 접견시간을 연장하거나 접견 횟수를 늘릴 수 있으며, 접촉차단시설이 없는 장소에서 접견하게 할 수 있다(시행령 제110조).
○ : ㉠ 시행규칙 제150조 제3항. ㉡ 동조 제4항. ㉣ 법 제90조 제1항

정답 ④

378. 사형확정자의 수용에 대한 설명으로 옳지 않은 것은?

① 사형확정자는 독거수용하는 것이 원칙이지만 자살방지, 교육·교화프로그램, 작업 그 밖의 적절한 처우를 위하여 필요한 경우는 법무부령으로 정하는 바에 따라 혼거수용할 수 있다.

② 사형확정자가 수용된 거실은 참관할 수 없다.

③ 소장은 사형확정자의 심리적 안정 및 원만한 수용생활을 위하여 교육 또는 프로그램을 실시하거나 신청에 따라 작업을 부과할 수 있다.

④ 소장은 사형확정자의 심리적 안정과 원만한 수용생활을 위하여 필요하다고 인정하는 경우에는 월 4회 이내의 범위에서 전화통화를 허가할 수 있다.

 ④ 소장은 사형확정자의 심리적 안정과 원만한 수용생활을 위하여 필요하다고 인정하는 경우에는 월 3회 이내의 범위에서 전화통화를 허가할 수 있다(시행규칙 제156조).
① 법 제156조. ② 동조 제2항. ③ 법 제90조 제1항   정답 ④

379. 「형의 집행 및 수용자의 처우에 관한 법률 시행령」에 따를 때, 괄호 안에 들어갈 내용을 옳게 짝지은 것은?

> • 미결수용자의 접견 횟수는 (㉠)로 하되, 변호인과의 접견은 그 횟수에 포함시키지 않는다.
> • 교정시설의 장은 19세 미만의 수용자와 계호상 독거수용자에 대하여 (㉡) 이상 건강검진을 하여야 한다.
> • 교정시설의 장은 작업의 특성, 계절, 그 밖의 사정을 고려하여 수용자의 목욕횟수를 정하되 부득이한 사정이 없으면 (㉢) 이상이 되도록 한다.

	㉠	㉡	㉢
①	매일 1회	6개월에 1회	매주 1회
②	매일 1회	1년에 1회	매주 1회
③	매주 1회	6개월에 1회	매주 1회
④	매주 1회	1년에 1회	매월 1회

 • 미결수용자의 접견 횟수는 매일 1회로 하되, 변호인과의 접견은 그 횟수에 포함시키지 않는다(형집행법 시행령 제101조).
• 소장은 수용자에 대하여 1년에 1회 이상 건강검진을 하여야 한다. 다만, 19세 미만의 수용자와 계호상 독거수용자에 대하여는 6개월에 1회 이상 하여야 한다(동법 시행령 제51조 제1항).
• 소장은 작업의 특성, 계절, 그 밖의 사정을 고려하여 수용자의 목욕횟수를 정하되 부득이한 사정이 없으면 매주 1회 이상이 되도록 한다(동법 시행령 제50조).   정답 ①

380. 사형확정자의 처우에 관한 설명으로 옳은 것은?

① 소장은 교정시설의 질서유지를 위하여 특히 필요하다고 인정하는 경우에는 법무부장관의 승인을 받아 사형확정자를 다른 교정시설로 이송할 수 있다.

② 사형확정자를 수용하는 시설의 설비 및 계호의 정도는 일반경비시설에 준한다.

③ 사형확정자의 접견횟수는 매월 6회로 한다.

④ 소장은 사형확정자의 심리적 안정 및 원만한 수용생활을 위하여 신청에 따라 교육 또는 교화 프로그램을 실시할 수 있다.

> **해설** ② 사형확정자를 수용하는 시설의 설비 및 계호의 정도는 일반경비시설 또는 중경비시설에 준한다(시행령 제108조).
> ③ 사형확정자의 접견 횟수는 매월 4회로 한다(시행령 제109조).
> ④ 소장은 사형확정자의 심리적 안정 및 원만한 수용생활을 위하여 교육 또는 교화프로그램을 실시할 수 있다(법 제90조 제1항). 즉 신청을 요하지 않는다.
> ① 시행규칙 제151조.
>
> 정답 ①

381. 「형의 집행 및 수용자의 처우에 관한 법률」상 수용자 사망 시 조치에 대한 설명으로 옳지 않은 것은?

① 소장은 수용자가 사망한 경우에는 그 사실을 즉시 그 가족(가족이 없는 경우에는 다른 친족)에게 통지하여야 한다.

② 소장은 병원이나 그 밖의 연구기관이 학술연구상의 필요에 따라 수용자의 시신인도를 신청하면 본인의 유언 또는 상속인의 승낙이 있는 경우에 한하여 인도할 수 있다.

③ 소장은 가족 등 수용자의 사망 통지를 받은 사람이 통지를 받은 날부터 법률이 정하는 소정의 기간 내에 그 시신을 인수하지 아니하거나 시신을 인수할 사람이 없으면 임시로 매장하거나 화장(火葬) 후 봉안하여야 한다. 다만, 감염병 예방 등을 위하여 필요하면 즉시 화장하여야 하며, 그 밖에 필요한 조치를 할 수 있다.

④ 소장은 수용자가 사망하면 법무부장관이 정하는 범위에서 화장, 시신인도 등에 필요한 비용을 인수자에게 지급하여야 한다.

> **해설** ④ 소장은 수용자가 사망하면 법무부장관이 정하는 범위에서 화장·시신인도 등에 필요한 비용을 인수자에게 지급할 수 있다(법 제128조 제5항).
> ① 법 제127조, ② 법 제128조 제4항. ③ 동조 제2항
>
> 정답 ④

382. 사형확정자의 수용 및 처우에 대한 설명으로 옳지 않은 것은?

① 사형확정자도 필요에 따라서는 혼거수용할 수 있지만, 사형확정자가 수용된 거실은 참관할 수 없다.

② 사형확정자의 자살·도주 등의 사고를 방지하기 위하여 필요한 경우에는 사형확정자와 미결수용자를 혼거수용할 수 있다.

③ 사형확정자를 수용하는 시설의 설비 및 계호의 정도는 일반경비시설 또는 중경비시설에 준한다.

④ 소장은 사형확정자의 심리적 안정 및 원만한 수용생활을 위하여 필요하다고 인정하는 경우에는 매월 4회의 전화통화와 접견을 허가할 수 있다.

> **해설** ④ 소장은 사형확정자의 심리적 안정과 원만한 수용생활을 위하여 필요하다고 인정하는 경우에는 월 3회 이내의 범위에서 전화통화를 허가할 수 있다(시행규칙 제156조)
> ① 법 제89조 제1항·제2항. ② 시행규칙 제150조 제3항 ③ 시행령 제108조.
>
> 정답 ④

383. 다음 중 미결수용자와 사형확정자에 대한 설명으로 틀린 것은?

① 미결수용자와 사형확정자의 거실은 참관할 수 없다.

② 미결수용자와 사형확정자는 신청에 의해 교육 및 작업을 부과할 수 있다.

③ 미결수용자와 사형확정자는 동일한 계호시설에 수용되는 경우가 있다.

④ 사형확정자의 자살·도주 등의 사고를 방지하기 위하여 필요한 경우에는 사형확정자와 미결수용자를 혼거수용할 수 있다.

> **해설** ② 미결수용자는 신청에 따라 교육 또는 교화프로그램을 실시하거나 작업을 부과할 수 있는 반면(법 제86조 제1항), 사형확정자는 신청에 따라 작업을 부과할 수 있지만, 교육 또는 교화프로그램은 신청과 관계없이 실시할 수 있다(법 제90조 제1항).
> ① 법 제80조, 제89조 제2항.
> ③ 미결수용자를 수용하는 시설의 설비 및 계호의 정도는 일반경비시설에 준하고(시행령 제98조), 사형확정자를 수용하는 시설의 설비 및 계호의 정도는 일반경비시설 또는 중경비시설에 준한다(시행령 제108조), 따라서 미결수용자와 사형확정자 모두 일반경비시설에 수용될 수 있다.
> ④ 시행규칙 제150조 제3항
>
> 정답 ②

384. 「형의 집행 및 수용자의 처우에 관한 법령」상 사형확정자의 처우에 대한 설명으로 옳지 않은 것은?

① 사형확정자가 수용된 거실은 참관할 수 없다.

② 소장은 사형확정자의 자살·도주 등의 사고를 방지하기 위하여 필요한 경우에는 사형확정자와 수형자를 혼거수용할 수 있다.

③ 소장은 사형확정자의 심리적 안정 및 원만한 수용생활을 위하여 교육 또는 교화프로그램을 실시하거나 신청에 따라 작업을 부과할 수 있다.

④ 소장은 사형확정자의 심리적 안정과 원만한 수용생활을 위하여 필요하다고 인정하는 경우에는 월 3회 이내의 범위에서 전화통화를 허가할 수 있다.

> 해설 ② 소장은 사형확정자의 자살·도주 등의 사고를 방지하기 위하여 필요한 경우에는 사형확정자와 미결수용자를 혼거수용할 수 있고, 사형확정자의 교육·교화프로그램 작업 등의 적절한 처우를 위하여 필요한 경우에는 사형확정자와 수형자를 혼거수용할 수 있다(시행규칙 제150조 제3항).
> ① 법 제89조 제2항. ③ 법 제90조 제1항. ④ 시행규칙 제156조
> 정답 ②

385. 우리나라의 사형집행에 관하여 잘못 설명한 것은?

① 공휴일과 토요일에는 사형을 집행하지 아니 한다.

② 사형은 교도소 이외의 지정된 장소에서 집행하여야 한다.

③ 사형이 확정된 후라도 그 집행을 정지할 수 있다.

④ 사형을 집행하였을 때에는 소장은 그 시신을 검사하여야 한다.

> 해설 ② 사형은 교정시설의 사형장에서 집행한다(법 제91조 제1항).
> ① 법 제91조 제2항. ③ 사형의 선고를 받은 자가 심신의 장애로 의사능력이 없는 상태에 있거나 잉태 중에 있는 여자인 때에는 법무부장관의 명령으로 집행을 정지하는데 이러한 사유로 인하여 형의 집행을 정지한 경우에는 심신장애의 회복 또는 출산 후 법무부장관의 명령에 의하여 형을 집행한다(형사소송법 제469조 제1항·제2항). ④ 시행령 제111조
> 정답 ②

386. 형벌제도에 관한 설명 중 틀린 것은?

① 사형집행의 명령은 판결이 확정된 날로부터 1년 이내에 하여야 한다.

② 무기형의 경우에는 20년을 경과하여야 가석방할 수 있다.

③ 가석방된 자는 보호관찰을 원칙적으로 부과한다.

④ 구류의 기간은 1일 이상 30일 미만이다.

> 해설 ① 사형집행의 명령은 판결이 확정된 날로부터 6월 이내에 하여야 한다(형사소송법 제465조 제1항).
> ② 형법 제72조. ③ 가석방된 자는 가석방 기간 중 원칙적으로 보호관찰을 받는다. 다만 가석방을 허가한 행정관청이 필요가 없다고 인정한 때에는 그러하지 아니하다(형법 제73조의 2 제2항). ④ 형법 제46조
> 정답 ①

387. 다음 중 미결수용에 대한 설명으로 틀린 것은?

① 미결수용자가 수용된 거실은 참관이 금지된다.

② 미결수용자와 수형자는 분리수용한다.

③ 미결수용자가 도주 시에는 법무부장관에게 통보한다.

④ 미결수용자 이송 시 해당 사건에 관련된 사람과 분리하여야 한다.

 ③ 소장은 미결수용자가 도주하거나 도주한 미결수용자를 체포한 경우에는 그 사실을 검사에게 통보하고, 기소된 상태인 경우에는 법원에도 지체 없이 통보하여야 한다(시행령 제104조).
① 법 제80조. ② 법 제11조 제1항. ④ 시행령 제100조

정답 ③

388. 형의 집행 및 수용자의 처우에 관한 법령상 미결수용자의 처우에 대한 설명으로 옳지 않은 것은?

① 미결수용자는 무죄의 추정을 받으며, 미결수용자가 수용된 거실은 참관할 수 없다.

② 소장은 미결수용자의 신청에 따라 작업을 부과할 수 있으며, 이에 따라 작업이 부과된 미결수용자가 작업의 취소를 요청하는 경우에는 그 미결수용자의 의사, 건강 및 교도관의 의견 등을 고려하여 작업을 취소할 수 있다.

③ 소장은 미결수용자가 도주하거나 도주한 미결수용자를 체포한 경우 및 미결수용자가 위독하거나 사망한 경우에는 그 사실을 검사에게 통보하고, 기소된 상태인 경우에는 법원에도 지체 없이 통보하여야 한다.

④ 소장은 미결수용자로서 사건에 서로 관련이 있는 사람은 분리수용하고 서로 간의 접촉을 금지하여야 하며, 만약 미결수용자를 이송, 출정 또는 그 밖의 사유로 교정시설 밖으로 호송하는 경우에는 반드시 해당 사건에 관련된 사람이 탑승한 호송 차량이 아닌 별도의 호송 차량에 탑승시켜야 한다.

 ④ 소장은 미결수용자로서 사건에 서로 관련이 있는 사람은 분리수용하고 서로 간의 접촉을 금지하여야 하며(형집행법 제81조), 이송이나 출정, 그 밖의 사유로 미결수용자를 교정시설 밖으로 호송하는 경우에는 해당 사건에 관련된 사람과 호송 차량의 좌석을 분리하는 등의 방법으로 서로 접촉하지 못하게 하여야 한다(동법 시행령 제100조).
① 동법 제79조·제80조
② 동법 제86조 제1항, 동법 시행령 제103조 제2항
③ 동법 시행령 제104조·제105조

정답 ④

389. 「형의 집행 및 수용자의 처우에 관한 법령」상 다음 중 옳은 것만을 모두 고른 것은?

> ㉠ 미결수용자의 접견 횟수는 매일 1회로 하되, 변호인과의 접견은 그 횟수에 포함시키지 않는다.
> ㉡ 교정시설의 장은 미결수용자가 도주하거나 미결수용자를 체포한 경우에는 그 사실을 경찰관서에 통보하고, 기소된 상태인 경우에는 검사에게 지체 없이 통보하여야 한다.
> ㉢ 경찰관서에 설치된 유치장에는 수형자를 7일 이상 수용할 수 없다.
> ㉣ 미결수용자는 무죄의 추정을 받으므로 교정시설의 장은 미결수용자가 신청하더라도 작업을 부과할 수 없다.
> ㉤ 미결수용자와 변호인 간의 편지는 교정시설에서 상대방이 변호인임을 확인할 수 없는 경우를 제외하고는 검열할 수 없다.

① ㉠, ㉡
② ㉠, ㉤
③ ㉠, ㉢, ㉣
④ ㉢, ㉣, ㉤

> **해설** ○ : ㉠ 시행령 제101조. ㉤ 법 제84조 제3항
> × : ㉡ 소장은 미결수용자가 도주하거나 도주한 미결수용자를 체포한 경우에는 그 사실을 검사에게 통보하고, 기소된 상태인 경우에는 법원에도 지체 없이 통보하여야 한다(시행령 제104조). ㉢ 경찰관서에 설치된 유치장에는 수형자를 30일 이상 수용할 수 없다(시행령 제107조). ㉣ 소장은 미결수용자에 대하여는 신청에 따라 교육 또는 교화프로그램을 실시하거나 작업을 부과할 수 있다(법 제86조 제1항).
> 정답 ②

390. 현행법상 미결구금(수용)제도에 대한 설명으로 옳은 것은? (다툼이 있는 경우 판례에 의함)

① 소장은 미결수용자에 대하여는 직권 또는 신청에 따라 교육 또는 교화프로그램을 실시하거나 작업을 부과할 수 있다.
② 판결선고 전 미결구금일수는 그 전부가 법률상 당연히 본형에 산입하게 되므로 판결에서 별도로 미결구금일수 산입에 관한 사항을 판단할 필요는 없다.
③ 미결수용자의 변호인과의 접견교통권은 질서유지 또는 공공복리를 위한 이유가 있는 때에도 법률로써 제한할 수 없다.
④ 미결수용자가 징벌대상자로서 조사받고 있거나 징벌집행 중인 경우에는 소송서류의 작성 등 수사과정에서의 권리행사가 제한된다.

> **해설** ① 소장은 미결수용자에 대하여는 신청에 따라 교육 또는 교화프로그램을 실시하거나 작업을 부과할 수 있다(법 제86조 제1항).
> ③ 미결수용자의 변호인 접견권은 국가안전보장·질서유지 또는 공공복리를 위해 필요한 경우에는 법률로써 제한될 수 있다.(헌재 2011.5.26. 2009헌마341).
> ④ 소장은 미결수용자가 징벌대상자로서 조사받고 있거나 징벌집행 중인 경우에도 소송서류의 작성, 변호인과의 접견 및 편지수수, 그 밖의 수사 및 재판과정에서의 권리행사를 보장하여야 한다(법 제85조).
> ② 대판 2009.12.10. 2009도11448.
> 정답 ②

391. 형사절차에서 미결수용자의 처우에 대한 설명으로 옳지 않은 것은?

① 수형자와 달리 미결수용자에게는 무죄추정의 원칙에 합당한 처우를 해야 한다.

② 형사사건에서 서로 관련 있는 미결수용자들은 분리수용하여 서로 접촉을 막아야 한다.

③ 미결수용자의 두발 또는 수염은 특히 필요한 경우가 아니면 본인의 의사에 반하여 짧게 깎지 못한다.

④ 경찰서 유치장은 구치소나 교도소의 미결수용실과 다르므로 형집행법이 준용되지 않는다.

> **해설** ④ 경찰관서에 설치된 유치장은 교정시설이 미결수용실로 보아 형집행법을 준용한다(법 제87조).
> ① 법 제79조. ② 법 제81조. ③ 법 제83조 〔정답〕 ④

392. 「형의 집행 및 수용자의 처우에 관한 법률」상 미결수용자의 처우에 대한 설명으로 옳지 않은 것은?

① 미결수용자는 무죄의 추정을 받으며 그에 합당한 처우를 받는다.

② 미결수용자가 수용된 거실은 참관할 수 없다.

③ 미결수용자는 수사·재판·국정감사 또는 법률로 정하는 조사에 참석할 때에는 사복을 착용하여야 한다.

④ 미결수용자의 두발 또는 수염은 특히 필요한 경우가 아니면 본인의 의사에 반하여 짧게 깎지 못한다.

> **해설** ③ 미결수용자는 수사·재판·국정감사 또는 법률로 정하는 조사에 참석할 때에는 사복을 착용할 수 있다.
> 다만 소장은 도주우려가 크거나 특히 부적당한 사유가 있다고 인정하면 교정시설에서 지급하는 의류를
> 입게 할 수 있다(법 제82조).
> ① 법 제79조. ② 법 제80조. ④ 법 제83조. 〔정답〕 ③

393. 미결수용자의 처우에 관한 내용 중 맞는 것은 모두 몇 개인가?

> ㉠ 미결수용자가 수용된 거실은 시찰할 수 없다.
> ㉡ 미결수용자로서 자유형이 확정된 사람에 대하여는 검사의 집행지휘서가 도달된 때부터 수형자로 처우할 수 있다.
> ㉢ 특히 필요한 경우에는 본인의 의사에 반하여 미결수용자의 두발을 짧게 깎을 수 있다.
> ㉣ 미결수용자를 수용하는 시설의 설비 및 계호의 정도는 완화경비시설에 준한다.
> ㉤ 범죄의 증거인멸을 방지하기 위하여 필요한 경우에는 미결수용자를 교도소에 수용할 수 있다.

① 1개   ② 2개

③ 3개   ④ 4개

> **해설** ○ : 시행령 제82조 제1항, ㉢ 법 제83조, ㉤법 제12조 제1항 제3호
> × : ㉠ 미결수용자가 수용된 거실은 참관할 수 없다(법 제80조), ㉣ 미결수용자를 수용하는 시설의 설비
> 및 계호의 정도는 일반경비시설에 준한다(시행령 제98조).
> 〔정답〕 ③

394. 「형의 집행 및 수용자의 처우에 관한 법률」 및 동법 시행규칙상 미결수용자의 처우에 대한 설명으로 옳은 것은?

① 미결수용자가 재판·국정감사에 참석할 때에는 사복을 착용할 수 있으나, 교정시설에서 지급하는 의류는 수용자가 희망하거나 동의하는 경우에만 입게 할 수 있다.

② 미결수용자와 변호인 간의 접견은 시간과 횟수를 제한한다.

③ 소장은 미결수용자에 대하여 신청에 따라 교육 또는 교화프로그램을 실시하거나 작업을 부과할 수 있다.

④ 미결수용자에게 징벌을 부과한 경우에는 그것에 관한 양형참고자료를 작성하여 관할 검찰청 검사 또는 관할 법원에 통보하여야 한다.

해설 ① 미결수용자는 수사·재판·국정감사 또는 법률로 정하는 조사에 참석할 때에는 사복을 착용할 수 있다. 다만 소장은 도주우려가 크거나 특히 부적당한 사유가 있다고 인정하면 교정시설에서 지급하는 의류를 입게 할 수 있다(법 제82조). 즉 미결수용자가 재판·국정감사에 참석할 경우 도주우려가 크거나 특히 부적당한 사유가 있다고 인정하면 소장은 수용자의 희망이나 동의 없이도 교정시설에서 지급하는 의류를 착용하게 할 수 있다.
② 미결수용자와 변호인 간의 접견은 시간과 횟수를 제한하지 아니한다(법 제84조 제2항).
④ 소장은 미결수용자에게 징벌을 부과한 경우에는 그 징벌대상행위 등에 관한 양형참고자료를 작성하여 관할 검찰청 검사 또는 관할 법원에 통보할 수 있다(시행규칙 제235조).
③ 법 제86조 제1항 　　　　　　　　　　　　　　　 정답 ③

395. 다음의 미결수용자의 처우에 관한 설명으로 옳지 않은 것을 모두 고른 것은?

> ㉠ 미결수용자가 수용된 거실은 참관할 수 없다.
> ㉡ 미결수용자가 30일 이내의 접견제한의 징벌을 받아 그 집행 중인 경우에는 그 집행기간 동안 변호인과의 접견이 제한된다.
> ㉢ 교정시설의 장은 미결수용자의 신청이 있더라도 작업을 부과할 수 없다.
> ㉣ 미결수용자가 범죄의 증거를 인멸할 우려가 있는 때에는 변호인과의 접견에 교도관이 참여하여 대화 내용을 기록할 수 있다.

① ㉠, ㉣

② ㉡, ㉣

③ ㉠, ㉡, ㉢

④ ㉡, ㉢, ㉣

해설 × : ㉡ 소장은 미결수용자가 징벌대상자로서 조사받고 있거나 징벌집행 중인 경우에도 소송서류의 작성, 변호인과의 접견 및 편지수수, 그 밖의 수사 및 재판과정에서의 권리행사를 보장하여야 한다(법 제85조), ㉢ 소장은 미결수용자에 대하여는 신청에 따라 교육 또는 교화프로그램을 실시하거나 작업을 부과할 수 있다. ㉣ 미결수용자와 변호인(변호인이 되려고 하는 사람을 포함한다)과의 접견에는 교도관이 참여하지 못하며, 그 내용을 청취 또는 녹취하지 못한다. 다만 보이는 거리에서 미결수용자를 관찰할 수 있다(법 제84조 제1항)
○ : ㉠ 법 제80조 　　　　　　　　　　　　　　　 정답 ④

396. 미결수용자의 처우에 대한 다음 설명 중 틀린 것은?

① 대법원 판례에 의하면 경찰서 유치장은 미결수용실에 준하는 것이지만, 그곳에 수용된 피의자에 대하여는 형집행법 및 그 시행령이 적용되지 않는다.
② 미결수용자는 수형자와는 다른 법적 지위를 가진다.
③ 미결수용자에 대해서도 보호장비를 사용할 수 있다.
④ 미결수용자와 변호인과의 편지는 원칙적으로 검열할 수 없다.

> 해설 ① 경찰서 유치장은 미결수용실에 준하는 것이어서 그곳에 수용된 피의자에 대하여는 행형법 및 그 시행령이 적용된다(대결 2002.5.6. 2000모112).
> ③ 법 제79조. ④ 법 제84조 제3항   정답 ①

397. 미결수용자의 처우에 관한 설명으로 옳지 않은 것은?

① 소장은 미결수용자가 징벌집행 중인 경우에도 소송서류의 작성, 변호인과의 접견 및 편지수수 그 밖의 수사 및 재판과정에서의 권리행사를 보장하여야 한다.
② 소장은 미결수용자가 빈곤하거나 무지하여 수사 및 재판과정에서 권리를 충분히 행사하지 못한다고 인정하는 경우에는 법률구조에 필요한 지원을 할 수 있다.
③ 미결수용자는 수사, 재판, 국정감사 또는 법률로 정하는 조사에 참석할 때에는 사복을 착용할 수 있다.
④ 미결수용자의 두발 또는 수염은 어떠한 경우에도 본인의 의사에 반하여 짧게 깎지 못한다.

> 해설 ④ 미결수용자의 두발 또는 수염은 특히 필요한 경우가 아니면 본인의 의사에 반하여 짧게 깎지 못한다(법 제83조). 따라서 특히 필요한 경우에는 짧게 깎을 수 있다.
> ① 법 제85조. ② 시행령 제99조. ③ 법 제82조   정답 ④

398. 미결수용자의 처우에 관한 설명으로 옳지 않은 것은?(다툼이 있는 경우 판례에 의함)

① 미결수용자가 수용된 거실은 참관할 수 없다.
② 미결수용자에 대해서는 교정시설 밖에서의 작업을 부과할 수 없다.
③ 미결수용자가 변호인과의 접견교통권을 침해 받았을 때 변호인은 이에 대하여 헌법소원을 청구할 수 없다.
④ 미결수용자의 두발 또는 수염은 특히 필요한 경우가 아니면 본인의 의사에 반하여 짧게 깎지 못한다.

> 해설 ③ 구속된 피의자나 피고인이 가지는 변호인과의 접견교통권은 헌법상 기본권이므로 접견불허처분에 대하여 피의자나 피고인 헌법소원을 청구할 수 있고, 변호인도 헌법소원을 청구할 수 있다.
> ① 법 제80조. ② 시행령 제103조 제1항. ④ 법 제83조   정답 ③

399. 현행 법령상 미결수용자의 처우에 관한 설명 중 틀린 것은?

① 미결수용자와 변호인 간의 접견은 시간과 횟수를 제한하지 않는다.

② 미결수용자의 신청에 의한 교화프로그램 실시는 교정시설 내에서 행하는 것에 한정한다. 그러나 처우상 특히 필요한 경우에는 교정시설 밖에서 행하는 것도 포함된다.

③ 미결수용자를 수용하는 시설의 설비 및 계호의 정도는 일반경비시설에 준한다.

④ 소장은 미결수용자가 사망한 경우 그 사실을 검사에게 통보한다. 기소된 경우에는 법원에도 지체없이 통보한다.

> 해설 ② 미결수용에 대한 교육·교화프로그램 또는 작업은 교정시설 밖에서 행하는 것은 포함하지 아니한다(시행령 제103조 제1항).
> ① 법 제84조 제2항, ③ 시행령 제98조. ④ 시행령 제105조
>
> 정답 ②

400. 우리나라의 교정시설 운영에 대한 설명으로 옳지 않은 것은?

① 신설하는 교정시설은 수용인원이 500명 이내의 규모로 하는 것을 원칙으로 한다.

② 교정시설의 운영과 수용자 처우 등에 관한 교도소장의 자문에 응하기 위하여 교정시설에 교정위원을 둔다.

③ 교정시설의 설치와 운영에 관한 업무의 일부를 법인 또는 개인에게 위탁할 수 있다.

④ 법무부장관은 매년 1회 이상 교정시설의 운영실태를 순회점검하거나 소속 공무원으로 하여금 순회점검하게 하여야 한다.

> 해설 ② 지방교정청장의 자문에 응하기 위하여 지방교정청에 교정자문위원회를 둔다.
> ① 법 제6조 제1항 ③ 법 제7조 제1항. ④ 법 제8조
>
> 정답 ②

401. 개방처우에 대한 설명으로 옳지 않은 것은?

① 개방처우의 유형으로는 외부통근제도, 주말구금제도, 부부접견제도 그리고 민영교도소제도 등을 들 수 있다.

② 개방시설에서의 처우는 유형적·물리적 도주방지장치가 전부 또는 일부가 없고 수용자의 자율 및 책임감에 기반을 둔 처우제도이다.

③ 외부통근제도는 수형자를 주간에 외부의 교육기관에서 교육을 받게 하거나, 작업장에서 생산작업에 종사하게 하는 것으로 사법형, 행정형 그리고 혼합형으로 구분된다.

④ 우리나라는 가족만남의 집 운영을 통해 부부접견제도를 두고 있다고 해석할 수 있고, 외부통근제도도 시행하고 있으나 주말구금제도는 시행하고 있지 않다.

> 해설 ① 외부통근제도, 주말구금제도, 부부접견제도 등은 개방처우의 유형에 해당하나, 민영교도소제도는 개방처우의 유형에 해당하지 않는다.
>
> 정답 ①

402. 다음 중 개방처우의 교정정책적 의의가 아닌 것은?

① 형벌의 인도화
② 사회복귀능력의 향상
③ 형벌집행의 경제성
④ 처우의 단일화

> **해설** 개방처우란 시설내처우에 기반을 두면서 시설을 폐쇄성을 완화하여 구금의 폐해를 최소화하고, 수형자를 가능한 일반사회인의 생활에 근접시켜 수형자와 사회와의 거리를 좁혀 사회적응력을 강화시키려는 처우방법을 말한다. 이러한 개방처우는 현대교정의 추세이고, 현대교정은 수형자의 특성을 고려한 개별적 처우를 그 기초로 하므로 처우의 단일화라는 표현은 옳지 않다.
>
> 정답 ④

403. 개방처우는 다음 중 어디에 해당하는가?

① 시설내처우
② 사회적처우
③ 전통적처우
④ 사회내처우

> **해설** 개방처우란 시설내처우에 기반을 두면서 구금의 폐해를 최소화하고, 수형자를 일반사회인의 생활에 근접시켜 사회적응력을 강화시키려는 처우방법으로 사회적처우에 해당한다.
>
> 정답 ②

404. 개방처우의 장점이 아닌 것은?

① 신체적·정신적 건강에 유리하다.
② 행형의 경비를 줄여준다.
③ 국민정서에 부합한다.
④ 단기자유형의 폐해를 일부 해소할 수 있다.

> **해설** ③ 개방처우의 단점으로 지적되는 것으로는 통상적 형벌관념이나 일반국민의 법감정에 부합하지 않는다는 점이다.
> ①②④ 개방처우는 완화된 시설과 감시로 수형자의 신체적·정신적 건강에 유리하고, 통제 및 감시에 소요되는 행형상의 경비부담을 덜어주며, 폐쇄적 처우를 완화시킨다는 점에서 구금에 따른 단기자유형의 폐해를 일부 해소할 수 있다.

┃ 개방처우의 장·단점 ┃

장점	단점
• 수형자의 신체적 정신적 건강에 유리 • 수형자의 자발적 개선의욕 증진 및 사회복귀 촉진 • 가족이나 친지 등과의 유대감 지속으로 정서적 안정 도모 • 통제 및 감시에 소요되는 비용의 절감 • 형벌의 인도화에 기여	• 국민의 법감정에 배치 • 도주위험의 증가 • 완화된 계호와 감시를 이용하여 외부인과의 부정한 거래 • 형사사법망의 확대를 초래할 수 있음

> 정답 ③

405. 교정처우를 폐쇄형 처우, 개방형 처우, 사회형 처우로 구분할 때 개방형 처우에 해당하는 것만을 모두 고른 것은?

> ㉠ 주말구금   ㉡ 부부접견   ㉢ 외부통근
> ㉣ 보호관찰   ㉤ 사회봉사명령   ㉥ 수형자자치제

① ㉠, ㉡, ㉢   ② ㉠, ㉤, ㉥
③ ㉡, ㉢, ㉣   ④ ㉣, ㉤, ㉥

> **해설** 개방처우 ○ : ㉠㉡㉢
> • 개방처우 × : ㉣㉤은 사회형처우(사회내처우)에 해당하고, ㉥은 폐쇄형처우(시설내처우)에 해당한다.
> **정답** ①

406. 교정처우를 시설내 처우, 개방처우, 사회내 처우로 나눌 때 개방처우에 해당하는 것만을 고른 것은?

> ㉠ 가족접견   ㉡ 전자감시   ㉢ 귀휴
> ㉣ 외부통근   ㉤ 집중보호관찰   ㉥ 가택구금

① ㉠, ㉡, ㉤   ② ㉠, ㉢, ㉣
③ ㉡, ㉢, ㉥   ④ ㉡, ㉤, ㉥

> **해설** ② 개방처우에 해당하는 것은 가족접견, 귀휴, 외부통근이다.
> **정답** ②

407. 귀휴에 대한 설명으로 옳은 것은?

① 21년 이상의 유기형 또는 무기형의 경우에는 10년이 지나야 귀휴를 허가할 수 있다.
② 질병이나 사고로 외부의료시설에의 입원이 필요한 때에는 특별귀휴를 허가할 수 있다.
③ 교화를 위해 특히 필요한 경우에는 일반경비처우급수형자에게도 귀휴를 허가할 수 있다.
④ 귀휴기간은 형 집행기간에 포함되지 않으므로 귀휴는 형집행정지의 일종이다.

> **해설** ③ 소장은 개방처우급·완화경비처우급 수형자에게 귀휴를 허가할 수 있다. 다만 교화 또는 사회복귀 준비 등을 위하여 특히 필요한 경우에는 일반경비처우급 수형자에게도 이를 허가할 수 있다(시행규칙 제129 조 제2항). 따라서 맞는 표현이다.
> ① 소장은 6개월 이상 복역한 수형자로서 그 형기의 3분의 1(21년 이상의 유기형 또는 무기형의 경우에는 7년)이 지나고 교정성적이 우수한 사람이 일정한 요건에 해당하면 1년 중 20일 이내의 귀휴를 허가할 수 있다(법 제77조 제1항).
> ② 특별귀휴의 요건은 가족 또는 배우자의 직계존속이 사망한 때, 직계비속의 혼례가 있는 때 두 가지이다 (법 제77조 제2항), 따라서 질병이나 사고로 외부의료시설에의 입원이 필요한 때에는 특별귀휴를 허가 할 수 없다.
> ④ 귀휴기간은 형집행기간에 포함한다(법 제77조 제4항).
> **정답** ③

408. 「형의 집행 및 수용자의 처우에 관한 법률 시행규칙」상 원칙적으로 교정시설 밖에 있는 외부기업체에 통근하며 작업하는 수형자의 선정기준에 해당되지 않는 것은?

① 해당 작업 수행에 건강상 장애가 없을 것
② 일반경비처우급 이상에 해당할 것
③ 가족·친지 또는 교정위원 등과 접견·편지수수·전화통화 등으로 연락하고 있을 것
④ 집행할 형기가 7년 미만이고 가석방이 제한되지 아니할 것

> **해설** 개방처우급·완화경비처우급에 해당할 것(형집행법 시행규칙 제120조 제1항 제3호)
>
> 정답 ②

409. 사회적처우에 대한 설명으로 옳지 않은 것은?

① 개방처우는 가족과의 유대가 지속될 수 있는 장점이 있다.
② 현행법상 귀휴기간은 형집행기간에 포함된다.
③ 우리나라의 외부통근작업은 행정형 외부통근제도이다.
④ 갱생보호는 정신적·물질적 원조를 제공하여 건전한 사회인으로 복귀할 수 있는 기반을 조성할 수 있다.

> **해설** ④ 갱생보호는 사회적처우가 아니라 사회내처우에 해당한다. ② 법 제77조 제4항
>
> 정답 ④

410. 형의 집행 및 수용자의 처우에 관한 법령상 귀휴제도에 대한 설명으로 옳지 않은 것은?

① 귀휴기간은 형집행기간에 포함되며, 귀휴자의 여비와 귀휴 중 착용할 복장은 본인이 부담한다.
② 소장은 수형자의 가족 또는 수형자 배우자의 직계존속이 사망하거나 위독한 때에는 수형자에게 5일 이내의 특별귀휴를 허가할 수 있다.
③ 소장은 교화 또는 사회복귀 준비 등을 위하여 특히 필요한 경우에는 일반경비처우급 수형자에게도 귀휴를 허가할 수 있다.
④ 소장은 6개월 이상 복역한 수형자로서 그 형기의 3분의 1(21년 이상의 유기형 또는 무기형의 경우에는 7년)이 지나고 교정성적이 우수한 사람이 질병이나 사고로 외부의료시설에의 입원이 필요한 때에는 1년 중 20일 이내의 귀휴를 허가할 수 있다.

> **해설** 소장은 가족 또는 배우자의 직계존속이 사망한 때 또는 직계비속의 혼례가 있는 때의 사유가 있는 수형자에 대하여는 5일 이내의 특별귀휴를 허가할 수 있다(형집행법 제77조 제2항).
> 수형자의 가족 또는 배우자의 직계존속이 위독한 때는 일반귀휴 사유에 해당한다.
> ① 동법 제77조 제4항, 동법 시행규칙 제142조 제1항
> ③ 동법 시행규칙 제129조 제2항
> ④ 동법 제77조 제1항
>
> 정답 ②

411. 「형의 집행 및 수용자의 처우에 관한 법률」상 귀휴제도에 대한 설명으로 옳은 것은?

① 소장은 수형자가 질병이나 사고로 외부의료시설에의 입원이 필요한 때에는 5일이내의 특별 귀휴를 허가할 수 있다.

② 소장은 귀휴 중인 수형자가 거소의 제한이나 그 밖의 귀휴허가에 붙인 조건을 위반한 때에 는 귀휴를 취소하여야 한다.

③ 귀휴기간은 형집행기간에 포함되지 않는다.

④ 소장은 무기형의 경우 7년이 지나고 교정성적이 우수한 수형자에 대하여 가족이 위독한 때 에는 1년 중 20일 이내의 귀휴를 허가할 수 있다.

> 해설 ①은 일반귀휴사유에 해당한다(법 제77조 제1항 참조). ② 취소하여야 한다. → 취소할 수 있다(법 제78조 참조). ③ 귀휴기간은 형집행기간에 포함한다(법 제77조 제4항). ④ 법 제77조 제1항
>
> 정답 ④

412. 형의 집행 및 수용자의 처우에 관한 법령상 귀휴를 허가할 수 있는 대상이 아닌 것은?

① 10년의 징역형을 받고 4개월 복역한 일반경비처우급 수형자 A가 장모님의 사망을 이유로 5일간의 귀휴를 신청하였다.

② 3년 징역형을 받고 13개월을 복역한 완화경비처우급 수형자 B가 출소 전 취업준비를 이유 로 귀휴를 신청하였다.

③ 20년 징역형을 받고 6년을 복역한 완화경비처우급 수형자 C가 장인의 위독함을 이유로 귀 휴를 신청하였다.

④ 무기형을 받고 10년을 복역한 완화경비처우급 수형자 D가 아들의 군입대를 이유로 귀휴를 신청하였다.

> 해설 ① 배우자의 직계존속이 사망한 때에는 5일 이내의 특별귀휴를 허가할 수 있다(형집행법 제77조 제2항). 특별귀휴는 경비처우급에 따른 제한이 없다.
>
> ② 6개월 이상 형을 집행받은 수형자로서 그 형기의 3분의 1이 지나고 교정성적이 우수한 완화경비처우급 수형자가 출소 전 취업 또는 창업 등 사회복귀 준비를 위하여 필요한 때에는 1년 중 20일 이내의 귀휴 를 허가할 수 있다(동법 제77조 제1항, 동법 시행규칙 제129조 제2항·제3항 제6호).
>
> ③ 일반귀휴 사유(배우자의 직계존속이 위독한 때)에 해당하나, 형기의 3분의 1이 지나지 않았으므로 귀휴 를 허가할 수 있는 대상이 아니다(동법 제77조 제1항).
>
> ④ 무기형의 경우 7년이 지나고, 직계비속이 입대하게 된 때에는 1년 중 20일 이내의 귀휴를 허가할 수 있다(동법 제77조 제1항, 동법 시행규칙 제129조 제2항·제3항 제3호).
>
> 정답 ③

413. 「형의 집행 및 수용자의 처우에 관한 법률」상 귀휴에 대한 설명으로 옳은 것(○)과 옳지 않은 것(×)을 바르게 연결한 것은?

> ㉠ 소장은 수형자의 가족 또는 배우자의 직계존속이 위독한 때 특별귀휴를 허가할 수 있다.
> ㉡ 소장은 귀휴의 허가사유가 존재하지 아니함이 밝혀진 때에는 그 귀휴를 취소하여야 한다.
> ㉢ 소장은 미결수용자의 신청이 있는 경우 필요하다고 인정하면 귀휴를 허가할 수 있다.
> ㉣ 특별귀휴 기간은 1년 중 5일 이내이다.

	㉠	㉡	㉢	㉣
①	○	×	×	×
②	×	○	×	○
③	×	×	○	○
④	×	×	×	×

해설 ㉠ 소장은 수형자의 가족 또는 배우자의 직계존속이 위독한 때 일반귀휴를 허가할 수 있다(형집행법 제77조 제1항 제1호).
㉡ 소장은 귀휴의 허가사유가 존재하지 아니함이 밝혀진 때에는 그 귀휴를 취소할 수 있다(동법 제78조 제1호).
㉢ 귀휴는 수형자를 대상으로 한다(동법 제77조 제1항).
㉣ 특별귀휴는 횟수제한이 없다. 1년중 사유가 있다면 횟수에 관련 없이 귀휴가 가능하다(동법 제77조 제2항).

정답 ④

414. 형의 집행 및 수용자의 처우에 관한 법령상 귀휴허가 후 조치에 대한 설명으로 옳지 않은 것은?

① 소장은 필요하다고 인정하면 귀휴시 교도관을 동행시킬 수 있다.
② 소장은 귀휴자가 신청할 경우 작업장려금의 전부 또는 일부를 귀휴비용으로 사용하게 할 수 있다.
③ 소장은 귀휴자가 귀휴조건을 위반한 경우 귀휴를 취소하거나 이의 시정을 위하여 필요한 조치를 하여야 한다.
④ 소장은 2일 이상의 귀휴를 허가한 경우 귀휴자의 귀휴지를 관할하는 보호관찰소의 장에게 그 사실을 통보하여야 한다.

해설 소장은 법 제77조에 따라 2일 이상의 귀휴를 허가한 경우에는 귀휴를 허가받은 사람(이하 "귀휴자"라 한다)의 귀휴지를 관할하는 경찰관서의 장에게 그 사실을 통보하여야 한다.(형의 집행 및 수용자의 처우에 관한 법률 시행령 제97조 제1항).
① 동법 시행규칙 제141조 제1항
② 동법 시행규칙 제142조 제2항
③ 동법 시행규칙 제143조

정답 ④

415. 「형의 집행 및 수용자의 처우에 관한 법률」상 귀휴에 대한 설명으로 옳지 않은 것은?

① 교정시설의 장은 6개월 이상 복역한 수형자로서 그 형기의 3분의 1이 지나고 교정성적이 우수한 사람의 가족 또는 배우자의 직계존속이 질병이나 사고로 위독한 때에는 형기 중 20일 이내의 귀휴를 허가할 수 있다.
② 교정시설의 장은 직계비속의 혼례가 있는 때에 수형자에게 5일 이내의 특별귀휴를 허가할 수 있다.
③ 특별귀휴는 교정성적이 우수하지 않아도 그 요건에 해당하면 허가할 수 있다.
④ 교정시설의 장은 귀휴 중인 수형자가 거소의 제한이나 그 밖에 귀휴허가에 붙인 조건을 위반한 때에는 그 귀휴를 취소할 수 있다.

해설 ① 형기 중 → 1년 중(법 77조 제1항) ②③ 법 제77조 제2항. ④ 법 제78조

정답 ①

416. 다음 중 옳지 않은 것은?

① 개방처우는 전통적인 폐쇄형처우에 비해 상대적으로 가족과의 유대를 잘 지속할 수 있다는 장점이 있다.
② 귀휴는 6개월 이상 복역한 수형자 중에서 형기의 4분의 1이 지나고 교정성적이 우수한 사람에게 허가될 수 있다.
③ 주말구금제도는 단기자유형의 폐해를 제거할 수 있고, 직장 및 가정생활을 원만하게 유지할 수 있다.
④ 소장은 수형자의 교정성적이 우수하거나 교화 또는 건전한 사회복귀를 위해서 특히 필요하다고 인정되는 경우에는 접촉차단시설이 없는 장소에서 접견하게 할 수 있다.

해설 ② 귀휴는 6개월 이상 복역한 수형자로서의 그 형기의 3분의 1이 지나고, 교정성적이 우수한 사람에게 허가될 수 있다(법 제77조 제1항). ④ 시행령 제59조 제3항

정답 ②

417. 귀휴에 관한 설명으로 잘못된 것은?

① 형기 중 3주 이내, 3회에 한한다.
② 6개월 이상 복역한 자이어야 한다.
③ 귀휴자의 여비 및 귀휴 중 착용할 복장은 본인이 부담한다.
④ 형기의 1/3을 경과한 자, 21년 이상의 유기형과 무기형은 7년을 경과한 자를 대상으로 한다.

해설 ① 일반귀휴는 1년 중 20일 이내의 범위 내에서 허가할 수 있도록만 규정하고 있으므로 형기 중 통산기간이나 횟수에는 제한이 없다(법 제77조 제1항). 한편 특별귀휴는 일반귀휴기간과 무관하게 실시할 수 있다(동조 제2항).
②④ 법 제77조 제1항. ③ 시행규칙 제142조 제1항.

정답 ①

418. 현행 법령상 귀휴에 대한 설명으로 옳지 않은 것은?

① 특별귀휴를 허가하는 경우를 제외하면 6개월 이상 복역한 수형자로서 유기형의 경우에는 그 형기의 3분의 1(21년 이상의 유기형은 7년)이 지나야 한다.

② 일반귀휴의 경우에 형기의 기준을 정함에 있어서 부정기형은 단기형을 그 형기로 본다.

③ 소장은 일반귀휴 또는 특별귀휴를 허가한 경우에 필요하다고 인정할 때에는 교도관을 동행하게 할 수 있다.

④ 귀휴심사위원회는 수형자의 귀휴허가에 관한 사항을 심의·결정한다.

> **해설** ④ 귀휴의 결정권자는 소장이다(법 제77조 제1항).
> ① 법 제77조 제1항. ② 시행규칙 제130조 제1항 ③ 시행규칙 제141조 제1항
>
> 정답 ④

419. 「형의 집행 및 수용자의 처우에 관한 법률」상 특별귀휴의 사유에 해당하지 않는 것은?

① 가족의 사망　　　　　　　　　② 직계비속의 혼례
③ 배우자 직계존속의 사망　　　　④ 본인의 혼례

> **해설** ①②③은 특별귀휴의 사유에 해당하나(법 제77조 제2항). ④는 특별귀휴의 사유에 해당하지 않는다.
>
> 정답 ④

420. 형의 집행 및 수용자의 처우에 관한 법령상 각종 위원회의 구성에 대한 설명으로 옳지 않은 것은?

① 귀휴심사위원회의 위원장은 소장의 바로 다음 순위자가 되고, 위원은 소장이 소속 기관의 과장(지소의 경우에는 7급 이상의 교도관) 및 교정에 관한 학식과 경험이 풍부한 외부인사 중에서 임명 또는 위촉한다.

② 분류처우위원회의 위원장은 소장이 되고, 위원은 위원장이 소속 기관의 부소장 및 과장(지소의 경우에는 7급 이상의 교도관) 중에서 임명한다.

③ 징벌위원회의 위원장은 소장의 바로 다음 순위자가 되고, 위원은 소장이 소속 기관의 과장(지소의 경우에는 7급 이상의 교도관) 및 교정에 관한 학식과 경험이 풍부한 외부인사 중에서 임명 또는 위촉한다.

④ 가석방심사위원회의 위원장은 법무부차관이 되고, 위원은 판사, 검사, 변호사, 법무부 소속 공무원, 교정에 관한 학식과 경험이 풍부한 사람 중에서 법무부장관이 임명 또는 위촉한다.

> **해설** 귀휴심사위원회의 위원장은 소장이 되며, 위원은 소장이 소속기관의 부소장·과장(지소의 경우에는 7급 이상의 교도관) 및 교정에 관한 학식과 경험이 풍부한 외부인사 중에서 임명 또는 위촉한다. 이 경우 외부위원은 2명 이상으로 한다(형집행법 시행규칙 제131조 제3항).
>
> 정답 ①

421. 다음 수형자 중 소장이 귀휴를 허가할 수 없는 사람은?

① 배우자가 위독한 甲(징역 7년 선고, 3년 복역)
② 작업 중 중상을 입은 乙(징역 21년 선고, 6년 복역)
③ 장모가 위독한 丙(징역 5년 선고, 4년 복역)
④ 아들의 혼례가 있는 丁(징역 3년 선고, 10월 복역)

> **해설** ②는 일반귀휴의 사유(질병이나 사고로 외부의료시설에의 입원이 필요한 때)에는 해당하나, 21년 이상의 유기형은 7년이 경과해야 하므로 귀휴의 허가대상이 될 수 없다(법 제77조 제1항).
> ①③은 일반귀휴의 사유(가족 또는 배우자의 직계존속이 위독한 때)에 해당하고, 형기의 3분의 1이 경과하였으므로 귀휴의 허가대상이 된다(동조 동항).
> ④는 특별귀휴의 사유(직계비속의 혼례가 있는 때)에 해당하므로 복역기간과 상관없이 귀휴의 허가대상이 된다(동조 제2항). 일반귀휴 및 특별귀휴사유는 다음과 같다(법 제77조 제1항·제2항).
>
> **▮ 귀휴사유 ▮**
>
> | | |
> |---|---|
> | 일반귀휴사유 | 1. 가족 또는 배우자의 직계존속이 위독한 때
2. 질병이나 사고로 외부의료시설에의 입원이 필요한 때
3. 천재지변이나 그 밖의 재해로 가족, 배우자의 직계존속 또는 수형자 본인에게 회복할 수 없는 중대한 재산상의 손해가 발생하였거나 발생할 우려가 있는 때
4. 그 밖에 교화 또는 건전한 사회복귀를 위하여 법무부령으로 정하는 사유가 있는 때 |
> | 특별귀휴사유 | 5. 가족 또는 배우자의 직계존속이 사망한 때
6. 직계비속의 혼례가 있는 때 |
>
> 정답 ②

422. 형집행법상 소장은 6개월 이상 복역한 수형자로서 그 형기의 3분의 1(21년 이상의 유기형 또는 무기형의 경우에는 7년)이 지나고 교정성적이 우수한 사람에 대하여 1년 중 20일 이내의 귀휴를 허가할 수 있다. 귀휴사유로서 옳지 않은 것은?

① 질병이나 사고로 외부의료시설에의 입원이 필요한 때
② 가족 또는 배우자의 직계존속이 위독한 때
③ 천재지변이나 그 밖의 재해로 가족, 배우자의 직계존속 또는 수형자 본인에게 회복할 수 없는 중대한 재산상의 손해가 발생하였거나 발생할 우려가 있는 때
④ 그 밖에 교화 또는 건전한 사회복귀를 위하여 대통령령으로 정하는 사유가 있는 때

> **해설** ④ 대통령령 → 법무부령(법 제77조 제1항 제4호), ①②③은 모두 일반귀휴의 사유에 해당한다(법 제77조 제1항).
>
> 정답 ④

423. 특별귀휴에 관한 설명 중 옳은 것은?

① 6개월 이상 복역한 수형자만 특별귀휴가 가능하다.

② 최장 7일까지 특별귀휴가 가능하다.

③ 개방처우급 수형자와 완화경비처우급 수형자에게만 특별귀휴를 허가할 수 있다.

④ 특별귀휴 허가 시에도 귀휴심사위원회의 심사를 거쳐야 한다.

> **해설** ① 일반귀휴는 6개월 이상 복역한 수형자를 대상으로 하나, 특별귀휴는 복역기간의 제한이 없다(법 제77조 제2항 참조).
> ② 특별귀휴의 최장기간은 5일이다(법 제77조 제2항 참조).
> ③ 일반귀휴는 원칙적으로 개방처우급과 완화경비처우급 수형자를 대상으로 하나, 특별귀휴는 경비처우급의 제한을 받지 않는다(법 제77조 제2항 참조).
> ④ 소장은 귀휴를 허가하는 경우에는 귀휴심사위원회의 심사를 거쳐야 한다(시행규칙 제129조 제1항). 동 규칙에서는 예외규정을 두고 있지 않으므로 일반귀휴와 특별귀휴의 구별 없이 모든 귀휴는 귀휴심사위원회의 심사를 거쳐야 한다. 　　　　　　　　　　　　　　　　　　　　　　정답 ④

424. 「형의 집행 및 수용자의 처우에 관한 법률」상 교도소장이 1년 중 20일 이내의 범위에서 귀휴를 허가할 수 있는 수형자의 조건으로 옳지 않은 것은?

① 최소한 1년 이상 복역한 수형자

② 형기의 3분의 1이 지나고 교정성적이 우수한 수형자

③ 21년 이상의 유기형을 선고받고 7년 이상 복역한 수형자

④ 무기형을 선고받고 7년 이상 복역한 수형자

> **해설** ① 소장은 6개월 이상 복역한 수형자로서 그 형기의 3분의 1(21년 이상의 유기형 또는 무기형의 경우에는 7년)이 지나고 교정성적이 우수한 사람이 일정한 요건에 해당하면 1년 중 20일 이내의 귀휴를 허가할 수 있다(법 제77조 제1항). 　　　　　　　　　　　　　　　　　정답 ①

425. 귀휴에 대한 설명이다. 맞지 않는 것은?

① 6개월 이상 복역한 수형자로서 그 형기의 3분의 1을 경과한 개방처우급·완화경비처우급 수형자가 원칙적으로 대상자가 된다.

② 무기형의 경우 10년이 지나야 한다.

③ 5일 이내의 특별귀휴는 일반귀휴요건에 구속되지 않는다.

④ 귀휴심사위원회의 구성에 있어 교정직공무원이 아닌 위원은 2명 이상으로 한다.

> **해설** ② 무기형의 경우에는 7년이 지나야 한다(법 제77조 제1항).
> ① 법 제77조 제1항, 시행규칙 제129조 제2항 ③ 법 제77조 제2항. ④ 시행규칙 제131조 제3항. 　　　　　　　　　　　　　　　　　　　　　　　정답 ②

426. 귀휴심사사항이 아닌 것은?

① 수용관계　　　　　　　　　　② 범죄관계
③ 환경관계　　　　　　　　　　④ 재산관계

 ①②③ 귀류심사위원회는 귀휴심사대상자에 대하여 수용관계, 범죄관계, 환경관계를 심사하여야 한다(시행규칙 제135조).

▌귀휴심사사항 ▌(시행규칙 제135조)	
수용관계	• 건강상태 • 징벌유무 등 수용생활태도 • 작업·교육의 근면·성실 정도 • 작업장려금 및 보관금 • 사회적 처우의 시행 현황 • 공범·동종범죄자 또는 심사대상자가 속한 범죄단체 구성원과의 교류 정도
범죄관계	• 범행 시의 나이 • 범죄의 성질 및 동기 • 공범관계 • 피해의 회복 여부 및 피해자의 감정 • 피해자에 대한 보복범죄의 가능성 • 범죄에 대한 사회의 감정
환경관계	• 가족 또는 보호자 • 가족과의 결속 정도 • 보호자의 생활상태 • 접견·전화통화의 내용 및 횟수 • 귀휴예정지 및 교통·통신 관계 • 공범·동종범죄자 또는 심사대상자가 속한 범죄단체의 활동상태 및 이와 연계한 재범가능성

정답 ④

427. 귀휴에 관한 내용 중 틀린 것은?

① 소장의 귀휴허가는 귀휴심사위원회의 결정에 기속된다.
② 딸의 혼례는 특별귀휴의 사유이다.
③ 특별귀휴라 할지라도 귀휴심사위원회의 심사절차를 요한다.
④ 귀휴의 결정은 재적위원 과반수의 출석과 출석위원 과반수의 찬성으로 한다.

 ① 소장이 귀휴를 허가하기 위해서는 귀휴심사위원회의 심의를 거쳐야 하지만, 귀휴심사위원회는 심의기구이므로 그 결정에 기속되지 않는다(시행규칙 제131조 제1항 참조).
② 법 제77조 제2항 제2호 ③ 시행규칙 제129조 제1항. ④ 시행규칙 제133조 제2항

정답 ①

428. 귀휴심사위원회에 관한 설명으로 옳지 않은 것은?

① 위원회는 위원장을 포함한 6명 이상 8명 이하의 위원으로 구성한다.

② 위원장은 소장이 되고, 위원장이 부득이한 사유로 직무를 수행할 수 없을 때에는 부소장인 위원이 그 직무를 대행한다.

③ 회의는 재적위원 과반수의 출석으로 개의하고, 출석위원 과반수의 찬성으로 의결한다.

④ 외부인사는 2명 이상으로 임기는 3년이고, 연임이 가능하다.

> **해설** ④ 귀휴심사위원회 외부위원의 임기는 2년으로 하며, 연임할 수 있다(시행규칙 제136조 제1항).
> ① 시행규칙 제131조 제2항. ② 시행규칙 제131조 제3항, 시행규칙 제132조 제2항. ③ 시행규칙 제133조 제2항
>
> 정답 ④

429. 형집행법상의 귀휴제도에 관한 설명으로 옳은 것은?

① 무기형으로 복역하는 수형자의 경우에는 10년의 수형기간이 경과되어야 일반귀휴가 허가될 수 있다.

② 일반귀휴는 1년에 20일 이내에서 허가될 수 있다.

③ 배우자의 직계존속이 사망한 때에는 7일 이내의 특별귀휴가 허가될 수 있다.

④ 귀휴기간은 형집행기간에 산입하지 않는다.

> **해설** ① 10년 → 7년(법 제77조 제1항), ③ 7일 → 5일(동조 제2항), ④ 귀휴기간은 형집행기간에 포함한다(동조 제4항). ② 동조 제1항
>
> 정답 ②

430. 외부통근제도에 대한 설명 중 틀린 것은?

① 이 제도는 사회적처우의 한 형태이다.

② 미국의 후버법(Huber Law)은 사법형 외부통근제와, 영국의 호스텔은 행정형 외부통근제와 각각 관련이 있다.

③ 수형자의 사회적응능력 배양에 목적이 있다.

④ 외부통근작업에 대해서는 형집행법 시행령에 규정하고 있다.

> **해설** ④ 외부통근작업에 관한 규정은 형집행법 제68조 제1항(소장은 수형자의 건전한 사회복귀와 기술습득을 촉진하기 위하여 필요하면 외부기업체 등에 통근작업하게 하거나 교정시설의 안에 설치된 외부기업체의 작업장에서 작업하게 할 수 있다)에서 규정하고 있다.
>
> 정답 ④

431. 귀휴제도에 대한 설명으로 옳지 않은 것으로만 묶은 것은?

> ㉠ 시설에서 완전히 석방하지 않고 일시적으로 사회에 내보내는 것이라는 점에서 중간처우의 일종이라고 할 수 있다.
>
> ㉡ 조선시대 대전회통이나 형법대전 (1905년)에 규정된 보방(保放)은 귀휴제도의 일종이라고 할 수 있다.
>
> ㉢ 소년수형자에 대해서는 사회적응의 기회를 주어야 할 필요성이 훨씬 크므로 귀휴의 요건을 별도로 정하고 있다.
>
> ㉣ 동행귀휴제도는 예산과 보안상의 이유로 아직 입법과제로 남아있다.
>
> ㉤ 귀휴자의 여비 및 귀휴 중 착용할 복장은 원칙적으로 귀휴자의 부담으로 한다.

① ㉠, ㉤
② ㉡, ㉢, ㉣
③ ㉡, ㉤
④ ㉢, ㉣

해설 ✕ : ㉢ 현행 법령은 성인수형자와 소년수형자의 귀휴요건을 구별하지 않고 있다. ㉣ 소장은 수형자에게 귀휴를 허가한 경우 필요하다고 인정하면 교도관을 동행시킬 수 있다(시행규칙 제 141조 제1항).
○ : ㉠, ㉡, ㉤ 시행규칙 제142조 제1항

정답 ④

432. 다음은 귀휴제도에 관한 설명이다. 바른 것은?

① 귀휴심사위원회는 위원장을 포함한 6명 이상 8명 이하의 위원으로 구성되며, 이 경우 외부위원은 2명 이상으로 하여야 한다.

② 소장은 6개월 이상 복역한 수형자로서 그 형기의 3분의 1이 경과한 자에 대하여 1년 중 30일 이내의 귀휴를 허가할 수 있다.

③ 소장은 수형자의 가족 또는 배우자의 직계존속이 사망한 때에는 5일 이내의 특별귀휴를 허가할 수 있으며, 이때에는 귀휴심사위원회의 심사를 거칠 필요가 없다.

④ 귀휴제도는 가족관계나 사회관계를 유지하게 하여 사회복귀를 촉진시키는 제도이며, 형의 집행이 일시정지된다는 점에서 형집행정지와 비슷하다.

해설 ② 1년 중 30일 이내 → 1년 중 20일 이내(법 제77조 제1항).
③ 소장은 토요일, 공휴일, 그 밖에 위원회의 소집이 매우 곤란한 때에 법 제77조 제2항 제1호의 사유(수형자의 가족 또는 배우자의 직계존속이 사망한 때)가 발생한 경우에는 귀휴심사위원회의 심사를 거치지 아니하고 귀휴를 허가할 수 있다(시행규칙 제134조 제1항), 따라서 이와 같은 경우가 아니면 귀휴심사위원회의 심사를 거쳐야 한다.
④ 귀휴기간은 형집행기간에 포함한다(법 제77조 제4항). 따라서 형의 집행이 일시정지된다는 표현은 옳지 않다.
① 시행규칙 제13조 제2항·제3항

정답 ①

433. 「형의 집행 및 수용자의 처우에 관한 법령」상 귀휴에 대한 설명으로 옳지 않은 것은?

① 동행귀휴의 경우에는 귀휴조건 중 '귀휴지에서 매일 1회 이상 소장에게 전화보고' 조건은 붙일 수 없다.

② 귀휴자의 여비와 귀휴 중 착용할 복장은 본인이 부담한다.

③ 소장은 귀휴자가 신청할 경우 작업장려금의 전부를 귀휴비용으로 사용하게 할 수 있다.

④ 소장은 귀휴자가 귀휴조건을 위반한 경우에는 귀휴심사위원회의 의결을 거쳐 귀휴를 취소하여야 한다.

> **해설** ④ 소장은 귀휴 중인 수형자가 귀휴조건을 위반한 경우에는 그 귀휴를 취소할 수 있다(법 제78조). 즉 귀휴심사위원회의 의결을 거치지 않고 직권으로 귀휴를 취소할 수 있다.
> ① 시행규칙 제140조. ② 시행규칙 제142조 제1항. ③ 동조 제2항
>
> | 귀휴조건 |
> | --- |
> | • 귀휴지 외의 지역 여행금지 |
> | • 유흥업소, 도박장, 성매매업소 등 건전한 풍속을 해치거나 재범우려가 있는 장소 출입금지 |
> | • 피해자 또는 공범·동종범죄자 등과의 접촉금지 |
> | • 귀휴지에서 매일 1회 이상 소장에게 전화보고(교도관이 동행하는 귀휴는 제외) |
> | • 그 밖에 귀휴 중 탈선방지 또는 귀휴목적 달성을 위하여 필요한 사항 |
>
> 정답 ④

434. 「형의 집행 및 수용자의 처우에 관한 법률 시행규칙」상 수형자의 외부통근작업에 대한 설명으로 옳은 것은?

① 외부통근자는 개방처우급·완화경비처우급에 해당하고, 연령은 18세 이상 60세 미만이어야 한다.

② 소장은 외부통근자가 법령에 위반되는 행위를 하거나 법무부장관 또는 소장이 정하는 준수사항을 위반한 경우에는 외부통근자 선정을 취소하여야 한다.

③ 소장은 외부통근자로 선정된 수형자에 대하여는 자치활동·행동수칙·안전수칙·작업기술 및 현장적응훈련에 대한 교육을 하여야 한다.

④ 소장은 외부통근자의 사회적응능력을 기르고 원활한 사회복귀를 촉진하기 위하여 필요하다고 인정하는 경우에는 수형자 자치에 의한 활동을 허가하여야 한다.

> **해설** ① 외부통근자는 개방처우급·완화경비처우급에 해당하고, 연령은 18세 이상 65세 미만이어야 한다(동법 시행규칙 제120조 제1항).
> ② 소장은 외부통근자가 법령에 위반되는 행위를 하거나 법무부장관 또는 소장이 정하는 준수사항을 위반한 경우에는 외부통근자 선정을 취소할 수 있다(동법 시행규칙 제121조).
> ④ 소장은 외부통근자의 사회적응능력을 기르고 원활한 사회복귀를 촉진하기 위하여 필요하다고 인정하는 경우에는 수형자 자치에 의한 활동을 허가할 수 있다(동법 시행규칙 제123조).
>
> 정답 ③

435. 다음은 외부통근작업과 관련된 설명이다. 틀린 것은?

① 외부통근작업의 시초는 1913년 미국의 후버법에 의한 사법형 외부통근제이다.

② 외부통근작업을 하는 수용자는 시설 외에서는 사회인과 동일한 조건으로 취업하여 사복을 착용할 수 있고, 사회인과 동일한 근로조건과 임금을 받으며 근무한다.

③ 우리나라에서는 5차 행형법 개정(1995.1.5.)에 의해 그 근거가 마련되었다.

④ 우리나라의 외부통근제는 사법형 외부통근제이다.

> 해설 ④ 우리나라의 외부통근제는 행정형 외부통근제에 해당한다. 사법형 외부통근제는 법원의 선고에 의하는 것을 말하고, 행정형 외부통근제는 교정기관 또는 가석방위원회 등 행정기관의 결정에 의하는 것을 말한다.
>
> 정답 ④

436. 외부통근제도에 대한 설명이다. 틀린 것은?

① 장기수형자의 사회적 접촉으로 자율적인 출소준비가 가능하다.

② 출소 후에도 근무가 가능한 직업에 종사할 수 있다.

③ 사회인은 긍정적으로 받아들인다.

④ 외부통근제도는 제5차 행형법 개정에서 반영되었다.

> 해설 ③ 외부통근제도에 대해서는 국민의 법감정에 부합되지 않는다는 점, 사회의 일반직장인과 마찰을 일으킬 수 있다는 점, 기업체의 경영상태에 따라 취업이 좌우될 수 있으므로 취업에 안정을 기할 수 없다는 점 등이 단점으로 지적되고 있다.
>
> 정답 ③

437. 개방처우 중 우리나라에서 실시하는 '가족만남의 날' 행사에 대한 설명으로 옳지 않은 것은?

① 개방처우급 완화경비처우급 수형자에 대하여 가족만남의 날 행사에 참여하거나 가족만남의 집을 이용하게 할 수 있다.

② 개방처우급·완화경비처우급 수형자는 접견허용횟수 내에서 가족만남의 날 행사에 참여하거나 가족만남의 집을 이용할 수 있다.

③ 교화를 위하여 특히 필요한 경우 일반경비처우급 수형자에 대하여도 가족만남의 날 행사에 참여하거나 가족만남의 집을 이용하게 할 수 있다.

④ 가족이 없는 수형자의 경우 결연을 맺었거나 가족에 준하는 사람으로 하여금 그 가족을 대신하여 행사에 참여하게 할 수 있다.

> 해설 ② 소장은 개방처우급·완화경비처우급 수형자에 대하여 가족만남의 날 행사에 참여하게 하여 가족만남의 집을 이용하게 할 수 있다. 이 경우 접견허용횟수에는 포함되지 아니한다. (시행규칙 제89조 제1항), 즉 가족만남의 날 행사에 참여하는 것과 가족만남의 집을 이용하는 것은 접견허용횟수와 무관하다.
> ① 시행규칙 제89조 제1항. ③ 동조 제3항. ④ 동조 제2항
>
> 정답 ②

438. 개방형 처우의 한 형태로 미국에서 주로 실시하고 있는 '사법형 외부통근제'의 장점이 아닌 것은?

① 수형자의 수형생활 적응에 도움이 되고, 국민의 응보적 법감정에 부합한다.

② 수형자가 판결 전의 직업을 그대로 유지할 수 있으므로 직업이 중단되지 않고 가족의 생계를 유지시킬 수 있다.

③ 수형자에게 자율능력을 가진 노동을 허용하여 개인의 존엄을 유지하게 하는 심리적 효과가 있다.

④ 주말구금이나 야간구금과 같은 반구금제도와 함께 활용할 수 있다.

 ① 사법형 외부통근제는 유죄확정자에게 외부통근형을 선고하는 형벌의 일종으로 수형자의 수형생활 적응 및 사회와의 단절을 최소화할 수 있다는 것이 장점으로 여겨지고 있으나, 국민의 응보적 법감정에 부합하지 않는다는 것이 단점으로 지적되고 있다.

┃ 사법형 외부통근제의 장·단점 ┃

장점	단점
• 판결 전의 직업유지로 가족부양 가능 • 개인존엄 유지 • 단기구금 폐해 방지 • 반구금제도와 함께 활용 가능	국민의 법감정에 배치

정답 ①

439. 행정형 외부통근제에 관한 설명으로 옳은 것은?

① 형벌의 일종이다.

② 단기수형자에게만 적용된다.

③ 주로 미국에서 시행되는 개방처우제도의 일종이다.

④ 석방 전에 교육·사회복귀의 일환으로 시행한다.

 ④ 행정형 외부통근제는 일명 '호스텔제도'라고 불리며, 행정기관에 의해 석방 전에 교육 및 사회복귀능력 향상의 일환으로 시행되는 제도를 말한다.
①②③ 행정형 외부통근제는 형이 확정된 수형자를 대상으로 실시되는 사회적처우이고, 장기수형자도 그 대상이 되며, 주로 유럽국가에서 시행되는 외부통근제 유형이다.

┃ 행정형 외부통근제의 장·단점 ┃

장점	단점
• 장기수형자의 자율성 배양에 유리 • 재범방지 및 사회적응촉진에 기여 • 출소 후 환경변화에서 오는 부작용 최소화 • 기술습득 기회제공 • 주간의 수용경비절감에 기여	• 도주발생 가능성 • 국민의 법감정에 배치 • 사회일반근로자와의 마찰 • 외부통근에 적합한 수용자 선발 곤란 • 취업직장의 경영상태에 따라 고용이 좌우

정답 ④

440. 개방처우에 대한 설명으로 가장 거리가 먼 것은?

① 카티지제(cottage system)는 대규모 시설에서의 획일적 수용처우의 단점을 보완하기 위해 만들어진 제도이다.
② 형사정책적 의의로 인도주의적 형벌, 교정교화 효과, 사회적응 촉진 등을 들 수 있다.
③ 우리나라는 사법형 외부통근제를 채택하고 있다.
④ 수용자의 자율 및 책임감에 기반을 둔 처우제도이다.

> 해설 ③ 우리나라는 행정형 외부통근제를 채택하고 있다. 　　　　　　　　　　　　　정답 ③

441. 외부통근자의 선정기준으로 옳지 않은 것은?

① 18세 이상 65세 미만
② 개방처우급·완화경비처우급·개별처우급에 해당할 것
③ 외부기업체에 통근하는 수형자는 집행할 형기가 7년 미만이고, 가석방이 제한되지 아니할 것
④ 교정시설 안에 설치된 외부기업체의 작업장에 통근하며 작업하는 수형자는 집행할 형기가 10년 미만이거나 형기기산일부터 10년 이상이 지났을 것

> 해설 ② 개방처우급·완화경비처우급에 해당할 것(시행규칙 제120조 제1항 제3호).
> ① 동조 제1항 제1호. ③ 동조 동항 제5호, ④ 동조 제2항

* 우리나라의 외부통근자 선정기준은 다음과 같다(시행규칙 제120조 제1항·제2항),

외부통근자 선정 기준
1. 18세 이상 65세 미만일 것
2. 해당 작업수행에 건강상 장애가 없을 것
3. 개방처우급, 완화경비처우급에 해당할 것
4. 가족·친지 또는 교정위원 등과 접견·편지수수·전화통화 등으로 연락하고 있을 것 5. 외부기업체에 통근하는 수형자는 집행할 형기가 7년 미만이고, 가석방이 제한되지 아니할 것
※ 교정시설 안에 설치된 외부기업체의 작업장에 통근하며 작업하는 수형자는 위 1.2.3.4의 요건(3의 경우 일반경비처우급 수형자도 포함)을 갖춘 수형자로서 집행할 형기가 10년 미만이거나 형기기산일부터 10년 이상이 지난 수형자 중에서 선정한다.

정답 ②

442. 「형의 집행 및 수용자의 처우에 관한 법률 시행규칙」상 교정시설 안에 설치된 외부기업체의 작업장에 통근하며 작업하는 수형자가 갖추어야 할 요건들에 해당하지 않는 것은?

① 18세 이상 65세 미만일 것
② 해당 작업 수행에 건강상 장애가 없을 것
③ 개방처우급·완화경비처우급·일반경비처우급에 해당할 것
④ 집행할 형기가 7년 미만이거나 형기기산일로부터 7년 이상 지났을 것

해설 ④ 집행할 형기가 10년 미만이거나 형기기산일부터 10년 이상이 지난 수형자 중에서 선정한다(시행규칙 제120조 제2항). ①②③ 동조 제2항

정답 ④

443. 「형의 집행 및 수용자의 처우에 관한 법률 시행규칙」상 교정시설 밖의 외부기업체에 통근하며 작업하는 수용자로 선정될 수 있는 일반적 자격요건으로 옳지 않은 것은?

① 18세 이상 65세 미만일 것
② 집행할 형기가 7년 미만이고 가석방이 제한되지 아니할 것
③ 개방처우급·완화경비처우급·일반경비처우급에 해당할 것
④ 가족·친지 또는 교정위원 등과 접견·편지수수·전화통화 등으로 연락하고 있을 것

해설 ③ 외부기업체에 통근하며 작업할 수 있는 수형자는 개방처우급·완화경비처우급 수형자이다(시행규칙 제120조 제1항).

정답 ③

444. 주말구금제도에 관한 설명으로 옳지 않은 것은?

① 단기자유형의 악성감염 등의 폐해를 제거한다.
② 장기수형자에게 적합하다.
③ 피해자에 대한 손해배상에 유리하다.
④ 경범죄자로 하여금 명예감정을 자각시켜 자신의 범죄적 책임을 반성토록 촉구한다.

해설 ② 주말구금제는 단기자유형의 폐해를 방지할 목적에서 경범죄 수형자를 대상으로 시행되는 사회적처우이므로 장기수형자에게는 적합하지 않다.

┃ 주말구금제도의 장·단점 ┃

장점	단점
• 수형자의 명예감정을 자극하여 반성을 촉구 • 단기자유형의 폐해 제거 • 생활안정 유지 • 피해자에 대한 손해배상 유리	• 국민의 법감정에 배치 • 피해자와의 접촉이 가능하여 법집행의 실효성 약화 • 오랜기간 집행으로 계속집행보다 가혹할 수 있음 • 도주우려 상존

정답 ②

445. 중간처우의 장점이 아닌 것은?

① 국민의 법감정에 부합한다.
② 형사제재의 연속성을 가져올 수 있다.
③ 시설수용 내지 석방의 충격을 완화할 수 있다.
④ 다양한 형태의 접근이 가능하다.

해설 ① 중간처우는 시설내 구금을 통한 엄격한 형의 집행을 바라는 국민의 법감정과는 부합하지 않는다.

정답 ①

446. 중간처우 제도와 시설에 대한 설명으로 옳지 않은 것은?

① 정신질환자 또는 마약중독자들이 겪는 구금으로 인한 충격을 완화해 주는 역할을 한다.

② 교도소 수용이나 출소를 대비하는 시설로 보호관찰 대상자에게는 적용되지 않는다.

③ 교정시설 내 중간처우로는 외부방문, 귀휴, 외부통근작업 및 통학제도 등을 들 수 있다.

④ 교도소 출소로 인한 혼란·불확실성·스트레스를 완화해 주는 감압실(減壓室)로 불리기도 한다.

> **해설** ② 중간처우에는 교도소 수용이나 출소를 대비하기 위한 처우뿐만 아니라, 사회 내에서 실시하는 보호관찰 대상자에 대한 지도·감독을 통하여 건전한 사회 복귀를 촉진하도록 하는 것도 포함된다는 점에서 보호관찰 대상자와도 관련된다.
> **정답** ②

447. 중간처우에 대한 설명으로 옳지 않은 것은?

① 중간처우란 출소기일이 임박한 수형자의 정상적인 사회복귀를 돕기 위한 출소 전 준비제도로 많이 활용된다.

② 중간처우제도의 기원은 1854년 아일랜드의 감옥소장이었던 크로프턴이 설치한 중간교도소에서 시작되었다.

③ 우리나라에서는 외부통근제, 귀휴제도, 중간처우의 집 등의 중간처우가 실시되고 있다.

④ 중간처우제도는 시설내 중간처우와 사회내 중간처우로 나뉘는바, 중간처우의 집(Halfway House), 석방전 지도센터(Pre-release Guidance Center)는 시설내 중간처우에 속한다.

> **해설** ④ 중간처우의 집(Halfway House)이나 석방전 지도센터(Pre-release Guidance Center)는 사회내 중간처우에 속한다.
> **정답** ④

448. 중간처우의 집(Halfway House)에 대한 설명 중 틀린 것은?

① 중간처우의 집이란 교정시설 밖에 설치된 소규모 독립생활공간을 말한다.

② 중간처우의 집은 범죄인의 입소 건 수용생활 적응을 돕기 위한 것(halfway in)을 주된 목적으로 설립된 것이다.

③ 미국에서는 1845년 퀘이커교도가 뉴욕에 중간처우의 집을 처음 세운 데 이어 1864년에는 보스톤에 여성출소자를 위한 감시보호수용자가 문을 열었다.

④ 미국의 경우 최근에는 지역사회 주거처우센터로 발전하는 등 그 기능과 대상이 매우 다양해지고 있다.

> **해설** ② 중간처우의 집은 범죄인의 출소 전 사회적응을 돕기 위한 것(halfway out)을 주된 목적으로 설립되었다.
> **정답** ②

449. 「형의 집행 및 수용자의 처우에 관한 법률 시행규칙」상 지역사회에 설치된 개방시설에 수용하여 중간처우를 할 수 있는 자만을 모두 고르면?

> ㉠ 완화경비처우급 수형자이고, 형기는 2년이며, 범죄횟수는 1회, 중간처우를 받는 날부터 가석방 예정일까지의 기간이 3개월인 자
> ㉡ 개방처우급 수형자이고, 형기는 3년이며, 범죄횟수는 2회, 중간처우를 받는 날부터 형기 종료 예정일까지의 기간이 6개월인 자
> ㉢ 완화경비처우급 수형자이고, 형기는 4년이며, 범죄횟수는 2회, 중간처우를 받는 날부터 가석방 예정일까지의 기간이 6개월인 자
> ㉣ 개방처우급 수형자이고, 형기는 3년이며, 범죄횟수는 1회, 중간처우를 받는 날부터 형기 종료 예정일까지의 기간이 9개월인 자

① ㉠, ㉡　　　　　　　　　　　② ㉡, ㉢
③ ㉠, ㉡, ㉢　　　　　　　　　④ ㉡, ㉢, ㉣

해설 ㉠ 형기가 2년이므로 중간처우 대상자가 아니다.
㉡,㉢ 지역사회에 설치된 개방시설에 수용하여 중간처우를 할 수 있는 대상자이다(형집행법 시행규칙 제93조 제2항).
㉣ 9개월 미만이어야 한다.

> **참고**
> • 교정시설의 개방시설 수용 중간처우 대상자
> ㉠ 개방처우급 혹은 완화경비처우급 수형자
> ㉡ 형기가 3년 이상인 사람
> ㉢ 범죄 횟수가 2회 이하인 사람
> ㉣ 중간처우를 받는 날부터 가석방 또는 형기 종료 예정일까지 기간이 3개월 이상 1년 6개월 이하인 사람
> • 지역사회의 개방시설 수용 중간처우 대상자
> ㉠ 개방처우급 혹은 완화경비처우급 수형자
> ㉡ 형기가 3년 이상인 사람
> ㉢ 범죄 횟수가 2회 이하인 사람
> ㉣ 중간처우를 받는 날부터 가석방 또는 형기 종료 예정일까지의 기간이 9개월 미만인 수형자

정답 ②

450. 형의 집행 및 수용자의 처우에 관한 법령상 소장이 개방처우급 혹은 완화경비처우급 수형자를 교정시설에 설치된 개방시설에 수용하기 위한 요건들에 해당하지 않는 것은?

① 형기가 3년 이상인 사람
② 범죄횟수가 2회 이하인 사람
③ 최근 1년 이내 징벌이 없는 사람
④ 중간처우를 받는 날부터 가석방 또는 형기 종료 예정일까지 기간이 3개월 이상 1년 6개월 이하인 사람

③ 소장은 개방처우급 혹은 완화경비처우급 수형자가 형기가 3년 이상, 범죄횟수가 2회 이하, 중간처우를 받는 날부터 가석방 또는 형기 종료 예정일까지 기간이 3개월 이상 1년 6개월 이하인 경우에 모두 해당되어야만 개방시설에 수용할 수 있다(시행규칙 제93조 제1항), 즉 최근 1년 이내 징벌이 없는 경우는 요건에 해당하지 않는다.

[정답] ③

---

451. 다음 중 중간처벌에 대한 설명으로 거리가 먼 것은?

① 중간처벌은 일반보호관찰처분과 구금형 사이의 대체처벌이다.
② 주로 사회 내에서 이루어지는 범죄자에 대한 강화된 통제방안 등이 포함되어 있다.
③ 구금형과 보호관찰 사이에 계단식 형벌단계를 제공하여 형벌의 적정성에 기여한다.
④ 보호관찰관련 중간처벌로는 쇼크구금(shock incarceration)과 병영식 캠프(boot camp)를 들 수 있다.

 ④ 보호관찰관련 중간처벌로는 집중감시보호관찰, 배상제도, 사회봉사명령, 수강명령, 전자감시 등이 있다. 쇼크구금과 병영식 캠프는 교정관련 중간처벌에 해당한다.

▎중간처벌의 유형▎

재판단계 중간처벌	벌금형, 판결전 전환제도 등
보호관찰관련 중간처벌	집중감시보호관찰, 배상제도, 사회봉사명령, 수강명령, 전자감시 등
교정관련 중간처벌	충격구금, 병영식 캠프 등

[정답] ④

---

452. 중간처벌제도에 관한 설명으로 옳지 않은 것은?

① 미국의 모리스(Morris)는 범죄자 처벌에 있어서 중간처벌제도를 적극 활용해야 한다고 주장하였다.
② 구금과 보호관찰처분의 이분법적 처벌형태에서 존재할 수 있는 불공정성을 극복할 수 있다.
③ 보호관찰의 다양한 활용과 구금형의 무용론이 대두되면서 새로운 처벌제도로 논의가 활발하게 이루어졌다.
④ 쇼크구금(Shock Incarceration)과 병영식 캠프(Boot Camp)는 교정관련 중간처벌의 대표적 예에 속한다.

해설 ③ 중간처벌은 보호관찰의 무용론과 구금형의 유용론이 결합되면서 대두된 제도이다.

[정답] ③

453. 집중감독 보호관찰(intensive supervision probation)에 대한 설명으로 옳지 않은 것은?

① 위험성이 높은 보호관찰대상자 중에서 대상자를 선정하는 것이 보편적이다.

② 구금과 일반적인 보호관찰에 대한 대체방안으로서 대상자와의 접촉을 늘려 세밀한 감독을 한다.

③ 대상자의 자발적 동의와 참여하에 단기간 구금 후 석방하여 집중적으로 감시하는 사회내처우이다.

④ 보호관찰이 지나치게 관대한 처벌이라는 느낌을 주지 않으면서 범죄자를 사회 내에서 처우할 수 있는 기회를 제공한다.

> **해설** ③은 충격구금(충격보호관찰)에 관한 설명에 해당한다.
>
> 정답 ③

454. 충격구금(shock incarceration)에 대한 설명으로 옳지 않은 것은?

① 장기구금에 따른 폐해를 해소하거나 줄이는 대신 구금의 긍정적 측면을 강조하기 위한 것이다.

② 구금의 고통이 큰 기간을 구금하여 범죄억제효과를 극대화하는 데 제도적 의의가 있다.

③ 형의 유예 및 구금의 일부 장점들을 결합한 것으로 보호관찰과는 결합될 수 없다.

④ 짧은 기간 구금되지만 범죄자가 악풍에 감염될 우려가 있다.

> **해설** ③ 충격구금이란 보호관찰에 앞서 구금의 고통이 가장 큰 짧은 기간 동안만 범죄인을 구금하여 수감의 고통을 경험하게 함으로써 장래 범죄행위를 억제하려는 것으로 구금, 형의 유예 및 보호관찰의 일부 장점들을 결합한 것이다.
>
> 정답 ③

03 | 민영교도소론

01. 민영교도소에 대한 설명으로 옳지 않은 것은?

① 민영교도소에서 형벌부과의 본질적 기능은 국가에 귀속되어 있다.

② 민영교도소는 비용절감과 처우프로그램의 융통성과 다양성을 제공할 수 있다.

③ 우리나라에서도 민영교도소 설립을 위한 입법이 되어 있다.

④ 민영교도소의 본질은 법률이 위임하는 범위 안에서 그 운영을 위탁하는 것이므로 국가의 형벌권 독점에 대한 예외를 인정하고 있다.

> **해설** ④ 범죄인의 수사, 형의 선고, 형의 집행은 전형적인 국가공권력의 영역에 속하는 업무이므로 민간에게 위임하는 것은 법이론상 성립될 수 없다는 의견이 주류를 형성하고 있다. 우리나라의 「민영교도소 등의 설치·운영에 관한 법률」에서도 보호장비의 사용, 무기의 사용, 강제력의 행사, 징벌 등 형벌권에 관한 주요사항에 관해서는 민영교도소측에 일임하지 않고 법무부장관이 파견한 소속공무원의 승인을 받도록 하고 있다(동법 제27조).
>
> **[정답]** ④

02. 민영교도소에 대한 설명으로 옳지 않은 것은?

① 1989년 호주의 보랄린(Borallin)교도소는 민영교도소이다.

② 우리나라에서는 1999년 행형법에 교정시설의 민간위탁에 관한 법적 근거가 처음으로 마련되었다

③ 법무부장관은 교정업무를 법인 또는 개인에게 위탁할 수 있다.

④ 민영교도소에 수용된 수용자가 작업하여 생긴 수입은 법인 또는 개인의 수입으로 한다.

> **해설** ④ 민영교도소 등에 수용된 수용자가 작업하여 생긴 수입은 국고수입으로 한다(민영교도소 등의 설치·운영에 관한 법률 제26조).
> ① 1989년 호주교정회사(CCA)가 보랄린(Borallin) 교도소를 운영한 것이 교도소 민영화의 효시인데 민영교도소의 건물과 부지는 정부의 소유이고, 관리와 운영만을 민간기업체가 담당하고 있다.
> ③ 동법 제3조 제1항.
>
> **[정답]** ④

03. 현행법상 민영교도소에 관한 설명 중 틀린 것은?

① 교도소 운영의 효율성을 도모하기 위해 도입하였다.

② 민영교도소 수형자의 작업수입은 국고수입으로 함이 원칙이다.

③ 민영교도소에 교정업무를 포괄적으로 위탁하는 경우 단체에게 위탁이 가능하다.

④ 수탁자가 설치비용을 부담하는 경우의 위탁기간은 10년 이상 20년 이하로 한다.

> **해설** ③ 법무부장관은 필요하다고 인정하면 이 법에서 정하는 바에 따라 교정업무를 공공단체 외의 법인·단체 또는 그 기관이나 개인에게 위탁할 수 있다. 다만 교정업무를 포괄적으로 위탁하여 한 개 또는 여러 개의 교도소 등을 설치·운영하도록 하는 경우에는 법인에만 위탁할 수 있다(민영교도소 등의 설치·운영에 관한 법률 제3조 제1항). ② 동법 제26조. ④ 동법 제4조 제4항
>
> **[정답]** ③

04. 행위와 그 주체를 연결한 것으로 옳지 않은 것은?

① 교정시설의 시찰 – 판사와 검사
② 교정시설의 참관 – 판사와 검사 외의 사람
③ 교정시설의 순회점검 – 법무부장관과 소속공무원
④ 교정시설의 설치·운영의 민간위탁 – 교정시설의 장

> 해설 ④ 법무부장관은 필요하다고 인정하면 이 법에서 정하는 바에 따라 교정업무를 공공단체 외의 법인·단체 또는 그 기관이나 개인에게 위탁할 수 있다. 다만 교정업무를 포괄적으로 위탁하여 한 개 또는 여러 개의 교도소 등을 설치·운영하도록 하는 경우에는 법인에만 위탁할 수 있다(민영교도소 등의 설치·운영에 관한 법률 제3조 제1항).
>
> 정답 ④

05. 민영교도소 등의 설치·운영에 관한 법률 상 교정업무의 민간위탁에 대한 설명으로 옳지 않은 것은?

① 민영교도소등에 수용된 수용자가 작업하여 생긴 수입은 국고 수입으로 한다.
② 교정법인은 민영교도소등에 수용되는 자에게 특별한 사유가 있다는 이유로 수용을 거절할 수 없다.
③ 법무부장관은 교정업무를 포괄 위탁하여 교도소등을 설치·운영하도록 하는 업무를 법인 또는 개인에게 위탁할 수 있다.
④ 교정법인은 위탁업무를 수행할 때 같은 유형의 수용자를 수용·관리하는 국가운영의 교도소 등과 동등한 수준 이상의 교정서비스를 제공하여야 한다.

> 해설 법무부장관은 필요하다고 인정하면 이 법에서 정하는 바에 따라 교정업무를 공공단체 외의 법인·단체 또는 그 기관이나 개인에게 위탁할 수 있다. 다만, 교정업무를 포괄적으로 위탁하여 한 개 또는 여러 개의 교도소 등을 설치·운영하도록 하는 경우에는 법인에만 위탁할 수 있다.(민영교도소 등의 설치·운영에 관한 법률 제3조 제1항).
> ① 동법 제26조. ② 동법 제25조 제2항. ④ 동법 제25조 제1항
>
> 정답 ③

06. 교정민영화에 대한 설명으로 옳지 않은 것은?

① 교정시설의 민영화는 국가의 재정압박 및 교도소의 과밀수용의 문제와 밀접한 관련을 가지고 있다.
② 반대론자들은 범죄자의 처벌과 구금은 국가의 독점적 권한이라는 점을 강조한다.
③ 현행법상 법무부장관은 필요하다고 인정하면 교정업무를 교정법인에게 포괄적으로 위탁할 수 있다.
④ 현행법상 민영교도소 수용자의 작업수입은 교정법인의 수입으로서 그 운영예산에 계상된다.

> 해설 ④ 민영교도소 등에 수용된 수용자가 작업하여 생긴 수익은 국고수입으로 한다(민영교도소 등의 설치·운영에 관한 법률 제26조). ③ 동법 제3조 제1항
>
> 정답 ④

07. 현행법상 민영교도소에 대한 설명으로 옳지 않은 것은?

① 교도소 등의 운영의 효율성을 높이고, 수용자의 처우향상과 사회복귀를 촉진하기 의해 도입하였다.

② 법무부장관은 민영교도소 등의 직원이 위탁업무에 관하여 명령이나 처분을 위반하면 그 직원의 임면권자에게 해임이나 정직·감봉 등 징계처분을 하도록 명할 수 있다.

③ 법무부장관은 민영교도소 등의 업무 및 그와 관련된 교정법인의 업무를 지도·감독하며, 필요한 경우 지시나 명령을 할 수 있다.

④ 교정법인의 대표자는 민영교도소 등의 장 및 대통령령으로 정하는 직원을 임면할 때에는 미리 교정본부장의 승인을 받아야 한다.

> **해설** ④ 교정법인의 대표자는 민영교도소 등의 직원을 임면한다. 다만 민영교도소 등의 장 및 대통령령으로 정하는 직원을 임면할 때에는 미리 법무부장관의 승인을 받아야 한다(민영교도소 등의 설치·운영에 관한 법률 제29조 제1항).
> ① 동법 제1조, ② 동법 제36조 제1항, ③ 동법 제33조 제1항
>
> 정답 ④

08. 「민영교도소 등의 설치·운영에 관한 법률」에 대한 설명으로 옳은 것은?

① 법무부장관은 필요하다고 인정하면 교정업무를 모든 법인·단체 또는 그 기관이나 개인에게 위탁할 수 있다.

② 법무부장관은 교정업무를 포괄적으로 위탁하여 한 개 또는 여러 개의 교도소 등을 설치·운영하도록 하는 경우에는 법인·단체 또는 그 기관에게 위탁할 수 있으나, 개인에게는 위탁할 수 없다.

③ 민영교도소에 수용된 수용자가 작업하여 생긴 수입은 국고수입으로 한다.

④ 교정법인 이사는 대한민국 국민이어야 하며, 이사의 5분의 1 이상은 교정업무에 종사한 경력이 3년 이상이어야 한다.

> **해설** ①② 법무부장관은 필요하다고 인정하면 이 법에서 정하는 바에 따라 교정업무를 공공단체 외의 법인·단체 또는 그 기관이나 개인에게 위탁할 수 있다. 다만 교정업무를 포괄적으로 위탁받아 한 개 또는 여러 개의 교도소 등을 설치·운영하도록 하는 경우에는 법인에게만 위탁할 수 있다(민영교도소 등의 설치·운영에 관한 법률 제3조 제1항).
> ④ 교정법인 이사의 과반수는 대한민국 국민이어야 하며, 이사의 5분의 1이상은 교정업무에 종사한 경력이 5년 이상이어야 한다(동법 제11조 제3항).
> ③ 동법 제26조
>
> 정답 ③

09. 「민영교도소 등의 설치·운영에 관한 법률」상 민영교도소 등의 설치·운영에 대한 설명으로 옳지 않은 것은?

① 법무부장관은 필요하다고 인정하면 교정업무를 공공단체 외의 법인·단체 또는 그 기관이나 개인에게 위탁할 수 있다. 다만, 교정업무를 포괄적으로 위탁하여 한 개 또는 여러 개의 교도소 등을 설치·운영하도록 하는 경우에는 법인에만 위탁할 수 있다.

② 교정업무의 민간 위탁계약 기간은 수탁자가 교도소 등의 설치비용을 부담하는 경우는 10년 이상 20년 이하, 그 밖의 경우는 1년 이상 5년 이하로 하되, 그 기간은 갱신할 수 있다.

③ 교정법인의 대표자는 그 교정법인이 운영하는 민영교도소 등의 장을 겸할 수 없고, 이사는 감사나 해당 교정법인이 운영하는 민영교도소 등의 장이나 직원을 겸할 수 없다.

④ 법무부장관은 민영교도소 등의 업무 및 그와 관련된 교정법인의 업무를 지도·감독하며, 필요한 경우 지시나 명령을 할 수 있다. 다만, 수용자에 대한 교육과 교화프로그램에 관하여는 그 교정법인의 의견을 최대한 존중하여야 한다.

> **해설** 교정법인의 대표자는 그 교정법인이 운영하는 민영교도소 등의 장을 겸할 수 없고, 이사는 감사나 해당 교정법인이 운영하는 민영교도소 등의 직원(민영교도소 등의 장은 제외한다)을 겸할 수 없으며, 감사는 교정법인의 대표자·이사 또는 직원(그 교정법인이 운영하는 민영교도소 등의 직원을 포함한다)을 겸할 수 없다(민영교도소 등의 설치·운영에 관한 법률 제13조).
>
> 정답 ③

10. 민영교도소 등의 장이 대통령령이 정하는 바에 의하여 매월 또는 분기마다 법무부장관에게 보고하여야 할 사항에 속하지 않는 것은?

① 만기출소자의 취업알선현황

② 주·부식의 급여현황

③ 교도작업의 운영현황

④ 수용자의 사회견학을 위한 외부 출입 현황

> **해설** ②③④ 민영교도소 등의 장이 법무부장관에게 매월 또는 분기마다 보고하여야 할 사항(민영교도소 등의 설치·운영에 관한 법률 제34조 제1항).
>
> | 민영교도소 등의 장이 매월 또는 분기마다 법무부장관에게 보고해야 할 사항 |
> | --- |
> | • 수용현황 |
> | • 교정사고의 발생현황 및 징벌현황 |
> | • 무기 등 보안장비의 보유·사용현황 |
> | • 보건의료서비스와 주식·부식의 제공현황 |
> | • 교육·직업훈련 등의 실시현황 |
> | • 외부통학, 외부출장직업훈련, 귀휴, 사회견학, 외부통근작업 및 외부병원 이송 등 수용자의 외부출입현황 |
> | • 교도작업의 운영현황 |
> | • 직원의 인사 징계에 관한 사항 |
> | • 그 밖에 법무부장관이 필요하다고 인정하는 사항 |
>
> 정답 ①

11. 「민영교도소 등의 설치·운영에 관한 법률」 상 민영교도소의 운영 등에 대한 설명으로 옳지 않은 것은?

① 교정법인의 대표자는 민영교도소의 장 및 대통령령으로 정하는 직원을 임면할 때에는 미리 법무부장관의 승인을 받아야 한다.

② 대한민국 국민이 아닌 자는 민영교도소의 직원으로 임용될 수 없다.

③ 민영교도소의 운영에 필요한 무기는 국가의 부담으로 법무부장관이 구입하여 배정한다.

④ 민영교도소에 수용된 수용자가 작업하여 생긴 수입은 국고수입으로 한다.

> **해설** 민영교도소 등의 운영에 필요한 무기는 해당 교정법인의 부담으로 법무부장관이 구입하여 이를 배정한다(민영교도소 등의 설치·운영에 관한 법률 제31조 제2항). ① 동법 제29조 제1항. ② 동법 제28조. ④ 동법 제26조
>
> 정답 ③

12. 「민영교도소 등의 설치·운영에 관한 법률」에 관한 설명 중 틀린 것은 모두 몇 개인가?

> ㉠ 법무부장관은 필요하다고 인정하면 교정업무의 일부를 개인에게 위탁할 수 있다.
> ㉡ 법무부장관은 사전에 기획재정부장관과 협의하여 민영교도소 등을 운영하는 교정법인에 대하여 매년 그 민영교도소 등의 운영에 필요한 경비를 지급한다.
> ㉢ 교정법인은 민영교도소 등의 장 및 대통령령으로 정하는 직원을 임면할 때에는 지방교정청장의 승인을 받아야 한다.
> ㉣ 교정법인 이사의 과반수는 대한민국 국민이어야 하며, 이사의 5분의 1이상은 교정업무에 종사한 경력이 5년 이상이어야 한다.
> ㉤ 교정법인은 민영교도소 등에 수용되는 자에게 특별한 사유가 있으면 수용을 거절할 수 있다.
> ㉥ 교정법인의 정관변경은 법무부장관의 인가를 받아야 한다.

① 1개   ② 2개
③ 3개   ④ 4개

> **해설** × : ㉢ 교정법인의 대표자는 민영교도소 등의 직원을 임면한다. 다만 민영교도소 등의 장 및 대통령령으로 정하는 직원을 임면할 때에는 미리 법무부장관의 승인을 받아야 한다(민영교도소 등의 설치·운영에 관한 법률 제29조 제1항). ㉤ 교정법인은 민영교도소 등에 수용되는 자에게 특별한 사유가 있다는 이유로 수용을 거절할 수 없다(동법 제25조 제2항),
> ○ : ㉠ 민영교도소 등의 설치·운영에 관한 법률 제3조 제1항, ㉡ 동법 제22조 제1항 ㉣ 동법 제11조 제3항 ㉥ 동법 제10조 제2항
>
> 정답 ②

13. 민영교도소 등의 설치·운영에 관한 법령상 옳지 않은 것은?

① 민영교도소 등의 설치·운영에 관한 회계는 교도작업회계와 일반회계로 구분하며, 민영교도소에 수용된 수용자가 작업하여 발생한 수입은 국고수입으로 한다.

② 교정법인은 기본재산에 대하여 용도변경 또는 담보제공의 행위를 하려면 기획재정부장관의 허가를 받아야 한다.

③ 민영교도소 등의 직원은 근무 중 법무부장관이 정하는 제복을 입어야 한다.

④ 법무부장관은 민영교도소 등의 직원이 위탁업무에 관하여 「민영교도소 등의 설치·운영에 관한 법률」에 따른 명령이나 처분을 위반하면 그 직원의 임면권자에게 해임이나 정직·감봉 등 징계처분을 하도록 명할 수 있다.

> 해설 ② 교정법인은 기본재산에 대하여 매도·증여 또는 교환, 용도 변경, 담보 제공, 의무의 부담이나 권리의 포기를 하려면 법무부장관의 허가를 받아야 한다. 다만, 대통령령으로 정하는 경미한 사항은 법무부장관에게 신고하여야 한다(민영교도소 등의 설치·운영에 관한 법률 제14조 제2항).
> ① 동법 제15조 제2항, 동법 제26조
> ③ 동법 제31조 제1항
> ④ 동법 제36조 제1항
>
> 정답 ②

04 | 사회내처우 일반론

01. 자유형이 지니는 반사회성의 한계를 극복하기 위해 여러 가지 방안들이 모색되어 왔다. 다음 중 가장 바람직한 것은?

① 행형의 완화
② 누진처우제
③ 개방교도소제
④ 사회내처우

 ④ 자유형은 시설에 구금하여 일반사회와 격리한 상태에서 처우하므로 사회성의 배양에 한계가 있다는 비판이 제기됨에 따라 이러한 한계를 극복하기 위한 여러 가지 방안들이 모색되어 왔는데 이러한 노력들의 결실로 등장하게 된 것이 사회내처우이다.

정답 ④

02. 다음에서 사회내처우가 아닌 것은?

① 보호관찰
② 외부통근
③ 가석방
④ 갱생보호

 ② 외부통근은 시설내처우, 즉 교정시설의 수용을 전제로 하는 사회적처우의 일종이다. 사회내처우란 범죄인을 시설에 구금하지 않고 사회에서 생활하게 하면서 개선을 도모하는 제도를 말하며, 가석방·보호관찰·사회봉사명령·수강명령·갱생보호 등이 여기에 해당한다.

정답 ②

03. 다음 중 성격이 다른 하나는?

① 가족만남의 집
② 갱생보호
③ 사회견학
④ 개방교도소

해설 ①③④는 사회적처우이고, ②는 사회내처우이다.

정답 ②

04. 다음 중 사회내처우에 대한 설명으로 틀린 것은?

① 진정한 자유의 학습은 자유 가운데서 이루어져야 한다는 것에 기초한다.
② 범죄인의 개별처우를 실현하기 위한 처우방법으로 시설내처우의 폐해를 줄이기 위한 대안으로 등장하였다.
③ 비판범죄학에서는 이를 단순히 행형전략을 변형시킨 것에 불과하다고 비판하였다.
④ 처우대상자가 시설 내에서 사회내처우로 옮겨가면서 사법기관의 인적·물적 부담은 더욱 가중되었다.

해설 ④ 사회내처우는 범죄인에 대하여 사법우회절차(전환, diversion)를 적용할 수 있으므로 사법기관의 부담을 경감시키고, 수용관리에 따르는 시간·인력·재원 등을 절감할 수 있다는 장점이 있다. 정답 ④

05. 다음 중 사회내처우에 해당하는 것만으로 묶인 것은?

㉠ 사회견학	㉡ 보호관찰	㉢ 보호감호
㉣ 치료감호	㉤ 교정처분	㉥ 갱생보호
㉦ 사회봉사명령	㉧ 귀휴	

① ㉠, ㉡, ㉢   ② ㉡, ㉢, ㉣

③ ㉢, ㉣, ㉤   ④ ㉡, ㉥, ㉦

> **해설** 사회내처우에 해당하는 것으로는 가석방·보호관찰·사회보호명령 ·수강명령 ·갱생보호 등이다. 사회견학 ·
> 귀휴는 사회적처우이고, 보호감호·치료감호·교정처분은 시설내처우이다.
>
> 정답 ④

06. 사회내처우에 해당하지 않는 것을 모두 고른 것은?

㉠ 보호관찰	㉡ 외부통근
㉢ 귀휴	㉣ 사회봉사명령, 수강명령
㉤ 주말구금	㉥ 갱생보호
㉦ 부부 및 가족접견	㉧ 가석방
㉨ 개방교도소	㉩ 전자감시부 가택구금

① ㉠, ㉣, ㉥, ㉦, ㉧   ② ㉠, ㉢, ㉤, ㉧, ㉩

③ ㉡, ㉣, ㉥, ㉨, ㉩   ④ ㉡, ㉢, ㉤, ㉦, ㉨

> **해설** • 사회내처우 × : ㉡ 외부통근, ㉢ 귀휴, ㉤주말구금, ㉦ 부부 및 가족접견, ㉨ 개방교도소
> • 사회내처우 ○ : ㉠ 보호관찰, ㉣ 사회봉사명령, 수강명령, ㉥ 갱생보호, ㉧ 가석방, ㉩ 전자감시부 가택
> 구금
>
> 정답 ④

07. 다음 중 사회내처우에 대한 설명으로 거리가 먼 것은?

① 시설내처우의 폐해를 방지하기 위한 노력의 일환으로 발전하였다.

② 사회방위적 측면에서는 위험성을 지니고 있다.

③ 소년원 송치처분이 대표적인 사회내처우라 할 수 있다.

④ 형법, 「보호관찰 등에 관한 법률」 등에 그 근거규정을 두고 있다.

> **해설** ③ 소년원송치처분은 시설내처우이다.
>
> 정답 ③

08. 사회내처우에 관한 설명으로 옳지 않은 것은?

① 석방전 지도센터는 사회내처우센터의 유형에 해당하지 아니한다.
② 소년에 대한 수강명령은 100시간을 초과할 수 없다.
③ 자율성의 향상과 체득은 개방처우의 기본목표라 할 수 있다.
④ 존 오거스터스(J. Augustus)는 갱생보호제도의 발전에 기여하였다.

> **해설** ① 석방전 지도센터는 형기만료 수주일 전에 대상자를 수용하여 전문상담가의 상담·지도·보호를 통해 취업·직업·훈련 등 사회의 단계적 복귀, 사회생활의 책임감 부여, 사회생활의 준비 등 교정시설과 일반사회의 중간처우를 실시하는 곳으로 사회내 처우센터의 유형에 해당한다.
>
> 정답 ①

09. 사회내처우를 확대하자는 이유로서 부적절한 것은?

① 단기자유형의 폐해 극복
② 과밀수용 해소 및 수용에 따른 경비절감
③ 사회방위의 강화
④ 낙인해소와 악풍감염의 방지

> **해설** ③ 사회내처우는 범죄인을 사회로부터 격리하여 구금하지 않고 사회생활을 유지하게 한다는 점에서 사회방위를 강화한다기 보다는 오히려 사회방위에 불리하다고 보아야 한다.
>
> 정답 ③

10. 사회내처우제도에 관한 설명 중 옳지 않은 것은?

① 시설내처우에 비해 재사회화 목적달성에 효율적이다.
② 시설내처우에 비해 운용경비가 절감된다.
③ 일반인의 법감정을 충족시켜 준다.
④ 개선보다는 과잉구금문제의 해결을 위한 새로운 사회통제전략에 불과하다는 비판을 받고 있다.

> **해설** ③ 사회내처우는 범죄인을 격리구금하지 않고, 사회에서 일상생활을 영위하게 한다는 점에서 범죄인에 대한 엄중한 처벌을 바라는 일반국민의 법감정에 부합되지 않는다.
>
> 정답 ③

11. 사회내처우에 대한 설명으로 옳지 않은 것은?

① 시설내처우의 범죄학습효과와 낙인효과를 피할 수 있다.
② 형법, 치료감호 등에 관한 법률, 청소년보호법, 「성폭력범죄의 처벌 등에 관한 특례법」은 보호관찰규정을 두고 있다.
③ 사회내처우에는 전자감시, 가택구금, 사회봉사명령 그리고 외출제한명령 등이 포함된다.
④ 사회내처우의 주대상자는 원칙적으로 비행청소년이나 경미범죄자 또는 과실범이다.

> **해설** ② 형법, 치료감호 등에 관한 법률, 「성폭력범죄의 처벌 등에 관한 특례법」은 보호관찰규정을 두고 있으나, 청소년 보호법은 보호관찰규정을 두고 있지 않다.
>
> [정답] ②

12. 지역사회교정(community-based corections)에 대한 설명으로 옳지 않은 것은?

① 범죄자에 대한 인도주의적 처우, 사회복귀의 긍정적 효과 그리고 교정경비의 절감과 재소자관리상 이익의 필요성 등의 요청에 의해 대두되었다.

② 통상의 형사재판절차에 처해질 알코올중독자, 마약사용자, 경범죄자 등의 범죄인에 대한 전환(diversion) 방안으로 활용할 수 있다.

③ 범죄자에게 가족, 지역사회, 집단 등과의 유대관계를 유지하게 하여 지역사회 재통합 가능성을 높여줄 수 있다.

④ 사회내 재범가능자들을 감시하고 지도함으로써 지역사회의 안전과 보호에 기여하고, 사법통제망을 축소시키는 효과를 기대할 수 있다.

> **해설** 과거에는 범죄통제의 대상이 되지 않았던 대상자를 범죄의 통제대상이 되게 함으로써 형사사법망 확대를 초래한다는 비판을 받고 있다.
>
> **보충**
> • 형사사법망의 확대 : 지역사회교정의 지나친 확대를 범죄통제의 대상이 되지 않았던 경미한 범죄인까지 지도 통제대상에 포함하게 되어 형사사법망의 확대를 초래할 수 있는데 형사사법망의 확대에 관해서는 다음과 같은 세 가지가 주장되고 있다.
> • 망의 확대 : 국가에 의해서 통제되고 규제되는 시민의 비율이 증가되는 현상, 즉 더 많은 사람을 잡을 수 있도록 그물망을 키워 왔다는 것이다.
> • 망의 강화 : 범죄인에 대한 개입의 강도를 높임으로써 범죄인에 대한 통제를 강화시켰다는 것이다.
> • 상이한 망의 설치 : 범죄인을 사법기관이 아닌 다른 기관으로 위탁하여 실제로는 더 많은 사람을 통제의 대상으로 만들었다는 것이다.
>
> [정답] ④

13. 다음 중 지역사회교정에 대한 설명으로 가장 부적절한 것은?

① 수용자 관리 및 경제적 비용 측면에서 고려되었다고 볼 수 있다.

② 지역사회교정은 인권침해의 요소는 없다.

③ 1967년 미국에서는 지역사회교정을 교정의 주요업무로 규정한 바 있다.

④ 사회복귀와 재통합이라는 목표를 갖고 있다.

> **해설** ② 지역사회교정은 사회내처우이므로 구금에 따르는 폐해를 제거할 수 있다는 장점은 있으나, 관계기관들이 강도있는 처우를 행할 경우 실질적으로 구금과 다를 바 없다는 점과 형사사법망의 확대를 초래할 수 있다는 점을 고려할 때 인권침해의 요소가 없다고 볼 수 없다.
>
> [정답] ②

14. 범죄방지대책의 일환으로서 '지역사회의 조직화'와 관련된 설명으로 옳지 않은 것은?

① 비공식적 범죄통제방법의 하나라고 할 수 있다.

② 지역사회 내 인구의 이동성이 높을수록 효율성이 떨어진다.

③ 지역사회 자체가 범죄에 미치는 영향을 중시하는 데에서 출발한다.

④ 초범예방에는 효과적이나 재범방지에는 도움이 되지 못한다는 한계를 가진다.

> **해설** ④ 지역사회교정은 범죄인이 자신의 가정·학교 또는 사회적 상황으로 인해 범죄자가 되었다는 전제에서 출발하므로 이들의 재범을 방지하기 위해서는 지역사회에서 교육·취업·상담 등 합법적이고 적절한 사회자원을 그들에게 제공해야 한다는 사실에 기초하고 있다. 따라서 지역사회의 조직화는 재범방지에 긍정적인 효과를 가져다 준다고 보아야 한다.
>
> 정답 ④

15. 지역사회교정의 장점을 기술한 것으로 옳지 않은 것은?

① 새로운 사회통제 전략으로서 형사사법망의 확대효과를 가져온다.

② 교정시설 수용에 비해 일반적으로 비용과 재정부담이 감소되고 교도소 과밀수용 문제를 해소할 수 있다.

③ 대상자에게 사회적 관계의 단절을 막고 낙인효과를 최소화하며 보다 인도주의적인 처우가 가능하다.

④ 대상자에게 가족, 지역사회, 집단 등과 유대관계를 유지하게 하여 범죄자의 지역사회 재통합 가능성을 높여 줄 수 있다.

> **해설** ① 지역사회교정의 지나친 확대는 범죄통제의 대상이 되지 않았던 경미한 범죄인까지도 통제대상에 포함하게 되어 형사사법망의 확대를 초래할 수 있다. 즉 ① 은 지역사회교정의 장점이 아니라 단점에 해당한다.
>
> 정답 ①

16. 지역사회교정에 관한 설명 중 틀린 것은?

① 지역사회교정의 출현은 교정시설의 과밀수용, 재범률 증가가 큰 영향을 미쳤다.

② 다이버전은 범죄자에 대한 부정적 낙인을 최소화 함으로써 2차적 범죄를 막으려는 목적이 있다.

③ 지역사회교정에서 민간의 개입은 최소화 된다.

④ 지역사회의 보호, 처벌의 연속성, 사회복귀, 재통합 등이 목표이다.

> **해설** ③ 지역사회교정은 사회내처우를 통하여 범죄인과 사회와의 기존 유대관계를 유지시키고, 나아가 보다 긍정적인 사회관계를 개발하도록 원조하는 데 그 목표가 있다. 따라서 지역사회교정에서 민간의 개입은 필수적인 요소인 동시에 제도의 핵심적 본질에 해당한다고 보아야 한다.
>
> 정답 ③

17. 지역사회교정에 대한 설명으로 옳지 않은 것은?

① 교정의 목표는 사회가 범죄자에게 교육과 취업기회를 제공해주고 사회적 유대를 구축 또는 재구축하는 것이다.

② 구금이 필요하지 않은 범죄자들에게는 구금 이외의 처벌이 필요하다.

③ 전통적 교정에 대한 새로운 대안의 모색으로 지역사회의 책임이 요구되었다.

④ 교정개혁에 초점을 둔 인간적 처우를 증진하며 범죄자의 책임을 경감시키는 시도이다.

해설 지역사회교정은 범죄자에 대한 인도주의적 처우, 사회복귀의 긍정적 효과 그리고 교정경비의 절감과 , 지역사회의 보호와 사회복귀와 재통합 등을 목표로 하며 범죄자의 책임을 경감시키는 것과는 관련이 없다.

정답 ④

05 | 가석방

01. 우리나라 가석방제도의 역사적 발전에 관한 설명으로 옳지 않은 것은?

① 고려·조선시대의 휼형(恤刑)제도는 가석방과 유사한 측면을 가지고 있었다.

② 1905년 형법대전에 규정된 보방(保放)규칙은 죄수를 일시석방 할 수 있도록 하였다.

③ 1908년 형법대전은 종신형 수형자에 대해서는 가방(假放)을 불허하였다.

④ 미군정하에서 실시된 우량수형자석방령은 선시제(Good Time System)의 성격을 가진 것이다.

 ③ 1908년 7월 23일 개정된 형법대전 중 보방규칙에서는 보방을 가방(假放)으로 변경하고, 3년 이상 15년 이하의 유형이나 도형에 처한 죄수에게는 그 형기의 2분의 1 이상을, 종신형은 10년 이상을 경과하면 법무대신이 가방을 허가할 수 있도록 하였다.

정답 ③

02. 다음 중 가석방에 대한 설명으로 틀린 것은?

① 가석방의 경우 보호관찰은 임의적 절차이다.

② 부정기형제도처럼 가석방은 정기형의 엄격성을 보완한다.

③ 1791년 영국의 식민지 호주에서 처음으로 실시되었다.

④ 가석방 결정을 위한 과학적 예측의 중요성이 점차 높아지고 있다.

 ① 가석방된 자는 가석방기간 중 보호관찰을 받는다. 다만 가석방을 허가한 행정관청이 필요가 없다고 인정한 때에는 그러하지 아니하다(형법 제73조의2 제2항). 따라서 현행법상 가석방 기간 중 보호관찰은 필요적 절차이다.

정답 ①

03. 가석방에 대한 설명으로 옳지 않은 것은?

① 형기에 산입된 판결선고전 구금일수는 가석방에 있어서 집행을 경과한 기간에 산입한다.

② 가석방된 자는 가석방 기간 중 반드시 보호관찰을 받아야 하는 것은 아니다.

③ 징역 또는 금고의 집행 중에 있는 자에 대하여 행정처분으로 가석방을 하는 경우에 벌금 또는 과료의 병과가 있는 때에는 그 금액을 완납하여야 한다.

④ 가석방 기간은 무기형에 있어서는 15년으로 한다.

 ④ 가석방의 기간은 무기형에 있어서는 10년, 유기형에 있어서는 남은 형기로 하되 그 기간은 10년을 초과할 수 없다(형법 제73조의2 제1항).
① 형법 제73조 제1항, ② 형법 제73조의2 제2항, ③ 형법 제72조 제2항

정답 ④

04. 가석방에 대한 설명으로 옳지 않은 것으로만 묶인 것은?

> ㉠ 가석방의 경우 보호관찰은 임의적 절차이다.
> ㉡ 노역장유치자는 가석방대상이 될 수 없다.
> ㉢ 가석방기간으로 무기형은 10년, 유기형은 남은 형기로 하되, 그 기간은 15년을 초과할 수 없다.
> ㉣ 가석방은 행정처분이다.
> ㉤ 가석방심사위원회는 위원장을 포함한 5인 이상 9인 이하의 위원으로 구성한다.
> ㉥ 소장은 가석방이 허가되지 않은 수형자에 대하여는 다시 가석방 심사신청을 할 수 없다.

① ㉠, ㉡, ㉣   ② ㉠, ㉢, ㉥
③ ㉡, ㉢, ㉣   ④ ㉡, ㉤, ㉥

 × : ㉠ 가석방된 자는 가석방기간 중 보호관찰을 받는다. 다만, 가석방을 허가한 행정관청이 필요가 없다고 인정한 때에는 그러하지 아니하다(형법 제73조의2 제2항). 따라서 가석방의 경우 보호관찰은 필요적 절차이다. ㉢ 가석방의 기간은 무기형에 있어서는 10년, 유기형에 있어서는 남은 형기로 하되 그 기간은 10년을 초과할 수 없다(형법 제73조의2 제1항). ㉥ 소장은 가석방이 허가되지 아니한 수형자에 대하여 그 후에 가석방을 허가하는 것이 적당하다고 인정하는 경우에는 다시 가석방적격심사신청을 할 수 있다(시행규칙 제251조).

   ○ : ㉡ 징역 또는 금고의 집행 중에 있는 자가 그 행상이 양호하여 개전의 정이 현저한 때에는 무기에 있어서는 20년, 유기에 있어서는 형기의 3분의 1을 경과한 후 행정처분으로 가석방을 할 수 있다(형법 제72조 제1항). 즉 가석방대상자는 징역 또는 금고의 집행 중에 있는 자에 한하므로 노역장유치자는 가석방대상이 될 수 없다. ㉣ 형법 제72조 제1항은 행정처분으로 가석방을 할 수 있다. ㉤ 법 제120조 제1항

정답 ②

05. 가석방제도에 관한 설명으로 옳지 않은 것은?

① 정기자유형의 문제점을 보완하고, 수형자의 개선의지를 촉진할 수 있다.
② 교정시설 내 질서유지 및 교정교화의 효과증진에 기여할 수 있다.
③ 불필요한 구금을 회피함으로써 경비를 절감할 수 있다.
④ 사법처분의 일환으로 공정성을 증대시킬 수 있다.

해설 ④ 형법 제72조 제1항은 가석방을 행정처분으로 규정하고 있다. 즉 현행법상 가석방은 행정부인 법무부의 소관이며, 가석방심사위원회에서 가석방적격 여부를 심사하고, 법무부장관이 허가 여부를 결정하도록 하고 있다.

정답 ④

06. 甲, 乙, 丙, 丁 중 가석방의 대상이 될 수 있는 수형자는?

> ⊙ 성년인 甲은 15년의 유기징역을 선고받고 6년을 경과하였고, 병과하여 받은 벌금의 3분의 2를 납입하였다.
> ⓛ 성년인 乙은 무기징역을 선고받고 16년을 경과하였다.
> ⓒ 현재 18세 소년인 丙은 15년의 유기징역을 선고받고 3년을 경과하였다.
> ⓔ 현재 18세 소년인 丁은 장기 9년, 단기 3년의 부정기형을 선고받고 2년을 경과하였다.

① 甲, 乙   ② 乙, 丙
③ 甲, 丁   ④ 丙, 丁

해설 성년의 가석방요건은 무기형은 20년, 유기형은 형기의 3분의 1이 경과하고, 벌금 또는 과료가 있는 때에는 그 금액을 완납하여야 한다(형법 제72조 제1항·제2항). 소년의 가석방요건은 무기형은 5년, 유기형은 3년, 부정기형은 단기의 3분의 1이 경과하여야 한다(소년법 제65조).
- 가석방 대상 0 : ⓒ 소년인 경우 유기형은 3년이 경과하면 가석방요건이 충족되는데 丙은 3년을 경과하였으므로 가석방 대상이 된다. ⓔ 소년인 경우 부정기형은 단기의 3분의 1이 경과하면 가석방요건이 충족되는데 丁은 3년의 3분의 1인 1년을 경과하였으므로 가석방 대상이 된다.
- 가석방 대상 × : ⊙ 성년인 경우 유기형은 형기의 3분의 1이 경과하고 벌금이 있는 때에는 그 금액을 완납하여야 가석방요건이 충족되는데 甲은 형기의 3분의 1인 5년은 경과하였으나 벌금을 완납하지 아니하였으므로 가석방 대상이 될 수 없다. ⓛ 성년인 경우 무기형은 20년이 경과하여야 가석방요건이 충족되는데 乙은 16년을 경과하였으므로 가석방 대상이 될 수 없다.

▮ 가석방 요건 ▮

구분	성년수형자	소년수형자
가석방 요건	무기형은 20년, 유기형은 형기의 3분의 1 경과	무기형은 5년, 유기형은 3년, 부정기형은 단기의 3분의 1 경과
가석방 심사기관	가석방심사위원회	보호관찰심사위원회
가석방 기간	무기형은 10년, 유기형은 남은 형기로 하되, 그 기간은 10년 초과 금지	가석방 전에 집행을 받은 기간과 동일한 기간

정답 ④

07. 가석방에 관한 설명 중 틀린 것은?

① 형기에 산입된 판결선고전 구금의 일수는 가석방에 있어서 집행을 경과한 기간에 산입한다.
② 소년수형자는 무기형인 경우에는 5년, 15년의 유기형인 경우는 3년, 부정기형인 경우에는 단기의 1/3이 지나야 한다.
③ 성인수형자는 무기형에 있어서는 15년, 유기형에 있어서는 형기의 2/3를 경과하여야 한다.
④ 벌금 또는 과료의 병과가 있는 때에는 그 금액을 완납하여야 한다.

해설 ③ 성인수형자의 가석방은 무기형인 경우에는 20년, 유기형인 경우에는 형기의 3분의 1을 경과하여야 한다.(형법 제72조 제1항).
① 형법 제73조 제1항. ② 소년법 제65조. ③ 형법 제72조 제2항.

정답 ③

08. 「형의 집행 및 수용자의 처우에 관한 법률 시행규칙」상 수형자의 가석방 적격심사신청을 위하여 교정시설의 장이 사전에 조사하여야 할 사항으로 옳은 항목의 개수는?

> ㉠ 작업장려금 및 작업상태 ㉡ 석방 후의 생활계획
> ㉢ 범죄 후의 정황 ㉣ 책임감 및 협동심
> ㉤ 접견 및 편지의 수신·발신 내역

① 2개 ② 3개
③ 4개 ④ 5개

해설 ④ 소장은 수형자의 가석방적격심사신청을 위하여 사전에 신원에 관한 사항, 범죄에 관한 사항, 보호에 관한 사항을 조사하여야 한다(시행규칙 제246조). ㉠㉣은 신원에 관한 사항, ㉢은 범죄에 관한 사항, ㉡㉤은 보호에 관한 사항에 각각 해당한다. 모두 수형자의 가석방 적격심사신청을 위한 사전조사사항에 해당한다.

┃가석방 적격심사신청을 위한 사전조사사항┃

신원에 관한 사항	범죄에 관한 사항	보호에 관한 사항
· 건강상태 · 정신 및 심리상태 · 책임감 및 협동심 · 경력 및 교육 정도 · 노동 능력 및 의욕 · 교정성적 · 작업장려금 및 작업상태 · 그 밖의 참고사항	· 범행 시의 나이 · 형기 · 범죄 횟수 · 범죄의 성질·동기·수단 및 내용 · 범죄 후의 정황 · 공범관계 · 피해 회복 여부 · 범죄에 대한 사회의 감정 · 그 밖의 참고사항	· 동거할 친족·보호자 및 고용할 자의 성명·직장명·나이·직업·주소·생활정도 및 수형자와의 관계 · 가정환경 · 접견 및 편지의 수신·발신 내역 · 석방 후 돌아갈 곳 · 석방 후의 생활계획 · 그 밖의 참고사항

정답 ④

09. 다음은 수용자의 가석방 기준에 대한 설명이다. 틀린 것은?

① 벌금 또는 과료의 병과가 있는 때에는 그 금액을 완납하여야 한다.
② 소년수형자의 부정기형에 있어서는 장기의 1/3을 경과하여야 한다.
③ 무기에 있어서는 20년, 유기에 있어서는 형기의 1/3을 경과하여야 한다.
④ 소년수형자는 무기형에는 5년, 15년의 유기징역형일 경우에는 3년을 경과하여야 한다.

해설 ② 소년수형자의 부정기형에 있어서는 단기의 1/3을 경과하여야 한다(소년법 제65조).
① 헌법 제72조 제2항, ③ 형법 제72조 제1항. ④ 소년법 제65조

정답 ②

10. 형법상 가석방에 대한 설명으로 옳지 않은 것은?

① 징역 또는 금고의 집행 중에 있는 자에 대하여는 무기형의 경우에는 20년, 유기형의 경우에는 형기의 3분의 1을 경과한 후 행정처분으로 가석방을 할 수 있다.

② 가석방의 기간은 무기형의 경우에는 10년으로 하고, 유기형의 경우에는 남은 형기로 하되, 그 기간은 10년을 초과할 수 없다.

③ 가석방심사위원회는 가석방과 그 취소에 관한 사항을 심사·결정한다.

④ 가석방된 자는 가석방을 허가한 행정관청이 필요가 없다고 인정한 경우를 제외하고 가석방 기간 중 보호관찰을 받는다.

> **해설** ③ 가석방심사위원회는 가석방과 그 취소에 관한 사항을 심사할 권한만을 가진다(시행규칙 제236조 참조). 가석방과 그 취소에 관한 결정은 법무부장관의 권한이다.
> ① 형법 제72조, ② 형법 제73조의2 제1항. ④ 동조 제2항.

▌가석방 절차 ▌

교정시설	• 소장이 분류처우위원회의 의결을 거쳐 가석방적격심사신청대상자 선정 • 대상자 선정 후 5일 이내에 가석방심사위원회에 가석방적격심사 신청

↓

가석방심사위원회	• 가석방 적격 결정 • 가석방 적격 결정 후 5일 이내에 법무부장관에게 가석방 허가 신청

↓

법무부장관	• 가석방 허가 결정

↓

교정시설	• 서류 도달 후 12시간 이내 석방 • 서류에서 석방일시를 지정하고 있으면 그 일시

정답 ③

11. 「형의 집행 및 수용자의 처우에 관한 법률」상 가석방심사위원회에 대한 설명으로 옳지 않은 것은?

① 가석방심사위원회의 위원장은 법무부차관이 된다.

② 가석방심사위원회는 위원장을 포함한 5인 이상 9인 이하의 위원으로 구성한다.

③ 가석방심사위원회 위원의 명단과 경력사항은 임명 또는 위촉 즉시 공개한다.

④ 가석방심사위원회는 가석방 적격결정을 하였으면 3일 이내에 법무부장관에게 가석방 허가를 신청하여야 한다.

> **해설** ④ 가석방심사위원회는 가석방 적격결정을 하였으면 5일 이내에 법무부장관에게 가석방 허가를 신청하여야 한다(법 제122조 제1항).
> ① 법 제120조 제2항. ② 동조 제1항. ③ 동조 제3항

정답 ④

12. 가석방에 대한 설명으로 옳은 것은?

① 가석방 처분 후 처분이 실효 또는 취소되지 않고 가석방 기간을 경과한 때에는 가석방심사위원회를 통해 최종적으로 형 집행종료를 결정한다.

② 가석방심사위원회는 가석방 적격결정을 하였으면 7일 이내에 법무부장관에게 가석방 허가를 신청하여야 한다.

③ 징역 또는 금고의 집행 중에 있는 자가 그 행장이 양호하여 개전의 정이 현저한 때에는 무기에 있어서는 10년, 유기에 있어서는 형기의 3분의 1을 경과한 후 행정처분으로 가석방을 할 수 있다.

④ 가석방 적격심사 시 재산에 관한 죄를 지은 수형자에 대하여는 특히 그 범행으로 인하여 발생한 손해의 배상 여부 또는 손해를 경감하기 위한 노력 여부를 심사하여야 한다.

> **해설** ① 가석방처분을 받은 후 그 처분이 실효 또는 취소됨이 없이 가석방기간을 경과한 때에는 형의 집행을 종료한 것으로 본다(형법 제76조 제1항), 즉 가석방심사위원회와 무관하다. ② 가석방심사위원회는 가석방 적격결정을 하였으면 5일 이내에 법무부장관에게 가석방 허가를 신청하여야 한다(법 제122조 제1항), ③ 징역 또는 금고의 집행 중에 있는 자가 그 행장이 양호하여 개전의 정이 현저한 때에는 무기에 있어서는 20년, 유기에 있어서는 형기의 3분의 1을 경과한 후 행정처분으로 가석방을 할 수 있다(형법 제72조 제1항).
> ④ 시행규칙 제255조 제1항
>
> 정답 ④

13. 「가석방자 관리규정」에 따른 가석방자 관리에 대한 설명으로 옳지 않은 것은?

① 가석방자는 가석방 후 그의 주거지에 도착하였을 때에 지체 없이 종사할 직업 등 생활계획을 세우고, 이를 관할경찰서의 장에게 서면으로 신고하여야 한다.

② 관할경찰서의 장은 6개월마다 가석방자의 품행, 직업의 종류, 생활 정도, 가족과의 관계, 가족의 보호 여부 및 그 밖의 참고사항에 관하여 조사서를 작성하고 관할 지방검찰청의 장 및 가석방자를 수용하였다가 석방한 교정시설의 장에게 통보하여야 한다. 다만, 변동사항이 없는 경우에는 그러하지 아니하다.

③ 가석방자는 국내 주거지 이전(移轉) 또는 10일 이상 국내여행을 하려는 경우 관할경찰서의 장에게 신고하여야 한다.

④ 가석방자가 사망한 경우 관할경찰서의 장은 그 사실을 관할 지방검찰청의 장 및 가석방자를 수용하였다가 석방한 교정시설의 장에게 통보하여야 하고, 통보를 받은 석방시설의 장은 그 사실을 법무부장관에게 보고하여야 한다.

> **해설** ③ 가석방자는 국내 주거지 이전 또는 1개월 이상 국내여행을 하려는 경우 관할 경찰서의 장에게 신고하여야 한다(가석방자 관리규정 제10조 제1항).
> ① 동 규정 제6조 제1항. ② 동 규정 제8조. ④ 동 규정 제20조 제1항·제2항
>
> 정답 ③

14. 가석방제도에 관한 설명으로 틀린 것은?

① 가석방처분을 받은 후 그 처분이 실효 또는 취소되지 아니하고 가석방기간을 경과한 때에는 형의 집행을 종료한 것으로 본다.

② 가석방 취소자 및 가석방 실효자의 잔형기간은 가석방을 실시한 날부터 원래 형기의 종료일 까지로 하고, 잔형집행 기산일은 가석방의 취소 또는 실효로 인하여 교정시설에 수용된 날부터 한다.

③ 소장은 가석방 취소자 또는 가석방 실효자가 교정시설에 수용되지 아니한 사실을 알게 된 때에는 관할 지방검찰청 검사 또는 관할 경찰서장에게 구인하도록 의뢰하여야 한다.

④ 가석방기간 중 형사사건으로 구속되어 교정시설에 미결수용 중인 자의 가석방 취소결정으로 잔형을 집행하게 된 경우에는 가석방된 형의 집행을 지휘하였던 검찰청 검사에게 잔형 집행 지휘를 받아 우선 집행하여야 한다.

> **해설** ② 가석방취소자 및 가석방실효자의 잔형기간은 가석방을 실시한 다음 날부터 원래 형기의 종료일까지로 하고, 잔형집행 기산일은 가석방의 취소 또는 실효로 인하여 교정시설에 수용된 날부터 한다(시행규칙 제263조 제5항).
> ① 형법 제76조 제1항. ③ 시행규칙 제263조 제3항. ④ 동조 제6항
>
> 정답 ②

15. 현행 법령상 가석방제도에 대한 설명으로 옳지 않은 것은?

① 가석방취소자의 잔형 기간은 가석방을 실시한 다음 날부터 원래 형기의 종료일까지로 하고, 잔형집행 기산일은 가석방을 실시한 다음 날로 한다.

② 가석방심사위원회는 가석방 적격결정을 하였으면 5일 이내에 법무부장관에게 가석방 허가를 신청하여야 한다.

③ 가석방심사위원회는 위원장을 포함한 5인 이상 9인 이하의 위원으로 구성한다.

④ 가석방은 행정처분의 일종이다.

> **해설** 가석방취소자 및 가석방실효자의 잔형 기간은 가석방을 실시한 다음 날부터 원래 형기의 종료일까지로 하고, 잔형집행 기산일은 가석방의 취소 또는 실효로 인하여 교정시설에 수용된 날부터 한다(형집행법 시행규칙 제263조 제5항).
> ② 동법 제122조 제1항
> ③ 동법 제120조 제1항
> ④ 징역 또는 금고의 집행 중에 있는 자가 그 행상이 양호하여 개전의 정이 현저한 때에는 무기에 있어서는 20년, 유기에 있어서는 형기의 3분의 1을 경과한 후 행정처분으로 가석방을 할 수 있다(형법 제72조 제1항).
>
> 정답 ①

01. 범죄에 대한 설명으로 옳지 않은 것은?

① 비범죄화란 지금까지 형법에 범죄로 규정되어 있던 것을 폐지하여 범죄목록에서 삭제하거나 형사처벌의 범위를 축소하는 것으로 그 대상범죄로는 단순도박죄, 낙태죄 등이 제시된다.

② 형식적 의미의 범죄는 법규정과 관계없이 반사회적인 법익침해행위이고, 실질적 의미의 범죄는 형법상 범죄구성요건으로 규정된 행위이다.

③ 신범죄화란 지금까지 존재하지 않던 새로운 형벌구성요건을 창설하는 것으로 환경범죄, 경제범죄, 컴퓨터범죄 등이 여기에 해당한다.

④ 암수범죄는 실제로 범죄가 발생하였으나 범죄통계에 나타나지 않는 범죄를 의미한다.

> **해설** ② 실질적 의미의 범죄는 법규정과 관계없이 반사회적인 법익침해행위이고, 형식적 의미의 범죄는 형법상 범죄구성요건으로 규정된 행위이다.
>
> 정답 ②

02. 비범죄화에 대한 설명으로 옳지 않은 것은?

① 제2차세계대전 후에 영국, 미국, 독일 등에서 가치관의 다양화에 기초한 개방사회의 이념을 배경으로 대두되었다.

② 형벌에 대신하여 과태료 등의 행정벌을 과하는 것은 비범죄화에 포함되지 않는다.

③ 피해자 없는 범죄의 처벌을 반대하는 입장과도 맥락을 같이 한다.

④ 매춘·낙태·도박 등의 처벌에 회의적인 입장이라 할 수 있다.

> **해설** ② 비범죄화는 행위에 대한 형사처벌의 폐지분만 아니라, 형사처벌의 완화도 포함하므로 형벌에 대신하여 과태료 등의 행정벌을 과하는 것도 비범죄화에 해당한다.
>
> 정답 ②

03. 비범죄화에 대한 설명으로 옳지 않은 것은?

① 1960년대 미국에서 번성했던 낙인이론 및 갈등이론에서 비롯되었다.

② 성풍속과 관련된 간통 등의 범죄가 주로 논의의 대상이 된다.

③ 공공질서 관련 범죄들은 비공식적 통제조직에 의해 오히려 효과적으로 통제될 수 있다는 생각을 바탕에 두고 있다.

④ 일정한 범죄자를 대상으로 형벌을 완화하거나 형벌 이외의 처분을 하는 것을 말한다.

> **해설** ④ 비범죄화는 일정한 행위를 대상으로 한다는 점에서 일정한 범죄자를 대상으로 형벌을 완화하거나 형벌 이외의 처분을 하는 비형벌화와 구별된다.
>
> 정답 ④

04. 비범죄화에 대한 설명으로 옳은 것은?

① 검사의 기소유예 처분은 비범죄화와 관계가 없다.

② 형법의 탈도덕화 관점에서 비범죄화 대상으로 뇌물죄가 있다.

③ 비범죄화는 형사처벌의 완화가 아니라 폐지를 목표로 한다.

④ 비범죄화는 형법의 보충성 요청을 강화시켜주는 수단이 되기도 한다.

해설 ① 검사의 기소유예처분은 비범죄화와 관계가 있다.
② 비범죄화의 대상으로는 주로 경미한 범죄, 피해자 없는 범죄, 도덕 또는 윤리에 맡겨도 될 행위, 공공질
서와 관련된 범죄에 대해서 주장되고 있다. 형법의 탈도덕화 관점에서 비범죄화의 대상으로 보는 것은
주로 성풍속과 관련된 행위인데 뇌물죄는 이와 무관하다.
③ 비범죄화는 행위에 대한 형사처벌의 폐지가 아니라 형사처벌의 완화를 목표로 한다.

정답 ④

05. 다음 기술 중 옳지 않은 것은?

① 서덜랜드(Sutherland)는 범죄자는 원래부터 정상인과 다르기 때문에 범죄를 저지르는 것이
아니라, 타인들과 접촉하는 과정에서 범죄행위를 학습하기 때문에 범죄를 저지른다고 보았다.

② 허쉬(Hirschi)는 사람은 누구나 범죄를 저지를 가능성을 가지고 있으나 가족, 학교, 동료
등의 사회집단과 밀접한 유대를 맺고 있는 사람은 범죄를 저지를 가능성이 낮다고 보았다.

③ 폴락(Pollack)은 통계상 여성의 범죄율이 남성의 범죄율보다 현저히 낮은 이유는 여성이
범죄를 저지를 만한 상황에 이르면 남성이 여성을 대신하여 범죄를 저지르는 기사도 정신
을 발휘하기 때문이라고 보았다.

④ 코헨(Cohen)과 펠슨(Felson)의 일상생활이론 Routine Activities Theory)에 의하면 범죄
발생 여부는 범행 동기를 지닌 범죄자, 적절한 범행대상, 범행을 막을 수 있는 사람의 부존
재라는 세 가지 변수에 의해 결정된다고 보았다.

해설 ③ 폴락(Pollack) 여성의 범죄율이 남성의 범죄율보다 현저히 낮은 원인의 하나는 기사도정신이라고 보았는
데 여기에서 기사도정신이란 남성이 여성을 대신하여 죄를 저지르는 것이 아니라, 범죄행위에 대하여 남
성의 여성에 대한 일반적 태도, 즉 경찰은 여성을 체포하기를 꺼려하고, 검찰은 여성을 기소하기를 꺼려
하며, 재판관이나 배심원은 여성을 유죄로 하기를 꺼려하는 것 등을 의미한다.

┃ 암수범죄에 관한 학자들의 견해 ┃

서덜랜드 (Sutherland)	범죄와 비행에 대한 통계는 모든 사회통계 중 가장 신빙성이 없고 난해한 것이다.
엑스너 (Exner)	암수범죄의 정확한 이해는 곧 범죄통계의 급소이다.
래디노비츠 (Radxinowicz)	암수가 전체 범죄의 85%에 달하며, 특히 성범죄의 90%이상이 암수범죄에 해당한다.
폴락 (Polak)	여성범죄의 가장 큰 특징은 은폐성이며, 현존하는 남녀범죄 간의 불평등을 야기하는 현저한 원인의 하나는 기사도 정신이다.
존스 (Jones)	암수라고 하는 성질은 그 규모를 바르게 알 수 없지만, 경찰에서 알고있는 범죄의 약 4배 정도 될 것이다.
셀린 (Sellin)	통계상 표시되는 범죄는 형사사법절차의 각 단계가 진행됨에 따라 점점 줄어들며, 법집행기 관의 개입이 가장 적은 경찰단계의 통계에서 암수가 가장 적게 나타난다.

정답 ③

06. 암수범죄(숨은 범죄)에 관한 설명 중 옳지 않은 것은?

① 서덜랜드(E.T. Sutherland)는 암수범죄로 인하여 범죄와 비행에 대한 통계가 모든 사회통계 중에서 가장 신빙성이 없다고 하였다.

② 성매매, 도박, 약물범죄 등과 같은 범죄에서 암수범죄가 발생하기 쉽다.

③ 암수범죄는 범죄의 미인지, 범죄의 미신고, 수사기관의 재량적 사건처리 등으로 인하여 발생한다.

④ 범죄통계표를 근거로 암수범죄를 정확하게 파악할 수 있다.

> **해설** ④ 암수범죄란 공식적인 범죄통계표에 나타나지 않는 범죄행위의 총체를 말한다.

▌암수의 조사방법 분류 ▌

직접적 관찰	• 자연적 관찰	• 인위적 관찰
간접적 관찰	• 자기보고(행위자 조사) • 정보제공자 조사	• 피해자 조사 • 형사사법기관 관계자의 조사

> 정답 ④

---

07. 범죄조사방법 중 자기보고방법(self-report)에 대한 설명으로 옳지 않은 것은?

① 공식통계에 나타나지 않은 암수범죄를 파악하는 데에 유용하다.

② 응답자가 익명으로 자신들이 저지른 범죄를 진술하게 하는 방법이 많이 사용된다.

③ 표본조사나 집단조사의 방법이 사용된다.

④ 경미한 범죄보다는 살인·강도 같은 강력범죄의 암수범죄를 파악하는 데에 유용하다.

> **해설** ④ 자기보고방법은 일정한 집단을 대상으로 개개인의 범죄 또는 비행을 스스로 보고하게 함으로써 암수를 측정하는 방법을 말하는데 경미한 범죄의 파악에는 도움이 되나, 중한 범죄는 은폐할 가능성이 많아 파악하기 어렵다는 단점이 있다.

▌자기보고방법의 장·단점 ▌

장점	단점
• 대상 집단 전체에서 차지하는 범죄를 정확히 파악 가능 • 공식통계에 나타난 범죄인과 자기보고에 기초한 범죄인의 특성을 비교·연구할 수 있음 • 공식통계에 나타나지 않은 암수범죄 파악에 용이 • 범죄통계상 존재할 수 있는 계급적 편견 파악에 용이 • 피조사자의 범죄에 대한 가치관과 태도 등의 파악에 용이	• 조사에 응하는 사람의 진실성과 성실성에 따라 신빙성이 좌우 • 경미한 범죄를 파악함에는 유리하나, 중한 범죄는 은폐될 가능성이 많음 • 다양한 종류의 범행을 모두 조사하기 곤란 • 지속적이고 전국적인 조사보다는 특정시점과 특정지역에 한정되는 경우가 많아 조사결과를 일반화 하기 어려움

> 정답 ④

08. 암수범죄(hidden crime)에 대한 설명 중 옳지 않은 것은?

① 암수는 고정된 수치가 아니라 일정치 않은 변수로 존재한다.

② 암수범죄의 존재로 인해 가장 많이 비판받는 형벌이론은 절대적 형벌이론이다.

③ 암수범죄의 조사방법으로서 가장 많이 활용되는 것은 피해자조사이다.

④ 셀린(T. Sellin)에 따르면 범죄통계의 가치는 절차의 개입에 의하여 범죄로부터 멀어지면 멀어질수록 증대한다.

> **해설** ② 셀린(Sellin)은 범죄통계의 가치는 형사사법절차의 개입단계가 진행될수록 점점 줄어든다고 보고 개입이 가장 적은 경찰단계의 통계에서 암수가 가장 적게 나타난다고 주장하였다.
>
> **정답** ④

09. 「범죄분석」과 같이 국가기관에서 매년 발행하는 공식통계자료의 특성으로 볼 수 없는 것은?

① 암수(숨은)범죄를 잘 반영하지 못한다.

② 형사사법기관의 활동에 의해 영향을 받는다.

③ 범죄피해의 구체적 상황과 개인의 특성을 잘 파악할 수 있다.

④ 지역별 범죄발생을 비교할 수 있다.

> **해설** ③ 「범죄분석」은 대검찰청에서 매년 발행하는 공식통계자료를 말한다. 국가기관에서 매년 발행하는 공식통계자료는 형사사법기관의 독자적인 목적을 우선시하여 작성되므로 범죄를 양적으로 파악하는 데에는 유용하나, 질적인 파악, 즉 범죄피해의 구체적 상황이나 범죄자의 개인적 특성 등을 파악하는 데에는 한계가 있다.

┃ 대량관찰 ┃

장점	단점
• 범죄자의 외형적 ·1회적 분석으로 범죄 당시의 상황 파악에 유리 • 일정기간의 범죄발생 동향 및 특성 파악에 유용 • 범죄발생의 계절적·시간적 상황파악에 유리	• 형사사법기관의 독자적 목적을 우선하여 작성된 것이므로 사회과학적 연구자료로는 미흡 • 양적 파악이므로 범죄자의 개인적 특성 파악에 한계 • 범죄통계표에 드러나지 않는 암수범죄 존재 • 범죄와 범죄인 사이의 인과적 연결고리 해명에 한계

> **정답** ③

10. 다음 중 범죄통계와 거리가 먼 것은?

① 공식범죄통계를 생산하는 대표적인 기관은 경찰, 검찰, 법원 및 법무연수원 등이다.

② 공식범죄통계는 범죄율과 범죄자의 특성 연구에 이용된다.

③ 일반적으로 범죄율은 인구 10만명당 범죄발생건수를 의미한다.

④ 공식범죄통계 작성 시에는 자기보고식 조사나 피해자조사의 방법이 이용된다.

> **해설** ④ 자기보고식 조사나 피해자조사는 암수범죄의 조사방법에 해당하며, 이러한 방법은 공식적인 범죄통계에 나타나지 않는 범죄행위를 파악하는 데 활용된다. 따라서 공식범죄통계 작성에 이용되는 것이라는 표현은 옳지 않다.
>
> **정답** ④

11. 암수(暗數)범죄의 조사방법의 유형에 관한 설명과 비판이 올바르게 연결된 것은?

┤ 보기 1 ├─

㉠ 자기보고 조사(행위자 조사)　　　　㉡ 피해자 조사
㉢ 정보제공자 조사

┤ 보기 2 ├─

ⓐ 일정한 집단을 대상으로 개인의 범죄 또는 비행을 스스로 보고하게 하는 방법
ⓑ 피해자에게 자신의 피해 경험을 보고하게 하는 방법
ⓒ 범죄나 비행을 인지하고 있는 제3자에게 그 인지 내용을 보고하게 하는 방법

┤ 보기 3 ├─

㉮ 스스로 범한 범죄를 정확하게 보고할지 의문이어서 조사결과가 부정확할 수 있다.
㉯ 피해자를 특정하기 어려운 환경범죄나 경제범죄 등에서는 정확한 조사결과를 얻기 어렵다.
㉰ 주관적 편견이 개입되고 객관성을 유지하지 못하여 조사대상자에게 감정적으로 동화될 우려가 있다.

① ㉠-ⓑ-㉰　　　　　　　　　　　② ㉠-ⓒ-㉮
③ ㉡-ⓑ-㉯　　　　　　　　　　　④ ㉡-ⓐ-㉮

해설　③ ㉡ⓑ㉯는 피해자 조사에 대한 설명과 비판에 해당한다.

┃ 피해자 조사방법의 장·단점 ┃

장점	단점
• 보다 정확한 범죄현상 파악에 용이 • 전국적인 조사가 가능하여 대표성 있는 자료수집 가능 • 암수범죄의 규모를 파악하게 하여 공식통계의 문제점을 보완할 수 있음 • 피해원인 분석을 통해 범죄예방자료로 활용 가능 • 자기보고식 조사보다 대표성 있는 자료 수집 가능 • 사회전체의 범죄비용 산출 가능	• 강도·절도 등 전통적인 범죄가 주된 대상이고, 화이트칼라범죄 등은 조사가 곤란하여 모든 범죄 파악에는 한계 • 피해자의 기억에 의존하므로 객관적 자료수집이 곤란 • 추상적 위험범, 피해자를 구체화 할 수 없는 범죄, 피해자 없는 범죄, 피해자가 조사를 거부하는 경우 등에는 조사가 불가능 • 범죄발생의 빈도나 정도 파악에는 용이하나, 범죄원인의 분석자료로 활용하기에는 한계

정답 ③

12. 고전주의에 대한 설명으로 맞는 것은?

① 관찰과 실험　　　　　　　　　② 자유의지에 대한 믿음
③ 자연과학의 발전　　　　　　　④ 통계의 활용

해설　② 고전주의는 인간이 스스로의 행동을 규율하고 통제할 수 있는 자유의사를 가진 합리적 존재인 동시에 일탈할 잠재성을 지닌 존재라고 보고 있다(비결정론). ①③④는 실증주의에 관한 설명이다.

정답 ②

13. 교정본부에서는 2008년부터 해마다 교정관련통계를 취합하여 「교정통계 자료집」을 발간해 오고 있는데 이를 공식통계라고 한다. 이러한 공식통계의 특징으로 보기 어려운 것은?

① 범죄유형과 범수 등 관련범주를 어떻게 정의하고 분류하는가에 따라 통계자료가 달라진다.
② 구체적인 사례에 대한 질적인 접근이 가능하다.
③ 입력누락과 입력실수 등으로 정확성이 떨어질 수 있다.
④ 공식통계를 보완하기 위해 자기보고식 조사방법 등의 방법이 개발되었다.

해설 ② 공식통계는 범죄를 양적으로 파악한다. 따라 질적인 파악, 즉 범죄피해의 구체적 상황이나 범죄자의 개인적 특성 등을 파악하는 데에 한계가 있다.

정답 ②

14. 형사정책의 연구방법에 대한 설명으로 옳지 않은 것은?

① 공식범죄통계는 범죄현상을 분석하는 데 기본적인 수단으로 활용되고 있으며, 다양한 숨은 범죄를 포함한 객관적인 범죄상황을 정확히 나타내는 장점이 있다.
② (준)실험적 연구는 새로 도입한 형사사법제도의 효과를 검증하는 데 유용하게 활용된다.
③ 표본조사방법은 특정한 범죄자 모집단의 일부를 표본으로 선정하여 그들에 대한 조사결과를 그 표본이 추출된 모집단에 유추적용하는 방법이다.
④ 추행조사방법은 일정한 범죄자 또는 비범죄자들에 대해 시간적 간격을 두고 추적·조사하여 그들의 특성과 사회적 조건의 변화를 관찰함으로써 범죄와의 상호 연결관계를 파악할 수 있다.

해설 ① 공식범죄통계란 정부에서 발간하는 공식적인 범죄통계표를 통하여 사회의 대량적 현상으로서의 범죄의 규모나 추이를 파악하는 조사방법을 말하는데 이 연구방법은 수사기관이 인지한 사건만을 집계하는 결과 범죄통계표에 드러나지 않는 숨은 범죄, 즉 암수범죄를 파악하는 데 한계가 있다는 단점이 있다.

정답 ①

15. 참여관찰(participant observation)에 관한 설명으로 옳지 않은 것은?

① 자연관찰의 고릴라와 동물원의 고릴라가 서로 다른 행태를 보이는 것에 착안한 조사방법이다.
② 일탈자의 일상생활을 자연스럽게 관찰할 수 있다는 장점이 있다.
③ 체포되지 않은 자만을 연구대상으로 하므로 시설에 수용된 자를 대상으로 삼을 수는 없다.
④ 사례의 관찰에 걸리는 시간이 길기 때문에 대규모 집단을 대상으로 실시하기 어렵다는 단점이 있다.

해설 ③ 형사정책학의 연구방법 중 참여적 관찰법은 연구자가 스스로 범죄자 속에 들어가 범죄자의 심리나 가치 관 등을 살펴 범죄성의 원인을 파악하는 방법으로 체포되지 않은 자분만 아니라 시설에 수용된 자도 연 구대상에 포함된다.

▌참여 관찰법 ▌

장점	단점
• 범죄인의 생생한 실증자료 채취에 유리 • 일탈자의 일상생활을 자연스럽게 관찰 가능 • 다른 방법보다 비교적 타당성이 높음	• 연구자 스스로 범죄에 가담하므로 처벌문제 대두 • 연구자의 주관적 편견 개입 • 피관찰자들의 인격상태에 관한 객관적인 관찰이 불가능 • 관찰대상이 한정되어 다양한 범죄인의 전체적 파악 곤란 • 조사방법의 성격상 많은 시간이 소요

정답 ③

16. 〈보기 1〉에 제시된 설명과 〈보기 2〉에 제시된 학자를 옳게 짝지은 것은?

┤보기 1├
㉠ 감옥개량의 선구자로 인도적인 감옥개혁을 주장하였다.
㉡ 「범죄와 형벌」을 집필하고 죄형법정주의를 강조하였다.
㉢ 파놉티콘(Panopticon)이라는 감옥형태를 구상하였다.
㉣ 범죄포화의 법칙을 주장하였다.

┤보기 2├
A. 베까리아(Beccaria)   B. 하워드(Howard)
C. 벤담(Bentham)   D. 페리(Ferri)

	㉠	㉡	㉢	㉣
①	A	B	C	D
②	C	A	B	D
③	B	A	C	D
④	B	A	D	C

해설 ㉠ 존 하워드, ㉡ 베카리아, ㉢ 벤담, ㉣ 페리   정답 ③

17. 범죄원인에 대한 고전학파이론이 대두된 배경을 적시한 것 중 틀린 것은 모두 몇 개인가?

> ㉠ 인간의 본래적인 모습은 항상 기쁨을 극대화하고, 고통을 최소화하려는 경향을 갖는다.
> ㉡ 인간과 사회와의 관계는 계약관계이다.
> ㉢ 생물학, 물리학, 화학 등 자연과학의 발전이 배경이 되었다.
> ㉣ 행위를 통제할 수 있는 근본적인 도구는 고통에 의한 공포감이다.
> ㉤ 사회는 개인을 처벌할 수 있는 권리가 있으며, 이러한 권리는 형벌집행을 전담하는 국가기구에 위임될 수 있다.
> ㉥ 인간의 의지란 심리적으로 실재하는 것으로 인식되어야 한다.
> ㉦ 환경의 변화에 적응하는 생명체는 생존할 수 있다는 적자생존의 원칙이 제기되었다.

① 2개 ② 3개
③ 4개 ④ 5개

> 해설 ✕ : ㉢㉦은 실증주의학파가 대두하게 된 시대적 배경 내용이다.
> ○ : ㉠㉡㉣㉤㉥

정답 ①

18. 다음은 고전주의학파와 실증주의학파에 관한 내용이다. 같은 학파에 해당하는 내용만으로 옳게 묶인 것은?

> ㉠ 인간을 자유의사를 가진 이성적 존재로 보았다.
> ㉡ 계몽주의, 공리주의에 사상적 기초를 두었다.
> ㉢ 범죄와 형벌의 균형을 중요시 하였다.
> ㉣ 형벌을 보안처분으로 대체할 것을 주장하였다.
> ㉤ 인간행위보다 인간 자체에 초점을 두었다.

① ㉠, ㉡, ㉢ ② ㉠, ㉡, ㉣
③ ㉠, ㉣, ㉤ ④ ㉡, ㉢, ㉤

> 해설 ㉠㉡㉢은 고전주의학파의 사상적 기초에 관한 내용이다.
>
> | 고전학파의 사상적 기초 |
> | --- |
> | • 모든 인간은 공리적이고 쾌락적이다. |
> | • 인간은 자유의사를 가진 합리적 존재이다. |
> | • 형벌은 인간의 의지가 행위를 통제하도록 영향력을 행사한다. |
> | • 사회는 개인을 처벌할 권리가 있으며, 이런 권리는 형벌집행을 전담하는 국가기구에 위임될 수 있다. |
> | • 형벌은 잔혹해서는 아니되며, 범죄의 예방적 기능을 할 정도로 합리적이어야 한다. |
> | • 금지행위에 대해서는 형법전에 의해 처벌체계가 구성되어야 한다. |
> | • 범죄는 사회계약에 대한 위반이다. |
> | • 형벌은 범죄로 침해받은 권익과 적절한 비율을 이루어야 하고, 형벌이 교화를 위해 사용되어서도 아니된다. |
> | • 형벌의 엄격성·확실성·신속성이 더 많이 보장될 때 범죄행위를 보다 잘 통제할 수 있다. |
> | • 법률은 가능한 한 적은 것이 좋고, 그 실행은 적법절차에 의해 이루어져야 한다. |

정답 ①

19. 감옥개량운동을 전개한 존 하워드(J. Howard)의 주장이 아닌 것은?

① 수형자의 인권보장과 건강을 유지시켜야 한다.
② 수형자의 연령층과 성별에 따라서 분리수용 하여야 한다.
③ 통풍과 채광이 잘되는 구금시설을 확보하고, 교도소 내의 노동조건을 개선시켜야 한다.
④ 수형자는 사회성을 유지하기 위하여 혼거하여야 한다.

> **해설** ④ 존 하워드는 독거제를 실시할 것과 상호 간의 접촉을 차단할 것을 주장하였다.

존 하워드의 감옥개혁을 위한 주장
• 감옥은 안전하고 위생적이어야 하므로 계곡이나 강 근처에 건축할 것
• 과밀수용의 금지 및 분리수용
• 수형자 상호 간의 접촉차단 및 야간 독거수용
• 수형성적에 따른 형기단축제도를 도입하여 수형자의 자력개선을 촉진할 것
• 범죄는 음주와 나태에서 비롯되므로 이를 방지하기 위하여 수형자에게 적절한 노동을 부과할 것
• 감옥 내에 교회당을 설치하고, 성서나 기도서를 비치할 것
• 교회사들은 수형자와의 면담을 통해 탈선자를 훈계하고, 환자를 위로하며, 신의 섭리와 자비를 깨우치도록 할 것
• 훌륭한 관리자의 선임과 교도관의 독직행위 금지
• 교도관을 공적으로 임명하고, 충분한 보수를 지급하며, 교회당에 참석시킬 것
• 감옥의 관리자나 교도관은 국가로부터 봉급을 받는 일종의 공무원으로 전환할 것
• 의회나 행정당국은 감옥의 시찰관을 선임하고, 시찰관은 일주일에 한 번씩 요일을 바꾸어 감옥을 시찰할 것
• 시찰관은 무보수의 명예직으로 할 것

> 정답 ④

20. 범죄학자의 저서 및 주장내용을 바르게 연결한 것은?

> ㉠ 감옥개량운동의 선구자로 감옥개혁을 주장하였다.
> ㉡ 범죄와 형벌 사이에는 비례성이 있어야 한다.
> ㉢ 감옥은 단순한 징벌장소가 아닌 개선장소가 되어야 한다.
> ㉣ 자연범설을 주장하면서 적응의 법칙을 강조하였다.
> ㉤ 범죄예방의 가장 좋은 방법의 하나는 잔혹한 형의 집행보다 확실하고 예외 없는 처벌이다.
> ㉥ 사형집행으로 죽는 죄수보다 감옥 내 질병으로 죽는 죄수가 많다는 것은 곤란한 일이다.
> ㉦ 근대범죄학의 아버지로 불리며 생래적 범죄인설을 주장하였다.
> ㉧ 잔혹한 누범자에 대하여 사형을 인정하였다.

① 베카리아(Beccaria) - 범죄와 형벌 - ㉡, ㉢, ㉤
② 하워드(Howard) - 감옥의 상태 - ㉠, ㉢, ㉥
③ 가로팔로(Garofalo) - 범죄사회학 - ㉡, ㉣, ㉥
④ 롬브로조(Lombroso) - 범죄인론 - ㉢, ㉦, ㉧

> **해설** ② 하워드는 자신의 저서 「감옥의 상태」를 통해 ㉠㉢㉥을 주장하였다. ㉡은 베카리아, ㉣은 가로팔로, ㉤은 베카리아, ㉦㉧은 롬브로조의 주장내용이다.

> 정답 ②

21. 범죄 문제에 대한 고전학파의 특징에 대비되는 실증주의 학파의 특징으로 옳지 않은 것은?

① 범죄행위를 연구하는데 있어서 경험적이고 과학적인 접근을 강조한다.

② 범죄행위는 인간이 통제할 수 없는 영향력에 의해서 결정 된다고 주장한다.

③ 범죄행위의 사회적 책임보다는 위법 행위를 한 개인의 책임을 강조한다.

④ 범죄행위를 유발하는 범죄원인을 제거하는 것이 범죄통제에 효과적이라고 본다.

 고전학파의 범죄는 자유의지(이성)에 따른 범죄행위기에 개인에 대한 대한 책임 및 처벌을 강조한다. 그에 비해서 실증학파는 개인은 소질이나 환경에 의해서 어쩔 수 없이 범죄를 저지를 수밖에 없는 존재(의사결정론)로 생각하기에, 개인의 책임보다는 사회적 책임을 강조한다.

정답 ③

22. 베까리아(C. Becaria)의 형사사법제도 개혁에 대한 주장으로 옳지 않은 것만을 모두 고르면?

> ㉠ 형벌은 성문의 법률에 의해 규정되어야 하고, 법조문은 누구나 알 수 있게 쉬운 말로 작성되어야 한다.
> ㉡ 범죄는 사회에 대한 침해이며, 침해의 정도와 형벌 간에는 적절한 비례관계가 유지되어야 한다.
> ㉢ 처벌의 공정성과 확실성이 요구되며, 범죄행위와 처벌 간의 시간적 근접성은 중요하지 않다.
> ㉣ 형벌의 목적은 범죄예방을 통한 사회안전의 확보가 아니라 범죄자에 대한 엄중한 처벌에 있다.

① ㉠, ㉡   ② ㉠, ㉣

③ ㉡, ㉢   ④ ㉢, ㉣

 ㉢ 형벌은 범죄후 신속하게 과해질수록 그것이 정당하고 유용하므로 미결구금은 가능한 한 단축되어야 하며 그 참혹성은 완화시켜야 한다. 처벌이 신속할수록 사람들의 마음속에서 범죄와 처벌이란 두 가지 생각 간의 관계가 더욱 공고해지고 지속될 수 있기 때문이다

㉣ 죄는 처벌하는 것보다 범죄를 예방하는 것이 더욱 바람직하다. 형벌의 근본 목적은 범죄인을 괴롭히는 것이 아니라 범죄인이 또다시 사회에 해를 끼치지 않도록, 또 다른 사람이 범죄를 저지르지 않도록 예방하는 것이다.

정답 ④

23. 다음 중 학자와 이론관계가 잘못된 것은?

① 하워드 – 감옥폐지론   ② 롬브로조 – 생래적 범죄인

③ 페리 – 범죄포화의 법칙   ④ 베카리아–사형폐지론

해설 ① 하워드(John Howard)는 영국과 유럽 각국의 감옥시설을 살펴본 후 1777년 그의 저서 「영국과 웨일즈의 감옥상태」를 통해 당시 감옥의 폐해를 고발하고, 박애주의에 입각한 인도적 감옥개혁의 필요성을 주장하였다.

정답 ①

24. 고전학파의 형법이론에 대한 비판으로 옳지 않은 것은?

① 범죄대책을 형벌을 통한 고통의 부과라고 지나치게 단순화하였다.
② 인간행위의 동기를 지나치게 단순하게 파악하였다.
③ 신속하고 확실한 처벌이 범죄를 억제한다는 주장에 대한 경험적 연구를 등한시 하였다.
④ 관념론적 입장에서 처우를 통한 범죄인의 개선가능성을 과신하였다.

 ④ 고전주의학파는 처우를 통한 범죄인의 개선보다는 보다 신속하고 확실한 처벌이 범죄예방에 효과적이라고 보았다. 처우를 통한 범죄인의 개선은 실증주의학파의 사상적 기초이다.

┃ 고전학파의 평가 ┃

공헌	• 인본주의를 바탕으로 합목적적인 형사사법제도의 토대를 구축 • 범죄행위를 신의 영역에서 현실세계로 전환시켜 과학적 범죄학의 출발을 가능하게 함 • 일반예방주의 개념을 제공 • 처벌의 자의성과 가혹성을 비판하고 처벌의 형평성을 중시
비판	• 범죄의 외부적 영향에 대한 고려가 미흡 • 범죄원인에 대한 사실적 탐구가 부족했으며, 이론 자체가 다분히 사변적이고 비현실적 • 형사사법행정의 능률성만 강조할 뿐 개별화된 형사사법정의 구현에는 소홀 • 판사의 자유재량과 부정기형을 제한하는 형벌규정은 판사를 형사사법행정의 도구로 전락시킴 • 인간행위의 동기를 지나치게 단순하게 파악 • 신속하고 확실한 처벌이 범죄를 억제한다는 주장에 대한 경험적 연구의 부족

정답 ④

25. 이탈리아의 초기 실증주의학파와 관련된 내용으로 옳지 않은 것은?

① 범죄를 유발하는 요인으로는 물리적, 인류학적, 사회적 요인이 있는데 이 세 가지 요인이 존재하는 사회에는 이에 상응하는 일정량의 범죄가 반드시 발생한다고 하였다.
② 생물학적 퇴행성이 범죄의 원인이라고 주장하였다.
③ 구체적인 증거와 논의에 대한 검증을 요구하는 과학적 연구방법론을 강조하였다.
④ 사회계약론과 쾌락주의에 근거하여 범죄와 형벌을 설명하였다.

해설 ④ 사회계약론과 쾌락주의에 근거하여 범죄와 형벌을 설명한 학파는 고전주의학파이다.

실증주의학파
• 법적 또는 제도적인 문제 대신에 범죄행위 자체의 성격과 범죄인에게 초점을 맞춘 과학적 연구방법을 사용하였다. • 인간행위는 주로 소질 또는 경제·사회·물리적 환경 등 외부적 요인에 의해 통제되고 결정된다. • 범죄인은 비범죄인과 본질적으로 다르므로 처벌이 아니라, 처우(교화개선)를 하여야 한다. • 인간행동에 대해 결정론적 시각으로 접근하였다. • 범죄현상을 과학적으로 접근하였으며, 범죄행위 자체보다도 개별 범죄자에게 관심을 가졌다.

정답 ④

26. 범죄학에서 고전주의와 실증주의에 관한 설명으로 옳지 않은 것은?

① 고전주의가 범죄행위에 초점을 둔다면, 실증주의는 개별적 범죄인에 초점을 둔다.
② 고전주의가 계몽주의 사조의 영향을 받았다면, 실증주의는 자연과학 발전의 영향을 받았다.
③ 실증주의가 인간행동에 대해 결정론적으로 해석을 한다면, 고전주의는 자유의지를 강조하는 편이다.
④ 고전주의는 행위자의 위험성을 형벌부과의 기초로 한다.

> [해설] ④ 범행의 동기나 범죄자의 인격을 고려하여 탄력적으로 형벌을 정해야 한다고 보는 입장은 실증주의이며, 특히 가로팔로는 행위자의 위험성에 상응한 형벌부과를 주장하였다.
>
> | 고전주의와 실증주의의 비교 |
> | --- |
> | • 고전주의가 계몽주의의 영향을 받았다면 실증주의는 자연과학의 영향을 받았다. |
> | • 고전주의가 자유의지를 강조하였다면 실증주의는 결정론적 시각을 강조하였다. |
> | • 고전학파가 인도적이라면 실증주의는 과학적이다. |
> | • 고전학파가 범죄행위 자체에 관심을 가졌다면 실증주의는 개별 범죄자에게 관심을 가졌다. |
>
> [정답] ④

27. 범죄에 관하여 고전주의학파와 실증주의학파로 나눌 때, 다음 설명 중 동일한 학파의 주장으로만 묶은 것은?

> ㉠ 효과적인 범죄예방은 형벌을 통해 사람들이 범죄를 포기하게 만드는 것이다.
> ㉡ 법·제도적 문제 대신에 범죄인의 개선 자체에 중점을 둔 교정이 있어야 범죄예방이 가능하다.
> ㉢ 형이상학적인 설명보다는 체계화된 인과관계 검증과정과 과거경험이 더 중요하다.
> ㉣ 형벌은 계몽주의, 공리주의에 사상적 기초를 두고 이루어져야 한다.
> ㉤ 인간은 기본적으로 자유의지를 가진 합리적·이성적 존재이다.

① ㉠, ㉡, ㉤   ② ㉠, ㉣, ㉤
③ ㉡, ㉢, ㉣   ④ ㉡, ㉢, ㉤

> [해설] ② ㉠㉣㉤은 고전학파, ㉡㉢은 실증학파
>
> [정답] ②

28. 따르드(Tarde)의 모방설에 대한 설명으로 옳은 것은?

① 범죄자는 태어날 때부터 범죄성을 지닌다는 가정을 통계적 방법으로 입증하고자 하였다.
② 모방의 제1법칙(거리의 법칙)에 의하면 모방의 강도는 거리에 비례하고, 접촉의 긴밀도에 반비례한다.
③ 모방의 제2법칙(방향의 법칙)으로는 농촌에서 일어난 범죄를 도시지역에서 모방하는 경우를 설명할 수 없다.
④ 신종범죄가 출현하는 원인도 모방설에 의하여 잘 설명할 수 있다.

① 프랑스의 사회학자이며 범죄학자였던 따르드는 롬브로조의 생래적 범죄인설을 비판하고, 마르크스주의적 세계관에 입각하여 범죄의 원인을 자본주의 경제질서의 제도적 모순에 있다고 보았으며, "범죄인을 제외한 모든 사람에게 죄가 있다"고 하여 범죄를 사회적 산물로 보았다.

② 따르드의 제1법칙(거리의 법칙)에 따르면 사람들은 서로를 모방하는 경향이 있으며, 그 정도는 거리에 반비례하고, 타인과 얼마나 밀접하게 접촉하고 있는가에 비례한다.

④ 따르드는 모든 사회적 현상이 모방이듯이 범죄행위도 모방에 의해 이루어진다고 보았으므로 이러한 주장에 따르면 신종범죄를 모방설로 설명하기 곤란하다. ③ 모방의 제2법칙(방향의 법칙)이란 열등한 사람이 우월한 사람을 모방한다는 것으로 하층계급은 상층계급에서 행해지는 범죄를 모방하고, 시골에서는 도시에서 발생되는 범죄를 모방하게 된다고 한다. 따라서 이 법칙에 따르면 농촌에서 일어난 범죄를 도시지역에서 모방하는 경우를 설명할 수 없게 된다.

▎따르드의 모방의 법칙 ▎

제1법칙 (거리의 법칙)	• 사람들은 서로를 모방하며, 모방정도는 타인과의 접촉정도에 비례 • 거리란 심리학적 의미의 거리와 기하학적 의미의 거리를 포함 • 도시에서는 모방의 빈도가 높고 빠름(유행), 시골에서는 모방의 빈도가 덜하고 느림(관습)
제2법칙 (방향의 법칙)	• 열등한 사람이 우월한 사람을 모방 • 하층계급은 상층계급의 범죄를 모방하고, 시골에서는 도시의 범죄를 모방
제3법칙 (삽입의 법칙)	• 새로운 유행이 기존의 유행을 대체 • 모방 → 유행 → 관습의 패턴으로 확대·진전

정답 ③

---

29. 다음 학자와 그의 주장이 바르게 연결된 것은?

① 리스트(Liszt) - 죄는 범죄인을 제외한 모든 사람에게 있다.

② 케틀레(Quetelet) - 사회환경은 범죄의 배양기이며, 범죄자는 미생물에 해당할 뿐이므로 벌해야 할 것은 범죄자가 아니라 사회이다.

③ 타르드(Tarde) - 모든 사회현상이 모방이듯이 범죄행위도 모방으로 이루어진다.

④ 라카사뉴(Lacassagne) - 사회는 범죄를 예비하고, 범죄자는 그것을 실천하는 도구에 불과하다.

 ① 따르드(Tarde) ② 라카사뉴(Lacassagne) ④ 케틀레(Quetelet)

정답 ③

---

30. 뒤르켐(E. Durkheim)에 대한 설명으로 옳지 않은 것은?

① 범죄는 사회에 유해한 행위라고 보았다.

② 아노미(Anomie)이론을 처음으로 주창하였다.

③ 범죄는 모든 사회가 피할 수 없는 정상적 현상으로 보았다.

④ 구조기능주의관점에서 범죄의 원인을 설명한 학자이며, 범죄필요설을 바탕으로 범죄정상이론을 주장하였다.

해설 ① 뒤르껭(Durkheim)은 범죄는 사회의 도덕적 각성과 법제의 정상적인 발전계기가 된다는 점에서 유용하며(범죄 필요설). 범죄에 대한 제재와 비난을 통해 사람들이 사회공통의식을 체험하게 됨으로써 범죄가 사회의 유지·존속에 중요한 역할을 담당한다고 보았다(범죄기능설).

정답 ①

31. 다음 설명에 해당하는 학자는?

- 범죄는 정상(normal)이라고 주장함
- 규범이 붕괴되어 사회 통제 또는 조절 기능이 상실된 상태를 아노미로 규정함
- 머튼(R. Merton)이 주장한 아노미 이론의 토대가 됨

① 뒤르켐(E. Durkheim) ② 베까리아(C. Beccaria)
③ 케틀레(A. Quetelet) ④ 서덜랜드(E. Sutherland)

해설 뒤르켐(Durkheim)에 대한 설명이다.
- 범죄정상설 : 집단적 비승인이 존재하는 한 범죄는 모든 사회에 어쩔 수 없이 나타나는 현상으로 병리적이기보다는 정상적인 현상이라고 주장하였다. 즉 범죄를 사회의 구조적 모순에서 자연적으로 발생하는 정상적이고 불가피한 현상으로 본다.
- 아노미 : 인간의 생래적인 끝없는 욕망을 사회의 규범이나 도덕으로서 제대로 통제하지 못하는 상태로, 사회적·도덕적 권위가 훼손되어 사회구성원들이 자신의 삶을 지도할 수 있는 기준(지향적인 삶의 기준)을 상실한 무규범 상태를 말한다.
- 머튼(Merton)의 아노미 이론 : 개인의 욕망에 대한 사회적 규제가 안되는 상황을 나타내는 뒤르켐의 아노미 개념을 미국의 머튼은 사회구조내에서 문화적으로 정의된 목표와 이를 달성할 수 있는 수단 간의 불일치로 파악하여 기능주의적 범죄이론을 전개하였다.

정답 ①

32. 뒤르껭(E. Durkheim)의 범죄이론에 대한 설명으로 옳지 않은 것은?

① 어느 사회든지 일정량의 범죄는 있을 수밖에 없다는 범죄정상설을 주장하였다.
② 모든 사회와 시대에 공통적으로 적용될 수 있는 객관적 범죄가 존재한다고 주장하였다.
③ 사회의 도덕적 권위가 무너져 사회구성원들이 '지향적인 삶의 기준을 상실한 무규범상태'를 아노미라고 불렀다.
④ 뒤르껭은 범죄가 사회적 문제로 일어나는 것임을 강조하였음에도, 그에 대응할 수 있는 사회 정책을 제시하지 못했다는 비판을 받기도 하였다.

해설 ② 뒤르껭은 모든 사회와 시대에서 공통적으로 적용될 수 있는 객관적인 범죄란 존재하지 않으며, 특정사회에서 형벌의 집행대상으로 정의된 행위가 바로 범죄라고 보았다.

정답 ②

33. 범죄의 원인에 대하여 소질과 환경을 모두 고려하면서도 사회적 원인을 중요시하고, "최선의 사회정책이 최상의 형사정책"이라고 말한 사람은 누구인가?

① 롬브로조(C. Lombroso)

② 페리(E. Ferri)

③ 칸트(I. Kant)

④ 리스트(Franz. v. Liszt)

정답 ④

34. 다음 중 독일의 형사학자인 리스트(Franz. v. Liszt)가 주장한 형사정책관련 내용으로 옳지 않은 것을 모두 고른 것은?

> ㉠ 개인의 인권보장을 강조한 반면, 사회방위는 경시하였다.
> ㉡ 마르부르그(Marburg), 강령(Programm)을 통하여 목적형사상을 주장하였다.
> ㉢ 부정기형의 채택
> ㉣ 누진제도의 합리화
> ㉤ 최초의 단기자유형 폐지
> ㉥ 형벌과 보안처분의 분리

① ㉠, ㉥   ② ㉡, ㉢   ③ ㉣, ㉤   ④ ㉠, ㉤

해설 × : ㉠ 리스트는 형벌의 개별화를 통한 사회방위와 인권보장을 동시에 강조하여 "형법전은 범죄인의 마그나카르타이며 형사정책의 넘을 수 없는 한계"라고 주장하였다. ㉥ 리스트는 형벌만으로 특별예방의 목적을 달성할 수 없는 경우에는 개선을 위한 보안처분이 필요하다고 주장하였으므로 형벌과 보안처분의 분리라는 표현은 옳지 않다.

○ : ㉡㉢㉣㉤

정답 ①

35. 사회해체론에 대한 설명으로 옳지 않은 것은?

① 사회해체이론의 중요한 업적은 행위자 개인의 특성이 아니라 도시의 생태를 범죄나 비행의 발생원인으로 파악한 것이다.

② 비행이 사회해체에 기인하기 때문에 비행예방을 위해서는 개별 비행자의 처우보다 도시생활 환경에 영향을 미치는 사회의 조직화가 필요하다고 본다.

③ 사회해체이론은 주로 경찰이나 법원의 공식기록에 의존하였기 때문에 그 연구결과의 정확성은 문제되지 않는다.

④ 사회통제이론, 아노미이론, 차별적 접촉이론, 문화갈등이론 등의 이론적 발전에 기초를 제공한 것으로 평가된다.

해설 사회해체이론 중 범죄지역에 관한 이론, 즉 동심원이론이나 문화전달이론 등은 모두 미국형사사법기관의 공식적 통계에 지나치게 의존하여 암수범죄의 문제가 있으며, 그 연구결과의 정확성을 신뢰하기 어렵다는 비판이 있다.

정답 ③

36. 차별적 접촉이론에 대한 설명으로 맞는 것은?

① 범죄수법의 학습보다는 범죄동기의 학습이 중요하다.

② 2차적 공식기관에서 학습된다.

③ 학습에 의한 것보다 접촉에 의해 더 형성된다.

④ 학습의 강도·빈도에 따라 차이가 난다.

 차별적 접촉이론은 서덜랜드에 의해 주장된 범죄원인론으로 개인의 법에 대한 태도는 소속집단 내에서 개인 사이의 접촉에 의한 상호작용 과정에서 차등적으로 배우게 된다는 이론을 말한다. 서덜랜드는 특정인이 어떻게 범죄행위에 가담하게 되는가를 9가지 명제로 요약하였는데 위 문항 중 잘못 기술된 내용을 바르게 설명하면 다음과 같다.

① 일탈행위의 학습은 범죄수법분만 아니라 범죄행위에 유리한 동기·충동·태도·합리화 등 구체적 방향까지 포함하는데 이 중 어느 것이 범죄에 더 많은 영향을 미치는지에 대해서는 특별한 언급이 없다.

② 일탈행위의 학습은 가족·친지·동료 등 1차적 집단 내에서 교제·접촉에 의해 이루어진다.

③ 범죄는 개인사이의 접촉에 의한 상호작용에서 차등적으로 학습하게 된다고 보므로 접촉에 의해 더 형성된다는 표현은 옳지 않다.

정답 ④

37. 차별적 접촉이론(Differential Association Theory)을 가장 잘 설명하고 있는 주장은?

① 나쁜 친구를 사귀면 범죄자가 되기 쉽다.

② 문제아로 찍히면 비행을 하기 쉽다.

③ 성염색체에 이상이 있으면 범죄자가 된다.

④ 좋은 자아관념을 가진 사람은 범죄적 환경 속에서도 범죄에 빠져들지 않는다.

 차별적 접촉이론이란 개인의 법의 대한 태도는 소속집단 내에서 개인 사이의 접촉에 의한 상호작용에서 차등적으로 학습하게 된다는 것을 말하므로 ①이 차별적 접촉이론에 가장 가깝다.

┃ 서덜랜드가 주장한 비행적 사회화 과정의 9개 명제 ┃

제1명제	범죄행위는 학습의 결과이다.
제2명제	범죄행위는 타인과의 접촉을 수행하는 과정에서 커뮤니케이션을 통하여 학습된다.
제3명제	범죄행위의 학습은 가까운 사집단(가족, 친지 등)내에서 이루어지며, 비인격 매체(TV, 신문 등)와는 관련이 없다.
제4명제	범죄행위의 학습은 범죄수법분만 아니라, 범죄행위에 유리한 동기·충동·태도·합리화 등도 포함한다.
제5명제	동기와 욕구의 구체적 관리법은 법규범에 대한 호의적 또는 거부적 정의들로부터 학습된다.
제6명제	범죄자가 되는 것은 법률위반을 긍정적으로 생각하는 정도가 부정적으로 생각하는 정도보다 크기 때문이다.
제7명제	접촉의 빈도가 많을수록, 기간이 길수록, 시기가 빠를수록 강도가 강할수록 학습효과가 높아진다.
제8명제	범죄행위의 학습과정은 여타 행위의 학습과정과 동일한 매커니즘을 이룬다.
제9명제	범죄행위는 일반적 욕구나 가치관의 표현이지만, 일반적 욕구와 가치관으로 범죄행위를 설명할 수 없다.

정답 ①

38. 서덜랜드(E. H. Sutherland)의 차별적 접촉이론에 대한 설명으로 옳은 것은?

① 범죄행위의 학습 과정과 정상 행위의 학습 과정은 동일하다.

② 범죄행위는 유전적인 요인뿐만 아니라 태도, 동기, 범행 수법의 학습 결과이다.

③ 법에 대한 개인의 태도는 개인이 처한 경제적 위치와 차별 경험에서 비롯된다.

④ 타인과 직접 접촉이 아닌 매체를 통한 특정 인물의 동일시에 의해서도 범죄행위는 학습된다.

> **해설** 서덜랜드는 범죄는 심리적 원인에 기한 것이 아니라 사회적 상호작용을 통해서 학습되는 정상적인 것으로 보았다.
> ② 범죄행위는 유전적인 요인과는 관계가 없다고 본다.
> ③ 법에 대한 개인의 태도와 관련하여 경제적 위치가 아닌 법 위반에 대한 관념을 중시하였다.
> ④ 타인과 직접 접촉이 아닌 매체를 통한 특정 인물의 동일시에 의해서도 범죄행위는 학습된다는 점을 강조한 이론은 글래이저의 차별적 동일화이론이다.
>
> 정답 ①

39. 다음과 같이 서덜랜드의 차별적 접촉이론을 비판하고, 이를 수정·보완한 이론은?

> 범죄학습의 주요 부분은 친밀한 개인집단 안에서 일어나며, 이러한 학습은 친밀한 집단과의 직접적인 접촉을 통해서만 가능하다고 주장하여 대중매체와 같은 간접적인 접촉을 통한 학습방법의 가능성을 간과 하였다.

① 차별적 기회구조론(Differential Opportunity Theory)

② 차별적 동일화이론(Differential Identification Theory)

③ 자기관념이론(Self-Concept Theory)

④ 중화기술이론(Techniques of Neutralization Theory)

> **해설** ② 차별적 동일화이론은 글래저(D. Glaser) 전개한 이론으로 서덜랜드가 사용한 '접촉'이라는 개념 대신에 '동일시'라는 개념을 사용함으로써 범죄학습의 대상을 친밀한 집단뿐만 아니라 TV나 영화 등 공간적으로 멀리 떨어져 있는 준거집단까지 확대하였다는 점에서 차별적 접촉이론과 구별된다.
>
> 정답 ②

40. 학자와 학설의 연결이 옳지 않은 것은?

① 뒤르껭(Emile Durkeim) - 범죄정상설

② 셀린(Thorsten Sellin) - 문화갈등이론

③ 허쉬(Travis Hirschi) - 사회통제이론

④ 밀러(Walter B. Miller) - 낙인이론

> **해설** ④ 밀러(W.B. Miller)는 하층계급문화이론을 주장하였으며, 낙인이론과는 무관하다.
>
> 정답 ④

41. 다음의 설명과 관련 있는 범죄이론가는?

> ㉠ 범죄는 의사소통을 통한 타인과의 상호작용 과정에서 학습된다.
> ㉡ 범죄학습에서 중요한 사항은 친밀한 사적 집단 사이에서 이루어진다.
> ㉢ 차별적 교제의 양상은 빈도, 지속성, 우선성, 강도의 측면에서 다양하다.

① 뒤르껭(E. Durkheim) ② 롬브로조(C. Lombroso)
③ 서덜랜드(E. Sutherland) ④ 레머트(E. Lemert)

해설 ③ 위 지문은 개인의 법에 대한 태도는 소속집단 내에서 개인 사이의 접촉에 의한 상호작용에서 차등적으로 학습하게 된다는 서덜랜드(E. Sutherland)의 차별적 접촉이론에 대한 설명이다.

정답 ③

42. 갈등이론에 관한 설명으로 틀린 것은?

① 셀린의 2차적 문화갈등이론이란 이질적인 문화 사이에서 발생한다.
② 볼드의 집단갈등이론은 사람을 집단지향적인 존재라는 점을 전제로 한다.
③ 봉거는 자본주의적 생산양식 때문에 범죄가 발생한다고 보았다.
④ 퀴니의 대항범죄란 자본가들의 지배에 대항하는 범죄형태이다.

해설 ① 보수적 갈등론자인 셀린(Sellin)은 이질적인 문화 사이에서 발생하는 갈등형태를 '1차적 문화갈등' 이라고 하고, 하나의 단일문화가 각기 독특한 행위규범을 갖는 여러 개의 상이한 하위문화로 분화될 때에 일어나는 갈등형태를 '2차적 문화갈등'이라고 하였다.

정답 ①

43. 범죄원인론에 관한 설명으로 옳지 않은 것은?

① 셀린(Sellin)은 이해관계의 갈등에 기초한 집단갈등론을 1958년 이론범죄학에서 주장하였다.
② 사이크스(Sykes)와 맛차(Matza)의 중화기술이론에 의하면 중화기술의 유형에는 책임의 부정, 가해의 부정, 피해자의 부정, 비난자에 대한 비난, 고도의 충성심에 호소 등 5가지가 있다.
③ 메스너(Messner)와 로젠펠드(Rosenfeld)는 머튼(Merton)의 아노미이론을 계승하여 제도적 아노미이론을 주장하였다.
④ 합리적 선택이론은 고전주의학파에 그 뿌리를 두고 있다.

해설 ① 볼드(G.B. Vold)는 1958년 그의 저서 「이론범죄학을 통해 사회적 동물인 인간의 행위는 집단적 행위개념으로 볼 때 가장 잘 이해할 수 있다고 보고, 집단 간의 이해관계 대립이 범죄의 원인이라고 주장하였다. 즉 셀린이 아니라 볼드이다.

정답 ①

44. 다음 학자와 그 이론에 대한 설명으로 바르게 연결되지 않은 것은?

① 롬브로조(Lombroso) - 범죄의 원인을 생물학적으로 분석하여 격세유전과 생래적 범죄인설을 주장하였다.

② 페리(Ferri) - 범죄의 원인을 인류학적 요인, 물리적 요인, 사회적 요인으로 구분하고 이 세가지 요인이 존재하는 사회에는 이에 상응하는 일정량의 범죄가 발생한다는 범죄포화의 법칙을 주장하였다.

③ 셀린(Sellin) - 동일한 문화 안에서 사회변화에 의하여 갈등이 생기는 경우를 일차적 문화갈등이라 보고, 상이한 문화 안에서 갈등이 생기는 경우를 이차적 문화갈등으로 보았다.

④ 머튼(Merton) - 아노미 상황에서 개인의 적응 방식을 동조형(conformity), 혁신형(innovation), 의례형(ritualism), 도피형(retreatism), 반역형(rebellion)으로 구분하였다.

> **해설** ③ 셀린의 주장한 문화갈등이론에는 1차적인 것과 2차적인 것이 있는데 여기에서 1차적 문화갈등이란 상이한 문화체계를 가지고 이주한 이민이 새롭게 정주한 나라의 문화와 충돌하는 경우를 말하고(횡적 문화갈등), 2차적 문화갈등이란 현대문화의 발전에 따른 사회분화의 과정에서 생겨나는 동일문화 내의 갈등을 말한다 (종적 문화갈등).
>
> 정답 ③

45. 다음은 아노미이론에 대한 설명이다. 바르게 설명한 것은?

① 머튼이 기초를 제공하고, 뒤르껭이 체계화하였다.

② 아노미현상은 이상적 규범상태이다.

③ 분화적 접촉이론과 관계가 있다.

④ 사회적응력 부족이 사회통합력의 약화를 초래한다.

> **해설** 아노미이론은 뒤르껭이 기초를 제공하고, 머튼이 체계화하였다.
> ② '아노미(Anomie)'란 뒤르껭이 무규범상태, 즉 사회통합력의 결여를 나타내는 개념으로 처음 사용하였다.
> ③ 분화적(차별적) 접촉이론이란 개인의 법의 대한 태도는 소속집단 내에서 개인 사이의 접촉에 의한 상호작용에서 차등적으로 학습하게 된다는 것으로 아노미이론과는 직접적 관련이 없다.

┃ 뒤르껭의 아노미와 머튼의 아노미 요약비교 ┃

구분	뒤르껭(Durkheim)의 아노미	머튼(Merton)의 아노미
의의	무규범상태	문화적 목표와 제도적 수단의 불일치상태
발생시기	사회적 변혁기	사회일상적 상황
아노미상태	현재의 사회구조가 개인의 욕구에 대한 통제력을 유지할 수 없는 상태	문화적 목표와 제도적 수단의 차등화에 의한 긴장의 산물

정답 ④

46. 다음 중 머튼의 아노미이론과 내용이 다른 것은?

① 동조형은 문화적 목표를 가지고 있고, 제도적 수단도 가지고 있기 때문에 범죄와는 관련성이 없다.

② 혁신형은 목표에 대한 수단의 부재로 범죄를 저지른다는 이론이다.

③ 의례형은 문화적 목표에는 동조하지만, 사회규범에는 저항한다.

④ 전복형은 문화적 목표와 사회규범 모두를 부정하고, 새로운 질서를 주장한다.

 ③ 머튼은 아노미이론에서 문화적 목표와 제도화된 수단을 어떻게 인식하느냐에 따라 개인의 적응방식을 순응(동조)·혁신(개혁)·의례(의식)·도피(퇴행)·반역(전복) 등 5가지로 분류하였다. 이 중 의례형은 문화적 목표를 거부하고, 제도화된 수단만을 수용하는 그룹을 말하며, 주로 셀러리맨이나 하급관료계층이 여기에 해당한다.

개인의 적응양식	문화적 목표	제도적 수단	특징
동조형	+	+	합법수단으로 문화적 목표를 달성하려는 유형(정상인)
혁신형	+	−	금지된 수단으로 문화적 목표를 달성하려는 유형(일반범죄인)
의례형	−	+	합법수단으로 살아가는 유형(셀러리맨·하급관료).
도피형	−	−	문화적 목표와 제도적 수단 모두를 포기하는 유형(알코올·마약중독자)
반항형	±	±	기존의 목표·수단을 거부하고, 새로운 목표·수단을 추구하는 유형(확신범)

※ +(수용), −(거부), ±(기존의 지배적인 가치를 거부하고, 새로운 가치에 복종 또는 대체)

정답 ③

47. 머튼(R. Merton)이 주장한 아노미이론에서 문화적 목표는 수용하지만 제도화된 수단은 거부하는 적응유형은?

① 동조형(conformity) ② 혁신형(innovation)
③ 의례형(ritualism) ④ 반역형(rebellion)

해설 ② 머튼은 사회인의 공동목표인 문화적 목표와 이 목표를 달성하게 하는 합법적 수단 사이에 간극이 있을 때 구조적 긴장과 불협화음이 생기고 여기에서 사회무질서인 아노미상태가 발생된다고 주장하고, 이로 인해 발생하는 기능장애상태에 적응하는 개개인의 적응유형을 5가지로 분류하였는데 주어진 설문은 혁신형에 해당한다.

정답 ②

48. 머튼(R.K. Merton)의 아노미이론에서 범죄와 가장 관계가 깊은 적응유형은?

① 개혁형 ② 혁명형
③ 동조형 ④ 도피형

해설 ① 머튼에 따르면 문화적 목표에 대한 제도적 수단의 개인적응방식 중 특히 문제되는 것은 혁신형이며, 이러한 적응양식에 해당하는 자는 범죄행위 내지 일탈행위를 저지를 위험성이 가장 크다고 보았다.

정답 ①

49. 머튼(Robert K. Merton)의 긴장이론(Strain Theory)에 대한 설명으로 옳지 않은 것은?

① 사회 내에 문화적으로 널리 받아들여진 가치와 목적, 그리고 그것을 실현하고자 사용하는 수단 사이에 존재하는 괴리가 아노미적 상황을 이끌어낸다고 보았다.

② 특정 사회 내의 다양한 문화와 추구하는 목표의 다양성을 무시하고 있다.

③ 다섯 가지 적응유형 중에서 혁신형(Innovation)이 범죄의 가능성이 제일 높은 유형이라고 보았다.

④ 하층계급을 포함한 모든 계층이 경험할 수 있는 긴장을 범죄의 주요원인으로 제시하였다.

> **해설** 머튼의 이론은 사회의 모든 계층에서 부의 성취를 추구하는 반면, 대부분의 하류계층에게는 문화적 목표를 달성할 합법적 수단이 제한되어 있으므로 하류계층은 비합법적 수단을 통해서라도 문화적 목표를 달성하고자 한다는 가정에서 출발하며, 머튼은 전통적인 범죄의 대부분이 하류계층에 의해 실행된다는 것을 설명하고자 하였다. 이러한 머튼의 이론에 대해서는 상류층의 일탈행위에 대한 설명이 곤란하다는 비판이 제기되었다.
>
> 정답 ④

50. 다음 중 아노미이론에 대한 설명으로 틀린 것은?

① 범죄는 목표와 수단의 불일치로 발생하는 것이다.

② 혁신형은 혁명형이라고도 하며, 혁명가가 이 유형에 해당한다.

③ 의례형은 셀러리맨과 같은 경우로 범죄와 관련이 적다.

④ 동조형은 정상유형으로 범죄와 관련성이 없다.

> **해설** ② 혁신형은 개혁형이라고도 하는데 이는 문화적 목표는 수용하지만, 제도화된 수단은 거부하는 유형으로 화이트칼라 범죄·강도범 등이 여기에 해당한다. 혁명형은 전복형·반역형이라고도 하는데 이는 기존의 문화적 목표와 제도화된 수단을 모두 거부하면서 새로운 목표와 수단을 추구하는 유형으로 정치범·혁명가가 여기에 해당한다.
>
> 정답 ②

51. 애그뉴(R. Agnew)의 일반긴장이론(General Strain Theory)에 대한 설명으로 옳은 것만을 모두 고른 것은?

> ㉠ 머튼(R, Merton)의 아노미이론(Anomie Theory)에 그 이론적 뿌리를 두고 있다.
> ㉡ 거시적 수준의 범죄이론으로 분류된다.
> ㉢ 범죄발생의 원인으로 목표달성의 실패, 기대와 성취 사이의 괴리, 긍정적 자극의 소멸, 부정적 자극의 발생을 제시했다.
> ㉣ 긴장을 경험하는 모든 사람이 범죄를 저지른다거나 범죄에 의존하게 되는 것은 아니다.

① ㉠, ㉣

② ㉠, ㉡, ㉢

③ ㉠, ㉢, ㉣

④ ㉠, ㉡, ㉢, ㉣

• ○ : ㉠㉢㉣
  • × : ㉡ 일반긴장이론은 개인의 목적달성 실패, 기대와 성취 사이의 괴리, 긍정적 자극의 제거와 부정적
    자극의 출현 등이 긴장의 원인이 되고, 이러한 긴장의 원인들이 노여움이나 좌절, 실망, 우울, 두려
    움과 같은 '부정적 감정의 상황(negative affective states)'을 야기하게 되어 일탈행위나 범죄로
    나아가게 된다는 것이므로 미시적 수준의 범죄이론에 해당한다.

정답 ③

52. 클로워드(R.A. Cloward)와 올린(L.E. Ohlin)은 청소년비행을 비행하위문화의 영향으로 파악하는데 아래에 해당하는 하위문화는?

> 범죄가 조직화되지 않았지만 과시적 폭력이 빈번하다. 이러한 지역에서는 폭력성이 일종의 지위와 성공을 성취하는 수단이 된다. 성인들의 범죄가 조직되지 않아 불법적 기회마저 거의 가질 수 없는 지역에서 발견된다.

① 갈등적 하위문화
② 도피적 하위문화
③ 합법적 하위문화
④ 범죄적 하위문화

 ① 클로워드와 올린은 청소년비행을 비행하위문화의 영향이라고 보고, 그 유형을 범죄적 하위문화, 갈등적 하위문화, 도피적 하위문화 등 세 가지로 분류하였다. 위 내용은 갈등적 하위문화에 대한 설명이다.

하위문화 유형	유형별 특징
범죄적 하위문화 (개혁형)	합법적 기회는 없고, 비합법적 기회와는 접촉이 가능하여 범행이 장려되고, 불법이 생활화되는 하위문화유형(안정적 하류계층에서 발생, 재산범죄가 많음)
갈등적 하위문화 (공격형)	합법적 기회뿐만 아니라, 비합법적 기회에도 접근하지 않고, 자신들의 욕구불만을 폭력으로 표현하는 투쟁적인 하위문화유형(과시적 폭력, 무분별한 갱전쟁이 빈번히 발생)
도피적 하위문화 (도피형)	문화적 목표가치는 인정하지만, 이를 달성하기 위한 수단이 모두 봉쇄되어 있고, 이를 해소할 폭력도 사용하지 못하는 자포자기 집단의 하위문화유형(알코올이나 약물중독자)

정답 ①

53. 통제이론에 대한 설명으로 옳지 않은 것은?

① 라이스(A. Reiss) : 소년비행의 원인을 낮은 자기통제력에서 찾았다.
② 레크리스(W. Reckless) : 청소년이 범죄환경의 압력을 극복한 것은 강한 자아상 때문이다.
③ 허쉬(T. Hirschi) : 범죄행위의 시작이 사회와의 유대약화에 있다고 보았다.
④ 에그뉴(R. Agnew) : 범죄는 사회적으로 용인된 기술을 학습하여 얻은 자기합리화의 결과이다.

 ① 라이스의 개인통제 이론
② 레크리스의 봉쇄이론
③ 허쉬의 사회통제(유대)이론
④ 사이크스(Sykes)와 맛차(Matza)의 중화기술이론에 대한 설명으로 에그뉴(Agnew)의 일반긴장이론은 스트레스와 긴장을 느끼는 개인이 범죄를 저지르기 쉬운 이유를 설명하는 이론으로, 긴장의 개인적 영향을 밝히는데 도움을 주었으며 하류계층의 범죄를 주로 설명하는 머튼의 아노미 이론과 달리 상류계층의 범죄의 원인도 설명이 가능한 이론이다.

정답 ④

54. 레크리스(W. Reckless)의 봉쇄이론(견제이론, containment theory)에 관한 설명으로 옳지 않은 것은?

① 범죄나 비행으로 이끄는 힘이 있더라도 차단하는 힘이 강하면 범죄나 비행이 통제된다.

② 나쁜 친구는 범죄나 비행으로 이끄는 유인요인이 될 수 있다.

③ 좌절감에 대한 내성은 범죄나 비행을 차단하는 내적 봉쇄요인에 해당한다.

④ 자기통제력은 범죄나 비행을 차단하는 외적 봉쇄요인에 해당한다.

> **해설** ④ 자기통제력은 내적 통제(봉쇄)요인에 해당한다.

┃ 레크리스의 범죄유발요인과 범죄통제요인 ┃

구분		유형별특징
범죄유발요인	압력요인	사람들은 불만족한 상태에 들게 하는 요인(열악한 사회조건, 가족갈등 등)
	유인요인	정상적인 생활로부터 이탈하도록 하는 요인(나쁜 친구, 불건전한 대중매체 등)
	배출요인	범죄를 저지르도록 하는 생물학적·심리적 요인(불안감, 불만감, 증오심, 공격성 등)
범죄통제요인	내적 통제	내부적인 범죄차단요소(자기통제력, 긍정적 자아개념, 강한 책임감 등)
	외적 통제	외부적인 범죄차단요소(효과적인 관리와 규율, 가족과 지역사회의 유대감 등)

정답 ④

55. 범죄원인에 관한 학자들의 주장으로 옳지 않은 것은?

① 샘슨(R.J. Sampson)과 라웁(J.H. Laub): 어려서 문제행동을 보인 아동은 부모와의 유대가 약화되고, 학교에 적응하지 못하며, 성인이 되어서도 범죄를 저지르게 되므로, 후에 사회와의 유대가 회복되더라도 비행을 중단하지 않고 생애 지속적인 범죄자로 남게 된다.

② 클라우드(R.A. Cloward)와 올린(L.E. Ohlin): 하류계층 청소년들이 합법적 수단에 의한 목표달성이 제한될 때 비합법적 수단에 호소하게 되는 경우에도, 비행의 특성은 불법행위에 대한 기회에 영향을 미치는 지역사회의 특성에 따라 달라진다.

③ 머튼(R.K. Merton): 문화적으로 규정된 목표는 사회의 모든 구성원이 공유하고 있으나 이들 목표를 성취하기 위한 수단은 주로 사회경제적인 계층에 따라 차등적으로 분배되며, 이와 같은 목표와 수단의 괴리가 범죄의 원인으로 작용한다.

④ 글레이저(D. Glaser): 범죄의 학습에 있어서는 직접적인 대면접촉보다 자신의 범죄적 행동을 지지해 줄 것 같은 실존 또는 가상의 인물과 자신을 동일시하는가가 더욱 중요하게 작용한다.

> **해설** 샘슨과 라웁은 청소년기에 비행을 저지른 아이들도 사회유대 혹은 사회적자본(결혼 자녀등)의 형성을 통해 취업과 결혼으로 가정을 이루는 인생의 전환점을 만들면 성인이 되어 정상인으로 돌아가게 된다고 보았다. 결론은 비행청소년들의 대부분은 성인이 되어서 비행을 중단한다는 주장이다.

정답 ①

56. 다음의 설명에 해당하는 이론은?

> 이 이론은 차별적 접촉이론(differential association theory)이 각각의 개인들의 차별적 반응에 대한 문제를 도외시하고 있다는 비판을 한다. 즉 "왜 범죄적 문화와 접촉한 사람 중에서 어떤 사람은 범죄에 빠지지 않는가"라는 질문을 한다. 이 이론에 따르면 비행다발지역의 청소년들 중에서 다수가 비행에 가담하지 않는 것은 자신에 대한 좋은 이미지를 통해 비행에의 유혹이나 압력을 단절시키기 때문이다.

① 봉쇄이론(containment theory)　　② 사회학습이론(social learning theory)
③ 중화이론(neuturalization theory)　　④ 억제이론(deterrence theory)

 봉쇄이론이란 레크리스가 자기관념이론을 더욱 발전시켜 주장한 것으로 강력한 내면적 통제와 그것을 보강하는 외부적 통제가 사회적·법적 행위규범의 위반에 대한 하나의 절연체를 구성한다는 이론을 말한다. 이 이론에 따르면 모든 사람들에게는 범죄로 이끄는 범죄유발요인과 범죄를 억제하는 범죄억제요인이 부여되어 있는데 전자가 후자보다 강하면 범죄를 저지르게 되고, 후자가 전자보다 강하면 범죄를 자제하게 된다고 한다.

정답 ①

57. Water. C. Reckless의 봉쇄이론(Containment Theory)에 따를 때 범죄를 조장하는 요인에 해당하지 않는 것은?

① 범죄적 하위문화　　② 성공기회의 박탈
③ 불건전한 대중매체　　④ 올바른 자아관념

 레크리스의 봉쇄이론이란 모든 사람들에게는 범죄로 이끄는 범죄유발요인과 범죄를 억제하는 범죄억제요소가 부여되어 있는데 범죄유발요인보다 범죄억제요소가 더 강할 경우 범죄로 나아가지 않는다는 이론이다. 이 이론에 따르면 범죄를 유발하는 요인에는 압력요인·유인요인·배출요인이 있고, 범죄를 통제하는 요인에는 내적 통제와 외적 통제가 있는데 ④는 범죄통제요인에 해당하며, 그 중 내적 통제에 해당한다.

정답 ④

58. 맛차(Matza)의 표류이론(drift theory)에 대한 설명으로 옳지 않은 것은?

① 비행청소년들은 비행의 죄책감을 모면하기 위해 다양한 중화의 기술을 구사한다.
② 비행이론은 표류를 가능하게 하는, 즉 사회통제를 느슨하게 만드는 조건을 설명해야 한다고 주장하였다.
③ 대부분의 비행청소년들은 합법적인 영역에서 오랜 시간을 보낸다.
④ 비행청소년들은 비행 가치를 받아들여 비행이 나쁘지 않다고 생각하기 때문에 비행을 한다.

해설 ①②③은 맛차의 표류이론에 해당하나, ④는 코헨(Cohen)의 비행적 하위문화이론에 해당한다.

정답 ④

59. 발달범죄학이론에 대한 설명으로 옳지 않은 것은?

① 1930년대 글룩(Glueck) 부부의 종단연구는 발달범죄학이론의 토대가 되었다.

② 인생항로이론은 인간의 발달이 출생 시나 출생 직후에 나타나는 주된 속성에 따라 결정된다고 주장한다.

③ 인생항로이론은 인간이 성숙해 가면서 그들의 행위에 영향을 주는 요인도 변화한다는 사실을 인정한다.

④ 인생항로이론은 첫 비행의 시기가 빠르면 향후 심각한 범죄를 저지를 것이라고 가정한다.

> **해설** 잠재적 특질 이론에 대한 설명이다. 잠재적 특질 이론은 범죄행동이 출생 또는 그 직후에 나타나고, 평생을 통해서 변화하지 않는 주요한 특질에 의해 통제되기 때문에 인간은 변하지 않고 기회가 변할 분이라는 관점을 취하나 인생항로 이론은 인간은 인생항로 속에서 많은 변화를 경험하게 되고, 다양한 사회적 · 개인적 · 경제적 요인들이 범죄성에 영향을 미친다는 것으로 일부 위험스러운 아이가 왜 범죄를 중단하는가를 설명할 수 있다. 이 이론은 개인의 생애 과정 가운데 범죄를 만들어 내는 결정적 순간을 파악하고자 한다.

보충

관련이론

⑺ 연령 - 등급이론(Sampson & Laub)
- ㉠ 사람이 성숙해가면서 범죄를 저지르는 성향에 영향을 주는 요인은 변화한다는 것이다.
- ㉡ 어린 시절에는 가족요인이 결정적이고, 성인기에는 결혼이나 직장요인이 범죄행위에 큰 영향을 끼친다.
- ㉢ 생애에 걸쳐 범죄를 발생시키는 결정적 순간을 파악하고자 한 이론이다.

⑻ 사회적 발달모델(Hawkins & Catalano)
- ㉠ 지역사회의 위험요인이 일부 사람을 반사회적 행위에 노출시킨다(가족과 사회의 해체 등)
- ㉡ 반사회적 행위의 위험을 통제하려면 아이들이 친사회적 유대를 유지할 수 있도록 해야 한다.
- ㉢ 가족 간의 애착, 학교와 친구에 대한 애착 정도는 반사회적 행동발달에 큰 영향을 미치는 요인이다.
- ㉣ 가족이나 친구 사이에 애착관계가 형성되면, 친사회적 행동으로 발달하게 되고, 애착관계가 적절히 형성되지 않으면 반사회적 행동의 발달을 촉진한다.

⑼ 상호작용이론(Thomberry & Krohn & Lizotte & Farnwirth)
- ㉠ 악화된 유대는 비행친구들과의 관계를 발전시켜 비행에 참여하게 되고, 빈번한 비행의 참여는 다른 친구들과의 유대를 약화시키고 결국 관습적 유대관계를 재정립하기가 어렵게 하여 만성적 범죄 경력을 유지하도록 만든다.
- ㉡ 범죄성이란 사람이 성숙해 가면서 단계별로 다른 의미와 형태를 갖는 발달 과정이다.
- ㉢ 초기 청소년기에는 가족의 애착이 결정적이고, 중기 청소년기까지는 가족의 영향력이 친구, 학교, 처소년 문화로 대체되며, 성인기에 이르러서는 개인 행위의 선택이 관습적 사회와 자신이 속한 핵가족 내의 위치에 따라 형성된다.
- ㉣ 비록 범죄가 이런 사회적 힘에 의해 영향을 받는다고 하더라도, 범죄도 이런 사회적 과정과 교제에 영향을 주기 때문에 범죄와 사회적 과정은 상호작용적이다.

정답 ②

60. 학자와 이론적 주장을 연결한 것으로 옳지 않은 것은?

① 머튼(R. Merton) - 하층계급은 성공을 위한 전통적 교육과 직업의 기회로부터 상대적으로 차단되어 있다.

② 샘슨(R. Sampson) - 열악한 환경에도 불구하고 많은 소년들이 비행을 저지르지 않고 정상적인 사회구성원으로 성장할 수 있는 것은 올바른 자아관념이 있기 때문이다.

③ 서덜랜드(E. Sutherland) - 범죄는 일반적 욕구와 가치의 표현이지만 그 욕구와 가치로는 설명되지 않는다.

④ 맛차(D. Matza) - 비행소년도 다른 일반적인 사람들과 마찬가지로 대부분의 시간을 법을 준수하며 보낸다.

> **해설** ②는 샘슨이 아니라, 레크리스(Reckless)의 봉쇄이론에 관한 설명이다. 샘슨(Sampson)은 범죄지역의 속성으로 이른바 '낮은 사회자본'을 거론하고, 지역거주자 사이의 관계성이 부족한 변이지역에서는 효과적인 사회통제가 이루어질 수 없어 범죄자 및 비행자들이 쉽게 그 지역을 차지하게 된다는 사회해체론을 주장하였다.
>
> 정답 ②

61. 학교폭력의 한 유형인 집단 따돌림(왕따)의 경우 가해자 학생들이 피해자 학생에게 따돌림의 원인이 있다고 하여 피해자들을 오히려 비난한다고 하면 다음 중 어느 이론이 이러한 현상을 가장 적절히 설명할 수 있는가?

① 비행하위문화이론　　　　　　　② 문화갈등이론
③ 중화기술이론　　　　　　　　　④ 급진적 갈등이론

> **해설** ③ 위 사례는 사이크스와 맛차의 중화기술이론 중 '피해자의 부정'에 해당한다.

❚ 중화기술유형 ❚

책임의 부정(회피)	• 자신이 아닌 다른 것에 책임을 전가함 • 예 : 자신과 같은 처지에 있다면 누구도 그런 행동을 했을 것이라고 생각함
가해(해악)의 부정	• 자신의 행위는 누구에게도 피해를 주지 않았다고 함으로써 자신의 비행을 합리화 함. • 예 : 절도를 하면서 잠시 물건을 빌리는 것이라고 생각함
피해자의 부정	• 피해자는 피해를 받아 마땅하다고 보거나 자신의 행위를 정의로운 응징으로 봄 • 예 : 상점의 물건을 훔쳤지만 가게주인은 정직하지 못한 사람이라고 생각함
비난하는 자를 비난	• 사회통제기관을 부패한 자들로 규정하여 자기를 심판할 자격이 없다고 봄 • 예 : 경찰·판사들은 부패한 공무원이므로 자신을 비난할 자격이 없다고 생각함
고도의 충성심에의 호소	• 친근한 집단에 대한 충성심 또는 도리를 위하여 불가피하게 범죄행위를 하였다고 봄 • 예 : 가족을 먹여 살리기 위해 어쩔 수 없이 범죄를 하였다고 생각함

> 정답 ③

62. 자전거를 훔친 것이 아니고 빌린 것이라고 하는 것은 중화기술이론 중 어디에 해당하는가?

① 책임의 부정
② 피해자의 부정
③ 비난자에 대한 비난
④ 가해의 부정

해설 ④ 중화의 기술 중 가해의 부정이다.

정답 ④

63. 다음 사례에 해당하는 중화의 기술을 옳게 짝지은 것은?

> ㉠ 친구의 물건을 훔치면서 잠시 빌린 것이라고 주장하는 경우
> ㉡ 술에 취해서 자기도 모르는 사이에 저지른 범행이라고 주장하는 경우

	㉠	㉡
①	가해(손상)의 부정	책임의 부정
②	가해(손상)의 부정	비난자에 대한 비난
③	책임의 부정	비난자에 대한 비난
④	피해자의 부정	충성심에 대한 호소

해설 ㉠ 가해(손상)의 부정 : 훔친 것을 빌린 것이라고 하는 등 자신의 행위가 위법한 것일지는 몰라도 실제로 자신의 행위로 인하여 손상을 입은 사람은 아무도 없다고 주장하며 합리화하는 경우가 이에 해당한다(자신의 범죄사실을 부정하는 것).
㉡ 책임의 부정 : 의도적인 것이 아니었거나 자기의 잘못이 아니라 주거환경, 친구 등에 책임을 전가하거나 또는 자신도 자기를 통제할 수 없는 외부세력의 피해자라고 여기는 경우가 이에 해당한다(사람·환경에 책임 전가하는 것).

정답 ①

64. 다음 사례는 사이크스(Sykes)와 맛차(Matza)의 중화기술 중 무엇에 해당하는가?

> 강간범 홍길동은 자신이 술에 너무 취해서 제 정신이 없는 상태에서 자신도 모르게 강간을 하게 되었다고 주장하고 있다.

① 가해의 부정
② 피해자 부정
③ 비난자에 대한 비난
④ 책임의 부정

해설 ④ 위 사례는 자기변명 방식의 학습을 통하여 자신의 비행을 합리화하는 기술, 즉 중화의 기술 중 책임의 부정에 해당한다.

정답 ④

65. 다음 사례를 적절히 설명할 수 있는 이론과 그 이론을 주장한 학자로 옳은 것은?

> A회사에 근무하는 甲은 신입직원 환영회에서 여직원들에게 인기를 독차지한 乙이 자신이 근무하는 부서로 발령을 받자 다른 남자 동료 직원과 함께 乙을 집단으로 따돌렸다. 甲은 乙이 오히려 부서의 단합을 저해한 원인을 제공하고 있다고 비난하였다.

① 허쉬(Hirschi)의 사회통제이론
② 클로워드(Cloward)와 오린(Ohlin)의 차별적 기회구조이론
③ 사이크스(Sykes)와 맛차(Matza)의 중화기술이론
④ 베커(Becker)의

해설 ③ 위 보기는 사이크스(sykes)와 맛차(Matza)의 중화기술이론 중 피해자의 부정에 해당한다.

정답 ③

66. 허쉬(Hirschi)의 사회통제이론의 네 가지 유대에 대한 설명으로 옳지 않은 것은?

① 애착(attachment) - 애정과 정서적 관심을 통하여 개인이 사회와 맺고 있는 유대관계가 강하면 비행이나 범죄를 저지를 가능성이 낮다.
② 전념(commitment) - 규범적인 생활에 집착하고, 많은 관심을 지닌 사람은 그렇지 않은 사람들에 비해 잃을 것이 많기 때문에 비행이나 범죄를 저지를 가능성이 낮다.
③ 참여(involvement) - 사회생활에 대하여 참여가 높으면 그만큼 일탈행위의 기회가 증가됨으로써 비행이나 범죄를 저지를 가능성이 높다.
④ 신념(belief) - 규범에 대한 믿음이 약할수록 비행이나 범죄를 저지를 가능성이 높다.

해설 ③ 허쉬의 사회통제이론에 따르면 사회생활에 대하여 참여가 높을수록 비행에 빠지지 않게 된다고 보고, 학교를 다니지 않거나 직업이 없으면 범죄나 비행을 저지를 가능성이 높다고 보았다.

▎허쉬의 사회통제이론의 4가지 사회유대▎

구분	내용
애착 (attachment)	• 성장과정에서 마주치는 타인에 대한 애정·존경·우정 등 감정적이고 정서적인 것을 말함 • 애착이 많을수록 범죄나 비행을 저지를 가능성이 낮아짐
전념(관여·수용) (commitment)	• 범죄의 손익을 비교하여 규범적 생활양식 등 자신에게 기대되는 것을 잘 이행하는 것을 말함 • 통상적 행위의 수행으로 전념이 잘되어 있는 경우에는 범죄나 비행을 저지를 가능성이 낮아짐
참여 (involvement)	• 공부, 가족과 함께 지내기, 과외활동 등과 같이 통상적 활동에 열중하는 것을 말함 • 통상적 활동에 몰두할수록 범죄나 비행을 저지를 가능성이 낮아지는 반면, 학교를 다니지 않거나, 직업이 없으면 범죄나 비행을 저지를 가능성이 높아짐
신념 (belief)	• 일반적이고 전통적인 가치와 규범이 도덕적으로 옳으며, 지켜져야 한다는 믿음을 말함 • 신념이 약할수록 범죄나 비행을 저지를 가능성이 높아짐

정답 ③

67. 허쉬(T. Hirschi)의 사회유대이론의 요소에 대한 설명으로 옳게 짝지어진 것은?

> ⊙ 부자지간의 정, 친구 사이의 우정, 가족끼리의 사랑, 학교 선생님에 대한 존경 등 다른 사람과 맺는 감성과 관심을 의미한다.
> ⓛ 미래를 위해 교육에 투자하고 저축하는 것처럼 관습적 활동에 소비하는 시간과 에너지, 노력 등을 의미한다.
> ⓒ 학교, 여가, 가정에서 많은 시간을 보내게 되면 범죄행위의 유혹에서 멀어진다는 것을 의미한다.
> ② 관습적인 규범의 내면화를 통하여 개인이 사회와 맺고 있는 유대의 형태로 관습적인 도덕적 가치에 대한 믿음을 의미한다.

	⊙	ⓛ	ⓒ	②			⊙	ⓛ	ⓒ	②
①	애착	전념	참여	신념		②	애착	전념	신념	참여
③	전념	애착	신념	참여		④	전념	참여	애착	신념

> **해설** 허쉬는 개인이 일상적인 사회와 맺고 있는 유대가 약화되거나 깨졌을 때 범죄가 발생된다는 사회통제이론을 주장하고, 개인이 사회와 유대관계를 맺는 방법으로 네 가지 유형을 제시하였는데 ⊙은 애착, ⓛ은 전념, ⓒ은 참여, ②은 신념에 각각 해당한다.
>
> 정답 ①

68. 허쉬(Hirschi)의 사회유대이론에 대한 설명으로 옳은 것은?

① 모든 사람을 잠재적 법위반자라고 가정한다.
② 인간의 자유의지와 도덕적 책임감을 강조한다.
③ 범죄율을 이웃공동체의 생태학적 특징과 결부시킨다.
④ 범죄행위는 다른 사람들과의 상호작용으로 학습된다.

> **해설** ④ 허쉬는 1969년 그의 저서 「비행의 원인」을 통해 "우리는 모두 동물(성악설)이며, 자연적으로 누구든지 범죄를 저지를 수 있다"고 주장함으로써 모든 사람을 잠재적 법위반자라고 가정하였다.
>
> 정답 ①

69. 하층계급의 높은 범죄율을 설명하는 이론으로 가장 거리가 먼 것은?

① 머튼의 아노미이론
② 사회해체이론
③ 허쉬의 사회유대이론
④ 일탈하위문화이론

> **해설** ③ 허쉬의 사회유대이론이란 개인이 일상적인 사회와 맺고 있는 유대가 약화되거나 깨어졌을 때 범죄가 발생한다는 이론으로 그가 범죄자의 전형으로 거론한 유형은 젊은 남성, 도시빈민가의 결손가정출신자, 학교교육을 제대 이수하지 못한 자, 실업자 등이었다. 따라서 특히 하층계급의 높은 범죄율을 설명하는 이론이라고 보기 어렵다.
> ①②④는 모두 하층계급의 높은 범죄율을 설명하는 이론에 해당한다.
>
> 정답 ③

70. 다음 중 갓프레드슨과 허쉬(Michael R. Gottfredson and Travis Hirschi)의 일반이론의 내용으로 옳지 않은 것은?

① 자기통제력이 범죄의 원인이라고 본다.
② 고전주의와 실증주의 범죄학을 통합하려고 시도했다.
③ 청소년 성장기의 환경요인은 크게 중요하다고 보지 않았다.
④ 교정기관에서의 심리치료를 주요방안으로 제시한다.

> **해설** ④ 갓프레드슨과 허쉬는 비행을 저지른 청소년에 대해서는 가정에서 즉시 벌을 주는 외적 통제가 필요함을 강조하고, 이러한 외적 통제는 사회화과정을 거쳐 청소년에게 내면화 됨으로써 비행이 예방된다고 보았으며, 가족치료를 비행예방의 주요방안으로 제시하였다.
>
> 정답 ④

71. 억제이론(Deterrence Theory)에 대한 설명으로 옳지 않은 것은?

① 억제이론의 기초가 되는 것은 인간의 공리주의적 합리성이다.
② 형벌의 특수적 억제효과란 범죄를 저지른 사람에 대한 처벌이 일반시민들로 하여금 처벌에 대한 두려움을 불러 일으켜서 결과적으로 범죄가 억제되는 효과를 말한다.
③ 범죄자에 대한 처벌의 억제효과는 범죄자의 자기통제력 수준에 따라 달라질 수 있다.
④ 처벌의 신속성, 확실성, 엄격성의 효과를 강조한다.

> **해설** ② 억제이론에 있어서 특수적 억제효과란 범죄자 자신이 처벌의 고통을 체험하게 함으로써 차후의 범행충동을 억제하는 것을 말한다.
>
> 정답 ②

72. 범죄원인론에 대한 설명으로 옳지 않은 것은?

① 낙인이론은 범죄행위에 대한 처벌의 부정적 효과에 주목한다.
② 통제이론은 모든 인간이 범죄를 저지를 수 있는 동기를 가지고 있다고 가정한다.
③ 일반긴장이론은 계층에 따라서 범죄율이 달라지는 이유를 설명하는 데 유용하다.
④ 사회해체론은 지역사회의 안정성, 주민의 전·출입, 지역사회의 통제력에 주목한다.

> **해설** 일반긴장이론은 긴장 내지 스트레스가 많은 생활에 노출된 사람이 스트레스에 대처하는 방법으로 범죄와 비행을 저지르게 된다는 이론이다. 일반긴장이론은 스트레스(긴장)가 범죄의 원인이라는 설명을 할 뿐, 계층에 따라 범죄율이 달라지는 이유를 설명하지 못한다는 비판이 있다.
> ① 낙인이론은 공식적 통제작용이 범죄를 유발한다고 보고 형사사법기관의 역할에 대해 회의적인 점에서, 공식적 통제에 의한 처벌의 부정적 효과를 비판한다.
> ② 사회통제이론은 통제이론은 모든 인간이 범죄를 저지를 수 있는 동기를 가지고 있다고 가정하며 가족 친지등 사회적 통제 수단들이 그것을 억제 한다고 본다.
> ④ 사회해체론에 사회해체지역에는 그 지역사회의 고유한 특징(하위문화)이 있고 주민의 이동이 많으며, 지역사회의 전통적인 통제기능이 약화되어 있다고 본다.
>
> 정답 ③

73. 낙인이론에 관한 설명으로 옳지 않은 것은?

① 전통적·심리학적·다원적 범죄원인론을 배격하고, 법집행기관을 주요 연구대상으로 삼았다.

② 일탈행위의 분석방법으로 자기보고나 참여관찰을 병용할 필요성을 강조하였다.

③ 범죄의 원인보다 범죄자에 대한 사회적 반응을 중시하고, 사회적 금지가 일탈행위를 유발하거나 강화시킨다고 주장하였다.

④ 공식적 처벌은 특정인에게 낙인을 가함으로써 범죄를 양산하는 것보다 오히려 범죄를 억제하는 효과가 더 크다고 주장하였다.

> **해설** ④ 낙인이론에 따르면 형사사법기관에 의한 공식적 처벌은 범죄의 억제효과보다는 특정인에게 낙인을 가함으로써 범죄를 양산한다고 보고, 국가의 개입을 자제할 것을 요구한다.
>
> 정답 ④

74. 낙인이론에 대한 설명으로 옳은 것만을 모두 고르면?

> ㉠ 일탈·범죄행위에 대한 공식적·비공식적 통제기관의 반응(reaction)과 이에 대해 일탈·범죄행위자 스스로가 정의(definition)하는 자기관념에 주목한다.
> ㉡ 비공식적 통제기관의 낙인, 공식적 통제기관의 처벌이 2차 일탈·범죄의 중요한 동기로 작용한다고 본다.
> ㉢ 범죄행동은 보상에 의해 강화되고 부정적 반응이나 처벌에 의해 중단된다고 설명한다.
> ㉣ 형사정책상 의도하는 바는 비범죄화, 탈시설화 등이다.

① ㉡, ㉣   ② ㉠, ㉡, ㉢
③ ㉠, ㉡, ㉣   ④ ㉡, ㉢, ㉣

> **해설** 낙인이론에 대한 설명으로 옳은 것은 ㉠, ㉡, ㉣이다.
> ㉢ 학습이론인 버제스와 에이커스(Burgess & Akers)의 차별적 강화이론에 대한 설명이다. 범죄행위의 결과로서 보상이 취득되고 처벌이 회피될 때 그 행위는 강화되는 반면, 보상이 상실되고 처벌이 강화되면 그 행위는 약화된다는 것이다.
>
> 정답 ③

75. 낙인이론에 대한 설명이다. 맞지 않는 것은?

① 형사사법기관의 역할에 대해 회의적이다.

② 공식적 낙인은 차별적 기회구조와 차별적 접촉을 낳는다.

③ 부정적 자기관념의 형성은 2차적 일탈의 원인이 된다.

④ 1차적 일탈과 2차적 일탈의 설명이 용이하다.

> **해설** ④ 낙인이론은 1차적 일탈, 즉 초범의 범죄원인을 설명할 수 없다는 단점을 지니고 있다.
>
> 정답 ④

76. 낙인이론의 특징에 관한 설명 중 옳지 않은 것은?

① 전통적 범죄원인론을 비판한다.

② 법집행기관을 주요대상으로 한다.

③ 범죄대책으로서의 비범죄화전략에 부정적이다.

④ 레머트에 의하면 일차적 일탈자보다 일탈에 대한 부정적 낙인효과는 공식적 낙인이 비공식적 낙인보다 더욱 심각하다고 한다.

> **해설** ③ 낙인이론은 국가형사사법기관의 역할에 부정적인 입장이므로 비범죄화 전략을 범죄대책으로 구사할 것을 주장 **정답** ③

77. 시설구금의 폐해에 대한 문제에 대해 범죄인의 사회복귀를 촉진시켜주며, 일반 사회인의 이해와 포용을 중요한 전제로 하여 전환제도의 근거를 제공한 이론은?

① 낙인이론   ② 억제이론

③ 학습이론   ④ 사회통제이론

> **해설** ① 낙인이론은 시설내 구금에 따른 범죄적 악풍감염의 폐해를 방지하고자 사회내처우의 필요성을 주장하였으며, 범죄인처우에 대한 국가개입이 실효성이 없음을 비판하고, 대체처분(전환, 다이버전)을 주장하였다. **정답** ①

78. 사회적 상호작용의 관점에서 낙인과정의 체계화를 시도한 학자로서 일탈을 1차적 일탈과 2차적 일탈로 구분한 학자는?

① F. Tannenbaum   ② E.M. Lemert

③ J.L. Kitsuse   ④ H. Becker

> **해설** 레머트는 낙인이론을 대표하는 학자로 범죄를 포함한 일탈행위를 1차적 일탈과 2차적 일탈로 구분하였다. 낙인 이론을 주장한 대표적 학자로는 탄넨바움(F. Tannenbaum)·레머트(E.M Lemert)·베커(H. Becker)·슈어(E.M. Schur)등이 있다.

┃레머트의 1차적 일탈과 2차적 일탈┃

1차적 일탈 (일시적 일탈)	• 1차적 일탈이란 우연적·일시적 일탈로 개인의 자아정체감이 훼손되지 않은 상태에서 야기되는 규범 일탈행위를 말한다. • 1차적 일탈의 경우 자신을 일탈자로 여기지 않으며, 일탈에 대한 사회적 반작용도 발생되지 않는다.
2차적 일탈 (경력적 일탈)	• 2차적 일탈이란 1차적 일탈에 대한 사회적 반응에 의해 일탈자라는 낙인을 받게 되고, 그것이 사회적 지위로 작용하여 그에 상응하는 규범위반행위를 하는 것을 말한다. • 2차적 일탈은 일반적으로 오래 지속되고, 행위자의 정체성이나 역할들의 수행에 중요한 영향을 미친다. • 레머트가 특히 관심을 두고 분석한 사항은 2차적 일탈에 관한 것이었다.

정답 ②

79. 낙인이론에 대한 설명으로 옳지 않은 것은?

① 탄넨바움(F. Tanenbaum)은 공공에 의해 부여된 범죄자라는 꼬리표에 비행소년 스스로가 자신을 동일시하고 그에 부합하는 역할을 수행하게 되는 과정을 '악의 극화(dramatization of evil)'라고 하였다.

② 슈어(E. Schur)는 사람에게 범죄적 낙인이 일단 적용되면, 그 낙인이 다른 사회적 지위나 신분을 압도하게 되므로 일탈자로서의 신분이 그 사람의 '주지위(master status)'로 인식된다고 하였다.

③ 레머트(E. Lemert)는 1차적 일탈에 대하여 부여된 사회적 낙인으로 인해 일탈적 자아개념이 형성되고, 이 자아개념이 직접 범죄를 유발하는 요인으로 작용하여 2차적 일탈이 발생된다고 하였다.

④ 베커(H. Becker)는 금지된 행동에 대한 사회적 반응이 2차적 일탈을 부추길 뿐 아니라 사회집단이 만든 규율을 특정인이 위반한 경우 '이방인(outsider)'으로 낙인찍음으로써 일탈을 창조한다고 하였다.

> **해설** 베커(H. Becker)의 사회적 지위(Social status)로서의 일탈
> ① 주 지위(Master status) : 『이방인들(Outsiders)』으로 잘 알려진 H.Becker는 일탈은 사람이 저지르는 행위의 특성이 아니라 오히려 다른 사람이 범인에게 법과 제재를 적용한 결과 일탈행동으로 규정하거나 낙인찍는 것이 사회적 지위와 같은 효과를 주며, 일탈자로 공식적으로 규정된다는 것은 그것이 사회적 상호작용에 악영향을 미친다는 점에서 다른 보조적 지위(auxiliary status)를 능가하기 때문에 주지위(master status)로서의 기능을 갖게 된다고 하였다. 슈어는 자기관념으로부터의 일탈을 통해 사회적 낙인보다 스스로 일탈자라고 규정함으로써 2차적 일탈에 이르는 경우도 있다는 점을 강조하며 불간섭주의를 대책으로 제시하였다.
>
> 정답 ②

80. 자본주의에 의해 곤경에 빠진 사람들이 다른 사람의 수입과 재산을 탈취함으로써 보상받으려 하거나 또는 자본주의에 의해 피해를 입은 사람들이 무력을 행사하여 다른 사람의 신체를 해하는 유형의 범죄를 적응(화해)범죄(crime of accommodation)라고 칭한 학자는?

① 퀴니(R. Quinney) ② 따르드(G, Tarde)
③ 베커(H. Becker) ④ 코헨(A. Cohen)

> **해설** ① 퀴니는 범죄를 자본주의체제하에서 불가피하게 유발되는 반응양태라고 보고, 노동자계급의 범죄를 적응범죄와 대항범죄로 구분하였다. 대항범죄란 자본가들에 대항하여 체제를 변혁하려는 행동이 자본주의체제하에서는 범죄로 여겨지는 것을 말한다.
>
> | 적응범죄 | 자본주의체제에 대항하지 않고, 타인의 수입과 재산을 탈취함으로써 보상을 받으려고 하거나, 무력을 행사하여 다른 사람의 신체를 해하는 유형의 범죄 |
> |---|---|
> | 대항범죄 | 자본가들의 지배에 대항하여 체제를 변혁하려는 행동은 도덕적이지만, 자본주의체제하에서는 범죄로 여겨지는 것 |
>
> 정답 ①

81. 낙인이론(labeling theory)에 대한 설명으로 옳지 않은 것은?

① 레머트(Lemert)는 1차적 일탈에 대한 부정적 사회반응이 2차적 일탈을 만들어 낸다고 하였다.

② 베커(Becker)는 일탈자의 지위는 다른 대부분의 지위보다도 더 중요한 지위가 된다고 하였다.

③ 중요한 정책으로는 다이버전(diversion), 비범죄화(decriminalization), 탈시설화(deinstitutionalization) 등이 있다.

④ 사회내처우의 문제점을 지적하면서 시설내처우의 필요성을 강조하였다.

 ④ 낙인이론은 시설내처우가 범죄적 악풍감염의 폐해를 가져온다고 비판하였다. 즉 범죄인처우의 국가개입이 실효성 면에서 효과적이지 못하다고 보고, 비형벌적 방법, 즉 사회내처우의 필요성을 강조하였다.

정답 ④

82. 전과자 A는 교도소에서 배운 미용기술로 미용실을 개업하여 어엿한 사회인으로 돌아오고, 범죄와의 고리를 끊었다. 다음 중 이 사례를 설명할 수 있는 것으로 가장 거리가 먼 것은?

① 허쉬(Hirschi)의 사회유대   ② 샘슨(Sampson)과 라웁(Laub)의 사회자본

③ 베커(Becker)의 일탈자로서의 지위   ④ 머튼(Merton)의 제도화된 수단

 ③ 베커는 일탈자를 단순한 규범위반자와 체계적 일탈자로 구분하고, 전자가 후자로 단계별 발전을 한다는 단계별 발전모델을 제시한 낙인이론가이다. 근본적으로 낙인이론은 전통적 범죄론을 배척하고, 사회통제기관의 태도가 범죄를 결정하는 중요한 요인이라고 보며, 처벌이 범죄를 억제하기 보다는 오히려 증가시킨다고 보므로 낙인이론으로는 사례와 같이 전과자가 건전한 사회인으로 복귀하는 것을 설명하기 어렵다.

정답 ③

83. 낙인이론에 대한 설명으로 틀린 것은?

① 레머트 - 1차적 일탈, 2차적 일탈   ② 베커 - 사회적 지위로서 일탈

③ 슈어 - 악의 극화   ④ 탄넨바움 - 범죄와 지역사회

해설 ③ 슈어(E.M. Schur)는 사회적 낙인에 대해서 개인의 적응을 고려하여 낙인과정의 유동적 속성과 스스로에 의한 자아규정의 중요성을 강조하였다.

① 레머트(E.M. Lemert)는 일탈을 1차적 일탈(일시적 일탈)과 2차적 일탈(경력적 일탈)로 구분하고, 2차적 일탈은 1차적 일탈에 대한 낙인에 의해 발생한다고 하였다.

② 베커(H. Becker)는 일탈은 단계적으로 발전한다는 단계적 모델을 주장하여 일탈행동으로 규정하거나 낙인찍는 것은 사회적 지위와 같은 효과를 준다고 하였다.

④ 탄넨바움(F. Tannenbaum)은 범죄를 포함한 일탈은 행위의 속성이 아니라 지역사회가 일정한 행위자에게 일탈자라는 꼬리표를 붙이고 일탈자로서의 자의식을 심어주는 과정인 '악의 극화'라고 하는 사회적 규정의 결과라고 주장하였다.

정답 ③

84. 낙인이론과 비판범죄론의 비교에 관한 설명 중 옳지 않은 것은?

① 두 이론은 모두 형사사법기관의 편파성을 지적하고, 공식통계를 신뢰하지 않는다.

② 낙인이론은 범죄의 원인보다 범죄자에 대한 사회적 반응을 중시하며, 비판범죄학은 범죄의 정치경제성을 강조한다.

③ 두 이론은 모두 사회적 가치·규범 및 법률에 대한 사회적 합의를 인정하지 않는다는 점에서 유사하다.

④ 두 이론은 모두 범죄와 범죄통제의 문제를 개인적·사회적 차원에서 미시적으로 분석한다는 점에서 유사하다.

 ④ 낙인이론은 사회구조보다는 사회과정에, 사회의 거시적 차원보다는 미시적 차원에 그 관심을 집중시키는 반면, 비판범죄론은 사회적 반응이 일탈을 초래한다는 낙인이론의 기본전제를 수용하면서도 나아가 범죄 발생의 저변에 작용하고 있는 구조적 요인을 거시적 시각에서 분석하고 있다.

┃ 비판범죄학과 낙인이론 비교 ┃

구분		비판범죄학	낙인이론
공통점		• 형사사법기관의 편파성을 지적하고, 공식통계를 신뢰하지 않는다. • 사회적 가치·규범 및 법률에 대한 사회적 합의를 인정하지 않는다.	
차이점	접근방법	거시적	미시적
	강조점	범죄의 정치경제성을 중시	범죄자에 대한 사회적 반응을 중시

정답 ④

85. 다음 중 롬브로조의 범죄인분류내용이 아닌 것은?

① 예모범죄인　　　　　　　　② 격정범죄인

③ 기회범죄인　　　　　　　　④ 생래범죄인

 롬브로조는 범죄인을 생래범죄인·정신병범죄인·격정범죄인·기회범죄인·상습범죄인·잠재적범죄인 등으로 분류하였다. ①은 아샤펜부르크의 범죄인분류유형 중 하나이다.

┃ 롬브로조의 범죄인분류 ┃

생래적 범죄인		선천적으로 범죄자적인 생물학적 구조를 타고난 범죄인
정신병범죄인		정신병이 원인이 되어 범행하는 자
격정범죄인		선천적으로 범죄소질을 가진 것은 아니나, 우발적으로 범행하는 자
기회범죄인	사이비범죄인	범죄의 위험성은 없으나, 자신의 생존이나 명예를 위해 범행할 수 있는 자
	준범죄인	생래적 범죄인과는 구별되나, 다소 선천적 원인이 있는 자
관습(상습)범죄인		좋지 못한 환경으로 인해 상습적으로 범행하는 자
잠재적 범죄인		음주 등 다른 이유로 격한 감정이 생기면 범죄인의 특성이 나타나는 자

정답 ①

86. 〈보기 1〉의 학자와 〈보기2〉의 내용을 바르게 연결한 것은?

┤ 보기 1 ├

㉠ 머튼 (R. Merton) ㉡ 허쉬(T. Hirschi)
㉢ 볼드(G. Vold) ㉣ 퀴니(R. Quinney)

┤ 보기 2 ├

ⓐ 어느 사회에서나 문화적 목표나 가치에 대해서는 사람들 간에 기본적인 합의가 이루어져 있다는 가치공유설을 전제로 한다.
ⓑ 자본가들에 의한 범죄를 지배와 억압의 범죄로 보았다.
ⓒ 일탈을 통제하는 시스템에 장애가 생기면 일탈행동이 발생한다.
ⓓ 본인 스스로의 자아낙인(self-label)을 고려했다는 점에서 다른 낙인이론가들과는 차이가 있다.
ⓔ 범죄행위란 집단갈등과정에서 자신들의 이익과 목적을 제대로 방어하지 못한 집단의 행위로 인식하였다.

① ㉠-ⓐ, ㉡-ⓓ, ㉢-ⓔ ② ㉡-ⓒ, ㉢-ⓓ, ㉣-ⓑ
③ ㉠-ⓒ, ㉡-ⓑ, ㉣-ⓓ ④ ㉠-ⓐ, ㉢-ⓔ, ㉣-ⓑ

해설 ⓒ는 허쉬(T. Hirschi)의 사회통제이론에 관한 설명이며, ⓓ는 슈어(E.M. Schur)의 낙인이론에 관한 설명이다.

정답 ④

87. E. Ferri의 범죄인분류 중 옳지 않은 것은?

① 관습범죄인 ② 격정범죄인
③ 정신병적 범죄인 ④ 확신범죄인

해설 ①②③ 페리는 생물학적 범죄원인에 집착한 롬브로조를 비판하고, 범죄사회학적 입장에서 범죄인을 생래적 범죄인·정신병범죄인·격정범죄인·기회범죄인·관습범죄인 등 5종으로 분류하였다.

▌페리의 범죄인분류▐

생래적 범죄인	선천적으로 개선이 불가능한 범죄인으로 무기한 격리 또는 유형에 처함
정신병범죄인	정신병에 의해 범행하는 자로서 정신병원에 수용
격정범죄인	돌발적 격정으로 범행하는 자로서 손해배상이나 강제이주
기회(우발) 범죄인	정도가 중한 자는 훈련치료, 가벼운 자는 격정범과 같이 처벌
관습(상습) 범죄인	개선가능성 있는 자는 훈련 조치, 개선불능한 자는 무기한 격리

정답 ④

88. 비판범죄학에 대한 설명으로 옳지 않은 것은?

① 급진주의 범죄학이라고도 한다.

② 권력형 범죄의 분석에 무력하다는 비판이 있다.

③ 범죄대책은 자본주의사회의 모순을 극복하기 위해 사회체제를 사회주의로 전환시켜야한다고 주장한다.

④ 자본주의 사회의 모순을 가장 중요한 범죄의 원인으로 보고, 범죄는 국가에 대한 사회적 약자의 레지스탕스라고 주장한다.

> 해설 ② 비판범죄학은 주로 정치적인 측면에서 범죄문제를 다루고 있으므로 권력형 범죄의 분석에 무력하다는 표현은 틀리다.

┃ 비판범죄학의 평가 ┃

공헌	• 종전 범죄이론은 범죄원인을 개인에서 찾는 미시적 관점이었으나, 비판범죄학은 범죄원인을 사회구조에서 찾는 거시적 관점에서 파악 • 범죄를 다루는 기관들의 배후에 있는 진정한 동기를 찾으려 함 • 권력형 범죄의 분석에 유용 • 암수범죄의 중요성을 지적
비판	• 가치전제적이고, 사변적이며, 지나치게 이념적 • 범죄의 원인규명에 미흡하고, 범죄문제를 정치적 측면 위주로 파악 • 상층범죄의 관심집중으로 하층계급의 보호에 충분한 배려가 없음 • 자본주의체제에 대한 비판만 있을 뿐 형사사법체계의 개선을 위한 구체적 대안을 제시하지 못함 • 생물학적 또는 심리학적 범죄대책을 도외시

정답 ②

89. G. Aschaffenburg "법적 안정성에의 영향력"을 기초로 범죄인을 7종으로 분류하였는데 이에 해당하지 않는 범죄인은?

① 기회범죄인   ② 확신범죄인

③ 격정범죄인   ④ 예모범죄인

> 해설 ①③④ 아샤펜부르크는 심리학적 입장에서 범죄의 원인을 개인적 원인과 일반적 원인으로 나누고, 범죄인을 우발범죄인·격정범죄인·기회범죄인·예모범죄인·누범범죄인·관습범죄인·직업범죄인 등 7종으로 분류하였다.

┃ 아샤펜부르크의 범죄인분류 ┃

우발범죄인	공공의 법적 안정성을 해칠 의도는 없으나, 사회방위의 관점에서 적당한 대책이 필요한 자.
격정범죄인	해를 끼치려는 의도는 적으나, 위험성이 있으므로 일정한 조치가 필요한 자
기회범죄인	감정적 흥분 때문이 아니고, 우연한 기회가 동기로 되어 범죄를 하는 자
예모(豫謀)범죄인	모든 기회를 노리고 찾으려는 자로 고도의 공공위험성이 있는 자
누범범죄인	범죄를 반복하는 자로 여기에서의 누범은 전과 유무를 불문한 심리학적 개념이다.
관습범죄인	형벌을 불명예로 보지 않고, 범죄에 익숙하여 나태와 무기력으로 살아가는 자
직업범죄인	적극적 범죄 욕구를 가진 자로 환경보다는 이상성격이 그 원인이 되는 경우가 많음

정답 ②

90. 다음 중 범죄인분류에 대한 설명으로 맞는 것은?

① Lombroso는 범죄사회학적 개념에서 생래적 범죄인을 제시하였다.

② Aschaffenburg는 범죄인유형을 7분법 하였다.

③ Garofalo는 범죄인과 비범죄인을 구분하였다.

④ Liszt는 범죄인을 법정범과 자연범으로 구분하였다.

 ① 롬브로조는 범죄사회학적 입장이 아닌 범죄인류학적 입장에서 범죄인을 분류하고, 생래적 범죄인설을 주장하였다.

③ 가로팔로는 범죄의 원인을 사회진화를 거역하는 인류학적 변이성에서 찾고, 범죄인을 자연범·법정범·과실범으로 분류하였다.

④ 리스트는 목적형주의의 입장에서 행위자의 반사회성 내지는 반사회적 위험성의 종류 및 성질을 표준으로 범죄인을 8종으로 분류하였으며, 그에 대한 처우방법을 개별화할 것을 주장하였다.

▎가로팔로의 범죄인분류 ▎

자연범	모살범죄인	개선불가능한 자는 사형
	폭력범죄인	본능적인 살상범은 무기유형, 기타 폭력범죄인은 부정기자유형
	재산범죄인	본능적·상습적인 자는 무기유형, 소년은 시설에 수용하여 훈련, 성인은 강제노역
	풍속범죄인	부정기자유형
법정범		정기구금형
과실범		처벌 불필요

▎리스트의 범죄인분류 ▎

개선불가능자	범익침해 의식이 없거나 희박한 범죄인	〈무해화조치〉 • 종신형에 의한 무해화조치가 필요 • 개선불가능한 자에 대한 범죄학적·형사정책적 연구는 매우 중요
개선가능자	동정범죄인	〈개선조치〉 • 개선을 위한 형벌 부과 • 다만 단기자유형은 불합리한 결과를 초래하므로 피해야 함
	긴급범죄인	
	성욕범죄인	
	격정범죄인	
기회범	명예·지배욕범죄인	〈위협〉 • 위하의 목적으로 형벌 부과 • 다만 형벌은 벌금정도가 적합하고, 단기자유형은 피해야 함
	이념범죄인	
	이욕·쾌락욕범죄인	

정답 ②

91. 범죄발생의 원인에 관한 연구 중 범죄유전연구가 아닌 것은?

① 쌍생아 연구   ② 입양아연구

③ 체격형에 관한 연구   ④ 범죄인 가계연구

해설 유전과 범죄에 관한 연구로는 ①②④ 외에 성염색체 연구가 있다. ③은 신체적 특성과 범죄와의 관련에 관한 연구로서 범죄유전연구와는 관련이 없다.

정답 ③

92. 범죄 및 범죄원인에 대한 설명으로 옳지 않은 것은?

① 비결정론은 법률적 질서를 자유의사에 따른 합의의 산물로 보고 법에서 금지하는 행위를 하거나 의무를 태만히 하는 행위 모두를 범죄로 규정하며, 범죄의 원인에 따라 책임소재를 가리거나 그에 상응하는 처벌을 부과해야 한다는 견해이다.

② 결정론에 따르면 인간의 사고나 판단은 이미 결정된 행위과정을 정당화하는 것에 불과하므로 자신의 사고나 판단에 따라 자유롭게 행위를 선택할 수 없다고 본다.

③ 미시적 환경론과 거시적 환경론은 개인의 소질보다는 각자가 처해있는 상황을 주요한 범죄 발생원인으로 고려한다는 점에서 유사하다.

④ 갈등이론에 의하면 법률은 사회구성원들이 함께 나누고 있는 가치관이나 규범을 종합한 것으로서, 법률의 성립과 존속은 일정한 가치나 규범의 공유를 상징한다.

[해설] ④는 갈등이론이 아니라, 합의론에 관한 설명이다.

[정답] ④

93. 거시적 환경론과 관계가 없는 것은?

① 사회해체론　　　　　　　　　② 문화전달론
③ 긴장이론　　　　　　　　　　④ 중화기술이론

[해설] ④ 미시적 환경론은 개인적 생활환경을 보다 강조하고, 거시적 환경론은 보다 광범위한 사회적 환경을 강조한다는 점에서 구별된다. 미시적 환경론으로는 (사회)생물학적 범죄이론·심리학적 범죄이론·사회통제이론·낙인이론 등이 있고, 거시적 환경론으로는 사회갈등적 범죄이론·사회구조적 범죄이론·비판범죄학 등이 있다. 중화기술이론은 사회통제이론에 속하므로 미시적 환경론에 해당한다.

[정답] ④

94. 다음 설명 중 옳지 않은 것은?

① 프로이드(Freud)는 의식을 에고(Ego)라고 하고, 무의식을 이드(Id)와 슈퍼에고(Superego)로 나누었다.

② 정신분석학은 개인이 콤플렉스에 기한 잠재적인 죄책감과 망상을 극복할 수 없는 경우에 범죄로 나아갈 수 있다고 보았다.

③ 에이크혼(Aichhorn)에 따르면 비행소년은 슈퍼에고(Superego)의 과잉발달로 이드(Id)가 통제되지 않아 양심의 가책 없이 비행을 하게 된다고 보았다.

④ 슈나이더(Schneider)는 정신병질유형 중에서 과장성(자기현시성) 정신병질자는 고등사기범이 되기 쉽다고 보았다.

[해설] ③ 에이크혼(Aichhorn)은 비행소년은 슈퍼에고가 제대로 발달하지 않았기 때문에 비행을 하게 된다고 보았다. 반면 프로이드(Freud)는 과잉발달된 슈퍼에고로 인하여 범죄를 저지를 수 있다고 보았다.

[정답] ③

95. 고다드(H. Goddard)의 범죄연구에 대한 설명으로 옳은 것은?

① 매스컴과 범죄의 무관성을 주장하였다.

② 인신범죄는 따뜻한 지방에서, 재산범죄는 추운지방에서 보다 많이 발생한다고 하였다.

③ 범죄자의 정신박약이나 지능과의 관계에 대하여 연구하였다.

④ 상습범죄자에 대한 조사에서 비행소년의 학업태만 등은 '범죄의 유치원'이라고 하였다.

 ③ 고다드(Goddard)는 범죄인 가계연구를 한 학자로서 칼리카크가(家)(The Kallikak) 연구가 대표적이다.

　① 클레퍼(J.T. Klapper)·리커티(E.A. Ricutti)·레원(H.S. Lewon) 등 미국의 사회학자들에 따르면 매스미디어는 비인격적 관계에서 제시되는 사회적 환경의 일부에 불과하므로 범죄의 증가와 무관하며, 범죄발생은 개인적 인격, 가정, 집단관계 등 복합적 요소에 따라 좌우된다고 보았다.

　② 케틀레(A. Quetelet)는 대인범죄는 따뜻한 지방인 유럽의 남부에 많고, 재산범죄는 추운 지방인 북부(특히 추운 계절)에 많다고 하였다.

　④ 미국의 정신의학자인 힐리와 브론너(Healy & Bronner)는 여러 원인이 복합적으로 작용하여 동태적·발전적으로 소년비행에 이르게 되는 과정을 설명하였으며, 특히 '학업태만은 범죄의 유치원'이라고 하였다.

| 범죄인 가계연구 |

쥬크가(家) 연구	맥스 쥬크의 7대에 걸친 조상 709명을 조사한 결과 매춘부 24.5%, 알코올중독자18.5%, 중범죄자 10.5%, 정신병자 8.6% 등으로 조사되었고, 이들의 행동유형 또한 대체로 탐욕적, 향락적, 책임감과 정의관념 희박, 노동기피 등 특이현상이 나타났다.
칼리카크가(家) 연구	마틴 칼리카크가 정신박약자인 여인과의 사이에서 출생한 자손에게는 정신박약자 29.3%, 알코올중독자가 4.9%, 기타 범죄자 등이 다수 배출된 반면, 청교도 신앙을 가진 여인과의 사이에서 출생한 자손은 대체로 건전한 시민이었다.

[정답] ③

96. 다음 중 크레취머의 체격형에 대한 설명으로 가장 부적당한 것은?

① 투사형은 폭력, 상해 등 신체상의 범죄가 많다.

② 세장형은 분열성 정신병과 관련이 있다.

③ 수형자 중 비만형 체격이 제일 많다.

④ 투사형은 간질과 관련이 많다.

 ③ 독일의 정신병리학자인 크레취머(E. Kretschmer)는 1921년 그의 저서 「신체구조와 성격」을 통해 사람의 체형을 세장형·투사형·비만형으로 구분하고, 특히 활동적이고 주관이 강하며 공격적 기질인 투사형이 범죄와 많이 관련된다고 주장하였다.

| 크레취머의 취형연구 |

체형	기질형	정신병형	특징	범죄 유형
세장형	분열기질	정신분열증	비사교적·내성적·변덕	조발성·절도
투사형	점착기질	간질	집착·완고·인내심 부족	대인범죄·성범죄
비만형	순환기질	조울증	사교적·다정다감	누범성·지발성·사기

[정답] ③

97. 다음 설명 중 옳은 것을 모두 고른 것은?

> ㉠ 롬브로조(Lombroso)는 진화론을 무시하였다.
> ㉡ 후튼(Hooton)은 롬브로조의 이론에 반대하였다.
> ㉢ 프로이드(Freud)는 이드, 에고, 슈퍼에고 이론 및 XXY, XYY이론에 대해 연구하였다.
> ㉣ 메드닉(Mednick)은 MMPI를 개발하였다.
> ㉤ 글룩(Glueck)부부는 비행소년의 성격심리특징을 찾고자 하였다.
> ㉥ 크레취머(Kretschmer)는 신체구조와 성격의 연구를 통해 범죄의 상관성을 설명하고자 하였다.

① ㉠, ㉡   ② ㉡, ㉢
③ ㉢, ㉣   ④ ㉤, ㉥

해설 ○ : ㉤㉥
   × : ㉠ 롬브로조는 다윈의 진화론에서 많은 영향을 받았다. ㉡ 후튼은 롬브로조의 이론에 찬성하였다. ㉢ XXY형, XYY형 등 성염색체 연구는 제이콥스(Jacobs)·위트킨(Witken) 등에 의해 이루어졌다. ㉣ 메드닉(Mednick)은 뇌파와 범죄와의 관련성을 연구한 학자이며, MMPI(Minnesota Muliphasic Personality Inventory : 미네소타 다면적 인성검사)는 1940년에 미국의 해서웨이와 맥킨리(S. Hathaway & J. Mckinley)에 의해 개발되었다.

정답 ④

98. 슈나이더(K. Schneider)의 정신병질자의 유형에 관한 설명 중 옳지 않은 것은?

① 발양성 정신병질자는 분별력 없이 떠벌리는 성격의 소유자로서 흉악범이 되는 경우는 적고, 가벼운 절도, 상습사기, 모욕죄 등의 상습범과 누범이 되는 경우는 많다.
② 무정성 정신병질자는 자신의 정신과 행동을 아무 생각 없이 끌고 가는 심신부조화의 유형으로서 비교적 범죄와 관련이 적은 유형으로 알려져 있다.
③ 자신 결핍성 정신병질자는 내적 열등감과 불확실성을 특징으로 하는 유형으로서 내적 갈등으로 인하여 살인, 방화, 상해 등의 범죄를 저지르는 경우도 있으나, 그 가능성은 낮다.
④ 자기 현시성(과장성) 정신병질자는 자신을 과대평가하면서 자기를 의미 있는 인물로 받아들이게 하기 위하여 반사회적 행위를 하는 경우가 있는 유형으로서 주로 사기성 범죄자가 이에 속한다.

해설 ② 무정형 정신병질자는 수치심·동정심·명예감정 등 인간 특유의 도덕감정이 결여되어 있어 잔인·냉혹하며, 자신의 욕망에 따라 수단방법을 가리지 않고 행동하므로 범죄와 관련이 많은 유형으로 알려져 있다. 특히 살인·강도·강간 등 강력범죄를 저지르며, 조직범·누범 등에게서 많이 발견된다.

정답 ②

99. **"범죄친화적 성향은 유전된다"라는 명제를 뒷받침하는 연구결과가 아닌 것은?**

① 누범자집단과 초범자집단을 대상으로 그들 부모의 범죄성을 조사하였는데 누범자 집단의 부모 쪽이 더 높은 범죄성을 나타냈다.

② 일란성 쌍생아의 범죄일치율이 이란성 쌍생아의 범죄일치율보다 더 높았다.

③ 범죄자 중에 입양된 자들을 대상으로 실부와 양자 간의 범죄일치율과 양부와 양자 간의 범죄 일치율을 조사하였는데 전자가 더 높았다.

④ 결손가정의 청소년이 일반가정의 청소년보다 범죄를 저지르는 비율이 더 높았다.

> 해설 ④ 결손가정 자녀의 범죄성 문제는 유전적 요인이 아니라, 개인환경적 요인과 관계있다.

정답 ④

100. **슈나이더(K. Schneider)가 구분한 정신병질 중 감정변화가 심하여 행동예측이 곤란하고 방화범과 상해범에서 많이 나타나는 유형은?**

① 기분 이변성 정신병질자　　　　　② 무정성 정신병질자
③ 자기 현시욕성 정신병질자　　　　④ 폭발성 정신병질자

> 해설 ① 기분 이변성 정신병질자는 불명확한 동기로 감정의 변화가 심하여 그 행동예측이 곤란한 정신병질의 유형으로 충동적으로 절도·방화·상해 등의 범죄를 저지르는 경우가 많다.

❚ 슈나이더의 정신병질에 관한 10분법 ❚

구분	증상 및 범죄적 특성
발양형	• 낙천적인 반면, 경솔하고 정서적 안정이 없으며, 감정을 제어하는 능력이 현저히 부족 • 상습범이나 누범 중에 많고, 사기범이나 절도범 중에서 많이 발견
열광형 (광신형)	• 특정 가치나 관념에 집착하여 자신의 주장을 고집하고, 소신대로만 행동 • 정치범·종교적 확신범 등에게서 많이 발견
과장형 (자기 현시형)	• 타인의 주목과 관심을 끌기 위해 과대한 행동이나 공상적인 허언을 일삼음 • 사기범 중에서 많이 발견
폭발형	• 사소한 자극에도 지나친 반응을 보이고, 폭언·폭행을 하며, 음주 시 그런 경향이 현저함 • 살인·상해·폭행·손괴 등 충동적 범죄를 저지르며, 자살가능성 높음
기분 이변형	• 기분이 쉽게 변화하며, 그 기분의 동요를 예측하기 곤란 • 충동적으로 절도·방화·상해 등의 범죄를 저지르며, 방랑·폭음·낭비를 함
무정(無情)형	• 수치심·명예감정 등 인간 특유의 도덕감정이 결여되어 있어 잔인하고 냉혹함 • 살인·강도·강간 등 강력범죄를 저지르며, 조직범·누범 등에게서 많이 발견
의지 박약형	• 의지가 약하고, 주변에 좌우되며, 나쁜 습성이나 환경에 빠지면 헤어나지 못함 • 누범·상습범·알코올이나 마약중독자·창녀 중에서 많이 발견
우울형	• 염세적·회의적 인간관계에 사로잡혀 우울하게 지내며, 자책하는 성향 • 자살가능성은 비교적 높으나, 범죄와는 거의 관련이 없음
자신 결핍형 (자기 불확실형)	• 자기의 능력부족을 의식하여 하고 싶은 행동도 주저하고, 주변사정에 민감 • 강박신경증에 걸리기 쉬우나, 범죄와는 거의 관련이 없음
무력(無力)형	• 무력감에 빠져 심신의 부조화상태를 호소하며, 타인의 관심이나 동정을 기대 • 신경질적 증상이 있으나, 범죄와는 거의 관련이 없음

정답 ①

01. 멘델존(Mendelsohn)이 주장한 범죄성립에 있어서 피해자 측의 귀책성 여부 중 병환 중인 남편과 동반 자살한 부인, 사랑을 이유로 한 합의정사자, 촉탁 또는 승낙에 의한 살인죄에 있어서 촉탁 또는 승낙자 등에 해당하는 귀책성은?

① 완전히 유책성이 없는 피해자
② 유책성이 조금 있는 피해자
③ 가해자와 같은 정도의 유책성이 있는 피해자
④ 가해자보다 더 유책성이 있는 피해자

 ③ 멘델존은 피해자의 유책성 정도에 따라 분류하였는데 이 문제는 가해자와 동등한 책임이 있는 피해자 유형에 해당한다.

┃ 멘델존의 피해자유형 ┃

책임 없는 피해자	영아살해죄의 영아, 약취유인된 유아 등
조금 책임 있는 피해자	낙태로 인하여 사망한 임산부 등 무지로 인한 피해자
가해자와 동일한 책임 있는 책임자	자살미수·동반자살 등 자발적인 피해자
가해자보다 더 책임 있는 피해자	범죄자의 가해행위를 유발시킨 피해자, 부주의에 의한 피해자 등
가장 책임 있는 피해자	정당방위의 상대방 같은 공격적 피해자, 무고죄의 범인 같은 기망적 피해자

정답 ③

02. 피해자학 또는 범죄피해자에 대한 설명으로 옳지 않은 것은?

① 멘델존(Mendelsohn)은 피해자학의 아버지로 불리며 범죄피해자의 유책성 정도에 따라 피해자를 유형화하였다.
② 범죄피해자보호법에서는 대인범죄 피해자와 재산범죄 피해자를 모두 범죄피해 구조대상으로 본다.
③ 마약 복용, 매춘 등의 행위는 '피해자 없는 범죄'에 해당한다.
④ 정당방위(형법 제21조 제1항)에 해당하여 처벌되지 않는 행위 및 과실에 의한 행위로 인한 피해는 범죄피해 구조대상에서 제외된다.

해설 ② 범죄피해자보호법상 구조대상 범죄피해란 대한민국의 영역 안에서 또는 대한민국의 영역 밖에 있는 대한민국의 선박이나 항공기 안에서 행하여진 사람의 생명 또는 신체를 해치는 죄에 해당하는 행위로 인하여 사망하거나 장해 또는 중상해를 입은 것을 말한다(범죄피해자보호법 제3조 제1항 제4호). 따라서 재산범죄 피해자는 구조대상 범죄피해에 해당하지 않는다.

정답 ②

03. 범죄피해자보호법상 구조금에 관한 설명으로 옳지 않은 것은?

① 자기 또는 타인의 형사사건의 수사 또는 재판에서 고소·고발 등 수사단서를 제공하거나 진술, 증언 또는 자료제출을 하다가 구조피해자가 된 경우 범죄피해구조금을 지급한다.

② 구조금 지급신청은 법무부령으로 정하는 바에 따라 그 주소지, 거주지 또는 범죄발생지를 관할하는 지구심의회에 할 수 있다.

③ 구조금 지급신청은 당해 범죄피해의 발생을 안 날로부터 3년이 지나거나 해당 구조대상 범죄피해가 발생한 날로부터 10년이 지나면 할 수 없다.

④ 구조피해자나 유족이 해당 구조대상 범죄피해를 원인으로 하여 손해배상을 받았더라도 국가는 구조금 전액을 지급해야 한다.

> **해설** ④ 국가는 구조피해자나 유족이 해당 구조대상 범죄피해를 원인으로 하여 손해배상을 받았으면 그 범위에서 구조금을 지급하지 아니한다(범죄피해자보호법 제21조 제1항).
> ① 범죄피해자보호법 제16조 제2호. ② 동법 제25조 제1항. ③ 동조 제2항.
>
> 정답 ④

04. 범죄피해자보호법상 구조금 지급에 대한 설명으로 옳지 않은 것은?

① 범죄행위 당시 구조피해자와 가해자의 사이가 4촌 이내의 친족관계가 있는 경우 구조금을 지급하지 아니한다. 다만 구조금을 지급하지 아니하는 것이 사회통념에 위배된다고 인정할 만 한 특별한 사정이 있는 경우에는 구조금의 전부 또는 일부를 지급할 수 있다.

② 구조금는 유족구조금, 장해구조금 및 중상해구조금으로 구분하며, 일시금으로 지급한다. 다만, 특별한 사정이 있는 경우에는 분할하여 지급할 수 있다.

③ 구조피해자의 사망 당시 구조피해자의 수입으로 생계를 유지하고 있는 구조피해자의 자녀, 부모, 손자·손녀, 조부모 및 형제자매도 유족구조금의 지급대상인 유족에 해당한다.

④ 국가는 구조피해자나 유족이 해당 구조대상 범죄피해를 원인으로 하여 손해배상을 받았으면 그 범위에서 구조금을 지급하지 아니한다.

> **해설** 구조금은 유족구조금·장해구조금 및 중상해구조금으로 구분하며, 일시금으로 지급한다(범죄피해자보호법 제17조 제1항). 즉 구조금은 일시금으로 지급하며, 예외규정이 없다.
> ① 동법 제19조 제1항, ② 동법 제18조 제1항 제3호. ④ 동법 제21조 제1항
>
> 정답 ②

05. 「범죄피해자보호법 시행령」상 범죄피해자보호위원회에 대한 설명으로 옳은 것은?

① 위원장은 법무부차관이 된다.

② 위원의 임기는 2년으로 하되 연임할 수 없다.

③ 회의는 제적위원 2/3 이상의 출석으로 개의하고, 출석위원 과반수의 찬성으로 의결한다.

④ 위원장의 부득이한 사유로 직무를 수행할 수 없을 때에는 위원장이 미리 지정한 위원이 그 직무를 대행한다.

> **해설**
> ① 범죄피해자보호위원회(이하 "보호위원회"라 한다)의 위원장은 법무부장관이 된다(범죄피해자보호법 시행령 제13조 제1항).
> ② 위원의 임기는 2년으로 하되 연임할 수 있으며, 보궐위원의 임기는 전임자의 임기의 남은 기간으로 한다(동조 제3항)
> ③ 보호위원회의 회의는 재적위원 과반수의 출석으로 개의하고, 출석위원 과반수의 찬성으로 의결한다(동 시행령 제14조 제3항),
> ④ 동 시행령 제14조 제2항

정답 ④

01. 화이트칼라범죄(White-Collar Crime)에 관한 설명 중 옳지 않은 것은?

① 서덜랜드(E.H. Sutherland)는 높은 사회적 지위를 가진 자들이 이욕적 동기에서 자신의 직업활동과 관련하여 행하는 범죄라고 하였다.

② 화이트칼라범죄자의 범죄의식은 낮은 편이다.

③ 공무원의 뇌물수수, 회사원의 금융사기나 횡령 등을 예로 들 수 있다.

④ 피해자뿐만 아니라 일반인도 피해의식이 높다.

 ④ 화이트칼라범죄는 그 피해의 중대성에도 불구하고 행위자가 범죄자로서 받는 사회적 비난의 정도가 크지 않으며, 일반인들도 직접적으로 자신에게 손실이 발생되는 것을 체감하지 못하기 때문에 피해의식도 낮은 편이다.

▌화이트칼라범죄의 특징 ▌

피해의 대규모성	국민의 신뢰를 무너뜨리고 사회질서를 교란하여 광범위한 사회해체를 유발
범죄성 인정의 곤란	범죄인은 물론 일반인들도 중대한 범죄로 인정하지 않는 경향이 있고, 위법성을 논하기 애매
증거확보의 곤란	범죄자의 사회적 지위가 높거나 전문지식을 이용하는 경우가 많아 적발이 용이하지 않음
암수범죄성	계획적이고 은밀하게 이루어지는 경향이 있어 범죄통계에 나타나지 않는 암수범죄가 많음
사회적 비난의 미약	일반인들이 직접적으로 범죄의 손실을 체감하지 못하므로 사회적 비난이 약하고 피해의식도 낮음
확산 추세	기술과학의 발전에 따른 전문적 영역의 확대로 범죄발생은 점차 증가 추세

정답 ④

02. 여성범죄의 특징이 아닌 것은?

① 기회성

② 의지 박약성

③ 수동성

④ 은폐성

 ①③④ 여성범죄의 특징으로 거론되는 것은 수동성·불성실성·은폐성·기회성·저지능성 등이다.

▌여성범죄의 질적 특성 ▌

수동성	공격적 범죄가 적고, 배후에 남성이 있으며, 경제적 곤궁이나 정신적 궁박상태에서 행하는 범죄가 많음
불성실성	사기·장물·간통 등의 범죄가 많고, 폭력적 범죄비율은 매우 낮은 편
은폐성	소규모로 반복하는 경향이 있고, 자신과 밀접한 관계에 있는 사람이 피해자가 많으며, 비신체적 수단을 이용
기회성	생래성이 드물고, 환경의 영향을 받는 기회적 성향을 나타내며, 특히 전쟁기에 증가
저지능성	적극적인 지능범이 적고, 범행 후에는 곧 후회하며, 여성 상호 간에 있어서 더욱 냉정한 경향이 있음

정답 ②

03. 매스컴과 범죄의 관계에 관한 설명 중 옳지 않은 것은?

① 자극성가설에 의하면 매스컴이 묘사하는 범죄 실행장면이 모방심리를 자극함으로써 범죄를 유발한다고 한다.

② 카타르시스가설에 의하면 일반인들이 매스컴의 범죄장면을 보고 스스로 카타르시스를 얻기 위해 범죄행위에 나설 수 있기 때문에 매스컴이 범죄를 유발한다고 한다.

③ 습관성가설에 의하면 매스컴의 폭력장면에 장기적으로 노출되다 보면 폭력에 무감각해지고 범죄를 미화하는 가치관이 형성되므로 범죄가 유발된다고 본다.

④ 억제가설에 의하면 매스컴의 범죄묘사는 폭력피해에 대한 책임감과 보복에 대한 공포심을 불러 일으켜 일반인들의 공격적 성향을 억제한다고 한다.

 ② 카타르시스가설이란 시청자는 매스미디어에서 방영되는 폭력장면들을 보며 대리만족을 하게 되어 카타르시스를 경험함으로써 공격적 성향을 자제하게 된다는 이론이다.

┃매스미디어의 순기능과 역기능┃

매스컴의 순기능	민감화 작용	범죄인의 비행을 폭로함으로써 사회적 비난이 가해져 유사행동 방지에 기여
	정화작용	범죄현상을 보도함으로써 사람들의 본능적 범죄충동을 정화하고 억제
	카타르시스 작용	폭력행위시청을 통한 대리만족으로 공격적 성향을 자제
	억제작용	범죄인의 불행한 결말을 보게 됨으로써 공포심이 유발되어 범죄접근을 자제
매스컴의 역기능	모방효과	범죄행위의 시청으로 유사 범죄행위를 저지름
	강화작용	범죄행위의 시청으로 이전의 범죄성향이 더욱 강화됨
	둔감화 작용	범죄행위의 잦은 시청으로 범죄에 둔감하게 되어 죄책감 없이 범죄를 저지름
	습관성 가설	범죄행위의 잦은 시청으로 범죄 미화의 가치관이 형성되어 범죄를 저지름

정답 ②

04. 범죄의 예방·수사·교정의 각 단계에서 범죄가능성을 측정할 수 있는 여러 요인들을 통하여 장래의 범죄행위 또는 비행의 위험도를 측정·판단하는 범죄예측은 범죄원인을 찾아내어 범죄를 예방할 수 있다는 점에서 대단히 중요하다. 이러한 범죄예측이 갖추어야 할 요소로 옳지 않은 것은?

① 신뢰성   ② 타당성
③ 단순성   ④ 임의성

 객관성·타당성·단순성·경제성 등이다.

┃범죄예측의 전제조건┃

객관성	범죄예측은 누가 하더라도 동일한 결과가 나올 수 있도록 신뢰성이 담보되어야 한다.
타당성	범죄예측은 합목적적 방법으로 수행되어야 하며, 범죄예측의 목적에 맞는 결과를 얻을 수 있어야 한다.
단순성	예측척도의 판정을 위한 조작이 간단하고, 많은 시간이 소요되지 않아야 한다.
경제성	예측비용과 예측시간은 경제적이어야 하며, 적은 예측인자로 정확성이 높은 결과를 얻을 수 있어야 한다.

정답 ④

05. 제프리(Ray C. Jeffery)가 제시한 범죄대책에 관한 설명으로 옳지 않은 것은?

① 범죄통제모델은 형벌을 수단으로 범죄를 예방하려는 모델로서 처벌의 신속성·확실성·엄격성을 요구한다.

② 사회복귀모델은 범죄인의 복지에 대한 관심을 본격적으로 유발한 모델로서 현대 행형에서 강조되고 있다.

③ 범죄통제모델은 롬브로조(C. Lombroso)의 생물학적 결정론과 같은 이론에 근거하는 모델로서 임상적 치료를 통해 개선하는 방법을 이용한다.

④ 환경공학적 범죄통제모델은 궁극적인 범죄방지는 사회환경의 개선을 통해 이루어질 수 있다고 주장한다.

 ③ 범죄통제(억제)모델은 종래의 형사정책에서 주된 관심을 두었던 방법으로 비결정론적 인간관을 전제하는 고전 학파의 범죄이론에 근거하고 있다.

▌제프리의 범죄대책모델 ▌

범죄통제모델	• 종래의 형사정책에서 주된 관심을 두었던 방법으로 고전학파 범죄이론의 입장이다. • 범죄예방의 방법으로 진압적 방법을 주장하며, 처벌의 신속성·확실성·엄격성을 강조한다.
사회복귀모델	• 주관주의 형법이론의 입장으로 범죄인의 재사회화와 재범방지에 중점을 둔다. • 임상적 개선, 지역활동, 교육 및 직업훈련, 복지정책 등 사회정책적 수단을 강조한다.
환경공학적 범죄통제모델	• 도시정책, 환경정화, 인간관계의 개선, 정치·경제·사회의 각 분야에서의 갈등해소를 강조한다. • 범죄방지는 근본적인 사회환경의 개선을 통해서만 가능하다고 본다. ※ 제프리가 가장 강조한 모델

정답 ③

06. 범죄예측에 대한 설명으로 옳은 것은?

① 전체적 평가법은 통계적 예측법에서 범하기 쉬운 객관성 문제를 개선하기 위해 개발된 방법이다.

② 통계적 예측법은 범죄자의 소질과 인격에 대한 상황을 분석하여 범죄자의 범죄성향을 임상적 경험에 의하여 예측하는 방법이다.

③ 버제스(E. W. Burgess)는 경험표(experience table)라 불렸던 예측표를 작성·활용하여 객관적인 범죄예측의 기초를 마련하였다.

④ 가석방 시의 예측은 교도소에서 가석방을 결정할 때 수용생활 중의 성적만을 고려하여 결정한다.

해설 ① 통계적 예측법은 전체적 평가법에서 범하기 쉬운 객관성 문제를 개선하기 위해 고안된 방법이다.
② 전체적 평가법이나 임상적 예측법에 대한 설명이다. 통계적 예측법은 여러 자료를 통하여 범죄예측요인을 수치화 함으로써 점수의 비중에 따라 범죄를 예측하는 것이다.
④ 가석방시의 예측은 가석방을 결정할 때 그 대상자의 재범위험성 등을 예측하는 것으로, 수용성적 뿐만 아니라 사회복귀 후의 환경 등을 고려하여 가석방 여부를 결정한다.

정답 ③

07. 다음 중 초범 방지를 위한 대책이라고 보기 어려운 것은?

① 형벌   ② 지역사회의 조직화

③ 임상적 개선법   ④ 그룹워크(Group Work)

 ③은 재범방지대책 중 하나이다. 초범방지를 위한 대책으로는 ①②④ 외에도 여가지도, 경찰의 범죄예방활동, 매스컴의 범죄예방활동, 협력회의의 편성과 활동 등이 있다.

▌초범방지대책▐

형벌의 일반예방적 기능 강화	범죄자의 신속한 체포 및 정확한 수사, 신속한 소추 및 공정한 재판, 신속한 형의 확정 및 선고 등을 통하여 처벌의 확실성을 담보하고, 법질서에 대한 신뢰 및 법의식을 강화
경찰의 범죄예방활동	범죄우려지역의 순찰, 불심검문, 경찰제지, 보호조치, 각종 법령위반행위의 단속 등 통상의 외근방범활동이 여기에 해당
지역사회의 조직화	지역사회가 범죄나 비행의 예방을 위하여 범인성 환경을 정비
매스컴의 범죄예방활동	매스컴은 신종범죄 또는 은폐된 범죄를 가장 신속하게 사회구성원에게 알릴 수 있다는 점에서 범죄예방에 효과적
그룹워크(Group Work)	그룹활동을 통해 범죄성을 치료하는 범죄대책으로 19세기 중엽부터 시작된 YMCA나 인보사업운동에서 기원한 사회사업의 일종
여가지도	조직적인 레크리에이션 활동 등을 통해 범죄에 대한 욕구를 억제시키고, 건전한 정신을 가지게 하여 범죄성을 예방
협력회의의 편성과 활동	경찰·소년법원·학교·아동상담소·행정당국·사회복지단체 등 범죄예방기능을 담당하는 기관들이 범죄예방에 관하여 통합적·조직적 프로그램을 수행

▌재범방지대책▐

형벌 및 보안처분	• 형벌은 범죄자를 교화개선시켜 범행을 뉘우치게 하는 데에 중점을 둠 • 보안처분은 범죄자를 격리하여 사회를 방지하고, 재범을 방지하는 데에 중점을 둠
기계적 개선법	• 형벌에 부수하여 강제적 수단을 통해 준법생활습관을 가지게 하는 방법 • 작업부과, 직업훈련, 교양교육 등이 여기에 해당
임상적 개선법	• 범죄인에게 내재하는 범죄원인이나 결함을 발견하여 치료하는 데에 중점을 두는 방법 • 치료감호처분, 약물중독자에 대한 치료프로그램 등이 여기에 해당
집단관계 개선법	• 범죄를 조장하는 환경으로부터 범죄인을 차단하여 준법적 행동양식을 습득시키는 방법 • 수형자자치제, 약물중독자의 금단프로그램 등이 여기에 해당
전문기술응용 개선법	• 대상자의 잠재능력을 발견하여 이를 발전시키고, 사회복귀를 원조하는 방법 • 교정과정에 전문가를 참여시키는 것이 여기에 해당
교육·훈련	• 수형자의 사회적응에 필요한 지식·기능·태도 등을 함양시키는 방법 • 교육기회의 확대, 교육·직업훈련프로그램의 개선, 직업알선 등이 여기에 해당
사회여건 개선	• 근본적인 재범방지대책은 수형자가 출소 후 사회에 성공적으로 적응할 수 있는 사회의 제반 여건을 개선하는 데 있다는 것

정답 ③

08. 범죄예측에 관한 설명으로 옳지 않은 것은?

① 범죄예측이란 예방·수사·재판·교정의 각 단계에서 개개의 사례를 통해서 잠재적 범죄자의 범행가능성이나 범죄자의 재범가능성을 판단하는 것이다.
② 통계적 예측방법은 임상적 지식이나 경험이 없는 비전문가에 의해서도 행해질 수 있다.
③ 임상적 예측방법은 의학·심리학 등을 바탕으로 대상자를 조사하고 관찰하여 범죄를 예측하기 때문에 조사자의 주관이 개입될 여지가 없다.
④ 예방단계에서 조기예측은 주로 성인범죄보다는 소년범죄의 예측에 사용되고 있다.

> **해설** ③ 임상적 예측방법은 전문지식을 활용한다는 점에서 효율적인 결과를 기대할 수 있지만, 개인차에 따라 판단결과가 달라질 수 있어 조사자의 주관이 개입될 여지가 많다는 것이 단점으로 지적되고 있다.
> **정답** ③

09. 범죄예측에 대한 설명으로 옳지 않은 것은?

① 재판단계에서의 예측은 효율적인 양형산정의 기준이 될 수 있다.
② 교정단계에서는 주로 가석방 시 예측이 중요하다.
③ 통계직 예측방법은 범죄자의 특징을 계량화하여 그 점수의 많고 적음에 따라 장래의 범죄행동을 예측하는 것이다.
④ 임상적 예측방법은 판단자의 주관적 평가를 배제하고 객관성을 확보할 수 있는 장점이 있다.

> **해설** ④ 임상적 관찰법이란 전문지식을 이용하여 대상자의 인격과 관련된 사항을 전체적으로 분석하고, 그 결과를 바탕으로 범죄성향을 임상적 경험에 의하여 예측하는 방법으로 평가자의 주관이 개입될 여지가 많아 객관성이 결여되기 쉽다는 단점이 있다.
> **정답** ④

10. 범죄예측에 대한 설명으로 옳은 것은?

① 임상적 예측방법은 정신의학·심리학 등을 바탕으로 행위자를 조사·관찰한 후 범죄를 예측하기 때문에 조사자의 주관이 개입될 여지가 없어 자료해석의 오류가능성이 없다.

② 수사단계의 예측은 선도조건부 기소유예와 같은 처분의 결정 시 소년에 대한 잠재적 비행 가능성을 판단하는 데 유용하다.

③ 현행법상의 제도로는 재판단계에서의 피고인에 대한 다양한 조사를 하는 데 한계가 있으므로 판결전 조사제도 도입이 시급하다.

④ 통계적 예측은 개별 범죄인에게 존재하는 고유한 특성이나 개인의 편차를 예측과정에 반영할 수 있다.

> **해설** ① 임상적 예측법에 대해서는 평가자의 주관이 개입되기 쉬워 객관성이 결여될 수 있다는 것이 단점으로 지적되고 있다.
> ③ 종전에는 판결전 조사제도가 소년범에 한정하여 인정되었으나, 2008년 12월 26일 개정된 「보호관찰 등에 관한 법률」에 따라 현재에는 그 대상이 성인범까지 확대되어 시행되고 있다.
> ④ 통계적 예측법은 사례를 중심으로 개발된 것이기 때문에 개별 범죄인에게 존재하는 고유한 특성이나 개인적 편차를 예측과정에 충분히 반영할 수 없다는 것이 단점으로 지적되고 있다.
>
> 정답 ②

01. 청소년범죄 관련 다이버전(diversion, 전환) 프로그램에 대한 설명으로 옳지 않은 것은?

① 다이버전은 형사사법기관이 통상적인 형사절차를 대체하는 절차를 활용하여 범죄인을 처리하는 제도를 말한다.

② 공식적인 형사처벌로 인한 낙인효과를 최소화하려는 목적을 갖고 있다.

③ 다이버전은 주체별로 경찰에 의한 다이버전, 검찰에 의한 다이버전, 법원에 의한 다이버전, 등으로 분류하는 경우도 있다.

④ 경찰의 선도조건부 기소유예 제도가 대표적인 기소전 다이버전 프로그램이라고 할 수 있다.

해설 선도조건부 기소유예 제도는 검찰단계의 기소전 다이버전 프로그램이다.

선도조건부 기소유예 제도는 검사가 범죄소년에 대하여 일정한 기간동안 준수사항을 이행하고 민간인인 범죄예방위원의 선도를 받을 것을 조건으로 기소유예처분을 하고, 그 소년이 준수사항을 위반하거나 재범을 하지 않고 선도기간을 경과한 때에는 공소를 제기하지 않는 제도를 말하며 소년에 대한 다이버전제도의 일종이라고 할 수 있다.

정답 ④

02. 기소유예제도에 관한 설명 중 옳지 않은 것은?

① 기소의 형식성과 경직성을 지양하고, 탄력적인 정의실현을 가능하게 한다.

② 단기자유형의 폐해를 막으면서 기소 전(前) 단계에서 사회복귀를 유도하는 기능을 가진다.

③ 검찰소추권의 자의적 행사를 방지하는 역할을 한다고 평가된다.

④ 법원 및 교정시설의 부담을 줄일 수 있는 장점이 있다.

해설 ③ 기소유예제도는 범죄자에 대한 법관의 사법적 판단기회를 차단한다는 점을 고려할 때 기소유예제도가 검찰소추권의 자의적 행사를 방지하는 역할을 한다는 표현은 옳지 않다.

▮기소유예제도의 장·단점▮

장점	단점
• 기소법정주의에 따르는 형식적 공평과 경직성 지양 • 구체적 정의의 실현과 실질적 공평의 추구에 적합 • 단기자유형의 폐해 예방 • 수용에 따르는 국가부담의 경감 • 공소제기 자체에 의한 일반예방효과와 특별예방효과의 증대 • 범죄인의 조속한 사회복귀	• 기소 전 단계에서 검사의 자의적 행정처분에 처벌 여부를 맡기는 것은 형사사법의 본질상 문제가 있음 • 형사사법에 외부압력의 개입 여지 • 무죄가 아니라 시효완성시점까지 기소만을 유예하는 것이므로 법적 안전성 침해

정답 ③

03. 다음 중 전환제도의 장점이 아닌 것은?

① 비공식기관의 사법망 확대
② 낙인의 감소
③ 교정비용절감
④ 인본주의의 접근

해설 ①은 전환제도의 단점에 해당한다.

▌전환제도의 장·단점 ▐

장점	단점
• 정식의 형사절차보다 경제적 방법으로 범죄문제 처리 • 낙인효과 최소화 • 형사사법기관의 업무량 감소 • 범죄자처우에 인도적 • 단기자유형의 폐해 방지	• 형사사법망의 확대 우려 • 형사사법기관의 재량확대 우려 • 범죄원인 제거에 효과적 • 경찰·검찰단계의 전환인 경우 재판절차 이전에 행해지는 형사사법 개입프로그램이라는 점에서 또 하나의 형사사법절차를 창출할 뿐이라는 비판이 있음

정답 ①

04. 소년에 대한 다이버전(diversion)에 해당하지 않는 것을 모두 고르면??

ㄱ 선도조건부 기소유예
ㄴ 소년법상 압수, 수색
ㄷ 불처분 결정
ㄹ 신입자 수용 특칙
ㅁ 소년법상 심리 불개시의 결정
ㅂ 경찰의 훈방 처분
ㅅ 소년교도소 수용처분

① ㄱ, ㄹ, ㅅ
② ㄴ, ㄷ, ㅁ
③ ㄴ, ㄹ, ㅅ
④ ㄴ, ㅁ, ㅂ

해설 ㄱㄷㅁㅂ은 다이버전, ㄴ은 형벌을 전제로 한 강제처분 절차라는 점에서, ㄹㅅ은 시설내처우라는 점에서 다이버전에 해당하지 않는다.

정답 ③

05. 다음 설명 중 가장 부적당한 것은?

① 우리나라는 기소편의주의를 취하나, 독일은 기소법정주의를 취한다.
② 선고유예의 효과는 형의 선고의 효력을 잃는다.
③ 집행유예의 효과는 형의 선고의 효력을 잃는다.
④ 마약사용 그 자체는 피해자가 없는 범죄이다.

해설 ② 선고유예의 효과는 형의 선고유예를 받은 날로부터 2년을 경과한 때에는 면소된 것으로 간주한다(형법 제60조).

정답 ②

06. 선고유예와 가석방제도에 대한 설명으로 옳은 것은?

① 선고유예와 가석방 모두 법원의 재량으로 결정할 수 있다.

② 선고유예와 가석방 모두 자격정지 이상의 형을 받은 전과가 없어야 한다.

③ 선고유예나 가석방시 사회봉사를 명할 수 있다.

④ 선고유예의 경우는 유예기간이 경과하면 전과가 남지 않는 것이 가석방의 경우와 다르다.

> **해설** ① 선고유예는 법원의 재량으로 결정되지만, 가석방은 행정처분, 즉 법무부장관의 허가에 의하여 결정되므로 가석방이 법원의 재량으로 결정된다는 표현은 옳지 않다. ② 선고유예는 자격정지 이상의 형을 받은 전과가 있는 자에 대해서는 할 수 없으나, 가석방은 그러한 제한이 없다. ③ 선고유예시와 가석방시 모두 사회봉사를 명할 수 없다.
>
> 정답 ④

07. 현행법상 집행유예에 관한 설명으로 옳지 않은 것은?

① 집행유예의 선고를 받은 자가 유예기간 중 고의 또는 중과실로 금고 이상의 형의 선고를 받아 그 판결이 확정된 때에는 집행유예의 선고는 효력을 잃는다.

② 사회봉사명령 또는 수강명령은 집행유예기간 내에 이를 집행한다.

③ 집행유예의 선고를 받은 후 그 선고의 실효 또는 취소됨이 없이 유예기간을 경과한 때에는 형의 선고는 효력을 잃는다.

④ 보호관찰·사회봉사·수강을 조건으로 집행유예를 받은 자가 준수사항이나 명령을 위반하고 그 정도가 무거운 때에는 집행유예의 선고를 취소할 수 있다.

> **해설** ① 집행유예기간 중 고의로 금고 이상의 형의 선고를 받아 판결이 확정된 때에만 집행유예 선고의 효력을 잃는다(형법 제63조). 따라서 중과실로 인한 경우는 해당되지 않는다.
> ② 형법 제62조의2 제3항, ③ 형법 제65조, ④ 형법 제64조 제2항
>
> 정답 ①

08. 현행법상 형의 집행유예에 관한 설명으로 옳지 않은 것은?

① 3년 이하의 징역이나 금고 또는 500만원 이하의 벌금의 형을 선고할 경우 양형의 조건을 참작하여 그 정상에 참작할 만한 사유가 있는 때에는 1년 이상 5년 이하의 기간 형의 집행을 유예할 수 있다.

② 형을 병과할 경우에는 그 형의 일부에 대하여 집행을 유예할 수 있다.

③ 형의 집행을 유예하는 경우에는 보호관찰을 받을 것을 명하거나 사회봉사 또는 수강을 명할 수 있다.

④ 집행유예의 선고를 받은 자가 유예기간 중 고의로 범한 죄로 금고 이상의 실형을 선고 받아 그 판결이 확정된 때에는 집행유예가 취소된다.

> **해설** ④ 집행유예의 선고를 받은 자가 유예기간 중 고의로 범한 죄로 금고 이상의 형의 선고를 받아 그 판결이 확정된 때에는 집행유예의 선고는 효력을 잃는다(형법 제63조).
> ① 형법 제62조 제1항. ② 동조 제2항. ③ 형법 제62조의2 제1항
>
> 정답 ④

09. 형과 관련된 제도와 그 효과에 대한 설명으로 옳은 것은?

① 집행유예 : 선고의 실효 또는 취소됨이 없이 유예기간이 경과하면 형의 선고는 효력을 잃는다.

② 선고유예 : 선고유예를 받은 날로부터 2년이 경과하면 형의 선고는 취소된 것으로 간주한다.

③ 가석방 : 가석방처분을 받은 후 처분이 실효 또는 취소되지 않고 기간이 경과하면 형의 집행이 면제된다.

④ 시효 : 시효가 완성되면 형의 집행이 종료된 것으로 본다.

> 해설 ② 형의 선고유예를 받은 날로부터 2년을 경과한 때에는 면소된 것으로 간주한다(형법 제60조).
> ③ 가석방의 처분을 받은 후 그 처분이 실효 또는 취소되지 아니하고 가석방기간을 경과한 때에는 형의 집행을 종료한 것으로 본다. (형법 제76조 제1항).
> ④ 형의 선고를 받은 자는 시효의 완성으로 인하여 그 집행이 면제된다(형법 제77조).
> ① 형법 제65조

정답 ①

10. 양형의 형사정책적 의미에 대한 설명으로 옳지 않은 것은?

① 양형은 입법자와 법관의 분업적 공동작업으로 이루어진다.

② 일반적으로 유책한 불법의 한도 내에서 일반예방 또는 특별예방을 추구하고 있다.

③ 양형개혁은 양형위원회의 양형기준에 법관을 구속시키려는 것이다.

④ 양형기준은 판결에 대한 예측가능성을 높여주기 때문에 국민의 권리를 보장하기 위한 수단이 될 수 있다.

> 해설 ③ 양형위원회규칙 제2조 제2항은 "양형기준은 법관의 재판상 독립과 합리적인 양형결정권을 보장하고, 양형의 균등성과 적정성을 제고하는 데 기여하여야 한다"고 규정하여 법관의 재판상 독립을 보장하고 있다.

정답 ③

11. 판결전 조사제도에 대한 설명이다. 틀린 것은?

① 형의 종류와 양형의 기초를 제공한다.

② 분류제도와 같은 것이다.

③ 보호관찰제도와 연계하여 발달하였다.

④ 소송의 신속한 진행에는 걸림돌이 될 수 있다.

> 해설 ② 분류제도는 형이 확정된 자의 개인적 특성에 알맞은 개별처우계획을 수립하고자 수형자를 과학적으로 심사·분류하는 것임에 반하여, 판결전 조사제도는 유죄가 인정되었으나, 아직 그 형이 확정되지 않은 범죄자를 대상으로 한다는 점에서 구별된다.

정답 ②

12. 다음 중 판결전 조사제도에 대한 장점은 모두 몇 개인가?

⊙ 판사가 가장 유효·적절한 판결을 할 수 있도록 돕는다(양형의 합리화 및 사법적 처우의 개별화에 기여)
ⓒ 변호인의 변호활동을 보완하는 기능을 하여 피고인의 인권보장에 기여한다.
ⓒ 교정시설에서 수용자에 대한 개별처우의 자료로 활용된다.
ⓔ 보호관찰 시 조사보고서 (보안처분의 기초자료)는 지역사회에서의 범죄인처우지침으로 활용된다.
ⓜ 양형절차 이전에 유무죄 인부절차에서 무죄판결시 피고인의 인격에 대한 조사가 불필요하여 소송경제에 유리하다.

① 2개 ② 3개
③ 4개 ④ 5개

해설 ⊙ⓒⓒⓔⓜ 모두 판결전 조사제도의 장점에 해당한다.

┃판결전 조사제도의 장·단점┃

장점	단점
• 법관이 판결 전에 피고인의 자료를 얻을 수 있어 실체적 진실발견에 도움을 줄 수 있음 • 양형의 합리화 및 과학화에 기여 • 형 확정 이후에는 수형자의 분류와 개별처우의 참고자료로 활용 • 보호관찰의 활성화에 기여 • 변호활동을 보완하여 피고인의 인권보장에 기여	• 사실인정절차와 양형절차가 합체된 소송구조하에서는 유죄인정의 자료로 이용될 수 있음 • 공정한 조사가 담보될 수 없을 경우 양형의 합리화에 역행 • 유죄판결 후 조사하는 경우 조사결과에 대한 피고인의 반론기회가 제공되지 않아 피고인에게 불리한 자료로 이용될 수 있음 • 정보제공자의 개인적 감정에 따라 조사결과가 달라질 수 있음 • 조사과정에 피고인이 관여할 여지가 없으므로 직권주의화로 흐를 가능성이 있음

정답 ④

13. 판결전 조사제도에 대한 설명으로 옳지 않은 것은?

① 보호관찰 등에 관한 법률에 의하면 판결전 조사의 대상자를 소년으로 한정하고 있다.
② 사실심리절차와 양형절차를 분리하는 소송절차이분(訴訟節次二分)을 전제로 하며, 미국에서 보호관찰(Probation) 제도와 밀접한 관련을 가지고 발전되어 온 제도이다.
③ 판결전 조사보고서의 내용에 대하여 피고인에게 반대신문권을 인정할 것인지의 여부가 문제되는데, 미국은 법원이 피고인과 변호인에게 보고서에 대하여 논박할 기회를 충분히 제공하도록 하고 있다.
④ 형사정책적으로 양형의 합리화 뿐만 아니라 사법적 처우의 개별화에도 그 제도적 의의가 있다.

해설 ① 종전에는 판결전 조사제도를 소년범에 대해서만 인정하고 있었으나, 2008. 12. 26. 개정된 「보호관찰 등에 관한 법률」에서는 성인범 및 소년범을 모두 포함하는 것으로 그 대상이 확대되었다.

정답 ①

14. 형사사법정책의 새로운 방향으로서 회복적 사법(Restorative Justice)에 대한 설명으로 옳지 않은 것은 모두 몇 개인가?

> ㉠ 회복적 사법의 핵심가치는 피해자, 가해자 욕구뿐만 아니라 지역사회 욕구까지 반영하는 것이다.
> ㉡ 범죄를 개인 대 국가의 갈등으로 인식한다.
> ㉢ 회복적 사법은 범죄가 발생하는 여건·환경에 관심을 둔다.
> ㉣ 회복적 사법은 범죄로 인한 손해의 복구를 위해 중재, 협상, 화합의 방법을 강조한다.
> ㉤ 회복적 사법은 범죄자의 교화개선이라는 교정의 이념을 실현시키기 위해 등장하였으며, 피해자 권리운동의 발전과는 관련이 없다.

① 1개   ② 2개
③ 3개   ④ 4개

 × : ㉡ 회복적 사법에서는 범죄를 개인 대 국가의 갈등, 즉 범죄를 국법질서의 침해로 보는 것이 아니라 범죄도 하나의 사회현상이라고 인식하고, 가해자와 피해자, 그 가족 및 지역사회를 함께 참여시키는 사회적 관계 속에서 문제를 해결하고자 한다. ㉤ 회복적 사법에 있어서 가장 중요한 주제는 피해자 회복이므로 범죄자의 교화개선보다는 범죄에 의해서 야기된 손상에 초점을 맞춘다. 따라서 회복적 사법은 피해자 권리운동의 발전과 밀접한 관계를 가진다고 보아야 한다.

[정답] ②

15. 최근 각국의 교정정책 수립시 중요한 이념적 토대를 제공하고 있는 회복적 사법에 대한 설명으로 틀린 것은?

① 공동사법, 배상적 사법, 관계적 사법이라고도 불린다.
② 기존의 형사사법이 가해자 책임성에 대해서 지나치게 강조하였다고 비판하면서 가해자 책임성에 대해서는 완화된 입장을 견지한다.
③ 피해자가 입은 상처에 대해 진단하고 피해자의 욕구를 범죄처리절차에서 반영해야 한다고 주장한다.
④ 가해자와 피해자뿐만 아니라, 그들이 구성원으로 있는 지역사회 자체의 역할과 기능도 강조한다.

 ② 회복적 사법은 가해자에 대해서는 피해자와의 적극적 화해를 통해 자신의 행위에 대해 실질적으로 책임질 수 있도록 조력한다. 따라서 가해자의 책임성에 대해 완화된 입장을 견지한다는 표현은 옳지 않다.

[정답] ②

16. 회복적 사법(restorative justice)에 대한 설명으로 옳지 않은 것은?

① 회복적 사법은 가해자에 대한 강한 공식적 처벌과 피해의 회복을 강조한다.

② 회복적 사법은 공식적인 형사사법이 가해자에게 부여하는 오명효과를 줄이는 대안이 될 수 있다.

③ 회복적 사법의 시각에서 보면 범죄행동은 법을 위반한 것일 뿐만 아니라 피해자와 지역사회에 해를 끼친 것이다.

④ 회복적 사법 프로그램으로는 피해자 - 가해자 중재, 가족회합 등이 있다.

> **해설** ① 회복적 사법은 가해자에 대한 강한 공식적 처벌보다는 가해자와 피해자와의 적극적인 화해를 도모하고, 피해자는 물론 가해자의 재활도 지원하는 것을 내용으로 한다.
>
> 정답 ①

17. 회복적 사법(restorative justice)에 대한 설명으로 가장 적절하지 않은 것은?

① 피해자와 가해자의 합의와 조정을 강제한다.

② 전통적인 형사사법이 가해자 책임성을 지나치게 강조하면서 범죄로 인한 실질적인 피해에 대한 복구가 제대로 되지 못한 점을 비판한다.

③ 피해자의 상처를 진단하고 치유하는 과정이 형사절차에 반영되어야 한다고 주장한다.

④ 지역사회의 역할과 책임성을 강조한다.

> **해설** ① 회복적 사법에서는 피해자와 가해자의 자발적인 참여를 유도하여 합의와 조정을 이끌어 낸다.
>
> 정답 ①

18. 회복적 사법(restorative justice)에 대한 설명으로 옳지 않은 것은?

① 경쟁적, 개인주의적 가치를 권장한다.

② 형사절차상 피해자의 능동적 참여와 감정적 치유를 추구한다.

③ 가족집단회합(family group conference)은 피해자와 가해자 및 양 당사자의 가족까지 만나 피해회복에 대해 논의하는 회복적 사법 프로그램 중 하나이다.

④ 사건의 처리과정이나 결과에 대한 보다 많은 정보를 피해자에게 제공해 줄 수 있다.

> **해설** 회복적 사법은 중재자의 도움으로 범죄로 인한 피해자와 가해자, 그 밖의 관련자 및 지역공동체가 함께 범죄로 인한 문제를 치유하고 해결하는 데에 적극적으로 참여하는 절차를 의미한다.
>
> 정답 ①

10 | 형벌론 일반

01. 범죄에 대한 일반예방의 설명으로 적절치 않은 것은?

① 소극적 일반예방은 형벌의 위협작용을 중시한다.

② 적극적 일반예방은 일탈행동에 대한 제재가 갖는 규범과 사회를 안정시키는 기능을 강조한다.

③ 형벌의 개별화는 중요한 전제조건이다.

④ 신속한 재판·소추 및 형의 선고를 통하여 처벌의 확실성이 담보되어야 한다.

 ③ 개개 범죄인에 대한 형벌의 개별화를 통하여 장래의 범죄를 방지하여야 한다는 주장은 특별예방주의의 논거이다.

┃ 형벌의 목적이론 ┃

응보형 주의 (절대적 형벌이론)	• 형벌은 일정한 목적추구를 위하여 존재하는 것이 아니라, 범죄인에게 고통을 주는 그 자체를 가치있는 것으로 보는 견해
목적형 주의 (상대적 형벌이론)	• 형벌은 자기목적적인 절대개념이 아니라, 국가 및 사회의 이익을 위해 일정한 목적을 가지고 범죄인에게 부과된다는 견해 • 일반예방주의 : 범죄예방의 대상을 사회일반인에 두고, 형벌로 사회일반인을 위하여 범죄를 행하지 못하도록 함에 형벌의 본래적 임무가 있다는 견해 • 특별예방주의 : 형벌을 통해 범죄인을 교정하여 재범을 저지르지 못하도록 하거나 교정이 불가능한 범죄인을 사회로부터 격리하여 재범기회를 배제하여 범죄를 예방하려는 것에 형벌의 본래적 임무가 있다는 견해 • 교육형주의 : 형벌의 목적을 교육을 통한 재범방지에 두는 견해
절충설 (합일적 형벌이론)	• 적대적 형벌이론과 상대적 형벌이론을 절충한 입장으로 형벌은 응보를 본질로 하지만 예방의 관점을 동시 고려해야 한다는 견해
신응보형주의	• 교육형주의의 교육프로그램들이 재범방지에 도움이 주지 못했다는 비판에서 출발한 이론으로 재범방지를 위해서는 개선위주의 교육보다는 적절한 응보가 필요하다는 견해

정답 ③

02. 형벌의 일반예방효과(General Deterrence Effect)에 대한 설명으로 옳지 않은 것은?

① 인간의 합리적 선택가능성을 전제로 하며, 공리주의적 사고가 그 사상적 기초 내지 배경을 이루고 있다.

② 위하를 통한 예방이라는 소극적 효과와 규범의식의 강화라는 적극적 효과로 나누기도 한다.

③ 현행 교정실무는 특별예방을 추구할 뿐이고, 형벌의 일반예방효과와는 무관하다.

④ 형벌을 통한 일반예방의 추구는 한 인간을 다른 목적을 위한 수단으로 다루는 결점을 안고 있다고 지적되기도 한다.

 ③ 형의 집행은 그 자체만으로 일반예방효과를 거두는 것이므로 현행 교정실무가 형벌의 일반예방효과와 무관하다는 표현은 옳지 않다.

정답 ③

03. 범죄를 저지른 사람에 대한 처벌이 일반시민들로 하여금 처벌에 대한 두려움을 불러 일으켜서 결과적으로 범죄가 억제되는 효과를 무엇이라 하는가?

① 특수예방효과
② 일반예방효과
③ 부분예방효과
④ 간접효과

해설 ② 목적형주의 형벌이론 중 일반예방주의에 관한 설명이다.

정답 ②

04. 다음 중 교육형주의와 관계있는 것은?

① 범죄인의 처벌
② 범죄인에 대한 응보
③ 범죄인의 구금
④ 범죄인의 교정교화

해설 ① 교육형주의는 리프만(Liepmann)·란짜(Lanza)·살다나(Saldana) 등이 대표적 학자로 범죄원인과 범죄인의 성격을 조사하여 그에 맞는 교육적 행형관리를 하고, 교정교육프로그램의 개발을 중요시하며, 범죄인의 교정교화에 중점을 둔다.

정답 ④

05. 자유형에 관한 설명 중 옳지 않은 것은?

① 자유형을 집행할 수 있는 '형무소'에는 교도소, 구치소, 소년교도소, 교도소 및 구치소의 각 지소가 있다.
② 징역형을 선고받은 자에 대한 형집행을 위하여 검사가 발부한 형집행장은 구속영장과 동일한 효력이 있다.
③ 헌법재판소 결정에 의하면 판결선고 전 구금일수는 법원의 재량에 따라 전부 또는 일부를 본 형에 산입할 수 있다.
④ 금고형은 수형자를 교도소 내에 구치하여 자유를 박탈하지만, 정역에 복무하지 않는 점에서 징역형과 구별된다.

해설 ③ 법원의 재량에 따라 판결선고 전 구금일수의 전부 또는 일부를 본형에 산입할 수 있다는 표현은 옳지 않다.

┃자유형 비교┃

구분	징역	금고	구류
기간	1개월 이상 30년 이하 (가중 시 50년까지 가능)	징역과 동일	1일 이상 30일 미만
가석방	• 무기 : 20년 경과 • 유기 : 3분의 1 경과	징역과 동일	대상이 되지 않음
작업의무	정역복무 의무 있음	신청에 의한 작업	신청에 의한 작업

정답 ③

06. 자유형제도에 관한 설명으로 옳지 않은 것은?

① 현행법상 무기징역형을 인정하고 있다.
② 응보형주의하에서 가장 선호된 형벌방법이다.
③ 유기징역형은 특별사유로 50년까지 형을 가중할 수 있다.
④ 구류도 자유형의 일종이다.

 ② 응보형주의는 고대 및 중세를 지배했던 행형이념이라고 볼 수 있으며, 이때 가장 선호되었던 형벌방법은 생명형과 신체형이었다. 현대 형벌의 주류를 이루고 있는 자유형은 교화개선과 사회복귀를 목표로 하는 교육형주의의 입장에 있다.

정답 ②

07. 자유형에 관한 설명으로 옳지 않은 것은?

① 자유형의 집행방법은 구금주의와 유형주의로 나뉘는데 유형주의는 국가가 강제로 수형자를 국내나 국외의 먼 곳으로 보내 그곳에서 체류하게 하는 방법이다.
② 자유형은 수형자를 사회와 격리시키는 것을 내용으로 하기 때문에 사회에 대한 적응능력을 키워줄 수 없어 재사회화의 목적을 달성할 수 없다는 비판도 받는다.
③ 자유형은 수형자 가족에 대하여 간접적 형벌의 의미를 가진다는 비판도 받는다.
④ 자유형의 집행을 유예하는 경우 사회봉사명령, 수강명령 등을 병과할 수 없다.

해설 ④ 형의 집행을 유예하는 경우에는 보호관찰을 받을 것을 명하거나 사회봉사 또는 수강을 명할 수 있다(형법 제62조의2 제1항).

정답 ④

08. 단기자유형의 폐지논거로 타당하지 않은 것은?

① 구금시설이 복잡하고 불충분하게 된다.
② 위하력이 약하다.
③ 일반예방적 효과는 인정된다.
④ 가족의 경제적 파탄 가능성이 있다.

해설 ③ 단기자유형은 형기가 짧아 형벌로서의 위하력이 약하므로 일반예방효과를 거두기 어렵다는 비판이 있다.

단기자유형 폐지주장의 논거
• 형벌위하력이 미약하여 일반예방효과를 거두기 어렵다.
• 짧은 형기로 인해 교화개선의 효과를 기대할 시간적 여유가 없어 특별예방효과를 거두기 어렵다.
• 가족에게 정신적 부담과 경제적 파탄을 초래할 수 있다.
• 범죄적 악풍에 감염되기 쉬우며, 출소 후 낙인효과로 재범위험성이 조장된다.
• 수형기간이 짧아 효과적인 교정처우계획수립이 곤란하다.
• 과밀수용의 원인이 된다.

정답 ③

09. 형벌에 대한 설명으로 옳지 않은 것은?

① 유기징역형은 1개월 이상 15년까지이며, 가중 시 25년까지 가능하다.
② 우리나라 자유형에는 징역, 금고 및 구류가 있다.
③ 단기자유형은 범죄인을 개선시키기보다는 악풍에 감염시킬 우려가 있다는 비판이 있다.
④ 단기자유형의 대체방법으로는 벌금형, 집행유예, 선고유예 등의 활용과 거주제한, 가택구금 등이 있다.

> **해설** ① 유기징역형은 1개월 이상 30년 이하로 하며, 그 형을 가중하는 때에는 50년까지로 한다(형법 제42조).
> **정답** ①

10. 다음은 단기자유형에 대한 설명이다. 틀린 것은?

① 단기자유형은 범죄인을 개선시키는 데는 짧으나, 악풍감염에는 충분한 기간이라는 비판이 있다.
② 벌금은 단기자유형의 대체방안으로 논의되고 있다.
③ 미국에 있어 충격구금은 그 활용이 많아지고 있는 실정이다.
④ 부정기형은 단기자유형의 대체방안이다.

> **해설** ④ 부정기형은 단기자유형의 대체방안이라 보기 어렵다.
> **정답** ④

11. 다음 범죄에 대한 형벌의 현대적인 추세로 보기 어려운 것은?

① 각 국가에서 벌금형의 활용은 축소되고 있다.
② 부정기형은 소년의 경우에 일반적으로 적용하고 있다.
③ 시설내처우의 폐해를 방지하기 위해 각종 유예제도의 활용이 증대되고 있다.
④ 자유형의 단일화 주장이 계속되고 있다.

> **해설** ① 단기자유형의 대체방안으로 벌금형제도의 활용이 각국에서 활발히 논의되고 있으며, 실질적으로도 확대되는 추세에 있다.
> **정답** ①

12. 단기자유형을 대체할 수 있는 제도는?

① 주말구금제도   ② 분류제도
③ 귀휴제도   ④ 부정기형제도

> **해설** ①은 구금을 완화할 수 있다는 점에서 단기자유형의 대체수단이 될 수 있다.
> **정답** ①

13. 자유형 단일화 반대논거가 아닌 것은?

① 노동이 형벌과 함께 강제된다는 사실만으로도 이미 노동의 형벌성을 인정할 수 있다.

② 형의 종류가 다양할수록 책임에 따른 형벌의 개별화는 그만큼 더 실현될 수 있다.

③ 과실범과 같은 수형자를 다른 고의 범죄자와 같이 취급하는 것은 국민감정에 맞지 않는다.

④ 자유형의 세분화는 교정실무상의 불편을 초래할 수 있다.

> **해설** ④는 자유형 단일화를 찬성하는 논거로서 징역과 금고를 구별하여 집행하는 것은 교정실무상의 불편을 가져오고, 교정정책의 일관성 있는 추진에 장애를 초래한다는 것이다.

▌ 자유형 단일화의 찬반논거 ▐

찬성 논거	• 경비의 이중화와 교정실무상의 불편을 초래하고, 교정정책의 일관성에 장애를 초래한다. • 징역과 금고의 구별기준인 파렴치성은 그 개념이 모호하고 상대적이다. • 징역과 금고를 구별하는 것은 노동을 천시하던 구시대적 산물이다. • 금고수형자의 대다수가 실제로 청원작업에 종사하고 있다. • 징역과 금고는 작업부과 외에 다른 차이가 없다. • 현대 교정에서는 작업의 본질을 고통부과가 아닌 사회복귀에 필요한 기술습득에 중점을 두고 있으므로 양자를 구별하는 것은 의미가 없다
반대 논거	• 형벌종류가 다양할수록 책임에 따른 형벌의 개별화 실현에 유리하다. • 금고형은 징역형과 구별되는 고유한 응보내용이 있다. • 행형정책상의 불편은 이 구별을 부인할 근거로 타당하지 않다. • 정치범이나 사상범은 일반범보다 우대할 필요가 있다. • 노역부과가 강제적일 때에는 천시될 수 있다. • 과실범과 같은 수형자를 고의범과 같이 취급하는 것은 국민감정에 맞지 않는다.

정답 ④

14. 부정기형제도에 관한 설명으로 옳은 것은?

① 형벌개별화 원칙에 반한다.

② 사회방위의 목적으로도 이용할 수 있다.

③ 소년법에 의하면 소년범에 대하여 부정기형을 선고할 경우 그 장기는 7년을 초과하지 못한다.

④ 우리나라는 상습범에 대해서도 부정기형을 채택하고 있다.

> **해설** ② 부정기형은 상습범이나 위험성 있는 범죄인을 장기구금 할 수 있으므로 이들로부터 사회를 방위할 수 있다는 장점이 있다.
> ① 부정기형은 수형자의 노력 여하에 따라 석방기일을 앞당길 수 있어 개선의욕을 촉진하고, 행형단계에서 수형자의 범죄성을 재평가 할 수 있어 형량의 불균형을 시정할 수 있다는 점에서 형벌의 개별화 원칙에 부합한다.
> ③④ 우리나라는 절대적 부정기형을 인정하지 않고 있으며, 상대적 부정기형은 소년범에 대해서만 한정적으로 인정하고 있다. 소년법 제60조 제1항은 "소년이 법정형으로 장기 2년 이상의 유기형에 해당하는 죄를 범한 때에는 그 형의 범위 안에서 장기와 단기를 정하여 선고한다. 다만 장기는 10년, 단기는 5년을 초과하지 못한다"고 규정하고 있다.

정답 ②

15. 「형법」상 벌금과 과료에 대한 설명으로 옳지 않은 것은?

① 벌금은 5만원 이상으로 하되 감경하는 경우에는 5만원 미만으로 할 수 있으며, 과료는 2천 원 이상 5만원 미만으로 한다.

② 벌금과 과료는 판결확정일로부터 30일 내에 납입하여야 한다. 단, 벌금 또는 과료를 선고 할 때에는 동시에 그 금액을 완납할 때까지 노역장에 유치할 것을 명할 수 있다.

③ 선고하는 벌금이 1억원 이상 5억원 미만인 경우에는 300일 이상, 5억원 이상 50억원 미만인 경우에는 500일 이상, 50억원 이상인 경우에는 1,000일 이상의 유치기간을 정하여야 한다.

④ 벌금을 납입하지 아니한 자는 1일 이상 3년 이하, 과료를 납입하지 아니한 자는 1일 이상 30일 미만의 기간 노역장에 유치하여 작업에 복무하게 한다.

> 해설 벌금과 과료는 판결확정일로부터 30일내에 납입하여야 한다. 단, 벌금을 선고할 때에는 동시에 그 금액을
> 완납할 때까지 노역장에 유치할 것을 명할 수 있다(형법 제69조 제1항).
> ① 동법 제45조, 제47조
> ③ 동법 제70조 제2항
> ④ 동법 제69조 제2항

정답 ②

16. 「벌금 미납자의 사회봉사 집행에 관한 특례법」에 대한 설명으로 옳지 않은 것은?

① 대통령령으로 정한 금액 범위 내의 벌금형이 확정된 벌금 미납자는 검사의 납부명령일부터 30일 이내에 주거지를 관할하는 지방검찰청(지방검찰청지청을 포함한다)의 검사에게 사회봉 사를 신청할 수 있다. 다만, 검사로부터 벌금의 일부납부 또는 납부연기를 허가받은 자는 그 허가기한 내에 사회봉사를 신청할 수 있다.

② 사회봉사 대상자는 법원으로부터 사회봉사 허가의 고지를 받은 날부터 7일 이내에 사회봉 사 대상자의 주거지를 관할하는 보호관찰소의 장에게 주거, 직업, 그 밖에 대통령령으로 정 하는 사항을 신고하여야 한다.

③ 사회봉사는 1일 9시간을 넘겨 집행할 수 없다. 다만, 사회봉사의 내용상 연속집행의 필요 성이 있어 보호관찰관이 승낙하고 사회봉사 대상자가 분명히 동의한 경우에만 연장하여 집 행할 수 있다.

④ 사회봉사의 집행은 사회봉사가 허가된 날부터 6개월 이내에 마쳐야 한다. 다만, 보호관찰관 은 특별한 사정이 있으면 검사의 허가를 받아 6개월의 범위에서 한 번 그 기간을 연장하여 집행할 수 있다.

> 해설 사회봉사 대상자는 법원으로부터 사회봉사 허가의 고지를 받은 날부터 10일 이내에 사회봉사 대상자의 주
> 거지를 관할하는 보호관찰소의 장에게 주거, 직업, 그 밖에 대통령령으로 정하는 사항을 신고하여야 한다(벌
> 금 미납자의 사회봉사 집행에 관한 특례법 제8조 제1항).

정답 ②

17. 벌금형에 대한 설명으로 옳은 것은?

① 벌금은 판결확정일로부터 90일 내에 납입하여야 하며, 벌금을 선고할 때에는 동시에 그 금액을 완납할 때까지 노역장에 유치할 것을 명할 수 있다.

② 벌금형의 형의 시효는 3년이며, 강제처분을 개시함으로 인하여 시효의 중단이 이루어진다.

③ 환형유치기간은 1일 5만원을 기준으로 환산한 벌금액에 상응하는 일수이며, 유치기간의 상한은 없다.

④ 300만원의 벌금형이 확정된 벌금 미납자는 노역장유치를 대신하여 사회봉사 신청을 할 수 있다.

해설 ① 벌금과 과료는 판결확정일로부터 30일 이내에 납입하여야 한다. 다만 벌금을 선고할 때에는 동시에 그 금액을 완납할 때까지 노역장에 유치할 것을 명할 수 있다(형법 제69조 제1항).
② 벌금형의 형의 시효는 5년이다(형법 제 78조).
③ 벌금을 납입하지 아니한 자는 1일 이상 3년 이하, 과료를 납입하지 아니한 자는 1일 이상 30일 미만의 기간 노역장에 유치하여 작업에 복무하게 한다(형법 제69조 제2항), 즉 환형유치기간의 상한은 3년이므로 유치기간의 상한이 없다는 표현은 옳지 않다.
④ 벌금미납자의 사회봉사집행에 관한 특례법 제4조 제1항

정답 ④

18. 벌금미납자의 사회봉사에 대한 설명으로 옳은 것은?

① 법원으로부터 200만원의 벌금형을 선고받고 벌금을 완납할 때까지 노역장에 유치할 것을 명받은 사람은 지방검찰청의 검사에게 사회봉사를 신청할 수 있다.

② 검사는 납부능력확인을 위한 출석요구기간을 포함하여 피고인의 사회봉사신청일로부터 7일 이내에 사회봉사의 청구여부를 결정해야 한다.

③ 사회봉사신청을 기각하는 검사의 처분에 대해 불복하는 자는 사회봉사신청을 기각한 검사가 소속한 지방검찰청에 상응하는 법원에 이의신청을 할 수 있다.

④ 법원은 사회봉사를 허가하는 경우 벌금미납액에 의하여 계산된 노역장유치기간에 상응하는 사회봉사기간을 산정하되, 산정된 사회봉사기간 중 1시간 미만은 1시간으로 집행한다.

해설 ① 법원으로부터 벌금선고와 동시에 벌금을 완납할 때까지 노역장에 유치할 것을 명받은 사람은 사회봉사를 신청할 수 없다(벌금미납자의 사회봉사집행에 관한 특례법 제4조 제2항).
② 검사는 신청일부터 7일 이내에 사회봉사의 청구 여부를 결정하여야 한다. 다만, 제2항에 따른 출석 요구, 자료제출 요구에 걸리는 기간은 위 기간에 포함하지 아니한다(동법 제5조 제4항). 따라서 '출석요구기간을 포함하여'는 틀린 표현이다.
④ 법원은 사회봉사를 허가하는 경우 벌금 미납액에 의하여 계산된 노역장 유치 기간에 상응하는 사회봉사시간을 산정하여야 한다. 다만, 산정된 사회봉사시간 중 1시간 미만은 집행하지 아니한다(동법 제6조 제4항).
③ 동법 제5조 제6항

정답 ③

19. 벌금형의 특성에 대한 설명으로 옳지 않은 것은?

① 제3자의 대납이 허용되지 않는다.　　② 국가에 대한 채권과 상계가 허용된다.

③ 공동연대책임이 허용되지 않는다.　　④ 벌금은 범죄인의 사망으로 소멸된다.

> **해설**　② 벌금은 범죄인이 국가에 대하여 가지고 있는 채권과 상계할 수 없다.

　　　　　　　　　　　　　　　　　　　　　　　　　　　　　　　　　　　　　　[정답] ②

20. 「벌금미납자의 사회봉사집행에 관한 특례법」 및 「동법 시행령」 상 벌금 미납자의 사회봉사 집행에 대한 설명으로 옳은 것은?

① 징역 또는 금고와 동시에 벌금을 선고받은 사람은 사회봉사를 신청할 수 있다.

② 법원은 사회봉사를 허가하는 경우 벌금미납액에 의하여 계산된 노역장 유치기간에 상응하는 사회봉사시간을 산정하여야 하나, 산정된 사회봉사시간 중 1시간 미만은 집행하지 아니한다.

③ 1000만원의 벌금형이 확정된 벌금 미납자는 검사의 납부명령일부터 30일 이내에 검사에게 사회봉사를 신청할 수 있다.

④ 사회봉사대상자는 사회봉사의 이행을 마치기 전에는 벌금의 전부 또는 일부를 낼 수 없다.

> **해설**　① 징역 또는 금고와 동시에 벌금을 선고받은 사람은 사회봉사를 신청할 수 없다(벌금미납자의 사회봉사집행에 관한 특례법 제4조 제2항).
> ③ 500만원 이하의 벌금형이 확정된 벌금형이 확정된 벌금 미납자는 검사의 납부명령일부터 30일 이내에 주거지를 관할하는 지방검찰청의 검사에게 사회봉사를 신청할 수 있다(동법 제4조 제1항 본문). 따라서 1000만원의 벌금형이 확정된 벌금 미납자는 검사에게 사회봉사를 신청할 수 없다.
> ④ 사회봉사대상자는 사회봉사의 이행을 마치기 전에 벌금의 전부 또는 일부를 낼 수 있다(동법 제12조 제1항).
> ② 동법 제6조 제4항

　　　　　　　　　　　　　　　　　　　　　　　　　　　　　　　　　　　　　　[정답] ②

21. 몰수에 관한 설명으로 옳은 것은?

① 유죄선고 없이 몰수만을 선고할 수 없다.

② 몰수는 필요적 몰수가 원칙이기 때문에 법관의 자유재량에 속한다.

③ 판례는 권리 또는 이익에 대한 몰수를 인정한다.

④ 몰수는 실정법상 대물적 보안처분에 가깝다.

> **해설**　① 행위자에게 유죄판결을 하지 않을 때에도 몰수요건이 있는 때에는 몰수만을 선고할 수 있다(형법 제49조).
> ② 우리 형법은 임의적 몰수를 원칙으로 하고 있다.
> ④ 몰수는 형법에서 형벌의 종류로 규정하고 있으므로 실정법상 대물적 보안처분에 가깝다는 표현은 옳지 않다. 다만 실정법상 또는 형식상 형벌이지만 실질적으로는 대물적 보안 처분에 가깝다는 견해가 다수설 및 판례의 입장이다.
> ③ 대판 1976.9.28. 76도2607.

　　　　　　　　　　　　　　　　　　　　　　　　　　　　　　　　　　　　　　[정답] ③

22. 현행 벌금형제와 관련이 없는 것은?

① 배분적 정의에 부합된다.

② 일신전속적이다.

③ 총액벌금제이다.

④ 범죄인의 빈부를 고려하지 않고 동일액의 벌금액을 부과한다.

 ① 현행 벌금형제는 총액벌금제로 범죄인의 경제적 사정을 고려하지 않고 부과하므로 배분적 정의에 부합하지 않는다는 비판이 있다.

┃벌금형의 장·단점 ┃

장점	단점
• 형집행 비용의 저렴	• 범죄자의 격리불능으로 공공의 안전 위협
• 단기자유형의 폐해 방지	• 인플레이션하에서는 형벌의 효과를 기대하기 곤란
• 이욕적 범죄자나 법인에게 효과적인 형벌	• 교화개선작용의 미흡
• 오판의 경우에도 회복이 가능하며, 집행이 간편	• 총액벌금제의 경우 배분적 정의에 반함
• 범죄인의 명예보호	• 부자에게는 형벌적 효과 미흡
• 범죄인 개인의 경제적 여건에 맞게 처벌수위 조절 가능	• 법원의 행정업무 과중

정답 ①

23. 다음 중 「형의 실효 등에 관한 법률」에 대한 설명으로 틀린 것은?

① 자격정지 이상의 형을 선고한 재판이 확정되면 지체 없이 그 형을 선고받은 수형인을 수형인 명부에 기재하여야 한다.

② 3년을 초과하는 징역형을 받은 자가 자격정지 이상의 형을 받지 아니하고 형의 집행을 종료하거나 그 집행이 면제된 날부터 5년이 경과하면 그 형은 실효된다.

③ 벌금형도 면제 혹은 종료일로부터 2년이 지나면 실효된다.

④ 하나의 판결로 여러 개의 형이 선고된 경우에는 각 형의 집행을 종료하거나 그 집행이 면제된 날부터 가장 무거운 형에 대한 실효기간이 경과한 때에 형의 선고는 효력을 잃는다.

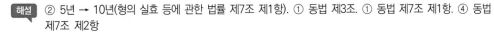 ② 5년 → 10년(형의 실효 등에 관한 법률 제7조 제1항). ① 동법 제3조. ① 동법 제7조 제1항. ④ 동법 제7조 제2항

┃형의 실효기간 ┃

3년을 초과하는 징역·금고	자격정지 이상의 형을 받지 아니하고 형의 집행을 종료하거나 그 집행이 면제된 날부터 10년
3년 이하의 징역·금고	자격정지 이상의 형을 받지 아니하고 형의 집행을 종료하거나 그 집행이 면제된 날부터 5년
벌금	자격정지 이상의 형을 받지 아니하고 형의 집행을 종료하거나 그 집행이 면제된 날부터 2년
구류·과료	형의 집행을 종료하거나 그 집행이 면제된 때

정답 ②

24. 몰수에 관한 설명으로 옳은 것은?

① 필요적 몰수가 원칙이며, 예외적으로 임의적 몰수를 인정한다.

② 몰수는 다른 형벌에 부가하여 과하는 것이 원칙이다.

③ 몰수만을 선고할 수 없다.

④ 몰수의 요건이 충족되면 법관은 이에 기속되어 반드시 몰수를 선고해야 한다.

> **해설** ① 임의적 몰수가 원칙이며, 예외적으로 필요적 몰수를 인정한다.
> ③ 행위자에게 유죄판결을 하지 않을 때에도 몰수요건이 있는 때에는 몰수만을 선고할 수 있다(형법 제49조).
> ④ 몰수는 임의적 몰수가 원칙이므로 법관의 자유재량에 해당한다. 따라서 몰수의 요건이 충족되더라도 법관은 이에 기속되지 않는다.
>
> 정답 ②

25. 아래의 설명에 모두 해당하는 제도는?

> ㉠ 책임주의와 희생평등의 원칙을 조화시키는 의미를 가지고 있다.
> ㉡ 범행 자체에 대한 평가를 분명히 하면서 행위자가 받는 고통의 내용에 대해 실질적 평등을 기한다는 장점이 있다.
> ㉢ 범죄자의 경제상태를 실제로 조사한다는 것이 쉬운 일이 아니라는 단점이 있다.
> ㉣ 양형과정이 범죄인의 재산상태조사에 치우칠 가능성이 높다.

① 정기벌금형 제도   ② 총액벌금형제도

③ 일수벌금제도   ④ 노역장유치제도

> **해설** ③ 주어진 지문은 일수벌금제도에 관한 설명이다.   정답 ③

26. 형법상 재산형에 대한 설명으로 옳지 않은 것은?

① 벌금과 과료는 판결확정일로부터 30일내에 납입하여야 한다. 다만, 벌금을 선고할 때에는 동시에 그 금액을 완납할 때까지 노역장에 유치할 것을 명할 수 있다.

② 과료를 납입하지 아니한 자는 1일 이상 30일 미만의 기간 노역장에 유치하여 작업에 복무하게 한다.

③ 벌금 또는 과료를 선고할 때에는 납입하지 아니하는 경우의 유치기간을 정하여 동시에 선고하여야 한다.

④ 선고하는 벌금이 50억원 이상인 경우에는 500일 이상의 유치기간을 정하여야 한다.

> **해설** ④ 선고하는 벌금이 1억원 이상 5억원 미만인 경우에는 300일 이상, 5억원 이상 50억원 미만인 경우에는 500일 이상, 50억원 이상인 경우에는 1,000일 이상의 유치기간을 정하여야 한다(형법 제70조 제2항).
> ① 형법 제69조 제1항 ② 동조 제2항, ③ 형법 제70조 제1항,
>
> 정답 ④

27. 다음 중 몰수에 대한 설명으로 틀린 것은?

① 부가형의 성격을 가지며, 몰수만을 위한 공소제기는 허용되지 않는다.

② 부가형으로 유죄선고의 경우에만 할 수 있다.

③ 예외적으로 마약이나 마약흡입도구는 필요적 몰수를 인정하고 있다.

④ 몰수는 실질적으로 대물적 보안처분의 성격을 갖는다.

> **해설** ② 행위자에게 유죄판결을 하지 않을 때에도 몰수요건이 있는 때에는 몰수만을 선고할 수 있다(형법 제49조).
>
> 정답 ②

28. 특별사면에 대한 설명으로 옳지 않은 것은?

① 특별사면은 형의 선고를 받아 그 형이 확정된 자를 대상으로 하며, 원칙적으로 형의 집행이 면제된다.

② 검찰총장은 교도소장의 보고에 의해 법무부장관에게 특별사면을 상신할 것을 신청할 수 있다.

③ 법무부장관은 직권 또는 사면심사위원회의 심사를 거쳐 특별사면을 상신한다.

④ 대통령으로부터 특별사면의 명이 있을 때에는 법무부장관은 검찰총장에게 사면장을 송부한다.

> **해설** ③ 법무부장관은 특별사면을 상신할 때에는 사면심사위원회의 심사를 거쳐야 한다(사면법 제10조 제2항), 즉 직권으로는 특별사면을 상신할 수 없다. ② 사면법 제11조. ④ 동법 제21조
>
> 정답 ③

29. 현행법상 형의 실효에 대한 설명으로 옳지 않은 것은?

① 수형인이 3년 이하의 징역형인 경우 자격정지 이상의 형을 받지 아니하고 형의 집행을 종료하거나 그 집행이 면제된 날부터 5년이 경과한 때에 그 형은 실효된다.

② 구류와 과료는 형의 집행을 종료하거나 그 집행이 면제된 날부터 1년이 경과한 때에 그 형은 실효된다.

③ 하나의 판결로 여러 개의 형이 선고된 경우에는 각 형의 집행을 종료하거나 그 집행이 면제된 날부터 가장 무거운 형에 대한 형의 실효 등에 관한 법률에서 정한 형의 실효기간이 경과한 때에 형의 선고는 효력을 잃는다. 이때 징역과 금고는 같은 종류의 형으로 보고 각 형기를 합산한다.

④ 징역 또는 금고의 집행을 종료하거나 집행이 면제된 자가 피해자의 손해를 보상하고 자격정지 이상의 형을 받음이 없이 7년을 경과한 때에는 본인 또는 검사의 신청에 의하여 법원은 그 재판의 실효를 선고할 수 있다.

> **해설** ② 구류·과료는 형의 집행을 종료하거나 그 집행이 면제된 때에 그 형이 실효된다(형의 실효 등에 관한 법률 제7조 제1항 단서), ① 동조 제1항 본문, ③ 동조 제2항, ④ 형법 제81조
>
> 정답 ②

01. 보안처분제도의 특징이 아닌 것은?

① 범죄위험성을 근거로 한다.

② 예방주의 내지 사회방위사상을 실현하기 위한 제도이다.

③ 자의적인 제재실행을 방지하기 위해 책임주의와 비례성의 원칙이 적용된다.

④ 행위자의 과거를 판단하는 것이 아니라, 행위자의 미래를 판단하는 제도이다.

 ③ 보안처분은 범죄자의 장래의 위험성에 근거하여 사회방위를 목적으로 부과되는 형벌 이외의 각종 범죄
예방처분을 말하므로 과거의 책임에 근거하는 형벌과 구별된다. 보안처분상 비례성의 원칙이란 보안처분으
로 개인의 자유를 침해하는 경우라도 보안처분의 목적인 사회방위와 균형을 이루어야 한다는 것을 말한다.

보안처분의 특징
• 범죄의 위험성을 근거로 한다.
• 예방주의 내지 사회방위사상을 실현하기 위한 국가의 처분이다.
• 행위자의 미래를 판단하는 제도이다.
• 범죄자의 개선과 사회방위 등 특별예방을 중시한다.
• 치료, 개선, 교육 등의 목적을 위한 강제처분이다.
• 형벌을 대체하거나 보충하는 사회방위적 제재이다.

정답 ③

02. 보안처분에 대한 설명 중 옳지 않은 것은?

① 보안처분은 형법상의 효과이므로 그 근본목적은 범죄의 일반예방에 있다.

② 형벌을 보완하거나 대체하는 것으로 본다.

③ 사회방위목적을 위한 국가의 처분이다.

④ 치료, 개선, 교육 등의 목적을 위한 처분이다.

해설 ① 보안처분의 근본목적은 범죄인에 대한 특별예방에 있다.

정답 ①

03. 보안처분에 대한 설명으로 잘못된 것은?

① 범죄위험성을 사전에 방지하기 위한 강제적 예방처분을 말한다.

② 형벌을 대체하거나 보충하는 사회방위적 제재이다.

③ 일반예방보다는 범죄자의 개선과 사회방위 등 특별예방을 중시한다.

④ 보안처분도 형사제재이므로 응보나 고통 부과의 특성을 피하기 어렵다.

해설 ④ 보안처분도 형사상 제재라는 점에서는 형벌과 동일하나, 형벌은 응보·속죄·일반예방적 기능을 가지는
반면, 보안처분은 응보나 고통부과보다는 개선·보안·특별예방적 기능을 중시한다.

정답 ④

04. 형벌과 보안처분의 관계에 관한 설명 중 옳지 않은 것은?

① 이원주의는 형벌의 본질이 책임을 전제로 한 응보이고, 보안처분은 장래의 위험성에 대한 사회방위처분이라는 점에서 양자의 차이를 인정한다.

② 대체주의는 형벌과 보안처분이 선고되어 보안처분이 집행된 경우 그 기간을 형기에 산입하여야 한다고 한다.

③ 일원주의는 형벌과 보안처분의 목적을 모두 사회방위와 범죄인의 교육·개선으로 보고, 양자 중 어느 하나만을 적용하자고 한다.

④ 일원주의는 행위자의 반사회적 위험성을 척도로 하여 일정한 제재를 부과하는 것이 행위책임원칙에 적합하다고 한다.

 ④ 일원주의에 대해서는 단순히 행위자의 반사회적 위험성만을 척도로 일정한 제재를 가하는 것은 행위자의 개별 책임원칙에 반한다는 비판이 있다.

▌ **일원주의와 이원주의** ▌

구분	일원주의	이원주의
주장학자	리스트, 페리, 록신	클라인, 마이어, 비르크마이어, 벨링
이론내용	형벌과 본질적 차이 부정	형벌과 본직적 차이 인정
형벌과의 관계	• 양자 중 어느 하나만 선고·집행 • 대체성 인정 • 형벌과의 병과 불안정	• 동시에 선고되고, 중복적 집행 기능 • 대체성 부정 • 형벌과의 병과 인정
집행유예	보안처분의 집행유예 불가능	보안처분의 집행유예 가능
선고기관	형벌과 보안처분 모두 법원	형벌은 법원, 보안처분은 행정부

정답 ④

05. 「치료감호 등에 관한 법률」에 대한 설명으로 옳지 않은 것은?

① 소아성기호증, 성적가학증 등 성적 성벽이 있는 정신성적 장애인으로서 금고 이상의 형에 해당하는 성폭력범죄를 지은 피치료감호자를 치료감호시설에 수용하는 기간은 15년을 초과할 수 없다.

② 치료감호사건의 제1심 재판관할은 지방법원 및 지방법원지원의 단독판사로 한다.

③ 치료감호가 청구된 사건은 판결의 확정 없이 치료감호가 청구되었을 때부터 15년이 지나면 청구의 시효가 완성된 것으로 본다.

④ 보호관찰기간이 끝나면 피보호관찰자에 대한 치료감호가 끝난다.

해설 ② 치료감호사건의 제1심 재판관할은 지방법원합의부 및 지방법원지원 합의부로 한다(치료감호 등에 관한 법률 제3조 제2항).
① 치료감호 등에 관한 법률 제16조 제2항 제1호, ③ 동법 제45조 제2항, ④ 동법 제32조 제3항 제1호

정답 ②

06. 형벌과 보안처분의 관계에 대한 설명으로 옳지 않은 것은?

① 치료감호와 형이 병과된 경우에는 치료감호를 먼저 집행한다.

② 현행 헌법에서 보안처분 법정주의를 선언하고 있다.

③ 보안처분은 일반예방보다는 범죄자의 개선과 사회방위 등 특별예방을 중시한다.

④ 보안처분은 행위자의 책임에 의해 제한되는 한도 내에서만 정당성을 갖는다.

> **해설** ④ 행위자의 책임에 의해 제한되는 한도 내에서만 정당성을 갖는 것은 보안처분이 아니라, 형벌이다. 보안처분은 사회방위라는 합목적성 차원에서 행사되며, 그 정당성의 근거를 행위자의 책임이 아니라 기본권의 사회적 제약 내지 기본권의 내재적 한계에서 찾는다.
>
> **정답** ④

07. 보안처분에 대한 설명으로 옳지 않은 것은?

① 보안처분의 우선적 목적은 과거의 범죄에 대한 처벌이 아니라 장래의 재범위험을 예방하기 위한 범죄인의 교화·개선에 있다.

② 보안처분의 법적 성격을 이원주의로 인식하는 입장에 대해서는 행위자의 개별책임원칙에 반한다는 비판이 제기되고 있다.

③ 보안처분이 정당성을 갖기 위해서는 비례성원칙이 적용되어야 한다.

④ 보안관찰처분의 기간은 2년으로 하는 것이 원칙이다.

> **해설** ② 행위자의 개별책임원칙에 반한다는 비판이 제기되는 것은 일원주의이다.
>
> **정답** ②

08. 다음 중 대인적 보안처분이 아닌 것은?

① 영업장의 폐쇄와 몰수　　　　　② 보호감호

③ 치료감호　　　　　　　　　　　④ 집중감시보호관찰

> **해설** ①은 대물적 보안처분에 속한다.
>
> **┃ 보안처분의 종류 ┃**
>
> | 대인적
보안처분 | 자유박탈적 보안처분 | 치료감호처분, 보호감호처분, 사회치료처분, 교정처분, 노작처분 |
> |---|---|---|
> | | 자유제한적 보안처분 | 보호관찰, 사회봉사명령, 수강명령, 선행보증, 음주점 출입금지, 단종, 거세, 거주제한, 국외추방, 직업금지, 운전면허 박탈 |
> | 대물적 보안처분 | | 몰수, 영업소 폐쇄, 법인 해산 |
>
> **정답** ①

09. 치료감호 등에 관한 법률상 옳은 것은?

① 마약·향정신성의약품·대마, 그 밖에 남용되거나 해독(害毒)을 끼칠 우려가 있는 물질이나 알코올을 식음(食飲)·섭취·흡입·흡연 또는 주입받는 습벽이 있거나 그에 중독된 자가 금고 이상의 형에 해당하는 죄를 범하여 치료감호의 선고를 받은 경우 치료감호시설 수용 기간은 1년을 초과할 수 없다.

② 구속영장에 의하여 구속된 피의자에 대하여 검사가 공소를 제기하지 아니하는 결정을 하고 치료감호 청구만을 하는 때에는 그 구속영장의 효력이 당연히 소멸하므로 검사는 법원으로부터 치료감호영장을 새로이 발부받아야 한다.

③ 치료감호와 형(刑)이 병과(倂科)된 경우에는 치료감호를 먼저 집행하며, 이 경우 치료감호의 집행기간은 형 집행기간에 포함되지 않는다.

④ 피치료감호자의 텔레비전 시청, 라디오 청취, 신문·도서의 열람은 일과시간이나 취침시간 등을 제외하고는 자유롭게 보장된다.

> 해설 ④ 치료감호 등에 관한 법률 제27조
> ① 치료감호시설 수용 기간은 2년을 초과할 수 없다(동법 제16조 제2항 제2호).
> ② 구속영장에 의하여 구속된 피의자에 대하여 검사가 공소를 제기하지 아니하는 결정을 하고 치료감호 청구만을 하는 때에는 구속영장은 치료감호영장으로 보며 그 효력을 잃지 아니한다(동법 제8조).
> ③ 치료감호와 형이 병과된 경우에는 치료감호를 먼저 집행한다. 이 경우 치료감호의 집행기간은 형 집행기간에 포함한다(동법 제18조). 정답 ④

10. 현행 치료감호에 대한 내용으로 거리가 먼 것은?

① 법원은 공소제기된 사건의 심리결과 치료감호를 할 필요가 있다고 인정할 때에는 검사에게 치료감호청구를 요구할 수 있다.

② 치료감호청구서에는 피치료감호청구인의 성명, 그 밖에 피치료감호청구인을 특정할 수 있는 사항, 청구의 원인이 되는 사실, 적용 법 조문, 그 밖에 대통령령으로 정하는 사항을 기재하여야 한다.

③ 치료감호대상자에 대한 치료감호를 청구할 때에는 정신건강의학과 등의 전문의의 진단이나 감정을 참고하여야 한다.

④ 검사는 치료감호대상자가 치료감호를 받을 필요가 있는 경우 치료감호청구서를 관할 검찰청에 제출하여 치료감호를 청구할 수 있다.

> 해설 ④ 검사는 치료감호대상자가 치료감호를 받을 필요가 있는 경우 관할 법원에 치료감호를 청구할 수 있다(치료감호 등에 관한 법률 제4조 제1항).
> ① 동법 제4조 제7항. ② 동조 제4항. ③ 동조 제2항.
> 정답 ④

11. 「치료감호 등에 관한 법률」상 치료감호에 관한 설명으로 옳지 않은 것은?

① 치료감호시설에 수용된 자도 면회, 편지의 수신·발신, 전화통화 등을 할 수 있다.
② 약물중독범을 치료감호시설에 수용한 경우 그 수용기간은 15년을 초과할 수 없다.
③ 치료감호사건의 판결은 원칙적으로 피고사건의 판결과 동시에 선고하여야 한다.
④ 검사가 치료감호대상자에 대한 치료감호를 청구할 경우 정신건강의학과 등 전문의의 진단 또는 감정을 참고하여야 한다.

> **해설** ② 마약·향정신성의약품·대마 그 밖에 남용되거나 해독을 끼칠 우려가 있는 물질이나 알코올을 식음·섭취·흡입·흡연 또는 주입받는 습벽이 있거나 그에 중독된 자로서 금고 이상의 형에 해당하는 죄를 지은 자를 치료감호시설에 수용하는 기간은 2년을 초과할 수 없다(치료감호 등에 관한 법률 제16조 제2항 제2호).
> ① 동법 제26조. ③ 동법 제12조 제2항. ④ 동법 제4조 제2항
>
> 정답 ②

12. 「치료감호 등에 관한 법률」상 치료감호제도에 관한 설명으로 옳지 않은 것은?

① 치료감호의 요건으로 재범의 위험성과 치료의 필요성이 규정되어 있다.
② 검사는 공소제기된 사건의 제1심 판결선고 전까지 치료감호를 청구하여야 한다.
③ 일정한 사유가 있는 경우 검사는 공소제기 없이 치료감호만을 청구할 수 있다.
④ 치료감호시설에의 수용은 원칙적으로 15년을 초과할 수 없다.

> **해설** ② 검사는 치료감호대상자가 치료감호를 받을 필요가 있는 경우 공소 제기한 사건의 항소심 변론종결 시까지 관할법원에 치료감호를 청구할 수 있다(치료감호 등에 관한 법률 제4조 제1항·제5항).
> ① 동법 제2조 제1항. ③ 동법 제7조. ④ 동법 제16조 제2항 제1호,
>
> 정답 ②

13. 「치료감호 등에 관한 법률」상 치료감호에 대한 설명으로 옳지 않은 것은?

① 구속영장에 의하여 구속된 피의자에 대하여 검사가 공소를 제기하지 아니하는 결정을 하고 치료감호 청구만을 하는 때에는 구속영장의 효력은 상실되므로 별도로 치료감호영장을 청구하여야 한다.
② 피치료감호자의 텔레비전 시청, 라디오 청취, 신문, 도서의 열람은 일과시간이나 취침시간 등을 제외하고는 자유롭게 보장 된다.
③ 치료감호와 형이 병과된 경우에는 치료감호를 먼저 집행하며, 이 경우 치료감호의 집행기간은 형 집행기간에 포함한다.
④ 피치료감호자에 대한 치료감호가 가종료되었을 때 보호관찰이 시작되며, 이때 보호관찰의 기간은 3년으로 한다.

> **해설** ① 구속영장에 의하여 구속된 피의자에 대하여 검사가 공소를 제기하지 아니하는 결정을 하고 치료감호 청구만을 하는 때에는 구속영장은 치료감호영장으로 보며 그 효력을 잃지 아니한다(치료감호 등에 관한 법률 제8조).
> ② 동법 제27조. ③ 동법 제18조. ④ 동법 제32조 제2항
>
> 정답 ①

14. 「치료감호 등에 관한 법률」상 치료감호에 대한 설명으로 옳은 것은?

① 「형법」상 살인죄(제250조 제1항)의 죄를 범한 자의 치료감호기간을 연장하는 신청에 대한 검사의 청구는 치료감호기간 또는 치료감호가 연장된 기간이 종료하기 3개월 전까지 하여야 한다.

② 치료감호심의위원회는 치료감호만을 선고받은 피치료감호자에 대한 집행이 시작된 후 6개월이 지났을 때에는 상당한 기간을 정하여 그의 법정대리인, 배우자, 직계친족, 형제자매에게 치료감호시설 외에서의 치료를 위탁할 수 있다.

③ 근로에 종사하는 피치료감호자에게는 근로의욕을 북돋우고 석방 후 사회정착에 도움이 될 수 있도록 법무부장관이 정하는 바에 따라 작업장려금을 지급할 수 있다.

④ 법원은 치료감호사건을 심리하여 그 청구가 이유 없다고 인정할 때 또는 피고사건에 대하여 심신상실 외의 사유로 무죄를 선고하거나 사형을 선고할 때에는 판결로써 청구기각을 선고하여야 한다.

> **해설** 법원은 치료감호사건을 심리하여 그 청구가 이유 없다고 인정할 때 또는 피고사건에 대하여 심신상실 외의 사유로 무죄를 선고하거나 사형을 선고할 때에는 판결로써 청구기각을 선고하여야 한다.(치료감호 등에 관한 법률 제12조 제1항)
> ① 살인범죄를 저질러 치료감호를 선고받은 피치료감호자가 살인범죄를 다시 범할 위험성이 있고 계속 치료가 필요하다고 인정되는 경우에는 법원은 치료감호시설의 장의 신청에 따른 검사의 청구로 3회까지 매회 2년의 범위에서 피치료감호자를 치료감호시설에 수용하는 기간을 연장하는 결정을 할 수 있고(동법 제16조 제3항), 검사의 청구는 피치료감호자를 치료감호시설에 수용하는 기간 또는 치료감호가 연장된 기간이 종료하기 6개월 전까지 하여야 한다(동법 제16조 제5항).
> ② 치료감호심의위원회는 치료감호만을 선고받은 피치료감호자에 대한 집행이 시작된 후 1년이 지났을 때에는 상당한 기간을 정하여 그의 법정대리인, 배우자, 직계친족, 형제자매(법정대리인 등)에게 치료감호시설 외에서의 치료를 위탁할 수 있다(동법 제23조 제1항).
> ③ 근로에 종사하는 피치료감호자에게는 근로의욕을 북돋우고 석방 후 사회정착에 도움이 될 수 있도록 법무부장관이 정하는 바에 따라 근로보상금을 지급하여야 한다(동법 제29조).　　**정답** ④

15. 「치료감호 등에 관한 법률」상 치료감호에 대한 설명으로 옳지 않은 것은?

① 형법상의 강간죄, 강제추행죄, 준강간죄, 준강제추행죄 등은 치료감호대상 성폭력범죄의 범위에 해당한다.

② 피치료감호자가 70세 이상인 때에는 검사는 치료감호의 집행을 정지할 수 있다.

③ 법원은 공소제기된 사건의 심리결과 치료감호를 할 필요가 있다고 인정할 때에는 검사에게 치료감호 청구를 요구할 수 있다.

④ 치료감호와 형이 병과된 경우에는 형을 먼저 집행한다.

> **해설** ④ 치료감호와 형이 병과된 경우에는 치료감호를 먼저 집행한다. 이 경우 치료감호의 집행기간은 형집행기간에 포함한다(치료감호 등에 관한 법률 제18조).
> ① 치료감호 등에 관한 법률 제2조의2. ② 동법 제24조 ③ 동법 제4조 제7항
> 　　**정답** ④

16. 「치료감호 등에 관한 법률」상 치료감호에 대한 설명으로 옳지 않은 것은?

① 피치료감호자에 대한 치료감호가 가종료되었을 때 시작되는 보호관찰의 기간은 3년으로 한다.

② 치료감호심의위원회는 피치료감호자에 대하여 치료감호 집행을 시작한 후 매 6개월마다 치료감호의 종료 또는 가종료 여부를 심사·결정한다.

③ 소아성기호증, 성적가학증 등 성적 성벽(性癖)이 있는 정신성적 장애인으로서 금고 이상의 형에 해당하는 성폭력범죄를 지은 자는 치료감호대상자가 될 수 있다.

④ 치료감호의 내용과 실태는 대통령령으로 정하는 바에 따라 공개하여야 한다. 이 경우 피치료감호자나 그의 보호자가 동의한 경우라도 피치료감호자의 개인신상에 관한 것은 공개할 수 없다.

> **해설** ④ 치료감호 등에 관한 법률에 따른 치료감호의 내용과 실태는 대통령령으로 정하는 바에 따라 공개하여야 한다. 이 경우 피치료감호자나 그의 보호자가 동의한 경우 외에는 피치료감호자의 개인신상에 관한 것은 공개하지 아니 한다(치료감호 등에 관한 법률 제20조).
> ① 동법 제32조 제2항. ② 동법 제22조. ③ 동법 제2조 제3호
>
> 정답 ④

17. 「치료감호 등에 관한 법률」상 보호관찰에 대한 설명으로 옳지 않은 것은?

① 보호관찰의 기간은 3년으로 한다.

② 피치료감호자에 대한 치료감호가 가종료되었을 때 보호관찰이 시작된다.

③ 피치료감호자가 치료감호시설 외에서 치료받도록 법정대리인 등에게 위탁되었을 때 보호관찰이 시작된다.

④ 제37조에 따른 치료감호심의위원회의 치료감호 종료결정이 있어도 보호관찰기간이 남아 있다면 보호관찰은 계속된다.

> **해설** 보호관찰기간이 끝나기 전이라도 제37조에 따른 치료감호심의위원회의 치료감호의 종료결정이 있을 때에는 보호관찰이 종료된다(치료감호 등에 관한 법률 제32조 제3항 제2호).
> ① 동법 제32조 제2항
> ②, ③ 동법 제32조 제1항
>
> • **보호관찰의 시작 사유**(치료감호 등에 관한 법률 제32조 제1항)
> 1. 피치료감호자에 대한 치료감호가 가종료되었을 때
> 2. 피치료감호자가 치료감호시설 외에서 치료받도록 법정대리인등에게 위탁되었을 때
> 3. 제16조제2항 각 호에 따른 기간 또는 같은 조 제3항에 따라 연장된 기간(이하 "치료감호기간"이라 한다)이 만료되는 피치료감호자에 대하여 제37조에 따른 치료감호심의위원회가 심사하여 보호관찰이 필요하다고 결정한 경우에는 치료감호기간이 만료되었을 때
>
> • **보호관찰의 종료 사유**(치료감호 등에 관한 법률 제32조 제3항)
> 1. 보호관찰기간이 끝났을 때
> 2. 보호관찰기간이 끝나기 전이라도 제37조에 따른 치료감호심의위원회의 치료감호의 종료결정이 있을 때
> 3. 보호관찰기간이 끝나기 전이라도 피보호관찰자가 다시 치료감호 집행을 받게 되어 재수용되었을 때
>
> 정답 ④

18. 다음은 법무부 소속 각종 위원회에 대한 설명이다. 틀린 것은?

① 가석방심사위원회는 위원장 포함 5인 이상 9인 이하로 구성되며, 임기는 2년이다.

② 치료감호심의위원회는 위원장 포함 5인 이상 9인 이하로 구성되며, 임기는 2년이다.

③ 보호관찰심사위원회는 위원장 포함 5인 이상 9인 이하로 구성되며, 임기는 2년이다.

④ 중앙급식관리위원회는 위원장 포함 7인 이상 9인 이하로 구성되며, 임기는 2년이다.

> [해설] ② 치료감호심의위원회는 판사·검사 또는 변호사의 자격이 있는 6명 이내의 위원과 정신건강의학과 등 전
> 문의의 자격이 있는 3명 이내의 위원으로 구성하고, 위원장은 법무부차관으로 한다(치료감호 등에 관한
> 법률 제37조 제2항). 즉 치료감호심의위원회의 위원은 9인 이하로 구성되며, 위원장은 위원에 포함되지
> 않는다. 또한 공무원이 아닌 위원의 임기는 3년이다(동법 시행령 제14조 제2항).
> ① 법 제120조 제1항. ③ 보호관찰법 제7조 제1항. ④ 수용자급식관리위원회 운영지침 제3조
>
> [정답] ②

12 | 보호관찰법령등

01. 교정과 보호에 있어서 관심을 불러일으키고 있는 케이스워크(Casework)와 관련이 없는 것은?

① 전문적인 보호관찰관 확보
② 수형자에 대한 교회활동에 있어서 본인과의 면접 중시
③ 개별적 접촉 이외의 그룹상담과 같은 기법 배제
④ 중간시설의 다양화

 ③ 케이스워크(casework)는 개별처우·개별사회사업 등으로 번역되는 사회적 케이스워크(social casework)의 약칭으로 미국의 사회사업가 리치먼드(M.E. Richmond)에 의해 체계화되었다. 케이스워크는 케이스워커(Caseworker) 라고 불리는 전문가가 일대일 면접 등 주로 개별적 접촉을 통해 대상자를 보호·원호하는 방식을 취하는데 그룹상담과 같은 기법을 완전히 배제하는 것은 아니다.

정답 ③

02. 다음 중 보호관찰에 관한 설명으로 틀린 것은?

① 보호관찰로 인해 재범률이 낮아졌다는 경험적 증거가 확실해졌다.
② 주로 경미범죄인을 대상으로 적용할 수 있다.
③ 논란이 많은 보호감호 대신에 집중감시보호관찰 등이 대체수단으로 제기되곤 한다.
④ 보호관찰의 성격상 자발성과 강제성 사이에는 모순이 존재한다.

 ① 보호관찰제도에 대한 부정적 견해에 따르면 보호관찰이 재범방지에 효과적이라는 사실을 경험적으로 입증할 수 없다고 보고 있다. 미국의 랜드(Rand)연구소는 보고서를 통해 대부분의 보호관찰대상자가 재범을 행하고 있으며, 보호관찰제도의 재범방지효과를 확신할 수 없다고 보았다.

┃보호관찰제도의 장·단점┃

장점	단점
• 일반인의 보호와 범죄인의 자유를 동시에 보장 • 범죄인의 사회복귀와 재범방지에 기여 • 구금으로 인한 범죄인 가족의 정신적·경제적 고통 방지 • 수용에 따른 행형비용의 절감 • 범죄적 악풍감염, 낙인 등 구금의 폐해 방지 • 각종 유예제도와 결합하여 효용성 상승 가능	• 보호관찰이 동시에 요구하는 자발성과 강제성은 상호 모순 • 대상자 선별과정이 공정치 못하면 형사사법 불신 초래 • 보호관찰조건이 지나치게 가혹 또는 관대하면 제도적 취지 퇴색 • 범죄인을 사회에 방치하여 공공의 안전이 위협 • 보호관찰프로그램 소요비용이 구금비용보다 과다할 수 있음 • 새로운 통제수단의 창설, 형사사법망의 확대라는 비판이 있음

정답 ①

03. 보호관찰을 규정하고 있지 않은 법률은?

① 형법

② 치료감호 등에 관한 법률

③ 청소년보호법

④ 성폭력범죄의 처벌 등에 관한 특례법

> **해설** ③은 보호관찰에 관한 규정을 두고 있지 않다. ① 형법 제59조의2, 제62조의2, 제73조의2 ② 치료감호 등에 관한 법률 제32조. ④ 성폭력범죄의 처벌 등에 관한 특례법 제16조
>
> 정답 ③

04. 올린(L. E. Ohlin)의 관점에 따라 보호관찰관의 유형을 통제와 지원이라는 두 가지 차원에서 그림과 같이 구분할 때, ㉠~㉣에 들어갈 유형을 바르게 연결한 것은?

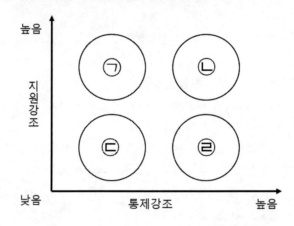

	㉠	㉡	㉢	㉣
①	복지적관찰관	보호적관찰관	수동적관찰관	처벌적관찰관
②	보호적관찰관	복지적관찰관	수동적관찰관	처벌적관찰관
③	복지적관찰관	보호적관찰관	처벌적관찰관	수동적관찰관
④	보호적관찰관	복지적관찰관	처벌적관찰관	수동적관찰관

> **해설** 올린은 보호관찰관의 유형을 총 네가지로 분류하는데, 처벌적 보호관찰관은 위협을 수단으로 대상자를 규율에 동조하도록 통제를 강조 ,복지적 보호관찰관은 목표를 대상자에 대한 복지향상에 두고 지원기능을 강조한다. 그 다음으로 보호적보호관찰관은 통제기능과 지원기능을 적절히 조화시키려는 보호관찰관, 마지막으로 수동적 보호관찰관은 통제나 지원 모두에 소극적이며 자신의 임무는 최소한의 개입이라고 믿는 관찰관으로 분류하였다.
> ㉠ 지원을 강조하나 통제는 약화되는 복지적 보호관찰관
> ㉡ 지원과 통제를 모두 강조하는 보호적 보호관찰관
> ㉢ 지원과 통제가 모두 약화되는 수동적 보호관찰관
> ㉣ 지원은 약화되고, 통제를 강조하는 처벌적 보호관찰관
>
> 정답 ①

05. 보호관찰제도에 대한 설명으로 옳은 것은 모두 고른 것은?

> ㉠ 성인에 대해 보호관찰을 시작하게 된 계기는 형법과 「보호관찰 등에 관한 법률」의 입법에 의해서이다.
> ㉡ 「보호관찰 등에 관한 법률」에 의하면 성인에 대해서도 검사는 선도조건부 기소유예를 부과할 수 있다.
> ㉢ 형집행유예 보호관찰의 기간은 원칙적으로 집행을 유예한 기간으로 한다.
> ㉣ 대법원은 보호관찰의 성격을 보안처분으로 규명하면서 죄형법정주의원칙이 적용되지 않는다고 판시하였다

① ㉠, ㉡, ㉢

② ㉡, ㉢, ㉣

③ ㉠, ㉡, ㉢, ㉣

④ ㉢, ㉣

 ○ : ㉡ 현행법상 선도조건부 기소유예의 부과는 성인범과 소년범을 구별하지 않고 있다. ㉢ 보호관찰 등에 관한 법률 제30조 제2호, ㉣ 대판 1997.6.13. 97도703.

× : ㉠ 성인범죄자에 대한 보호관찰제도의 시행은 1989년 3월 25일 구 「사회보호법」의 개정으로 보호감호가출소자 등에 대하여 한정적으로 시행되다가 1993년 12월 「성폭력범죄의 처벌 및 피해자보호 등에 관한 법률」의 제정으로 1994년 4월 1일부터 성인 성폭력범 가석방자에게 확대 시행되었다.

정답 ②

06. 보호관찰의 대상자가 아닌 사람은?

① 보호관찰을 조건으로 형의 선고유예를 받은 사람
② 보호관찰을 조건으로 형의 집행유예를 받은 사람
③ 보호관찰을 조건으로 가석방되거나 임시퇴원된 사람
④ 소년법상 보호관찰심사위원회에 의하여 보호처분을 받은 사람

 ④ 보호관찰 등에 관한 법률 제3조 제1항 제4호의 보호관찰대상자는 소년법에 따라 단기 및 장기보호관찰 처분을 받은 사람인데 이 경우 소년법상 보호처분의 결정은 법원의 권한이므로 '보호관찰심사위원회에 의하여 보장을 받은 사람'이 아니다.(보호관찰 등에 관한 법률 제3조 제1항).

보호관찰대상자
• 형법상 보호관찰을 조건으로 형의 선고유예를 받은 사람
• 형법상 보호관찰을 조건으로 형의 집행유예를 선고받은 사람
• 형법상 보호관찰을 조건으로 가석방되거나 임시퇴원된 사람
• 소년법상 장기 및 단기의 보호관찰처분을 받은 사람
• 다른 법률에서 이 법에 따른 보호관찰을 받도록 규정된 사람

정답 ④

07. 보호관찰의 지도·감독 유형으로 올린(L. E. Ohlin)이 제시한 내용 중 지역사회보호와 범죄자 보호 양쪽 사이에서 갈등을 가장 크게 겪는 보호관찰관의 유형은?

① 보호적 보호관찰관　　　　　　　② 수동적 보호관찰관
③ 복지적 보호관찰관　　　　　　　④ 중개적 보호관찰관

> **해설** ① 올린(Ohlin)은 보호관찰관의 유형으로 처벌적 관찰관, 보호적 관찰관, 복지적 관찰관, 수동적 관찰관을 들었는데, 이 중 보호적 관찰관이란 사회와 범죄인의 보호 양자 사이를 망설이는 유형으로 직접적인 지원이나 강연·칭찬·꾸중의 방법을 주로 이용한다. 이러한 유형은 사회와 범죄인의 입장을 번갈아 편들기 때문에 어중간한 입장에 처하기 쉬우며, 지역사회보호와 범죄자보호 양쪽 사이에서 갈등을 가장 크게 겪게 된다.
>
> 정답 ①

08. 다음 설명에 해당하는 스미크라(Smykla)의 보호관찰 모형은?

> 보호관찰관은 외부자원을 적극 활용하여 보호관찰대상자들이 다양하고 전문적인 사회적 서비스를 받을 수 있도록 사회기관에 위탁하는 것을 주요 일과로 삼고 있다.

① 프로그램 모형(program model)　　② 중재자 모형(brokerage model)
③ 옹호모형(advocacy model)　　　　④ 전통적 모형(traditional model)

> **해설** ③ 스미크라(Smykla)는 보호관찰관의 기능과 자원의 활용이라는 측면에서 보호관찰을 전통적모형 (traditional model), 프로그램모형 (program model), 옹호모형(advocacy model), 중재자모형 (brokerage model)으로 모형화 하였는데 옹호모형(advocacy model)에 해당한다.
>
> 정답 ③

09. 다음 보호관찰과 관련된 설명 중 틀린 것은?

① 보호관찰대상자의 성적이 양호할 때에는 보호관찰이 임시해제 될 수 있다.
② 임시 해제 중에는 보호관찰을 하지 않기 때문에 보호관찰대상자의 준수사항에 대한 준수의무는 없다.
③ 임시해제결정을 받은 사람에 대하여 다시 보호관찰을 하는 것이 적절하다고 인정되면 임시해제결정을 취소할 수 있다.
④ 임시해제결정이 취소된 경우에는 그 임시해제기간을 보호관찰기간에 포함한다.

> **해설** ② 임시해제 중에는 보호관찰을 하지 아니한다. 다만 보호관찰대상자는 준수사항을 계속하여 지켜야 한다 (보호관찰 등에 관한 법률 제52조 제2항).
> ① 보호관찰 등에 관한 법률 제52조 제1항. ③ 동조 제3항. ④ 동조 제4항.
>
> 정답 ②

10. 다음 중 「보호관찰 등에 관한 법률」에 따라 보호관찰심사위원회의 위원 위촉대상으로 열거 되어 있지 아니한 자는?

① 경찰서장
② 소년원장
③ 교도소장
④ 판사

> **해설** ②③④ 심사위원회의 위원은 판사, 검사, 변호사, 보호관찰소장, 지방교정청장, 교도소장, 소년원장 및 보호관찰에 관한 지식과 경험이 풍부한 사람 중에서 법무부장관이 임명하거나 위촉한다(보호관찰 등에 관한 법률 제7조 제3항).

정답 ①

11. 다음 중 보호관찰심사위원회의 권한으로 바르게 설명된 것은?

① 심사위원회는 임시해제결정을 받은 사람에 대하여 다시 보호관찰을 하는 것이 적절하다고 인정되면 보호관찰소의 장의 신청에 의해서만 임시해제결정을 취소할 수 있다.
② 심사위원회는 보호관찰대상자의 성적이 양호할 때에는 보호관찰소의 장의 신청을 받거나 직권으로 보호관찰을 임시해제할 수 있다.
③ 심사위원회의 회의는 재적위원 과반수의 출석으로 개의하고, 출석위원 3분의 2 이상의 찬성으로 의결한다.
④ 심사위원회의 회의는 공개를 원칙으로 한다.

> **해설** ① 심사위원회는 임시해제결정을 받은 사람에 대하여 다시 보호관찰을 하는 것이 적절하다고 인정되면 보호관찰소의 장의 신청을 받거나 직권으로 임시해제 결정을 취소할 수 있다(보호관찰 등에 관한 법률 제52조 제3항).
> ③ 심사위원회의 회의는 재적위원 과반수의 출석으로 개의하고, 출석위원 과반수의 찬성으로 의결한다(동법 제12조 제1항).
> ④ 심사위원회의 회의는 비공개로 한다(동조 제3항). ② 동법 제52조 제1항

정답 ②

12. 다음 보호관찰에 관한 설명 중 맞는 것은?

① 보호관찰을 조건으로 형의 선고유예를 받은 자의 보호관찰기간은 2년으로 한다.
② 보호관찰에 관한 사무를 관장하기 위하여 법무부차관 소속하에 보호관찰소를 둔다.
③ 보호관찰에 관한 사항을 심사·결정하기 위하여 법무부장관 소속으로 보호관찰심사위원회를 둔다.
④ 보호관찰심사위원회는 사무처리를 위하여 보호관찰관을 둔다.

> **해설** ① 보호관찰을 조건으로 형의 선고유예를 받은 자의 보호관찰기간은 1년이다(보호관찰 등에 관한 법률 제30조 제1호).
> ② 법무부장관 소속으로 보호관찰소를 둔다(동법 제14조 제1항).
> ④ 보호관찰소에는 보호관찰소의 사무를 처리하기 위하여 보호관찰관을 둔다(동법 제16조 제1항).
> ③ 동법 제 5조 제1항.

정답 ③

13. 보호관찰제도에 대한 설명 중 타당한 내용은?

① 보호관찰을 부과할시 사회봉사명령이나 수강명령을 선택하여 부과한다.

② 검사가 보호관찰관이 선도함을 조건으로 공소제기를 유예하면 보호관찰관은 선도위탁받은 사람들에게 선도업무를 수행한다.

③ 가석방될 자에 대하여는 반드시 보호관찰을 실시하여야 하고, 준수사항을 중대하게 위반하면 가석방은 실효된다.

④ 가석방의 결정과 그 취소에 관한 사항은 보호관찰심사위원회의 의결을 거쳐 법무부장관이 결정한다.

> **해설** ① 형의 집행을 유예하는 경우에는 보호관찰을 받을 것을 명하거나 사회봉사 또는 수강을 명할 수 있다(형법 제62조의2 제1항). 즉 사회봉사명령이나 수강명령은 보호관찰을 전제하는 것이 아니라 독립적으로 부과할 수 있다.
> ③ 가석방된 자는 가석방기간 중 보호관찰을 받는다. 다만 가석방을 허가한 행정관청이 필요가 없다고 인정한 때에는 그러하지 아니하다(형법 제73조의2 제2항). 즉 가석방된 자에 대한 보호관찰은 예외적으로 부과하지 않을 수 있다. 또한 가석방의 처분을 받은 자가 감시에 관한 규칙을 위배하거나, 보호관찰의 준수사항을 위반하고 그 정도가 무거운 때에는 가석방처분을 취소할 수 있다. 즉 실효가 아니라 취소이다.
> ④ 성인수형자에 대한 가석방의 결정과 취소는 가석방심사위원회를 거쳐 법무부장관이 결정하나, 소년수형자에 대한 가석방의 결정과 취소는 보호관찰심사위원회를 거쳐 법무부장관이 결정한다.
> ② 보호관찰 등에 관한 법률 제15조 제3호
>
> 정답 ②

14. 「보호관찰 등에 관한 법률」상 보호관찰 대상자의 일반적인 준수사항에 해당하는 것만을 모두 고른 것은?

> ㉠ 주거지에 상주(常住)하고 생업에 종사할 것
> ㉡ 범죄행위로 인한 손해를 회복하기 위하여 노력할 것
> ㉢ 범죄로 이어지기 쉬운 나쁜 습관을 버리고 선행(善行)을 하며 범죄를 저지를 염려가 있는 사람들과 교제하거나 어울리지 말 것
> ㉣ 보호관찰관의 지도·감독에 따르고 방문하면 응대할 것
> ㉤ 주거를 이전(移轉)하거나 1개월 이상 국내외 여행을 할 때에는 미리 보호관찰관에게 신고할 것
> ㉥ 일정량 이상의 음주를 하지 말 것.

① ㉠, ㉡, ㉢, ㉣

② ㉠, ㉢, ㉣, ㉤

③ ㉡, ㉢, ㉣, ㉤, ㉥

④ ㉠, ㉡, ㉢, ㉣, ㉤, ㉥

> **해설** ② ㉠㉢㉣㉤은 보호관찰 대상자의 일반준수사항에 해당하나, ㉡㉥은 특별준수사항에 해당한다(보호관찰 등에 관한 법률 제32조 제2항·제3항 참조).
>
> 정답 ②

15. 보호관찰에 관한 설명으로 옳은 것은?

① 보호관찰은 법원의 판결이나 결정이 확정된 때부터 시작된다.

② 보호관찰은 부가적 처분으로 부과할 수 있을 뿐이고, 독립적 처분으로 부과할 수 없다.

③ 보호관찰대상자가 보호관찰의 준수사항을 위반한 경우 보호관찰을 취소해야 한다.

④ 보호관찰에 대한 임시해제결정이 취소된 때에는 그 임시해제기간은 보호관찰기간에 산입되지 않는다.

> **해설** ② 보호관찰은 독립적 처분으로 부과할 수 있다. 즉 형법 제59조의2 제1항은 "형의 선고를 유예하는 경우에 재범방지를 위하여 지도 및 원호가 필요한 때에는 보호관찰을 받을 것을 명할 수 있다"고 규정하고 있고, 형법 제62조의2 제1항은 "형의 집행을 유예하는 경우에는 보호관찰을 받을 것을 명하거나 사회봉사 또는 수강을 명할 수 있다"고 규정하고 있다. ③보호관찰대상자가 보호관찰에 따른 준수사항을 위반한 경우에는 경고(보호관찰 등에 관한 법률 제38조)·구인(동법 제39조)·긴급구인(동법 제40조)·유치(동법 제42조)·가석방 및 임시퇴원의 취소(동법 제48조)·보호처분의 변경(동법 제49조) 등의 제재수단을 사용할 수 있다.
> ④ 임시해제 결정이 취소된 경우에는 그 임시해제 기간을 보호관찰 기간에 포함한다(동법 제52조 제4항).
> ① 동법 제29조 제1항
>
> 정답 ①

16. 「보호관찰 등에 관한 법률」상 구인(제39조 또는 제40조)한 보호관찰 대상자의 유치에 대한 설명으로 옳지 않은 것은?

① 보호관찰소의 장은 가석방 및 임시퇴원의 취소 신청이 필요하다고 인정되면 보호관찰 대상자를 수용기관 또는 소년분류심사원에 유치할 수 있다.

② 보호관찰 대상자를 유치하려는 경우에는 보호관찰소의 장이 검사에게 신청하여 검사의 청구로 관할 지방법원 판사의 허가를 받아야 하며, 이 경우 검사는 보호관찰 대상자가 구인된 때부터 48시간 이내에 유치 허가를 청구하여야 한다.

③ 유치된 사람에 대하여 보호관찰을 조건으로 한 형의 선고유예가 실효되거나 집행유예가 취소된 경우 또는 가석방이 취소된 경우에는 그 유치기간을 형기에 산입한다.

④ 유치의 기간은 구인한 날부터 20일로 한다. 다만, 보호처분의 변경 신청을 위한 유치에 있어서는 심사위원회의 심사에 필요하면 10일의 범위에서 한 차례만 유치기간을 연장할 수 있다.

> **해설** 법원은 보호관찰을 조건으로 한 형의 선고유예의 실효 및 집행유예의 취소 청구의 신청 또는 보호처분의 변경 신청이 있는 경우에 심리를 위하여 필요하다고 인정되면 심급마다 20일의 범위에서 한 차례만 유치기간을 연장할 수 있다(보호관찰 등에 관한 법률 제43조 제2항).
>
> > **참고**
> > 보호관찰소의 장은 가석방 및 임시퇴원의 취소 신청이 있는 경우에 심사위원회의 심사에 필요하면 검사에게 신청하여 검사의 청구로 지방법원 판사의 허가를 받아 10일의 범위에서 한 차례만 유치기간을 연장할 수 있다(동법 제43조 제3항).
>
> 정답 ④

17. 「보호관찰 등에 관한 법률」상 구인에 대한 설명으로 옳지 않은 것은?

① 보호관찰소의 장은 구인사유가 있는 경우 관할 지방검찰청의 검사에게 신청하여 검사의 청구로 관할 지방법원 판사의 구인장을 발부받아 보호관찰대상자를 구인할 수 있다.

② 보호관찰소의 장은 구인사유가 있는 경우로서 긴급하여 구인장을 발부받을 수 없는 경우에는 그 사유를 알리고 구인장 없이 보호관찰대상자를 구인할 수 있다.

③ 보호관찰소의 장은 보호관찰대상자를 긴급구인한 경우에는 긴급구인서를 작성하여 48시간 내에 관할 지방검찰청 검사의 승인을 받아야 한다.

④ 보호관찰소의 장은 긴급구인에 대하여 관할 지방검찰청 검사의 승인을 받지 못하면 즉시 보호관찰대상자를 석방하여야 한다.

> **해설** ③ 보호관찰소의 장은 보호관찰대상자를 긴급구인한 경우에는 긴급구인서를 작성하여 즉시 관할 지방검찰청 검사의 승인을 받아야 한다(보호관찰 등에 관한 법률 제40조 제2항). ① 보호관찰 등에 관한 법률 제39조 제1항. ② 동법 제40조 제1항. ④ 동조 제3항
>
> 정답 ③

18. 「보호관찰 등에 관한 법률」에 규정된 보호관찰의 절차로 틀린 것은?

① 보호관찰에 관한 사항을 심사결정하기 위하여 보호관찰심사위원회가 있다.

② 보호관찰소는 보호관찰, 사회봉사명령, 수강명령, 갱생보호업무를 관장한다.

③ 범죄예방자원봉사위원은 명예직으로 법무부장관이 위촉한다.

④ 보호관찰의 집행에 있어 예외적으로 경찰이 담당하는 경우도 있다.

> **해설** ④ 보호관찰은 보호관찰대상자의 주거지를 관할하는 보호관찰소 소속 보호관찰관이 담당한다(보호관찰 등에 관한 법률 제31조).
> ① 동법 제5조 제1항. ② 동법 제15조 제1호·제2호, ③ 동법 제18조 제2항·제4항
>
> 정답 ④

19. 「보호관찰 등에 관한 법률」상 범죄의 내용과 종류 및 본인의 특성 등을 고려하여 특별준수사항으로 따로 부과할 수 있는 것은?

① 주거지에 상주하고 생업에 종사할 것

② 재범의 기회나 충동을 줄 수 있는 특정 지역·장소의 출입을 하지 말 것

③ 주거를 이전하거나 1개월 이상 국내외 여행을 할 때에는 미리 보호관찰관에게 신고할 것

④ 범죄로 이어지기 쉬운 나쁜 습관을 버리고 선행을 하며 범죄를 저지를 염려가 있는 사람들과 교제하거나 어울리지 말 것

> **해설** ②는 특별준수사항에 해당하나(보호관찰 등에 관한 법률 제32조 제3항). ①③④는 일반준수사항에 해당한다(동조 제2항).
>
> 정답 ②

20. 현행법상 보호관찰에 대한 설명으로 옳은 것은?

① 징역을 선고받은 소년이 가석방된 경우에는 남은 형기 동안 보호관찰을 받는다.

② 법원은 성인보호관찰 대상자에게는 특정 시간대의 외출 제한 등과 같은 특별준수사항을 따로 부과할 수 없다.

③ 법원은 성인형사피고인에게 보호관찰을 명하기 위하여 필요하다고 인정하면 그 법원의 소재지 또는 피고인의 주거지를 관할하는 보호관찰소의 장에게 판결전 조사를 요구할 수 있다.

④ 검사는 선도조건부 기소유예처분으로 소년형사사건을 종결하면서 보호관찰을 받을 것을 명할 수 있다.

> **해설** ① 가석방된 자는 원칙적으로 가석방기간 중 보호관찰을 받으나, 소년은 그러하지 아니하다.
> ② 특정시간대의 외출제한을 특별준수사항으로 따로 과할 수 있다.(보호관찰 등에 관한 법률 제32조 제3항 제1호).
> ④ 선도조건부 기소유예란 검사가 범죄소년에 대하여 선도위원 등을 조건으로 기소를 유예하는 처분을 말하는데 검사는 선도조건부 기소유예처분으로 소년형사사건을 종결하면서 보호관찰을 받을 것을 명할 수 없다.
> ③ 보호관찰 등에 관한 법률 제19조 제1항

정답 ③

21. 「보호관찰 등에 관한 법률」에 규정된 내용이 아닌 것은?

① 갱생보호의 실시는 보호관찰소의 관장사무에 속한다.

② 소년수형자에 대한 가석방은 보호관찰심사위원회가 심사 결정한다.

③ 보호관찰심사위원회는 보호관찰대상자의 성적이 양호한 때에는 보호관찰을 임시 해제할 수 있다.

④ 보호관찰기간 중 벌금 이상의 형의 집행을 받게 된 때에는 보호관찰이 종료된다.

> **해설** ④ 보호관찰기간 중 금고 이상의 형의 집행을 받게 된 때에는 보호관찰이 종료된다(보호관찰 등에 관한 법률 제51조 제6호).
> ① 동법 제15조 제2호. ② 동법 제6조 제1호. ③ 동법 제52조 제1항.

보호관찰종료사유51조
• 보호관찰 기간이 지난 때
• 보호관찰을 조건으로 한 형의 선고유예가 실효되거나 보호관찰을 조건으로 한 집행유예가 실효되거나 취소된 때
• 가석방 또는 임시퇴원이 실효되거나 취소된 때
• 보호처분이 변경된 때
• 부정기형 종료 결정이 있는 때
• 보호관찰 기간 중 금고 이상의 형의 집행을 받게 된 때
• 보호관찰이 정지된 임시퇴원자가 22세가 된 때
• 다른 법률에 따라 보호관찰이 변경되거나 취소·종료된 때

정답 ④

22. 보호관찰제도에 관한 법령과 판례에 대한 설명으로 옳은 것은?

① 현역 군인 등 군법 적용 대상자에 대해서도 보호관찰, 사회봉사명령, 수강명령을 명할 수 있다.

② 성폭력범죄를 범한 피고인에게 형의 집행을 유예하면서 보호관찰을 받을 것을 명하지 않은 채 위치추적 전자장치 부착을 명하는 것은 적법하다.

③ 「가정폭력범죄의 처벌 등에 관한 특례법」상 사회봉사명령을 부과하면서 행위시 법상 사회봉사명령 부과시간의 상한인 100시간을 초과하여 상한을 200시간으로 올린 신법을 적용한 것은 적법하다.

④ 보호관찰명령 없이 사회봉사·수강명령만 선고하는 경우 보호관찰대상자에 대한 특별준수사항을 사회봉사·수강명령대상자에게 그대로 적용하는 것은 적합하지 않다.

[해설] ① 군사법원법 제2조 제1항 각 호의 어느 하나에 해당하는 사람에게는 「보호관찰 등에 관한 법률」을 적용하지 아니한다(보호관찰 등에 관한 법률 제56조). 따라서 현역 군인 등 군법 적용 대상자에 대해서는 보호관찰, 사회봉사명령, 수강명령을 명할 수 없다.
② 「특정 범죄자에 대한 위치추적 전자장치 부착 등에 관한 법률」(현 특정 범죄자에 대한 보호관찰 및 전자장치 부착 등에 관한 법률) 제28조 제1항에 "법원은 특정범죄를 범한 자에 대하여 형의 집행을 유예하면서 보호관찰을 받을 것을 명할 때에는 보호관찰기간의 범위 내에서 기간을 정하여 준수사항의 이행여부 확인 등을 위하여 전자장치를 부착할 것을 명할 수 있다"고 규정하고, 제9조 제4항 제4호에 "법원은 특정범죄사건에 대하여 선고유예 또는 집행유예를 선고하는 때(제28조 제1항에 따라 전자장치부착을 명하는 때를 제외한다)에는 판결로 부착명령 청구를 기각하여야 한다."고 규정하고 있으며, 제12조 제1항에 "부착명령은 검사의 지휘를 받아 보호관찰관이 집행한다."고 규정하고 있다. 위 법률에 의하면 법원이 특정범죄를 범한 자에 대하여 형의 집행을 유예하면서 보호관찰을 받을 것을 명하는 때에만 전자장치를 부착할 것을 명할 수 있다고 할 것이다. 그런데도 원판결 및 제1심 판결이 피고인에 대하여 형의 집행을 유예하면서 보호관찰을 받을 것을 명하지 않은 채 전자 장치를 부착할 것을 명한 것은 법령에 위반한 것이다(대판 2011.2.24. 2010오1).
③ 「가정폭력범죄의 처벌 등에 관한 특례법」상 사회봉사명령을 부과하면서 행위시법상 사회봉사명령 부과시간의 상한인 100시간을 초과하여 상한을 200시간으로 올린 신법을 적용한 것은 위법하다(대결 2008.7.24. 2008어4).
④ 보호관찰 등에 관한 법률에서는 보호관찰대상자에 대한 특별준수사항과 사회봉사·수강명령 대상자에 대한 특별준수사항을 별도로 규정하고 있다(보호관찰 등에 관한 법률 제32조 제3항, 제62조 제3항).
[정답] ④

23. 「보호관찰 등에 관한 법률」상 보호관찰소 소속 공무원이 보호관찰대상자에 대한 정당한 직무집행 과정에서 도주방지, 항거억제, 자기 또는 타인의 생명·신체에 대한 위해방지를 위하여 필요하다고 인정되는 상당한 이유가 있을 때 사용할 수 있는 보호장구는?

① 보호의자　　　　　　　② 보호복
③ 머리보호장비　　　　　④ 전자충격기

[해설] ④ 보호관찰 등에 관한 법률상 보호관찰대상자에게 사용할 수 있는 보호장구는 수갑, 포승, 보호대, 전자충격기, 가스총이다(보호관찰 등에 관한 법률 제46조의3항).
[정답] ④

24. 주로 단기자유형을 선고해야 될 범죄자나 경미한 범죄를 저지른 자에 대해서 교정시설에 수용하여 자유형을 집행하는 대신 일정기간 무보수로서 의무적인 작업을 실시하는 것으로 범죄로 인한 피해에 대해 노동으로 사회에 보상하는 것은?

① 사회봉사명령 ② 보호관찰
③ 집행유예 및 선고유예 ④ 수강명령

정답 ①

25. 사회봉사명령제도에 대한 설명으로 옳지 않은 것은? (다툼이 있는 경우 판례에 의함)

① 다양한 형벌목적을 결합시킬 수 없어 자유형에 상응한 형벌효과를 거둘 수 없다.
② 자유형의 집행을 대체하기 위한 것이므로 피고인에게 일정한 금원을 출연하거나 이와 동일시 할 수 있는 행위를 명하는 것은 허용될 수 없다.
③ 강제노역으로서 이론상 대상자의 동의를 요한다고 하여야 할 것이나, 현행법은 대상자의 동의를 요건으로 하고 있지 않다.
④ 일반인의 직업활동을 저해할 우려가 있고, 대상자에게 또 다른 낙인으로 작용할 수 있다.

해설 ① 사회봉사명령은 다양한 형벌목적을 결합시킬 수 있어 자유형에 상응한 형벌효과를 거둘 수 있다.

정답 ①

26. 사회봉사명령의 장점이 아닌 것은?

① 피해배상의 성격을 가지고 있다.
② 교육적 효과가 있다.
③ 형벌적 성격을 완전히 배제한 형사제재에 해당한다.
④ 사회복귀적 요소가 있다.

해설 ③ 사회봉사명령은 일상적인 사회생활을 유지하게 한다는 점에서 사회내처우에 해당하지만, 다양한 형벌목적을 결합할 경우 자유형에 상응한 형벌효과를 거둘 수 있다는 특징이 있다.

┃ 사회봉사명령제도의 장·단점 ┃

장점	단점
• 범죄적 악풍감염 및 낙인을 방지 • 범죄인의 사회복귀에 유리 • 긍정적 가치관과 건전한 근로습관을 형성 • 범죄인을 통제의 대상에서 사회에 봉사하는 능동적 지위로 전환 • 타인을 위한 노동이 속죄의 수단으로 효과적 • 구금에 따르는 행형비용의 절감 • 다양한 형벌목적을 결합시켜 자유형에 상응한 형벌효과를 거둘 수 있음	• 대상자의 선정, 위반행위에 대한 조치, 교통비의 지급, 노동시간에의 산입 등에 있어 일관성 부족 • 관리인력이나 충분한 예산이 확보되지 않을 경우 형식에 흐를 수 있음 • 사회봉사명령의 목적이 지나치게 광범위하고, 법적 성격이 분명하지 않아 그 효과가 반감되고 있다는 비판이 있음 • 사회내처우의 유용성에 대한 실증적 저해 가능 • 일반사회인의 정상적 작업활동의 저해 가능 • 대상자에게 또 다른 낙인으로 작용될 수 있음

정답 ③

27. 사회봉사명령제도에 관한 설명으로 옳지 않은 것은 모두 몇 개인가?

> ㉠ 처벌적 성격, 사회에 대한 배상, 자신에 대한 속죄, 범죄인과 사회의 재통합 등 여러 이념을 내포하고 있어 보호관찰 이래 최대의 형벌개혁으로 평가 받고 있다.
> ㉡ 보호관찰이 범죄인을 사회적으로 부조의 대상으로 보지 않고 그 주체로 보고 있다면, 사회봉사명령은 범죄의 원인을 범죄자의 사회적응실패로 보고 이를 해결하는 데에 중점을 둔다.
> ㉢ 보호관찰은 주로 가정이나 사무실에서 면담을 통해 이루어지는 반면, 사회봉사명령은 주로 외부사회에서 이루어진다.
> ㉣ 우리나라의 사회봉사명령제도는 1988년 12월 31일 소년법의 개정에 따라 1989년 7월 1일부터 시행되었으며, 1995년 12월 29일 형법 개정으로 그 대상이 성인으로 확대되었다.

① 1개
② 2개
③ 3개
④ 4개

 × : ㉡ 보호관찰이 범죄의 원인을 범죄자의 사회적응실패로 보고 이를 해결하는 데에 중점을 두는 제도라면, 사회봉사명령은 범죄자를 사회적 부조의 대상으로 보지 않고 그 주체로 보는 제도이다.
○ : ㉠㉢㉣

사회봉사명령과 보호관찰
• 보호관찰은 범죄의 원인을 범죄인의 사회적응실패로 보고 이를 해결하는 것에 중점을 두는 반면, 사회봉사명령은 범죄인을 사회적 부조의 대상으로 보지 않고 그 주체로 본다.
• 보호관찰은 주로 가정이나 사무실에서 면담을 통해 이루어지는 반면, 사회봉사명령은 주로 외부사회에서 이루어진다.
• 보호관찰은 그 성취 여부를 객관적으로 확인하기 어려운 반면, 사회봉사명령은 성취 여부를 객관적으로 확인할 수 있다.
• 보호관찰은 전문가에 의한 개별적 관찰과 원호가 중시되는 반면, 사회봉사명령은 독지가의 참여가 중시된다.
• 보호관찰은 감시와 통제가 주류를 이루어 비생산적인 반면, 사회봉사명령은 노동을 통한 사회생산성에 기여하므로 사회적 비용면에서 경제적이다.
• 보호관찰에서는 범죄인이 지도 및 원조를 받는 수동적 존재인 반면, 사회봉사명령은 범죄인이 사회에 봉사하는 능동적 존재이다.

정답 ①

28. 사회봉사명령에 적합한 성인 대상자의 유형으로 적절하지 않은 것은?

① 사회적으로 고립되어 있거나 단편적인 생활양식을 가진 자
② 자신을 비하하거나 목적 없이 생활하면서 자신의 능력을 모르는 때
③ 마약이나 알코올중독으로 비고의적 범죄를 범한 경우
④ 근로정신이 희박하고 다른 사람의 재물을 탐내거나 직무와 관련하여 부당한 대가를 받은 때

해설 ③ 사회봉사명령은 비교적 경미한 범죄자를 대상으로 사회생활을 유지하게 하면서 사회봉사활동을 하도록 하는 제도이므로 마약이나 알코올중독으로 인한 비고의적 범죄를 범한 자는 그 대상이 되기 어렵다.

정답 ③

29. 「보호관찰 등에 관한 법률」상 사회봉사명령에 대한 설명으로 옳지 않은 것은?

① 보호관찰관은 국공립기관이나 그 밖의 단체에 사회봉사명령 집행의 전부 또는 일부를 위탁할 수 있다.

② 법원은 형법상 사회봉사를 명할 경우에 대상자가 사회봉사를 할 분야와 장소 등을 지정하여야 한다.

③ 사회봉사명령 대상자는 주거를 이전하거나 1개월 이상 국내외 여행을 할 때에는 미리 보호관찰관에게 신고하여야 한다.

④ 형법상 형의 집행유예 시 사회봉사를 명할 때에는 다른 법률에 특별한 규정이 없으면 500시간의 범위에서 그 기간을 정하여야 한다.

 ② 법원은 사회봉사대상자가 사회봉사를 할 분야와 장소 등을 지정할 수 있다(보호관찰 등에 관한 법률 제59조 제2항).
① 동법 제61조 제1항. ③ 동법 제62조 제2항. ④ 동법 제59조 제1항

정답 ②

30. 사회봉사명령에 대한 다음 설명 중 옳지 않은 것으로만 묶인 것은?

> ㉠ 1988년 12월 31일 소년법의 개정으로 우리나라에 처음으로 도입되었다.
> ㉡ 소년법상의 사회봉사명령은 12세 이상의 소년에게만 할 수 있다.
> ㉢ 형법은 사회봉사명령을 형의 집행유예에 대한 부수처분으로 규정하고 있다.
> ㉣ 「성폭력범죄의 처벌 등에 관한 특례법」은 형의 선고를 유예하는 경우에도 사회봉사를 명할 수 있도록 규정하고 있다.

① ㉠, ㉡   ② ㉡, ㉣
③ ㉡, ㉢   ④ ㉡, ㉣

해설 × : ㉡ 소년법상의 사회봉사명령은 14세 이상의 소년에게만 할 수 있다(소년법 제32조 제3항). ㉣ 「성폭력범죄의 처벌 등에 관한 특례법」은 형의 선고를 유예하는 경우에 보호관찰만을 명할 수 있도록 하고 있다(동법 제16조 제1항).
○ : ㉠, ㉢ 형법 제62조의2 제1항

정답 ④

31. 사회봉사명령제도에 대한 설명으로 옳은 것은?(다툼이 있는 경우 판례에 의함)

① 형법상 사회봉사명령은 집행유예기간 내에 이를 집행한다.

② 소년법상 사회봉사명령은 12세 이상의 소년에게만 할 수 있다.

③ 보호관찰과 사회봉사명령 또는 수강명령은 동시에 명할 수 없다.

④ 형법상 사회봉사명령은 집행유예 또는 선고유예를 선고받은 사람에게 부과할 수 있다.

② 사회봉사명령은 14세 이상인 소년에 대해서만 가능하다(소년법 제32조 제3항).
③ 대법원은 형법 제62조의2 제1항(형의 집행을 유예하는 경우에는 보호관찰을 받을 것을 명하거나 사회봉사 또는 수강을 명할 수 있다)은 보호관찰과 사회봉사를 각각 독립하여 명할 수 있다는 것이고, 그 양자를 동시에 명할 수 없다는 취지로 해석하여서는 아니 된다고 판시하고 있다(대판 1998.4.24. 98도98).
④ 형법상 사회봉사명령은 형의 집행유예를 선고하는 경우에만 부과될 수 있다(형법 제62조의2 제1항).
① 형법 제62조의2 제3항

정답 ①

32. 현행법상 사회봉사명령제도에 관한 설명으로 옳지 않은 것은?

① 형의 집행을 유예할 경우 부과할 수 있다.
② 소년범에 대하여는 사회봉사명령을 부과할 수 없다.
③ 형의 집행유예기간의 경과는 사회봉사명령 종료사유의 하나이다.
④ 형법에 의한 사회봉사는 500시간을 초과하여 명할 수 없다.

 ② 우리나라 사회봉사명령제도는 1988년 12월 31일 개정된 소년법에 따라 1989년 7월 1일부터 소년범을 대상으로 시행되었으며, 1995년 12월 29일 개정된 형법에 따라 성인에게도 부과할 수 있게 되었다. 즉 현행 소년법에서는 수강명령을 보호처분의 하나로 규정하고 있다(소년법 제32조 제1항 제3호).
① 형법 제62조의2 제1항. ④ 보호관찰 등에 관한 법률 제59조 제1항.

사회봉사명령 대상자
• 형법 제62조의2에 따라 사회봉사를 조건으로 형의 집행유예를 선고 받은 사람
• 소년법 제32조에 따라 사회봉사명령을 받은 사람
• 다른 법률에서 「보호관찰 등에 관한 법률」에 따른 사회봉사를 받도록 규정된 사람

정답 ②

33. 사회봉사명령 및 수강명령에 대한 설명으로 옳지 않은 것은?

① 사회봉사명령 또는 수강명령의 집행을 완료하거나 형의 집행유예기간이 지났을 때 사회봉사명령 및 수강명령은 종료된다.
② 보호관찰관은 사회봉사명령 또는 수강명령의 집행을 국공립기관에 위탁했을 때 이를 법원 또는 법원의 장에게 통보하여야 한다.
③ 사회봉사명령 및 수강명령 대상자는 법무부령으로 정하는 바에 따라 주거, 직업, 그 밖에 필요한 사항을 보호관찰소의 장에게 신고하여야 한다.
④ 사회봉사명령 또는 수강명령은 보호관찰관이 집행하고, 보호관찰관은 국공립기관이나 그 밖의 단체에 그 집행의 전부 또는 일부를 위탁할 수 있다.

해설 ③ 사회봉사명령 및 수강명령 대상자는 대통령령으로 정하는 바에 따라 주거, 직업, 그밖에 필요한 사항을 관할 보호관찰소의 장에게 신고하여야 한다(보호관찰 등에 관한 법률 제62조 제1항).
① 보호관찰 등에 관한 법률 제63조. ② 동법 제61조 제2항. ④ 동조 제1항

정답 ③

34. 현행법상 사회봉사명령에 대한 설명으로 옳은 것을 모두 고른 것은?(다툼이 있으면 판례에 의함)

> ㉠ 형의 선고를 유예하거나 형의 집행을 유예하는 경우에 사회봉사를 명할 수 있다.
> ㉡ 집행유예를 선고하면서 사회봉사명령으로 일정액의 금전출연을 주된 내용으로 하는 사회공헌계획의 성실한 이행을 명하는 것은 허용되지 않는다.
> ㉢ 소년부 판사는 결정으로써 소년에 대한 독립된 보호처분으로 사회봉사명령을 부과할 수 있다.
> ㉣ 소년보호사건에서 12세 이상의 소년에 대하여는 단기보호관찰과 사회봉사명령을 병합하여 처벌할 수 있다.
> ㉤ 소년법상 사회봉사명령은 200시간을 초과할 수 없으며 형법상의 사회봉사명령은 500시간을 초과할 수 없다.
> ㉥ 사회봉사명령 대상자가 1개월 이상 국외여행을 한 때에는 귀국한 후 30일 이내에 보호관찰관에게 그 사실을 신고하여야 한다.

① ㉠, ㉡, ㉣
② ㉠, ㉣, ㉥
③ ㉡, ㉢, ㉤
④ ㉢, ㉤, ㉥

 ○ : ㉡ 재벌그룹 회장의 횡령행위 등에 대하여 집행유예를 선고하면서 사회봉사명령으로서 일정액의 금전출연을 주된 내용으로 하는 사회공헌계획의 성실한 이행을 명하는 것은 시간단위로 부과될 수 있는 일 또는 근로 활동이 아닌 것을 명하는 것이어서 허용될 수 없다(대판 2008.4.11. 2007도8373). ㉢ 소년법 제32조 제1항 제3호. ㉤ 소년법 제33조 제4항, 보호관찰 등에 관한 법률 제59조 제1항

× : ㉠ 형의 집행을 유예하면서 사회봉사를 명할 수는 있으나, 형의 선고를 유예하면서 사회봉사를 명할 수는 없다(형법 제62조의2 제1항, 보호관찰 등에 관한 법률 제3조 제2항 제1호). ㉣ 사회봉사명령은 14세 이상인 소년에 대해서만 가능하다(소년법 제32조 제3항). ㉥ 사회봉사대상자가 주거를 이전하거나 1개월 이상 국내외 여행을 할 때에는 미리 보호관찰관에게 신고하여야 한다(보호관찰 등에 관한 법률 제62조 제2항 제2호).

사회봉사명령 대상자의 준수사항
• 보호관찰관의 집행에 관한 지시에 따를 것
• 주거를 이전하거나 1개월 이상 국내외 여행을 할 때에는 미리 보호관찰관에게 신고할 것

정답 ③

35. 다음 사회봉사·수강명령에 대한 설명 중 틀린 것은?

① 벌금미납의 경우 환형처분으로 사회봉사를 명할 수 있다.
② 사회봉사명령의 최장기간은 500시간이다.
③ 선고유예 시 수강명령만 가능하다.
④ 보호처분의 경우 보호관찰과 무관하게 독립하여 부과할 수 있다.

해설 ③ 보호관찰은 형의 선고유예나 집행유예를 선고할 경우 모두 부과할 수 있지만, 수강명령은 선고유예를 선고할 경우에는 부과할 수 없다(형법 제59조의2 제1항, 제62조의2 제1항).

정답 ③

36. 보호관찰 등에 관한 법률 상 사회봉사명령과 수강명령에 대한 설명으로 옳지 않은 것은?

① 법원은 「형법」 제62조의2에 따른 사회봉사를 명할 때에는 500시간, 수강을 명할 때에는 200시간의 범위에서 그 기간을 정하여야 한다. 다만, 다른 법률에 특별한 규정이 있는 경우에는 그 법률에서 정하는 바에 따른다.

② 법원은 「형법」 제62조의2에 따른 사회봉사 또는 수강을 명하는 판결이 확정된 때부터 3일 이내에 판결문 등본 및 준수사항을 적은 서면을 피고인의 주거지를 관할하는 보호관찰소의 장에게 보내야 한다.

③ 사회봉사·수강명령 대상자는 주거를 이전하거나 10일 이상의 국외여행을 할 때에는 미리 보호관찰관에게 신고하여야 한다.

④ 사회봉사·수강명령 대상자가 사회봉사·수강명령 집행 중 금고 이상의 형의 집행을 받게 된 때에는 해당 형의 집행이 종료·면제되거나 사회봉사·수강명령 대상자가 가석방된 경우 잔여 사회봉사·수강명령을 집행한다.

> **해설** ③ 사회봉사·수강명령 대상자는 주거를 이전하거나 1개월 이상 국내외 여행을 할 때에는 미리 보호관찰관에게 신고하여야 한다(보호관찰 등에 관한 법률 제62조 제2항 제2호).
> ① 동법 제59조 제1항
> ② 동법 제60조 제1항
> ④ 동법 제63조 제2항　　　　　정답 ③

37. 보호관찰 등에 관한 법률상 보호관찰 심사위원회가 심사·결정하는 사항으로 옳지 않은 것은?

① 가석방과 그 취소에 관한 사항

② 임시퇴원, 임시퇴원의 취소 및 「보호소년 등의 처우에 관한 법률」 제43조 제3항에 따른 보호소년의 퇴원에 관한 사항

③ 보호관찰의 임시해제와 그 취소에 관한 사항

④ 보호관찰을 조건으로 한 형의 선고유예의 실효

> **해설** 보호관찰을 조건으로 한 형의 선고유예의 실효 및 집행유예의 취소는 법원에서 한다.
> • 보호관찰 심사위원회의 심사·결정사항(보호관찰 등에 관한 법률 제6조)
> 1. 가석방과 그 취소에 관한 사항
> 2. 임시퇴원, 임시퇴원의 취소 및 보호소년의 퇴원에 관한 사항
> 3. 보호관찰의 임시해제와 그 취소에 관한 사항
> 4. 보호관찰의 정지와 그 취소에 관한 사항
> 5. 가석방 중인 사람의 부정기형의 종료에 관한 사항
> 6. 이 법 또는 다른 법령에서 심사위원회의 관장 사무로 규정된 사항
> 7. 제1호부터 제6호까지의 사항과 관련된 사항으로서 위원장이 회의에 부치는 사항　　정답 ④

38. 사회내처우에 대한 설명으로 옳지 않은 것은?

① 배상제도는 범죄자로 하여금 범죄로 인한 피해자의 경제적 손실을 금전적으로 배상하게 하는 것으로, 범죄자의 사회복귀를 도울 수 있으며 범죄자에게 범죄에 대한 속죄의 기회를 제공한다.

② 사회봉사명령은 유죄가 인정된 범죄인이나 비행소년을 교화·개선하기 위해 이들로부터 일정한 여가를 박탈함으로써 처벌의 효과도 얻을 수 있고, 동시에 교육훈련을 통하여 자기개선적 효과를 기대할 수 있다.

③ 집중감시(감독)보호관찰은 감독의 강도가 일반보호관찰보다는 높고 구금에 비해서는 낮은 것으로, 집중적인 접촉관찰을 실시함으로써 대상자의 욕구와 문제점을 보다 정확히 파악하고, 이에 알맞은 지도·감독 및 원호를 실시하여 재범방지의 효과를 높일 수 있다.

④ 전자감시(감독)제도는 처벌프로그램의 종류라기보다는 대상자의 위치를 파악할 수 있는 감시(감독)기술로서, 구금으로 인한 폐해를 줄일 수 있고 대상자가 교화·개선에 도움이 되는 각종 교육훈련과 상담을 받을 수 있다.

> **해설** ②는 수강명령에 대한 설명이다.
>
> [정답] ②

39. 보호관찰 등에 관한 법령상 '갱생보호 대상자에 대한 숙식 제공'에 관한 설명으로 옳지 않은 것은?

① 숙식 제공은 갱생보호시설에서 갱생보호 대상자에게 숙소·음식물 및 의복 등을 제공하고 정신교육을 하는 것으로 한다.

② 숙식을 제공한 경우에는 법무부장관이 정하는 바에 의하여 소요된 최소한의 비용을 징수할 수 있다.

③ 숙식 제공 기간의 연장이 필요하다고 인정되는 때에는 매회 6월의 범위 내에서 3회에 한하여 그 기간을 연장할 수 있다.

④ 숙식 제공 기간을 연장하고자 할 때에는 해당 갱생보호시설의 장의 신청이 있어야 한다.

> **해설** 사업자 또는 공단은 영 제41조제2항 단서의 규정에 의하여 갱생보호대상자에 대한 숙식제공의 기간을 연장하고자 할 때에는 본인의 신청에 의하되, 자립의 정도, 계속보호의 필요성 기타 사항을 고려하여 이를 결정하여야 한다.(보호관찰 등에 관한 법률 시행규칙 제60조).
> ① 동법 시행령 제41조 제1항
> ② 동법 시행령 제41조 제3항
> ③ 동법 시행령 제41조 제2항
>
> [정답] ④

40. 다음 중 수강명령의 부과대상이 될 수 없는 것은?

① 「경범죄처벌법」상 과다노출이나 지속적 괴롭힘 행위를 한 자
② 「성매매 알선 등 행위의 처벌에 관한 법률」상 성매매를 한 자
③ 「가정폭력범죄의 처벌 등에 관한 특례법」상 가정폭력사범
④ 「성폭력범죄의 처벌 등에 관한 특례법」상 집행유예선고를 받은 성폭력범죄자

> 해설 ①은 수강명령의 부과대상에 해당하지 않는다. ② 성매매 알선 등 행위의 처벌에 관한 특례법 제14조.
> ③ 가정폭력 범죄의 처벌 등에 관한 특례법 제40조. ④ 성폭력범죄의 처벌 등에 관한 특례법 제16조
>
> 정답 ①

41. 수강명령의 종료사유가 아닌 것은?

① 수강명령의 집행을 완료한 때
② 수강을 명한 집행유예를 받은 자가 준수사항이나 명령을 위반하고 그 정도가 무거워 집행유예의 선고가 취소된 때
③ 형의 집행유예기간이 지난 때
④ 수강명령의 집행기간 중 벌금 이상의 형의 집행을 받게 된 때

> 해설 ④ 벌금 → 금고(보호관찰 등에 관한 법률 제63조 제4호).
> 수강명령의 종료사유는 다음과 같다(동법 제63조).

수강명령의 종료사유 63조
• 수강명령의 집행을 완료한 때
• 형의 집행유예기간이 지난 때
• 수강명령을 조건으로 한 집행유예의 선고가 실효되거나 취소된 때
• 수강명령 집행기간 중 금고 이상의 형의 집행을 받게 된 때
• 다른 법률에 따라 수강명령이 변경되거나 취소·종료된 때

> 정답 ④

42. 갱생보호제도에 관한 설명으로 옳지 않은 것은?

① 미국에서 갱생보호제도는 위스터(R. Wister)를 중심으로 한 「불행한 수형자를 돕는 필라델피아 협회」 등 민간단체를 중심으로 한 출소자 보호활동에서 출발하였다.
② 갱생보호 사업을 하려는 자는 요건을 갖추어 법무부에 신고함으로써 갱생보호사업을 할 수 있다.
③ 갱생보호 대상자는 형사처분 또는 보호처분을 받은 자이다.
④ 갱생보호의 목적을 효율적으로 달성하기 위하여 한국법무보호복지공단이 법인으로 설립되어 있다.

> 해설 ② 갱생보호사업을 하려는 자는 법무부령으로 정하는 바에 따라 법무부장관의 허가를 받아야 한다(보호관찰 등에 관한 법률 제67조 제1항).
> ③ 동법 제3조 제3항. ④ 동법 제71조
>
> 정답 ②

43. 「보호관찰 등에 관한 법률」상 갱생보호제도에 대한 설명으로 옳지 않은 것은?

① 갱생보호는 숙식제공, 주거지원, 창업지원, 직업훈련 및 취업지원 등의 방법으로 한다.
② 갱생보호사업을 하려는 자는 대통령령으로 정하는 바에 따라 법무부장관의 허가를 받아야 한다.
③ 법무부장관은 갱생보호사업자의 허가를 취소하려면 청문을 하여야 한다.
④ 갱생보호사업을 효율적으로 추진하기 위하여 한국법무보호복지공단을 설립한다.

> **해설** ② 갱생보호사업을 하려는 자는 법무부령으로 정하는 바에 따라 법무부장관의 허가를 받아야 한다. 허가받은 사항을 변경하려는 경우에도 또한 같다(보호관찰 등에 관한 법률 제67조 제1항).
> ① 동법 제3조 제3항, ③ 동법 제70조의2, ④ 동법 제71조 〔정답〕 ②

44. 갱생보호에 대한 설명으로 옳지 않은 것은?

① 갱생보호의 실시에 관한 사무는 한국법무보호복지공단이 관장한다.
② 한국법무보호복지공단 이외의 자로서 갱생보호사업을 하고자 하는 자는 법무부장관의 허가를 받아야 한다.
③ 갱생보호 대상자와 관계기관은 보호관찰소의 장, 갱생보호사업의 허가를 받은 자 또는 한국법무보호복지공단에 갱생보호신청을 할 수 있다.
④ 갱생보호 대상자는 형사처분 또는 보호처분을 받은 사람으로서 자립갱생을 위한 숙식제공, 주거지원, 창업지원, 직업훈련 및 취업지원 등 보호의 필요성이 인정되는 사람이다.

> **해설** ① 갱생보호의 실시에 관한 사무는 보호관찰소의 관장사무이다(보호관찰 등에 관한 법률 제15조 제2호). 갱생보호에 관한 사무의 관장은 보호관찰소, 갱생보호에 관한 사업의 관장은 한국법무보호복지공단이다.
> ② 동법 제67조 제1항, ③ 동법 제66조 제1항, ④ 동법 제3조 제3항 〔정답〕 ①

45. 「보호관찰 등에 관한 법률 시행규칙」상 원호협의회에 대한 설명으로 옳은 것은?

① 위원의 임기는 3년으로 한다.
② 원호협의회는 3명 이상 5명 이하의 위원으로 구성한다.
③ 위원장은 보호관찰 대상자에 대한 특정분야의 원호활동을 각 위원에게 개별적으로 의뢰할 수 있다.
④ 검사는 원호활동을 종합적이고 체계적으로 전개하기 위하여 원호협의회를 설치할 수 있다.

> **해설** ① 위원의 임기는 2년으로 한다(보호관찰 등에 관한 법률 시행규칙 제25조의2 제3항).
> ② 원호협의회는 5명 이상의 위원으로 구성하되, 보호관찰소의 장은 당연직 위원으로서 위원장이 된다(동조 제2항).
> ④ 보호관찰소의 장은 법 제34조의 원호활동을 종합적이고 체계적으로 전개하기 위하여 원호협의회를 설치할 수 있다(동조 제1항).
> ③ 동조 제6항 〔정답〕 ③

46. 「보호관찰 등에 관한 법률」상 갱생보호제도에 대한 설명으로 옳은 것은?

① 형사처분 또는 보호처분을 받은 자, 형집행정지 중인 자 등이 갱생보호의 대상자이다.

② 갱생보호대상자는 보호관찰소의 장에게만 갱생보호신청을 할 수 있다.

③ 갱생보호사업을 하려는 자는 대통령령으로 정하는 바에 따라 지방교정청장의 허가를 받아야 한다.

④ 갱생보호의 방법에는 주거 지원, 출소예정자 사전상담, 갱생보호대상자의 가족에 대한 지원이 포함된다.

> **해설** ① 갱생보호대상자는 형사처분 또는 보호처분을 받은 사람으로서 자립갱생을 위한 숙식제공, 주거지원, 창업지원, 직업훈련 및 취업지원 등 보호의 필요성이 인정되는 사람이다(보호관찰 등에 관한 법률 제3조 제3항). 따라서 형집행정지 중인 자는 갱생보호의 대상자에 해당하지 않는다.
> ② 갱생보호대상자 및 관계기관은 보호관찰소의 장, 갱생보호사업 허가를 받은 자 또는 한국법무보호복지공단에 갱생보호 신청을 할 수 있다(동법 제66조 제1항).
> ③ 갱생 보호사업을 하려는 자는 법무부령으로 정하는 바에 따라 법무부장관의 허가를 받아야 한다. 허가받은 사항을 변경하려는 경우에도 또한 같다(동법 제67조 제1항).
> ④ 동법 제65조
> [정답] ④

47. 우리나라 갱생보호제도에 대한 설명으로 옳지 않은 것은?

① 갱생보호 대상자는 형사처분 또는 보호처분을 받은 사람이다.

② 갱생보호사업을 하려는 자는 법무부장관의 허가를 받아야 한다.

③ 우리나라는 석방자에 대한 필요적 갱생보호를 인정하고 있다.

④ 갱생보호사업을 효율적으로 추진하기 위하여 한국법무보호복지공단이 설립되어 있다.

> **해설** ③ 「보호관찰 등에 관한 법률」상 석방자의 갱생보호는 대상자의 신청에 의하도록 함으로써 임의적 갱생보호를 원칙으로 하고 있다(동법 제66조 제1항).
> ① 보호관찰 등에 관한 법률 제3조 제3항. ② 동법 제67조 제1항, ④ 우리나라의 갱생보호사업은 「보호관찰 등에 관한 법률」에 의해 설립되어 법무부의 지휘·감독을 받는 공법인인 한국법무보호복지공단에서 담당하고 있다.
> [정답] ③

48. 〈보기〉에서 보호관찰과 수강명령을 병과할 수 있는 대상자를 모두 고른 것은?

> ㉠ 형법상 선고유예를 받은 자
> ㉡ 형법상 가석방된 자
> ㉢ 소년법상 보호관찰관의 장기·단기보호관찰 처분을 받은 소년 중 12세 이상인 자.
> ㉣ 성폭력범죄의 처벌 등에 관한 특례법상 성폭력범죄를 범한 사람으로서 형의 집행을 유예받은 자

① ㉡, ㉣   ② ㉢, ㉣   ③ ㉠, ㉡, ㉢   ④ ㉠, ㉢, ㉣

> **해설** ② ㉢㉣의 경우 보호관찰과 수강명령을 병과할 수 있지만(소년법 제32조, 성폭력범죄의 처벌 등에 관한 특례법 제16조). ㉠㉡의 경우 수강명령을 부과할 수 없다.
> [정답] ②

13 | 전자감시

01. 다음의 내용에 모두 부합하는 제도는?

> ㉠ 시설수용의 단점을 피할 수 있다.
> ㉡ 임산부 등 특별한 처우가 필요한 범죄자에게도 실시할 수 있다.
> ㉢ 판결 이전이나 형 집행 이후 등 형사사법의 각 단계에서 폭넓게 사용될 수 있다.

① 개방처우   ② 전자감시

③ 사회봉사   ④ 수강명령

 ② ㉠㉡㉢을 모두 충족하는 것은 전자감시이다. 개방처우는 시설내처우에 기반을 둔다는 점에서 ㉠과 부합되지 않고, 사회봉사는 임산부에게 실시하기에 적합하지 않으며, 개방처우·사회봉사·수강명령은 판결 이후에 사용될 수 있다는 점에서 ㉢과 부합되지 않는다.

정답 ②

02. 전자장치 부착 등에 관한 법률 에 의할 때 검사가 성폭력범죄를 범한 자로서 성폭력범죄를 다시 범할 위험성이 있다고 인정되는 사람에 대하여 전자장치부착을 청구할 수 없는 경우는?

① 강간죄로 전자장치를 부착받은 전력이 있는 사람이 다시 강간죄를 저지른 때

② 강간죄를 2회 범하여 그 습벽이 인정된 때

③ 강간죄로 징역형의 실형을 선고받은 사람이 그 집행을 종료한 후 12년 되는 해에 강간죄를 저지른 때

④ 16세인 사람을 강간한 자가 아직 18세인 때

해설 ① (전자장치 부착 등에 관한 법률 제5조 제1항 제2호), ② (동조 동항 제3호), ④ (동법 제4조, 동법 제5조 제1항 제4호), ③은 여기에 해당하지 않는다.

검사가 성폭력범죄를 범한 자로서 성폭력범죄를 다시 범할 위험성이 있다고 인정되는 사람에 대하여 전자장치부착명령을 법원에 청구할 수 있는 경우
• 성폭력범죄로 징역형의 실형을 선고받은 사람이 그 집행을 종료한 후 또는 집행이 면제된 후 10년 이내에 성폭력범죄를 저지른 때 • 성폭력범죄로 이 법에 따른 전자장치를 부착받은 전력이 있는 사람이 다시 성폭력범죄를 저지른 때 • 성폭력범죄를 2회 이상 범하여(유죄의 확정판결을 받은 경우를 포함한다) 그 습벽이 인정된 때 • 19세 미만의 사람에 대하여 성폭력범죄를 저지른 때 • 신체적 또는 정신적 장애가 있는 사람에 대하여 성폭력범죄를 저지른 때

정답 ③

03. 전자장치 부착 등에 관한 법률상 검사가 성폭력범죄를 다시 범할 위험성이 있다고 인정되는 사람에 대해 전자장치를 부착하도록 하는 명령을 법원에 청구할 수 있는 경우에 해당하지 않는 것은?

① 정신적 장애가 있는 사람이 성폭력범죄를 저지른 때
② 성폭력범죄를 2회 이상 범하여 그 습벽이 인정된 때
③ 19세 미만의 사람에 대하여 성폭력범죄를 저지른 때
④ 성폭력범죄로 전자장치를 부착받은 전력이 있는 사람이 다시 성폭력범죄를 저지른 때

> **해설** ②③④는 검사가 성폭력범죄를 다시 범할 위험성이 있다고 인정되는 사람에게 전자장치를 부착하도록 하는 명령을 법원에 청구할 수 있는 경우에 해당하나, ①은 여기에 해당하지 않는다. 전자장치 부착 등에 관한 법률 제5조 제1항).
>
> 정답 ①

04. 전자장치 부착 등에 관한 법률 상 검사가 위치추적 전자장치 부착명령을 법원에 반드시 청구하여야 하는 경우는?

① 미성년자 대상 유괴범죄로 징역형의 실형 이상의 형을 선고받아 그 집행이 종료 또는 면제된 후 다시 미성년자 대상 유괴범죄를 저지른 경우
② 강도범죄를 2회 이상 범하여 그 습벽이 인정된 경우
③ 성폭력범죄로 징역형의 실형을 선고받은 사람이 그 집행을 종료한 후 또는 집행이 면제된 후 10년 이내에 성폭력범죄를 저지른 경우
④ 신체적 또는 정신적 장애가 있는 사람에 대하여 성폭력범죄를 저지른 경우

> **해설** ① 전자장치 부착 등에 관한 법률 등에 관한 법률 제5조 제2항 단서
> ② 임의적 청구(동법 제5조 제4항 제3호).
> ③ 임의적 청구(동법 제5조 제1항 제1호).
> ④ 임의적 청구(동법 제5조 제1항 제5호)
>
> 정답 ①

05. 검사가 전자장치 부착명령을 반드시 청구하여야 하는 경우는?

① 성폭력범죄로 징역형의 실형을 선고받은 사람이 그 집행을 종료한 후 또는 집행이 면제된 후 10년 이내에 성폭력범죄를 저지른 때
② 성폭력범죄를 2회 이상 범하여(유죄의 확정판결을 받은 경우를 포함) 그 습벽이 인정된 때
③ 유괴범죄로 징역형의 실형 이상의 형을 선고받아 그 집행 종료 후 다시 유괴범죄를 행한 때
④ 살인범죄를 저지른 사람으로서 살인범죄를 다시 범할 위험성이 있다고 인정되는 때

> **해설** ③ 검사는 미성년자 대상 유괴범죄를 저지른 사람으로서 미성년자 대상 유괴범죄를 다시 범할 위험성이 있다고 인정되는 사람에 대하여 부착명령을 법원에 청구할 수 있다. 다만, 유괴범죄로 징역형의 실형 이상의 형을 선고받아 그 집행이 종료 또는 면제된 후 다시 유괴범죄를 저지른 경우에는 부착명령을 청구하여야 한다(전자장치 부착 등에 관한 법률 제5조 제2항)
> ① (동법 제5조 제1항 제1호). ② (동조 동항 제2호). ④ (동조 제3항 본문)의 경우 검사는 전자장치 부착명령을 법원에 청구할 수 있다.
>
> 정답 ③

06. 「전자장치 부착 등에 관한 법률」상 전자장치 부착 등에 대한 설명으로 옳은 것은?

① 전자장치 피부착자는 주거를 이전하거나 3일 이상의 국내여행 또는 출국할 때에는 미리 보호관찰관의 허가를 받아야 한다.

② 19세 미만의 사람에 대하여 성폭력범죄를 저지른 경우에는 전자장치 부착기간의 상한과 하한은 법률에서 정한 부착기간의 2배로 한다.

③ 검사는 성폭력범죄로 징역형의 실형을 선고받은 사람이 그 집행을 종료한 후 또는 집행이 면제된 후 15년 이내에 성폭력범죄를 저지르고, 성폭력범죄를 다시 범할 위험성이 있다고 인정되는 때에는 전자장치를 부착하도록 하는 명령을 법원에 청구할 수 있다.

④ 여러 개의 특정범죄에 대하여 동시에 전자장치 부착명령을 선고할 때에는 법정형이 가장 중한 죄의 부착기간 상한의 2분의 1까지 가중하되, 각 죄의 부착기간의 상한을 합산한 기간을 초과할 수 없다. 다만, 하나의 행위가 여러 특정범죄에 해당하는 경우에는 가장 중한 죄의 부 착기간을 부착기간으로 한다.

해설 ① 피부착자는 주거를 이전하거나 7일 이상의 국내여행을 하거나 출국할 때에는 미리 보호관찰관의 허가를 받아야 한다(전자장치 부착 등에 관한 법률 제14조 제3항).
② 법원은 부착명령 청구가 이유 있다고 인정하는 때에는 다음 기간의 범위 내에서 부착기간을 정하여 판결로 부착명령을 선고하여야 한다. 다만 19세 미만의 사람에 대하여 특정범죄를 저지른 경우에는 부착기간 하한을 다음 부착기간 하한의 2배로 한다 (동법 제9조 제1항).
③ 검사는 성폭력범죄로 징역형의 실형을 선고받은 사람이 그 집행을 종료한 후 또는 집행이 면제된 후 10년 이내에 성폭력범죄를 저지르고 성폭력범죄를 다시 범할 위험성이 있다고 인정되는 때에는 전자장치를 부착하도록 하는 명령을 법원에 청구할 수 있다(동법 제5조 제1항).
④ 동법 제9조 제2항

정답 ④

07. 「전자장치 부착 등에 관한 법률」에 대한 설명으로 옳은 것은?

① 만 18세 미만의 자에 대하여 부착명령을 선고한 때에는 18세에 이르기까지 이 법에 따른 전자장치를 부착할 수 없다.

② 전자장치 부착기간은 이를 집행한 날부터 기산하되, 초일은 산입하지 아니한다.

③ 전자장치 부착명령의 청구는 공소제기와 동시에 하여야 한다.

④ 법원이 특정범죄를 범한 자에 대하여 형의 집행을 유예하고 보호관찰을 받을 것을 명하면서 전자장치를 부착할 것을 명한 경우 이 부착명령은 집행유예가 실효되면 그 집행이 종료된다.

해설 ① 만 19세 미만의 자에 대하여 부착명령을 선고한 때에는 19세에 이르기까지 이 법에 따른 전자장치를 부착할 수 없다(전자장치 부착 등에 관한 법률 제4조).
② 전자장치 부착기간은 이를 집행한 날부터 기산하되, 초일은 시간을 계산함이 없이 1일로 산정한다(동법 제32조 제1항).
③ 부착명령의 청구는 공소가 제기된 특정범죄사건의 항소심 변론종결 시까지 하여야 한다(동법 제5조 제5항).
④ 동법 제28조 제1항, 동법 제30조 제2호

정답 ④

08. 「전자장치 부착 등에 관한 법률」상 전자장치 부착명령에 대한 설명으로 옳은 것은?

① 전자장치 부착명령 대상자는 성폭력범죄자, 미성년자 대상 유괴 범죄자, 살인범죄자에만 국한된다.

② 검사는 부착명령을 청구하기 위하여 필요하다고 인정하는 때에는 소속 검찰청 소재지를 관할하는 보호관찰소의 장에게 피의자와의 관계, 심리상태 등 피해자에 관하여 필요한 사항의 조사를 요청할 수 있다.

③ 부착명령 청구사건의 제1심 재판은 지방법원 합의부의 관할로 한다.

④ 법원은 부착명령 청구가 있는 때에는 부착명령 청구서의 부본을 피부착명령 청구자 또는 그의 변호인에게 송부하여야 하며, 공판기일 7일 전까지 송부하여야 한다.

> **해설** ① 「전자장치 부착 등에 관한 법률」상 "특정범죄"란 성폭력범죄, 미성년자 대상 유괴범죄, 살인범죄 및 강도범죄를 말한다(전자장치 부착 등에 관한 법률 제2조 제1호).
> ② 검사는 부착명령을 청구하기 위하여 필요하다고 인정하는 때에는 피의자의 주거지 또는 소속 검찰청 소재지를 관할하는 보호관찰소의 장에게 범죄의 동기, 피해자와의 관계, 심리상태, 재범의 위험성 등 피의자에 관하여 필요한 사항의 조사를 요청할 수 있다(동법 제6조 제1항).
> ④ 법원은 부착명령 청구가 있는 때에는 지체 없이 부착 명령 청구서의 부본을 피부착명령청구자 또는 그의 변호인에게 송부하여야 한다. 이 경우 특정범죄사건에 대한 공소제기와 동시에 부착명령 청구가 있는 때에는 제1회 공판기일 5일 전까지, 특정범죄사건의 심리 중에 부착명령 청구가 있는 때에는 다음 공판기일 5일 전까지 송부하여야 한다(동법 제8조 제2항).
> ③ 동법 제7조 제2항
>
> 정답 ③

09. 「전자장치 부착 등에 관한 법률」에 대한 설명으로 옳지 않은 것은?

① 법원은 특정범죄를 범한 자에 대하여 형의 집행을 유예하면서 보호관찰을 받을 것을 명할 때에는 전자장치를 부착할 것을 명할 수는 없다.

② 전자장치 부착집행 중 보호관찰 준수사항 위반으로 유치허가장의 집행을 받아 유치된 때에는 부착집행이 정지된다.

③ 만 19세 미만의 자에 대하여 부착명령을 선고한 때에는 19세에 이르기까지 이 법에 따른 전자장치를 부착할 수 없다.

④ 법원은 부착명령이 청구된 사건에 대하여 부착명령보다 보호관찰명령을 선고할 필요가 있다고 인정하는 때에는 검사에게 보호관찰명령의 청구를 요청할 수 있다.

> **해설** ① 법원은 특정범죄를 범한 자에 대하여 형의 집행을 유예하면서 보호관찰을 받을 것을 명할 때에는 보호관찰기간의 범위 내에서 기간을 정하여 준수사항의 이행여부 확인 등을 위하여 전자장치를 부착할 것을 명할 수 있다(전자장치 부착 등에 관한 법률 제28조 제1항).
> ② 동법 제24조 제3항, ③ 동법 제4조. ④ 동법 제21조의2 제2항
>
> 정답 ①

10. 「전자장치 부착 등에 관한 법률」상 검사가 법원에 전자장치 부착명령을 청구할 수 있는 대상자를 설명한 것으로 옳지 않은 것은?

① 성폭력범죄로 징역형을 선고받은 사람이 그 집행을 종료한 후 또는 집행이 면제된 후 20년 이내에 성폭력범죄를 저지르고, 성폭력범죄를 다시 범할 위험성이 있다고 인정되는 사람

② 신체적 또는 정신적 장애가 있는 사람에 대하여 성폭력범죄를 저지르고, 성폭력범죄를 다시 범할 위험성이 있다고 인정되는 사람

③ 성폭력범죄를 2회 이상 범하여 그 습벽이 인정되고, 성폭력범죄를 다시 범할 위험성이 있다고 인정되는 사람

④ 19세 미만의 사람에 대하여 성폭력범죄를 저지르고, 성폭력범죄를 다시 범할 위험성이 있다고 인정되는 사람

> **해설** ① 성폭력범죄로 징역형의 실형을 선고받은 사람이 그 집행을 종료한 후 또는 집행이 면제된 후 10년 이내에 성폭력범죄를 저지른 때이다(특정 범죄자에 대한 보호관찰 및 전자장치 부착 등에 관한 법률 제5조 제1항 제1호).
> ②③④ 동법 제5조 제1항
>
> 정답 ①

11. 「전자장치 부착 등에 관한 법률」상 전자장치 부착에 대한 설명으로 옳지 않은 것은?

① 검사는 강도범죄로 징역형의 실형을 선고받은 사람이 그 집행을 종료한 후 8년 뒤 다시 강도범죄를 저지른 경우, 강도범죄를 다시 범할 위험성이 있다고 인정되는 때에는 부착명령을 법원에 청구할 수 있다.

② 전자장치 피부착자가 9일 간 국내여행을 하거나 출국할 때에는 미리 보호관찰관의 허가를 받아야 한다.

③ 보호관찰소의 장 또는 피부착자 및 그 법정대리인은 해당 보호관찰소를 관할하는 심사위원회에 부착명령의 임지해제를 신청할 수 있으며, 이 신청은 부착명령의 집행이 개시된 날부터 3개월이 경과한 후에 하여야 한다.

④ 만 19세 미만의 자에 대해서는 부착명령을 선고할 수 없다.

> **해설** 만 19세 미만의 자에 대하여 부착명령을 선고한 때에는 19세에 이르기까지 이 법에 따른 전자장치를 부착할 수 없다(특정 범죄자에 대한 보호관찰 및 전자장치 부착 등에 관한 법률 제4조). 전자장치 부착명령을 선고할 수 있으나, 19세에 이르기까지 부착할 수 없다.
> ① 검사는 강도범죄로 징역형의 실형을 선고받은 사람이 그 집행을 종료한 후 또는 집행이 면제된 후 10년 이내에 다시 강도범죄를 저지른 자로서 강도범죄를 다시 범할 위험성이 있다고 인정되는 사람에 대하여 부착명령을 법원에 청구할 수 있다(동법 제5조 제4항 제1호).
> ② 피부착자는 주거를 이전하거나 7일 이상의 국내여행을 하거나 출국할 때에는 미리 보호 관찰관의 허가를 받아야 한다(동법 제14조 제3항).
> ③ 보호관찰소의 장 또는 피부착자 및 그 법정대리인은 해당 보호관찰소를 관할하는 심사위원회에 부착명령의 임지해제를 신청할 수 있으며, 이 신청은 부착명령의 집행이 개시된 날부터 3개월이 경과한 후에 하여야 한다.(동법 제17조 제1항·제2항)
>
> 정답 ④

12. 「전자장치 부착 등에 관한 법률」에 대한 설명으로 옳지 않은 것은?

① '특정범죄' 란 성폭력범죄, 미성년자 대상 유괴범죄, 살인범죄 및 강도범죄를 말한다.

② 법원은 만 19세 미만의 자에 대하여는 전자장치 부착명령을 선고할 수 없다.

③ 검사는 미성년자 대상 유괴범죄로 징역형의 실형 이상의 형을 선고받아 그 집행이 종료 또는 면제된 후 다시 유괴범죄를 저지른 경우에는 전자장치 부착명령을 청구하여야 한다.

④ 전자장치 부착명령과 함께 선고한 형이 사면되어 그 선고의 효력을 상실하게 된 때에는 그 부착명령의 집행이 종료된다.

> **해설** ② 만 19세 미만의 자에 대하여 부착명령을 선고한 때에는 19세에 이르기까지 이 법에 따른 전자장치를 부착할 수 없다

정답 ②

13. 「 전자장치 부착 등에 관한 법률」에 대한 설명으로 옳지 않은 것은?

① 특정범죄는 성폭력범죄, 미성년자 대상 유괴범죄, 살인범죄 및 강도범죄를 말한다.

② 만 19세 미만의 자에 대하여 전자장치의 부착명령을 선고할 수 없다.

③ 전자장치 부착명령의 선고는 특정범죄사건의 양형에 유리하게 참작되어서는 아니 된다.

④ 부착명령 판결을 선고받지 아니한 특정범죄자로서 형의 집행 중 가석방되어 보호관찰을 받게 되는 자는 준수사항 이행 여부 확인 등을 위하여 가석방기간 동안 전자장치를 부착하여야 한다.

> **해설** ② 만 19세 미만의 자에 대하여 부착명령을 선고한 때에는 19세에 이르기까지 이 법에 따른 전자장치를 부착할 수 없다.

정답 ②

14 | 보안관찰과 성충동약물치료

01. 「보안관찰법」에 대한 설명으로 옳지 않은 것은?

① 보안관찰처분의 기간은 2년이다.

② 검사가 보안관찰처분을 청구한다.

③ 보안관찰처분심의위원회의 위촉위원의 임기는 2년이다.

④ 보안관찰을 면탈할 목적으로 은신한 때에는 5년 이하의 징역에 처한다.

> **해설** ④ 보안관찰처분대상자 또는 피보안관찰자가 보안관찰처분 또는 보안관찰을 면탈할 목적으로 은신 또는 도주한 때에는 3년 이하의 징역에 처한다(보안관찰법 제27조 제1항).
> ① 동법 제5조. ② 동법 제7조. ③ 동법 제12조 제5항
>
> 정답 ④

02. 내란죄(형법 제88조)로 5년의 징역형을 선고받고 1년간의 형집행을 받은 자로서 다시 내란죄를 범할 가능성이 있다고 판단되는 자에게 내릴 수 있는 처분은?

① 보호감호처분   ② 치료감호처분

③ 보안관찰처분   ④ 보안감호처분

> **해설** ③ 보안관찰의 대상자는 보안관할 해당범죄 또는 이와 경합된 범죄로 금고 이상의 형의 선고를 받고, 그 형기 합계가 3년 이상인 자로서 형의 전부 또는 일부의 집행을 받은 사실이 있는 자이다(보안관찰법 제3조). 여기에 해당하는 자 중 보안관찰해당범죄를 다시 범할 위험성이 있다고 인정할 충분한 이유가 있어 재범의 방지를 위한 관찰이 필요한 자에 대하여는 보안관찰처분을 한다(동법 제4조 제1항).
>
> 정답 ③

03. 「성폭력범죄자의 성충동 약물치료에 관한 법률」에 대한 설명으로 옳지 않은 것은?

① '성충동 약물치료'란 비정상적인 성적 충동이나 욕구를 억제하기 위한 조치로서 성도착증 환자에게 약물투여 및 심리치료 등의 방법으로 도착적인 성기능을 일정기간 동안 약화 또는 무력화하는 치료를 말한다.

② 검사는 성도착증 환자로서 재범의 우려가 있다고 인정되는 19세 이상의 사람에 대하여 약물치료명령을 법원에 청구할 수 있다.

③ 검사는 치료명령 청구대상자에 대하여 정신건강의학과 전문의의 진단이나 감정을 받은 후 치료명령을 청구하여야 한다.

④ 치료명령은 검사의 지휘를 받아 보호관찰관이 집행한다.

> **해설** ① "성충동 약물치료"란 비정상적인 성적 충동이나 욕구를 억제하기 위한 조치로서 성도착증 환자에게 약물 투여 및 심리치료 등의 방법으로 도착적인 성기능을 일정기간 동안 약화 또는 정상화하는 치료를 말한다(성폭력범죄자의 성충동 약물치료에 관한 법률 제2조 제3호).
> ② 동법 제4조 제1항. ③ 동조 제2항. 4 동법 제13조 제1항
>
> 정답 ①

04. 「성폭력범죄자의 성충동 약물치료에 관한 법률」상 치료명령의 집행에 대한 설명으로 옳지 않은 것은?

① 치료명령은 검사의 지휘를 받아 보호관찰관이 집행한다.

② 치료명령의 시효는 치료명령을 받은 사람을 체포함으로써 중단된다.

③ 치료명령의 임시해제 신청은 치료명령의 집행이 개시된 날부터 1년이 지난 후에 하여야 한다.

④ 치료명령을 받은 사람은 7일 이상의 국내여행을 할 때에는 미리 보호관찰관의 허가를 받아야 한다.

해설 ③ 치료명령의 임시해제 신청은 치료명령의 집행이 개시된 날부터 6개월이 지난 후에 하여야 한다. 신청이 기각된 경우에는 기각된 날부터 6개월이 지난 후에 다시 신청할 수 있다(성폭력범죄자의 성충동 약물치료에 관한 법률 제17조 제2항).
① 동법 제13조 제1항. ② 동법 제21조 제2항. ④ 동법 제15조 제3항

정답 ③

05. 「성폭력범죄자의 성충동 약물치료에 관한 법률」상 약물치료에 대한 설명으로 옳지 않은 것은?

① 법원은 정신건강의학과 전문의의 진단 또는 감정의견만으로 치료명령 피청구자의 성도착증 여부를 판단하기 어려울 때에는 다른 정신건강의학과 전문의에게 다시 진단 또는 감정을 명할 수 있다.

② 치료명령을 선고받은 사람은 치료기간 동안 보호관찰 등에 관한 법률에 따른 보호관찰을 받는다.

③ 치료명령을 받은 사람은 치료기간 중 상쇄약물의 투약 등의 방법으로 치료의 효과를 해하여서는 아니 된다.

④ 국가는 치료명령의 결정을 받은 모든 사람의 치료기간 동안 치료비용을 부담하여야 한다.

해설 ④ 치료명령의 결정을 받은 사람은 치료기간 동안 치료비용을 부담하여야 한다. 다만, 치료비용을 부담할 경제력이 없는 사람의 경우에는 국가가 비용을 부담할 수 있다(성폭력범죄자의 성충동 약물치료에 관한 법률 제24조 제1항). 즉 치료비용은 본인부담을 원칙으로 한다.
① 동법 제9조. ② 동법 제8조 제2항. ③ 동법 제15조 제1항

정답 ④

06. 성폭력범죄자의 성충동 약물치료에 관한 법률 상 '성폭력 수형자 중 검사가 치료명령을 청구할 수 있는 대상자'에 대한 치료명령에 관한 설명으로 옳지 않은 것은?

① 법원의 치료명령 결정에 따른 치료기간은 10년을 초과할 수 없다.
② 치료비용은 법원의 치료명령 결정을 받은 사람이 부담하는 것이 원칙이다.
③ 가석방심사위원회는 성폭력 수형자의 가석방 적격심사를 할 때 치료명령이 결정된 사실을 고려하여야 한다.
④ 법원의 치료명령 결정이 확정된 후 집행을 받지 아니하고 10년이 경과하면 시효가 완성되어 집행이 면제된다.

> **해설** 법원은 치료명령 청구가 이유 있다고 인정하는 때에는 15년의 범위에서 치료기간을 정하여 판결로 치료명령을 선고하여야 한다.(성폭력범죄자의 성충동 약물치료에 관한 법률 제8조 제1항).
> ② 동법 제24조 제1항
> ③ 동법 제23조 제2항
> ④ 동법 제22조 제14항
>
> 정답 ①

15 | 소년범죄대책론

01. 다음에서 설명하는 수용자 구금제도는?

> 이 제도는 '보호' 또는 '피난시설'이란 뜻을 갖고 있으며, 영국 켄트지방의 지역 이름을 따 시설을 운영했던 것에서 일반화되어 오늘날 소년원의 대명사로 사용되곤 한다.
> 주로 16세에서 21세까지의 범죄소년을 수용하여 직업훈련 및 학과교육 등을 실시함으로써 교정, 교화하려는 제도이다.

① 오번 제도(Auburn system)
② 보스탈 제도(Borstal system)
③ 카티지 제도(Cottage system)
④ 펜실베니아 제도(Pennsylvania system)

해설 보스탈 제도에 대한 설명이다.
보스탈은 1897년 브라이스에 의해 창안된 것인데, 초기에는 군대식의 통제방식으로 엄격한 규율·분류수용·중노동 등이 처우의 기본원칙으로 적용되었다. 그 후 1906년 범죄방지법에 의해 보스탈제도가 법제화되면서 영국의 가장 효과적인 시설내 처우로 주목받고 있다. 1920년 보스탈 감옥의 책임자 페터슨은 종래의 군대식 규율에 의한 강압적 훈련을 비판하고, 소년의 심리변화를 목적으로 하는 각종 처우방식을 적용하였다. 1930년대의 보스탈 제도는 개방처우 하에서 생산활동, 인근지역과의 관계, 수용자 간의 토의 등을 중시한 소년교정시설의 선구적 모델이 되었다.

정답 ②

02. 바톨라스(Bartollas)와 밀러(Miller)의 소년교정모델에 대한 설명으로 옳지 않은 것은?

① 의료모형(medical model) - 비행소년은 자신이 통제할 수 없는 요인에 의해서 범죄자로 결정되었으며, 이들은 사회적으로 약탈된 사회적 병질자이기 때문에 처벌의 대상이 아니라 치료의 대상이다.
② 적응모형(adjustment model) - 범죄자 스스로 책임 있는 선택과 합법적 결정을 할 수 없다. 그 결과, 현실요법, 환경요법 등의 방법이 처우에 널리 이용된다.
③ 범죄통제모형(crime control model) - 청소년도 자신의 행동에 대해서 책임을 져야 하므로, 청소년 범죄자에 대한 처벌을 강화하는 것만이 청소년범죄를 줄일 수 있다.
④ 최소제한모형(least-restrictive model) - 비행소년에 대해서 소년사법이 개입하게 되면, 이들 청소년들이 지속적으로 법을 위반할 가능성이 증대될 것이다.

해설 ② 적응모형에서는 범죄자 스스로 책임있는 선택과 합법적 결정을 할 수 있다고 간주하므로 현실요법, 환경요법, 집단지도 상호작용, 교류분석, 긍정적 동료문화 등의 처우기법을 활용한다.

의료모형	비행소년은 통제불능요인에 의해 범죄자로 결정된 사회적 병질자이므로 치료의 대상이다.
적응(조정) 모형	비행소년은 환자가 아니라 합리적 결정을 할 수 있는 자이므로 전문가의 치료를 요한다.
범죄통제모형	비행소년에 대해서는 훈육과 처벌을 통해 강경하게 대처해야한다.
최소제한모형	비행소년에 대해서는 형사사법기관의 개입을 최소화해야 하며, 비시설적 처우가 바람직하다.

정답 ②

03. 바톨라스(C. Bartolas)의 소년교정모형에 대한 설명이다. 〈보기 1〉에 제시된 설명과 〈보기 2〉에서 제시된 교정모형을 옳게 짝지은 것은?

| 보기 1 |

㉠ 비행소년은 통제할 수 없는 요인에 의해서 범죄자로 결정되어졌으며, 이들은 사회적 병질자이기 때문에 처벌의 대상이 아니라 치료의 대상이다.

㉡ 범죄소년은 치료의 대상이지만 합리적이고 책임 있는 결정을 할 수 있다고 하면서, 현실요법·집단지도 상호작용·교류분석 등의 처우를 통한 범죄소년의 사회 재통합을 강조한다.

㉢ 비행소년에 대해서 소년사법이 개입하게 되면 낙인의 부정적 영향 등으로 인해 지속적으로 법을 어길 가능성이 증대되므로, 청소년을 범죄소년으로 만들지 않는 길은 시설에 수용하지 않는 것이다.

㉣ 지금까지 소년범죄자에 대하여 시도해 온 다양한 처우 모형들이 거의 실패했기 때문에 유일한 대안은 강력한 조치로서 소년범죄자에 대한 훈육과 처벌뿐이다.

| 보기 2 |

A. 의료모형　　　　　　　　　　　　　　B. 적응(조정)모형
C. 범죄통제모형　　　　　　　　　　　　D. 최소제한(제약)모형

	㉠	㉡	㉢	㉣
①	A	B	C	D
②	A	B	D	C
③	A	C	D	B
④	B	A	D	C

> **해설** A. 의료(치료)모형 －교정은 치료라고 보고, 소년원에 있어 교정교육기법의 기저가 되었다.
> B. 적응(조정)모형 － 범죄자는 치료의 대상이지만 스스로 책임 있는 선택과 합리적 결정을 할 수 있는 자로 본다.
> C. 범죄통제(정의)모형 : 청소년도 자신의 행동에 대해서 책임을 져야 하므로, 청소년 범죄자에 대한 처벌을 강화하는 것만이 청소년범죄를 줄일 수 있다.
> D. 최소제한(제약)모형 : 낙인이론에 근거하여 시설수용의 폐단을 지적하며 처벌 및 처우개념을 모두 부정하며 불간섭주의를 주장한다.　　　　　　　　　　　　　　　　　　　　　　[정답] ②

04. 다음 중 소년에 대한 낙인이론적 관점에서의 Diversion으로 볼 수 없는 것은?

① 기소유예　　　　　　　　　　　　　　② 훈방
③ 불기소처분　　　　　　　　　　　　　④ 가석방

> **해설** ④ 형 확정 이후의 절차인 가석방을 다이버전에 포함시키기는 어렵다.
> 　　　　　　　　　　　　　　　　　　　　　　　　　　　　　　　　　　　　　　[정답] ④

05. 비행소년에 대한 보호처분의 본질과 가장 거리가 먼 것은?

① 교육적이며 복지적 성격을 지닌 처분이다.

② 사법적 처분이다.

③ 개선과 교화보다 예방적 조치를 더 중시한다.

④ 비자발적 강제처분이다.

 ③ 소년은 인격형성단계에 있는 관계로 교육을 통한 교화개선의 가능성이 높으므로 비행소년은 성인범과 달리 형벌보다는 특별한 원칙에 따른 보호처분에 따르도록 해야 한다. 소년보호의 원칙 중 하나인 예방주의란 장차 범죄의 우려가 있는 우범소년의 경우에도 소년보호의 대상으로 삼아 장차 범죄에 빠지지 않도록 해야 한다는 것을 말하는데 이는 사회방위적 차원에서 보안처분의 성격을 가지는 예방적 조치와는 그 성격이 다르다.

[정답] ③

06. 소년보호의 원칙에 대한 설명으로 옳지 않은 것은?

① 인격주의는 소년을 보호하기 위하여 소년의 행위에서 나타난 개성과 환경을 중시하는 것을 말한다.

② 예방주의는 범행한 소년의 처벌이 아니라, 이미 범행한 소년이 더 이상 범죄를 범하지 않도록 하는 데에 있다.

③ 개별주의는 소년사건에서 소년보호조치를 취할 때 형사사건과 병합하여 1건의 사건으로 취급하는 것을 말한다.

④ 과학주의는 소년의 범죄환경에 대한 연구와 소년범죄자에게 어떤 종류의 형벌을 어느 정도 부과할 것인가에 대한 전문가의 활용을 말한다.

해설 ③ 개별주의란 소년에 대한 보호조치를 취할 때에는 소년 개개인을 1건으로 독립해서 취급하고, 행위와 외형에 구애받지 않으며, 각 개인마다의 특성을 중시하여 처리해야 한다는 것을 말한다.

[정답] ③

07. 소년범죄절차에 대한 설명이다. 거리가 먼 것은?

① 범죄소년에 대해서도 경찰서장은 직접 소년부 송치가 가능하다.

② 보호소년 조사 시 소년부 또는 조사관은 진술거부권을 고지하여야 한다.

③ 우범소년은 보호자가 직접 소년부에 통고할 수 있다.

④ 보호자 또는 사회복리시설의 장은 촉법소년을 소년부에 통고할 수 있다.

해설 ① 경찰서장이 직접 소년부에 송치할 수 있는 대상은 촉법소년과 우범소년에 한정된다.
② 소년법 제10조 ③④ 동법 제4조 제3항

[정답] ①

08. 소년보호처분의 대상연령은?

① 10세 이상 19세 미만
② 10세 이상 20세 미만
③ 12세 이상 19세 미만
④ 12세 이상 20세 미만

 ① 소년법 제2조에서는 소년을 19세 미만의 자로 규정하고 있고, 동법 제4조에서는 소년부 보호사건의 대상으로 제1항 제2호에서 촉법소년을 10세 이상 14세 미만으로, 제1항 제3호에서 우범소년을 10세 이상으로 규정하고 있으므로 소년법상 소년보호처분의 대상연령은 10세 이상 19세 미만이다.

▌소년법상 비행소년의 종류 ▌

범죄소년	죄를 범한 14세 이상 19세 미만의 소년
촉법소년	형벌 법령에 저촉된 행위를 한 10세 이상 14세 미만의 형사미성년자로서 형사처벌이 불가능하고 보호처분만 가능한 소년
우범소년	다음에 해당하는 사유가 있고, 그의 성격이나 환경에 비추어 앞으로 형벌 법령에 저촉되는 행위를 할 우려가 있는 10세 이상의 소년 • 집단적으로 몰려다니며 주위 사람들에게 불안감을 조성하는 성벽이 있는 것 • 정당한 이유 없이 가출하는 것 • 술을 마시고 소란을 피우거나 유해환경에 접하는 성벽이 있는 것

정답 ①

09. 소년보호사건에 대한 설명으로 옳지 않은 것만을 모두 고른 것은?

> ㉠ 형벌법령에 저촉되는 행위를 한 12세 소년이 있을 때에 경찰서장은 직접 관할 소년부에 소년을 송치하여야 한다.
> ㉡ 법으로 정한 사유가 있고 소년의 성격이나 환경에 비추어 향후 형벌법령에 저촉되는 행위를 할 우려가 있더라도 10세 우범소년은 소년부에 송치할 수 없다.
> ㉢ 소년법상 14세 촉법소년은 소년부 보호사건의 대상이 되고, 정당한 이유 없이 가출하는 9세 소년은 소년보호사건의 대상에서 제외된다.
> ㉣ 죄를 범한 소년을 발견한 보호자 또는 학교·사회복지시설·보호관찰소(보호관찰지소 포함)의 장은 이를 관할 소년부에 통고할 수 있다.

① ㉠, ㉡
② ㉠, ㉢
③ ㉡, ㉢
④ ㉢, ㉣

 ✕ : ㉡ 촉법소년·우범소년(법으로 정한 사유가 있고 그의 성격 또는 환경에 비추어 장래 형벌법령에 저촉되는 행위를 할 우려가 있는 10세 이상 19세 미만인 소년)이 있을 때에는 경찰서장은 직접 관할 소년부에 송치하여야 한다(소년법 제4조 제2항). ㉢ 소년보호사건의 대상이 되는 촉법소년은 형벌법령에 저촉되는 행위를 한 10세 이상 14세 미만인 소년을 말한다(소년법 제4조 제1항 제2호). 따라서 14세의 촉법소년은 소년보호사건의 대상이 될 수 없다.
○ : ㉠ 소년법 제4조 제2항. ㉣ 동조 제3항

정답 ③

10. 경찰서장이 직접 소년부로 송치할 수 있는 경우는?

① 18세 이하의 범죄소년
② 10세 이상 14세 미만의 소년
③ 19세 미만의 소년
④ 10세 이하의 소년

해설 ② 경찰서장이 직접 소년부에 송치할 수 있는 경우는 촉법소년과 우범소년인데 소년법은 촉법소년의 연령을 10세이상 14세 미만으로, 우범소년의 연령은 10세 이상 19세 미만으로 규정하고 있다.

정답 ②

11. 우리나라 소년보호사건의 관할에 관한 것으로 옳지 않은 것은?

① 심리와 처분의 결정은 소년부 단독판사가 행한다.
② 소년분류심사원에의 위탁은 종국처분에 해당한다.
③ 관할에 속하지 아니한 때에는 필요적으로 다른 소년부에 이송하여야 한다.
④ 가정법원은 소년보호사건의 관할권을 가지고 있다.

해설 ② 소년분류심사원에의 위탁은 임시조치에 해당한다(소년법 제18조 제1항 제3호).

정답 ②

12. 소년보호사건 처리절차에 대한 설명으로 옳은 것은?

① 소년이 소년분류심사원에 위탁된 경우 보조인이 없을 때에는 법원은 소년 본인이나 보호자의 신청에 따라 변호사 등 적정한 자를 보조인으로 선임할 수 있다.
② 소년부 판사는 사건을 조사 또는 심리하는 데에 필요하다고 인정하면 소년의 감호에 관하여 결정으로써 보호자나 소년을 보호할 수 있는 적당한 자 또는 병원이나 소년분류심사원에 위탁하는 조치를 할 수 있다.
③ 소년부가 심리한 결과 12세 소년이 금고 이상의 형에 해당하는 범죄를 범하여 형사처분을 할 필요가 있다고 인정하면 결정으로써 사건을 관할 검찰청 검사에게 송치하여야 한다.
④ 소년부 판사는 심리과정에서 소년에게 피해자와의 화해를 권고할 수 있으며, 소년이 피해자와 화해하였을 경우에는 불처분결정으로 심리를 종결하여야 한다.

해설 ① 소년이 소년분류심사원에 위탁된 경우 보조인이 없을 때에는 법원은 변호사 등 적정한 자를 보조인으로 선정하여야 한다(소년법 제17조의2 제1항), 즉 소년 본인이나 보호자의 신청을 요하지 않는다.
③ 소년법상 형사처분이란 소년법 제32조 제1항의 보호처분과 달리 형법에 의한 제재를 과할 목적으로 14세 이상 19세 미만의 소년에게 부과하는 처분을 말한다. 따라서 12세의 소년은 형사처분의 대상이 되지 않는다.
④ 소년부 판사는 소년이 피해자와 화해하였을 경우에는 보호처분을 결정할 때 이를 고려할 수 있다(소년법 제25조의3 제3항). 즉 화해하였을 경우 소년부 판사는 보호처분을 결정할 때 고려할 수 있을 뿐이다.
② 동법 제18조 제1항 제1호.

정답 ②

13. 「소년법」상 보호처분에 대한 설명으로 옳지 않은 것만을 고른 것은?

> ㉠ 사회봉사명령은 14세 이상의 소년에게만 할 수 있다.
> ㉡ 보호관찰처분을 하는 경우 2년 이내의 기간을 정하여 야간 등 특정 시간대의 외출을 제한하는 명령을 보호관찰대상자의 준수사항으로 부과할 수 있다.
> ㉢ 장기로 소년원에 송치된 소년의 보호기간은 2년으로 한다. 다만, 소년부 판사는 보호관찰관의 신청에 따라 결정으로써 1년의 범위에서 한 번에 한하여 그 기간을 연장할 수 있다.
> ㉣ 1개월 이내의 소년원 송치처분은 보호관찰관의 단기 보호관찰처분과 병합할 수 있다.
> ㉤ 보호처분이 계속 중일 때에 사건 본인에 대하여 새로운 보호처분이 있었을 때에는 그 처분을 한 소년부 판사는 이전의 보호처분을 한 소년부에 조회하여 어느 하나의 보호처분을 취소하여야 한다.

① ㉠, ㉡, ㉢   ② ㉠, ㉢, ㉤
③ ㉠, ㉣, ㉤   ④ ㉡, ㉢, ㉣

 × : ㉡ 보호관찰처분을 하는 경우 1년 이내의 기간을 정하여 야간 등 특정 시간대의 외출을 제한하는 명령을 보호관찰대상자의 준수사항으로 부과할 수 있다(소년법 제32조의2 제2항). ㉢ 장기로 소년원에 송치된 소년의 보호기간은 2년을 초과하지 못한다(동법 제33조 제6항). ㉣ 1개월 이내의 소년원 송치처분은 보호관찰관의 단기 보호관찰처분과 병합할 수 없다.(소년법 제32조 제2항 참조).
○ : ㉠ 소년법 제32조 제3항. ㉤ 동법 제40조

정답 ④

14. 소년법상 보호사건에 대한 조사와 심리에 관한 설명으로 옳지 않은 것은?

① 소년부 또는 조사관이 범죄사실에 관하여 소년을 조사할 때에는 미리 소년에게 불리한 진술을 거부할 수 있음을 알려야 한다.
② 소년부 판사는 소년이 도망 또는 증거인멸의 우려가 있는 때에는 소환절차 없이 동행영장을 발부하여 소년의 신병을 확보할 수 있다.
③ 사건의 조사·심리를 위한 임시조치로서 소년분류심사원에 위탁하는 경우에 그 기간은 최장 2개월을 넘지 못한다.
④ 소년부 판사는 사안이 가볍다는 이유로 심리를 개시하지 아니한다는 결정을 할 때에는 소년에게 훈계하거나 보호자에게 소년을 엄격히 관리하거나 교육하도록 고지할 수 있다.

해설 ② 소년부 판사는 사건 본인을 보호하기 위하여 긴급조치가 필요하다고 인정하면 소환 없이 동행영장을 발부할 수 있다(소년법 제14조).
① 동법 제10조. ③ 임시조치로서 소년분류심사원에 위탁하는 경우 위탁기간은 1개월을 초과하지 못한다. 다만 특별히 계속 조치할 필요가 있을 때에는 한 번에 한하여 결정으로써 연장할 수 있으므로(동법 제18조 제3항) 최장 2개월을 초과할 수 없다는 것은 맞는 표현이다. ④ 동법 제19조 제2항

정답 ②

15. 소년법상 보호처분에 대한 내용으로 옳은 것만을 모두 고르면?

> ⊙ 보호관찰관의 단기 보호관찰기간은 1년으로 한다.
> ⓒ 보호관찰관의 장기 보호관찰기간은 2년으로 한다. 다만, 소년부 판사는 보호관찰관의 신청
>   에 따라 결정으로써 1년의 범위에서 한 번에 한하여 그 기간을 연장할 수 있다.
> ⓒ 보호자 또는 보호자를 대신하여 소년을 보호할 수 있는 자에게 감호 위탁하는 기간은 3개
>   월로 하되, 소년부 판사는 결정으로써 3개월의 범위에서 한 번에 한하여 그 기간을 연장할
>   수 있다. 다만, 소년부 판사는 필요한 경우에는 언제든지 결정으로써 그 위탁을 종료시킬
>   수 있다.
> ⓔ 단기로 소년원에 송치된 소년의 보호기간은 3개월을 초과할 수 없다.
> ⓜ 장기로 소년원에 송치된 소년의 보호기간은 2년을 초과할 수 없다.

① ⊙, ⓒ, ⓒ   ② ⊙, ⓒ, ⓔ

③ ⊙, ⓒ, ⓜ   ④ ⓒ, ⓔ, ⓜ

해설　⊙ 소년법 제33조 제2항
　　　ⓒ 동법 제33조 제3항
　　　ⓒ 보호자 또는 보호자를 대신하여 소년을 보호할 수 있는 자에게 감호 위탁, 아동복지시설이나 그 밖의
　　　　소년보호시설에 감호 위탁, 병원·요양소 또는 소년의료보호시설에 위탁기간은 6개월로 하되, 소년부 판
　　　　사는 결정으로써 6개월의 범위에서 한 번에 한하여 그 기간을 연장할 수 있다. 다만, 소년부 판사는 필
　　　　요한 경우에는 언제든지 결정으로써 그 위탁을 종료시킬 수 있다(동법 제33조 제1항).
　　　ⓔ 단기로 소년원에 송치된 소년의 보호기간은 6개월을 초과하지 못한다(동법 제33조 제5항).
　　　ⓜ 동법 제33조 제6항

정답 ③

16. 15세 된 甲은 학교에서 乙이 평소에 자신을 괴롭히는 것을 참지 못해 乙에게 폭행을 가하였다. 甲에
대해서 검사가 취한 조치 중 옳지 않은 것은?

① 甲에 대해 선도가 필요하다고 판단하고, 조건부 기소유예처분을 하였다.
② 甲에게 피해 변상 등의 방법으로 피해자인 乙과 화해할 것을 권고하였다.
③ 형사처분보다는 보호처분이 필요하다고 판단하고, 甲을 지방법원 소년부로 송치하였다.
④ 甲의 폭행을 벌금형에 처할 사건으로 판단하고, 약식명령을 청구하였다.

해설　② 소년범에 대하여 피해자와의 화해를 권고할 수 있는 것은 소년부 판사이며(소년법 제25조의3 제1항),
　　　　검사의 권한에 해당하지 않는다.

정답 ②

17. 소년법에 대한 설명으로 옳은 것은?

① 소년이 소년분류심사원에 위탁되었는지 여부를 불문하고 보조인이 없을 때에는 법원은 국선보조인을 선정하여야 한다.

② 검사가 소년피의자에 대하여 선도조건부 기소유예를 하는 경우 소년의 법정대리인의 동의를 받으면 족하고 당사자인 소년의 동의는 요하지 아니한다.

③ 소년부 판사는 피해자 또는 그 법정대리인이 의견진술을 신청할 때에는 피해자나 그 법정대리인의 진술로 심리절차가 현저하게 지연될 우려가 있는 경우에도 심리기일에 의견을 진술할 기회를 주어야 한다.

④ 법원이 소년에 대한 피고사건을 심리한 결과 보호처분에 해당할 사유를 인정하여 사건을 관할 소년부에 송치하였으나, 소년부가 사건을 심리한 결과 사건의 본인이 19세 이상인 것으로 밝혀지면 결정으로써 송치한 법원에 사건을 다시 이송해야 한다.

> **해설** ① 소년이 소년분류심사원에 위탁된 경우 보조인이 없을 때에는 법원은 변호사 등 적정한 자를 보조인으로 선정하여야 한다(소년법 제17조의2 제1항).
> ② 검사는 피의자에 대하여 다음에 해당하는 선도 등을 받게 하고, 피의사건에 대한 공소를 제기하지 아니할 수 있다. 이 경우 소년과 소년의 친권자·후견인 등 법정대리인의 동의를 받아야 한다(동법 제49조의3).
> ③ 소년부 판사는 피해자 또는 그 법정대리인·변호인·배우자·직계친족·형제자매가 의견진술을 신청할 때에는 피해자나 그 대리인 등에게 심리기일에 의견을 진술할 기회를 주어야 한다. 다만, 신청인의 진술로 심리절차가 현저하게 지연될 우려가 있는 경우에는 그러하지 아니하다(소년법 제25조의2).
> ④ 소년법 제51조
>
> 정답 ④

18. 소년부 판사가 사건을 조사 또는 심리하는 데에 필요하다고 인정할 경우 소년의 감호에 관하여 결정으로써 할 수 있는 임시조치에 해당하지 않는 것은?

① 보호자에 위탁, 소년을 보호할 수 있는 적당한 자에 위탁

② 병원이나 그 밖의 요양소에 위탁

③ 소년분류심사원에 위탁

④ 소년원에 위탁

> **해설** ①②③ 소년부 판사는 사건을 조사 또는 심리하는 데 필요하다고 인정하면 소년의 감호에 관하여 결정으로써 다음과 같은 임시조치를 할 수 있다(소년법 제18조 제1항).

소년부 판사가 소년의 감호에 관하여 할 수 있는 임시조치
• 보호자, 소년을 보호할 수 있는 적당한 자 또는 시설에 위탁
• 병원이나 그 밖의 요양소에 위탁
• 소년분류심사원에 위탁

> 정답 ④

19. 소년보호사건의 심리에 대한 설명으로 옳지 않은 것은?

① 심리는 친절하고 온화하게 하며, 공개를 원칙으로 한다.

② 소년부 판사는 적당하다고 인정되는 자에게 참석을 허가할 수 있다.

③ 소년부 판사는 심리기일을 변경할 수 있다.

④ 소년부 판사는 본인, 보호자, 참고인을 소환할 수 있다.

> 해설 ① 소년보호사건의 심리는 공개하지 아니한다(소년법 제24조 제2항).

정답 ①

20. 「소년법」상 소년부 판사가 취할 수 있는 임시조치로 옳지 않은 것은?

① 소년을 보호할 수 있는 적당한 자에게 1개월간 감호 위탁

② 소년분류심사원에 3개월간 감호 위탁

③ 요양소에 3개월간 감호 위탁

④ 보호자에게 1개월간 감호 위탁

> 해설 · ⓐ 보호자, 소년을 보호할 수 있는 적당한 자 또는 시설에 위탁 ⓑ 병원이나 그 밖의 요양소에의 위탁기간은 3개월을, 소년분류심사원에의 위탁기간은 1개월을 초과하지 못한다. 다만, 특별히 계속 조치할 필요가 있을 때에는 한 번에 한하여 결정으로써 연장할 수 있다(소년법 제18조 제3항).
> · 소년부 판사의 임시조치 및 감호위탁기간(소년법 제18조 제1항·제3항)
> 1. 보호자, 소년을 보호할 수 있는 적당한 자 또는 시설에 위탁 : 3개월
> 2. 병원이나 그 밖의 요양소에 위탁 : 3개월
> 3. 소년분류심사원에 위탁 : 1개월

정답 ②

21. 소년분류심사원에 대한 설명으로 옳지 않은 것은?

① 소년분류심사원장은 분류심사 또는 조사결과와 의견 등을 각각 법원 소년부 또는 검사에게 통지하여야 한다.

② 소년분류심사원의 위탁기간은 1개월을 초과하지 못하나, 특별히 계속 조치할 필요가 있을 때에는 한 번에 한하여 결정으로써 연장할 수 있다.

③ 소년분류심사원은 법원소년부가 상담·조사를 의뢰한 소년의 상담과 조사의 임무를 수행한다.

④ 가정법원 소년부 또는 지방법원 소년부는 소년의 형사처분에 대한 결정을 하기 위하여는 소년분류심사원에 분류심사를 위탁하여야 한다.

> 해설 ④ 소년부 판사는 사건을 조사 또는 심리하는 데에 필요하다고 인정하면 결정으로써 소년을 소년분류심사원에 위탁할 수 있다(소년법 제18조 제1항 제3호).
> ① 보호소년 등의 처우에 관한 법률 제27조 제1항. ② 소년법 제18조 제3항. ③ 보호소년 등의 처우에 관한 법률 제2조 제2항.

정답 ④

22. 소년법에 관한 설명이다. 다음 중 (   )안에 순서대로 들어갈 말은?

> ⊙ 형벌 법령에 저촉되는 행위를 한 10세 이상 14세 미만의 소년을 (   )이라 한다.
>
> ⓒ 소년부는 조사 또는 심리한 결과 (   )이상의 형에 해당하는 범죄사실이 발견된 경우 그 동기와 죄질이 형사처분을 할 필요가 있다고 인정하면 결정으로써 사건을 관할 지방법원에 대응한 검찰청 검사에게 송치하여야 한다(제7조 제1항).
>
> ⓒ 검사는 소년에 대한 피의사건을 수사한 결과 (   )에 해당하는 사유가 있다고 인정한 경우에는 사건을 관할 소년부에 송치하여야 한다(제49조 제1항).
>
> ② 보호자 또는 보호자를 대신하여 소년을 보호할 수 있는 자에게 감호를 위탁하는 기간은 (   )으로 하되, 소년부 판사는 결정으로써 (   )의 범위 안에서 한 번에 한하여 그 기간을 연장할 수 있다(제33조 제1항).
>
> ⑩ 사회봉사명령의 처분은 (   )이상의 소년에게만 할 수 있다(제32조 제3항).

① 촉법소년, 금고, 보호처분, 6개월, 14세
② 우범소년, 자격정지, 보호처분, 6개월, 18세
③ 촉법소년, 금고, 형사처분, 1년, 14세
④ 우범소년, 자격정지, 형사처분, 1년, 18세

> **해설** ⊙ 소년법 제4조 제1항 제2호, ⓒ 동법 제7조 제1항. ⓒ 동법 제49조 제1항. ② 동법 제33조 제1항. ⑩ 동법 제32조 제3항
>
> 정답 ①

23. 소년법상 소년부 판사가 내릴 수 있는 보호처분의 내용으로 옳지 않은 것은?

① 1개월 이내의 소년원 송치
② 소년분류심사원에서의 특별교육
③ 소년보호시설에 감호위탁
④ 보호관찰관의 장기보호관찰

> **해설** ②는 소년부 판사가 내릴 수 있는 보호처분의 종류에 해당하지 않는다.
> ① 소년법 제32조 제1항 제8호. ③ 동조 동항 제6호, ④ 동조 동항 제5호
>
> 정답 ②

24. 중학생 甲(15세)은 동네 편의점에서 물건을 훔치다가 적발되어 관할 법원 소년부에서 심리를 받고 있다. 소년법 상 甲에 대한 심리 결과 소년부 판사가 결정으로써 할 수 있는 보호처분의 내용에 해당하지 않는 것은?

① 50시간의 수강명령
② 250시간의 사회봉사명령
③ 1년의 단기보호관찰
④ 1개월의 소년원 송치

> **해설** ② 소년부 판사가 결정으로 할 수 있는 보호처분 중 사회봉사명령은 200시간을 초과할 수 없다(소년법 제33조 제4항).
>
> 정답 ②

25. 소년법상 보호처분에 있어서 2호와 3호 처분을 바르게 연결한 것은?

〈2호〉	〈3호〉
① 단기보호관찰	장기보호관찰
② 수강명령	사회봉사명령
③ 사회봉사명령	단기보호관찰
④ 보호자에게 감호위탁	수강명령

해설 ② 소년법 제32조 제1항

┃ 보호처분의 종류 ┃

종류	내용	기간
제호	보호자 또는 보호자를 대신하여 소년을 보호할 수 있는 자에게 감호 위탁	6개월(6개월 범위에서 한 번 연장)
제2호	수강명령(12세 이상만 가능)	100시간 이내
제3호	사회봉사명령(14세 이상만 가능)	200시간 이내
제4호	보호관찰관의 단기보호관찰	1년
제5호	보호관찰관의 장기보호관찰	2년(1년 범위에서 한 번 연장)
제6호	아동복지법에 따른 아동복지시설이나 그 밖의 소년보호시설에 감호 위탁	6개월(6개월 범위에서 한 번 연장)
제7호	병원, 요양소 또는 「보호소년 등의 처우에 관한 법률」에 따른 의료재활소년원에 위탁	6개월(6개월 범위에서 한 번 연장)
제8호	1개월 이내의 소년원 송치	
제9호	단기 소년원 송치	6개월 이내
제10호	장기 소년원 송치(12세 이상만 가능)	2년 이내

정답 ②

26. 소년법상 보호관찰관의 장기보호관찰처분을 받은 자의 보호처분기간 연장에 대한 설명으로 옳은 것은?

① 소년부 판사는 소년에 대한 보호관찰기간을 연장할 수 없다.

② 소년부 판사는 소년의 신청에 따라 결정으로써 2년의 범위에서 한 번에 한하여 그 기간을 연장할 수 있다.

③ 소년부 판사는 보호관찰관의 신청에 따라 결정으로써 1년의 범위에서 한 번에 한하여 그 기간을 연장할 수 있다.

④ 소년부 판사는 보호관찰관의 신청에 따라 결정으로써 2년의 범위에서 한 번에 한하여 그 기간을 연장할 수 있다.

해설 ③ 소년부 판사는 보호관찰관의 신청에 따라 결정으로써 1년의 범위에서 한 번에 한하여 그 기간을 연장할 수 있다.

정답 ③

27. 소년에 대한 보호처분에 관한 설명 중 옳지 않은 것은?

① 보호자 또는 자원보호자에게 감호위탁을 하는 처분의 기간은 6개월이다.
② 단기보호관찰의 기간은 1년이며, 6개월의 범위에서 한 번 연장이 가능하다.
③ 병원 또는 요양소위탁처분의 기간은 6개월이며, 6개월의 범위에서 한 번 연장이 가능하다.
④ 장기보호관찰처분은 2년이며, 1년의 범위에서 한 번 연장이 가능하다.

> 해설 ② 단기보호관찰의 기간은 1년이며, 연장이 불가능하다(소년법 제33조 제2항).

정답 ②

28. 보호관찰대상자와 그 보호관찰기간이 바르게 연결되지 않은 것은?

① 형법상 보호관찰을 조건으로 형의 집행유예를 받은 자 - 집행을 유예한 기간이나 다만, 법원이 유예기간의 범위 내에서 보호관찰기간을 따로 정하는 경우에는 그 기간
② 전자장치 부착 등에 관한 법률상 강도범죄를 저지른 자로 강도범죄를 다시 범할 위험성이 있으며 금고 이상의 선고형에 해당하고 보호관찰명령의 청구가 이유 있다고 인정되는 자 - 2년 이상 5년 이하
③ 형법상 형의 선고를 유예하는 경우에 재범방지를 위하여 지도 및 원호가 필요한 자 - 1년
④ 소년법상 단기보호관찰 처분을 받은 자 - 2년

> 해설 ④ 단기보호관찰기간은 1년으로 한다(소년법 제33조 제2항).
> ① 형법 제62조의2 제2항. ② 전자장치 부착 등에 관한 법률 제21조의3. ③ 형법 제59조의2

정답 ④

29. 소년법에 대한 설명으로 옳지 않은 것은?

① 범죄소년의 연령은 14세 이상 19세 미만, 촉법소년의 연령은 10세 이상 14세 미만이다.
② 수강명령은 12세 이상의 소년에게만, 장기 소년원송치는 14세 이상의 소년에게만 할 수 있다.
③ 법원이 소년에 대한 피고사건을 심리한 결과 보호처분에 해당할 사유를 인정하여 사건을 관할 소년부에 송치하였으나, 소년부가 사건을 심리한 결과 사건의 본인이 19세 이상인 것으로 밝혀지면 법원에 사건을 다시 이송해야 한다.
④ 수강명령은 100시간을, 사회봉사명령은 200시간을 초과할 수 없다.

> 해설 ② 수강명령과 장기 소년원 송치 모두 12세 이상의 소년에게만 할 수 있다.(소년법 제32조 제4항).
> ① 동법 제4조 제1항. ③ 동법 제51조. ④ 동법 제33조 제4항

정답 ②

30. 소년법상 보호처분 중 기간의 연장이 허용되지 않는 것은?

① 보호자에게 감호위탁
② 소년보호시설에 감호위탁
③ 보호관찰관의 단기보호관찰
④ 보호관찰관의 장기보호관찰

> **해설** ③ 보호관찰관의 단기보호관찰기간은 1년이며, 연장이 불가하다(소년법 제33조 제2항).
> ①②④는 모두 연장이 가능하다.
>
> 정답 ③

31. 소년법상 보호처분에 관한 설명으로 옳지 않은 것은?

① 사회봉사명령의 처분은 14세 이상의 소년에게만 할 수 있다.
② 보호자 또는 보호자를 대신하여 소년을 보호할 수 있는 자에게 감호위탁하는 경우 위탁기간은 6개월로 하되, 소년부 판사는 결정으로써 6개월의 범위에서 한 번에 한하여 그 기간을 연장할 수 있다.
③ 보호처분이 계속 중일 때에 사건 본인에 대하여 새로운 보호처분이 있었을 때에는 그 처분을 한 소년부 판사는 이전의 보호처분을 한 소년부에 조회하여 이전의 보호처분을 취소해야 한다.
④ 소년부 판사는 보호소년에게 수강명령처분을 할 수 있다.

> **해설** ③ 보호처분이 계속 중일 때에 사건 본인에 대하여 새로운 보호처분이 있었을 때에는 그 처분을 한 소년부 판사는 이전의 보호처분을 한 소년부에 조회하여 어느 하나의 보호처분을 취소하여야 한다(소년법 제40조).
> ① 동법 제32조 제3항. ② 동법 제33조 제1항. ④ 동법 제32조 제1항 제2호
>
> 정답 ③

32. 소년법상 보호처분에 대한 설명으로 옳은 것은?

① 보호자 및 보호·복지시설 등에의 위탁은 최장 12개월까지 가능하다.
② 사회봉사명령과 수강명령은 14세 이상의 소년에게만 부과할 수 있다.
③ 단기로 소년원에 송치된 소년의 보호기간은 1년을 초과하지 못한다.
④ 단기보호관찰은 1회에 한하여 연장할 수 있으나, 장기보호관찰은 연장할 수 없다.

> **해설** ② 사회봉사명령은 14세 이상의 소년에게만 할 수 있고(소년법 제32조 제3항), 수강명령은 12세 이상의 소년에게만 할 수 있다(동조 제4항).
> ③ 단기로 소년원에 송치된 소년의 보호기간은 6개월을 초과하지 못한다(소년법 제33조 제5항).
> ④ 단기보호관찰기간은 1년이며, 그 기간을 연장할 수 없다(소년법 제33조 제2항), 장기보호관찰기간은 2년 으로 한다. 다만, 소년부 판사는 보호관찰관의 신청에 따라 결정으로써 1년의 범위에서 한 번에 한하여 그 기간을 연장할 수 있다(동조 제3항).
> ① 보호자 및 보호·복지시설 등에의 위탁기간은 6개월로 하되, 소년부 판사는 결정으로써 6개월의 범위에서 한 번에 한하여 그 기간을 연장할 수 있으므로(소년법 제33조 제1항) 최장 12개월까지 가능하다.
>
> 정답 ①

33. 「소년법」상 보호처분에 대한 설명으로 옳지 않은 것은?

① 사회봉사명령은 200시간을, 수강명령은 100시간을 초과할 수 없으며, 보호관찰관이 그 명령을 집행할 때에는 사건 본인의 정상적인 생활을 방해하지 아니하도록 하여야 한다.

② 보호처분이 계속 중일 때에 사건 본인이 처분 당시 19세 이상인 것으로 밝혀진 경우에는 소년부 판사는 결정으로써 그 보호처분을 취소하여야 한다.

③ 장기 보호관찰처분을 할 때에는 해당 보호관찰기간 동안 야간 등 특정 시간대의 외출을 제한하는 명령을 보호관찰대상자의 준수 사항으로 부과할 수 있다.

④ 사회봉사명령은 14세 이상의 소년에게만 할 수 있으며, 수강명령은 12세 이상의 소년에게만 할 수 있다.

> [해설] • 보호관찰관의 단기(短期) 보호관찰 또는 보호관찰관의 장기(長期) 보호관찰의 처분을 할 때에 1년 이내의 기간을 정하여 야간 등 특정 시간대의 외출을 제한하는 명령을 보호관찰대상자의 준수 사항으로 부과할 수 있다(소년법 제32조의2 제2항).
> ① 동법 제33조 제4항
> ② 동법 제38조
> ④ 동법 제32조 제3항·제4항
>
> • 보호처분의 취소(소년법 제38조)
> ① 보호처분이 계속 중일 때에 사건 본인이 처분 당시 19세 이상인 것으로 밝혀진 경우에는 소년부 판사는 결정으로써 그 보호처분을 취소하고 다음의 구분에 따라 처리하여야 한다.
> 　1. 검사·경찰서장의 송치 또는 제4조제3항의 통고에 의한 사건인 경우에는 관할 지방법원에 대응하는 검찰청 검사에게 송치한다.
> 　2. 제50조에 따라 법원이 송치한 사건인 경우에는 송치한 법원에 이송한다.
> ② 제4조제1항제1호·제2호의 소년에 대한 보호처분이 계속 중일 때에 사건 본인이 행위 당시 10세 미만으로 밝혀진 경우 또는 제4조제1항 제3호의 소년에 대한 보호처분이 계속 중일 때에 사건 본인이 처분 당시 10세 미만으로 밝혀진 경우에는 소년부 판사는 결정으로써 그 보호처분을 취소하여야 한다.
> [정답] ③

34. 소년범죄에 대한 설명이다. 틀린 것은?

① 판결 시 18세에 이른 소년이 사형·무기형에 해당하는 때에는 15년의 유기징역으로 한다.

② 소년이 법정형 장기 2년 이상의 유기형에 해당하는 죄를 범한 경우에는 그 형의 범위에서 장기와 단기를 정하여 선고한다.

③ 18세 미만의 소년에게는 노역장유치 선고를 하지 못한다.

④ 소년에 대한 형사사건의 심리는 다른 피의사건과 관련된 경우에도 그 절차를 분리하여야 한다.

> [해설] ① 죄를 범할 당시 18세 미만인 소년에 대하여 사형 또는 무기형으로 처할 경우에는 15년의 유기징역으로 한다(소년법 제59조).
> ② 동법 제60조 제1항. ③ 동법 제62조, ④ 동법 제57조.
> [정답] ①

35. 소년법 제38조 내지 제40조에 규정된 보호처분의 취소사유에 해당하는 것은?

① 보호처분의 결정이 그 결정에 영향을 미칠 중대한 사실 오인이 있는 경우
② 보호처분 변경의 결정이 그 결정에 영향을 미칠 법령위반이 있는 경우
③ 보호처분의 결정이 그 결정에 영향을 미칠 법령위반이 있는 경우
④ 보호처분의 계속 중 사건 본인이 처분 당시 19세 이상인 것으로 밝혀진 경우

 ④ 소년법상 보호처분의 취소사유(소년법 제38조~제40조).

보호처분의 취소사유
• 보호처분이 계속 중일 때에 사건 본인이 처분 당시 19세 이상인 것으로 밝혀진 경우
• 보호처분이 계속 중일 때에 사건 본인이 행위 당시 10세 미만으로 밝혀진 경우
• 보호처분이 계속 중일 때에 사건 본인이 처분 당시 10세 미만으로 밝혀진 경우.
• 보호처분이 계속 중일 때에 사건 본인에 대하여 유죄판결이 확정된 경우
• 보호처분이 계속 중일 때에 사건 본인에 대하여 새로운 보호처분이 있었을 경우

정답 ④

36. 「소년법」상 형사사건의 처리에 대한 설명으로 옳은 것은?

① 죄를 범할 당시 19세 미만인 소년에 대하여 사형 또는 무기형으로 처할 경우에는 15년의 유기징역으로 한다.
② 보호처분이 계속 중일 때에 사건 본인에 대하여 유죄판결이 확정된 경우에 보호처분을 한 소년부 판사는 결정으로써 보호처분을 취소하여야 한다.
③ 소년보호사건에서 소년부 판사는 사건의 조사 또는 심리에 필요하다고 인정하면 기일을 지정하여 사건 본인이나 보호자 또는 참고인을 소환할 수 있으며, 사건 본인이나 보호자가 정당 한 이유 없이 소환에 응하지 아니하면 소년부 판사는 동행영장을 발부할 수 있다.
④ 검사가 소년피의사건에 대하여 소년부 송치결정을 한 경우에는 소년을 구금하고 있는 시설의 장은 검사의 이송 지휘를 받은 때로부터 법원 소년부가 있는 시·군에서는 12시간 이내에 소년을 소년부에 인도하여야 한다.

해설 소년보호사건에서 소년부 판사는 사건의 조사 또는 심리에 필요하다고 인정하면 기일을 지정 하여 사건 본인이나 보호자 또는 참고인을 소환할 수 있으며, 사건 본인이나 보호자가 정당 한 이유 없이 소환에 응하지 아니하면 소년부 판사는 동행영장을 발부할 수 있다.(소년법 제13조)
① 죄를 범할 당시 18세 미만인 소년에 대하여 사형 또는 무기형으로 처할 경우에는 15년의 유기징역으로 한다(동법 제59조).
② 보호처분이 계속 중일 때에 사건 본인에 대하여 유죄판결이 확정된 경우에 보호처분을 한 소년부 판사는 그 처분을 존속할 필요가 없다고 인정하면 결정으로써 보호처분을 취소할 수 있다(동법 제39조).
④ 검사의 소년부 송치(동법 제49조 제1항)이나 법원의 소년부 송치(동법 제50조)에 따른 소년부 송치결정이 있는 경우에는 소년을 구금하고 있는 시설의 장은 검사의 이송 지휘를 받은 때로부터 법원 소년부가 있는 시·군에서는 24시간 이내에, 그 밖의 시·군에서는 48시간 이내에 소년을 소년부에 인도하여야 한다.

정답 ③

37. 소년형사사건에 대한 설명으로 옳지 않은 것은?

① 소년부는 검사로부터 송치된 보호처분사건을 조사 또는 심리한 결과 그 동기와 죄질이 금고 이상의 형사처분을 할 필요가 있다고 인정할 때에는 결정으로써 해당 검찰청 검사에게 송치할 수 있다.

② ①에 따라 검사에게 송치된 사건을 검사는 다시 소년부에 송치할 수 있다.

③ 검사는 소년 피의사건에 대하여 소년부 송치, 공소제기, 기소유예 등의 처분을 결정하기 위하여 필요하다고 인정하면 피의자의 주거지 또는 검찰청 소재지를 관할하는 보호관찰소의 장 등에게 피의자의 품행, 경력, 생활환경이나 그 밖에 필요한 사항에 관한 조사를 요구할 수 있다.

④ 법원은 소년에 대한 피의사건을 심리한 결과 보호처분에 해당할 사유가 있다고 인정하면 결정으로써 사건을 관할 소년부에 송치하여야 한다.

> **해설** ② 소년부는 검사로부터 송치된 사건을 조사 또는 심리한 결과 그 동기와 죄질이 금고 이상의 형사처분을 할 필요가 있다고 인정할 때에는 결정으로써 해당 검찰청 검사에게 송치할 수 있는데(소년법 제49조 제2항) 이렇게 송치한 사건은 다시 소년부에 송치할 수 없다(동조 제3항).
> ① 소년법 제49조 제2항. ③ 소년법 제49조의2 제1항. ④ 소년법 제50조
> 정답 ②

38. 「소년법」상 소년에 관한 형사사건에 대한 설명으로 옳지 않은 것은?

① 단기 3년, 장기 6년의 징역형을 선고받은 소년에게는 1년이 지나면 가석방을 허가할 수 있다.

② 소년에 대한 형사사건의 심리는 다른 피의사건과 관련된 경우에는 그 절차를 병합하여야 한다.

③ 보호처분이 계속 중일 때에 징역, 금고 또는 구류를 선고받은 소년에 대하여는 먼저 그 형을 집행한다.

④ 징역 또는 금고를 선고받은 소년에 대하여는 특별히 설치된 교도소 또는 일반 교도소 안에 특별히 분리된 장소에서 그 형을 집행하나, 소년이 형의 집행 중에 23세가 되면 일반교도소에서 집행할 수 있다.

> **해설** ② 소년에 대한 형사사건의 심리는 다른 피의사건과 관련된 경우에도 심리에 지장이 없으면 그 절차를 분리하여야 한다(소년법 제57조).
> ① 부정기형을 선고받은 소년의 경우 단기의 3분의 1이 지나면 가석방을 허가할 수 있다(소년법 제65조). 따라서 단기인 3년의 3분의 1인 1년이 지나면 가석방을 허가할 수 있다.
> ③ 소년법 제64조, ④ 소년법 제63조
> 정답 ②

39. 소년사범에 대한 「소년법」상의 처우 및 그 효력에 대한 설명으로 옳은 것은?

① 소년부 판사는 사건의 조사 또는 심리에 필요하다고 인정하는 경우 기일을 지정하여 사건 본인이나 보호자 또는 참고인을 소환할 수 있고, 이들이 정당한 이유 없이 소환에 응하지 아니하면 동행영장을 발부한다.

② 보호처분이 계속 중일 때에 징역, 금고 또는 구류를 선고받은 소년에 대하여는 먼저 그 형을 집행한다.

③ 소년부 판사는 보호관찰관의 신청에 따라 단기와 장기로 구분되는 보호관찰처분을 1년의 범위에서 한 번에 한하여 결정으로써 그 기간을 연장할 수 있다.

④ 「소년법」상의 소년에게는 「형법」 제70조의 노역장유치선고를 하지 못한다.

> **해설** ① 소년부 판사는 사건의 조사 또는 심리에 필요하다고 인정하면 기일을 지정하여 사건 본인이나 보호자 또는 참고인을 소환할 수 있다(소년법 제13조 제1항). 사건 본인이나 보호자가 정당한 이유 없이 소환에 응하지 아니하면 소년부 판사는 동행영장을 발부할 수 있다(동조 제2항). 즉 참고인은 소환의 대상은 될 수 있으나, 동행영장 발부의 대상은 아니다. ③ 장기보호관찰처분은 연장이 가능하나, 단기보호관찰처분은 연장이 불가하다(소년법 제33조 제 2항·제3항). ④ 형법상 벌금 또는 과료를 납입하지 않는 경우에는 노역장유치기간을 정하여 동시에 선고하여야 하나, 18세 미만의 소년에게는 노역장유치 선고를 하지 못한다(소년법 제62조 본문).
>
> ② 소년법 제64조

정답 ②

40. 「소년법」 상 소년사범의 형 집행 및 가석방에 대한 설명으로 옳은 것은?

① 소년에게 무기형을 선고할 때에는 15년의 유기징역으로 한다.

② 소년에게 2년 미만의 유기형을 선고하는 때에는 부정기형을 선고할 수 없다.

③ 소년에 대한 부정기형을 집행하는 기관의 장은 형의 단기가 지난 소년범의 행형성적이 양호하고 교정의 목적을 달성하였다고 인정되는 경우에는 교도관회의의 심의를 거쳐 그 형의 집행을 종료시킬 수 있다.

④ 소년이 부정기형을 선고받은 경우, 단기의 3분의 1을 경과한 때에는 가석방을 허가할 수 있다.

> **해설** ① 죄를 범할 당시 18세 미만인 소년에 대하여 사형 또는 무기형으로 처할 경우에는 15년의 유기징역으로 한다(소년법 제59조).
>
> ② 소년이 법정형으로 장기 2년 이상의 유기형에 해당하는 죄를 범한 경우에는 그 형의 범위에서 장기와 단기를 정하여 선고한다. 다만 장기는 10년, 단기는 5년을 초과하지 못한다(소년법 제60조 제1항) 즉 부정기형 선고요건의 기준은 법정형이다.
>
> ③ 소년에 대한 부정기형을 집행하는 기관의 장은 형의 단기가 지난 소년범의 행형성적이 양호하고 교정의 목적을 달성하였다고 인정되는 경우에는 관할 검찰청 검사의 지휘에 따라 그 형의 집행을 종료시킬 수 있다(소년법 제60조 제4항).
>
> ④ 소년법 제65조.

정답 ④

41. 「소년법」상 소년 형사절차에 대한 설명으로 옳지 않은 것은?

① 18세 미만인 소년에게는 노역장유치를 선고할 수 없다.

② 소년에 대한 형사사건은 다른 피의사건과 관련된 경우에도 분리하여 심리하는 것이 원칙이다.

③ 형의 집행유예를 선고하면서 부정기형을 선고할 수 있다.

④ 소년에 대한 구속영장은 부득이한 경우가 아니면 발부할 수 없다.

> 해설 형의 집행유예나 선고유예를 선고할 때에는 제1항을 적용하지 아니한다.(소년법 제60조 제3항).
> ① 동법 제62조
> ② 소년에 대한 형사사건의 심리는 다른 피의사건과 관련된 경우에도 심리에 지장이 없으면 그 절차를 분리하여야 한다(동법 제57조).
> ④ 동법 제55조 제1항　　　　　정답 ③

42. 소년법상 형사처분에 관한 특칙으로 옳지 않은 것은?

① 죄를 범할 당시 18세 미만의 소년에 대하여 무기형으로 처할 경우에는 15년의 유기징역으로 한다.

② 소년에 대한 상대적 부정기형의 장기는 10년, 단기는 5년을 초과하지 못한다.

③ 보호처분이 계속 중일 때에 자유형의 선고를 받은 소년에 대하여는 보호처분을 먼저 행한다.

④ 15년의 유기자유형을 선고받은 소년의 경우에는 3년이 경과하여야 가석방을 허가할 수 있다.

> 해설 ③ 보호처분이 계속 중일 때에 징역, 금고 또는 구류를 선고받은 소년에 대하여는 먼저 그 형을 집행한다(소년법 제64조).
> ① 동법 제59조. ② 동법 제60조 제1항, ④ 동법 제65조　　　정답 ③

43. 소년형사사건의 처리에 대한 설명으로 옳지 않은 것은?

① 사건의 조사·심리를 위해 소년분류심사원에 위탁된 기간은 형법 제57조 제1항의 판결선고 전 구금일수로 본다.

② 무기형을 선고받은 소년에 대하여는 5년이 경과하면 가석방을 허가할 수 있다.

③ 보호처분이 계속되는 중 징역·금고·구류의 선고를 받은 소년에 대해서는 계속되는 보호처분을 먼저 집행한다.

④ 18세 미만인 소년에게는 원칙적으로 환형처분이 금지된다.

> 해설 ③ 보호처분이 계속 중일 때에 징역·금고 또는 구류를 선고 받은 소년에 대하여는 먼저 그 형을 집행한다(소년법 제64조),
> ① 소년법 제61조, ② 동법 제65조, ④ 동법 제62조　　　정답 ③

44. 다음은 소년에 대한 설명이다. 맞는 것은?

① 소년수는 장기 10년, 단기 3년 내에서 부정기형을 선고한다.

② 죄를 범할 당시 18세 미만인 경우 무기형을 과할 때는 10년의 유기징역에 처한다.

③ 보호처분이 계속 중일 때에 자유형을 선고 받은 소년에 대하여는 먼저 그 형을 집행한다.

④ 15년의 유기징역의 경우 형기 3분의 1이 지나야 가석방을 허가할 수 있다.

 ① 소년이 법정형으로 장기 2년 이상의 유기형에 해당하는 죄를 범한 경우에는 그 형의 범위에서 장기와 단기를 정하여 선고한다. 다만 장기는 10년, 단기는 5년을 초과하지 못한다(소년법 제60조 제1항).
② 죄를 범할 당시 18세 미만인 소년에 대하여 사형 또는 무기형으로 처할 경우에는 15년의 유기징역으로 한다(동법 제59조).
④ 징역 또는 금고를 선고받은 소년에 대하여는 무기형의 경우에는 5년, 15년 유기형의 경우에는 3년, 부정기형의 경우에는 단기의 3분의 1이 경과하면 가석방을 허가할 수 있다(동법 제65조),
③ 동법 제64조　　　　　　　　　　　　　　　　　　　　　　　　정답 ③

45. 다음 중 소년법상 설명 중 틀린 것은?

① 죄를 범할 당시 18세 미만인 소년에 대하여 사형·무기형으로 처할 경우에는 15년의 유기 징역으로 한다.

② 형의 집행유예나 선고유예를 선고할 때는 상대적 부정기형을 선고할 수 없다.

③ 18세 미만인 소년에게는 벌금에 대한 환형처분을 금지한다.

④ 보호처분 심리 개시의 결정이 있었던 때로부터 그 사건에 대한 보호처분의 결정이 확정될 때까지 공소시효는 계속된다.

해설 ④ 보호처분 심리개시의 결정이 있었던 때로부터 그 사건에 대한 보호처분의 결정이 확정될 때까지 공소시효는 그 진행이 정지된다(소년법 제54조)
① 동법 제59조, ② 동법 제60조 제3항, ③ 동법 제62조
정답 ④

46. 소년법 상 항고에 대한 설명으로 옳지 않은 것은?

① 항고를 제기할 수 있는 기간은 7일로 한다.

② 항고는 결정의 집행을 정지시키는 효력이 없다.

③ 보호처분의 변경 결정에 대해서는 항고할 수 없다.

④ 항고를 할 때에는 항고장을 원심 소년부에 제출하여야 한다.

해설 제32조에 따른 보호처분의 결정 및 제32조의2에 따른 부가처분 등의 결정 또는 제37조의 보호처분·부가처분 변경 결정이 다음 각 호의 어느 하나에 해당하면 사건 본인·보호자·보조인 또는 그 법정대리인은 관할 가정법원 또는 지방법원 본원 합의부에 항고할 수 있다.(소년법 제43조 제1항).
① 동법 제43조 제2항
② 동법 제46조
④ 동법 제44조 제1항
정답 ③

47. 소년에 대한 형사처분의 내용으로 옳은 것은?

① 형사사건 심리 전에 소년이 분류심사원에 위탁된 기간은 소년부 판사의 재량에 의하여 판결 선고 전 구금일수에 산입하지 아니할 수 있다.

② 법정형이 장기 2년 이상의 유기형에 해당하는 죄를 범한 경우 소년에 대한 상대적 부정기형의 장기는 10년, 단기는 5년을 초과하지 못한다.

③ 보호처분의 계속 중에 구류형의 선고를 받은 소년에 대하여는 먼저 그 보호처분을 집행한다.

④ 무기형을 선고받은 소년에 대해서는 3년이 경과하면 가석방을 허가할 수 있다.

 ① 소년부 판사가 사건을 조사 또는 심리하는 데에 필요하다고 인정하여 소년을 소년분류심사원에 위탁한 경우 그 위탁기간은 판결선고전 구금일수로 본다(소년법 제61조).
③ 보호처분이 계속 중일 때에 징역·금고·또는 구류를 선고 받은 소년에 대하여는 먼저 그 형을 집행한다(동법 제64조).
④ 무기형을 선고받은 소년에 대해서는 5년이 경과하면 가석방을 허가할 수 있다(동법 제65조 제1호).
② 동법 제60조 제1항

정답 ②

48. 다음 사례에서 甲에 대한 처분이 「소년법」의 규율내용에 위배되는 것만을 모두 고른 것은?

> ㉠ 만 14세인 甲은 친구들과 술을 마시고 난투극을 벌인 혐의로 검사에 의해 가정법원 소년부에 송치되었다.
> ㉡ 소년부 판사는 사건의 조사를 위하여 甲을 소년분류심사원에 3개월간 임시로 위탁하였다.
> ㉢ 소년부는 금고 이상의 형사처분이 필요하다고 판단하여 甲의 사건을 결정으로써 해당 검찰청 검사에게 송치하였다.
> ㉣ 그러나 담당 검사는 보호처분이 보다 적합하다고 판단하여 甲의 사건을 다시 소년부에 송치하였다.
> ㉤ 소년부 판사는 甲에게 보호관찰 1년과 사회봉사 300시간을 병합하여 처분하였다.

① ㉠, ㉡, ㉢   ② ㉠, ㉢, ㉣

③ ㉠, ㉣, ㉤   ④ ㉡, ㉣, ㉤

해설 × : ㉡ 이 경우 위탁기간은 1개월을 초과할 수 없다.(소년법 제18조 제3항 참조). ㉣ 검사가 소년부에 송치한 사건을 소년부가 조사 또는 심리한 결과 그 동기와 죄질이 금고 이상의 형사처분을 할 필요가 있다고 인정하여 검사에게 송치한 사건에 대해 검사는 다시 소년부에 송치할 수 없다(소년법 제49조 제3항). ㉤ 소년에 대한 사회봉사명령은 200시간을 초과할 수 없다.(소년법 제33조 제4항 참조).
○ : ㉠ 소년법 제49조 제1항. ㉢ 동조 제2항

정답 ④

49. 「보호소년 등의 처우에 관한 법률」상 보호소년의 처우에 대한 설명으로 옳지 않은 것은?

① 퇴원이 허가된 보호소년이 질병에 걸리거나 본인의 편익을 위하여 필요하면 본인의 신청에 의하여 계속 수용할 수 있다.

② 보호소년이 친권자와 면회를 할 때에는 소속 공무원이 참석하지 아니한다. 다만, 보이는 거리에서 보호소년을 지켜볼 수 있다.

③ 전자영상장비로 보호소년을 감호할 경우에는 여성인 보호소년에 대해서는 여성인 소속 공무원만, 남성인 보호소년에 대해서는 남성인 소속 공무원만이 참여하여야 한다.

④ 소년원장은 공범 등 교정교육에 해가 된다고 인정되는 사람과의 전화통화를 제한하는 등 보호소년의 보호 및 교정교육에 지장을 주지 아니하는 범위에서 가족과 전화통화를 허가할 수 있으며, 교정교육상 특히 필요하다고 인정할 때 직권으로 외출을 허가할 수 있다.

> **해설** ② 보호소년 등이 변호인이나 보조인과 면회를 할 때에는 소속 공무원이 참석하지 아니한다. 다만 보이는 거리에서 보호소년 등을 지켜볼 수 있다(보호소년 등의 처우에 관한 법률 제18조 제3항).
> ① 동법 제46조 제1항. ③ 동법 제14조의3 제2항. ④ 동법 제18조 제6항, 동법 제19조
> 정답 ②

50. 「보호소년 등의 처우에 관한 법률」상 보호소년의 수용·보호에 대한 설명으로 옳지 않은 것은?

① 소년원장은 미성년자인 보호소년이 친권자나 후견인이 없거나 있어도 그 권리를 행사할 수 없을 때에는 법원의 허가를 받아 적당한 자로 하여금 그 보호소년을 위하여 친권자나 후견인의 직무를 행사하게 하여야 한다.

② 소년원장은 공동으로 비행을 저지른 관계에 있는 사람의 편지인 경우 등 보호소년의 보호 및 교정교육에 지장이 있다고 인정되는 경우에는 보호소년의 편지 왕래를 제한할 수 있으며, 편지의 내용을 검사할 수 있다.

③ 보호소년이 사용하는 목욕탕, 세면실 및 화장실에 전자영상장비를 설치하여 운영하는 것은 이탈·난동·폭행·자해·자살, 그 밖에 보호소년의 생명·신체를 해치거나 시설의 안전 또는 질서를 해치는 행위의 우려가 큰 때에만 할 수 있다.

④ 소년원장은 분류수용, 교정교육상의 필요, 그 밖의 이유로 보호소년을 다른 소년원으로 이송하는 것이 적당하다고 인정하면 법무부장관의 허가를 받아 이송할 수 있다.

> **해설** 소년원장은 미성년자인 보호소년 등이 친권자나 후견인이 없거나 있어도 그 권리를 행사할 수 없을 때에는 법원의 허가를 받아 그 보호소년 등을 위하여 친권자나 후견인의 직무를 행사할 수 있다(보호소년 등의 처우에 관한 법률 제23조).
> 정답 ①

51. 「보호소년 등의 처우에 관한 법률」에서 규정된 보호장비에 해당하는 것만을 모두 고른 것은?

> ⊙ 수갑　　　　　　　　ⓛ 포승
> ⓒ 가스총　　　　　　　ⓔ 전자충격기
> ⓜ 보호대　　　　　　　ⓗ 발목보호장비

① ⊙, ⓛ, ⓒ　　　　　　　　　② ⓛ, ⓔ, ⓜ
③ ⊙, ⓛ, ⓒ, ⓔ, ⓜ　　　　　④ ⊙, ⓒ, ⓔ, ⓜ, ⓗ

해설　③ 「보호소년 등의 처우에 관한 법률」상 보호장비의 종류는 수갑, 포승, 가스총, 전자충격기, 머리보호장비, 보호대이다(동법 제14조의2 제1항).

정답 ③

II

보충지문 정리

1) 형집행법

1. 수용자의 범죄횟수는 징역 또는 **금고** 이상의 형을 선고받아 확정된 횟수로 한다. 다만, 집행유예의 선고를 받은 사람이 유예기간 중 고의로 범한 죄로 금고이상의 실형이 확정되지 아니하고 그 기간이 지난 경우에는 집행이 유예된 형은 범죄횟수에 포함하지 아니한다.

2. 법무부장관은 이 법의 목적을 효율적으로 달성하기 위하여 **5년마다** 형의 집행 및 수용자 처우에 관한 기본계획을 수립하고 추진하여야 한다.

3. 법무부장관은 형의 집행 및 수용자 처우에 관한 사항을 협의하기 위하여 법원, 검찰 및 경찰 등 관계 기관과 협의체를 설치하여 운영할 수 있으며 그에 필요한 사항은 대통령령으로 정하며 협의회 위원장은 법무부차관이며 위원장을 포함한 **12명**의 위원으로 구성하며 기획재정부, 교육부, 법무부, 국방부, 행정안전부, 보건복지부, 고용노동부, 경찰청 및 해양경찰청 소속 고위공무원단에 속하는 공무원 중에서 해당 소속 기관의 장이 지명하는 사람 각 1명과 법원행정처 소속 판사 또는 **3급** 이상의 법원일반직공무원 중에서 법원행정처장(대법원장X)이 지명하는 사람 1명 그리고 대검찰청 소속 검사 또는 고위공무원단에 속하는 공무원 중에서 검찰총장이 지명하는 사람 1명으로 한다.**(여가부 X)**   회의 7일전 알림

4. **신설**하는 교정시설은 수용인원이 **500명** 이내의 규모가 되도록 하여야 한다. 다만, 교정시설의 기능 · 위치나 그 밖의 사정을 고려하여 그 규모를 늘릴 수 있다.

5. 수형자가 소년교도소에 수용 중에 19세가 된 경우에도 교육 · 교화프로그램, 작업, 직업훈련 등을 실시하기 위하여 특히 필요하다고 인정되면 **23세**가 되기 전까지는 계속하여 수용할 수 있고 소장은 특별한 사정이 있으면 **6개월**을 초과하지 아니하는 기간 동안 계속하여 수용할 수 있다.

6. 소장은 특히 필요하다고 인정하는 경우가 아니면 남성교도관이 **야간**에 수용자거실에 있는 여성 수용자를 시찰하게 하여서는 아니 된다.

7. 혼거수용 인원은 **3명 이상**으로 한다. 다만, 요양이나 그 밖의 부득이한 사정이 있는 경우에는 예외로 한다.

8. 소장은 수용자의 거실을 지정하는 경우에는 죄명 · 형기 · 죄질 · 성격 · 범죄전력 · 나이 · 경력 및 수용생활 태도, 그 밖에 수용자의 개인적 특성을 고려하여야 한다.

9. 소장은 수용자의 생명·신체의 **보호**, **증거**인멸의 방지 및 교정시설의 **안전**과 질서유지를 위하여 필요하다고 인정하면 혼거실·교육실·강당·작업장, 그 밖에 수용자들이 서로 접촉할 수 있는 장소에서 수용자의 자리를 지정할 수 있다.

10. 구치소의 과밀수용은 인간의 존엄과 가치를 침해한다.

11. 소장은 신입자가 환자이거나 부득이한 사정이 있는 경우가 아니면 수용된 날부터 3일 동안 신입자거실에 수용**하여야 한다**.

12. 수용자에게 특정교도소 이송청구권은 없다.

13. 소장은 수용자에게 건강상태, 나이, 부과된 작업의 종류, 그 밖의 개인적 특성을 고려하여 건강 및 체력을 유지하는 데에 필요한 음식물을 지급하며 **음식물**의 지급기준 등에 관하여 필요한 사항은 **법무부령**으로 정한다.

14. 물품의 **자비**구매 허가범위 등에 관하여 필요한 사항은 **법무부령**으로 정한다.

15. 법무부장관(**소장X**)은 자비구매물품의 품목·규격·가격 등의 교정시설 간 균형을 유지하고 공급과정의 효율성·공정성을 높이기 위하여 그 공급업무를 담당하는 법인 또는 개인을 지정할 수 있다.

16. 소장은 제2항의 경우에 금품을 보낸 사람을 알 수 없거나 보낸 사람의 주소가 불분명한 경우에는 금품을 다시 가지고 갈 것을 공고하여야 하며, 공고한 후 **6개월**이 지나도 금품을 돌려달라고 청구하는 사람이 없으면 그 금품은 국고에 귀속되며 소장은 상속인 또는 가족이 제1항의 금품을 내어달라고 **청구**하면 지체 없이 내어주어야 한다. 다만, 제1항에 따른 알림을 받은 날(알려줄 수가 없는 경우에는 청구사유가 발생한 날)부터 **1년**이 지나도 청구하지 아니하면 그 금품은 국고에 귀속된다. 다만 소장은 수용자가 석방될 때 보관하고 있던 수용자의 휴대금품을 본인에게 돌려주어야 한다.(**청구불요**) 다만, 보관품을 한꺼번에 가져가기 어려운 경우 등 특별한 사정이 있어 수용자가 석방 시 소장에게 일정 기간 동안(1개월 이내의 범위로 한정한다) 보관품을 보관하여 줄 것을 신청하는 경우에는 그러하지 아니하다.

17. 소장은 거실·작업장·목욕탕, 그 밖에 수용자가 공동으로 사용하는 시설과 취사장, 주식·부식 저장고, 그 밖에 음식물 공급과 관련된 시설을 수시(정기적X)로 청소·소독하여야 하고 저수조 등 급수시설을 6개월(**1년X**)에 1회 이상 청소·소독하여야 한다.

18. **운동**시간 · 목욕횟수(건강검진포함) 등에 관하여 필요한 사항은 **대통령령**(법무부령X)으로 정한다.

19. 운동(매일 1시간이내 근무시간에), 목욕(주1회 이상), 건강검진(1년에 1회)이다. (19세미만과 계호상독거및 65세이상 노인은 6월에 1회)

20. 소장은 수용자가 감염병에 걸렸다고 **의심**되는 경우에는 **1주** 이상 격리수용하고 그 수용자의 휴대품을 소독하여야하며 감염병이 유행하는 경우에는 수용자가 자비로 구매하는 음식물의 공급을 중지할 수 있고(**임의적**) 수용자가 감염병에 걸린 경우에는 즉시 격리수용하고 그 수용자가 사용한 물품과 설비를 철저히 소독하여야 한다.

21. 상습자해 수용자 치료비는 구상이 가능하다.

22. 접견의 횟수 · 시간 · 장소 · 방법 및 **접견**내용의 청취 · 기록 · 녹음 · 녹화 등에 관하여 필요한 사항은 **대통령령**으로 정한다.
    (주의 : 편지와 접견은 대통령령 전화는 법무부령이고 각각 횟수와 제한사유는 기출문제 풀면서 정리할 것)

23. 소장은 수형자가 다음 어느 하나에 해당하면 접견 횟수를 늘릴 수 있다.(시간X)
    (19세 미만인 때, 교정성적이 우수한 때 ,교화 또는 건전한 사회복귀를 위하여 특히 필요하다고 인정되는 때)

24. **변호사**와 접견하는 시간은 회당 **60분**으로 하며 횟수는 소송사건의 대리인인 변호사는 월 4회 「형사소송법」에 따른 상소권회복 또는 **재심** 청구사건의 대리인이 되려는 변호사는 사건 당 **2**회로 하며 일반 접견횟수와는 별도이다.

25. 구치소장이 구치소 내에서 실시하는 종교의식 또는 행사에 **미결수용자**인 청구인의 참석을 금지한 행위가 청구인의 종교의 자유를 침해하였다고 볼 수 있으나 천주교신자에게 불교 종교행사에 못가게 한 것은 기본권 침해라 볼 수 없다.

26. **방송**설비 · 방송프로그램 · 방송시간 등에 관하여 필요한 사항은 **법무부령**(대통령령X)으로 정한다.

27. 수용자는 문서 또는 도화를 작성하거나 문예 · 학술, 그 밖의 사항에 관하여 집필할 수 있다. 다만, 소장이 시설의 안전 또는 질서를 해칠 **명백**한 위험이 있다고 인정하는 경우는 예외로 한다.

28. 노인수용자 · 장애인수용자 · 외국인수용자 및 소년수용자에 대한 적정한 배려 또는 처우에 관하여 필요한 사항은 **법무부령**으로 정한다.

29. 노인수형자 전담교정시설에는 별도의 공동휴게실을 마련하고 노인이 선호하는 오락용품 등을 갖춰두어야 한다.

30. 노인수형자 전담교정시설의 장은 노인성 질환에 관한 전문적인 지식을 가진 의료진과 장비를 갖추고, 외부의료시설과 협력체계를 강화하여 노인수형자가 신속하고 적절한 치료를 받을 수 있도록 노력하여야 한다.

31. 장애인수형자 전담교정시설이 **아닌** 교정시설에서는 장애인수용자를 수용하기 위하여 별도의 거실을 지정하여 **운용할 수 있다.**

32. **외국**인 미결수용자에게 소송 진행에 필요한 법률지식을 제공하는 등의 조력을 **하여야 한다.**

33. 소장은 외국인수용자의 수용거실을 지정하는 경우에는 종교 또는 생활관습이 다르거나 민족감정(인종과 피부색 제외) 등으로 인하여 분쟁의 소지가 있는 외국인수용자는 거실을 분리하여 수용하여야 하며 외국인수용자에게 지급하는 **부식의 지급기준은 법무부장관**이 정한다.

34. 소장은 미결수용자로서 자유형이 확정된 사람에 대하여는 검사의 집행 지휘서가 도달된 때부터 수형자로 처우할 수 있고 검사는 집행 지휘를 한 날부터 10일 이내에 재판서나 그 밖에 적법한 서류를 소장에게 보내야 한다.

35. **계**호의 정도에 관하여 필요한 사항은 **대통령령(법무부령X)**으로 정한다.

36. 소장은 개방처우급 혹은 완화경비처우급 수형자 형기가 3년 이상이고 범죄 횟수가 2회 이하이며 중간처우를 받는 날부터 가석방 또는 형기 종료 예정일까지 기간이 3개월 이상 1년 6개월 이하인 경우 교정시설에 설치된 개방시설에 수용하여 사회 적응에 필요한 교육, 취업지원 등 적정한 처우를 할 수 있고 중간처우를 받는 날부터 가석방 또는 형기 종료 예정일까지의 기간이 **9개월 미만**(이하 아님에 주의)인 수형자에 대해서는 지역사회에 설치된 개방시설에 수용하여 처우를 할 수 있다.

37. 소장은 수형자를 기본수용급별 · 경비처우급별로 구분하여 수용하여야 한다. 다만 처우상 특히 필요하거나 시설의 여건상 부득이한 경우에는 기본수용급 · 경비처우급이 다른 수형자를 함께 수용하여 처우할 수 있다. **(기경수원칙)** 단 수형자를 수용하는 경우 개별처우의 효과를 증진하기 위하여 경비처우급 · 개별처우급이 같은 수형자 집단으로 수용하여 처우할 수 있다. **(경개수예외)**

38. 분류처우위원회위원장은 소장이며 위원회는 위원장을 포함한 5명 이상 7명 이하의 위원으로 구성하고 위원회의 회의는 매월 10일에 개최, 위원회의 회의는 재적위원 **3분의 2**이상의 출석으로 개의하고, 출석위원 과반수의 찬성으로 의결한다.

39. 소장은 수형자에게 작업을 부과하려면 나이 · 형기 · 건강상태 · 기술 · 성격 · 취미 · 경력 · 장래생계, 그 밖의 수형자의 사정을 고려하여야 한다. (나이, 경력, 성격, 형기는 거실지정사유와 동일)

40. 소장은 19세 미만의 수형자에게 작업을 부과하는 경우에는 정신적 · 신체적 성숙 정도, 교육적 효과 등을 고려하여야 한다.(할수있다X)

41. **외부** 통근 작업 대상자의 선정기준 등에 관하여 필요한 사항은 **법무부령**으로 정한다.

42. 취업지원협의회는 회장 1명을 포함하여 **3명 이상 5명** 이하의 내부위원과 10명 이상의 외부위원으로 구성하며 외부위원의 임기는 3년으로 하며 연임 가능하고 회의는 **반기**마다 개최한다.

43. 집중적인 근로가 필요한 작업이란 수형자의 신청에 따라 1일 작업시간 중 접견 · 전화통화 · 교육 및 공동행사 참가 등을 하지 아니하고 휴게시간을 **제외한** 작업시간 내내 하는 작업을 말한다.

44. 소장은 수형자의 가족 또는 배우자의 직계존속이 사망하면 2일간, 부모 또는 배우자의 제삿날에는 1일간 해당 수형자의 작업을 면제한다. 다만, 수형자가 작업을 계속하기를 원하는 경우는 예외로 한다.

45. **귀휴심사위원회**는 위원장을 포함한 **6명 이상 8명** 이하의 위원으로 구성하며 외부위원은 **2명**이상이며 임기는 2년이며 연임이 가능하다.

46. 소장은 사형확정자가 작업을 신청하면 교도관회의의 심의를 거쳐 교정시설 안에서 실시하는 작업을 부과할 수 있다. 이 경우 부과하는 작업은 심리적 안정과 원만한 수용생활을 도모하는데 적합한 것이어야 한다.

47. 소장은 교도관에게 수용자의 거실 등을 정기적으로 검사하게 하여야 한다. 다만, 금지물품을 숨기고 있다고 의심되는 수용자와 마약류사범 · 조직폭력사범 등 법무부령으로 정하는 수용자의 거실등은 수시로 검사하게 할 수 있다.

48. 보호장비를 사용하는 경우에는 수용자의 **나**이, **건강상태** 및 **수용생활** 태도 등을 고려하여야 한다.

49. 보호장비의 사용절차 등에 관하여 필요한 사항은 대통령령으로 정한다.

50. 보호의자는 (목욕, 식사, 용변, 치료 등을 위한 보호장비 사용의 일시중지 · 완화에 따라)그 사용을 일시 중지하거나 완화하는 경우를 포함하여 8시간을 초과하여 사용할 수 없으며, 사용 중지 후 4시간이 경과하지 아니하면 다시 사용할 수 없다. (침대 보호복 포함-**자대복8-4**)

51. 하나의 보호장비로 사용목적을 달성할 수 없는 경우에는 둘 이상의 보호장비를 사용할 수 있다. 다만, 다음 어느 하나에 해당하는 경우에는 다른 보호장비와 같이 사용할 수 없다. (의자와 침대)

52. 소장은 보호장비의 사용을 명령한 경우에는 수시로 그 사용 실태를 확인 · 점검하여야 하며 지방교정청장은 소속 교정시설의 보호장비 사용 실태를 정기적으로 점검하여야 한다.

53. 조직폭력수용자로서 무죄 외의 사유로 출소한 후 **5년** 이내에 교정시설에 다시 수용된 사람과 징벌집행이 종료된 날부터 **1년** 이내에 다시 징벌을 받는 등 규율 위반의 상습성이 인정되는 수용자는 관심대상수용자로 지정한다.

54. 수용자가 2 이상의 징벌사유가 경합하는 때, 징벌이 집행 중에 있거나 징벌의 집행이 끝난 후 또는 집행이 면제된 후 6개월 내에 다시 징벌사유에 해당하는 행위를 한 때에는 제108조제2호부터 제14호까지의 규정에서 정한 징벌의 장기의 2분의 1까지 가중할 수 있다.

55. 징벌위원회는 위원장을 포함한 **5명** 이상 **7명** 이하의 위원으로 구성하고, 위원장은 소장의 바로 다음 순위자가 되며, 위원은 소장이 소속 기관의 과장(지소의 경우에는 7급 이상의 교도관) 및 교정에 관한 학식과 경험이 풍부한 외부인사 중에서 임명 또는 위촉한다. 이 경우 외부위원은 **3명** 이상으로 한다.

56. 수용자는 그 처우에 관하여 불복하는 경우 **법**무부장관 · **순**회점검공무원 또는 **관**할 **지**방교정청장에게 청원할 수 있다.

57. 수용자는 「공공기관의 정보공개에 관한 법률」에 따라 **법**무부장관, **지**방교정청장 또는 **소**장에게 **정**보의 공개를 청구할 수 있다.

58. 비용납부에 관한 사항은 대통령령으로 정하며 비용이 납부되기 전에 정보공개 여부의 결정을 할 수 있다.

59. 법무부장관 소속으로 가석방심사위원회를 두며 위원회는 위원장(법무부차관)을 포함한 5명 이상 9명 이하의 위원으로 구성하고 위원의 명단과 경력사항 및 심의서는 해당 가석방 결정 등을 한 후부터 즉시 공개하나 회의록은 해당 가석방 결정 등을 한 후 5년 경과후 공개한다.

60. 수용자에게는 가석방 청구권이 없다.

61. **사면, 가석방**, 형의 집행**면제**, **감형**에 따른 석방은 그 서류가 교정시설에 도달한 후 12시간 이내에 하여야 한다. 다만, 그 서류에서 석방일시를 지정하고 있으면 그 일시에 한다. **(나머지는 5시간)**

62. 소장은 수용자가 사망한 사실을 알게 된 사람이 임시로 매장하려는 경우는 사망한 사실을 알게 된 날부터 **3일**, 화장하여 봉안하려는 경우는 사망한 사실을 알게 된 날부터 **60일** 이내에 그 시신을 인수하지 아니하거나 시신을 인수할 사람이 없으면 임시로 매장하거나 화장후 봉안하여야 한다.

63. 지방교정청장의 자문에 응하기 위하여 지방교정청에 교정자문위원회를 두며 위원회는 10명 이상 15명 이하의 위원으로 성별을 고려(**여성4명이상**)하여 구성하고 교정시설에는 소장이 추천하고 법무부장관이 위촉하여 명예직으로 수용자의 교육 · 교화 · 의료, 그 밖에 수용자의 처우를 후원하기 위하여 교정시설에 교정위원을 둘 수 있다.

64. 소장의 허가 없이 무인비행장치, 전자 · 통신기기를 교정시설에 반입한 사람은 3년 이하의 징역 또는 3천만원 이하의 벌금에 처하며 그것을 수용자가 지닌 경우는 2년 이하의 징역 또는 2천만원 이하의 벌금에 처한다.(나머지는 주로 1-1천)

2) 민영교도소법

1. 법무부장관은 위탁계약을 체결하기 전에 계약 내용을 기획재정부장관과 미리 협의하여야 하며 수탁자가 교도소등의 설치비용을 부담하는 경우는 10년 이상 20년 이하 그 밖의 경우는1년 이상 5년 이하로 계속 연장이 가능하다.

2. 법무부장관은 수탁자가 이 법 또는 이 법에 따른 명령이나 처분을 위반하면 6개월 이내의 기간을 정하여 위탁업무의 전부 또는 일부의 정지를 명할 수 있다.

3. 교정법인 이사의 과반수는 대한민국 국민이어야 하며, 이사의 5분의 1 이상은 교정업무에 종사한 경력이 5년 이상이어야 한다.(직원은 전부가 대한민국국민)

4. 교정법인의 임원의 임기는 해당 법인의 정관에서 정하는 바에 따르고, 정관에서 특별히 정하지 않은 경우에는 3년으로 하며, 연임할 수 있고 이사는 감사나 해당 교정법인이 운영하는 민영교도소등의 직원(민영교도소등의 장은 제외한다)을 겸할 수 없으며 감사는 교정법인의 대표자·이사 또는 직원(그 교정법인이 운영하는 민영교도소등의 직원을 포함한다)을 겸할 수 없다.

5. 교정법인의 정관변경(다른 법인과의 합병,회사인 경우 분할 또는 분할합병,해산포함)은 법무부장관의 인가 교정법인의 대표자 및 교정법인의 대표자 및 감사와 위탁업무를 전담하는 이사는 법무부장관의 승인을 받아 취임하며 나머지 기본재산의 매도·증여 또는 교환등은 법무부장관의 허가사항이다.

6. 교정법인은 법 제16조제2항에 따라 법무부장관에게 법 제15조제2항에 따른 민영교도소등의 설치·운영에 관한 회계의 사업계획과 예산을 매 회계연도가 시작되기 **8개월 이전**에 제출하고, 사업실적과 결산을 매 회계연도가 끝난 후 **2개월** 이내에 제출하여야 한다.

7. 일반귀휴(특별귀휴X)를 보내고자할 경우나 수용자에게 보호장비를 사용하고자 할 때 민영교도소등의 장은 법무부장관이 민영교도소등의 지도·감독을 위하여 파견한 소속 공무원의 승인을 받아야 한다.

8. 민영교도소등의 장은 대통령령으로 정하는 바에 따라 분기마다 무기 등 보안장비의 보유·사용 현황과 교육·직업훈련 등의 실시 현황을 법무부장관에게 보고하여야 한다.
(매월보고사항: 1)수용 현황, 교정 사고의 발생 현황 및 징벌 현황, 2)보건의료서비스와 주식·부식의 제공 현황, 3)외부 통학, 외부 출장 직업훈련, 귀휴, 사회 견학, 외부 통근 작업 및 외부 병원 이송 등 수용자의 외부 출입 현황, 4) 교도작업의 운영 현황, 5)직원의 인사·징계에 관한 사항) 주의: 출소후 수용자의 취업현황은 없음

3) 교도작업 특별회계법

1. 법무부장관은 교도작업으로 생산되는 제품의 종류와 수량을 회계연도 개시 1개월 전까지 공고하여야 하며 교도작업으로 생산되는 제품(이하 "교도작업제품"이라 한다)을 생산하는 교정시설의 장(이하 "소장"이라 한다)은 국가, 지방자치단체 또는 공공기관(이하 "수요기관"이라 한다)의 수요량과 해당지역의 생산실태 등을 조사하여 법무부령으로 정하는 사항이 포함된 다음 연도의 생산공급계획을 수립하여 매년 10월 30일까지 법무부장관에게 보고하여야 한다.

2. 교정시설의 장은 민간기업이 참여할 교도작업의 내용을 해당 기업체와의 계약으로 정하고 이에 대하여 **법무부장관의 승인**(재계약의 경우에는 지방교정청장의 승인)을 받아야 한다. 다만, 법무부장관이 정하는 단기(2개월)의 계약에 대하여는 그러하지 아니하다.

4) 교도관 직무규칙

1. 당직간부란 교정시설의 장이 지명하는 교정직교도관으로서 보안과의 보안업무 전반에 걸쳐 **보안과장**(소장X)을 보좌하고, 휴일 또는 야간(당일 오후 6시부터 다음날 오전 9시까지를 말한다.)에 소장(보안과장X)을 대리하는 사람을 말한다.

2. 수용자의 도주, 폭행, 소요, 자살 등 구금목적을 해치는 행위에 관한 방지 조치는 다른 모든 직무에 우선한다.

3. 수용자가 작성한 문서로서 해당 수용자의 날인이 필요한 것은 오른손 엄지손가락으로 손도장을 찍게 한다. 다만, 수용자가 오른손 엄지손가락으로 손도장을 찍을 수 없는 경우에는 다른 손가락으로 손도장을 찍게 하고, 그 손도장 옆에 어느 손가락인지를 기록하게 한다.

4. 소장은 교도관으로 하여금 매월 **1회 이상 소화기** 등 소방기구를 점검하게 하고 그 사용법의 교육과 소방훈련을 하게 하여야 한다.(김소월) 참고로 교도관회의는 주1회

5. 수용자가 상관 등과의 면담을 요청한 경우에는 그 사유를 파악하여(지체없이X) 상관에게 보고하여야 한다.

6. 소장은 당직간부의 지휘 아래 교정직교도관으로 하여금 전체 수용자를 대상으로 하는 인원점검을 매일 2회 이상 충분한 사이를 두고 하게 하여야 한다.

7. 교정직교도관은 일과종료(작업·교육 등 일과를 마치고 수용자를 거실로 들여보낸 다음 거실문을 잠그는 것을 말한다.)후부터 그 다음날 일과시작(작업·교육 등 일과를 위하여 수용자를 거실에서 나오게 하기 위하여 거실문을 여는 것을 말한다.)전까지는 당직간부의 허가를 받아 거실문을 여닫거나 수용자를 거실 밖으로 나오게 할 수 있다.

8. 정문근무자는 수용자의 취침 시간부터 기상 시간까지는 당직간부의 허가 없이 정문을 여닫을 수 없다.

9. 당직간부는 교대근무의 각 부별로 2명 이상으로 편성하며, 이 경우 정(正)당직간부 1명과 부당직간부 1명 이상으로 하며 당직간부는 교정직교도관을 점검하여야 하며, 점검이 끝나면 그 결과를 보안과장(소장X) 에게 보고하여야 한다.

10. 당직간부는 매일 총기 · 탄약 · 보호장비 · 보안장비, 그 밖의 교정장비에 이상이 없는지를 확인하고, 각 사무실 등의 화기 · 전기기구 · 잠금장치 등에 대한 점검 감독을 철저히 하여야 하며 **매주 1회 이상 교도관의 비상소집망**을 확인하여 정확하게 유지하도록 하여야 한다.

5) 수형자등 호송규정

1. 교도소 · 구치소 및 그 지소(이하 "교정시설"이라 한다) 간의 호송은 교도관이 행하며, 그 밖의 호송은 경찰관 또는 「검찰청법」 제47조에 따라 사법경찰관리로서의 직무를 수행하는 검찰청 직원이 행한다.

2. 피호송자가 도주한 때에는 호송관은 즉시 그 지방 및 인근 경찰관서와 호송관서에 통지하여야 하며, 호송관서는 관할 지방검찰청, 사건소관 검찰청, 호송을 명령한 관서, 발송관서 및 수송관서에 통지하여야 한다.

6) 가석방자 관리규정

1. 관할경찰서의 장은 **6개월마다** 가석방자의 품행, 직업의 종류, 생활 정도, 가족과의 관계, 가족의 보호 여부 및 그 밖의 참고사항에 관하여 조사서를 작성하고 관계기관의 장에게 통보하여야 한다.

2. 국외 여행을 한 가석방자는 귀국하여 주거지에 도착하였을 때에는 지체 없이 그 사실을 관할 경찰서의 장에게 신고하여야 한다. 국외 이주한 가석방자가 입국하였을 때에도 또한 같다.

3. 가석방자는 국내 주거지 이전 또는 1개월 이상 국내 여행(이하 "국내주거지 이전등"이라 한다)을 하려는 경우 관할경찰서의 장에게 신고하여야 한다.

7) 국가인권위원회법

1. 국가인권위원회는 위원장 1명과 상임위원 3명을 포함한 11명의 인권위원으로 구성한다.
   (국회4, 대통령4, 대법원장3)

2. 위원의 자격은 대학이나 공인된 연구기관에서 부교수 이상의 직이나 이에 상당하는 직에 10년 이상 있거나 있었던 사람과 판사·검사 또는 변호사의 직에 10년 이상 있거나 있었던 사람등으로 위원은 특정 성이 **10분의 6을** 초과하지 아니하도록 하여야 하며 위원의 임기는 3년으로 하고 한번만 연임가능하다.

3. 시설에 수용되어 있는 진정인과 위원 또는 위원회 소속 직원의 면담에는 구금·보호시설의 직원이 참여하거나 그 내용을 듣거나 녹취하지 못한다. 다만, 보이는 거리에서 시설수용자를 감시할 수 있다.

4. 구금·보호시설에 소속된 공무원 또는 직원은 위원회 명의의 서신을 개봉한 결과 당해 서신이 위원회가 진정인인 시설수용자에게 발송한 서신임이 확인된 때에는 당해 서신중 위원회가 열람금지를 요청한 특정서면은 이를 열람하여서는 아니 된다.

5. 위원회는 진정을 조사한 결과 진정의 내용이 범죄행위에 해당하고 이에 대하여 형사 처벌이 필요하다고 인정하면 검찰총장(법무부장관X)에게 그 내용을 고발할 수 있다. 다만, 피고발인이 군인이나 군무원인 경우에는 소속 군 참모총장 또는 국방부장관에게 고발할 수 있다

6. 위원회가 진정을 조사한 결과 인권침해 및 차별행위가 있다고 인정하면 피진정인 또는 인권침해에 책임이 있는 사람을 징계할 것을 소속기관등의 장에게 권고할 수 있다.

7. 고발을 받은 검찰총장, 군 참모총장 또는 국방부장관은 고발을 받은 날부터 **3개월** 이내에 수사를 마치고 그 결과를 위원회에 통지하여야 한다. 다만, 3개월 이내에 수사를 마치지 못할 때에는 그 사유를 밝혀야 한다.

8) UN최저기준규칙

1. 소년수용자의 범주에는 적어도 소년법원의 관할에 속하는 모든 소년들이 포함되어야 한다. 원칙적으로 이들 소년에게 구금형이 선고되어서는 안 된다.

2. 본 규칙은 공평하게 적용되어야 한다. 수용자의 인종, 피부색, 성별, 언어, 종교, 정치적 또는 그 밖의 견해, 국적, 사회적 신분, 재산, 출생 또는 그 밖의 지위에 의하여 차별이 있어서는 안 된다. 수용자의 종교적 신념과 도덕률은 존중되어야 한다.(**성적지향X**)

3. 취침시설이 각 거실마다 설치되어 있을 경우, 개개의 수용자별로 야간에 독거실이 제공되어야 한다. 일시적인 과잉수용 등과 같은 특별한 이유로 중앙교정당국이 이 규정에 대한 예외를 둘 필요가 있을 때에도 독거실에 2명의 수용자를 수용하는 것은 바람직하지 못하다.

4. 여자교도소에서는 산전 및 산후의 모든 간호 및 처치를 위하여 필요한 특별한 설비가 갖추어져 있어야 한다. 가능한 경우에는 항상 시설 밖의 병원에서 분만할 수 있도록 조치를 강구해야 한다. 아이가 시설 내에서 태어난 경우 그 사실을 출생증명서에 기재해서는 안 된다.

5. 규율 위반에 대한 처벌을 부과하기 전에 교정당국은 수용자에게 정신질환이나 발달장애가 있는지 확인하고 위반사실에 대한 원인을 규명해야 한다. 교정당국은 정신질환이나 발달장애로 인한 규율 위반을 처벌해서는 안 된다.

6. 본 규칙에서 일반적인 독거수용이라 함은 타인과의 접촉이 없이 수용자를 **22시간** 또는 하루 이상 수용하는 것을 의미하고 장기 독거수용이라 함은 **15일**을 초과하여 연속으로 수용자를 독거실에 수용하는 것을 의미한다.

7. 진통 또는 분만 상태에 있거나 분만 직후의 여성에게는 보호장비를 사용해서는 안 된다.

8. 폐쇄교도소에서 수형자의 수는 개별처우가 방해받을 정도로 많지 않은 것이 바람직하다. 몇몇 나라에서는 이들 교도소의 수용인원이 500명을 넘지 않아야 하는 것으로 생각되고 있다. 개방교도소의 수용인원은 가능한 한 적어야 한다.

9. 시설의 공장 및 농장은 가능한 한 교정당국에 의하여 직접 운영되어야 하고 개인 계약자에 의하여 운영되어서는 안 되며 수형자의 작업에 대한 공정한 보수제도가 있어야 한다.

10. 미결수용자에게는 청결하고 적당한 사복을 입도록 허용되어야 한다. 미결수용자가 수용자복을 입는 경우에는 그 수용자복은 수형자에게 지급하는 것과는 다른 것이어야 한다.

9) 보호관찰법

1. 보호관찰심사위원회의 위원장은 고등검찰청 검사장 또는 고등검찰청 소속 검사 중에서 법무부장관이 임명하며, 심사위원회는 위원장을 포함하여 5명 이상 9명 이하의 위원으로 구성하며 상임위원은 고위공무원단에 속하는 일반직공무원 또는 4급 공무원으로서 「국가공무원법」 제26조의5에 따른 임기제 공무원으로 한다.

2. 소년원장은 보호소년이 수용된 후 **6개월**이 지나면 그 소년원의 소재지를 관할하는 심사위원회에 그 사실을 통보하여야 한다.

3. 보호관찰소의 장은 원호활동을 종합적이고 체계적으로 전개하기 위하여 원호협의회를 설치할 수 있고 원호협의회는 5명 이상의 위원으로 구성하되, 보호관찰소의 장은 당연직 위원으로서 위원장이 되고, 위원은 교사 및 보호사무관 이상으로 7년 이상 보호관찰 또는 소년선도업무에 종사한 경력이 있는 사람 중에서 위원장이 위촉한다.

4. 보호관찰소장은 구인한 보호관찰 대상자를 수용기관 또는 소년분류심사원에 유치할 수 있는데, 보호관찰을 조건으로 한 형(벌금형을 제외한다)의 선고유예의 실효(失效) 및 집행유예의 취소 청구의 신청과 보호처분의 변경신청 시는 20+20(1회연장), 가석방 및 임시퇴원의 취소 신청시는 20+10(1회연장) 가능하다.

5. 보호장구에는 수갑, 포승, 보호대, 가스총, 전자충격기가 있다.

6. 보호관찰명령 없이 사회봉사·수강명령만 선고하는 경우, 보호관찰대상자에 대한 특별준수사항을 사회봉사·수강명령대상자에게 그대로 적용할 수 없다.

7. 사회봉사·수강명령 대상자가 사회봉사·수강명령 집행 중 금고 이상의 형의 집행을 받게 된 때에는 해당 형의 집행이 종료·면제되거나 사회봉사·수강명령 대상자가 가석방된 경우 잔여 사회봉사·수강명령을 집행한다. (보호관찰과 비교)

8. 갱생보호에는 숙식제공은 포함되나 여비지원은 포함되지 않는다.

9. 숙식제공은 6월을 초과할 수 없다. 다만, 필요하다고 인정하는 때에는 매회 6월의 범위내에서 3회에 한하여 그 기간을 연장할 수 있다. (최대 **2년**이고 본인의 신청이며 최소비용을 징수 할 수 있다)

10. 생활관에는 갱생보호대상자가 아닌 자를 숙식하게 할 수 없다. 다만, 갱생보호대상자의 배우자, 직계존·비속에 대하여는 1주일이내의 기간 동안 숙식을 제공할 수 있다.

11. 갱생보호 대상자와 관계 기관은 보호관찰소의 장, 갱생보호사업 허가를 받은 자 또는 한국법무보호복지공단에 갱생보호 신청을 할 수 있다.

12. 공단에 이사장 1명을 포함한 15명 이내의 이사와 감사 2명을 두며 이사장은 법무부장관이 임명하고, 그 임기는 3년으로 하되 연임할 수 있고 이사는 갱생보호사업에 열성이 있고, 학식과 덕망이 있는 사람 중에서 이사장의 제청에 의하여 법무부장관이 임명하거나 위촉하며, 임기는 3년으로 하되 연임할 수 있다.**(감사의 임기만2년)**

10) 치료감호법

1. 치료감호사건의 제1심 재판관할은 지방법원 및 지방법원지원의 **합의부**로 한다.

2. 검사는 공소제기 없이 치료감호만을 청구할 수 있다.

3. 정신성적(精神性的) 장애자로서 금고이상의 형에 해당하는 죄를 지은 자는 정신건강의학과 등의 전문의의 진단이나 감정을 받은 후 치료감호를 청구하여야 한다.

4. 구속된 피의자에 대하여 검사가 공소를 제기하지 않는 결정을 하고 치료감호 청구만을 하는 때에는 구속영장은 치료감호영장으로 보며 그 효력을 잃지 아니한다.

5. 「형법」상 살인죄(제250조 제1항)의 죄를 범한 자의 치료감호기간을 연장하는 신청에 대한 검사의 청구는 치료감호기간 또는 치료감호가 연장된 기간이 종료하기 6개월 전까지 하여야 한다.

6. 치료감호심의위원회는 치료감호만을 선고받은 피치료감호자에 대한 집행이 시작된 후 **1년이** 지났을 때에는 상당한 기간을 정하여 그의 법정대리인, 배우자, 직계친족, 형제자매에게 치료감호시설 외에서의 치료를 위탁할 수 있다.

7. 법원은 치료명령대상자에 대하여 형의 선고를 유예하는 경우 치료기간을 정하여 치료를 받을 것을 명할 수 있으며, 이때 보호관찰을 병과 하여야 한다.

11) 형법

1. 형의시효가 완성되면 형의 집행이 면제된다.

2. 벌금형의 형의 시효는 **5년**이며, 강제처분을 개시함으로 인하여 시효의 중단이 이루어진다.

3. 형의 선고를 유예하는 경우에 재범방지를 위하여 지도 및 원호가 필요한 때에는 법원은 1년 기간의 보호관찰을 받을 것을 명할 수 있다.

4. 형의 선고유예를 받은 날부터 **2년**을 경과한 때에는 면소된 것으로 간주한다.

12) 전자장치부착등에 관한 법률

1. 만 19세 미만의 자에 대하여 전자장치의 부착명령을 선고할 수 있다.

2. 검사는 부착명령을 청구하기 위하여 필요하다고 인정하는 때에는 소속 검찰청 소재지를 관할 하는 보호관찰소의 장에게 **피해자와의 관계**, 심리상태 등 피의자에 관하여 필요한 사항의 조 사를 요청할 수 있다.

3. 주거를 이전하거나 **7일** 이상의 국내여행 또는 출국할 때에는 미리 보호관찰관의 허가를 받 아야 한다.

4. 임시해제가 취소된 자는 잔여 부착명령기간 동안 전자장치를 부착하여야 하고, 부착명령할 때 개시된 보호관찰을 받아야 하며, 부과된 준수사항(준수기간이 종료되지 않은 경우에 한정한다)을 준수하여야 한다. 이 경우 임시해제기간은 부착명령기간에 **산입하지 아니한다.**

5. 임시해제 신청은 부착명령의 집행이 개시된 날부터 **3개월**이 경과한 후에 하여야 한다. 신청이 기각된 경우에는 기각된 날부터 3개월이 경과한 후에 다시 신청할 수 있다.

13) 성충동 약물치료법

1. 검사는 사람에 대하여 성폭력범죄를 저지른 성도착증 환자로서 성폭력범죄를 다시 범할 위험 성이 있다고 인정되는 19세 이상의 사람에 대하여 약물치료명령(이하 "치료명령"이라고 한 다)을 법원에 청구할 수 있다.

2. 징역형과 함께 치료명령을 받은 사람 및 그 법정대리인은 주거지 또는 현재지를 관할하는 지 방법원(지원을 포함한다.)에 치료명령이 집행될 필요가 없을 정도로 개선되어 성폭력범죄를 다시 범할 위험성이 없음을 이유로 치료명령의 집행 면제를 신청할 수 있는데 치료명령의 원 인이 된 범죄에 대한 징역형의 집행이 종료되기 전 12개월부터 9개월까지의 기간에 하여야 한다. 다만, 치료명령의 원인이 된 범죄가 아닌 다른 범죄를 범하여 징역형의 집행이 종료되 지 아니한 경우에는 그 징역형의 집행이 종료되기 전 **12개월부터** 9개월까지의 기간에 하여 야 한다.

3. 신청을 받은 경우 징역형의 집행이 종료되기 **3개월** 전까지 치료명령의 집행 면제 여부를 결 정하여야 한다.

4. 치료명령을 받은 사람은 형의 집행이 종료되거나 면제·가석방 또는 치료감호의 집행이 종료·가종료 또는 치료 위탁되는 날부터 10일 이내에 주거지를 관할하는 보호관찰소에 출석하여 서면으로 신고하여야 한다.

5. 치료명령을 받은 사람은 주거 이전 또는 7일 이상의 국내여행을 하거나 출국할 때에는 미리 보호관찰관의 허가를 받아야 한다.

6. 치료명령의 결정을 받은 사람은 치료기간 동안 치료비용을 부담하여야 한다. 다만, 치료비용을 부담할 경제력이 없는 사람의 경우에는 국가가 비용을 부담할 수 있다.

14) 소년법

1. 보호자는 형벌 법령에 저촉되는 행위를 한 10세 이상 14세 미만인 소년을 발견한 경우 이를 관할 소년부에 통고할 수 있다.

2. 소년부는 사건이 그 관할에 속하지 아니한다고 인정하면 결정으로써 그 사건을 관할 소년부에 이송하여야 한다.

3. 소년이 소년분류심사원에 위탁된 경우, 보조인이 없을 때에는 법원은 별도로 소년 본인이나 보호자의 신청을 요하지 않고 변호사 등 적정한 자를 보조인으로 선정하여야 한다.

4. 사건의 조사·심리를 위한 임시조치로서 소년분류심사원에 위탁하는 경우에 그 기간은 최장 **2개월**을 넘지 못한다.

5. 소년부 판사는 심리 과정에서 소년에게 피해자와의 화해를 권고할 수 있으며, 소년이 피해자와 화해하였을 경우에는 보호처분을 결정할 때 이를 고려할 수 있다.

6. 사회봉사명령은 14세이상 수강명령은 12세이상의 소년에게만 부과할 수 있다.

7. 보호관찰과 사회봉사명령, 수강명령은 모두 병합하여 부과할 수 있다.

8. 장기 및 단기 보호관찰처분을 할 때에는 **1년 이내의** 기간을 정하여 야간 등 특정 시간대의 외출을 제한하는 명령을 보호관찰대상자의 준수 사항으로 부과할 수 있다.

9. 보호처분이 계속 중일 때에 사건 본인에 대하여 유죄판결이 확정된 경우에 보호처분을 한 소년부 판사는 결정으로써 보호처분을 취소할 수 있다.

10. 보호처분이 계속 중일 때에 사건 본인에 대하여 새로운 보호처분이 있었을 때에는 어느 하나의 보호처분을 취소해야 한다.

15) 보호소년처우에 관한 법률

1. 소년원에는 초 · 중등교육소년원, 직업능력개발훈련소년원, 의료 · 재활소년원, **인성교육소년원** 등이 있다.

2. 신설하는 소년원 및 소년분류심사원은 수용정원이 150명 이내의 규모가 되도록 하여야 한다. 다만, 소년원 및 소년분류심사원의 기능 · 위치나 그 밖의 사정을 고려하여 그 규모를 증대할 수 있다.

3. 보호소년 등을 소년원이나 소년분류심사원에 수용할 때에는 법원소년부의 결정서, 법무부장관의 이송허가서 또는 지방법원 판사의 유치허가장에 의하여야 한다.

4. 원장은 보호소년등이 희망하거나 특별히 보호소년등의 개별적 특성에 맞는 처우가 필요한 경우 보호소년등을 혼자 생활하게 할 수 있다.

5. 「소년법」 제32조제1항제7호(의료재활소년원 위탁)의 처분을 받은 보호소년은 의료재활소년원에 해당하지 아니하는 소년원으로 이송할 수 없다.

6. 자살 또는 자해의 우려가 있을 때나 신체적 · 정신적 질병 또는 임신 · 출산(유산 · 사산한 경우를 포함한다) 등으로 인하여 특별한 보호가 필요할 때의 심신안정실의 수용기간은 15일 이내로 한다. 다만, 원장은 특별히 계속하여 수용할 필요가 있으면 의사의 의견을 고려하여 **7일**을 초과하지 아니하는 범위에서 한 차례만 그 기간을 연장할 수 있다.

7. 설비 또는 기구 등을 손괴하거나 손괴하려 할 때나 담당 직원의 제지에도 불구하고 소란행위를 계속하여 다른 보호소년 등의 평온한 생활을 방해할 때의 심신안정실의 수용기간은 24시간 이내로 한다. 다만, 원장은 특별히 계속하여 수용할 필요가 있으면 의사의 의견을 고려하여 12시간을 초과하지 아니하는 범위에서 한 차례만 그 기간을 연장할 수 있다.

8. 소년원의 보호장비에는 수갑, 포승, 가스총, 전자충격기, 머리보호장비, 보호대가 있다.

9. 소년원의 징계에는 (1.훈계 2.원내 봉사활동 3.서면 사과 4.20일 이내의 텔레비전 시청 제한 5. 20일 이내의 단체 체육활동 정지 6.20일 이내의 공동행사 참가 정지 7.20일 이내의 기간 동안 지정된 실(室)안에서 근신하게 하는 것)이 있으며 3에서 6호까지는 함께 처분 가능하고 교정성 적 감점은 필수이며 7호 처분은 14세 이상만 가능하다.

10. 원장은 미성년자인 보호소년 등이 친권자나 후견인이 없거나 있어도 그 권리를 행사할 수 없을 때에는 법원의 허가를 받아 그 보호소년 등을 위하여 친권자나 후견인의 직무를 행사할 수 있다.

11. 소년원학교에는 「초 · 중등교육법」 제21조 제2항에 따른 자격을 갖춘 교원을 두되, 교원은 일 반직공무원으로 임용할 수 있다.

12. 소년원학교에서 교육과정을 마친 보호소년이 전적학교의 졸업장 취득을 희망하는 경우 소년원 학교장은 전적학교의 장에게 학적사항을 통지하고 졸업장의 발급을 요청할 수 있다.

13. 소년원장은 보호소년이 22세가 되면 퇴원시켜야 한다.

16) 벌금미납자 사회봉사집행특례법

1. 법원은 검사로부터 사회봉사 허가 청구를 받은 날부터 **14일** 이내에 벌금 미납자의 경제적 능력, 사회봉사 이행에 필요한 신체적 능력, 주거의 안정성 등을 고려하여 사회봉사 허가 여 부를 결정한다. 출석 요구, 자료제출 요구에 걸리는 기간은 위 기간에 포함하지 아니한다.

2. 사회봉사 대상자는 법원으로부터 사회봉사 허가의 고지를 받은 날부터 **10일** 이내에 사회봉 사 대상자의 주거지를 관할하는 보호관찰소의 장에게 주거, 직업, 그 밖에 대통령령으로 정 하는 사항을 신고하여야 한다.

3. 사회봉사의 집행시간은 사회봉사 기간 동안의 집행시간을 합산하여 시간 단위로 인정한다. 다 만, 집행시간을 합산한 결과 1시간 미만이면 1시간으로 인정한다.

4. 사회봉사의 집행은 사회봉사가 허가된 날부터 **6개월** 이내에 마쳐야 한다. 다만, 보호관찰관은 특별한 사정이 있으면 검사의 허가를 받아 6개월의 범위에서 한 번 그 기간을 연장하여 집행할 수 있다.

5. 사회봉사는 1일 9시간을 넘겨 집행할 수 없다. 다만, 사회봉사의 내용상 연속집행의 필요성이 있어 보호관찰관이 승낙하고 사회봉사 대상자가 분명히 동의한 경우에만 연장하여 집행할 수 있 다.(최대 4시간 연장가능 총13시간)

17) 범죄피해자보호법

1. 법무부장관은 제15조에 따른 범죄피해자 보호위원회의 심의를 거쳐 범죄피해자 보호ㆍ지원에 관한 기본계획을 5년마다 수립하여야 한다.

2. 구조금은 유족구조금ㆍ장해구조금 및 중상해구조금으로 구분하며, 일시금으로 지급한다.

3. 구조피해자나 유족이 해당 구조대상 범죄피해를 원인으로 하여 「국가배상법」이나 그 밖의 법령에 따른 급여 등을 받을 수 있는 경우에는 대통령령으로 정하는 바에 따라 구조금을 지급하지 아니한다.

4. 구조금 신청은 해당 구조대상 범죄피해의 발생을 안 날부터 3년이 지나거나 해당 구조대상 범죄피해가 발생한 날부터 10년이 지나면 할 수 없다.

5. 구조금을 받을 권리는 그 구조결정이 해당 신청인에게 송달된 날부터 2년간 행사하지 아니하면 시효로 인하여 소멸된다.

6. 검사는 피의자와 범죄피해자 사이에 형사분쟁을 공정하고 원만하게 해결하여 범죄피해자가 입은 피해를 실질적으로 회복하는데 필요하다고 인정하면 당사자의 신청 또는 직권으로 수사 중인 형사사건을 형사조정에 회부할 수 있다.

18) 아청법

1. 법원은 아동ㆍ청소년대상 성범죄를 범한 「소년법」 제2조의 소년에 대하여 형의 선고를 유예하는 경우에는 반드시 보호관찰을 명하여야 한다.

2. 법원은 아동ㆍ청소년대상 성범죄를 범한 자에 대하여 유죄판결을 선고하거나 약식명령을 고지하는 경우에는 **500시간**의 범위에서 재범예방에 필요한 수강명령 또는 성폭력 치료프로그램의 이수명령을 병과(倂科)하여야 한다. 다만, 수강명령 또는 이수명령을 부과할 수 없는 특별한 사정이 있는 경우에는 그러하지 아니하다.

3. 수강명령 또는 이수명령은 형의 집행을 유예할 경우에는 그 집행유예기간 내에, 벌금형을 선고할 경우에는 형 확정일부터 6개월 이내에, 징역형 이상의 실형(實刑)을 선고할 경우에는 형기 내에 각각 집행한다. 다만, 수강명령 또는 이수명령은 아동ㆍ청소년대상 성범죄를 범한 사람이 「성폭력범죄의 처벌 등에 관한 특례법」 제16조에 따른 수강명령 또는 이수명령을 부과 받은 경우에는 병과하지 아니한다.

4. 「성매매알선 등 행위의 처벌에 관한 법률」 제21조 제1항에도 불구하고 제13조 제1항의 죄의 상대방이 된 아동·청소년에 대하여는 보호를 위하여 처벌하지 아니한다.

19) 보안관찰법

1. 보안관찰처분대상자라 함은 보안관찰 해당범죄 또는 이와 경합된 범죄로 금고 이상의 형의 선고를 받고 그 형기 합계가 3년 이상인 자로서 형의 전부 또는 일부의 집행을 받은 사실이 있는 자를 말한다.

2. 내란죄(형법 제88조)로 5년의 징역형을 선고받고 1년간의 형 집행을 받은 자로서 다시 내란 죄를 범할 가능성이 있다고 판단되는 자에게 내릴 수 있는 처분은 보안관찰처분이다.

3. 보안관찰법상의 보안관찰처분의 기간은 2년으로 보안관찰처분청구는 검사가 행하며 법무부장 관이 결정하는 행정처분이다.

4. 법무부에 보안관찰처분심의위원회 위원장은 법무부차관이 되고 위원회는 위원장 1인과 6인의 위원으로 구성하며 그 과반수는 변호사의 자격이 있는 자이어야 한다.

최신 기출

01. 「소년법」상 보호처분에 대한 설명으로 옳은 것은?

① 사회봉사명령은 14세 이상의 소년에게만 할 수 있다.

② 수강명령과 장기 소년원 송치는 14세 이상의 소년에게만 할 수 있다.

③ 보호관찰관의 단기 보호관찰과 장기 보호관찰 처분 시에는 2년 이내의 기간을 정하여 야간 등 특정 시간대의 외출을 제한하는 명령을 보호관찰대상자의 준수 사항으로 부과할 수 있다.

④ 수강명령은 200시간을, 사회봉사명령은 100시간을 초과할 수 없으며, 보호관찰관이 그 명령을 집행할 때에는 사건 본인의 정상적인 생활을 방해하지 아니하도록 하여야 한다.

 ① 소년법 제32조 제3항

② 12세 이상의 소년에게만 할 수 있다.(동법 제32조 제4항).

③ 단기 보호관찰 또는 장기 보호관찰의 처분을 할 때에 1년 이내의 기간을 정하여 야간 등 특정 시간대의 외출을 제한하는 명령을 보호관찰대상자의 준수 사항으로 부과할 수 있다(동법 제32조의2 제2항).

④ 수강명령은 100시간을, 사회봉사명령은 200시간을 초과할 수 없으며, 보호관찰관이 그 명령을 집행할 때에는 사건 본인의 정상적인 생활을 방해하지 아니하도록 하여야 한다(동법 제33조 제4항).

정답 ①

02. 「성폭력범죄자의 성충동 약물치료에 관한 법률」에 대한 내용으로 옳지 않은 것은?

① 치료명령은 검사의 지휘를 받아 보호관찰관이 집행한다.

② 치료명령을 받은 사람은 형의 집행이 종료되거나 면제·가석방 또는 치료감호의 집행이 종료·가종료 또는 치료위탁되는 날부터 7일 이내에 주거지를 관할하는 보호관찰소에 출석하여 서면으로 신고하여야 한다.

③ 치료명령의 집행 중 구속영장의 집행을 받아 구금된 때에는 치료명령의 집행이 정지된다.

④ 치료기간은 연장될 수 있지만, 종전의 치료기간을 합산하여 15년을 초과할 수 없다.

해설 ② 치료명령을 받은 사람은 형의 집행이 종료되거나 면제·가석방 또는 치료감호의 집행이 종료·가종료 또는 치료위탁되는 날부터 10일 이내에 주거지를 관할하는 보호관찰소에 출석하여 서면으로 신고하여야 한다(동법 제15조 제2항).

③ ⓐ 치료명령의 집행 중 구속영장의 집행을 받아 구금된 때, 치료명령의 집행 중 금고 이상의 형의 집행을 받게 된 때, 가석방 또는 가종료·가출소된 자에 대하여 치료기간 동안 가석방 또는 가종료·가출소가 취소되거나 실효된 때에는 치료명령의 집행이 정지된다(동법 제14조 제4항).

④ 동법 제16조 제1항

정답 ②

03. 범죄와 생물학적 특성 연구에 대한 학자들의 주장으로 옳지 않은 것은?

① 덕데일(Dugdale)은 범죄는 유전의 결과라는 견해를 밝힌 대표적인 학자이다.
② 랑게(Lange)는 일란성쌍생아가 이란성쌍생아보다 유사한 행동경향을 보인다고 하였다.
③ 달가드(Dalgard)와 크링그렌(Kringlen)은 쌍생아 연구에서 환경적 요인이 고려될 때도 유전적 요인의 중요성은 변함없다고 하였다.
④ 허칭스(Hutchings)와 메드닉(Mednick)은 입양아 연구에서 양부모보다 생부모의 범죄성이 아이의 범죄성에 더 큰 영향을 준다고 하였다.

해설 달가드와 크링렌(Dalgard & Kriglen)은 쌍둥이 연구에서 유전적 요인 이외에 환경적 요인(양육 과정의 차이)도 함께 고려하여 연구하였으며, 실제 양육과정별 분석상 일치율 차이가 없어 범죄발생에 있어 유전적인 요소는 중요하지 않다고 하여 다른 쌍생아 연구자와 다른 태도를 취하고 있다.
정답 ③

04. 「수형자 등 호송규정」상 호송에 대한 설명으로 옳지 않은 것은?

① 피호송자가 도주한 때에 서류와 금품은 수송관서로 송부하여야 한다.
② 교도소·구치소 및 그 지소 간의 호송은 교도관이 행한다.
③ 송치 중의 영치금품을 호송관에게 탁송한 때에는 호송관서에 보관책임이 있고, 그러하지 아니한 때에는 발송관서에 보관책임이 있다.
④ 호송관의 여비나 피호송자의 호송비용은 호송관서가 부담하나, 피호송자를 교정시설이나 경찰관서에 숙식하게 한 때에는 그 비용은 교정시설이나 경찰관서가 부담한다.

해설 ① 피호송자가 도주한 때에는 서류와 금품은 발송관서에 반환하여야 한다(수형자 등 호송규정 제10조 제2항).
② 동 규정 제2조
③ 동 규정 제6조 제4항
④ 동 규정 제13조 제1항
정답 ①

05. 형의 집행 및 수용자 처우에 관한 법령상 교정자문위원회에 대한 설명으로 옳은 것은?

① 수용자의 관리 · 교정교화 등 사무에 관한 소장의 자문에 응하기 위하여 교도소에 교정자문위원회를 둔다.

② 교정자문위원회는 5명 이상 7명 이하의 위원으로 성별을 고려하여 구성하고, 위원장은 위원 중에서 호선하며, 위원은 교정에 관한 학식과 경험이 풍부한 외부인사 중에서 소장의 추천을 받아 법무부장관이 위촉한다.

③ 교정자문위원회 위원장이 부득이한 사유로 직무를 수행할 수 없을 때에는 부위원장이 그 직무를 대행하고, 부위원장도 부득이한 사유로 직무를 수행할 수 없을 때에는 위원 중 연장자인 위원이 그 직무를 대행한다.

④ 교정자문위원회 위원 중 4명 이상은 여성으로 한다.

> **해설** ① 수용자의 관리 · 교정교화 등 사무에 관한 지방교정청장의 자문에 응하기 위하여 지방교정청에 교정자문위원회를 둔다(형집행법 제129조 제1항).
> ② 위원회는 10명 이상 15명 이하의 위원으로 성별을 고려하여 구성하고, 위원장은 위원 중에서 호선하며, 위원은 교정에 관한 학식과 경험이 풍부한 외부인사 중에서 지방교정청장의 추천을 받아 법무부장관이 위촉한다(동법 제129조 제2항).
> ③ 위원장이 부득이한 사유로 직무를 수행할 수 없을 때에는 부위원장이 그 직무를 대행하고, 부위원장도 부득이한 사유로 직무를 수행할 수 없을 때에는 위원장이 미리 지명한 위원이 그 직무를 대행한다(동법 시행규칙 제267조 제2항).
> ④ 동법 시행규칙 제265조 제2항   정답 ④

06. 「형의 집행 및 수용자의 처우에 관한 법률」상 징벌에 대한 설명으로 옳지 않은 것은?

① 수용자가 징벌이 집행 중에 있거나 징벌의 집행이 끝난 후 또는 집행이 면제된 후 6개월 내에 다시 징벌사유에 해당하는 행위를 한 때에는 징벌(경고는 제외)의 장기의 2분의 1까지 가중할 수 있다.

② 소장은 징벌사유에 해당하는 행위를 하였다고 의심할 만한 이유가 있는 수용자가 증거를 인멸할 우려가 있는 때에 한하여 조사기간 중 분리하여 수용할 수 있다.

③ 징벌위원회는 징벌을 의결하는 때에 행위의 동기 및 정황, 교정성적, 뉘우치는 정도 등 그 사정을 고려할 만한 사유가 있는 수용자에 대하여 2개월 이상 6개월 이하의 기간 내에서 징벌의 집행을 유예할 것을 의결할 수 있다.

④ 징벌위원회는 위원장을 포함한 5명 이상 7명 이하의 위원으로 구성하고, 위원장은 소장의 바로 다음 순위자가 된다.

> **해설** ① 형집행법 제109조 제2항
> ② 소장은 징벌사유에 해당하는 행위를 하였다고 의심할 만한 상당한 이유가 있는 수용자가 증거를 인멸할 우려가 있는 때, 다른 사람에게 위해를 끼칠 우려가 있거나 다른 수용자의 위해로부터 보호할 필요가 있는 때에는 조사기간 중 분리하여 수용할 수 있다(동법 제110조 제1항).
> ③ 동법 제114조 제1항
> ④ 동법 제111조 제2항   정답 ②

07. 형의 집행 등에 대한 설명으로 옳지 않은 것은? (다툼이 있는 경우 판례에 의함)

① 형사사건으로 외국법원에 기소되어 무죄판결을 받은 경우, 그 무죄판결을 받기까지 미결구
금일수도 외국에서 형의 전부 또는 일부가 집행된 경우로 보아 국내법원에서 선고된 유죄
판결의 형에 전부 또는 일부를 산입하여야 한다.

② 처단형은 선고형의 최종적인 기준이 되므로 그 범위는 법률에 따라서 엄격하게 정하여야
하고 별도의 명시적 규정이 없는 이상 「형법」제56조에서 열거하는 가중, 감경사유에 해당
하지 않는 다른 성질의 감경사유를 인정할 수 없다.

③ 판결 주문에서 경합범의 일부에 대하여 유죄가 선고되더라도 다른 부분에 대하여 무죄가
선고되었다면 형사보상을 청구할 수 있으나, 그 경우라도 미결구금일수의 전부 또는 일부
가 유죄에 대한 본형에 산입되는 것으로 확정되었다면, 그 본형이 실형이든 집행유예가 부
가된 형이든 불문하고 그 산입된 미결구금일수는 형사보상의 대상이 되지 않는다.

④ 형집행정지 심의위원회 위원은 학계, 법조계, 의료계, 시민단체 인사 등 학식과 경험이 있
는 사람 중에서 각 지방검찰청 검사장이 임명 또는 위촉한다.

> **해설** ① 외국에서 무죄판결을 받고 석방되기까지의 미결구금은, 국내에서의 형벌권 행사가 외국에서의 형사절차
> 와는 별개의 것인 만큼 우리나라 형벌법규에 따른 공소의 목적을 달성하기 위하여 필수불가결하게 이루
> 어진 강제처분으로 볼 수 없고, 유죄판결을 전제로 한 것이 아니어서 해당 국가의 형사보상제도에 따라
> 구금 기간에 상응하는 금전적 보상을 받음으로써 구제받을 성질의 것에 불과하다. 또한 형사절차에서 미
> 결구금이 이루어지는 목적, 미결구금의 집행 방법 및 피구금자에 대한 처우, 미결구금에 대한 법률적 취
> 급 등이 국가별로 다양하여 외국에서의 미결구금으로 인해 피고인이 받는 신체적 자유 박탈에 따른 불이
> 익의 양상과 정도를 국내에서의 미결구금이나 형의 집행과 효과 면에서 서로 같거나 유사하다고 단정할
> 수도 없다. 따라서 위와 같이 외국에서 이루어진 미결구금을 형법 제57조 제1항에서 규정한 본형에 당
> 연히 산입되는 미결구금과 같다고 볼 수 없다(대판 2017.8.24. 2017도5977).
> ② 대판 2019.4.18. 2017도14609
> ③ 그 본형이 실형이든 집행유예가 부가된 형이든 불문하고 그 산입된 미결구금 일수는 형사보상의 대상이
> 되지 않는다. 그 미결구금은 유죄에 대한 본형에 산입되는 것으로 확정된 이상 형의집행과 동일시되므
> 로, 형사보상할 미결구금 자체가 아닌 셈이기때문이다(대판2017.11.28. 2017모1990).
> ④ 형사소송법 제471조의2 제2항

정답 ①

08. 형의 집행 및 수용자 처우에 관한 법령상 수용자 이송에 대한 설명으로 옳은 것은?

① 법무부장관은 이송승인에 관한 권한을 법무부령으로 정하는 바에 따라 지방교정청장에게 위임할 수 있다.

② 소장은 수용자를 다른 교정시설에 이송하는 경우에 의무관으로부터 수용자가 건강상 감당하기 어렵다는 보고를 받으면 이송을 중지하고 그 사실을 지방교정청장에게 알려야 한다.

③ 소장은 수용자의 정신질환 치료를 위하여 필요하다고 인정하면 법무부장관의 승인을 받아 치료감호시설로 이송할 수 있다.

④ 수용자가 이송 중에 징벌대상 행위를 하거나 다른 교정시설에서 징벌대상 행위를 한 사실이 이송된 후에 발각된 경우에는 그 수용자를 인수한 지방교정청장이 징벌을 부과한다.

> **해설** ① 법무부령이 아닌 대통령령에 의해 위임한다.
> ② 지방교정청장이 아닌 이송받을 소장에게 알려야 한다
> ④ 그 수용자를 인수한 소장이 징벌을 부과한다
>
> 정답 ③

09. 「형의 집행 및 수용자의 처우에 관한 법률 시행규칙」상 외부기업체에 통근하며 작업하는 수형자의 선정기준으로 옳은 것만을 모두 고르면?

> ㉠ 19세 이상 65세 미만일 것
> ㉡ 해당 작업 수행에 건강상 장애가 없을 것
> ㉢ 일반경비처우급에 해당할 것
> ㉣ 가족·친지 또는 교정위원 등과 접견·편지수수·전화통화 등으로 연락하고 있을 것
> ㉤ 집행할 형기가 7년 미만이고 직업훈련이 제한되지 아니할 것

① ㉡,㉣

② ㉠,㉢,㉤

③ ㉡,㉣,㉤

④ ㉠,㉡,㉣,㉤

> **해설** 외부기업체에 통근하며 작업하는 수형자의 선정기준(형집행법 시행규칙 제120조 제1항)
> 1. 18세 이상 65세 미만일 것
> 2. 해당 작업 수행에 건강상 장애가 없을 것
> 3. 개방처우급·완화경비처우급에 해당할 것
> 4. 가족·친지 또는 교정위원 등과 접견·편지수수·전화통화 등으로 연락하고 있을 것
> 5. 집행할 형기가 7년 미만이고 가석방이 제한되지 아니할 것
>
> 정답 ①

10. 「형의 집행 및 수용자의 처우에 관한 법률 시행규칙」상 수용자의처우에 대한 설명으로 옳은 것은?

① 소장은 임산부인 수용자에 대하여 필요하다고 인정하는 경우에는 교정시설에 근무하는 교도관의 의견을 들어 필요한 양의 죽 등의 주식과 별도로 마련된 부식을 지급할 수 있다.

② 소장은 소년수형자의 나이·적성 등을 고려하여 필요하다고 인정하면 전화통화 횟수를 늘릴 수 있으나 접견 횟수를 늘릴 수는 없다.

③ 소장은 외국인수용자가 질병 등으로 위독하거나 사망한 경우에는 그의 국적이나 시민권이 속하는 나라의 외교공관 또는 영사관의 장이나 그 관원 또는 가족에게 이를 10일 이내에 통지하여야 한다.

④ 소장은 노인수용자가 거동이 불편하여 혼자서 목욕하기 어려운 경우에는 교도관, 자원봉사자 또는 다른 수용자로 하여금 목욕을 보조하게 할 수 있다.

> 해설　① 소장은 임산부인 수용자 및 유아의 양육을 허가받은 수용자에 대하여 필요하다고 인정하는 경우에는 교정시설에 근무하는 의사(의무관)의 의견을 들어 필요한 양의 죽 등의 주식과 별도로 마련된 부식을 지급할 수 있으며, 양육유아에 대하여는 분유 등의 대체식품을 지급할 수 있다(형집행법 시행규칙 제42조).
> ② 소장은 소년수형자 등의 나이·적성 등을 고려하여 필요하다고 인정하면 접견 및 전화통화 횟수를 늘릴 수 있다(동법 시행규칙 제59조의4).
> ③ 소장은 외국인수용자가 질병 등으로 위독하거나 사망한 경우에는 그의 국적이나 시민권이 속하는 나라의 외교공관 또는 영사관의 장이나 그 관원 또는 가족에게 이를 즉시 알려야 한다(동법 시행규칙 제59조).
> ④ 동법 시행규칙 제46조 제2항
>
> 정답 ④

11. 「소년법」상 소년사건 처리절차에 대한 설명으로 옳지 않은 것은?

① 형벌법령에 저촉되는 행위를 한 10세 이상 14세 미만의 소년에 대하여 경찰서장은 직접 관할 소년부에 송치할 수 없다.

② 보호사건을 송치받은 소년부는 보호의 적정을 기하기 위하여 필요하다고 인정하면 결정으로써 사건을 다른 관할 소년부에 이송할 수 있다.

③ 소년부 판사는 사건의 조사 또는 심리에 필요하다고 인정하면 기일을 지정하여 사건 본인이나 보호자 또는 참고인을 소환할 수 있다.

④ 소년부 판사는 심리 결과 보호처분을 할 수 없거나 할 필요가 없다고 인정하면 그 취지의 결정을 하고, 이를 사건 본인과 보호자에게 알려야 한다.

> 해설　① 촉법소년(형벌법령에 저촉되는 행위를 한 10세 이상 14세 미만의 소년)·우범소년(형벌 법령에 저촉되는 행위를 할 우려가 있는 10세 이상 19세 미만인 소년)이 있을 때에는 경찰서장은 직접 관할 소년부에 송치하여야 한다(소년법 제4조 제2항).
>
> 정답 ①

12. 범죄원인과 관련하여 실증주의 학파에 대한 설명으로 옳지 않은 것은?

① 페리(Ferri)는 범죄자의 통제 밖에 있는 힘이 범죄성의 원인이므로 범죄자에게 그들의 행위에 대해 개인적으로나 도덕적으로 책임을 물어서는 안된다고 주장했다.

② 범죄의 연구에 있어서 체계적이고 객관적인 방법을 추구하여야 한다고 하였다.

③ 인간은 자신의 행동을 합리적, 경제적으로 계산하여 결정하기 때문에 자의적이고 불명확한 법률은 이러한 합리적 계산을 불가능하게 하여 범죄억제에 좋지 않다고 보았다.

④ 범죄는 개인의 의지에 의해 선택한 규범침해가 아니라, 과학적으로 분석가능한 개인적 · 사회적 원인에 의해 발생하는 것이라 하였다.

> **해설** 고전주의 학자들의 견해이다. 인간은 자신이 희망하는 사항이나 이성적 판단에 따라 행동하는 자율적 존재라는 견해는 고전학파의 견해고 실증학파는인간은 이미 행위 하도록 결정된 대로 행동하는 존재로 보는 입장으로 인간의 행위는 개인의 특수한 소질조건과 그 주변의 환경조건에 따라 결정된다고 이해한다.
>
> 정답 ③

13. 소년사법의 대표적 제도인 소년법원의 특성으로 옳지 않은 것은?

① 소년법원은 반사회성이 있는 소년의 형사처벌을 지양하며 건전한 성장을 도모하기 위한 교화개선과 재활철학을 이념으로 한다.

② 소년법원은 범죄소년은 물론이고 촉법소년, 우범소년 등 다양한 유형의 문제에 개입하여 비행의 조기발견 및 조기처우를 하고 있다.

③ 소년법원의 절차는 일반법원에 비해 비공식적이고 융통성이 있다.

④ 소년법원은 감별 또는 분류심사 기능과 절차 및 과정이 잘 조직되어 있지 못한 한계가 있다.

> **해설** **소년법원의 목적과 특성**
> 1. 소년법원의 설립목적은 비행소년을 일반 형사법원에서 재판할 때 생기는 부작용인 부정적 낙인으로부터 아동을 보호하기 위한 것이다.
> 2. 일반법원에 비해 소년법원은 감별 또는 분류심사 기능과 절차 및 과정이 비교적 잘 조직되어 있으며 절차가 일반법원에 비해 훨씬 비공식적이고 융통성이 있다는 점이 있는 반면, 적법절차에 대한 관심은 적다.
> 3. 관할대상이 범죄소년만을 대상으로 하지 않는다. 비행소년은 물론이고, 지위비행자와 방치된 소년뿐만 아니라 다양한 유형의 가정문제까지도 대상으로 하고 있다고 일반법원이 선택할 수 있는 형의 종류에 비해 소년법원에서 결정할 수 있는 처분의 종류가 더 다양하다.
>
> 정답 ④

14. 「형의 집행 및 수용자의 처우에 관한 법률」상 수용자의 보호실 수용에 대한 설명으로 옳은 것은?

① 소장은 수용자가 교도관의 제지에도 불구하고 소란행위를 계속하여 다른 수용자의 평온한 수용생활을 방해하는 때에 강제력을 행사하거나 보호장비를 사용하여도 그 목적을 달성할 수 없는 경우에만 보호실에 수용할 수 있다.

② 수용자의 보호실 수용기간은 15일 이내로 하되, 소장은 특히 계속하여 수용할 필요가 있으면 의무관의 의견을 고려하여 1회당 7일의 범위에서 기간을 연장할 수 있다.

③ 소장은 수용자를 보호실에 수용하거나 수용기간을 연장하는 경우에는 그 사유를 가족에게 알려 주어야 한다.

④ 수용자를 보호실에 수용할 수 있는 기간은 계속하여 2개월을 초과할 수 없다.

해설 ① 진정실 수용 요건에 대한 설명이다
③ 소장은 수용자를 보호실에 수용하거나 수용기간을 연장하는 경우에는 그 사유를 본인에게 알려 주어야 한다
④ 보호실에 수용할 수 있는 기간은 계속하여 3개월을 초과할 수 없다

정답 ②

15. 형의 집행 및 수용자 처우에 관한 법령상 접견에 대한 설명으로 옳지 않은 것은?

① 수용자가 소송사건의 대리인인 변호사와 접견하는 경우로서 교정시설의 안전 또는 질서를 해칠 우려가 없는 경우에는 접촉차단시설이 설치되지 아니한 장소에서 접견하게 한다.

② 수용자가 「형사소송법」에 따른 상소권회복 또는 재심 청구사건의 대리인이 되려는 변호사와 접견할 수 있는 횟수는 월 4회이다.

③ 소장은 범죄의 증거를 인멸하거나 형사 법령에 저촉되는 행위를 할 우려가 있는 때에는 교도관으로 하여금 수용자의 접견내용을 청취·기록·녹음 또는 녹화하게 할 수 있다.

④ 수용자가 미성년자인 자녀와 접견하는 경우에는 접촉차단시설이 설치되지 아니한 장소에서 접견하게 할 수 있다.

해설 ① 형집행법 제41조 제2항
② 수용자가 「형사소송법」에 따른 상소권회복 또는 재심 청구사건의 대리인이 되려는 변호사와 접견할 수 있는 횟수는 사건 당 2회이다(동법 시행령 제59조의2 제2항).
③ 동법 제41조 제4항
④ 동법 제41조 제3항

정답 ②

16. 범죄피해자 보호법령상 형사조정 대상 사건으로서 형사조정에 회부할 수 있는 경우로 옳은 것은?

① 피의자가 도주할 염려가 있는 경우

② 기소유예처분의 사유에 해당하는 경우

③ 공소시효의 완성이 임박한 경우

④ 피의자가 증거를 인멸할 염려가 있는 경우

> **해설** 형사조정 회부 제외사유(범죄피해자 보호법 제41조 제2항)
> 1. 피의자가 도주하거나 증거를 인멸할 염려가 있는 경우
> 2. 공소시효의 완성이 임박한 경우
> 3. 불기소처분의 사유에 해당함이 명백한 경우(다만, 기소유예처분의 사유에 해당하는 경우는 제외한다)
> 정답 ②

17. 「보호관찰 등에 관한 법률」상 갱생보호제도에 대한 설명으로 옳지 않은 것은?

① 법무부장관은 갱생보호사업의 허가를 취소하거나 정지하려는 경우에는 청문을 하여야 한다.

② 법무부장관은 갱생보호사업자가 정당한 이유 없이 갱생보호사업의 허가를 받은 후 6개월 이내에 갱생보호사업을 시작하지 아니하거나 1년 이상 갱생보호사업의 실적이 없는 경우, 그 허가를 취소하여야 한다.

③ 갱생보호는 갱생보호 대상자의 신청에 의한 갱생보호와 법원의 직권에 의한 갱생보호로 규정되어 있다.

④ 갱생보호사업을 효율적으로 추진하기 위하여 한국법무보호복지공단을 설립한다.

> **해설** ① 보호관찰 등에 관한 법률 제70조의2
> ② 동법 제70조 제4호
> ③ 갱생보호 대상자와 관계 기관은 보호관찰소의 장, 갱생보호사업 허가를 받은 자 또는 한국법무보호복지공단에 갱생보호 신청을 할 수 있다(동법 제66조 제1항). 법원에 직권에 의한 갱생보호는 없다. 임의적 갱생보호만 가능하다.
> ④ 동법 제71조
> 정답 ③

18. 다양한 형태로 출현하여 시행되고 있는 지역사회교정(사회 내 처우)의 형태로 옳지 않은 것은?

① 출소자들에 대한 원조(advocacy)

② 지역사회 융합을 위한 재통합(reintegration)

③ 사회적 낙인문제 해소를 위한 전환제도(diversion)

④ 범죄자의 선별적 무력화(selective incapacitation)

> **해설** 선별적 무능력화는 범죄성이 강한 개별 범죄자를 선별적으로 구금하는 것으로, 시설 내 처우에 해당한다.
> • 준수사항
> 1. 야간, 아동 · 청소년의 통학시간 등 특정 시간대의 외출제한
> 2. 어린이 보호구역 등 특정지역 · 장소에의 출입금지 및 접근금지
> 2-2. 주거지역의 제한
> 3. 피해자 등 특정인에의 접근금지
> 4. 특정범죄 치료 프로그램의 이수
> 5. 마약 등 중독성 있는 물질의 사용금지
> 6. 그 밖에 부착명령을 선고받는 사람의 재범방지와 성행교정을 위하여 필요한 사항

정답 ④

19. 「전자장치 부착 등에 관한 법률」상 법원이 19세 미만의 사람에 대해서 성폭력범죄를 저지른 사람에 대해서 전자장치 부착명령을 선고하는 경우, 반드시 포함하여 부과해야 하는 준수사항으로 옳은 것은?

① 어린이 보호구역 등 특정지역 · 장소에의 출입금지

② 주거지역의 제한

③ 피해자 등 특정인에의 접근금지

④ 특정범죄 치료 프로그램의 이수

> **해설** 법원은 19세 미만의 사람에 대해서 성폭력범죄를 저지른 사람에 대해서 부착명령을 선고하는 경우에는 1. (야간, 아동 · 청소년의 통학시간 등 특정 시간대의 외출제한) 및 3.(피해자 등 특정인에의 접근금지)를 포함하여 준수사항을 부과하여야 한다. 다만, 1.의 준수사항을 부과하여서는 아니 될 특별한 사정이 있다고 판단하는 경우에는 그러하지 아니하다(전자장치 부착 등에 관한 법률 제9조의2 제3항).

정답 ③

20. 「치료감호 등에 관한 법률」상 치료감호의 내용에 대한 설명으로 옳은 것은?

① 치료감호 대상자는 의사무능력이나 심신미약으로 인하여 형이 감경되는 심신장애인으로서 징역형 이상의 형에 해당하는 죄를 지은 자이다.

② 피치료감호자를 치료감호시설에 수용하는 기간은 치료감호대상자에 해당하는 심신장애인과 정신성적 장애인의 경우 15년을 초과할 수 없다.

③ 피치료감호자의 치료감호가 가종료되었을 때 시작되는 보호관찰의 기간은 2년으로 한다.

④ 보호관찰 기간이 끝나더라도 재범의 위험성이 없다고 판단될 때까지 치료감호가 종료되지 않는다.

> **해설** ① 금고 이상의 형에 해당하는 죄를 지은 자이다(치료감호 등에 관한 법률 제2조 제1항).
> ② 동법 제16조 제2항
> ③ 보호관찰의 기간은 3년으로 한다(동법 제32조 제2항).
> ④ 피치료감호자에 대한 치료감호가 가종료되었을 때 또는 피치료감호자가 치료감호시설 외에서 치료받도록 법정대리인 등에게 위탁되었을 때에는 보호관찰기간이 끝나면 피보호관찰자에 대한 치료감호가 끝난다(동법 제35조 제1항).
>
> 정답 ②

01. 다음 설명에 해당하는 학자는?

> • 범죄는 정상(normal)이라고 주장함
> • 규범이 붕괴되어 사회 통제 또는 조절 기능이 상실된 상태를 아노미로 규정함
> • 머튼(R. Merton)이 주창한 아노미 이론의 토대가 됨

① 뒤르켐(E. Durkheim)
② 베까리아(C. Beccaria)
③ 케틀레(A. Quetelet)
④ 서덜랜드(E. Sutherland)

 뒤르켐(Durkheim)에 대한 설명이다.
• 범죄정상설 : 집단적 비승인이 존재하는 한 범죄는 모든 사회에 어쩔 수 없이 나타나는 현상으로 병리적이기보다는 정상적인 현상이라고 주장하였다. 즉 범죄를 사회의 구조적 모순에서 자연적으로 발생하는 정상적이고 불가피한 현상으로 본다.
• 아노미 : 인간의 생래적인 끝없는 욕망을 사회의 규범이나 도덕으로서 제대로 통제하지 못하는 상태로, 사회적·도덕적 권위가 훼손되어 사회구성원들이 '자신의 삶을 지도할 수 있는 기준(지향적인 삶의 기준)'을 상실한 무규범 상태를 말한다.
• 머튼(Merton)의 아노미 이론 : 개인의 욕망에 대한 사회적 규제가 안되는 상황을 나타내는 뒤르켐의 아노미 개념을 미국의 머튼은 사회구조내에서 문화적으로 정의된 목표와 이를 달성할 수 있는 수단 간의 불일치로 파악하여 기능주의적 범죄이론을 전개하였다.

정답 ①

02. 형의 집행 및 수용자의 처우에 관한 법률 시행규칙상 교정장비의 하나인 보안장비에 해당하는 것만을 모두 고르면?

> ㉠ 포승
> ㉡ 교도봉
> ㉢ 전자경보기
> ㉣ 전자충격기

① ㉠, ㉢
② ㉠, ㉣
③ ㉡, ㉢
④ ㉡, ㉣

 ㉡,㉣ 교도봉과 전자충격기는 보안장비에 해당한다(형집행법 시행규칙 제186조).
㉠ 포승은 보호장비에 해당한다(동법 제98조 제1항, 동법 시행규칙 제169조).
㉢ 전자경보기는 전자장비에 해당한다(동법 시행규칙 제160조).

정답 ④

03. 형의 집행 및 수용자의 처우에 관한 법령상 교도작업에 대한 설명으로 옳은 것은?

① 소장은 교도관에게 매일 수형자의 작업실적을 확인하게 하여야 한다.

② 소장은 수형자에게 작업을 부과하는 경우 작업의 종류 및 작업과정을 정하여 수형자에게 고지할 필요가 없다.

③ 소장은 공휴일·토요일과 그 밖의 휴일에는 예외 없이 일체의 작업을 부과할 수 없다.

④ 작업과정은 작업성적, 작업시간, 작업의 난이도 및 숙련도를 고려하여 정하며, 작업과정을 정하기 어려운 경우에는 작업의 난이도를 작업과정으로 본다.

> 해설　② 소장은 수형자에게 작업을 부과하는 경우에는 작업의 종류 및 작업과정을 정하여 고지하여야 한다(동법 시행령 제91조 제1항).
> ③ 공휴일·토요일과 그 밖의 휴일에는 작업을 부과하지 아니한다. 다만, 취사·청소·간호, 그 밖에 특히 필요한 작업은 예외로 한다(동법 제71조).
> ④ 작업과정은 작업성적, 작업시간, 작업의 난이도 및 숙련도를 고려하여 정한다. 작업과정을 정하기 어려운 경우에는 작업시간을 작업과정으로 본다(동법 시행령 제91조 제2항).
>
> 정답 ①

04. 형의 집행 및 수용자의 처우에 관한 법령상 조직폭력수용자에 대한 설명으로 옳지 않은 것은?

① 소장은 공범·피해자 등의 체포영장, 구속영장, 공소장 또는 재판서에 조직폭력사범으로 명시된 수용자에 대하여는 조직폭력수용자로 지정한다.

② 소장은 조직폭력수용자에게 거실 및 작업장 등의 봉사원, 반장, 조장, 분임장, 그 밖에 수용자를 대표하는 직책을 부여해서는 아니 된다.

③ 소장은 조직폭력수용자로 지정된 사람이 공소장 변경 또는 재판 확정에 따라 지정사유가 해소되었다고 인정되는 경우에는 교도관회의의 심의 또는 교정자문위원회의 의결을 거쳐 지정을 해제한다.

④ 소장은 조직폭력수형자가 작업장 등에서 다른 수형자와 음성적으로 세력을 형성하는 등 집단화할 우려가 있다고 인정하는 경우에는 법무부장관에게 해당 조직폭력수형자의 이송을 지체 없이 신청하여야 한다.

> 해설　③ 소장은 조직폭력수용자로 지정된 사람에 대하여는 석방할 때까지 지정을 해제할 수 없다. 다만, 공소장 변경 또는 재판 확정에 따라 지정사유가 해소되었다고 인정되는 경우에는 교도관회의의 심의 또는 분류 처우위원회의 의결을 거쳐 지정을 해제한다(형집행법 시행규칙 제199조 제2항).
> ① 동법 시행규칙 제198조 제3호
> ② 동법 시행규칙 제200조
> ④ 동법 시행규칙 제201조
>
> 정답 ③

05. 형의 집행 및 수용자의 처우에 관한 법령상 소장이 교도관으로 하여금 수용자의 접견내용을 청취·기록·녹음 또는 녹화하게 할 수 있는 경우가 아닌 것은?

① 수용자의 처우 또는 교정시설의 운영에 관하여 거짓사실을 유포하는 때
② 시설의 안전과 질서유지를 위하여 필요한 때
③ 범죄의 증거를 인멸하거나 형사 법령에 저촉되는 행위를 할 우려가 있는 때
④ 수형자의 교화 또는 건전한 사회복귀를 위하여 필요한 때

> **해설** ① 접견의 중지사유에 해당한다(형집행법 제42조).
> • 접견내용의 청취·기록·녹음·녹화사유(동법 제41조 제4항)
>   1. 범죄의 증거를 인멸하거나 형사 법령에 저촉되는 행위를 할 우려가 있는 때
>   2. 수형자의 교화 또는 건전한 사회복귀를 위하여 필요한 때
>   3. 시설의 안전과 질서유지를 위하여 필요한 때
>
> 정답 ①

06. 형의 집행 및 수용자의 처우에 관한 법령상 특별한 보호가 필요한 수용자의 처우에 대한 설명으로 옳지 않은 것은?

① 소장은 수용자가 임신 중이거나 출산(유산·사산은 제외한다)한 경우에는 모성보호 및 건강유지를 위하여 정기적인 검진 등 적절한 조치를 하여야 한다.
② 장애인수용자의 거실은 시설부족 또는 그 밖의 부득이한 사정이 없으면 건물의 1층에 설치하고, 특히 장애인이 이용할 수 있는 변기 등의 시설을 갖추도록 하여야 한다.
③ 소장은 외국인수용자의 수용거실을 지정하는 경우에는 종교 또는 생활관습이 다르거나 민족감정 등으로 인하여 분쟁의 소지가 있는 외국인수용자는 거실을 분리하여 수용하여야 한다.
④ 노인수형자 전담교정시설에는 별도의 공동휴게실을 마련하고 노인이 선호하는 오락용품 등을 갖춰두어야 한다.

> **해설** ① 소장은 수용자가 임신 중이거나 출산(유산·사산을 포함한다)한 경우에는 모성보호 및 건강유지를 위하여 정기적인 검진 등 적절한 조치를 하여야 한다(형집행법 제52조 제1항).
> ② 동법 시행규칙 제51조 제2항
> ③ 동법 시행규칙 제57조 제1항
> ④ 동법 시행규칙 제43조 제2항
>
> 정답 ①

07. 교도작업의 운영 및 특별회계에 관한 법률상 옳지 않은 것만을 모두 고르면?

> ⊙ 특별회계는 지출할 자금이 부족할 경우에는 특별회계의 부담으로 국회의 의결을 받은 금액의 범위에서 일시적으로 차입하거나 세출예산의 범위에서 수입금 출납공무원 등이 수납한 현금을 우선 사용할 수 있다.
> ⊙ 특별회계는 세출총액이 세입총액에 미달된 경우 또는 교도작업 관련 시설의 신축·마련·유지·보수에 필요한 경우에는 예산의 범위에서 일반회계로부터 전입을 받을 수 있다.
> ⊙ 특별회계의 결산상 잉여금은 일시적으로 차입한 차입금의 상환, 작업장려금의 지급, 검정고시반·학사고시반 교육비의 지급 목적으로 사용하거나 다음 연도 일반회계의 세출예산에 예비비로 계상한다.
> ⊙ 교도작업으로 생산된 제품은 민간기업 등에 직접 판매하거나 위탁하여 판매할 수 있으며, 교도작업의 효율적인 운영을 위하여 교도작업특별회계를 설치한다.

① ⊙, ⊙   ② ⊙, ⊙   ③ ⊙, ⊙   ④ ⊙, ⊙, ⊙

해설 ⊙ 교도작업의 운영 및 특별회계에 관한 법률 제11조 제1항
⊙ 특별회계는 세입총액이 세출총액에 미달된 경우 또는 시설 개량이나 확장에 필요한 경우에는 예산의 범위에서 일반회계로부터 전입을 받을 수 있다(동법 제10조).
⊙ 특별회계의 결산상 잉여금은 다음 연도의 세입에 이입한다(동법 제11조의2).
⊙ 동법 제7조, 동법 제8조 제1항

정답 ③

08. 민영교도소 등의 설치·운영에 관한 법령상 옳지 않은 것은?

① 민영교도소 등의 설치·운영에 관한 회계는 교도작업회계와 일반회계로 구분하며, 민영교도소에 수용된 수용자가 작업하여 발생한 수입은 국고수입으로 한다.
② 교정법인은 기본재산에 대하여 용도변경 또는 담보제공의 행위를 하려면 기획재정부장관의 허가를 받아야 한다.
③ 민영교도소 등의 직원은 근무 중 법무부장관이 정하는 제복을 입어야 한다.
④ 법무부장관은 민영교도소 등의 직원이 위탁업무에 관하여 「민영교도소 등의 설치·운영에 관한 법률」에 따른 명령이나 처분을 위반하면 그 직원의 임면권자에게 해임이나 정직·감봉 등 징계처분을 하도록 명할 수 있다.

해설 ② 교정법인은 기본재산에 대하여 매도·증여 또는 교환, 용도 변경, 담보 제공, 의무의 부담이나 권리의 포기를 하려면 법무부장관의 허가를 받아야 한다. 다만, 대통령령으로 정하는 경미한 사항은 법무부장관에게 신고하여야 한다(민영교도소 등의 설치·운영에 관한 법률 제14조 제2항).
① 동법 제15조 제2항, 동법 제26조
③ 동법 제31조 제1항
④ 동법 제36조 제1항

정답 ②

09. 치료감호 등에 관한 법률상 옳은 것은?

① 마약·향정신성의약품·대마, 그 밖에 남용되거나 해독(害毒)을 끼칠 우려가 있는 물질이나 알코올을 식음(食飮)·섭취·흡입·흡연 또는 주입받는 습벽이 있거나 그에 중독된 자가 금고 이상의 형에 해당하는 죄를 범하여 치료감호의 선고를 받은 경우 치료감호시설 수용 기간은 1년을 초과할 수 없다.

② 구속영장에 의하여 구속된 피의자에 대하여 검사가 공소를 제기하지 아니하는 결정을 하고 치료감호 청구만을 하는 때에는 그 구속영장의 효력이 당연히 소멸하므로 검사는 법원으로부터 치료감호영장을 새로이 발부받아야 한다.

③ 치료감호와 형(刑)이 병과(倂科)된 경우에는 치료감호를 먼저 집행하며, 이 경우 치료감호의 집행기간은 형 집행기간에 포함되지 않는다.

④ 피치료감호자의 텔레비전 시청, 라디오 청취, 신문·도서의 열람은 일과시간이나 취침시간 등을 제외하고는 자유롭게 보장된다.

 ④ 치료감호 등에 관한 법률 제27조

① 치료감호시설 수용 기간은 2년을 초과할 수 없다(동법 제16조 제2항 제2호).

② 구속영장에 의하여 구속된 피의자에 대하여 검사가 공소를 제기하지 아니하는 결정을 하고 치료감호 청구만을 하는 때에는 구속영장은 치료감호영장으로 보며 그 효력을 잃지 아니한다(동법 제8조).

③ 치료감호와 형이 병과된 경우에는 치료감호를 먼저 집행한다. 이 경우 치료감호의 집행기간은 형 집행기간에 포함한다(동법 제18조). 　　　　　　　　　　　　　　　　　　　정답 ④

10. 소년법상 보호처분에 대한 내용으로 옳은 것만을 모두 고르면?

> ㉠ 보호관찰관의 단기 보호관찰기간은 1년으로 한다.
> ㉡ 보호관찰관의 장기 보호관찰기간은 2년으로 한다. 다만, 소년부 판사는 보호관찰관의 신청에 따라 결정으로써 1년의 범위에서 한 번에 한하여 그 기간을 연장할 수 있다.
> ㉢ 보호자 또는 보호자를 대신하여 소년을 보호할 수 있는 자에게 감호 위탁하는 기간은 3개월로 하되, 소년부 판사는 결정으로써 3개월의 범위에서 한 번에 한하여 그 기간을 연장할 수 있다. 다만, 소년부 판사는 필요한 경우에는 언제든지 결정으로써 그 위탁을 종료시킬 수 있다.
> ㉣ 단기로 소년원에 송치된 소년의 보호기간은 3개월을 초과할 수 없다.
> ㉤ 장기로 소년원에 송치된 소년의 보호기간은 2년을 초과할 수 없다.

① ㉠, ㉡, ㉢　　　　　　　　　　　　　② ㉠, ㉡, ㉣

③ ㉠, ㉡, ㉤　　　　　　　　　　　　　④ ㉢, ㉣, ㉤

해설 ㉠ 소년법 제33조 제2항
ㄴ 동법 제33조 제3항
ㄷ 보호자 또는 보호자를 대신하여 소년을 보호할 수 있는 자에게 감호 위탁, 아동복지시설이나 그 밖의 소년보호시설에 감호 위탁, 병원·요양소 또는 소년의료보호시설에 위탁기간은 6개월로 하되, 소년부 판사는 결정으로써 6개월의 범위에서 한 번에 한하여 그 기간을 연장할 수 있다. 다만, 소년부 판사는 필요한 경우에는 언제든지 결정으로써 그 위탁을 종료시킬 수 있다(동법 제33조 제1항).
ㄹ 단기로 소년원에 송치된 소년의 보호기간은 6개월을 초과하지 못한다(동법 제33조 제5항).
ㅁ 동법 제33조 제6항

정답 ③

11. 형의 집행 및 수용자의 처우에 관한 법률상 수용자 권리구제에 대한 설명으로 옳지 않은 것은?

① 소장은 수용자가 정당한 사유 없이 면담사유를 밝히지 아니하는 때에는 면담을 거부할 수 있다.

② 수용자는 그 처우에 관하여 불복하는 경우 법무부장관, 순회점검공무원 또는 관할 지방법원장에게만 청원할 수 있다.

③ 수용자는 그 처우에 관하여 불복하여 순회점검공무원에게 청원하는 경우 청원서가 아닌 말로도 할 수 있다.

④ 수용자는 청원, 진정, 소장과의 면담, 그 밖의 권리구제를 위한 행위를 하였다는 이유로 불이익한 처우를 받지 아니한다.

 해설 ② 수용자는 그 처우에 관하여 불복하는 경우 법무부장관·순회점검공무원 또는 관할 지방교정청장에게 청원할 수 있다(형집행법 제117조 제1항).
① 동법 제116조 제2항 제1호
③ 동법 제117조 제2항
④ 동법 제118조

정답 ②

12. 청소년범죄 관련 다이버전(diversion, 전환) 프로그램에 대한 설명으로 옳지 않은 것은?

① 다이버전은 형사사법기관이 통상적인 형사절차를 대체하는 절차를 활용하여 범죄인을 처리하는 제도를 말한다.

② 공식적인 형사처벌로 인한 낙인효과를 최소화하려는 목적을 갖고 있다.

③ 다이버전은 주체별로 경찰에 의한 다이버전, 검찰에 의한 다이버전, 법원에 의한 다이버전, 등으로 분류하는 경우도 있다.

④ 경찰의 선도조건부 기소유예 제도가 대표적인 기소전 다이버전 프로그램이라고 할 수 있다.

선도조건부 기소유예 제도는 검사가 범죄소년에 대하여 일정한 기간동안 준수사항을 이행하고 민간인인 범죄예방위원의 선도를 받을 것을 조건으로 기소유예처분을 하고, 그 소년이 준수사항을 위반하거나 재범을 하지 않고 선도기간을 경과한 때에는 공소를 제기하지 않는 제도를 말하며 소년에 대한 다이버전제도의 일종이라고 할 수 있다.

정답 ④

13. 회복적 사법(restorative justice)에 대한 설명으로 옳지 않은 것은?

① 경쟁적, 개인주의적 가치를 권장한다.

② 형사절차상 피해자의 능동적 참여와 감정적 치유를 추구한다.

③ 가족집단회합(family group conference)은 피해자와 가해자 및 양 당사자의 가족까지 만나 피해회복에 대해 논의하는 회복적 사법 프로그램 중 하나이다.

④ 사건의 처리과정이나 결과에 대한 보다 많은 정보를 피해자에게 제공해 줄 수 있다.

해설 회복적 사법은 중재자의 도움으로 범죄로 인한 피해자와 가해자, 그 밖의 관련자 및 지역공동체가 함께 범죄로 인한 문제를 치유하고 해결하는 데에 적극적으로 참여하는 절차를 의미한다.

정답 ①

14. 다음에서 설명하는 수용자 구금제도는?

> 이 제도는 '보호' 또는 '피난시설'이란 뜻을 갖고 있으며, 영국 켄트지방의 지역 이름을 따 시설을 운영했던 것에서 일반화되어 오늘날 소년원의 대명사로 사용되곤 한다.
> 주로 16세에서 21세까지의 범죄소년을 수용하여 직업훈련 및 학과교육 등을 실시함으로써 교정, 교화하려는 제도이다.

① 오번 제도(Auburn system)   ② 보스탈 제도(Borstal system)

③ 카티지 제도(Cottage system)   ④ 펜실베니아 제도(Pennsylvania system)

해설 보스탈 제도에 대한 설명이다.
보스탈은 1897년 브라이스에 의해 창안된 것인데, 초기에는 군대식의 통제방식으로 엄격한 규율·분류수용·중노동 등이 처우의 기본원칙으로 적용되었다. 그 후 1906년 범죄방지법에 의해 보스탈제도가 법제화되면서 영국의 가장 효과적인 시설내 처우로 주목받고 있다. 1920년 보스탈 감옥의 책임자 페터슨은 종래의 군대식 규율에 의한 강압적 훈련을 비판하고, 소년의 심리변화를 목적으로 하는 각종 처우방식을 적용하였다. 1930년대의 보스탈 제도는 개방처우 하에서 생산활동, 인근지역과의 관계, 수용자 간의 토의 등을 중시한 소년교정시설의 선구적 모델이 되었다.

정답 ②

15. 형의 집행 및 수용자의 처우에 관한 법령상 미결수용자의 처우에 대한 설명으로 옳지 않은 것은?

① 미결수용자는 무죄의 추정을 받으며, 미결수용자가 수용된 거실은 참관할 수 없다.

② 소장은 미결수용자의 신청에 따라 작업을 부과할 수 있으며, 이에 따라 작업이 부과된 미결수용자가 작업의 취소를 요청하는 경우에는 그 미결수용자의 의사, 건강 및 교도관의 의견 등을 고려하여 작업을 취소할 수 있다.

③ 소장은 미결수용자가 도주하거나 도주한 미결수용자를 체포한 경우 및 미결수용자가 위독하거나 사망한 경우에는 그 사실을 검사에게 통보하고, 기소된 상태인 경우에는 법원에도 지체 없이 통보하여야 한다.

④ 소장은 미결수용자로서 사건에 서로 관련이 있는 사람은 분리수용하고 서로 간의 접촉을 금지하여야 하며, 만약 미결수용자를 이송, 출정 또는 그 밖의 사유로 교정시설 밖으로 호송하는 경우에는 반드시 해당 사건에 관련된 사람이 탑승한 호송 차량이 아닌 별도의 호송 차량에 탑승시켜야 한다.

> 해설 ④ 소장은 미결수용자로서 사건에 서로 관련이 있는 사람은 분리수용하고 서로 간의 접촉을 금지하여야 하며(형집행법 제81조), 이송이나 출정, 그 밖의 사유로 미결수용자를 교정시설 밖으로 호송하는 경우에는 해당 사건에 관련된 사람과 호송 차량의 좌석을 분리하는 등의 방법으로 서로 접촉하지 못하게 하여야 한다(동법 시행령 제100조).
> ① 동법 제79조·제80조
> ② 동법 제86조 제1항, 동법 시행령 제103조 제2항
> ③ 동법 시행령 제104조·제105조   정답 ④

16. 형의 집행 및 수용자의 처우에 관한 법령상 수형자 교육과 교화프로그램에 대한 설명으로 옳지 않은 것은?

① 소장은 「교육기본법」제8조의 의무교육을 받지 못한 수형자의 교육을 위하여 필요하면 수형자를 중간처우를 위한 전담교정시설에 수용하여 외부 교육기관에의 통학, 외부 교육기관에서의 위탁교육을 받도록 할 수 있다.

② 소장은 수형자의 교정교화를 위하여 상담·심리치료, 그 밖의 교화프로그램을 실시하여야 하며, 수형자의 정서 함양을 위하여 필요하다고 인정하면 연극·영화관람, 체육행사, 그 밖의 문화예술활동을 하게 할 수 있다.

③ 소장은 특별한 사유가 없으면 교육기간 동안에는 교육대상자를 다른 기관으로 이송할 수 없다.

④ 소장은 수형자에게 학위취득 기회를 부여하기 위하여 독학에 의한 학사학위 취득과정을 설치·운영할 수 있다. 이 교육을 실시하는 경우 소요되는 비용은 특별한 사정이 없으면 국가의 부담으로 한다.

해설 ④ 독학에 의한 학위 취득과정, 방송통신대학과정, 전문대학 위탁교육과정, 정보화 및 외국어 교육과정을 실시하는 경우 소요되는 비용은 특별한 사정이 없으면 교육대상자의 부담으로 한다(형집행법 시행규칙 제102조 제2항).
① 동법 제63조 제2항·제3항
② 동법 제64조 제1항, 동법 시행령 제88조
③ 동법 시행규칙 제106조 제1항

정답 ④

17. 전자장치 부착 등에 관한 법률 상 검사가 위치추적 전자장치 부착명령을 법원에 반드시 청구하여야 하는 경우는?

① 미성년자 대상 유괴범죄로 징역형의 실형 이상의 형을 선고받아 그 집행이 종료 또는 면제된 후 다시 미성년자 대상 유괴범죄를 저지른 경우
② 강도범죄를 2회 이상 범하여 그 습벽이 인정된 경우
③ 성폭력범죄로 징역형의 실형을 선고받은 사람이 그 집행을 종료한 후 또는 집행이 면제된 후 10년 이내에 성폭력범죄를 저지른 경우
④ 신체적 또는 정신적 장애가 있는 사람에 대하여 성폭력범죄를 저지른 경우

해설 ① 전자장치 부착 등에 관한 법률 등에 관한 법률 제5조 제2항 단서
② 임의적 청구(동법 제5조 제4항 제3호)
③ 임의적 청구(동법 제5조 제1항 제1호)
④ 임의적 청구(동법 제5조 제1항 제5호)

정답 ①

18. 보호관찰 등에 관한 법률 상 사회봉사명령과 수강명령에 대한 설명으로 옳지 않은 것은?

① 법원은 「형법」 제62조의2에 따른 사회봉사를 명할 때에는 500시간, 수강을 명할 때에는 200시간의 범위에서 그 기간을 정하여야 한다. 다만, 다른 법률에 특별한 규정이 있는 경우에는 그 법률에서 정하는 바에 따른다.
② 법원은 「형법」 제62조의2에 따른 사회봉사 또는 수강을 명하는 판결이 확정된 때부터 3일 이내에 판결문 등본 및 준수사항을 적은 서면을 피고인의 주거지를 관할하는 보호관찰소의 장에게 보내야 한다.
③ 사회봉사·수강명령 대상자는 주거를 이전하거나 10일 이상의 국외여행을 할 때에는 미리 보호관찰관에게 신고하여야 한다.
④ 사회봉사·수강명령 대상자가 사회봉사·수강명령 집행 중 금고 이상의 형의 집행을 받게 된 때에는 해당 형의 집행이 종료·면제되거나 사회봉사·수강명령 대상자가 가석방된 경우 잔여 사회봉사·수강명령을 집행한다.

③ 사회봉사 · 수강명령 대상자는 주거를 이전하거나 1개월 이상 국내외 여행을 할 때에는 미리 보호관찰관에게 신고하여야 한다(보호관찰 등에 관한 법률 제62조 제2항 제2호).
① 동법 제59조 제1항
② 동법 제60조 제1항
④ 동법 제63조 제2항
[정답] ③

19. 보호관찰 등에 관한 법률상 보호관찰 심사위원회가 심사 · 결정하는 사항으로 옳지 않은 것은?

① 가석방과 그 취소에 관한 사항
② 임시퇴원, 임시퇴원의 취소 및 「보호소년 등의 처우에 관한 법률」 제43조 제3항에 따른 보호소년의 퇴원에 관한 사항
③ 보호관찰의 임시해제와 그 취소에 관한 사항
④ 보호관찰을 조건으로 한 형의 선고유예의 실효

 보호관찰을 조건으로 한 형의 선고유예의 실효 및 집행유예의 취소는 법원에서 한다.
보호관찰 심사위원회의 심사 · 결정사항(보호관찰 등에 관한 법률 제6조)
1. 가석방과 그 취소에 관한 사항
2. 임시퇴원, 임시퇴원의 취소 및 보호소년의 퇴원에 관한 사항
3. 보호관찰의 임시해제와 그 취소에 관한 사항
4. 보호관찰의 정지와 그 취소에 관한 사항
5. 가석방 중인 사람의 부정기형의 종료에 관한 사항
6. 이 법 또는 다른 법령에서 심사위원회의 관장 사무로 규정된 사항
7. 제1호부터 제6호까지의 사항과 관련된 사항으로서 위원장이 회의에 부치는 사항
[정답] ④

20. 낙인이론에 대한 설명으로 옳은 것만을 모두 고르면?

㉠ 일탈 · 범죄행위에 대한 공식적 · 비공식적 통제기관의 반응(reaction)과 이에 대해 일탈 · 범죄행위자 스스로가 정의(definition)하는 자기관념에 주목한다.
㉡ 비공식적 통제기관의 낙인, 공식적 통제기관의 처벌이 2차 일탈 · 범죄의 중요한 동기로 작용한다고 본다.
㉢ 범죄행동은 보상에 의해 강화되고 부정적 반응이나 처벌에 의해 중단된다고 설명한다.
㉣ 형사정책상 의도하는 바는 비범죄화, 탈시설화 등이다.

① ㉡, ㉣   ② ㉠, ㉡, ㉢   ③ ㉠, ㉡, ㉣   ④ ㉡, ㉢, ㉣

 낙인이론에 대한 설명으로 옳은 것은 ㉠, ㉡, ㉣이다.
㉢ 학습이론인 버제스와 에이커스(Burgess & Akers)의 차별적 강화이론에 대한 설명이다. 범죄행위의 결과로서 보상이 취득되고 처벌이 회피될 때 그 행위는 강화되는 반면, 보상이 상실되고 처벌이 강화되면 그 행위는 약화된다는 것이다.
[정답] ③

01. **교도소화(prisonization)에 대한 설명으로 옳지 않은 것은?**

① 교도소화란 교정당국과 교도관에 대해 적대적인 태도를 학습하는 것을 말한다.

② 클레머(Clemmer)는 수형기간이 증가함에 따라 수형자의 교도소화가 강화된다고 보았다.

③ 수형지향적 하위문화에 속하는 수형자는 교도소 내의 지위획득에 관심이 없다.

④ 휠러(Wheeler)는 형기의 중간단계에서 수형자가 교도관에 대해 가장 적대적으로 된다고 보았다.

> **해설** 수형지향적 하위문화에 속하는 수형자는 교도소 내에서의 지위획득에 깊은 관심을 보이는 반면, 출소 후 생활문제는 2차적으로 돌리는 사람들이다.
>
> • 수형자 사회의 부문화 형태(서덜랜드와 크레세이)
>   (1) 합법주의 부문화(합법생활지향적 수형자)
>   ① 하루 속히 형기를 마치고 사회에 나가서 정상적인 사회생활을 하고자 하는 사람들이다.
>   ② 고지식자에 해당하는 합법생활지향적 수형자들로 수형자 중에 가장 많으며, 재범율은 낮다.
>   (2) 범죄주의 부문화(범죄생활지향적 수형자)
>   ① 자신이 터득한 반사회적인 부문화를 고수하여 출소 후에도 계속해서 범죄행위를 추구하는 범죄생활지향적인 수형자이다. 그들 나름대로의 권력조직이나 인간관계는 계속 존중하면서, 교도소 내에서는 어떠한 지위를 얻고자 노력하는 일 없이 그냥 반교정적이거나 조용한 수형생활을 보낸다.
>   ② 정의한에 해당하는 사람들로 재범률이 높다.
>   (3) 수형주의 부문화(수형생활지향적 수형자)
>   ① 교도소에서의 생활상을 자신의 생활양식으로 받아들여 깊이 적응해 나가면서 교도소 내에서의 지위획득에 깊은 관심을 보이는 반면, 출소 후 생활문제는 2차적으로 돌리는 사람들이다.
>   ② 수형생활지향적 수형자들로 교도소화가 극도로 잘된 사람들이며, 가장 공리주의적이고 교묘한 사람들로 재입소율이 가장 높다.   [정답] ③

02. 「교도관 직무규칙」상의 내용으로 옳은 것은?

① 소장은 교도관으로 하여금 매주 1회 이상 소화기 등 소방기구를 점검하게 하고 그 사용법의 교육과 소방훈련을 하게 하여야 한다.
② 당직간부란 보안과장이 지명하는 교정직교도관으로서 보안과의 보안업무 전반에 걸쳐 보안과장을 보좌하고, 휴일 또는 야간에 소장을 대리하는 사람을 말한다.
③ 교정직교도관이 수용자를 교정시설 밖으로 호송하는 경우에는 미리 호송계획서를 작성하여 상관에게 보고하여야 한다.
④ 정문근무자는 수용자의 취침 시간부터 기상 시간까지는 보안과장의 허가 없이 정문을 여닫을 수 없다.

> **해설** 교도관 직무규칙 제40조 제1항
> ① 소장은 교도관으로 하여금 매월 1회 이상 소화기 등 소방기구를 점검하게 하고 그 사용법의 교육과 소방훈련을 하게 하여야 한다(동규칙 제16조).
> ② "당직간부"란 교정시설의 장("소장")이 지명하는 교정직교도관으로서 보안과의 보안업무 전반에 걸쳐 보안과장을 보좌하고, 휴일 또는 야간(당일 오후 6시부터 다음날 오전 9시까지를 말한다)에 소장을 대리하는 사람을 말한다(동규칙 제2조 제8호).
> ④ 정문근무자는 수용자의 취침 시간부터 기상 시간까지는 당직간부의 허가 없이 정문을 여닫을 수 없다(동규칙 제42조 제4항).　　　**정답 ③**

03. 「형의 집행 및 수용자의 처우에 관한 법률」상 구분수용의 예외로 옳지 않은 것은?

① 관할 법원 및 검찰청 소재지에 구치소가 없는 때에는 교도소에 미결수용자를 수용할 수 있다.
② 범죄의 증거인멸을 방지하기 위하여 필요하거나 그 밖에 특별한 사정이 있는 때에는 교도소에 미결수용자를 수용할 수 있다.
③ 취사 등의 작업을 위하여 필요하거나 그 밖에 특별한 사정이 있으면 구치소에 수형자를 수용할 수 있다.
④ 수형자가 소년교도소에 수용 중에 19세가 된 경우에도 교육·교화프로그램, 작업, 직업훈련 등을 실시하기 위하여 특히 필요하다고 인정되면 25세가 되기 전까지는 계속하여 수용할 수 있다.

> **해설** 수형자가 소년교도소에 수용 중에 19세가 된 경우에도 교육·교화프로그램, 작업, 직업훈련 등을 실시하기 위하여 특히 필요하다고 인정되면 23세가 되기 전까지는 계속하여 수용할 수 있다(형의 집행 및 수용자의 처우에 관한 법률 제12조 제3항).　　　**정답 ④**

04. **형의 집행 및 수용자의 처우에 관한 법령상 수형자 계호에 대한 내용으로 옳지 않은 것은?**

① 소장은 교정성적 등을 고려하여 검사가 필요하지 않다고 인정되는 경우 교도관에게 작업장이나 실외에서 거실로 돌아오는 수용자의 신체·의류 및 휴대품을 검사하지 않게 할 수 있다.

② 금치처분 집행 중인 수용자가 법원 또는 검찰청 등에 출석하는 경우에 징벌집행은 중지된 것으로 본다.

③ 교도관은 교정시설 밖에서 수용자를 계호하는 경우 보호장비나 수용자의 팔목 등에 전자경보기를 부착하여 사용할 수 있다.

④ 보호침대는 다른 보호장비와 같이 사용할 수 없다.

 • 법 제108조 제4호부터 제14호까지의 징벌(30일 이내의 공동행사 참가정지부터 금치까지의 각종 제한) 집행 중인 수용자가 다른 교정시설로 이송되거나 법원 또는 검찰청 등에 출석하는 경우에는 징벌집행이 계속되는 것으로 본다.(형의 집행 및 수용자의 처우에 관한 법률 시행령 제134조)

• 형의 집행 및 수용자의 처우에 관한 법률 시행규칙 제180조 하나의 보호장비로 사용목적을 달성할 수 없는 경우에는 둘 이상의 보호장비를 사용할 수 있다. 다만, 다음 각 호의 어느 하나에 해당하는 경우에는 다른 보호장비와 같이 사용할 수 없다.
1. 보호의자를 사용하는 경우
2. 보호침대를 사용하는 경우 〔정답〕②

05. **중간처우소(halfway house)에 대한 설명으로 옳지 않은 것은?**

① 석방 전 중간처우소는 교도소에서 지역사회로 전환하는데 필요한 도움과 지도를 제공한다.

② 석방 전 중간처우소는 정신질환 범죄자나 마약중독자에 유용하며 석방의 충격을 완화해주는 역할을 한다.

③ 우리나라의 중간처우소 사례인 밀양희망센터는 외부업체에서 일하고 지역사회 내의 기숙사에서 생활하는 형태로 운영된다.

④ 미국에서 가장 일반적인 중간처우소 유형은 수형자가 가석방 등 조건부 석방이 결정된 후 초기에 중간처우소에 거주하는 것이다.

〔해설〕 정신질환 범죄자나 마약중독자의 경우는 별도의 치료시설이나 프로그램이 필요하다. 〔정답〕②

06. 서덜랜드(Sutherland)의 **차별적접촉이론(differential association theory)의 9가지 명제**로 옳지 않은 것은?

① 범죄행위의 학습은 다른 사람들과의 의사소통과정을 통하여 이루어진다.

② 법 위반에 대한 비우호적 정의에 비해 우호적 정의를 더 많이 학습한 사람은 비행을 하게 된다.

③ 범죄행위가 학습될 때 범죄의 기술, 동기, 충동, 합리화, 태도 등도 함께 학습된다.

④ 금전적 욕구, 좌절 등 범죄의 욕구와 가치관이 범죄행위와 비범죄행위를 구별해 주는 변수가 된다.

> 해설 범죄행위도 욕구와 가치의 표현이라는 점에서 일반적인 행위와 같지만, 일반적인 욕구나 가치관으로는 범죄행위를 설명할 수 없다. 욕구는 비범죄의 원인이 될 수 도 있다(공무원이 되려고 범죄를 저지르지 않고 공부하는 예를 들 수 있음).
> 정답 ④

07. 학자들과 그들의 주장을 연결한 것으로 옳지 않은 것은?

① 갓프레드슨과 허쉬(Gottfredson & Hirschi) - 모든 범죄의 원인은 '낮은 자기통제력' 때문이며, 이러한 '자기통제력'은 아동기에 형성된다.

② 코헨(Cohen) - 합법적 수단이 이용가능하지 않을 때 비합법적 수단에 호소하게 되지만, 이러한 합법적 및 비합법적 수단이 모두 이용가능하지 않을 때 이중의 실패자(double failures)가 된다.

③ 샘슨(Sampson) - 지역사회의 구성원들이 범죄문제를 공공의 적으로 인식하고 이를 해결하기 위하여 적극적으로 참여하는 것이 범죄문제 해결의 열쇠가 된다.

④ 레크리스(Reckless) - 범죄다발지역에 살면서 범죄적 집단과 접촉하더라도 비행행위에 가담하지 않는 청소년들은 '좋은 자아개념'을 가지고 있기 때문이다.

> **해설** 합법적 수단이 이용가능하지 않을 때 비합법적 수단에 호소하게 되지만, 이러한 합법적 및 비합법적 수단이 모두 이용가능하지 않을 때 이중의 실패자(double failures)가 된다는 주장은 클로오드와 오린의 차별적 기회구조이론 이다.
>
> 클로워드와 오린은 합법적인 기회구조가 차단된 슬럼(Slum)지역 청소년들의 비행적 하위문화를 3가지로 구분하였다.
> ① 범죄적 하위문화(개혁형에 해당하는 청소년의 비행문화)
>   범죄적 행위가 용인 및 장려되는 지역에서 발생하며, 성인범죄자와 긴밀한 관계를 유지한다.
> ② 갈등적 하위문화(공격형에 해당하는 청소년의 비행문화)
>   이동성과 해체성이 심한 지역에서 발생하며, 욕구불만을 집단싸움·무분별한 갱 전쟁 등으로 해소하는 청소년 비행문화 집단으로 범죄 위험성은 낮으며, 직장을 갖거나 결혼을 하면 정상적인 생활을 한다.
> ③ 도피적 하위문화(도피형에 해당하는 청소년의 비행문화)
>   성공목표를 위한 합법적·비합법적 기회구조가 모두 차단되어 자포자기하는 이중실패자로, 주로 알코올·약물중독자 등이 이에 속한다.

> **보충**
>
> **비행적 하위문화이론(비행적 부문화이론 : Theory of Delinquent Subculture)**
> (1) 주장자 : 코헨(A. K. Cohen)
> (2) 내용
>   ① 비행적 하위문화이론은 1955년 코헨(A. K. Cohen)이 「비행소년들」 저서에서 주장하였다. 비행적 하위문화는 하류계층 청소년들이 학교생활 실패와 신분좌절에 대한 반동으로 비행집단을 형성해 비공리적이고 악의적인 부정적 행위에 가담함으로써 형성된다.
>   ② 이는 문화안의 문화(부문화) 개념으로, 비행집단에 공통된 특정한 가치관이나 신념·지식 등을 포함한 사고나 행동양식을 뜻한다.

정답 ②

08. 교도작업에 대한 설명으로 옳지 않은 것은?

① 교도작업은 일에 의한 훈련(training by work)과 일을 위한 훈련(training for work)으로 구분할 수 있는데 일에 의한 훈련은 직업기술을 터득하는 것이고 일을 위한 훈련은 근로습관을 들이는 것이다.

② 교도작업에 있어서 최소자격의 원칙(principle of less eligibility)은 일반 사회의 최저임금 수준의 비범죄자에 비해서 훈련과 취업상 조건이 더 나빠야 한다는 것이다.

③ 계약노동제도(contract labor system)는 교도작업을 위한 장비와 재료를 제공하는 민간사업자에게 재소자의 노동력을 제공하는 것으로 열악한 작업환경과 노동력의 착취라는 비판이 있다.

④ 관사직영제도(public account system)는 교도소 자체가 기계장비를 갖추고 작업재료를 구입하여 재소자들의 노동력으로 제품을 생산하고 판매하는 것으로 민간분야로부터 공정경쟁에 어긋난다는 비판이 있다.

> **해설** 일에 의한 훈련이란 수용자들이 일을 통하여 근로습관을 들이도록 훈련 하는 것을 말한다. 여기서 규칙적인 작업을 통해 계발된 근로습관은 지속될 수 있다고 보는 것이다. 반면 일을 위한 훈련 이란 교도작업을 통해서 수용자가 직업활동을 위한 일이나 기술을 익혀나가는 것을 말한다. **정답** ①

09. 「형의 집행 및 수용자의 처우에 관한 법률」상 수용자의 권리구제에 대한 내용으로 옳지 않은 것은?

① 소장은 청원서의 내용을 확인한 후, 이를 지체 없이 법무부장관·순회점검공무원 또는 관할 지방교정청장에게 보내거나 순회점검공무원에게 전달하여야 한다.

② 수용자는 그 처우에 관하여 불복하는 경우 법무부장관·순회점검공무원 또는 관할 지방교정청장에게 청원할 수 있다.

③ 청원에 관한 결정은 문서로 하여야 한다.

④ 순회점검공무원에 대한 청원은 말로도 할 수 있다.

> **해설** 소장은 청원서를 개봉하여서는 아니 되며, 이를 지체 없이 법무부장관 · 순회점검공무원 또는 관할 지방교정청장에게 보내거나 순회점검공무원에게 전달하여야 한다(형집행법 제117조 제3항). **정답** ①

10. 다음에서 설명하는 오린(L. E. Ohlin)의 보호관찰관 유형은?

> 이 유형의 보호관찰관은 주로 직접적인 지원이나 강연 또는 칭찬과 꾸중 등 비공식적인 방법을 이용한다. 또한 보호관찰관은 사회의 보호, 즉 사회방위와 범죄자 개인의 개선·보호를 조화시키고자 하므로 역할갈등을 크게 겪는다.

① 처벌적 보호관찰관(punitive probation officer)
② 보호적 보호관찰관(protective probation officer)
③ 복지적 보호관찰관(welfare probation officer)
④ 수동적 보호관찰관(passive probation officer)

 보호적 보호관찰관 유형이다.

▮ 오린의 보호관찰관유형 ▮

보호관찰관의 유형	주요 특징
처벌적 보호관찰관	위협과 처벌을 수단으로 범죄자를 사회에 동조하도록 강요하고 사회의 보호, 범죄자의 통제 그리고 범죄자에 대한 체계적 의심 등 강조
보호적 보호관찰관	사회와 범죄자의 보호 양자 사이를 망설이는 유형 주로 직접적인 지원이나 강연 또는 칭찬과 꾸중의 방법을 이용 사회와 범죄자의 입장을 번갈아 편들기 때문에 어정쩡한 입장에 처하기 쉬움
복지적 보호관찰관	자신의 목표를 범죄자에 대한 복지의 향상에 두고 범죄자의 능력과 한계를 고려하여 적응할 수 있도록 도움을 줌 범죄자의 개인적 적응 없이는 사회의 보호도 있을 수 없다고 믿음
수동적 보호관찰관	자신의 임무를 단지 최소한의 노력을 요하는 것으로 인식하는 사람

정답 ②

11. 보호관찰 대상자의 보호관찰 기간으로 옳지 않은 것은?

① 「치료감호 등에 관한 법률」상 치료감호 가종료자 : 3년
② 「소년법」상 단기 보호관찰처분을 받은 자 : 1년
③ 「형법」상 보호관찰을 조건으로 형의 선고유예를 받은 자 : 1년
④ 「가정폭력범죄의 처벌 등에 관한 특례법」상 보호관찰처분을 받은 자 : 1년

 보호관찰처분을 받은 자의 보호관찰 기간은 6개월을 초과할 수 없다.(가정폭력범죄의 처벌 등에 관한 특례법 제41조)

정답 ④

12. 형의 집행 및 수용자의 처우에 관한 법령상 특별한 보호가 필요한 수용자에 대한 처우로 옳지 않은 것은?

① 소장은 여성수용자의 유아 양육을 허가한 경우에는 교정시설에 육아거실을 지정·운영하여야 한다.

② 소장은 신입자에게 아동복지법 제15조에 따른 미성년 자녀 보호조치를 의뢰할 수 있음을 알려 주어야 한다.

③ 소년수형자 전담교정시설이 아닌 교정시설에서는 소년수용자를 수용하기 위하여 별도의 거실을 지정하여 운용하여야 한다.

④ 노인수용자의 거실은 시설부족 또는 그 밖의 부득이한 사정이 없으면 건물의 1층에 설치하고, 특히 겨울철 난방을 위하여 필요한 시설을 갖추어야 한다.

> **해설** 소년수형자 전담교정시설이 아닌 교정시설에서는 소년수용자를 수용하기 위하여 별도의 거실을 지정하여 운용할 수 있다.(형의 집행 및 수용자의 처우에 관한 법률 시행규칙 제59조의3 제1항)　　**정답** ③

13. 「형의 집행 및 수용자의 처우에 관한 법률」상 수용자의 위생과 의료에 대한 내용으로 옳지 않은 것은?

① 수용자는 자신의 신체 및 의류를 청결히 하여야 하며, 자신이 사용하는 거실·작업장, 그 밖의 수용시설의 청결유지에 협력하여야 하며, 위생을 위하여 머리카락과 수염을 단정하게 유지하여야 한다.

② 소장은 수용자가 외부의료시설에서 진료받거나 치료감호시설로 이송되면 그 사실을 그 가족(가족이 없는 경우에는 수용자가 지정하는 사람)에게 지체 없이 알려야 한다. 다만, 수용자가 알리는 것을 원하지 아니하면 그러하지 아니하다.

③ 소장은 감염병이나 그 밖에 감염의 우려가 있는 질병의 발생과 확산을 방지하기 위하여 필요한 경우 수용자에 대하여 예방접종·격리수용·이송, 그 밖에 필요한 조치를 하여야 한다.

④ 소장은 수용자의 정신질환 치료를 위하여 필요하다고 인정하면 직권으로 치료감호시설로 이송할 수 있다.

> **해설** 소장은 수용자의 정신질환 치료를 위하여 필요하다고 인정하면 법무부장관의 승인을 받아 치료감호시설로 이송할 수 있다.(형의 집행 및 수용자의 처우에 관한 법률 제37조 제2항)　　**정답** ④

14. 교화개선모형에 대한 설명으로 옳지 않은 것은?

① 범죄자의 형기는 범죄행위에 대한 것이 아니라 범죄자를 교화개선시키는데 요구되는 시간이 되어야 한다.

② 적응모형(adjustment model)의 처우기법은 주로 지역사회에 기초한 사회복귀프로그램이다.

③ 교화개선모형에 입각한 대부분의 처우 프로그램은 효과가 없다고 비판받는다.

④ 범죄자의 사회재통합을 위해서는 지역사회와의 의미 있는 접촉과 유대관계가 전제되어야 한다.

> **해설** 지역사회에 기초한 사회복귀프로그램을 처우기법으로 하는 것은 적응모형이 아닌 재통합모델이다. 재통합모델은 범죄자의 사회재통합을 위해서 지역사회와의 의미 있는 접촉과 유대관계를 중시하므로 지역사회 교정을 강조한다. 적응모형(adjustment model)은 범죄자는 결함이 있는 환자로서 치료의 대상이며 동시에 범죄자 스스로 의사결정을 하고 책임을 질 수 있다고 보는 모델로서, 처우기법으로 심리상담, 종교상담, 직업훈련 등을 실시할 것을 강조한다. **정답 ②**

15. 교정의 이념에 대한 설명으로 옳지 않은 것은?

① 집합적 무력화(collective incapacitation)는 과학적 방법을 활용하여 재범의 위험성이 높은 것으로 판단되는 개인을 구금하기 위해서 활용되고 있다.

② 범죄자를 건설적이고 법을 준수하는 방향으로 전환시키기 위해 범죄자를 구금하는 것을 교정의 교화개선(rehabilitation)적 목적이라고 할 수 있다.

③ 무력화(incapacitation)는 범죄자가 구금기간 동안 범행할 수 없도록 범행의 능력을 무력화시키는 것을 의미한다.

④ 형벌의 억제(deterrence)효과는 처벌의 확실성, 엄중성 그리고 신속성의 세 가지 차원에 의해 결정된다.

> **해설** 집합적 무능력화(무력화)는 모든 강력범죄자들에게 장기간의 구금을 통하여 범죄능력을 무력화하는 것을 말하고 과학적 방법을 활용하여 재범의 위험성이 높은 것으로 판단되는 개인을 구금하여 범죄능력을 무력화하는 것은 선별적 무능력화(무력화) 이다. **정답 ①**

16. 「보호소년 등의 처우에 관한 법률」상 옳은 것만을 모두 고르면?

> ㄱ. 신설하는 소년원 및 소년분류심사원은 수용정원이 150명 이상의 규모가 되도록 하여야 한다. 다만, 소년원 및 소년분류심사원의 기능·위치나 그 밖의 사정을 고려하여 그 규모를 축소할 수 있다.
>
> ㄴ. 소년분류심사원장은 유치소년이 시설의 안전과 수용질서를 현저히 문란하게 하는 보호소년에 대한 교정교육을 위하여 유치기간을 연장할 필요가 있는 경우에는 유치 허가를 한 지방법원 판사 또는 소년분류심사원 소재지를 관할하는 법원소년부에 유치 허가의 취소에 관한 의견을 제시할 수 있다.
>
> ㄷ. 20일 이내의 기간 동안 지정된 실(室) 안에서 근신하게 하는 징계는 14세 미만의 보호소년 등에게는 부과하지 못한다.
>
> ㄹ. 출원하는 보호소년 등에 대한 사회정착지원의 기간은 6개월 이내로 하되, 6개월 이내의 범위에서 한 번에 한하여 그 기간을 연장할 수 있다.
>
> ㅁ. 원장은 법원 또는 검찰의 조사·심리, 이송, 그 밖의 사유로 보호소년 등을 호송하는 경우, 소속공무원으로 하여금 수갑, 포승이나 전자충격기를 사용하게 할 수 있다.

① ㄱ, ㄴ   ② ㄷ, ㄹ

③ ㄱ, ㄷ, ㄹ   ④ ㄴ, ㄹ, ㅁ

 ㄱ. 신설하는 소년원 및 소년분류심사원은 수용정원이 150명 이내의 규모가 되도록 하여야 한다. 다만, 소년원 및 소년분류심사원의 기능·위치나 그 밖의 사정을 고려하여 그 규모를 증대할 수 있다(보호소년 등의 처우에 관한 법률 제6조 제1항).

ㄴ. 의견을 제시 할 수 없다.

- 제9조(보호처분의 변경 등)
  ① 소년원장은 보호소년이 다음 각 호의 어느 하나에 해당하는 경우에는 소년원 소재지를 관할하는 법원소년부에 「소년법」 제37조에 따른 보호처분의 변경을 신청할 수 있다.
  1. 중환자로 판명되어 수용하기 위험하거나 장기간 치료가 필요하여 교정교육의 실효를 거두기가 어렵다고 판단되는 경우
  2. 심신의 장애가 현저하거나 임신 또는 출산(유산·사산한 경우를 포함한다), 그 밖의 사유로 특별한 보호가 필요한 경우
  3. <u>시설의 안전과 수용질서를 현저히 문란하게 하는 보호소년에 대한 교정교육을 위하여 보호기간을 연장할 필요가 있는 경우</u>
  ② 소년분류심사원장은 위탁소년이 제1항 각 호의 어느 하나에 해당하는 경우에는 위탁 결정을 한 법원소년부에 「소년법」 제18조에 따른 임시조치의 취소, 변경 또는 연장에 관한 의견을 제시할 수 있다.
  ③ 소년분류심사원장은 유치소년이 제1항제1호 또는 제2호에 해당하는 경우에는 유치 허가를 한 지방법원 판사 또는 소년분류심사원 소재지를 관할하는 법원소년부에 유치 허가의 취소에 관한 의견을 제시할 수 있다.(3호는 의견제시 사항 아님)

ㄷ. 동법 제15조 제3항

ㄹ. 동법 제45조의2 제2항

ㅁ. 원장은 법원 또는 검찰의 조사·심리, 이송, 그 밖의 사유로 보호소년 등을 호송하는 경우에는 소속공무원으로 하여금 수갑, 포승 또는 보호대를 사용하게 할 수 있다. 가스총이나 전자충격기는 사용하게 할 수 없다.(동법 제14조의2 제2항 제2호)

보호소년 등에 대하여 수갑, 포승 또는 보호대 외에 가스총이나 전자충격기를 사용할 수 있는 경우(보호소년 등의 처우에 관한 법률 제14조의2 제2항) : 원장은 다음 각 호의 어느 하나에 해당하는 경우에는 소속 공무원으로 하여금 보호소년 등에 대하여 수갑, 포승 또는 보호대 외에 가스총이나 전자충격기를 사용하게 할 수 있다.
   1. 이탈, 자살, 자해하거나 이탈, 자살, 자해하려고 하는 때
   2. 다른 사람에게 위해를 가하거나 가하려고 하는 때
   3. 위력으로 소속 공무원의 정당한 직무집행을 방해하는 때
   4. 소년원·소년분류심사원의 설비·기구 등을 손괴하거나 손괴하려고 하는 때
   5. 그 밖에 시설의 안전 또는 질서를 크게 해치는 행위를 하거나 하려고 하는 때   정답 ②

17. 형의 집행 및 수용자의 처우에 관한 법령상 교도작업에 대한 설명으로 옳은 것은?

① 소장은 교정시설 안에 설치된 외부기업체의 작업장에 통근하며 작업하는 수형자를 선정하는 데 있어서 일반경비처우급에 해당하는 수형자를 선정하여서는 아니 된다.

② 소장은 교도작업 도중 부상으로 신체에 장해를 입은 수형자에게 그 장해 발생 후 1개월 이내에 위로금을 지급하여야 한다.

③ 소장은 작업 부과 또는 교화를 위하여 특히 필요하다고 인정하는 경우에는 만 65세의 수형자를 외부통근자로 선정할 수 있다.

④ 소장은 수형자에게 작업장려금을 지급하는 데 있어서 교정성적은 고려하여서는 아니 된다.

 소장은 제1항 및 제2항(외부통근작업대상자 및 개방지역작업대상자 선정요건)에도 불구하고 작업 부과 또는 교화를 위하여 특히 필요하다고 인정하는 경우에는 제1항 및 제2항의 수형자 외의 수형자에 대하여도 외부통근자로 선정할 수 있다.(형의 집행 및 수용자의 처우에 관한 법률 시행규칙 제120조 제3항)
   ① 교정시설 안에 설치된 외부기업체의 작업장에 통근하며 작업하는 수형자(개방지역작업 대상자)의 선정요건 중 경비처우급은 개방처우급·완화경비처우급 또는 일반경비처우급 수형자를 대상으로 한다.(동법 시행규칙 제120조 제2항)
   ② 위로금은 석방할 때에 본인에게 지급하고, 조위금은 그 상속인에게 지급한다.(동법 제74조 제2항)
   ④ 소장은 수형자의 근로의욕을 고취하고 건전한 사회복귀를 지원하기 위하여 법무부장관이 정하는 바에 따라 작업의 종류, 작업성적, 교정성적, 그 밖의 사정을 고려하여 수형자에게 작업장려금을 지급할 수 있다.(동법 제73조 제2항)   정답 ③

18. 누진처우제도의 유형에 대한 설명으로 옳은 것은?

① 점수제의 종류 중 하나인 아일랜드제는 매월의 소득점수로 미리 정한 책임점수를 소각하는 방법이며, 독거구금·혼거작업·가석방이라는 3단계에 반자유구금인 중간교도소를 추가한 것이다.

② 점수제에 대해서는 교도관의 자의가 개입되기 쉽고 공평성을 저하시킬 우려가 있다는 비판이 있다.

③ 점수제의 종류 중 하나인 잉글랜드제는 수형자를 최초 9개월간 독거구금을 한 후에 공역(公役)교도소에 혼거시켜 강제노역을 시키며, 수형자를 고사급·제3급·제2급·제1급의 4급으로 나누어 책임점수를 소각하면 상급으로 진급시켜 가석방하는 제도이다.

④ 점수제의 종류 중 하나인 엘마이라제는 자력적 개선에 중점을 둔 행형제도로 일명 감화제도라고 한다. 엘마이라감화원은 16~30세까지의 재범자들을 위한 시설로서 수형자분류와 누진처우의 점수제, 부정기형과 보호관찰부 가석방 등을 운용하였다.

> **해설** 아일랜드제는 중간감옥이 있다는 것이 잉글랜드제와의 차이점이다.(4단계처우)
> ② 심사제(고사제)의 단점이며 그것을 보완한 제도가 점수제 이다.
> ③ 잉글랜드제는 수형자를 고사급, 제3급, 제2급, 제1급, 특별급 등 5계급으로 분류한다.
> ④ 초범 소년수형자를 대상으로 한다.　　　　　　　　　　　　　　　　　　　　　　　　**정답** ①

19. 「형의 집행 및 수용자의 처우에 관한 법률」상 징벌에 대한 내용으로 옳지 않은 것은?

① 징벌은 징벌사유가 발생한 날부터 1년이 지나면 이를 이유로 징벌을 부과하지 못한다.

② 수용자가 30일 이내의 금치처분을 받은 경우 실외운동을 제한하는 경우에도 매주 1회 이상은 실외운동을 할 수 있도록 하여야 한다.

③ 징벌위원회는 징벌을 의결하는 때에 행위의 동기 및 정황, 교정성적, 뉘우치는 정도 등 그 사정을 고려할 만한 사유가 있는 수용자에 대하여 2개월 이상 6개월 이하의 기간 내에서 징벌의 집행을 유예할 것을 의결할 수 있다.

④ 동일한 행위에 관하여 거듭하여 징벌을 부과할 수 없다.

> **해설** 징벌사유가 발생한 날부터 2년이 지나면 이를 이유로 징벌을 부과하지 못한다.(형의 집행 및 수용자의 처우에 관한 법률 제109조 제4항)
> ② 동법 제112조 제5항
> ③ 동법 제114조 제1항
> ④ 동법 제109조 제3항　　　　　　　　　　　　　　　　　　　　　　　　　　　　　　**정답** ①

20. (가)와 (나)에 들어갈 내용을 바르게 연결한 것은?

> (가)는(은) 보호관찰관의 기능과 자원의 활용에 따라 보호관찰을 모형화하였는데, 이 중 (나) 모형이란 전문성을 갖춘 보호관찰관이 외부의 사회적 자원을 적극 개발하고 활용하는 유형을 말한다.

	(가)	(나)
①	Crofton	옹호(advocacy)
②	Crofton	중개(brokerage)
③	Smykla	옹호(advocacy)
④	Smykla	중개(brokerage)

해설 ┃ **스미크라의 보호관찰 모형** ┃

전통적 모형	내부자원 활용 + 대상자에 대해서 지도·감독에서 보도원호에 이르기까지 다양한 기능을 수행하나 통제가 더 강조됨
프로그램 모형	내부적으로 해결하고 관찰관이 전문가로 기능하기 때문에 대상자를 분류하여 관찰관의 전문성에 따라 배정하게 됨
옹호모형	외부자원을 적극 활용하여 관찰대상자에게 다양하고 전문적인 사회적 서비스를 제공받을 수 있도록 무작위로 배정된 대상자들을 사회기관에 위탁하는 것을 주요 일과로 삼고 있음
중개모형	사회자원의 개발과 중개의 방법으로 외부자원을 적극 활용하여 대상자가 전문적인 보호관찰을 받을 수 있게 하는 것

정답 ④

21. 형의 집행 및 수용자의 처우에 관한 법령상 귀휴 허가에 대한 판단으로 옳은 것은?

① 징역 18년을 선고받고 현재 5년 동안 복역 중인 중(重)경비처우급 수형자 甲의 경우에, 소장은 甲의 딸의 혼례를 사유로 귀휴를 허가할 수 없다.

② 무기형을 선고받고 현재 10년 동안 복역 중인 일반경비처우급 수형자 乙은 교정성적이 우수하다. 이 경우 소장은 교화 또는 사회복귀 준비 등을 위하여 특히 필요한 경우라고 할지라도 귀휴를 허가할 수 없다.

③ 완화경비처우급 수형자 丙은 이시(異時)의 서로 다른 두개의 범죄로 인해 각각 징역 5년과 징역 7년을 함께 선고받고 현재 3년 동안 복역 중이다. 이 경우 소장은 丙의 교정성적이 우수하다고 하더라도 아들의 군입대를 사유로 한 귀휴를 허가할 수 없다.

④ 징역 1년을 선고받고 현재 5개월 동안 복역 중인 개방처우급 수형자 丁의 장모가 사망한 경우에, 소장은 丁의 교정성적이 우수하다면 1년 동안 20일이 넘지 않는 범위에서 일반귀휴를 허가할 수 있다.

해설 6개월 이상 형을 집행받은 수형자로서 그 형기의 3분의 1(21년 이상의 유기형 또는 무기형의 경우에는 7년)이 지나고 교정성적이 우수(동법 제77조 제1항)

개방처우급·완화경비처우급 수형자이거나 교화 또는 사회복귀 준비 등을 위하여 특히 필요한 경우에는 일반경비처우급 수형자인 경우에도 일반귀휴가 가능하다(동법 시행규칙 제129조 제2항).따라서 3분의 1인 형기의 형기합산 12년 중 4년은 되어야 가능하다.

① 특별귀휴사유로 가능하다.

② 무기는 7년이상 이면 일반귀휴가 가능 하다.

④ 특별귀휴사유의 하나인 가족 또는 배우자의 직계존속이 사망한 때에 해당한다(동법 제77조 제2항 제1호). 특별귀휴는 형집행기간, 경비처우급 등 다른 요건이 필요 없고, 특별귀휴사유만 존재하면 되므로, 소장은교정성적이 우수한지의 여부와 관계없이 수형자 에게 귀휴를 허가할 수 있다.

> **참고**
>
> **귀휴(법 제77조)**
> • 일반귀휴
>   ① 소장은 6개월 이상 형을 집행받은 수형자로서 그 형기의 3분의 1(21년 이상의 유기형 또는 무기형의 경우에는 7년)이 지나고 교정성적이 우수한 사람이 다음 각 호의 어느 하나에 해당하면 1년 중 20일 이내의 귀휴를 허가할 수 있다.(일반귀휴)
>   1. 가족 또는 배우자의 직계존속이 위독한 때
>   2. 질병이나 사고로 외부의료시설에의 입원이 필요한 때
>   3. 천재지변이나 그 밖의 재해로 가족, 배우자의 직계존속 또는 수형자 본인에게 회복할 수 없는 중대한 재산상의 손해가 발생하였거나 발생할 우려가 있는 때
>   4. 그 밖에 교화 또는 건전한 사회복귀를 위하여 법무부령으로 정하는 사유가 있는 때
> • 특별귀휴
>   ② 소장은 다음 각 호의 어느 하나에 해당하는 사유가 있는 수형자에 대하여는 제1항에도 불구하고 5일 이내의 특별귀휴를 허가할 수 있다.
>   1. 가족 또는 배우자의 직계존속이 사망한 때
>   2. 직계비속의 혼례가 있는 때

정답 ③

22. 형벌의 목적에 대한 설명으로 옳지 않은 것은?

① 응보형주의는 개인의 범죄에 대하여 보복적인 의미로 형벌을 과하는 것이다.

② 교육형주의는 범죄인의 자유박탈과 사회로부터의 격리를 교육을 위한 수단으로 본다.

③ 응보형주의에 의하면 범죄는 사람의 의지에 의하여 발생하는 것이 아니라 사회 환경 및 사람의 성격에 의하여 발생하는 것이다.

④ 현대의 교정목적은 응보형주의를 지양하고, 교육형주의의 입장에서 수형자를 교정·교화하여 사회에 복귀시키는 데에 중점을 둔다.

> **해설** 응보형주의에 의하면 범죄는 사람의 자유의지에 따른 선택에 의하여 발생하는 것으로 본다.
> 설문은 목적형이나 교육형 주의의 내용이다. 〔정답〕③

23. 전환제도(diversion)의 장점이 아닌 것은?

① 형사사법대상자 확대 및 형벌 이외의 비공식적 사회통제망 확대

② 구금의 비생산성에 대한 대안적 분쟁해결방식 제공

③ 법원의 업무경감으로 형사사법제도의 능률성 및 신축성 부여

④ 범죄적 낙인과 수용자 간의 접촉으로 인한 부정적 위험 회피

> **해설** 전환제도에 의해서 기존의 제도 하에서는 형사제제를 받지 않던 사람이 전환제도의 시행으로 형사제재를 받게 되는 경우가 있고 그것을 형사사법망의 확대라 하고 전환제도의 단점으로 볼 수 있다. 〔정답〕①

24. 소년부 판사가 결정으로 그 기간을 연장할 수 있는 보호처분만을 모두 고르면?

> ㄱ. 보호관찰관의 단기 보호관찰
> ㄴ. 병원, 요양소 또는 보호소년 등의 처우에 관한 법률에 따른 의료재활소년원에 위탁
> ㄷ. 장기 소년원 송치
> ㄹ. 보호자 또는 보호자를 대신하여 소년을 보호할 수 있는 자에게 감호 위탁

① ㄱ, ㄷ   ② ㄴ, ㄷ   ③ ㄴ, ㄹ   ④ ㄷ, ㄹ

해설 ㄴ. 은 6개월 ㄹ.도 6개월 연장가능하다.

┃보호처분 ┃

처분종류	내용	기간	전부 또는 일부 병합
① 1호 처분	보호자 등에게 감호위탁	6월, (6월의 범위, 1차 연장가능)	수강명령, 사회봉사명령, 단기 보호관찰, 장기 보호관찰
② 2호 처분	수강명령 (12세 이상)	100시간 이내	보호자 등 감호위탁, 사회봉사명령, 단기 보호관찰, 장기 보호관찰
③ 3호 처분	사회봉사명령 (14세 이상)	200시간 이내	보호자 등 감호위탁, 수강명령, 단기 보호관찰, 장기 보호관찰
④ 4호 처분	단기 보호관찰	1년 〈연장 안됨〉	보호자 등 감호위탁, 수강명령, 사회봉사명령, 소년보호시설 등에 감호위탁
⑤ 5호 처분	장기 보호관찰	2년, (1년의 범위, 1차 연장가능)	보호자 등에게 감호위탁, 수강명령, 사회봉사명령, 소년보호시설 등에 감호위탁, 1개월 이내 소년원 송치
⑥ 6호 처분	소년보호시설 등에 감호위탁	6월, (6월의 범위, 1차 연장가능)	단기 보호관찰, 장기 보호관찰
⑦ 7호 처분	병원, 요양소, 의료재활소년원에 위탁	6월, (6월의 범위, 1차 연장가능)	–
⑧ 8호 처분	1개월 이내 소년원 송치	1월 이내	장기 보호관찰
⑨ 9호 처분	단기 소년원 송치	6월 이내 〈연장 안됨〉	–
⑩ 10호 처분	장기 소년원 송치 (12세 이상)	2년 이내 〈연장 안됨〉	–

정답 ③

25. 범죄원인에 대한 설명으로 옳은 것은?

① 퀴니(Quinney)는 대항범죄(crime of resistance)의 예로 살인을 들고 있다.
② 레크리스(Reckless)는 범죄를 유발하는 압력요인으로 불안감을 들고 있다.
③ 중화기술이론에서 세상은 모두 타락했고, 경찰도 부패했다고 범죄자가 말하는 것은 책임의 부정에 해당한다.
④ 부모 등 가족구성원이 실망할 것을 우려해서 비행을 그만두는 것은 사회유대의 형성 방법으로서 애착(attachment)에 의한 것으로 설명할 수 있다.

해설 허쉬(Hirschi)는 사회연대(유대)이론에서 비행을 저지르지 못하게 하는 요인인 사회연대의 요소로 애착 (attachment), 전념(commitment), 참여(involvement), 신념(belief)을 들고 있다. 부모 등 가족구성원이 실망할 것을 우려해서 비행을 그만두는 것은 사회연대의 요소 중 애착에 해당한다.

참고

허쉬의 사회연대(통제) 요인
① 애착(Attachment)
애착은 애정과 정서적 관심을 통하여 개인이 사회와 맺고 있는 유대관계를 뜻한다. 허쉬는 부모를 위해 비행을 그만두는 등 애착에 의한 사회유대를 가장 중시하였다. (애착 : 부자 간의 정, 친구 사이의 우정, 가족 구성원의 사랑, 선생님에 대한 존경심 등)
② 전념(집착 : Commitment)
전념은 규범준수에 따른 사회적 보상에 관심을 갖고 지속적으로 임하는 것을 뜻한다. 공부나 일에 전념한 사람일수록 범죄를 범하면 잃을 것이 많기 때문에 범죄행위를 하지 않는다.
③ 참여(관여 : Involvement)
참여는 행위적 측면에서 개인이 사회와 맺고 있는 유대관계를 뜻한다. 사회생활에 대한 참여가 적을수록 게으른 자에게 악이 번창하듯 범죄를 저지를 가능성이 높다.
④ 신념(믿음 : Belief)
믿음은 사회규범에 대한 신봉의 정도 및 규범의 내면화 정도를 뜻한다. 사회규범에 대한 믿음이 약할수록 비행이나 범죄를 저지를 가능성이 높다

① 적응범죄(crime of accommodation)란 자본주의에 의해 곤경에 빠진 사람들이 다른 사람의 수입과 재산을 탈취함으로써 보상받으려 하거나 혹은 자본주의에 의해 피해를 입은 사람들이 무력을 행사하여 다른 사람의 신체를 해하는 유형 등의 범죄이고 대항범죄(crime of resistance)란 자본가들의 지배에 대항하는 범죄 유형으로 이 같은 범죄로 Quinney는 비폭력적이거나 잠재적인 불법행위와 자본주의에 직접적으로 대항하는 혁명적인 행위들을 포함시켰다. 살인은 적응범죄(crime of accommodation)의 유형 중 하나이다.

② 불안감은 범죄유발요인 중 배출요인에 해당한다.
    ㉠ 압력요인 : 불만족한 상태에 들게 하는 요소를 말한다. 가족 간의 갈등, 열악한 생활조건, 성공기회의 박탈, 열등한 지위 등이 있다.
    ㉡ 유인요인 : 정상적인 생활에서 이탈하도록 유인하는 요소를 말한다. 나쁜 친구, 범죄조직, 불건전한 대중 매체 등이 있다.
    ㉢ 배출요인 : 범죄나 비행을 자행하게 하는 개인의 생물학적 · 심리학적 요소를 말한다. 불안감, 불만감, 긴장감, 증오심, 공격성, 즉흥성 등이 있다.

③ 비난자에 대한 비난에 해당한다.

참고

중화기술 유형
① 책임의 부정 : 빈곤, 나쁜 친구의 유혹 등의 탓으로 책임을 전가하고 자신도 피해자라고 함. (가난이 죄다. 나쁜 친구를 사귄 죄다. 음주 때문이다.)
② 가해의 부정 : "훔친 것이 아니라 빌린 것이다"라고 하는 등 손해를 입은 사람이 없다고 함.
③ 피해자의 부정 : 자신의 절도행위를 세금포탈 등 부정직자에 대한 정의의 응징으로 생각하고, 자신을 '도덕적보복자'라고 함.
④ 비난에 대한 비난 : 자신을 비난하는 사람(교사 · 경찰 · 법관 등)이 더 나쁜 사람이라고 함.
⑤ 고도의 충성심(상위가치)에 대한 호소

정답 ④

01. 형의 집행 및 수용자의 처우에 관한 법령상 감염성 질병에 관한 조치에 대한 내용으로 옳지 않은 것은?

① 소장은 수용자가 감염병에 걸렸다고 의심되는 경우에는 2주 이상 격리수용하고 그 수용자의 휴대품을 소독하여야 한다.

② 소장은 감염병이 유행하는 경우에는 수용자가 자비로 구매하는 음식물의 공급을 중지할 수 있다.

③ 소장은 수용자가 감염병에 걸린 경우 지체 없이 법무부장관에게 보고하고 관할 보건기관의 장에게 알려야 한다.

④ 소장은 감염병의 유행으로 자비구매물품의 사용이 중지된 경우에는 구매신청을 제한할 수 있다.

 ① 2주가 아닌 1주 이상 격리수용하고 그 수용자의 휴대품을 소독하여야 한다(형집행법 시행령 제53조 제1항).
② 동법 시행령 제53조 제2항
③ 동법 시행령 제53조 제4항
④ 동법 시행규칙 제17조 제2항 　　　　　　　　　　　　　　　　　　 정답 ①

02. 「형의 집행 및 수용자의 처우에 관한 법률 시행규칙」상 수용자의 번호표에 사용하지 않는 색상은?

① 초록색
② 노란색
③ 파란색
④ 붉은색

 ② 관심대상수용자와 조직폭력수용자의 번호표 및 거실표의 색상은 노란색으로 한다(형집행법 시행규칙 제195조 제1항).
③ 마약류수용자의 번호표 및 거실표의 색상은 파란색으로 한다(형집행법 시행규칙 제195조 제1항).
④ 사형확정자의 번호표 및 거실표의 색상은 붉은색으로 한다(동법 시행규칙 제150조 제4항).
　　　　　　　　　　　　　　　　　　　　　　　　　　　　　　　　 정답 ①

03. 형의 집행 및 수용자의 처우에 관한 법령상 수용자의 종교 및 문화활동에 대한 설명으로 옳은 것은?

① 수용자가 자신의 비용으로 구독을 신청할 수 있는 신문·잡지 또는 도서는 교정시설의 보관 범위 및 수용자의 소지범위를 벗어나지 아니하는 범위에서 원칙적으로 신문은 월 3종 이내 로, 도서(잡지를 포함한다)는 월 5권 이내로 한다.

② 소장은 수용자의 건강과 일과시간 등을 고려하여 1일 4시간 이내에서 방송편성시간을 정한 다. 다만, 토요일·공휴일, 작업·교육실태 및 수용자의 특성을 고려하여 방송편성시간을 조 정할 수 있다.

③ 수용자는 휴업일 및 휴게시간 내에 시간의 제한 없이 집필할 수 있다. 다만, 부득이한 사정 이 있는 경우에는 그러하지 아니하다.

④ 소장은 수용자의 신앙생활에 필요한 서적이나 물품을 신청할 경우 외부에서 제작된 휴대용 종교서적 및 성물을 제공하여야 한다.

 ① 교정시설의 보관범위 및 수용자가 지닐 수 있는 범위를 벗어나지 않는 범위에서 신문은 월 3종 이내로, 도서(잡지를 포함한다)는 월 10권 이내로 한다. 다만, 소장은 수용자의 지식함양 및 교양습득에 특히 필 요하다고 인정하는 경우에는 신문 등의 신청 수량을 늘릴 수 있다(형집행법 시행규칙 제35조).
② 1일 6시간 이내에서 방송편성시간을 정한다(동법 시행규칙 제39조).
③ 동법 시행령 제75조 제1항
④ 소장은 수용자의 신앙생활에 필요하다고 인정하는 경우에는 외부에서 제작된 휴대용 종교도서 및 성물 을 수용자가 지니게 할 수 있다(동법 시행규칙 제34조 제1항). 　정답 ③

04. 수용자의 권리구제에 대한 설명으로 옳지 않은 것은?

① 소장은 특별한 사정이 있으면 소속 교도관으로 하여금 그 면담을 대리하게 할 수 있으며, 이 경우 면담을 대리한 사람은 그 결과를 소장에게 지체 없이 보고하여야 한다.

② 사법적 권리구제수단으로는 행정소송, 민·형사소송, 청원, 헌법소원이 있다.

③ 구금·보호시설의 직원은 국가인권위원회 위원 등이 시설에 수용되어 있는 진정인과 면담하 는 장소에 참석할 수 없으며, 대화내용을 듣거나 녹취하지 못한다. 다만, 보이는 거리에서 시설수용자를 감시할 수 있다.

④ 청원권자는 수형자, 미결수용자, 내·외국인을 불문하고 「형의 집행 및 수용자의 처우에 관 한 법률」상 수용자이다.

 ① 형집행법 제116조 제3항
② 사법적 권리구제수단으로 행정소송, 민·형사소송, 헌법소원이 있으며, 비사법적 권리구제수단으로 청원, 소장면담, 행정심판, 국가인권위원회 진정, 민원조사관제, 중재, 감사원 심사 청구 등이 있다.
③ 시설에 수용되어 있는 진정인(진정을 하려는 사람을 포함)과 위원 또는 위원회 소속 직원의 면담에는 구 금·보호시설의 직원이 참여하거나 그 내용을 듣거나 녹취하지 못한다. 다만, 보이는 거리에서 시설수용 자를 감시할 수 있다(국가인권위원회법 제31조 제6항).
④ 형집행법 제117조 제1항 　정답 ②

05. 통제이론에 대한 설명으로 옳지 않은 것은?

① 라이스(A. Reiss) : 소년비행의 원인을 낮은 자기통제력에서 찾았다.
② 레크리스(W. Reckless) : 청소년이 범죄환경의 압력을 극복한 것은 강한 자아상 때문이다.
③ 허쉬(T. Hirschi) : 범죄행위의 시작이 사회와의 유대약화에 있다고 보았다.
④ 에그뉴(R. Agnew) : 범죄는 사회적으로 용인된 기술을 학습하여 얻은 자기합리화의 결과이다.

 ① 라이스의 개인통제 이론
② 레크리스의 봉쇄이론
③ 허쉬의 사회통제(유대)이론
④ 사이크스(Sykes)와 맛차(Matza)의 중화기술이론에 대한 설명으로 에그뉴(Agnew)의 일반긴장이론은 스트레스와 긴장을 느끼는 개인이 범죄를 저지르기 쉬운 이유를 설명하는 이론으로, 긴장의 개인적 영향을 밝히는데 도움을 주었으며 하류계층의 범죄를 주로 설명하는 머튼의 아노미 이론과 달리 상류계층의 범죄의 원인도 설명이 가능한 이론이다.　　　　　　　　　　　　　　　　　　　　　　　정답 ④

06. 발달범죄학이론에 대한 설명으로 옳지 않은 것은?

① 1930년대 글룩(Glueck) 부부의 종단연구는 발달범죄학이론의 토대가 되었다.
② 인생항로이론은 인간의 발달이 출생 시나 출생 직후에 나타나는 주된 속성에 따라 결정된 다고 주장한다.
③ 인생항로이론은 인간이 성숙해 가면서 그들의 행위에 영향을 주는 요인도 변화한다는 사실을 인정한다.
④ 인생항로이론은 첫 비행의 시기가 빠르면 향후 심각한 범죄를 저지를 것이라고 가정한다.

해설 잠재적 특질 이론에 대한 설명이다. 잠재적 특질 이론은 범죄행동이 출생 또는 그 직후에 나타나고, 평생을 통해서 변화하지 않는 주요한 특질에 의해 통제되기 때문에 인간은 변하지 않고 기회가 변할 뿐이라는 관점을 취하나 인생항로 이론은 인간은 인생항로 속에서 많은 변화를 경험하게 되고, 다양한 사회적·개인적·경제적 요인들이 범죄성에 영향을 미친다는 것으로 일부 위험스러운 아이가 왜 범죄를 중단하는가를 설명할 수 있다. 이 이론은 개인의 생애 과정 가운데 범죄를 만들어 내는 결정적 순간을 파악하고자 한다.

> **보충**
>
> **관련이론**
> ㈎ 연령 – 등급이론(Sampson & Laub)
> 　㉠ 사람이 성숙해가면서 범죄를 저지르는 성향에 영향을 주는 요인은 변화한다는 것이다.
> 　㉡ 어린 시절에는 가족요인이 결정적이고, 성인기에는 결혼이나 직장요인이 범죄행위에 큰 영향을 끼친다.
> 　㉢ 생애에 걸쳐 범죄를 발생시키는 결정적 순간을 파악하고자 한 이론이다.
> ㈏ 사회적 발달모델(Hawkins & Catalano)
> 　㉠ 지역사회의 위험요인이 일부 사람을 반사회적 행위에 노출시킨다(가족과 사회의 해체 등)
> 　㉡ 반사회적 행위의 위험을 통제하려면 아이들이 친사회적 유대를 유지할 수 있도록 해야 한다.
> 　㉢ 가족 간의 애착, 학교와 친구에 대한 애착 정도는 반사회적 행동발달에 큰 영향을 미치는 요인이다.
> 　㉣ 가족이나 친구 사이에 애착관계가 형성되면, 친사회적 행동으로 발달하게 되고, 애착관계가 적절히 형성되지 않으면 반사회적 행동의 발달을 촉진한다.

(다) 상호작용이론(Thomberry & Krohn & Lizotte & Farnwirth)
    ⊙ 약화된 유대는 비행친구들과의 관계를 발전시켜 비행에 참여하게 되고, 빈번한 비행의 참여는 다른 친구들과의 유대를 약화시키고 결국 관습적 유대관계를 재정립하기가 어렵게 하여 만성적 범죄 경력을 유지하도록 만든다.
    ⊙ 범죄성이란 사람이 성숙해 가면서 단계별로 다른 의미와 형태를 갖는 발달 과정이다.
    ⊙ 초기 청소년기에는 가족의 애착이 결정적이고, 중기 청소년기까지는 가족의 영향력이 친구, 학교, 처소년 문화로 대체되며, 성인기에 이르러서는 개인 행위의 선택이 관습적 사회와 자신이 속한 핵가족 내의 위치에 따라 형성된다.
    ⊙ 비록 범죄가 이런 사회적 힘에 의해 영향을 받는다고 하더라도, 범죄도 이런 사회적 과정과 교제에 영향을 주기 때문에 범죄와 사회적 과정은 상호작용적이다.

정답 ②

07. 교정학 연구방법 중 실험연구에 대한 설명으로 옳지 않은 것은?

① 인과관계 검증과정을 통제하여 가설을 검증하는 데 유용한 방법이다.
② 실험집단과 통제집단에 대한 사전검사와 사후검사를 통해 종속변수에 미치는 처치의 효과를 검증한다.
③ 집단의 유사성을 확보하기 위해 무작위 할당방법이 주로 활용된다.
④ 외적 타당도에 영향을 미치는 요인들을 통제하는 데 가장 유리한 연구방법이다.

해설 ① 내적 타당도
    ⊙ 측정된 결과(종속변수)가 실험처치(독립변수)에 의한 영향으로만 나타난 변화가 맞는지에 관한 것이다. 즉 종속변수에 나타난 변화가 독립변수의 영향에 의한 것임을 확신할 수 있는 정도를 나타낸다. 만일 내적타당도가 낮다면 독립변수의 영향 외에 제3의 변수가 영향을 미쳤다는 것이며, 내적타당도가 높다면 독립변수만이 종속변수에 영향을 미쳤다고 보면 된다. 내적타당도를 높이기 위해서는 독립변수와 종속변수의 관계에 영향을 미치는 외생변수를 통제해야 한다.
    ⊙ 내적 타당도 저해요인: 사전검사와 사후검사 사이에 발생하는 통제 불가능한 특수한 사건 또는 우연한 사건 등으로 생기는 변화, 피시험자의 내적인 변화, 사전검사의 경험이 사후검사에 영향을 줌으로서 생기는 변화, 측정도구, 실험대상자의 상실 등
    ② 외적 타당도
    ⊙ 실험결과, 즉 독립변수로 인해 나타난 종속변수의 변화를 다른 상황에서도 적용했을 때 동일한 효과가 나타나는가를 나타내는 타당도이다. 이는 실험의 결과를 일반화 할 수 있는가, 즉 '일반화될 수 있는 정도'를 의미한다.
    ⊙ 외적 타당도 저해요인: 사전검사에 대한 반응적 효과, 실험대상자의 선발 편견, 실험절차에 대한 반응적 효과(조사 반응성), 다양한 실험처리의 복합적 영향 등

정답 ④

08. 다음 글에서 설명하는 것으로 옳은 것은?

> 재범위험성이 높다고 판단되는 상습범죄자를 장기간 구금한다면 사회 내의 많은 범죄를 줄일 수 있다.

① 다이버전
② 충격구금
③ 중간처우소
④ 선택적 무력화

해설　선별적(선택적) 무능력화에 대한 설명이다.

- 선별적 무능력화(Selective incapacitation)
  소수의 중·누범자 등 직업적 범죄자를 선별적으로 수용하여 이들의 범죄능력을 무력화시키자는 것으로 예측의 문제, 죄형법정주의, 형평성, 위헌성 논란 등의 문제와 교도소의 과밀수용과 그로인한 수용관리의 어려움을 초래한다.
　　　　　　　　　　　　　　　　　　　　　　　　　　　　　　　　　　　정답 ④

09. 「형의 집행 및 수용자의 처우에 관한 법률 시행규칙」상 처우등급에 대한 설명으로 옳지 않은 것은?

① 원칙적으로 경비처우급을 하향 조정하기 위하여 고려할 수 있는 평정소득점수의 기준은 5점 이하이다.
② 재심사에 따라 경비처우급을 조정할 필요가 있는 경우에는 세 단계의 범위에서 조정할 수 있다.
③ 소장은 수형자의 경비처우급을 조정한 경우에는 지체 없이 해당 수형자에게 그 사항을 알려야 한다.
④ 소장은 수형자를 처우등급별 수용하는 경우 개별처우의 효과를 증진하기 위하여 경비처우급·개별처우급이 같은 수형자 집단으로 수용하여 처우할 수 있다.

해설　① 형집행법 시행규칙 제81조
② 재심사에 따라 경비처우급을 조정할 필요가 있는 경우에는 한 단계의 범위에서 조정한다. 다만, 수용 및 처우를 위하여 특히 필요한 경우에는 두 단계의 범위에서 조정할 수 있다(동법 시행규칙 제68조 제2항).
③ 동법 시행규칙 제82조 제2항
④ 동법 시행규칙 제83조 제2항
　　　　　　　　　　　　　　　　　　　　　　　　　　　　　　　　　　　정답 ②

10. 범죄예측에 대한 설명으로 옳은 것은?

① 전체적 평가법은 통계적 예측법에서 범하기 쉬운 객관성 문제를 개선하기 위해 개발된 방법이다.

② 통계적 예측법은 범죄자의 소질과 인격에 대한 상황을 분석하여 범죄자의 범죄성향을 임상적 경험에 의하여 예측하는 방법이다.

③ 버제스(E. W. Burgess)는 경험표(experience table)라 불렸던 예측표를 작성·활용하여 객관적인 범죄예측의 기초를 마련하였다.

④ 가석방 시의 예측은 교도소에서 가석방을 결정할 때 수용생활 중의 성적만을 고려하여 결정한다.

> 해설 ① 통계적 예측법은 전체적 평가법에서 범하기 쉬운 객관성 문제를 개선하기 위해 고안된 방법이다.
> ② 전체적 평가법 이나 임상적 예측법에 대한 설명이다. 통계적 예측법은 여러 자료를 통하여 범죄예측요인을 수치화 함으로써 점수의 비중에 따라 범죄를 예측하는 것이다.
> ④ 가석방시의 예측은 가석방을 결정할 때 그 대상자의 재범위험성 등을 예측하는 것으로, 수용성적 뿐만 아니라 사회복귀 후의 환경 등을 고려하여 가석방 여부를 결정한다. [정답] ③

11. 「형의 집행 및 수용자의 처우에 관한 법률 시행규칙」상 가족 만남의 날 행사 등에 대한 설명으로 옳은 것은?

① 수형자와 그 가족이 원칙적으로 교정시설 밖의 일정한 장소에서 다과와 음식을 함께 나누면서 대화의 시간을 갖는 행사를 말한다.

② 소장은 중경비처우급 수형자에 대하여 가족 만남의 날 행사에 참여하게 하거나 가족 만남의 집을 이용하게 할 수 있다.

③ 가족 만남의 날 행사에 참여하는 횟수만큼 수형자의 접견 허용횟수는 줄어든다.

④ 소장은 가족이 없는 수형자에 대하여는 결연을 맺었거나 그 밖에 가족에 준하는 사람으로 하여금 그 가족을 대신하게 할 수 있다.

> 해설 ① 가족 만남의 날 행사란 수형자와 그 가족이 교정시설의 일정한 장소에서 다과와 음식을 함께 나누면서 대화의 시간을 갖는 행사를 말하며, 가족 만남의 집이란 수형자와 그 가족이 숙식을 함께 할 수 있도록 교정시설에 수용동과 별도로 설치된 일반주택 형태의 건축물을 말한다(형집행법 시행규칙 제89조 제4항).
> ②,③ 소장은 개방처우급·완화경비처우급 수형자에 대하여 가족 만남의 날 행사에 참여하게 하거나 가족 만남의 집을 이용하게 할 수 있다. 이 경우 접견 허용횟수에는 포함되지 아니한다(동법 시행규칙 제89조 제1항). 소장은 교화를 위하여 특히 필요한 경우에는 일반경비처우급 수형자에 대하여도 가족 만남의 날 행사 참여 또는 가족 만남의 집 이용을 허가할 수 있다(동법 시행규칙 제89조 제3항).
> ④ 동법 시행규칙 제89조 제2항 [정답] ④

12. 「전자장치 부착 등에 관한 법률」에 대한 설명으로 옳은 것은?

① 만 18세 미만의 자에 대하여 부착명령을 선고한 때에는 18세에 이르기까지 이 법에 따른 전자장치를 부착할 수 없다.

② 전자장치 부착기간은 이를 집행한 날부터 기산하되, 초일은 산입하지 아니한다.

③ 전자장치 부착명령의 청구는 공소제기와 동시에 하여야 한다.

④ 법원이 특정범죄를 범한 자에 대하여 형의 집행을 유예하고 보호관찰을 받을 것을 명하면서 전자장치를 부착할 것을 명한 경우 이 부착명령은 집행유예가 실효되면 그 집행이 종료된다.

> **해설**
> ① 만 19세 미만의 자에 대하여 부착명령을 선고한 때에는 19세에 이르기까지 이 법에 따른 전자장치를 부착할 수 없다(전자장치 부착 등에 관한 법률 제4조).
> ② 전자장치 부착기간은 이를 집행한 날부터 기산하되, 초일은 시간을 계산함이 없이 1일로 산정한다(동법 제32조 제1항).
> ③ 부착명령의 청구는 공소가 제기된 특정범죄사건의 항소심 변론종결 시까지 하여야 한다(동법 제5조 제5항).
> ④ 동법 제28조 제1항, 동법 제30조 제2호   정답 ④

13. 외국인수용자의 처우에 대한 설명으로 옳은 것은?

① 외국인수용자 전담요원은 외국인 미결수용자에게 소송 진행에 필요한 법률지식을 제공하는 조력을 하여야 한다.

② 외국인수용자를 수용하는 소장은 외국어 통역사 자격자를 전담요원으로 지정하여 외교공관 및 영사관 등 관계기관과의 연락업무를 수행하게 하여야 한다.

③ 소장은 외국인수용자의 수용거실을 지정하는 경우에는 반드시 분리수용하도록 하고, 그 생활양식을 고려하여 필요한 설비를 제공하여야 한다.

④ 외국인수용자에 대하여 소속국가의 음식문화를 고려할 필요는 없지만, 외국인수용자의 체격 등을 고려하여 지급하는 음식물의 총열량을 조정할 수 있다.

> **해설**
> ① 형집행법 시행규칙 제56조 제2항
> ② 외국인수용자를 수용하는 소장은 외국어에 능통한 소속 교도관을 전담요원으로 지정하여 일상적인 개별면담, 고충해소, 통역·번역 및 외교공관 또는 영사관 등 관계기관과의 연락 등의 업무를 수행하게 하여야 한다(동법 시행규칙 제56조 제1항).
> ③ 소장은 외국인수용자의 수용거실을 지정하는 경우에는 종교 또는 생활관습이 다르거나 민족감정 등으로 인하여 분쟁의 소지가 있는 외국인수용자는 거실을 분리하여 수용하여야 하며, 외국인수용자에 대하여는 그 생활양식을 고려하여 필요한 수용설비를 제공하도록 노력하여야 한다(동법 시행규칙 제57조).
> ④ 외국인수용자에 대하여는 쌀, 빵 또는 그 밖의 식품을 주식으로 지급하되, 소속 국가의 음식문화를 고려하여야 하며(동법 시행규칙 제58조 제2항), 외국인수용자에게 지급하는 음식물의 총열량은 소속 국가의 음식문화, 체격 등을 고려하여 조정할 수 있다(동법 시행규칙 제58조 제1항).   정답 ①

14. 「교도관직무규칙」상 교정직교도관의 직무에 대한 설명으로 옳지 않은 것은?

① 수용자를 부를 때에는 수용자 번호와 성명을 함께 부르는 것이 원칙이다.

② 수용자의 도주, 폭행, 소요, 자살 등 구금목적을 해치는 행위에 관한 방지 조치는 다른 모든 직무에 우선한다.

③ 교정직교도관이 수용자의 접견에 참여하는 경우에는 수용자와 그 상대방의 행동·대화내용을 자세히 관찰하여야 한다.

④ 수용자가 작성한 문서로서 해당 수용자의 날인이 필요한 것은 오른손 엄지손가락으로 손도장을 찍게 하는 것이 원칙이다.

> 해설 ① 수용자를 부를 때에는 수용자 번호를 사용한다. 다만, 수용자의 심리적 안정이나 교화를 위하여 필요한 경우에는 수용자 번호와 성명을 함께 부르거나 성명만을 부를 수 있다(교도관직무규칙 제12조).
> ② 동 규칙 제6조
> ③ 동 규칙 제41조 제1항
> ④ 동 규칙 제14조 제1항 〔정답〕 ①

15. 「형의 집행 및 수용자의 처우에 관한 법률 시행규칙」상 원칙적으로 교정시설 밖에 있는 외부기업체에 통근하며 작업하는 수형자의 선정기준에 해당되지 않는 것은?

① 해당 작업 수행에 건강상 장애가 없을 것

② 일반경비처우급 이상에 해당할 것

③ 가족·친지 또는 교정위원 등과 접견·편지수수·전화통화 등으로 연락하고 있을 것

④ 집행할 형기가 7년 미만이고 가석방이 제한되지 아니할 것

> 해설 개방처우급·완화경비처우급에 해당할 것(형집행법 시행규칙 제120조 제1항 제3호) 〔정답〕 ②

16. 형의 집행 및 수용자의 처우에 관한 법령상 작업과 직업훈련에 대한 설명으로 옳은 것은?

① 장애인수형자 전담교정시설의 장은 장애인수형자에 대한 직업훈련이 석방 후의 취업과 연계될 수 있도록 그 프로그램의 편성 및 운영에 특히 유의하여야 한다.

② 소장은 사형확정자가 작업을 신청하면 분류처우회의의 심의를 거쳐 교정시설 안에서 실시하는 작업을 부과할 수 있다.

③ 소장은 교도관에게 매월 수형자의 작업실적을 확인하게 하여야 한다.

④ "집중적인 근로가 필요한 작업"이란 수형자의 신청에 따라 1일 작업시간 중 접견·전화통화·교육 및 공동행사 참가 등을 하지 아니하고 휴게시간을 포함한 작업시간 내내 하는 작업을 말한다.

① 형집행법 시행규칙 제53조

② 소장은 사형확정자가 작업을 신청하면 교도관회의의 심의를 거쳐 교정시설 안에서 실시하는 작업을 부과할 수 있다(동법 시행규칙 제153조 제1항).

③ 소장은 교도관에게 매일 수형자의 작업실적을 확인하게 하여야 한다(동법 시행령 제92조).

④ 집중적인 근로가 필요한 작업이란 수형자의 신청에 따라 1일 작업시간 중 접견·전화통화·교육 및 공동행사 참가 등을 하지 아니하고 휴게시간을 제외한 작업시간 내내 하는 작업을 말한다(동법 시행령 제95조).

정답 ①

17. 형의 집행 및 수용자의 처우에 관한 법령상 귀휴를 허가할 수 있는 대상이 아닌 것은?

① 10년의 징역형을 받고 4개월 복역한 일반경비처우급 수형자 A가 장모님의 사망을 이유로 5일간의 귀휴를 신청하였다.

② 3년 징역형을 받고 13개월을 복역한 완화경비처우급 수형자 B가 출소 전 취업준비를 이유로 귀휴를 신청하였다.

③ 20년 징역형을 받고 6년을 복역한 완화경비처우급 수형자 C가 장인의 위독함을 이유로 귀휴를 신청하였다.

④ 무기형을 받고 10년을 복역한 완화경비처우급 수형자 D가 아들의 군입대를 이유로 귀휴를 신청하였다.

① 배우자의 직계존속이 사망한 때에는 5일 이내의 특별귀휴를 허가할 수 있다(형집행법 제77조 제2항). 특별귀휴는 경비처우급에 따른 제한이 없다.

② 6개월 이상 형을 집행받은 수형자로서 그 형기의 3분의 1이 지나고 교정성적이 우수한 완화경비처우급 수형자가 출소 전 취업 또는 창업 등 사회복귀 준비를 위하여 필요한 때에는 1년 중 20일 이내의 귀휴를 허가할 수 있다(동법 제77조 제1항, 동법 시행규칙 제129조 제2항·제3항 제6호).

③ 일반귀휴 사유(배우자의 직계존속이 위독한 때)에 해당하나, 형기의 3분의 1이 지나지 않았으므로 귀휴를 허가할 수 있는 대상이 아니다(동법 제77조 제1항).

④ 무기형의 경우 7년이 지나고, 직계비속이 입대하게 된 때에는 1년 중 20일 이내의 귀휴를 허가할 수 있다(동법 제77조 제1항, 동법 시행규칙 제129조 제2항·제3항 제3호).

정답 ③

18. 지역사회교정에 대한 설명으로 옳지 않은 것은?

① 교정의 목표는 사회가 범죄자에게 교육과 취업기회를 제공해주고 사회적 유대를 구축 또는 재구축하는 것이다.

② 구금이 필요하지 않은 범죄자들에게는 구금 이외의 처벌이 필요하다.

③ 전통적 교정에 대한 새로운 대안의 모색으로 지역사회의 책임이 요구되었다.

④ 교정개혁에 초점을 둔 인간적 처우를 증진하며 범죄자의 책임을 경감시키는 시도이다.

지역사회교정은 범죄자에 대한 인도주의적 처우, 사회복귀의 긍정적 효과 그리고 교정경비의 절감과 , 지역사회의 보호와 사회복귀와 재통합 등을 목표로 하며 범죄자의 책임을 경감시키는 것과는 관련이 없다.

정답 ④

19. 소년수용자의 처우에 대한 설명으로 옳은 것은?

① 소년수형자 전담교정시설에는 별도의 개별학습공간을 마련하고 학용품 및 소년의 정서 함양에 필요한 도서, 잡지 등을 갖춰두어야 한다.

② 소장은 소년수형자 등의 나이·적성 등을 고려하여 필요하다고 인정하면 접견 및 전화통화 횟수를 늘릴 수 있다.

③ 소장은 소년수형자의 나이·적성 등을 고려하여 필요하다고 인정하면 발표회 및 공연 등 참가활동을 제외한 본인이 희망하는 활동을 허가할 수 있다.

④ 소년수형자 전담교정시설이 아닌 교정시설에서는 소년수용자를 수용할 수 없다.

 ① 소년수형자 전담교정시설에는 별도의 공동학습공간을 마련하고 학용품 및 소년의 정서 함양에 필요한 도서, 잡지 등을 갖춰 두어야 한다(형집행법 시행규칙 제59조의2 제2항).

② 동법 시행규칙 제59조의4

③ 소장은 소년수형자 등의 나이·적성 등을 고려하여 필요하다고 인정하면 소년수형자 등에게 교정시설 밖에서 이루어지는 사회견학, 사회봉사, 자신이 신봉하는 종교행사 참석, 연극·영화·그 밖의 문화공연 관람을 허가할 수 있다. 이 경우 소장이 허가할 수 있는 활동에는 발표회 및 공연 등 참가 활동을 포함한다(동법 시행규칙 제59조의5).

④ 소년수형자 전담교정시설이 아닌 교정시설에서는 소년수용자를 수용하기 위하여 별도의 거실을 지정하여 운용할 수 있다(동법 시행규칙 제59조의3 제1항). 정답 ②

20. 「형의 집행 및 수용자의 처우에 관한 법률 시행규칙」상 노인수용자의 처우에 대한 설명으로 옳은 것은?

① 노인수형자 전담교정시설에는 별도의 개별휴게실을 마련하고 노인이 선호하는 오락용품 등을 갖춰두어야 한다.

② 노인수형자를 수용하고 있는 시설의 장은 노인문제에 관한 지식과 경험이 풍부한 외부전문가를 초빙하여 교육하게 하는 등 노인수형자의 교육 받을 기회를 확대하고, 노인전문오락, 그 밖에 노인의 특성에 알맞은 교화프로그램을 개발·시행하여야 한다.

③ 소장은 노인수용자가 거동이 불편하여 혼자서 목욕하기 어려운 경우에는 교도관, 자원봉사자 또는 다른 수용자로 하여금 목욕을 보조하게 할 수 있다.

④ 소장은 노인수용자가 작업을 원하는 경우에는 나이·건강상태 등을 고려하여 해당 수용자가 감당할 수 있는 정도의 작업을 부과한다. 이 경우 담당 교도관의 의견을 들어야 한다.

해설 ① 노인수형자 전담교정시설에는 별도의 공동휴게실을 마련하고 노인이 선호하는 오락용품 등을 갖춰두어야 한다(형집행법 시행규칙 제43조 제2항).

② 노인수형자 전담교정시설의 장은 노인문제에 관한 지식과 경험이 풍부한 외부전문가를 초빙하여 교육하게 하는 등 노인수형자의 교육 받을 기회를 확대하고, 노인전문오락, 그 밖에 노인의 특성에 알맞은 교화프로그램을 개발·시행하여야 한다(동법 시행규칙 제48조 제1항).

③ 동법 시행규칙 제46조 제2항

④ 이 경우 의무관의 의견을 들어야 한다(동법 시행규칙 제48조 제2항). 정답 ③

IV

심화문제

심화문제

01. 범죄원인에 대한 고전학파이론이 대두된 배경을 적시한 것 중 틀린 것은 모두 몇 개인가?

> ㉠ 인간의 본래적인 모습은 항상 기쁨을 극대화하고, 고통을 최소화하려는 경향을 갖는다.
> ㉡ 인간과 사회와의 관계는 계약관계이다.
> ㉢ 생물학, 물리학, 화학 등 자연과학의 발전이 배경이 되었다.
> ㉣ 행위를 통제할 수 있는 근본적인 도구는 고통에 의한 공포감이다.
> ㉤ 사회는 개인을 처벌할 수 있는 권리가 있으며, 이러한 권리는 형벌집행을 전담하는 국가기구에 위임될 수 있다.
> ㉥ 인간의 의지란 심리적으로 실재하는 것으로 인식되어야 한다.
> ㉦ 환경의 변화에 적응하는 생명체는 생존할 수 있다는 적자생존의 원칙이 제기되었다.

① 2개   ② 3개
③ 4개   ④ 5개

 X : ㉢㉦은 실증주의학파가 대두하게 된 시대적 배경에 해당한다.
　　　　 O : ㉠㉡㉣㉤㉥

정답 ①

02. 고전주의에 대한 설명으로 맞는 것은?

① 관찰과 실험
② 자유의지에 대한 믿음
③ 자연과학의 발전
④ 통계의 활용

 ② 고전주의는 인간이 스스로의 행동을 규율하고 통제할 수 있는 자유의사를 가진 합리적 존재인 동시에 일탈할 잠재성을 지닌 존재라고 보고 있다(비결정론·성악설).
　　　　 ①③④는 실증주의에 관한 설명이다.

정답 ②

03. 고전주의의 토대를 이루는 사상적 배경으로 옳지 않은 것은 모두 몇 개인가?

> ㉠ 모든 인간은 항상 기쁨을 극대화하고, 고통을 최소화하려는 경향을 갖는다.
> ㉡ 인간은 합리적 존재인 동시에 일탈의 잠재성을 가진 존재이다.
> ㉢ 형벌이 인간의 행위를 통제하는 영향력은 크지 않다.
> ㉣ 사회는 개인을 처벌할 권리를 가지지 않는다.
> ㉤ 형벌은 잔혹해서는 아니 되며, 범죄의 예방적 기능을 할 정도로 합리적이어야 한다.
> ㉥ 범죄는 사회계약에 대한 위반이다.
> ㉦ 법률은 가능한 한 많을수록 좋다.
> ㉧ 형벌은 교화를 위해 사용되어서는 아니 된다.

① 2개 ② 3개
③ 4개 ④ 5개

해설 X : ㉢ 형벌은 인간의 의지가 행위를 통제하도록 영향력을 행사한다고 본다. ㉣ 사회는 개인을 처벌할 수 있는 권리가 있다고 본다.

O : ㉠㉡㉤㉥㉧

고전학파의 사상적 기초 요약정리

- 모든 인간은 공리적이고 쾌락적이다.
- 인간은 자유의사를 가진 합리적 존재이다.
- 형벌은 인간의 의지가 행위를 통제하도록 영향력을 행사한다.
- 사회는 개인을 처벌할 권리가 있으며, 이런 권리는 형벌집행을 전담하는 국가기구에 위임될 수 있다.
- 형벌은 잔혹해서는 아니되며, 범죄의 예방적 기능을 할 정도로 합리적이어야 한다.
- 금지행위에 대해서는 형법전에 의해 처벌체계가 구성되어야 한다.
- 범죄는 사회계약에 대한 위반이다.
- 형벌은 범죄로 침해받은 권익과 적절한 비율을 이루어야 하고, 형벌이 교화를 위해 사용되어서도 아니된다.
- 형벌의 엄격성·확실성·신속성이 더 많이 보장될 때 범죄행위를 보다 잘 통제할 수 있다.
- 법률은 가능한 한 적은 것이 좋고, 그 실행은 적법절차에 의해 이루어져야 한다.

정답 ②

04. 고전주의 이론에 관한 설명 중 옳지 않은 것은?

① 효과적인 범죄예방대책은 형벌을 부과하여 사람들로 하여금 범죄를 선택하지 못하게 하는 것이다.

② 범죄를 예방하기 위해서는 행위자의 특성을 고려한 형벌을 부과하여야 한다.

③ 미국 범죄사회학이론 중 억제이론(Deterrence Theory)의 이론적 기초가 되었다.

④ 베카리아(C. Beccaria)는 범죄를 처벌하는 것보다 범죄를 예방하는 것이 더욱 중요하다고 하였다.

해설 ② 고전주의는 범죄가 법익을 침해하는 정도에 따라 그에 비례하는 형벌이 부과되어야 한다는 죄형균형주의의 입장에 있으며, 형벌은 다른 사람이 범죄를 저지르지 않도록 예방하는 데 있다는 일반예방주의를 강조한다. 행위자의 특성에 따른 형벌부과는 실증주의 범죄이론의 특성이다.

[정답] ②

05. 다음은 고전주의학파와 실증주의학파에 관한 내용이다. 같은 학파에 해당하는 내용만으로 옳게 묶인 것은?

> ⊙ 인간을 자유의사를 가진 이성적 존재로 보았다.
> ⓒ 계몽주의, 공리주의에 사상적 기초를 두었다.
> ⓒ 범죄와 형벌의 균형을 중요시 하였다.
> ② 형벌을 보안처분으로 대체할 것을 주장하였다.
> ⓜ 인간행위보다 인간 자체에 초점을 두었다.

① ⊙, ⓒ, ⓒ

② ⊙, ⓒ, ②

③ ⊙, ②, ⓜ

④ ⓒ, ⓒ, ⓜ

해설 ⊙ⓒⓒ은 고전주의학파의 사상적 기초에 관한 설명이다.

[정답] ①

06. 베카리아의 주장 또는 그의 사상에 관한 설명으로 옳지 않은 것은 모두 몇 개인가?

> ㉠ 형벌은 자유를 남용하는 사람들로부터 사회구성원 전체의 자유를 지키기 위해서 존재해야 한다.
> ㉡ 범죄에 합당한 형벌을 모색하기 위해서는 가능한 한 법관에게 많은 법 해석의 재량권이 주어져야 한다.
> ㉢ 범죄를 예방하기 위해서는 법을 문서로 확정하여야 한다.
> ㉣ 형벌이 그 목적을 달성하기 위하여는 형벌로 인한 고통이 범죄로부터 얻는 이익을 약간 넘어서는 정도가 되어야 한다고 주장하였다.
> ㉤ 사형은 일반예방에 필요한 한도를 넘으므로 불필요한 제도라고 보고, 사형폐지론을 주장하였다.
> ㉥ 「범죄와 형벌」을 통하여 당시의 형사사법제도를 비판하였다.
> ㉦ 잔혹한 형의 집행보다는 예외 없는 처벌이 범죄예방에 효과적이라고 주장하였다.
> ㉧ 인도주의적 입장에서 범죄자에 대한 사면을 적극 활용해야 한다고 주장하였다.
> ㉨ 범죄자와 피해자 사이에 계급의 차이가 있는 경우에는 배심원의 절반은 피해자 계급, 나머지 절반은 범죄자 계급으로 구성해야 한다고 주장하였다.

① 2개   ② 3개
③ 4개   ④ 5개

해설 X : ㉡ 베카리아는 입법자는 판사가 이미 설정되어 있는 범위를 넘어 범죄자들에게 형벌을 부과할 수 없도록 입법해야 한다고 주장하였다(판사의 자의적 법해석 금지), ㉧ 베카리아는 형사제도의 무질서와 법에 대한 존중심을 훼손한다는 이유를 들어 사면을 반대하였다.
O : ㉠㉢㉣㉤㉥㉦㉨

정답 ①

07. 다음 중 그 연결이 바르지 못한 것은?

① 베카리아(Baccaria) - 형벌의 계량화
② 벤담(J. Bentham) - 파놉티콘형 교도소 제안
③ 포이에르바하(Feuerbach) - 심리강제설
④ 프라이(E. Fry) - 여성수형자의 처우개선을 위한 영국부인회 조직

해설 ① 형벌의 계량화는 벤담이 주장한 것으로 그는 '행복지수계산법'이란 공식을 제안하여 범죄로 인한 이득·고통·완화상황 등을 계량화하고, 이를 상쇄하기에 적합한 형벌을 부과할 것을 주장하였다.

정답 ①

08. 존 하워드(J. Howard)가 감옥개량을 위해 주장한 내용과 가장 거리가 먼 것은?

① 감옥은 징벌장소가 아닌 개선장소로 기능하여야 한다.

② 수형자는 야간에는 독거수용하여야 하며, 상호 간의 접촉은 차단되어야 한다.

③ 수형자에게는 어떠한 경우에도 강제노동을 부과할 수 없다.

④ 감옥에는 반드시 종교시설을 갖추어야 한다.

> **해설** ③ 하워드는 범죄원인의 대부분이 음주와 나태에서 비롯된다고 보고 수형자에게 적절한 노동을 부과해야
> 한다고 주장하였다. 즉 하워드는 강제노동의 필요성을 인정하였다.

존 하워드의 감옥개혁을 위한 주장
• 감옥은 안전하고 위생적이어야 하므로 계곡이나 강 근처에 건축할 것
• 과밀수용의 금지 및 분리수용
• 수형자 상호 간의 접촉차단 및 야간 독거수용
• 수형성적에 따른 형기단축제도를 도입하여 수형자의 자력개선을 촉진할 것
• 범죄는 음주와 나태에서 비롯되므로 이를 방지하기 위하여 수형자에게 적절한 노동을 부과할 것
• 감옥 내에 교회당을 설치하고, 성서나 기도서를 비치할 것
• 교회사들은 수형자와의 면담을 통해 탈선자를 훈계하고, 환자를 위로하며, 신의 섭리와 자비를 깨우치도록 할 것
• 훌륭한 관리자의 선임과 교도관의 독직행위 금지
• 교도관을 공적으로 임명하고, 충분한 보수를 지급하며, 교회당에 참석시킬 것
• 감옥의 관리자나 교도관은 국가로부터 봉급을 받는 일종의 공무원으로 전환할 것
• 의회나 행정당국은 감옥의 시찰관을 선임하고, 시찰관은 일주일에 한 번씩 요일을 바꾸어 감옥을 시찰할 것
• 시찰관은 무보수의 명예직으로 할 것

> 정답 ③

09. 고전학파의 감옥개량운동에 관한 설명 중 옳지 않은 것만으로 묶인 것은?

> ㉠ 프라이는 수형자들과의 개별적인 접촉은 사적 이익이 개입될 소지가 있다는 이유를 들어
> 공적인 접촉을 강조하였다.
> ㉡ 미국의 초기 감옥개량운동은 연방정부에 의해 주도되었으나, 정부 주도의 개선작업에 많은
> 문제점이 드러나면서 정부의 보조하에 퀘이커교도들이 주축이 된 필라델피아협회가 주도적
> 인 역할을 수행하였다.
> ㉢ 필라델피아협회는 1787년 윌리엄 펜(William Penn)에 의해 건립된 싱싱교도소에 종교적
> 예배를 도입하는 조치로 시작하여 분리수용, 알코올 반입금지 등을 실현시켰다.
> ㉣ 필라델피아협회의 노력은 서부 및 동부주립감옥의 탄생으로 결실을 맺게 되었다.

① ㉠, ㉡

② ㉠, ㉡, ㉢

③ ㉠, ㉢, ㉣

④ ㉠, ㉡, ㉢, ㉣

> **해설** X : ㉠ 프라이는 수형자들과의 개별적인 접촉을 중요시하고, 개선과정에 있어서의 수형자의 동의와 협력의
> 중요성을 강조하였다. ㉡ 미국의 초기감옥개량운동은 종교적 색채가 짙은 사회단체, 즉 필라델피아협회
> 에 의해 주도되었다. ㉢ 싱싱교도소 → 월넛교도소
> O : ㉣

> 정답 ②

10. 다음은 고전학파 범죄이론에 대한 평가이다. 옳지 않은 것만으로 묶인 것은?

> ㉠ 인본주의를 바탕으로 합목적적인 형사사법제도의 토대를 구축하였다.
> ㉡ 일반예방주의 개념을 제공하였다.
> ㉢ 사실적 탐구를 통한 범죄원인 분석에 치중하였으며, 이론의 현실성 면에서 탁월하다.
> ㉣ 법의 획일적인 집행을 지양하고, 법률의 공정성과 정의성을 강조하였다.

① ㉠, ㉡   ② ㉡, ㉢

③ ㉠, ㉣   ④ ㉢, ㉣

 X : ㉢ 고전학파는 범죄원인에 대한 사실적 탐구를 등한시 하였으며, 이론이 지나치게 사변적이고 비현실적
이라는 비판이 있다. ㉣ 고전학파는 사회의 불공정성을 고려하지 않는 사회계약론에 근거하고 있으므로
법률의 공정성과 정의성을 문제삼지 않고, 법의 획일적인 집행만을 강조하였다.
O : ㉠㉡

┃ 고전학파의 평가 ┃

공헌	• 인본주의를 바탕으로 합목적적인 형사사법제도의 토대를 구축 • 범죄행위를 신의 영역에서 현실세계로 전환시켜 과학적 범죄학의 출발을 가능하게 함 • 일반예방주의 개념을 제공 • 처벌의 자의성과 가혹성을 비판하고 처벌의 형평성을 중시
비판	• 범죄의 외부적 영향에 대한 고려가 미흡 • 범죄원인에 대한 사실적 탐구가 부족했으며, 이론 자체가 다분히 사변적이고 비현실적 • 형사사법행정의 능률성만 강조할 뿐 개별화된 형사사법정의 구현에는 소홀 • 판사의 자유재량과 부정기형을 제한하는 형벌규정은 판사를 형사사법행정의 도구로 전락시킴 • 인간행위의 동기를 지나치게 단순하게 파악 • 신속하고 확실한 처벌이 범죄를 억제한다는 주장에 대한 경험적 연구의 부족

정답 ④

11. 다음은 실증주의학파의 사상적 배경이다. 옳지 않은 것만으로 묶인 것은?

> ㉠ 범죄행위나 범죄인보다는 인간의 권리보장이나 범죄예방과 같은 법적 또는 제도적 문제에 연구의 초점을 두었다.
>
> ㉡ 인간행위는 소질에 의해서 결정되며, 사회적 요인은 거의 영향을 미치지 않는다고 보았다.
>
> ㉢ 고전주의가 인간의 자유의지를 강조했다면, 실증주의는 인간행동에 대해 결정론적 시각으로 접근하였다.
>
> ㉣ 고전학파가 인도주의적이라면, 실증주의는 과학적이라고 볼 수 있다.

① ㉠, ㉡

② ㉡, ㉢

③ ㉠, ㉣

④ ㉢, ㉣

해설 X : ㉠ 실증주의학파는 인간의 권리보장이나 범죄예방과 같은 법적 또는 제도적 문제 대신에 범죄행위 자체 또는 범죄인에게 중점을 두었다. ㉡ 인간행위는 소질뿐만 아니라, 외부적 요인에 의해서도 통제되고 결정된다고 보았다.

O : ㉢㉣

실증주의학파의 사상적 기초 요약정리
• 법적 또는 제도적인 문제 대신에 범죄행위 자체의 성격과 범죄인에게 초점을 맞춘 과학적 연구방법을 사용하였다.
• 인간행위는 주로 소질 또는 경제·사회·물리적 환경 등 외부적 요인에 의해 통제되고 결정된다.
• 범죄인은 비범죄인과 본질적으로 다르므로 처벌이 아니라, 처우(교화개선)를 하여야 한다.
• 인간행동에 대해 결정론적 시각으로 접근하였다.
• 고전학파가 인도적이라면 실증주의는 과학적이다.
• 고전학파가 범죄행위 자체에 관심을 가졌다면 실증주의는 개별 범죄자에게 관심을 가졌다.

정답 ①

12. 롬브로조(C. Lombroso)의 범죄이론에 관한 설명으로 옳지 않은 것은?

① 세대의 진행에 따라 신체적·정신적 조건이 퇴화한다는 프랑스의 정신의학자 모렐(Morel)의 '변질이론'에 격세유전이론을 결합하여 생래적 범죄인론을 주장하였다.

② 생래적 범죄인은 격세유전을 통해 범죄를 저지를 운명을 지닌 사람이기 때문에 예방이나 교정이 불가능하다고 보았으며, 초범이라도 무기형에 처해야한다고 주장하였다.

③ 렌츠(A. Lenz), 젤리히(E. Seeling), 크레취머(E. Kretschmer) 등 독일·오스트리아학파와 로렝(Laurent), 마스네(Massenet) 등의 리용학파도 실증적 조사를 통해 소질적 요인에 의한 범죄원인을 확인하고, 롬브로조의 주장을 지지하였다.

④ 영국의 고링(C. Goring)은 누범자 3000명을 대상으로 조사한 결과 격정범·우발범과 누범 사이에 형태상 차이는 없으며, 범죄자에 특유한 정형성은 찾을 수 없다고 주장함으로써 롬 브로조의 이론을 반박하였다.

해설 ③ 렌츠(A. Lenz)·젤리히(E. Seeling)·크레취머(E. Kretschmer)등 독일·오스트리아학파는 신롬브로조학파를 형성하여 범죄생물학적 접근을 시도하는 등 롬브로조의 주장을 지지하였으나, 로렝(Laurent)·마스네(Massenet) 등의 리용학파는 실증적 조사를 통하여 소질적 요인에 의해 범죄자로 되는지의 여부는 과학적으로 검증이 불가능하며, 소질보다는 환경이 범죄인에게 영향을 미치는 요소라고 주장하는 등 롬브로조의 이론을 반박하였다.

정답 ③

13. 롬브로조의 범죄이론에 관한 설명으로 틀린 것을 모두 고른 것은?

> ㉠ 생래적 범죄인의 사회적 특징으로 주색·도박의 탐닉 등을 들었다.
> ㉡ 초기에는 선천성 범죄자가 전 범죄자의 40% 내외라고 주장하였다가 나중에는 70% 내외라고 수정하였다.
> ㉢ 형벌은 범행의 동기나 범죄자의 인격을 고려하지 말고, 범죄의 경중에 따라 획일적으로 정해야 한다고 주장하였다.
> ㉣ 소년범죄자에게는 체벌이 바람직하다고 보았다.

① ㉠, ㉡   ② ㉡, ㉢
③ ㉠, ㉣   ④ ㉢, ㉣

> **해설** X : ㉡ 롬브로조는 초기에는 선천성 범죄자가 전 범죄자의 70% 내외라고 주장하였다가 나중에는 40% 내외라고 수정하였다. ㉢ 형벌은 범행의 동기나 범죄자의 인격을 고려하여 탄력적으로 정해야 한다고 주장하였다.
> O : ㉠㉣
>
> 정답 ②

14. 페리(E. Ferri)의 범죄이론에 관한 설명으로 옳지 않은 것은?

① 마르크스의 유물론, 스펜서의 사회관, 다윈의 진화론 등을 이론적 기초로 하고 있다.
② 범죄의 원인으로 인류학적 요인, 물리적 요인, 사회적 요인을 들고 그 중 특히 사회적 요인을 중시하였다.
③ 범죄에 대한 사회방위는 형벌보다 사회정책에 의존해야 한다는 이른바 형벌대용물사상을 전개하였다.
④ 인간의 행위는 환경에 영향을 받지만 결국은 자기의지에 의한다고 주장하여 고전주의의 입장을 벗어나지 못하였다.

> **해설** ④ 페리는 고전주의의 비결정론을 비판하고, 인간행위는 환경에 따라 영향을 받을 수밖에 없다고 주장하여 철저한 결정론의 입장을 취하였다.
> 정답 ④

15. 페리(Ferri)의 범죄이론 중 옳지 않은 것을 모두 고른 것은?

> ⊙ 마르크스의 유물론, 스펜서의 사회관, 다윈의 진화론, 롬브로조의 생래적 범죄인설을 결합
> 하여 범죄사회학을 창시하였다.
> ⓒ 일정한 양과 일정한 온도의 물에서는 일정량의 화학물질이 용해되는 것처럼 사회에서도 일
> 정량의 범죄가 발생하며, 기본범죄를 초과하여 범죄가 발생되는 현상은 나타나지 않는다고
> 보았다.
> ⓒ 도의적 책임과 더불어 사회적 책임을 강조하였다.
> ⓔ 범죄에 대한 사회의 방위는 사회정책보다는 형벌에 의해야 한다고 주장하였다.

① ⊙, ⓒ   ② ⊙, ⓒ, ⓔ

③ ⓒ, ⓒ   ④ ⓒ, ⓒ, ⓔ

> 해설   X : ⓒ 페리는 용해액의 온도를 높임으로써 화학상 과포화의 현상이 나타나듯 범죄에서도 사회물리적 예외
> 조건에 따라 기본범죄에 수반하여 부수적 범죄들이 증가하는 것과 같은 과포화현상이 나타나게 된다고
> 보았다(범죄 과포화의 원칙). ⓒ 도의적 책임을 부정하고, 사회적 책임을 강조하였다. ⓔ 범죄에 대한
> 사회의 방위는 형벌보다 사회정책에 의존해야 한다고 주장하였다.
>   O : ⊙
>
> 정답 ④

16. 가로팔로(R. Garofalo)의 범죄이론에 관한 설명으로 옳지 않은 것은?

① 범죄자를 자연범과 법정범으로 구별하고, 자연범은 애타적 정조가 결여된 자로서 자연범만
이 진정한 범죄자라고 보았다.

② 롬브로조와 달리 범죄자의 외형적 특징보다는 내면적·심리적인 특징에 관심을 가졌고, 페
리와 달리 범죄자의 내면적 특징을 생래적인 것으로 보아 사형제도를 인정하였다.

③ 자연범은 생래적인 것이므로 인위적으로 도태하여야 하지만, 법정범과 과실범은 정기구금을
하거나 처벌할 필요가 없다고 주장하였다.

④ 자연범은 어떠한 사회정책이나 제도도 효과가 없기 때문에 처리방법은 동일하여야 한다고
하여 형벌에 있어 객관주의 입장을 취하였다.

> 해설   ④ 가로팔로는 자연범은 그 정도 여하에 따라 처리방법이 달라야 한다는 주관주의 형벌론을 취하였다.
>
> 정답 ④

17. 라카사뉴(A Lacassagne)에 관한 설명으로 가장 거리가 먼 것은?

① 제1회 국제범죄인류학회의에서 롬브로조를 비판하고, 범죄인류학파와 결별한 후 범죄사회학을 주창하였으며, 리옹학파를 창설하였다.

② 사회는 그 각각에 상응하는 범죄를 갖게 마련이라고 보았다.

③ 사형에 관해서는 인도주의에 위반된다는 이유를 들어 폐지론의 입장을 취하였다.

④ 범죄자의 정신적·신체적 이상은 '빈곤이라는 질병'에서 유래한다고 주장하였다.

> [해설] ③ 라카사뉴(A Lacassagne)는 해당 국가의 인도적 문제와 감정·철학 등에 따라 사형이 허용될 수 있다고 함으로써 사형존치론의 입장을 취하였다.
>
> [정답] ③

18. (ㄱ)~(ㄷ)에 들어갈 학자를 올바르게 조합한 것은?

> (ㄱ)은(는) 범죄를 자연범과 법정범으로 구별하고 자연범은 연민과 성실이라는 사회의 근본적인 감정을 침해하는 행위라고 보았다. (ㄴ)은(는) "사회환경은 범죄의 배양기이며 범죄자는 미생물에 해당한다."라는 말로써 사회환경이 범죄에 미치는 영향을 강조하였다. (ㄷ)은(는) 어느 사회든지 일정량의 범죄는 있을 수 밖에 없다는 범죄정상설을 주장하였다.

① 가로팔로(Garofalo), 라까사뉴(Lacassagne), 뒤르껭(Durkheim)

② 가로팔로(Garofalo), 라까사뉴(Lacassagne), 리스트(Liszt)

③ 롬브로조(Lombroso), 타르드(Tarde), 뒤르껭(Durkheim)

④ 페리(Ferri), 케틀레(Quetelet), 리스트(Liszt)

> [정답] ①

19. 프랑스의 환경학파인 따르드(Tarde)의 이론으로 보기 어려운 것은?

① 모방의 법칙이란 따르드가 사회심리학적 연구를 기초로 개인의 특성과 사회와의 접촉과정을 분석하여 범죄현상을 해명하기 위해 주장한 이론이다.

② 거리의 법칙이란 모방은 타인과 얼마나 밀접하게 접촉하고 있는가에 반비례한다는 것을 말한다.

③ 방향의 법칙이란 사회적 지위가 우월한 자를 중심으로 모방이 이루어진다는 것을 말한다.

④ 삽입의 법칙이란 모방 → 유행 → 관습의 형태로 변화·발전되어 간다는 것을 말한다.

> [해설] ② 거리의 법칙이란 모방은 타인과 얼마나 밀접하게 접촉하고 있는가에 비례한다는 것을 말한다. 따르드가 주장한 모방의 법칙을 정리하면 다음과 같다.

┃따르드의 모방의 법칙┃

제1법칙 (거리의 법칙)	• 사람들은 서로를 모방하며, 모방정도는 타인과의 접촉정도에 비례 • 거리란 심리학적 의미의 거리와 기하학적 의미의 거리를 포함 • 도시에서는 모방의 빈도가 높고 빠름(유행), 시골에서는 모방의 빈도가 덜하고 느림(관습)
제2법칙 (방향의 법칙)	• 열등한 사람이 우월한 사람을 모방 • 하층계급은 상층계급의 범죄를 모방하고, 시골에서는 도시의 범죄를 모방
제3법칙 (삽입의 법칙)	• 새로운 유행이 기존의 유행을 대체 • 모방 → 유행 → 관습의 패턴으로 확대·진전

정답 ②

---

20. 따르드(Tarde)가 주장한 모방의 법칙에 관한 설명 중 옳지 않은 것은?

① 롬브로조(Lombroso)의 생래적 범죄인설을 부정하고, 범죄행위도 타인의 행위를 모방함으로써 발생한다고 본다.

② 거리의 법칙에 의하면 모방은 시골보다는 도시지역에서 쉽게 발생한다.

③ 방향의 법칙에 의하면 원래 하류계층이 저지르던 범죄를 다른 계층들이 모방함으로써 모든 사회계층으로 전파된다.

④ 삽입의 법칙에 의하면 처음에는 단순한 모방이 유행이 되고, 유행은 관습으로 변화·발전된다.

> **해설** ③ 방향의 법칙이란 모방은 일반적으로 열등한 사람이 우월한 사람을 모방하는 경향이 있다는 것을 말하며, 이에 따르면 하층계급은 상층계급에서 행해지는 범죄를 모방하고, 시골에서는 도시에서 발생되는 범죄를 모방한다. ② 따르드는 모방은 도시에서 가장 빈번하고 빠르게 변화한다고 보았으며, 이를 '유행'이라고 하였다. 반면, 시골에서는 모방의 빈도가 덜하고 천천히 변화한다고 보았으며, 이를 '관습'이라고 하였다.
>
> 정답 ③

---

21. 프랑스학파인 뒤르껭(E. Durkheim)의 주장논지와 거리가 먼 것은?

① 자살은 사회의 문화구조적 모순에서 비롯된 것이지 인간의 왜곡된 이성이 낳은 결과는 아니라고 하였다.

② 범죄발생 원인을 '사회적 상황'으로 보고, 사회적 상황을 사회적 통합수준과 도덕적 통합수준의 두 가지 측면에서 파악하였다.

③ 현대사회는 사회통제력의 약화로 무규범상태, 즉 아노미상태가 되고 있으며, 이런 상태가 범죄유발의 원인이 된다고 하였다.

④ 아노미상태를 극복하려면 형벌기능은 악으로부터 사회를 지키려는 전통적 사회연대감을 보호하는 기능으로 전환할 필요가 있다고 하였다.

> **해설** ④ 뒤르껭은 형벌기능은 전통적 사회연대감 보호기능으로부터 개인의 사회화기능으로 전환할 필요가 있다고 하고, 범죄자의 재사회화에 중점을 두어야한다고 주장하였다.
>
> 정답 ④

22. 뒤르껭(E. Durkheim)에 대한 설명으로 옳지 않은 것은?

① 범죄는 사회에 유해한 행위라고 보았다.

② 아노미(Anomie)이론을 처음으로 주창하였다.

③ 범죄는 모든 사회가 피할 수 없는 정상적 현상으로 보았다.

④ 구조기능주의 관점에서 범죄의 원인을 설명한 학자이며, 범죄필요설을 바탕으로 범죄정상이론을 주창하였다.

 ① 뒤르껭(Durkheim)은 범죄는 사회의 도덕적 각성과 법제의 정상적인 발전계기가 된다는 점에서 유용하며(범죄필요설), 범죄에 대한 제재와 비난을 통해 사람들이 사회공통의식을 체험하게 됨으로써 범죄가 사회의 유지·존속에 중요한 역할을 담당한다고 보았다(범죄기능설).

정답 ①

23. 기업가가 경영악화를 비관하여 자신의 고층사무실에서 투신자살하였다면 이는 뒤르껭(Durkheim)의 자살유형 중 어디에 해당되는가?

① 아노미적 자살   ② 이기적 자살

③ 이타적 자살   ④ 운명적 자살

해설 ① 뒤르껭은 자살의 유형을 아노미적 자살, 이기적 자살, 이타적 자살(일부학자들은 운명적 자살도 포함시키고 있다)로 분류하였는데 이 중 아노미적 자살이란 경제적 파산이나 이혼 후의 갈등에 의한 자살과 같이 기존규범의 상실이나 규범의 혼란에서 발생되는 자살을 말한다.

┃뒤르껭의 자살유형┃

아노미적 자살	사회통합력 약화에 따라 기존규범의 규제능력 상실로 발생하는 자살(파산 등에 의한 자살)
이기적 자살	사회적 지위와 규범해체 간의 관계에서 발생하는 자살(분노에 의한 자살)
이타적 자살	사회통합이 높은 곳에서 사회적 의무수행을 위해 발생하는 자살(자살특공대의 자폭)

정답 ①

24. 뒤르껨(E. Durkheim)이 주장한 이론에 관한 설명 중 옳은 것으로만 묶은 것은?

> ㉠ 사회적 통합력의 저하 또는 도덕적 권위의 훼손은 범죄발생의 원인이 된다.
> ㉡ 어느 사회든지 일정량의 범죄는 있을 수밖에 없다는 범죄정상설을 주장한다.
> ㉢ 인간은 사회생활을 하는 중에 다른 사람의 행위를 모방하는데 범죄행위도 그 한 예이다.
> ㉣ 사회환경은 범죄의 배양기이며 범죄자는 미생물에 불과하므로 벌해야 할 것은 범죄자가 아니라 사회이다.
> ㉤ 범죄는 이에 대한 제재와 비난을 통해 사회의 공동의식을 사람들이 체험할 수 있게 함으로써 사회의 유지존속에 있어서 중요한 역할을 담당한다고 한다.

① ㉠, ㉡, ㉣   ② ㉠, ㉡, ㉤
③ ㉠, ㉣, ㉤   ④ ㉡, ㉢, ㉣

> 해설 O : ㉠㉡㉤
>   X : ㉢은 따르드(Garbriel Tarde)의 주장내용이다. ㉣은 라카사뉴(A. Lacassagne)의 주장내용이다.
>   정답 ②

25. 프랑스 초기 실증주의(환경학파)에 관한 설명으로 가장 거리가 먼 것은?

① 범죄는 정상적 행위와 동일한 학습의 결과라는 사실을 최초로 지적하였다.
② 도시는 재산범죄, 농촌은 인신범죄의 특징을 가지고 있다고 지적하여 도시직업인 범죄개념을 제시하였다.
③ 경제상태와 범죄와의 상관성을 무시하였다.
④ 생물학의 업적인 유전법칙이나 사회적 도태이론을 간과하였다.

> 해설 ③ 프랑스 환경학파는 경제상태에 대한 범죄의존성을 중시하여 범죄를 경제불황의 산물로 보았다.
>   정답 ③

26. 다음 중 독일의 형사학자인 리스트(Franz. v. Liszt)가 주장한 형사정책관련 내용으로 옳지 않은 것을 모두 고른 것은?

> ㉠ 개인의 인권보장을 강조한 반면, 사회방위는 경시하였다.
> ㉡ 마르부르그(Marburg) 강령(Programm)을 통하여 목적형사상을 주장하였다.
> ㉢ 부정기형의 채택
> ㉣ 누진제도의 합리화
> ㉤ 최초의 단기자유형 폐지
> ㉥ 형벌과 보안처분의 분리

① ㉠, ㉥   ② ㉡, ㉢
③ ㉣, ㉤   ④ ㉠, ㉤

 X : ㉠ 리스트는 형벌의 개별화를 통한 사회방위와 인권보장을 동시에 강조하여 "형법전은 범죄인의 마그나 카르타이며 형사정책의 넘을 수 없는 한계"라고 주장하였다. ㉥ 리스트는 형벌만으로 특별예방의 목적을 달성할 수 없는 경우에는 개선을 위한 보안처분이 필요하다고 주장하였으므로 형벌과 보안처분의 분리라는 표현은 옳지 않다.

O : ㉡㉢㉣㉤

정답 ①

27. 아샤펜부르크(Aschaffenburg)에 관한 설명 중 옳지 않은 것만으로 묶인 것은?

> ㉠ 범죄대책으로 음주제한, 단종, 우생혼을 강조하였다.
> ㉡ 형벌대책으로 응보형주의와 사회방위론을 주장하였다.
> ㉢ 재판대책으로 판사에 대한 의학·심리학 등 특수교육의 필요성을 강조하였다.
> ㉣ 수형자처우대책으로 단기자유형의 폐지, 누범자에 대한 상대적 부정기형 채용을 주장하였다.

① ㉠, ㉡   ② ㉠, ㉢
③ ㉡, ㉢   ④ ㉡, ㉣

해설 X : ㉡ 아샤펜부르크는 형벌대책으로 응보형주의를 폐지하고 교육형주의로 전환할 것과 사회방위론을 주장하였다. ㉣ 수형자처우대책으로 누범자에 대한 절대적 부정기형의 채용을 주장하였다.

O : ㉠㉢

정답 ④

28. 다음은 독일 사회학파의 범죄이론이다. 옳지 않은 것만으로 묶인 것은?

> ㉠ 독일사회학파는 소질과 환경을 모두 중시하였다.
> ㉡ 리스트(Liszt)는 연구의 중심을 형사정책에서 실정 형법으로 전환시켰다.
> ㉢ 아샤펜부르크(Aschaffenburg)는 수형자처우대책으로 작업임금제 도입, 누진처우제도의 폐지를 주장하였다.
> ㉣ 프린스(Prince)는 생래적 범죄인설을 배척하고, 범죄의 사회학적 원인에 의하여 범죄인을 분류하였다.
> ㉤ 엑스너(Exner)는 범인성 인격은 유전적 소질과 성장환경적 요소의 복합적 작용으로 형성된다고 주장하였다.

① ㉠, ㉡   ② ㉡, ㉢
③ ㉢, ㉣   ④ ㉣, ㉤

해설 X : ㉡ 리스트는 연구의 중심을 실정 형법에서 형사정책으로 전환시켰다. ㉢ 아샤펜부르크는 수형자처우대책으로 누진처우제도의 강화를 주장하였다.
　　　　O : ㉠㉣㉤

정답 ②

29. 사회해체론(social disorganization theory)에 관한 설명으로 옳지 않은 것은?

① 생물학적·심리학적 범죄원인론에 비해 사회적 환경을 중요시한다.
② 비판범죄학의 갈등론적 관점을 취한다.
③ 지배적 사회관계가 와해되었지만 아직까지 새로운 관계가 형성되어 있지 않은 틈새지역은 범죄유발환경이 된다.
④ 열악한 환경에 따른 지역사회의 통제력 약화도 범죄유발요인이 된다.

해설 ② 사회해체론은 갈등론적 관점이 아니라 문화전달이론에 속한다.

정답 ②

30. 버제스(E.W. Burgess)가 지대유형의 형성에 가장 관련 있다고 본 것은?

① 지가(地價)　　　　　　　　　　　　② 거주민의 직업
③ 교통수단　　　　　　　　　　　　　④ 산업구조

해설　① 버제스는 이른바 동심원이론에서 지대를 5개 성층으로 구별하고, 그러한 지대의 유형은 지가(地價)와 관련 있다고 보았다.

[정답] ①

31. 사회해체론에 관한 설명 중 옳지 않은 것만으로 묶인 것은?

> ㉠ 산업화·도시화로 인한 가치규범의 갈등으로 사회해체가 나타나고, 이는 사회통제력의 약화라는 결과로 이어져 범죄와 비행이 유발된다는 것이 이론의 핵심이다.
> ㉡ 버제스(E.W. Burgess)는 도시는 중심부에서 방사상으로 서서히 외곽으로 이동하며 팽창하는 경향이 있다는 동심원이론을 주장하였다.
> ㉢ 버제스의 동심원이론에 따르면 범죄학적으로 가장 문제되는 지역은 환상지대(loop)이다.
> ㉣ 쇼우와 멕케이(Shaw & Mckay)는 도시의 중심부에서 멀어질수록 범죄가 규칙적으로 증가한다고 주장하고, 이러한 범죄증가의 대표적 지역을 '틈새지역'이라고 불렀다.
> ㉤ 샘슨(Sampson)은 범죄지역의 속성으로 '낮은 자본론'을 거론하고, 범죄자나 비행자들이 지역거주자 사이의 관계성이 부족하고 지역자치활동이 활발하지 못한 변이지역을 차지하게 된다고 주장하였다.

① ㉠, ㉡　　　　　　　　　　　　　② ㉡, ㉢
③ ㉢, ㉣　　　　　　　　　　　　　④ ㉣, ㉤

해설　X : ㉢ 버제스의 동심원이론에 등장하는 환상지대(loop)란 도시의 중심부에 위치하는 상공업 기타 각종 직업의 중심적 업무지역을 말한다. 버제스가 범죄학적으로 가장 문제되는 지역으로 지적한 곳은 제2지대(변이지대)이다. ㉣ 쇼우와 멕케이는 대체로 도시의 중심부에서 멀어질수록 범죄도 거의 규칙적으로 감소한다고 보았다.
　　　O : ㉠㉡

[정답] ③

32. 문화전달이론에 관한 설명 중 옳지 않은 것을 묶은 것은?

> ⊙ 서덜랜드(Sutherland)가 주장한 이론이다.
> ⓛ 남자소년의 비행률이 높은 지역은 여자소년의 비행률이 낮다.
> ⓒ 범죄율이 높은 지역은 지역주민의 변화가 있더라도 높은 범죄율을 보인다.
> ⓔ 비행률이 높은 지역에서는 그 지역의 인종이나 민족의 구성상태가 크게 변화된 후에도 그 비율이 변하지 않는다.
> ⓜ 비행률은 일반적으로 농촌지역에서 높고, 도심으로 가까워질수록 감소한다.

① ⊙, ⓛ, ⓒ

② ⊙, ⓛ, ⓜ

③ ⊙, ⓛ, ⓒ, ⓔ

④ ⊙, ⓛ, ⓒ, ⓔ, ⓜ

 X : ⊙ 문화전달이론은 쇼우와 맥케이(Shaw&Mckay)가 주장한 이론이다. ⓛ 쇼우와 맥케이의 연구에 따르면 남자소년의 비행률이 높은 지역은 여자소년의 비행률도 높은 것으로 나타났다. ⓜ 문화전달이론에 따르면 비행률은 일반적으로 도심부근에서 높고, 도심에서 멀어질수록 감소한다.

O : ⓒⓔ

정답 ②

33. Sutherland의 차별적 접촉이론에 관한 설명 가운데 옳지 않은 것은?

① 범죄와 비범죄는 필요와 가치에 있어서 아무런 차이가 없다.

② 범죄와 비범죄는 단순히 모방되는 것이 아니라, 그 이상의 의미인 학습에 기인한다.

③ 범행의 학습은 범행수법이 아니라 범행동기나 목적에 관하여 이루어진다.

④ 학습은 빈도, 기간, 시기, 강도 등에 의하여 영향을 받는다.

 ③ 일탈행위의 학습은 범행동기나 목적뿐만 아니라 범행수법도 포함된다. 서덜랜드는 인간의 본성이 어떤 집단과 차별적 접촉을 갖느냐에 따라 특정집단의 행동양식을 학습하게 된다고 주장하고, 범죄학습이 이루어지는 사회심리 과정을 다음과 같은 9개의 명제로 설명하였다.

▌서덜랜드가 주장한 비행적 사회화 과정의 9개 명제 ▌

제1명제	범죄행위는 학습의 결과이다.
제2명제	범죄행위는 타인과의 접촉을 수행하는 과정에서 커뮤니케이션을 통하여 학습된다.
제3명제	범죄행위의 학습은 가까운 사집단(가족, 친지 등) 내에서 이루어지며, 비인격 매체(TV, 신문 등)와는 관련이 없다.
제4명제	범죄행위의 학습은 범죄수법뿐만 아니라, 범죄행위에 유리한 동기·충동·태도·합리화 등도 포함한다.
제5명제	동기와 욕구의 구체적 관리법은 법규범에 대한 호의적 또는 거부적 정의들로부터 학습된다.
제6명제	범죄자가 되는 것은 법률위반을 긍정적으로 생각하는 정도가 부정적으로 생각하는 정도보다 크기 때문이다.
제7명제	접촉의 빈도가 많을수록, 기간이 길수록, 시기가 빠를수록 강도가 강할수록 학습효과가 높아진다.
제8명제	범죄행위의 학습과정은 여타 행위의 학습과정과 동일한 메커니즘을 이룬다.
제9명제	범죄행위는 일반적 욕구나 가치관의 표현이지만, 일반적 욕구와 가치관으로 범죄행위를 설명할 수 없다.

정답 ③

34. 서덜랜드(E.H. Sutherland)의 비행적 사회화과정에 대한 설명으로 옳지 않은 것은?

① 일탈행위는 학습의 산물이다.

② 일탈행위의 학습은 가족·친지·동료 등 가까운 사집단에 의해서 이루어지며, 라디오·TV·신문·잡지 등과 같은 비인격적 매체와는 관련이 없다.

③ 범죄행위의 학습 메커니즘은 일반적인 행위의 학습 메커니즘과 같다.

④ 서덜랜드가 학습내용으로 중요시 한 것은 추상적인 관념이 아니라, 구체적인 행위양태이다.

> **해설** ④ 서덜랜드에 의하면 학습되는 내용은 구체적인 행위양태가 아니라, 범행기술·범행동기·범행의욕·합리화·태도 등 추상적 관념이다.
>
> 정답 ④

35. 차별적 접촉이론(Differential Association Theory)에 따른 범죄학습과정에 관한 설명으로 옳지 않은 것을 모두 고른 것은? .

> ⊙ 범죄는 생물학적·심리학적 결함에서 비롯된 것이다.
> ⓒ 범죄의 학습은 직접적인 교제나 접촉뿐만 아니라 원거리 대상에 의해서도 가능하다.
> ⓒ 범죄의 학습대상은 범죄수법이 주류를 이루며, 범죄충동이나 범죄의 합리화방법 등은 학습대상에 포함되지 않는다.
> ⓔ 법의 위반을 호의적으로 해석하는 '정의들(definitions)'의 접촉이 법의 위반을 부정적으로 해석하는 '정의들(definitions)'보다 강할 때 특정 개인이 범죄자가 된다.

① ⊙, ⓒ 　　　　　　　　② ⊙, ⓒ, ⓒ

③ ⊙, ⓒ, ⓔ 　　　　　　④ ⊙, ⓒ, ⓒ, ⓔ

> **해설** X : ⊙ 범죄는 생물학적·심리학적 결함이 아니라, 학습의 결과라고 본다. ⓒ 범죄의 학습은 가까운 사집단 내에서 이루어지며, 라디오·TV 등과 같은 비인격적 매체나 원거리 대상과는 무관하다고 본다. ⓒ 범죄의 학습대상은 범죄수법뿐만 아니라 범죄행위에 유리한 동기, 충동, 태도, 합리화 등 구체적 방향까지 포함된다고 본다.
>
> O : ⓔ
>
> 정답 ②

36. 서덜랜드(E.H. Sutherland)의 차별적 접촉이론(Differential Association Theory)에 관한 설명 중 옳지 않은 것만으로 묶인 것은?

> ㉠ 쇼우와 멕케이의 연구결과가 이론적 토대가 되었다.
> ㉡ 인간의 본성은 백지와 같아서 어떤 부류와 어떻게 접촉하느냐에 따라 스스로의 행동양식이 정해진다는 이른바 '백지설'을 이론의 기초로 삼고 있다.
> ㉢ 범죄의 사회적 환경을 중시하였다.
> ㉣ 전통적인 범죄행위의 원인분석에는 도움이 되나, 화이트칼라범죄를 설명하는 것은 곤란하다는 비판이 있다.
> ㉤ 소질적 범죄자의 범죄행위를 설명하는 데 유용하다.

① ㉠, ㉡   ② ㉡, ㉢
③ ㉢, ㉣   ④ ㉣, ㉤

해설 X : ㉣ 차별적 접촉이론에 따르면 화이트칼라범죄는 화이트칼라범죄를 부정적으로 정의하는 정직한 기업인들보다 화이트칼라범죄를 긍정적으로 정의하는 부정직한 화이트칼라범죄인들과 더 많은 접촉을 가졌기 때문에 그 범죄행위를 학습한 결과라고 보므로 차별적 접촉이론이 화이트칼라범죄를 설명하기 곤란하다는 표현은 옳지 않다. ㉤ 소질적 범죄자는 범죄와의 접촉경험이 없더라도 범죄를 저지를 수 있으므로 차별적 접촉이론으로 설명하기 곤란하다는 비판이 있다.

O : ㉠㉡㉢

정답 ④

37. 서덜랜드(E.H. Sutherland)의 차별적 접촉이론에 관한 비판과 가장 거리가 먼 것은?

① 과실범 또는 격정범 등과 같은 범죄에 적용하기 어렵다.
② 사회구조적 측면에 사로잡혀 개인의 인식 측면을 간과하고 있다.
③ 접촉의 강도·빈도·기간 등의 측정이 곤란하여 결과적으로 이론의 검증이 어렵다.
④ 소질적 범죄경향을 가진 사람은 접촉과 관계없이도 범죄를 저지를 수 있다.

해설 ② 차별적 접촉이론은 개인의 인식을 주로 다루고 있는 관계로 사회구조적 측면을 간과하고 있다는 비판이 있다.

┃차별적 접촉이론의 평가┃

공헌	• 전통적 범죄행위분만 아니라, 화이트칼라범죄행위의 설명에도 유용 • 집단현상으로서의 범죄행위 설명에 유용 • 범죄인의 개선방법으로 집단관계요법치료를 제시
비판	• 범죄 호의적 집단과 자주 접촉한다고 해서 모두 범죄인이 되는 것은 아님 • 소질적 범죄자는 범죄와의 접촉경험이 없어도 범죄를 저지름 • 범죄학습은 TV, 라디오, 신문 등 비인격적 매체와의 접촉에 의해서도 영향을 받음 • 범죄인과의 접촉이 많은 법관, 경찰, 형집행관들이 범죄인이 될 확률이 높아야 함에도 그렇지 않음 • 충동적 범죄를 설명하기 곤란 • 개인의 인식을 기초로 하고 있으므로 사회구조적 측면을 간과

정답 ②

38. 차별적 동일화이론(Differential Identification Theory)에 관한 설명 중 옳지 않은 것만으로 묶인 것은?

> ㉠ 범죄성의 학습은 직접적인 교제나 접촉에 의해서가 아니라, 원거리 대상에 의해 이루어진다고 본다.
> ㉡ 범죄문화에 접촉하면서도 범죄를 행하지 않는 이유를 설명하고자 한다.
> ㉢ 합리화 → 동일화 → 범죄행위의 과정을 거친다고 본다.
> ㉣ 격정범이나 소질에 의한 범죄를 설명하기 곤란하다.

① ㉠, ㉡   ② ㉡, ㉢
③ ㉠, ㉢   ④ ㉢, ㉣

해설 X : ㉠ 범죄성의 학습은 직접적인 교제나 접촉뿐만 아니라, 원거리 대상에 의해서도 이루어진다고 본다. 즉 직접적인 교재나 접촉도 범죄성 학습의 수단으로 본다. ㉢ 동일화 → 합리화 → 범죄행위의 과정을 거친다고 본다.
　　　O : ㉡㉣

정답 ③

39. 사회적 학습이론(Social Learning Theory)에 관한 설명으로 가장 거리가 먼 것은?

① 버제스(Bungess)와 에이커스(Akers)가 대표적 학자이다.
② 범죄행위의 결과로 보상이 이루어지고 처벌이 회피될 때 그 행위가 강화된다.
③ 차별적 강화이론 또는 분화적 접촉강화이론이라고도 한다.
④ 사회적 강화나 자극을 강조하는 반면, 비사회적 강화나 자극의 범죄관련성은 철저히 부정한다.

해설 ④ 사회적 학습이론이 사회적 강화나 자극을 강조하고 있는 것은 분명하나, 비사회적 강화나 자극을 부정한 것은 아니다. 다시 말하면 비사회적 강화나 자극보다 사회적 강화나 자극을 보다 강조한다.

정답 ④

40. 다음은 사회학적 범죄이론 가운데 학습이론에 관한 설명들이다. 옳지 않은 내용들만으로 묶인 것은?

> ⊙ 준법행위와 마찬가지로 범죄행위도 주위로부터 학습된다는 이론이다.
> ⓛ 따르드(Garbriel Tarde)는 모방의 법칙을 주장하면서 그 내용 중 하나로 모방은 가까운 사람들 사이에 강하게 일어난다는 삽입의 법칙을 주장하였다.
> ⓒ 서덜랜드(E.H. Sutherland)는 차별적 접촉이론(differential association theory)을 주장하면서 그 내용 중 하나로 어떤 사람이 범죄자가 되는 것은 법률위반을 긍정적으로 생각하는 정도가 부정적으로 생각하는 정도보다 크기 때문이라고 하였다
> ⓔ 글래저(D. Glaser)의 차별적 동일시 이론(differential identification theory)은 공간적으로 멀리 떨어져 있는 준거집단도 학습의 대상으로 고려했다는 점에서 차별적 접촉이론과 차이가 있다.
> ⓜ 버제스(R. Burgess)와 에이커스(R. Akers)의 사회적 학습이론(social learning theory)은 사회적 상호작용만을 중시하고, 개인의 욕구와 같은 비사회적 사정들을 배제시킨 이론이라는 점에 특징이 있다.

① ⊙, ⓛ, ⓒ   ② ⊙, ⓛ, ⓔ
③ ⓛ, ⓒ   ④ ⓛ, ⓜ

> **해설** X : ⓛ은 따르드의 모방의 법칙 중 '거리의 법칙'에 관한 설명이다. ⓜ 버제스와 에이커스의 사회적 학습이론은 사회적 상호작용을 중시하고 있기는 하나, 비사회적 사정들을 완전히 배제하고 있는 것은 아니다.
> O : ⊙ⓒⓔ
>
> 정답 ④

41. 이주이민이 기존문화와 충돌하는 경우를 1차 문화갈등, 현대문화의 발전에 수반한 사회분화의 과정에서 생겨나는 갈등을 2차 문화갈등이라고 보고, 양자 모두가 범죄의 원인이 된다고 주장한 미국의 사회학자는?

① 셀린(Sellin)   ② 글래저(D. Glaser)
③ 그레시(D.R. Cressey)   ④ 밀러(W.B. Miller)

> **해설** ②는 사람들이 동일화 되어가는 과정에서 범죄행동을 수행한다는 차별적 동일화이론을 주장하였다. ③은 서덜랜드의 제자로 쇼우와 멕케이의 연구결과를 토대로 차별적 접촉이론을 주장하였다. ④는 범죄가 중산층 규범에 대항하는 반작용이 아니라, 하층계급문화에 고유한 전통적 가치에 대한 동조의 소산이라는 하층계급 문화이론을 주장하였다.
>
> 정답 ①

42. 셀린(T. Sellin)의 문화갈등이론(Cultural Conflict Theory)에 관한 설명으로 옳지 않은 것을 모두 고른 것은?

㉠ 문화갈등이란 용어를 최초로 사용하였다.
㉡ 문화갈등이 존재하는 지역의 사람들은 서로 경쟁적이며, 이러한 경쟁은 사회통제를 강화하는 요인으로 작용하여 범죄예방효과로 나타난다고 보았다.
㉢ 범죄원인 연구분야에 문화적 측면을 중요한 요소로 포함시켰다.
㉣ 개인 간의 관계 악화, 규범혼란 등은 제1차적 문화갈등에 해당한다.
㉤ 문화갈등이론은 비판범죄학의 이론적 기초를 제공하였다.

① ㉠, ㉡   ② ㉠, ㉢
③ ㉡, ㉣   ④ ㉣, ㉤

 X : ㉡ 문화갈등이 존재하는 지역의 사람들은 그 지역의 행위규범이 모호하고, 상호 경쟁적이기 때문에 사회통제가 약화되어 범죄에 빠지기 쉽다고 보았다. ㉣ 개인 간의 관계 악화, 규범혼란 등은 동일문화 내의 문화갈등, 즉 제 2차적 문화갈등에 해당한다.
O : ㉠㉢

정답 ③

43. 갈등이론에 관한 설명으로 틀린 것은?

① 셀린의 2차적 문화갈등이론이란 이질적인 문화 사이에서 발생한다.
② 볼드의 집단갈등이론은 사람을 집단지향적인 존재라는 점을 전제로 한다.
③ 봉거는 자본주의적 생산양식 때문에 범죄가 발생한다고 보았다.
④ 퀴니의 대항범죄란 자본가들의 지배에 대항하는 범죄행태이다.

 ① 보수적 갈등론자인 셀린(Sellin)은 이질적인 문화 사이에서 발생하는 갈등형태를 '1차적 문화갈등'이라고 하고, 하나의 단일문화가 각기 독특한 행위규범을 갖는 여러 개의 상이한 하위문화로 분화될 때에 일어나는 갈등형태를 '2차적 문화갈등'이라고 하였다.

정답 ①

44. 갈등론적 범죄론자인 볼드(Vold)가 집단 간의 이익갈등이 가장 첨예하게 대립하는 영역으로 지적한 정책분야는?

① 입법정책   ② 사법정책
③ 외교정책   ④ 교정정책

 ① 볼드는 집단 간에 갈등이 발생하는 이유는 이익과 목적이 중첩되고 상호 잠식하며 경쟁적이기 때문이라고 주장하고(집단갈등이론), 그 갈등이 가장 첨예하게 대립하는 영역은 입법정책분야라고 하였다.

정답 ①

45. 터크(A. Turk)의 범죄이론에 관한 설명으로 옳지 않은 것은?

① 터크는 다른 갈등론자들과는 달리 법제도 자체보다는 법이 집행되는 과정에서 특정한 집단의 구성원이 범죄자로 규정되는 과정을 주요 연구과제로 하였다.
② 사회질서가 유지되는 근원은 집단 간의 경쟁과 투쟁의 소산이라고 본다.
③ 현실의 법이 지배집단의 행동규범 및 문화규범과 일치할수록 그러한 법이 우선적으로 집행될 가능성이 크다.
④ 집단 간 갈등의 산물인 법규위반이 실현가능성이 높은 목표를 관철하려는 경우일수록 법집행이 강화된다.

> **해설** ④ 터크는 집단 간의 갈등의 산물인 법규위반이 실현가능성이 낮은 목표를 주장·관철하려는 경우일수록 법집행이 강화된다고 보았다.
>
> 정답 ④

46. 밀러(W.B. Miller)의 하층계급문화이론(Lower-class Culture)에 관한 설명으로 옳지 않은 것은?

① 범죄는 지배계층의 문화와 대립하는 하층계급문화의 고유한 전통가치에 대한 동조의 소산이다.
② 하류계층 소년이 비행에 이르는 것은 중류계층문화에 대한 적대감정에서 비롯된다.
③ 하류계층의 문화는 이민, 국내이주, 수직적인 사회이동의 과정에서 고유하게 생겨난 것이다.
④ 비행소년은 여성이 가장인 가정에서 주로 많이 배출된다.

> **해설** ② 밀러는 하류계층의 소년이 비행에 이르는 것은 중류계층문화에 대한 적대감정에서 비롯되는 것이 아니라, 하류계층문화에 적응하면서 생겨난 것이라고 보았다.
>
> 정답 ②

47. W.B. Miller가 주장한 하류계층 출신소년들의 관심의 초점(Focal Concerns)에 해당하지 않는 것은?

① 억셈(Toughness)
② 반동형성(Reaction Formation)
③ 흥분추구(Excitement)
④ 자율성(Autonomy)

> **해설** ①③④ 하층계급문화이론의 주창자인 밀러(W.B. Miller)는 하층계급이 원하는 목표를 달성하기 위하여 범행을 한다고 보고, 이는 그들이 하류계층 특유의 적응방식에서 비롯되는 문화에 젖었기 때문이라고 보았다. 밀러는 경제적으로 빈곤한 하위계층이 주로 관심을 갖는 사항(Focal Concerns) 혹은 중심가치(Central Values)들을 6가지(말썽·억셈·영악함·자율성·숙명주의·흥분)로 정리하였다.

┃밀러가 주장한 하류계층 출신소년들의 관심의 초점┃

trouble(사고치기,말썽)	사고를 유발하고, 이를 원활히 처리하는 데 관심을 가짐
toughness(억셈, 강인, 강건함)	남성다움과 육체적인 힘, 싸움능력을 중시하는 등 강건함에 관심을 가짐
excitement(흥분추구)	스릴 있고 위험하고 흥분적인 일을 추구하는 데 관심을 가짐
smartness(기만, 교활)	사기·탈법 등과 같은 방법으로 다른 사람을 속일 수 있는 능력에 관심을 가짐
fatalism(운명주의, 숙명주의)	자신의 미래가 통제불능한 외적 요소에 지배되고 있다고 믿음
autonomy(자립, 자율성)	피해의식에 사로잡혀 간섭을 혐오하고, 자신의 뜻대로 일을 처리하려고 함

정답 ②

48. 사회갈등이론에 관한 설명으로 옳지 않은 것은?

① 셀린(Sellin)은 1차적 문화갈등과 2차적 문화갈등을 구분하였는데 제2차적 문화갈등이란 동일문화 내의 갈등을 의미한다고 보았다.
② 볼드(Vold)는 집단 간의 이해관계 대립이 범죄의 주요 원인이라고 보았다.
③ 밀러(Miller)는 하층계급의 소년들은 그들의 고유한 문화가 있다고 보았다.
④ 밀러(Miler)는 하층계급에 있는 소년들은 비록 중류층 계급문화에 동조하는 경향을 가지는 경우에도 결국 범죄나 비행에 가담하게 된다고 보았다.

> **해설** ④ 밀러는 하층계급에 있는 소년이라도 중류층 계급문화에 동조하는 경향이 있는 경우에는 범죄나 비행에 가담하지 않는다고 보았다.

정답 ④

49. 아노미의 개념에 관한 설명으로 옳지 않은 것은? .

① 아노미(Anomie)란 용어는 뒤르껭(Durkheim)이 처음 사용하였다.

② 뒤르껭(Durkheim)은 아노미를 무규범상태를 의미하는 개념으로 사용한 반면, 머튼 (Merton)은 문화적 목표와 제도적 수단의 불일치상태를 의미하는 개념으로 사용하였다.

③ 뒤르껭(Durkheim)은 사회일상적 상황에서 아노미상태가 발생할 수 있다고 본 반면, 머튼 (Merton)은 사회적 변혁기에 아노미상태가 발생할 수 있다고 보았다.

④ 뒤르껭(Durkheim)은 자살을 설명하는 개념으로 아노미를 사용하기도 하였다.

해설 ③ 뒤르껭은 사회적 변혁기에 아노미상태가 발생할 수 있다고 본 반면, 머튼은 사회일상적 상황에서 아노미 상태가 발생할 수 있다고 보았다.

구분	뒤르껭(Durkheim)의 아노미	머튼(Merton)의 아노미
의의	무규범상태	문화적 목표와 제도적 수단의 불일치상태
발생시기	사회적 변혁기	사회일상적 상황
아노미상태	현재의 사회구조가 개인의 욕구에 대한 통제력을 유지할 수 없는 상태	문화적 목표와 제도적 수단의 차등화에 의한 긴장의 산물

정답 ③

50. 다음 범죄원인론에 관한 설명 중 옳지 않은 것은?

① 레크리스(Reckless)는 압력(pressures), 유인(pulls), 배출(pushes) 요인이 범행을 유발한다고 보았다.

② 허쉬(Hirschi)는 개인이 사회와 유대관계를 맺는 방법으로 애착(attachment), 전념(commitment), 믿음(belief), 참여(involvement)를 제시하였다.

③ 맛짜(Matza)와 사이크스(Sykes)는 범죄자가 피해자 혹은 사회일반에 책임을 전가하거나 더 높은 가치에 의지하는 등 범죄행위를 정당화하는 방법을 '중화(Neutralization)기술'이라고 하였다.

④ 머튼(Merton)은 사람들이 사회적 긴장에 반응하는 방식 중 '혁신형'은 문화적 목표와 사회적 수단을 모두 자신의 의지에 따라 새로운 것으로 대체하려는 특성을 갖는다고 하였다.

해설 ④ 기존의 문화적 목표와 사회적 수단 모두를 거부하고, 새로운 목표와 수단을 추구하는 적응양식은 혁신형이 아니라, 반항형(전복형)이다.

정답 ④

51. 머튼(R.K, Merton)의 아노미이론에 대한 평가로 옳지 않은 것은?

① 하류계층의 범죄 중 재산범의 설명에는 유용하나, 중류층 내지 상류층의 범죄를 설명하기 곤란하다.

② 하류계층의 높은 범죄율을 설명하는 데에 용이하다.

③ 사회구조적 목표달성뿐만 아니라, 개인적 쾌락을 위한 소년비행의 원인도 잘 설명해 주고 있다.

④ 문화적 목표와 제도화된 수단 사이의 괴리현상에서 사람들마다 적응방식이 다른 이유를 설명하지 못한다.

> **해설** ③ 머튼은 일탈의 원인을 문화와 사회구조 속에서 파악하려고 한 결과 집단 또는 개인 간의 상호작용이 일탈행위에 미치는 영향이나 사회적 목표달성이 아닌 개인적 쾌락을 위한 소년비행의 원인을 설명하지 못한다는 비판을 받고 있다.
>
> **정답** ③

52. 클로워드(R. Cloward)와 올린(L.E. Ohlin)의 차별적 기회구조이론에 관한 설명으로 옳지 않은 것은?

① 머튼의 아노미이론과 서덜랜드의 분화적 접촉이론을 종합한 이론이다.

② 하층계급소년들이 추구하는 문화적 목표와 그것을 달성할 기회 사이의 불균형을 '처치 불만'이라고 표현하였다.

③ 청소년의 비행을 중산계층의 가치나 규범에 대한 부정적인 표현으로 보았다.

④ 미국 존슨정부의 비행예방정책에 기여하였다.

> **해설** ③ 클로워드와 올린은 코헨과는 달리 청소년비행을 중산계층의 가치에 대한 부정적 표현이라고 보지 않고 사회적 지위나 복지를 이루려는 목표를 합법적으로 달성할 수 없을 때 발생되는 것이라고 보았다.
>
> **정답** ③

53. 차별적 기회구조이론(Defferential Opportunity Theory)에 관한 설명 중 옳지 않은 것은?

① 클로워드(Cloward)와 올린(Ohlin)이 제시한 이론이다.

② 머튼(Merton)의 아노미이론과 서덜랜드(Sutherland)의 차별적 접촉이론의 영향을 받았다.

③ 불법적 수단에 대한 접근기회의 차이가 그 지역의 비행적 하위문화의 성격 및 비행의 종류에 영향을 미친다고 한다.

④ 합법적 수단을 사용할 수 없는 사람들은 곧바로 불법적 수단을 사용할 것이라는 머튼(Merton)의 가정을 계승하고 있다.

> **해설** ④ 클로워드와 올린은 성공이나 출세를 위하여 합법적 수단을 사용할 수 없는 사람들은 바로 비합법적 수단을 사용할 것이라는 머튼의 가정에 동의하지 않았다.
>
> **정답** ④

54. 나이(F. Nye)가 사회통제의 수단으로 제시한 방법을 옳게 묶은 것은?

① 직접통제, 간접 통제, 내적 통제
② 직접 통제, 간접 통제, 외적 통제
③ 직접 통제, 내적 통제, 외적 통제
④ 간접 통제, 공식 통제, 외적 통제

 ① 나이는 자기통제력과 범죄와의 관계를 처음으로 지적한 라이스(A. Reiss)의 견해를 발전시켜 청소년비
행예방을 위한 사회통제방법으로 직접 통제, 간접 통제, 내적 통제, 공식통제, 비공식통제를 제시하였다.

사회통제유형	유형별 특징
직접 통제	비행 시 처벌이나 위협을 하고, 순응 시 보상하는 것
간접 통제	자신의 비행이 부모나 친한 사람들에게 고통과 실망을 줄 것을 의식해서 비행을 자제하는 것
내적 통제	양심이나 죄의식 때문에 비행을 자제하는 것
공식통제	형사사법기관이 담당하는 것
비공식통제	가정이나 학교가 담당하는 것

정답 ①

55. 나이(F. Nye)가 주장한 사회통제의 수단 중 자신의 잘못이 주변사람에게 실망을 줄 것이라는 점을 자각
시켜 비행을 예방하는 것은?

① 직접 통제
② 간접 통제
③ 내적 통제
④ 비공식통제

 ①은 억압적인 수단과 처벌을 부과하여 비행을 예방하는 것을 말하고, ③은 내면적 자각을 통해 비행을 자
제시키는 것을 말하며, ④는 가정·학교 등에서 청소년비행을 통제하는 것을 말한다.

정답 ②

56. 레크리스(Reckless)에 의해 주장된 것으로 범죄로 이끄는 범죄유발요인보다 범죄억제요소가 더 강할
경우 범죄로 나아가지 않는다는 이론은?

① 중화기술이론(Theory of Techniques of Neutralization)
② 차별적 동일화이론(Different Identification Theory)
③ 비행하위문화이론(Delinquent Subculture Theory)
④ 견제이론(Containment Theory)

 ①은 맛차(Matza)와 사이크스(Sykes)가 주장한 것으로 범죄 내지 비행은 행위자가 이미 내면적으로 형성
된 규범의식이나 가치관이 중화기술에 의해 마비되면서 발생한다는 이론이다. ②는 글래저(D. Glaser)가 주
장한 것으로 사람은 자신의 범죄행위를 수용할 수 있을 것 같은 실제 혹은 가상의 누군가와 자신을 동일화
하는 과정에서 범죄를 행한다는 이론이다. ③은 코헨(A.K. Cohen)이 주장한 것으로 하층계급의 문화권에서
성장한 소년들은 중류계층의 가치와 규범에 대한 반동으로 그들 특유의 비행적 하위문화를 형성하고, 이것
이 청소년 범죄의 원인이 된다는 이론이다.

정답 ④

57. 레크리스(Reckless)가 주장한 견제(봉쇄)이론에 대한 설명으로 옳지 않은 것은?

① 자기관념이론을 더욱 발전시킨 이론으로 내부적·외부적 통제개념에 기초하고 있다.

② 범죄나 비행을 유발하는 힘으로 압력요인(pressures)·유인요인(pulls)·배출요인(pushes)을 제시하였다.

③ 범죄나 비행을 차단하는 힘으로 내적 봉쇄요인(inner containment)과 외적 봉쇄요인(external containment)을 제시하였다.

④ 내적 봉쇄요인과 외적 봉쇄요인의 어느 한 가지만으로는 범죄나 비행을 효과적으로 예방하기 어렵다고 보았다.

> **해설** ④ 레크리스는 내적 봉쇄요인과 외적 봉쇄요인 중 어느 한 가지라도 제대로 작용하면 범죄나 비행을 예방할 수 있다고 보았다. 레크리스가 주장한 범죄유발요인과 범죄통제요인을 정리하면 다음과 같다.

구분		유형별 특징
범죄유발요인	압력요인	사람들을 불만족한 상태에 들게 하는 요인(열악한 사회조건, 가족갈등 등)
	유인요인	정상적인 생활로부터 이탈하도록 하는 요인(나쁜 친구, 불건전한 대중매체 등)
	배출요인	범죄를 저지르도록 하는 생물학적·심리학적 요인(불안감, 불만감, 증오심, 공격성 등)
범죄통제요인	내적 통제	내부적인 범죄차단요소(자기통제력, 긍정적 자아개념, 강한 책임감 등)
	외적 통제	외부적인 범죄차단요소(효과적인 관리와 규율, 가족과 지역사회의 유대감 등)

> 정답 ④

58. 다음 학자들의 범죄이론에 관한 내용 중 옳지 않은 것은?

① 레크리스(Reckless)는 범죄를 법제정 과정에 참여하여 자기의 이익을 반영하지 못한 집단의 구성원이 일상생활 속에서 법을 위반하며 자기의 이익을 추구하는 행위라고 주장하였다.

② 헨티히(Hentig)는 피해자를 일반적 피해자 유형, 심리학적 피해자 유형으로 구분하고, 피해자도 범죄 발생의 원인이 될 수 있다고 주장하였다.

③ 서덜랜드(Sutherland)는 범죄행위는 다른 사람들과의 상호작용과정에서 의사소통을 통해 학습되며, 범죄행위 학습의 중요한 부분은 친밀한 관계를 맺고 있는 집단들에서 일어난다고 주장하였다.

④ 레머트(Lemert)는 범죄를 포함한 일탈행위를 일차적 일탈과 이차적 일탈로 구분하고, 이차적 일탈은 일차적 일탈에 대한 사회적 반응으로 야기된 문제들에 대한 행위자의 반응에 의해 발생하는 것이라고 주장하였다.

> **해설** ① 레크리스는 견제이론을 통해 모든 사람들에게는 범죄로 이끄는 범죄유발요인과 범죄를 억제하는 범죄억제요인이 부여되어 있는데 범죄유발요인이 범죄억제요인보다 강하면 범죄를 저지르게 되고, 범죄억제요인이 범죄유발요인보다 강하면 범죄를 자제하게 된다고 주장하였다.

> 정답 ①

59. 통제이론에 관한 설명으로 옳지 않은 것은?

① 통제이론은 "사람들이 왜 범죄행위로 나아가지 않고 합법적인 행동을 하는가"라는 물음에 중점을 두고 있다.
② 라이스(A. Reiss)는 개인의 통제력과 범죄의 관계를 주목하였다.
③ 통제이론의 공통된 견해는 생물학적이거나 심리학적 혹은 사회적인 특정 요인이 사람들로 하여금 범죄에 빠지게 한다는 것이다.
④ 나이(F. Nye)는 청소년들의 비행을 예방할 수 있는 가장 효율적인 방법이 비공식적인 간접 통제방법이라고 주장하였다.

> **해설** ③ 통제이론은 범죄연구의 초점을 개인이 왜 범죄를 행하게 되는가의 측면이 아니라, 개인이 왜 범죄로 나아가지 않는가의 측면에 맞추는 이론으로 그 원인으로 주목하는 것은 개인과 사회가 가지고 있는 통제력 또는 억제력이다. 따라서 범죄억제요인으로 심리학적 또는 사회적인 특정 요인은 제시하지만, 생물학적 요인은 고려의 대상에 포함하지 않는다.

> 정답 ③

60. 맛차(D. Matza)의 표류이론에 관한 설명으로 옳지 않은 것은?

① 코헨의 비행부문화이론을 계승하여 이를 더욱 발전시켰다.
② 비행소년은 비행과 무비행의 생활양식 사이에서 표류하고 있는 존재에 불과하다는 이론을 말한다.
③ 비행자는 비범죄적 행동양식에 차별적으로 사회화되어 범죄로 나아가는 것이 아니라고 주장하여 서덜랜드의 차별적 접촉이론을 비판하였다.
④ 느슨한 사회통제가 소년을 비행으로 유인한다고 보았다.

> **해설** ① 맛차는 비행적 하위문화가 독자적으로 존재하는 것이 아니라고 함으로써 코헨의 비행적 하위문화이론을 비판하였다.

> 정답 ①

61. 맛차(D. Matza)의 표류이론에 관한 설명 중 옳지 않은 것만으로 묶인 것은?

ㄱ 하층계급소년들의 비행은 중산계층의 가치관에 대한 반동형성에 근거한다.
ㄴ 대부분의 비행소년은 성년이 되면 합법적 가치체계로 환원한다.
ㄷ 사회통제가 지나치게 강화되면 소년들이 규범이나 가치에 전념하지 못하고, 위법적인 행위
    양식에도 몰입하지 않는 표류상태에 놓여진다.
ㄹ 지배적인 문화와 구별되는 하위문화가 독자적으로 존재한다.
ㅁ 비행자는 비범죄적 행동양식에 차별적으로 사회화되어 범죄로 나아간다.

① ㄱ, ㄴ
② ㄱ, ㄴ, ㄹ
③ ㄱ, ㄷ, ㄹ
④ ㄱ, ㄷ, ㄹ, ㅁ

 해설 X : ㄱ 맛차는 비행소년에게는 중산계층의 가치관에 대한 반동형성이 없고, 다른 청소년과 아무런 기본적
          차이가 없다고 보았으며, 오히려 중산계층의 전통적 가치관에 동조한다고 보았다. ㄷ 소년들이 표류상
          태에 놓여지게 되는 것은 사회통제가 약화되었을 때라는 것이 표류이론의 내용이다. ㄹ 지배적인 문화와
          구별되는 하위문화가 독자적으로 존재하지 않는다고 보았다(비행적 하위문화이론 비판). ㅁ 비행자는
          비범죄적 행동양식에 차별적으로 사회화되어 범죄로 나아가지 않는다고 보았다(차별적 접촉이론 비판).
        O : ㄴ

정답 ④

62. 중화기술이론(Theory of Techniques of Neutralization)에 관한 다음 설명 중 가장 적절하지 않은 것은?

① 맛차(Matza)와 사이크스(Sykes)가 소년들이 표류상태에 빠지게 되는 과정을 설명하기 위해
   주장한 이론이다.
② 비행소년이 위법행위를 하는 경우 자신의 행위를 정당화하려는 기술을 중화기술이라고 불
   렀다.
③ 중화기술은 일반인들이 자신의 행동을 합리화하는 과정과 구별되는 비행소년 고유의 합리
   화과정이라고 보았다.
④ 맛차(Matza)와 사이크스(Sykes)는 중화기술이 일반적인 합리화과정을 다소 확장한 것으로
   파악하였다.

해설 ③ 중화기술은 일반인들이 일상적인 사회생활에서 보이는 자기행동의 합리화과정과 원칙적으로 다르지 않
       다고 보았다.

정답 ③

63. 허쉬(Hirshi)의 사회통제이론(Social Control Theory) 중 옳은 것만으로 묶인 것은?

> ㉠ 한 개인이 일상적인 사회와 맺고 있는 유대가 약화되었거나 깨졌을 때 범죄가 발생한다는 이론이다.
> ㉡ 인간은 모두 동물이며, 자연적으로 누구나 범죄를 저지를 수 있다고 가정하였다.
> ㉢ 일탈을 통제하는 시스템에 장애가 생기면 통제가 이완되어 범죄나 비행이 발생된다고 보았다.
> ㉣ 개인의 범죄를 통제하는 기제는 개인이 일상적인 사회와 맺고 있는 유대라고 보았다.

① ㉠, ㉡   ② ㉠, ㉡, ㉢
③ ㉠, ㉢, ㉣   ④ ㉠, ㉡, ㉢, ㉣

> 해설   O : ㉠㉡㉢㉣
>   X : 없음

정답 ④

---

64. 다음 중 갓프레드슨과 허쉬(Michael R. Gottfredson and Travis Hirschi)의 일반이론의 내용으로 옳지 않은 것은?

① 자기통제력이 범죄의 원인이라고 본다.
② 고전주의와 실증주의 범죄학을 통합하려고 시도했다.
③ 청소년 성장기의 환경요인은 크게 중요하다고 보지 않았다.
④ 교정기관에서의 심리치료를 주요방안으로 제시한다.

> 해설   ④ 갓프레드슨과 허쉬는 비행을 저지른 청소년에 대해서는 가정에서 즉시 벌을 주는 외적 통제가 필요함을 강조하고, 이러한 외적 통제는 사회화과정을 거쳐 청소년에게 내면화 됨으로써 비행이 예방된다고 보았으며, 가족치료를 비행예방의 주요방안으로 제시하였다.

정답 ④

65. 합리적 선택이론(Rational Choice Theory)에 관한 설명으로 옳지 않은 것은 모두 고른 것은?

> ㉠ 1960년대 범죄의 급증으로 당시 형사사조의 주류였던 사법모델에 대한 비판이 제기되면서 등장한 의료모델이 이론형성의 계기가 되었다.
> ㉡ 경제학의 기대효용(expected utility)원리에 기초하고 있다.
> ㉢ 범죄자는 범죄로 인하여 얻게 될 이익과 손실의 크기를 비교하여 범행을 결정하게 된다는 이론이다.
> ㉣ 1960년대 후반 베커(Becker)를 중심으로 한 경제학자들에 의해 주장된 범죄경제학의 등장이 이론형성의 토대가 되었다.
> ㉤ 범죄경제학에 따르면 범죄자가 범죄의 이익과 손실을 계산할 경우에 이익이란 금전적 이익을 의미하고, 개인의 취향이나 심리적 만족감과 같은 주관적 가치가 있는 것은 포함되지 않는다.

① ㉠, ㉡   ② ㉡, ㉢

③ ㉠, ㉤   ④ ㉣, ㉤

 X : ㉠ 1960년대 당시 주류를 이루고 있던 의료모델(범죄자는 특정질환을 가진 환자이므로 치료되어야 할 대상이라는 범죄인 처우기법)을 비판하고 등장한 정의모델이 합리적 선택이론형성의 토대가 되었다. ㉤ 범죄경제학에 따르면 범죄로 인해 얻어지는 이익이란 금전적 이익분만 아니라, 개인의 취향, 심리적 만족감, 대인관계에서의 위신, 편리함 등도 포함된다.

        O : ㉡㉢㉣

정답 ③

66. 레머트(E.M. Lemert)의 낙인이론에 관한 설명으로 가장 거리가 먼 것은?

① 범죄를 포함한 일탈행위를 1차적 일탈과 2차적 일탈로 구분하였다.

② 1차적 일탈은 우연적·일시적 일탈로서 그 원인은 사회적·심리적·문화적 상황 등 다양성을 특징으로 한다.

③ 2차적 일탈은 1차적 일탈의 사회적 반응으로 야기된 문제들에 대한 행위자의 반응으로서의 행위를 말한다.

④ 1차적 일탈자를 2차적 일탈자로 악화시키는 데에는 형사사법기관의 공식적인 반응보다는 일반 사회인들의 편견이 더 많은 영향을 미친다고 본다.

해설 ④ 레머트는 1차적 일탈자를 2차적 일탈자로 악화시키는 데에 형사사법기관의 공식적인 반응이 가장 광범위한 영향을 미칠 수 있다고 주장하였다.

┃ 레머트의 1차적 일탈과 2차적 일탈 ┃

1차적 일탈 (일시적 일탈)	• 1차적 일탈이란 우연적·일시적 일탈로 개인의 자아정체감이 훼손되지 않은 상태에서 야기되는 규범 일탈행위를 말한다.(예 : 학생들이 재미삼아 상점에서 물건을 훔치는 행위) • 1차적 일탈의 경우 자신을 일탈자로 여기지 않으며, 일탈에 대한 사회적 반작용도 발생되지 않는다.
2차적 일탈 (경력적 일탈)	• 2차적 일탈이란 1차적 일탈에 대한 사회적 반응에 의해 일탈자라는 낙인을 받게 되고, 그것이 사회적 지위로 작용하여 그에 상응하는 규범위반행위를 하는 것을 말한다. • 2차적 일탈은 일반적으로 오래 지속되고, 행위자의 정체성이나 사회적 역할들의 수행에 중요한 영향을 미친다. • 레머트가 특히 관심을 두고 분석한 사항은 2차적 일탈에 관한 것이었다.

정답 ④

67. 낙인이론(labeling theory)에 관한 설명 중 옳지 않은 것은?

① 범죄는 일정한 행위속성의 결과가 아니라, 통제기관에 의해 범죄로 규정된다고 한다.

② 탄넨바움(F. Tannenbaum)은 일탈행위를 1차적 일탈과 2차적 일탈로 구분한다.

③ 베커(H. Becker)는 낙인이 그 사람의 지위를 대변하는 주지위(master status)가 되므로 다른 사람들과의 원활한 상호작용에 부정적인 영향을 미치는 장애요인이 된다고 한다.

④ 슈어(E. Schur)는 사회적 낙인보다 스스로 일탈자라고 규정함으로써 2차적 일탈에 이르는 경우도 있다는 점을 강조한다.

> **해설** ② 레머트(E.M. Lemert)는 1951년 그의 저서 「사회병리학」을 통해 일탈을 1차적 일탈과 2차적 일탈로 구별하고 개인이 일탈자로 불리는 과정과 일탈의 경력에 빠지게 되는 과정을 설명하였다.
>
> 정답 ②

68. 베커(H. Becker)의 낙인이론에 관한 설명으로 가장 거리가 먼 것은?

① 레머트(E.M. Lemert)의 낙인이론을 심화 발전시켰다.

② 일탈자를 단순한 규범위반자와 체계적 일탈자로 구분하고, 전자가 후자로 단계별 발전을 한다고 주장하였다.

③ 일반인이 어느 개인을 일탈자로 보게 되면 일탈자는 그가 속한 집단에서 외부인(outsider)가 된다고 보았다.

④ 범죄에 대한 사회반응이 형사사법기관의 범죄통제에 미치는 영향에 주목하였다.

> **해설** ④ 베커는 형사사법기관의 범죄통제에 대한 사회반응이 범죄에 미치는 영향에 주목하였다.
>
> 정답 ④

69. 슈어(E.M. Schur)의 낙인이론에 관한 설명으로 가장 거리가 먼 것은?

① 낙인이란 규범위반으로 인해 자동적으로 찍히게 되는 것이라고 본다.

② 일탈자가 되는 과정은 시간이 걸려서 이루어진 협상과 같은 것이라고 본다.

③ 형사사법기관으로부터 낙인이 찍힌 경우라도 사회적 반응과 개인의 적응양식에 따라 2차 일탈을 회피할 수 있다고 본다.

④ 국가 개입의 최소화가 낙인의 폐해를 최소화할 수 있다고 본다.

> **해설** ① 슈어는 낙인은 규범위반이나 사회적 지위로 인해 자동적으로 찍히는 것이 아니라, 시간이 걸려서 이루어진 협상과 같은 것으로 이 협상의 성공 여부가 자아낙인에 영향을 미치고, 결국 2차적 일탈을 가져오는 원인이 된다고 보았다.
>
> 정답 ①

70. 낙인이론에 대한 평가로 보기 어려운 것은?

① 최초일탈에 대한 논리적 설명이 미흡하다.

② 형사사법체계의 역기능을 지나치게 강조한 나머지 일탈자의 주체적 특성에 대한 고찰이 부족하다.

③ 지배계층의 범죄에 대해 지나치게 가혹한 관점을 지니고 있다.

④ 낙인효과의 일반예방적 기능을 과소평가하고 있다.

> **해설** ③ 낙인이론은 하류계층의 일탈행위를 지나치게 강조한 나머지 화이트칼라범죄나 제도적 폭력과 같은 지배계층의 범죄에 대해서는 지나치게 관대하다는 비판이 있다.

정답 ③

71. 낙인이론에 관한 평가 중 옳지 않은 것만으로 묶인 것은?

> ㉠ 특히 소년사법분야, 경미범죄자, 과실범죄자 분야의 이차적 일탈예방에 대한 대책수립에 영향을 주었다.
> ㉡ 최초 일탈의 원인분석에 미흡하여 반교정주의로 흐를 위험이 있다.
> ㉢ 낙인이 없으면 범죄도 없다는 극단적 절대주의 논리에 집착하고 있다.
> ㉣ 일탈자의 주체적 특성에 주안점을 두고 있다.
> ㉤ 사법기관이 범죄로 선언하지 않아도 법률위반행위는 여전히 존재한다는 사실에 대한 해명이 부족하다.

① ㉠, ㉡   ② ㉡, ㉢

③ ㉡, ㉣   ④ ㉢, ㉣

> **해설** X : ㉢ 낙인이 없으면 범죄도 없다는 개념은 상대주의 논리에 해당한다. ㉣ 낙인이론은 일탈자와 사회 간의 상호작용에 집착하는 결과 일탈자의 소질적인 요인 등 주체적 특성에 대한 이론적 배려가 없다는 것이 단점으로 지적되고 있다.
> O : ㉠,㉡,㉤

정답 ④

72. 비판범죄학과 다른 범죄이론과의 차이점에 관한 설명으로 가장 거리가 먼 것은?

① 주류범죄학이 범죄의 원인만을 제거하면 범죄방지가 가능하다고 본 반면, 비판범죄학은 이를 미봉책에 불과하다고 평가절하 하였다.

② 갈등론적 입장에 있다는 점에서 합의론적 입장에 있는 다른 범죄이론과 구별된다.

③ 낙인이론이 범죄원인을 미시적으로 접근하였다면, 비판범죄학은 범죄원인을 사회구조적·거시적으로 접근하였다.

④ 낙인이론이 범죄의 정치경제성을 강조한다면, 비판범죄학은 범죄자에 대한 사회적 반응을 강조한다.

> **해설** ④ 범죄의 정치경제성을 강조하는 것은 비판범죄학이며, 범죄자에 대한 사회적 반응을 강조하는 것은 낙인이론이다.

정답 ④

73. 낙인이론과 비판범죄론의 비교에 관한 설명 중 옳지 않은 것은?

① 두 이론은 모두 형사사법기관의 편파성을 지적하고, 공식통계를 신뢰하지 않는다.

② 낙인이론은 범죄의 원인보다 범죄자에 대한 사회적 반응을 중시하며, 비판범죄학은 범죄의 정치경제성을 강조한다.

③ 두 이론은 모두 사회적 가치·규범 및 법률에 대한 사회적 합의를 인정하지 않는다는 점에서 유사하다.

④ 두 이론은 모두 범죄와 범죄통제의 문제를 개인적·사회적 차원에서 미시적으로 분석한다는 점에서 유사하다.

> **해설** ④ 낙인이론은 사회구조보다는 사회과정에, 사회의 거시적 차원보다는 미시적 차원에 그 관심을 집중시키는 반면, 비판범죄론은 사회적 반응이 일탈을 초래한다는 낙인이론의 기본전제를 수용하면서도 나아가 범죄발생의 저변에 작용하고 있는 구조적 요인을 거시적 시각에서 분석하고 있다.

▌비판범죄학과 낙인이론 요약비교 ▌

구분		비판범죄학	낙인이론
공통점		• 형사사법기관의 편파성을 지적하고, 공식통계를 신뢰하지 않는다. • 사회적 가치·규범 및 법률에 대한 사회적 합의를 인정하지 않는다.	
차이점	접근방법	거시적	미시적
	강조점	범죄의 정치경제성을 중시	범죄자에 대한 사회적 반응을 중시

정답 ④

74. 자본주의에 의해 곤경에 빠진 사람들이 다른 사람의 수입과 재산을 탈취함으로써 보상받으려 하거나 또는 자본주의에 의해 피해를 입은 사람들이 무력을 행사하여 다른 사람의 신체를 해하는 유형의 범죄를 적응(화해)범죄(crime of accommodation)라고 칭한 학자는?

① 퀴니(R. Quinney)   ② 따르드(G. Tarde)

③ 베커(H. Becker)   ④ 코헨(A. Cohen)

> **해설** ① 퀴니는 범죄를 자본주의체제하에서 불가피하게 유발되는 반응양태라고 보고, 노동자계급의 범죄를 적응 범죄와 대항범죄로 구분하였다. 대항범죄란 자본가들에 대항하여 체제를 변혁하려는 행동이 자본주의체 제하에서는 범죄로 여겨지는 것을 말한다.

적응범죄	자본주의체제에 대항하지 않고, 타인의 수입과 재산을 탈취함으로써 보상을 받으려고 하거나, 무력을 행사하여 다른 사람의 신체를 해하는 유형의 범죄
대항범죄	자본가들의 지배에 대항하여 체제를 변혁하려는 행동은 도덕적이지만, 자본주의체제하에서는 범죄로 여겨지는 것

정답 ①

75. 갈등론적 범죄론자인 퀴니(R. Quinney)가 지적한 이른바 '적응범죄'를 가장 잘 설명한 것은?

① 자본가의 지배에 대항하는 행동으로 발생되는 범죄

② 체제에 대항하지 않으면서 체제에 의해 피해 받은 사람들이 보상심리로 저지르는 범죄

③ 부당내부거래, 가격담합 등 경제범죄

④ 불공정한 사법기관의 행위

> **해설** 퀴니는 자유주의 범죄학에 대한 비판에서 출발하여 역사적 고찰과 경제적 조건에 대한 분석을 범죄이론에 접목한 계급주의 범죄학의 대표적 학자이다. ①은 대항범죄, ③은 기업범죄, ④는 통제범죄에 관한 설명이다.

정답 ②

76. 비형벌화(Depenalization)에 관한 설명으로 옳지 않은 것은?

① 비형벌화란 형벌 대신에 다른 제재를 가하는 것을 말한다.

② 소년범죄·사상범죄 등이 논의의 대상이 될 수 있다.

③ 형벌을 행정벌로 전환하는 것은 비형벌화라고 볼 수 없다.

④ 기소유예·집행유예 등은 형사사법상 비형벌화의 대표적인 경우이다.

> **해설** ③ 형벌을 행정벌로 전환하는 것은 입법상 비형벌화의 대표적인 경우이다.

▌비형벌화의 유형▐

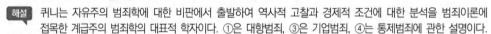

입법상 비형벌화		범죄를 질서위반으로 변경, 형벌을 행정벌로 변경
형사사법상 비형벌화	재판전 단계에서의 비형벌화	훈방, 기소유예 등
	재판단계에서의 비형벌화	집행유예, 선고유예 등
	교정단계에서의 비형벌화	보호관찰, 사회봉사명령, 수강명령 등

정답 ③

77. 다음은 암수범죄에 관한 학자들의 견해이다. 순서대로 옳게 나열된 것은?

> ㉠ (   )는(은) 암수범죄의 정확한 이해는 곧 범죄통계의 급소라고 하였다.
> ㉡ (   )는(은) 암수가 전체 범죄의 85%에 달하며, 특히 성범죄의 90% 이상이 암수범죄에 해
>   당한다고 하였다.
> ㉢ (   )는(은) 여성범죄의 암수원인은 남성의 기사도정신에서 비롯된 것이라고 하였다.
> ㉣ (   )는(은) 경찰단계의 통계에서 암수가 가장 적게 나타난다고 보았다.

① 서덜랜드(Sutherland), 엑스너(Exner), 폴락(Polak), 셀린(Sellin)
② 엑스너(Exner), 래디노비츠(Radzinwicz), 폴락(Polak), 셀린(Sellin)
③ 래디노비츠(Radzinwicz), 엑스너(Exner), 폴락(Polak), 셀린(Sellin)
④ 폴락(Polak), 셀린(Sellin), 서덜랜드(Sutherland), 엑스너(Exner)

해설 **▌암수범죄에 관한 학자들의 견해 요약정리▐**

서덜랜드 (Sutherland)	범죄와 비행에 대한 통계는 모든 사회통계 중 가장 신빙성이 없고 난해한 것이다.
엑스너(Exner)	암수범죄의 정확한 이해는 곧 범죄통계의 급소이다.
래디노비츠 (Radxinowicz)	암수가 전체 범죄의 85%에 달하며, 특히 성범죄의 90%이상이 암수범죄에 해당한다.
폴락(Polak)	여성범죄의 가장 큰 특징은 은폐성이며, 현존하는 남녀범죄 간의 불평등을 야기하는 현저한 원인의 하나는 기사도 정신이다.
존스(Jones)	암수라고 하는 성질은 그 규모를 바르게 알 수 없지만, 경찰에서 알고있는 범죄의 약 4배정도 될 것이다.
셀린(Sellin)	통계상 표시되는 범죄는 형사사법절차의 각 단계가 진행됨에 따라 점점 줄어들며, 법집행 기관의 개입이 가장 적은 경찰단계의 통계에서 암수가 가장 적게 나타난다.

정답 ②

78. 아샤펜부르크(G. Aschaffenburg)가 분류한 범죄인유형에 해당하지 않는 것은?

① 우발범죄인   ② 풍속범죄인
③ 관습범죄인   ④ 예모범죄인

해설 ①③④ 아샤펜부르크는 심리학적 입장에서 범죄의 원인을 개인적 원인과 일반적 원인으로 나누고, 범죄인을 우발범죄인·격정범죄인·기회범죄인·예모범죄인·누범범죄인·관습범죄인·직업범죄인 등 7종으로 분류하였다.

▌아샤펜부르크의 범죄인분류▐

우발범죄인	공공의 법적 안정성을 해칠 의도는 없으나, 사회방위의 관점에서 적당한 대책이 필요한 자
격정범죄인	해를 끼치려는 의도는 적으나, 위험성이 있으므로 일정한 조치가 필요한 자
기회범죄인	감정적 흥분 때문이 아니고, 우연한 기회가 동기로 되어 범죄를 하는 자
예모(豫謀)범죄인	모든 기회를 노리고 찾으려는 자로 고도의 공공위험성이 있는 자
누범범죄인	범죄를 반복하는 자로 여기에서의 누범은 전과 유무를 불문한 심리학적 개념이다.
관습범죄인	형벌을 불명예로 보지 않고, 범죄에 익숙하여 나태와 무기력으로 살아가는 자
직업범죄인	적극적 범죄 욕구를 가진 자로 환경보다는 이상성격이 그 원인이 되는 경우가 많음

정답 ②

79. 슈툼플(F. Stumpfl)은 범죄시기에 따라 조발성 범죄인과 지발성 범죄인으로 분류하였는데 이 경우 양자 구별의 기준으로 삼은 연령은?

① 18세 ② 20세

③ 23세 ④ 25세

 ④ 독일의 슈툼플은 25세 이전에 처음 범죄를 저지르는 자를 조발성 범죄인 25세 이후에 처음 범죄를 저지르는 자를 지발성 범죄인으로 분류하였다.

▌ 슈툼플의 범죄인분류 ▌

범죄인 성격에 따른 분류	경범죄인	외적·내적 갈등으로 가벼운 범죄를 저지르는 자
	중범죄인	외적·내적 갈등 없이 소질에 의해 범죄를 저지르는 자
범죄시기에 따른 분류	조발성범죄인	25세 이전에 처음 범죄를 저지르는 자
	지발성범죄인	25세 이후에 처음 범죄를 저지르는 자

정답 ④

80. 코헨(L. Cohen)과 펠슨(M. Felson)의 일상생활이론(routine activity theory)에 관한 설명 중 옳지 않은 것은?

① 범죄인의 특성을 분석하는 데 중점을 둔다는 점에서 실증주의 범죄원인론과 유사하다.

② 어느 시대나 사회에도 범죄를 범할 개연성이 있는 사람의 수는 일정하다고 가정한다.

③ 범죄의 발생 여부에 결정적인 영향을 미치는 요인은 적절한 범행대상(합당한 표적)과 보호 능력의 부존재(감시의 부존재)라고 본다.

④ 시간의 흐름에 따른 범죄율의 변화를 설명하기 위해 등장한 이론이다.

해설 ① 일상생활이론이란 코헨(L.E. Cohen)과 펠슨(M. Felson)이 1979년 그들의 논문 「사회변화와 범죄발생률의 경향-일상적 생활접근방법」을 통해 제시한 것으로 범죄가 실행되는 기회는 일상생활 속에 수없이 존재하고 있으며, 범죄의 표적이 무방비상태로 방치되어 있을 때에 범죄가 발생한다는 이론으로 범죄인의 특성을 분석하는 데 중점을 두는 실증주의 범죄원인론과 유사하다고 보기 어렵다.

정답 ①